QUANTE, LEHRBUCH DER PRAKTISCHEN STATISTIK

LEHRBUCH
DER PRAKTISCHEN STATISTIK

BEVÖLKERUNGS-, WIRTSCHAFTS-, SOZIALSTATISTIK

VON

PETER QUANTE

WALTER DE GRUYTER & CO.

VORMALS G. J. GÖSCHEN'SCHE VERLAGSHANDLUNG · J. GUTTENTAG, VERLAGS-BUCHHANDLUNG · GEORG REIMER · KARL J. TRÜBNER · VEIT & COMP.

BERLIN 1961

Satz und Druck: Thormann & Goetsch, Berlin-Neukölln.

Inhaltsverzeichnis

Einleitung

Die Behandlung der Statistik im Staat und in der Öffentlichkeit überhaupt

Um die Bedeutung der Statistik für den Staat und die Öffentlichkeit überhaupt zu erfassen, ist es angebracht, einen kurzen Blick auf die *Geschichte* der Statistik zu werfen. Allgemein äußert sich hierzu ADOLF GÜNTHER in seinem Beitrag „Geschichte der Statistik — Historische Statistik"[1]: „Wenn in früheren Zeiten, die eine Statistik im heutigen Sinn erst langsam entstehen ließen, statistisches Interesse erwachte, dann ist immer ein politischer Hintergrund zu vermuten: Fürsten und ihre Berater suchten sich Rechenschaft über die in ihren Völkern und ihren Wirtschaften vorhandenen oder zu mutmaßenden Kräfte und Möglichkeiten zu verschaffen. Nicht wissenschaftliche oder gar rein theoretische, sondern sehr praktische Antriebe lagen für die Statistik vor. Das war kein Nachteil, wenn dabei die Meinung vorherrschte, man müsse den Tatsachen so nahe wie möglich kommen, und es war ein großer Vorteil, wenn man dabei über allgemeine Theorien, Mutmaßungen oder gar nur Wunschträume hinaus kam. Ja, man wird sogar ein großes Verständnis gerade unserer Zeit für zweckgebundene Erkundung mit politischem Hintergrund vorauszusetzen haben. Zugleich dachte man sich in der älteren Zeit der Statistik diese als Kontrolle der Verwaltung; man findet in Bemerkungen, die den Tabellen beigefügt wurden, vielleicht eine naive Entschuldigung, daß es trotz aller Bemühungen nicht möglich gewesen sei, die Volkszahl zu erhöhen; oder umgekehrt die Befürchtung, es sei schon zuviel Volks da. Malthusianische Besorgnisse sind ja schon früh nachweisbar, sie wurden z. B. von dem Franzosen Moheau ausgesprochen."

Zur Kennzeichnung der geschichtlichen Entwicklung sollen hier einige zusammenfassende Angaben genügen; ausführlicher äußert sich dazu neuerdings CHARLOTTE LORENZ im „Handwörterbuch der Sozialwissenschaften"[2]. Bereits das Altertum kannte „Ansätze zu zahlenmäßigen Erhebungen", und zwar in vorchristlicher Zeit schon in China, Indien, Assyrien, Persien, Ägypten, Griechenland und im Römischen Imperium. „Die stati-

---

[1] Die Statistik in Deutschland nach ihrem heutigen Stand (Ehrengabe für Friedrich Zahn), hrsg. von FR. BURGDÖRFER; Berlin 1940, Bd. I, S. 7.

[2] 15. Lieferung 1957, S. 29 ff. Artikel „Statistik (I) Geschichte".

stischen Bestandsaufnahmen jener Frühepoche dienten in erster Linie zur Information der staatlichen Verwaltung. So bildete die zahlenmäßige Erfassung des Bevölkerungsstandes eine wichtige Grundlage zur Feststellung der Wehrfähigkeit und zur Ermittlung der Steuerkraft und Steuerschuld der Bevölkerung. ... In den Staaten des klassischen Altertums erfuhr die statistische Erhebung im Aufgabenbereich einer straff zentralistischen Staatsverwaltung eine systematische Ausgestaltung sowohl auf bevölkerungs- als auch auf wirtschaftsstatistischem Gebiet." Allgemeiner bekannt geworden ist u. a. der römische „Census" durch den Bericht des Neuen Testaments über die Geburt Jesu. Aus dem deutschen Mittelalter hören wir von Volkszählungen in Nürnberg (1449), Straßburg (1473) und weiteren Erhebungen in Frankfurt am Main[3]. In der Mark Brandenburg ließ der Große Kurfürst 1683 erstmalig statistische „Populationslisten" anlegen, die seit 1689 jährlich erschienen, aber mehr die Bevölkerungs*bewegung* als den Bevölkerungs*stand* darstellten. 1719 wurde erstmalig die ganze Bevölkerung verzeichnet, außerdem die Häuser und die Gemeindefinanzen. Besonders interessiert an solchen Erhebungen war Friedrich der Große; bekannt ist in diesem Zusammenhang sein Ausspruch: „Menschen halte für den größten Reichtum." Zu den von ihm angeordneten „Historischen Tabellen" — die ersten Ansätze zu einer amtlichen Bevölkerungsstatistik — hat er sich vor allem durch die bevölkerungsstatistischen Untersuchungen von Johann Peter Süssmilch (Feldgeistlicher!) anregen lassen. 1805 wurde für das Königreich Preußen das „Statistische Bureau" (seit 1905 „Preußisches Statistisches Landesamt") begründet, bereits 1801 für Bayern das „Statistisch-Topographische Bureau". Für ganz Deutschland bedeutet die Statistik des „Zollvereins" (1833 bis 1871) einen Vorläufer der späteren Reichsstatistik; sie umfaßt die Handelsstatistik und Volkszählungen als Schlüssel zur Verteilung der Zollvereinseinnahmen. Seit 1871 bestand das Kaiserliche Statistische Amt, später Statistisches Reichsamt genannt. Für das Ausland seien noch erwähnt die erste allgemeine belgische Volkszählung, die auf Veranlassung von Quetelet, dem Präsidenten der Statistischen Zentralkommission, 1846 mittels Haushaltungslisten durchgeführt wurde, und die erste allgemeine Volkszählung in Frankreich von 1801 unter dem Konsulate Napoleons (I.); bekannt ist sein Ausspruch: „La statistique est le budget des choses et sans budget point de salut." Schon 1665 war durch Colbert, Frankreichs bedeutendsten merkantilistischen Staatsmann, eine französische amtliche Handelsstatistik eingerichtet worden, wie sie auch bald in anderen europäischen Ländern übernommen wurde[4]. In Schweden

[3] Vgl. vor allem Karl Bücher, Die Entstehung der Volkswirtschaft, 9. Aufl., Tübingen 1913, S. 389 ff.

[4] Hierzu Franz Žižek, Grundriß der Statistik. München und Leipzig 1921, S. 14.

wurde seit 1749 ein „Tabellenwerk" geführt, das sich auf die von den Pfarrern zu führenden Bevölkerungsregister stützte.

Die hier beigebrachten Daten sollen nur beispielhaft kennzeichnen, daß der Staat schon verhältnismäßig früh auf „statistische" Erhebungen angewiesen ist, wenn er seinen Aufgaben voll genügen will. Es ist auch bestimmt kein Zufall, daß die Bezeichnung „Statistik" sehr nahe anklingt an das spätlateinische Wort status = Staat oder an das italienische statista = Staatsmann; hier wird „der staatspolitische Informationszweck der statistischen Bestandsaufnahme in den Vordergrund gestellt"[5]. Allerdings soll auch die etymologische Deutung möglich sein, daß Statistik auf das lateinische status = Zustand zurückgeführt wird. Das würde bedeuten, daß „damit die zahlenmäßige Erfassung von Zuständen des Volks- und Wirtschaftsorganismus, wie sie sich an einem bestimmten Zählzeitpunkt der Beobachtung darbieten, als ihre Hauptaufgabe herausgestellt" wird[6].

Es ist leicht zu begreifen, daß der Staat besonders beim Übergang zu zentralisierter Verwaltung und im Interesse einer Beeinflussung der allgemeinen Wirtschaft — wie vor allem schon im Zeitalter des Merkantilsystems — zahlenmäßige Feststellungen aller Art treffen lassen mußte, um Politik und Verwaltung entsprechend vorbereiten und kontrollieren zu können. Ebenso verständlich ist es aber auch, daß im Zeitalter des ausgesprochenen Liberalismus der Staat als solcher weniger an der Statistik interessiert sein kann. Aber seit dem Übergang zu einer planmäßigen Sozialpolitik und besonders im Hinblick auf die „soziale Marktwirtschaft" muß eine entsprechende Ermittlung von Tatbeständen aller Art als unbedingt notwendig bezeichnet werden. Selbst wenn man von einer ausdrücklichen staatlichen „Bevölkerungspolitik" etwa im Sinne einer Förderung der Bevölkerungszunahme — wie sie im nationalsozialistischen Deutschland und im heutigen Frankreich im Vordergrund steht — absieht, kann kein moderner Staat auf eine genaue Kenntnis der Anzahl und der verschiedenartigen Zusammensetzung seiner Einwohner, ihrer Verteilung auf die einzelnen Altersklassen und die geographischen und Verwaltungsbezirke, auf die Berufsgliederung usw. verzichten. Auch wenn man im Wirtschaftsleben weitgehende Freiheiten für den einzelnen walten läßt, muß der Staat und die Öffentlichkeit über den Ablauf dieser Wirtschaft nicht nur grundsätzlich, sondern auch in Einzelheiten und vor allem zahlenmäßig unterrichtet sein, um besonders dann rechtzeitig eingreifen zu können, wenn sich eine unheilvolle Entwicklung anzubahnen scheint, wie wir sie im Deutschen Reich etwa ausgangs der 20er Jahre erlebt haben. Es bedarf aber keineswegs nur solcher nach-

---

[5] Vgl. Ch. Lorenz a. a. O. S. 29.

[6] Vgl. Anm. 2.

teiligen Wirtschaftsentwicklung, um das Interesse der Allgemeinheit am Wirtschaftsablauf zu wecken. Gerade die soziale Marktwirtschaft, wenn sie laufend die gesamte Bevölkerung am Fortschritt der Wirtschaft beteiligen will, setzt eine genaue, d. h. auch zahlenmäßige Ermittlung des jeweiligen Wirtschaftsstandes voraus. Und ganz unabhängig von dem Auf oder Ab der Wirtschaft muß der Staat schon deshalb die Erfolge der Gesamtwirtschaft und der Einzelwirtschaften kennen, um sein Steuersystem entsprechend darauf einrichten zu können. Wenn man bedenkt, einen wie hohen Anteil beispielsweise an den Ausgaben der Bundesrepublik Deutschland die sozialen Ausgaben jeglicher Art ausmachen, und wenn man weiter überlegt, daß diese Ausgaben nur aufgrund entsprechender Abzüge vom Wirtschaftsertrag der einzelnen Bürger und Unternehmungen möglich sind, dann müssen auf alle Fälle stets zuverlässige Ermittlungen darüber vorliegen, wie hoch sich die Einkünfte der einzelnen Gruppen und Schichten der Bevölkerung gestalten, damit diese „zweite Verteilung" (Redistribution) nicht zu einem sozialen Unrecht wird! Auch das Problem der richtigen Lohngestaltung und ebenso dasjenige der Renten- und Pensionsgewährung (besonders seit dem Renten-Neuregelungsgesetz vom März 1957) erfordert eine ständige statistische Überprüfung.

Das hier dargestellte Verhältnis des Staates zur Statistik aufgrund seiner vielfältigen Aufgaben bestätigt besonders nachdrücklich der Präsident des Statistischen Bundesamts, Dr. Gerhard Fürst, in seinem Beitrag zum Handwörterbuch der Sozialwissenschaften[7]: „Alle Staaten betrachten es . . . als ihre Aufgabe, das kulturelle und wirtschaftliche Wohlergehen der Staatsbürger zu fördern. Daraus ergibt sich, daß in allen Ländern die Statistik der Bevölkerung und die Erfassung kulturell und soziologisch wichtiger Tatbestände (z. B. Gesundheit, Bildung, Religion, Familiengröße) zum Bereich der amtlichen Statistik gehören. Daneben hat in den letzten Jahrzehnten überall in der Welt die Beobachtung wirtschaftlicher und sozialer Vorgänge, zu denen auch alle Fragen der Finanz- und Steuerpolitik, der Geld- und Kreditpolitik gehören, ständig größere Bedeutung gewonnen. Während die amtliche Statistik früher nur einzelne wirtschaftliche Vorgänge und Produktionsgrundlagen vor allem auf dem Gebiete der Landwirtschaft, des Bergbaues und des Außenhandels erfaßte, ist man in allen Ländern in mehr oder weniger starkem Maße dazu übergegangen, das statistische Bild der wirtschaftlichen Vorgänge zu vervollständigen. Vielfach wird auf der Grundlage wirtschaftstheoretischer Vorstellungen vom Güter- und Einkommenskreislauf angestrebt, ein vollständiges und in sich zusammenhängendes Gesamtbild der wirt-

[7] 15. Lieferung, S. 52 ff. „Statistik, amtliche".

schaftlichen Vorgänge in der Form volkswirtschaftlicher Gesamtrechnungen zusammenzustellen." Im gleichen Zusammenhang bestätigt FÜRST, daß für Umfang und Inhalt der amtlichen Statistik die Aufgaben des Staates, insbesondere auch seine Art der Gesetzgebungs- und Verwaltungsmaßnahmen maßgebend sind; als wahrscheinlich älteste durch Volkszählungen zu fundierende Verwaltungsmaßnahmen bezeichnet er hierbei die Feststellung der Wehrpflichtigen und der Steuerpflichtigen.

Wichtig ist auch FÜRSTS Darstellung des Begriffes der amtlichen Statistik, die deshalb ebenfalls wörtlich wiedergegeben werden soll[8]: „Als ‚amtliche Statistik' werden alle statistischen Arbeiten bezeichnet, die von Organen oder Behörden der allgemeinen Staatsverwaltung (Bundesstaat, Einzelstaaten, Gemeinden und Gebietskörperschaften) oder auch von speziellen staatlichen Behörden, z.B. von den Trägern der gesetzlichen Sozialversicherungen, der Altersversorgung usw. durchgeführt werden. Derartige oberste Behörden für spezielle Aufgaben finden sich besonders zahlreich in den USA. Die gesamte nicht von staatlichen Stellen getragene Statistik wird meist als ‚private Statistik' bezeichnet, auch wenn ihre Träger keine privaten Personen oder Organisationen, sondern öffentlich-rechtliche Körperschaften sind, z.B. Industrie- und Handelskammern.

Die amtliche Statistik beruht auf rechtsverbindlichen Anordnungen der in den Staaten jeweils zuständigen Gesetzgebungs- oder Verwaltungsorgane. Sie kann im allgemeinen die Beantwortung ihrer Fragen notfalls mit Zwangsmitteln durchsetzen und so ein vollständiges Bild der erfragten Tatbestände gewinnen. Die Grenzen der amtlichen Statistik in den einzelnen Staaten hängen vielfach von den Aufgaben ab, die sich der Staat im einzelnen setzt oder vorbehält."

Neben dem Einsatz der amtlichen Statistik für *staatliche* Zwecke wird hier auch ausdrücklich ihr Einsatz für den Bedarf der Wirtschaft und ihrer Organisationen und ein solcher für wissenschaftliche Zwecke genannt[9]. Bei dieser Gelegenheit sei auch daran erinnert, daß *neben* der amtlichen oder Verwaltungsstatistik schon frühzeitig die „Universitätsstatistik" (ihr Begründer der Staatswissenschaftler GOTTFRIED ACHENWALL, der seit 1748 an der Universität Göttingen lehrte) und die „Politische Arithmetik" des 17. und 18. Jahrhunderts (hierher gehört auch Süßmilch) eine große Rolle gespielt haben[10]. In dieser Entwicklungszeit trat ein gewisser Streit zwischen der Universitätsstatistik und der sogenannten Arithmetischen Statistik („materialsammelnden Statistik") in Erscheinung, wobei A. L. v. SCHLÖZER, der Lehramtsnachfolger von ACHENWALL, die Arithmetische

[8] a. a. O. S. 52.
[9] a. a. O. S. 53.
[10] Vgl. ŽIŽEK a. a. O. S. 15 ff.

Statistik sogar als das Werk von „Tabellenknechten" brandmarkte[11]. Immerhin stellt ŽIŽEK[12] wohl mit Recht fest, daß aus den drei genannten Richtungen etwa um die Mitte des 19. Jahrhunderts die „Statistik im modernen Sinne" entstanden ist: „Die drei Richtungen sind — nach Ausscheidung der textlich beschreibenden Staatskunde — zur einheitlichen modernen Statistik verschmolzen." Insgesamt kann man wohl die bisher kurz geschilderte Entwicklung kaum besser kennzeichnen als mit den Ausführungen von CH. LORENZ am Ende ihres mehrfach zitierten Beitrags[13]: „Der Entwicklungsprozeß der Sozialstatistik, der von den ersten Anfängen eines rein verwaltungspolitischen Informationsdienstes bis zur Herausbildung einer arteigenen komplexen Fachwissenschaft mit eigenem Forschungsobjekt, eigener Arbeitsmethode und Verfahrenslogik verläuft, hat sich nicht in allen Phasen als organischer Reifeprozeß, sondern in ständigem Widerstreit der materiellen und methodischen, der empirischen und theoretischen Richtungen in Wissenschaft und Verwaltung vollzogen. So zeichnen sich drei große Phasen im Werdegang der sozialwissenschaftlichen Statistik ab, von denen die erste gewissermaßen als Vorstufe die Entstehung und Funktion der verwaltungspolitischen und staatskundlichen Statistik mit rein informatorischen und beschreibenden Aufgaben umfaßt, während die Ausreifung der Statistik zu einer geschlossenen komplexen Fachwissenschaft in der zweiten Phase ihren Abschluß findet und im gegenwärtigen Entwicklungsstadium — in der dritten Phase — ein Hinauswachsen der Beobachtungs- und Forschungsweise über das engere Fachgebiet hinaus und ein fortschreitendes Übergreifen in Nachbar- und Grenzgebiete der Sozial- und Naturwissenschaften zu erkennen ist. Dieser Integrationsprozeß erhält dadurch seine besondere Note, daß sich die Sozialstatistik im Gesamtbereich der empirischen Sozialforschung in wachsendem Umfange auch solcher Gebiete bemächtigt, die einer direkten, quantitativen Erfassung nicht zugänglich sind und dem Bereich der unsichtbaren Fakten und der inneren Seinswelt angehören; hierdurch erhält auch die Verfahrensweise in Ausrichtung auf den Beobachtungsinhalt, namentlich durch Aufnahme soziopsychologischer Testverfahren noch eine wesentliche Verbreiterung.

Hiernach nimmt sich die moderne Sozialstatistik im Kreise der sozialwissenschaftlichen Fachdisziplinen in bezug auf die mannigfachen Funktionen, die sie als Denk- und Ausdrucksform, als Wissensinhalt und Erkenntnisquelle ausübt, als eine in sich geschlossene, selbständige Wissenschaft mit komplexem Charakter aus, die zugleich als integrierender Bestandteil in den anderen Disziplinen der empirischen und theoretischen

[11] Vgl. CH. LORENZ a. a. O. S. 31.
[12] a. a. O. S. 20 f.
[13] a. a. O. S. 37.

Sozialwissenschaften wie auch in den Nachbar- und Grenzgebieten der Geistes- und Naturwissenschaften eingeschlossen ist. Ihre eigentliche Domäne liegt heute in der Beschreibung und kausalen Ergründung aller zahlenmäßig unmittelbar und mittelbar erfaßbaren Zustände, Seinsformen, Gestaltungen und Abläufe des sozialen Lebens, die unter Einsatz von Arbeitsmitteln der mathematisch-rechnerischen und der analytischen Auswertungs- und Darstellungstechnik verdeutlicht werden."

Nach der Schilderung der geschichtlichen Entwicklung und der allgemeinen Aufgaben der Statistik, die hier im weiteren Sinne als Sozialstatistik gekennzeichnet worden ist, soll nunmehr vor allem die *Organisation* der Statistik behandelt werden, soweit sie von allgemeiner Bedeutung für die Durchführung der statistischen Aufgaben insgesamt ist und sich nicht nur auf einzelne Stoffgebiete beschränkt. Auch hierbei werden zweckmäßig die Darstellungen im Handwörterbuch der Sozialwissenschaften (15. Lieferung) herangezogen.

Grundsätzlich sind bei der Organisation der Statistik zwei Möglichkeiten zu unterscheiden: einmal die *Zentralisierung* der statistischen Arbeiten in einem zentralen Statistischen Amt, das die statistischen Bedürfnisse *aller* Zweige der Staatsverwaltung erfüllt, zum anderen die *fachliche Dezentralisation* der amtlichen Statistik, wobei jeweils die zuständige Behörde die für ihr Verwaltungsgebiet erforderlichen Statistiken allein durchführt[14]. Im allgemeinen kann die fachliche Dezentralisation als die historisch frühere Form der amtlichen Statistik angesehen werden, vor allem solange die einzelnen Statistiken sich wirklich nur auf einzelne Verwaltungszwecke erstreckten. Sobald aber von einer solchen speziellen Bedeutung der Statistik nicht mehr gesprochen werden konnte, lag es nahe, die statistischen Aufgaben einer statistischen Zentralstelle zu überweisen; das gilt ganz besonders für die Wirtschaftsstatistik mit ihrer zunehmenden Ausweitung zur allgemeinen Wirtschaftsbeobachtung. Die Zusammenfassung der statistischen Arbeiten in einem zentralen Statistischen Amt hat vor allem einen großen Vorteil: Derartige Dienststellen können viel leichter und genauer die immer wieder notwendige methodische und praktische Verbesserung der Statistik durchführen und vor allem die Einheitlichkeit der Arbeit gewährleisten, die sowohl bei der Vorbereitung und Durchführung wie bei der Auswertung der Statistiken eine große Rolle spielt. Die Aufstellung der erforderlichen Systematiken (für Berufe, Betriebe, erzeugte und gehandelte Waren usw.) beispielsweise ist eigentlich nur von einer zentralen Stelle aus möglich, da nur sie verbindliche und allgemein gültige Abmachungen mit den entsprechenden Stellen der Wirtschaft treffen kann. Auch die Aufbereitungsarbeiten,

[14] Vgl. hierzu und zum folgenden G. Fürst a. a. O. S. 53 ff.

bei denen weitgehend eine *einheitliche* Prüfung der Unterlagen Voraussetzung ist und meist eine entsprechende Ausbildung und geistige Einstellung der zur Arbeit herangezogenen Personen erfordert, gedeihen in dieser Art der Organisation besser und garantieren ein zutreffenderes Ergebnis als die Verzettelung der Arbeiten auf mehrere kleinere Dienststellen. Das schließt aber nicht aus, daß vielfach ein gemischtes System der statistischen Organisation vorhanden ist, besonders in föderalistischen Staatsgebilden, wie in der Bundesrepublik Deutschland, aber auch in den Vereinigten Staaten; immerhin erfolgt auch hier die gesamte Aufbereitung in den Bundeszentralen, während das Zählgeschäft bei eigenen regionalen Stellen (field organisations) liegt.

In der Bundesrepublik Deutschland steht an der Spitze der statistischen Organisation das Statistische Bundesamt in Wiesbaden; es ist aus dem Statistischen Amt des Vereinigten Wirtschaftsgebietes (1948) hervorgegangen und hat im wesentlichen die Aufgaben des ehemaligen Statistischen Reichsamts übernommen. Das Statistische Bundesamt ist eine selbständige Bundesoberbehörde im Geschäftsbereich des Bundesministeriums des Innern; früher war hierfür das Reichswirtschaftsministerium zuständig gewesen. Nach dem Gesetz über die Statistik für Bundeszwecke vom 11. September 1953 ist es die Aufgabe des Statistischen Bundesamts, solche Statistiken technisch und methodisch vorzubereiten, auf ihre Einheitlichkeit und Vergleichbarkeit hinzuwirken, ihre Ergebnisse für den Bund zu sammeln, zusammenzustellen und für allgemeine Zwecke darzustellen. Das Bundesamt hat ferner die Statistiken des Auslands und der internationalen Organisationen zu sammeln und darzustellen, ebenso umgekehrt deutsches Zahlenmaterial für die Zwecke der internationalen Organisationen zu liefern. Es hat vor allem auch die Volkswirtschaftlichen Gesamtrechnungen aufzustellen und damit ein in sich geschlossenes Bild vom Güter- und Einkommenskreislauf zu geben. Das Bundesamt wirkt ferner an der Vorbereitung der bundesgesetzlichen Rechtsverordnungen und allgemeinen Verwaltungsvorschriften auf dem Gebiet der Bundesstatistik mit und hat auf Anfordern der obersten Bundesbehörden (Ministerien) sonstige Arbeiten statistischer und ähnlicher Art durchzuführen sowie Gutachten über statistische Fragen zu erstatten. Zur Erleichterung dieser Aufgaben ist dem Statistischen Bundesamt durch das Gesetz ein Statistischer Beirat beigegeben worden, dem Vertreter der Bundesministerien, des Rechnungshofes, der Bank Deutscher Länder (Bundeszentralbank) und der Deutschen Bundesbahn angehören, ferner die Leiter der Statistischen Landesämter und die kommunalen Spitzenverbände, schließlich noch eine (verschiedene) Anzahl von Vertretern der gewerblichen Wirtschaft, der Landwirtschaft, der Arbeitgeberverbände, der Gewerkschaften und Wirtschaftswissenschaftlicher Institute.

Der Präsident des Statistischen Bundesamts ist zugleich Bundeswahlleiter. Das Amt ist in eine Zentralabteilung und acht Fachabteilungen gegliedert; das Personal besteht aus rund 2000 Köpfen. Um den Umfang und die Verschiedenartigkeit der statistischen Arbeiten des Bundes aufzuzeigen, seien hier die Arbeitsgebiete der einzelnen Fachabteilungen kurz dargestellt: I. Allgemeine Organisation der Bundesstatistik, darunter Aufstellung der Systematiken, Entwicklung des Stichprobenverfahrens und Anwendung mathematischer Methoden, Ausgestaltung des Maschinenparks für die maschinelle Aufbereitung vieler Statistiken, Betreuung der Zweigstelle Berlin. II. Volkswirtschaftliche Gesamtrechnungen und allgemeine Auslandsstatistik, dabei auch die Verbindung mit den zahlreichen internationalen Organisationen. III. Ernährungs- und Landwirtschaftsstatistik. IV. Industrie- und Handwerksstatistik. V. Handels- und Verkehrsstatistik, u. a. die zentrale Aufbereitung der Außenhandelsstatistik, Beobachtung des Handels mit der Sowjetischen Besatzungszone und mit Berlin. VI. Statistik der Preise und Löhne, des Bau- und Wohnungswesens, Sozialstatistik (hier im engeren Sinne zu verstehen). VII. Finanz- und Steuerstatistik, einschließlich der statistischen Auswertung der Bilanzen der Kapitalgesellschaften und der statistischen Beobachtung des Kapitalmarktes (soweit er von anderen Institutionen als Banken getragen wird). VIII. Bevölkerungs- und Kulturstatistik, hier vor allem auch die Volks- und Berufszählungen. Bestimmte „Geschäftsstatistiken" werden außerhalb des Statistischen Bundesamts durchgeführt, z. B. über die Kriminalfälle im Bundeskriminalamt, über die Angelegenheiten der Sozialversicherungsträger und die Ausländerbeschäftigung im Bundesarbeitsministerium, über die Zulassungen und Bestände von Kraftfahrzeugen im Kraftfahrtbundesamt (Flensburg).

Die „zweite Instanz" in der statistischen Organisation stellen in der Bundesrepublik Deutschland die Statistischen Landesämter dar[15]. Wie schon erwähnt, sind die größten Statistischen Landesämter (damals „Bureaus" — von Preußen und Bayern) zu Beginn des 19. Jahrhunderts entstanden, dann zwischen 1820 und 1855 diejenigen von Württemberg, Sachsen, Bremen, Baden, Braunschweig, Oldenburg, noch später, nämlich 1866, dasjenige von Hamburg. Im nationalsozialistischen Deutschland wurde bekanntlich die Reichsstatistik weitgehend zentralisiert und damit den Landesämtern wichtige Teile ihrer Aufgaben fortgenommen. Nach 1945 erlangte dann die Landesstatistik allmählich wieder größere Selbständigkeit. Nach Bundesrecht verbleiben Statistiken, die der Bund nicht in Anspruch nimmt, den Ländern. Im übrigen geht die Schaffung vergleichbarer statistischer Unterlagen durch freiwillige Koordinierung der Lan-

---

[15] Vgl. hierzu Handwörterbuch der Sozialwissenschaften, 15. Lieferung, S. 59 ff.: K. Krieger, Statistik, amtliche (III) Landesstatistik.

desstatistiken vor sich. Bezüglich der Kostenfrage hat § 8 des Statistik-Gesetzes entschieden: „Die Kosten der Bundesstatistik werden, soweit sie bei den Bundesbehörden entstehen, vom Bund, im übrigen von den Ländern getragen." In dem bereits erwähnten „Beirat" können die Länder ihre entsprechenden Wünsche vertreten. Den Ländern liegt es vor allem ob, hierbei besonders die *regional* wichtigen Aufgaben und Zusammenhänge zur Geltung zu bringen. „Damit ist die der Landesstatistik gestellte regional-soziographische Aufgabe ein Politikum erster Ordnung", stellt KRIEGER in diesem Zusammenhang fest. Über die im Bundesgebiet einheitlich durchgeführten Statistiken hinaus gibt es in den Ländern vielfach noch besondere Erhebungen für Landeszwecke (im einzelnen nachzulesen auf S. 61 f. unserer Quelle).

Eine weitere statistische „Instanz" sind die Statistischen Ämter der Städte[16]. Eine organisierte Städtestatistik gibt es erst seit der Mitte des 19. Jahrhunderts, veranlaßt durch die industrielle Entwicklung und das damit verbundene Wachstum der Städte, und zwar wurde das erste selbständige Statistische Amt einer Stadt 1862 in Berlin gegründet. Mitte 1953 bestanden in der Bundesrepublik 70 selbständige Statistische Ämter in den Städten, außerdem noch 50 sonstige statistische Stellen, die mit anderen Verwaltungsstellen zusammengefaßt sind. In den Städtestatistiken wirkt sich der Gedanke regionaler Aufgaben besonders stark aus. Außer den Aufgaben im eigenen Interesse der Stadtgemeinden fallen den städtestatistischen Ämtern noch die „Auftragsangelegenheiten" zu, d. h. die Durchführung der zentral angeordneten statistischen Erhebungen und die Bearbeitung sämtlicher statistischen Anfragen; diese Auftragsangelegenheiten überwiegen heute in der Arbeit der Städtestatistik, wie Mewes feststellt. Es handelt sich hierbei vor allem um die eigentliche Durchführung der Zählung bei den Volks-, Berufs-, Betriebs-Zählungen usw., die Prüfung der ausgefüllten Fragebogen auf Vollständigkeit und Richtigkeit der Angaben, während die eigentliche Aufbereitung dieser Erhebungen in den Landesämtern vor sich geht. Der Leiter eines städtestatistischen Amtes ist in aller Regel ein akademisch vorgebildeter wissenschaftlicher Statistiker (meist Volkswirt). Vielfach werden dem Statistischen Amt der Stadt noch andere Aufgaben übertragen, so das Wahlamt, das Einwohnermeldeamt usw. Seit 1879 besteht ein Verband Deutscher Städtestatistiker, der auch das vom Deutschen Städtetag herausgegebene „Statistische Jahrbuch Deutscher Gemeinden" bearbeitet; gleichzeitig ist er maßgebend an der Bearbeitung und Herausgabe des Internationalen Jahrbuchs der Großstädte beteiligt. Auch der Deutsche Städtetag verfügt seit 1927 über eine eigene statistische Abteilung, die eine Vierteljahrsschrift „Vergleichende Städtestatistik" herausgibt.

[16] a. a. O. S. 63 ff.: B. MEWES, Statistik, amtliche (IV) Städtestatistik.

Bezüglich der „Amtlichen Statistik in der Deutschen Demokratischen Republik"[17] soll hier die zusammenfassende Darstellung des Verfassers BEHRENS über die Aufgaben der Statistik genügen: „Nach eingehender Diskussion über Wesen und Aufgaben der Statistik pflichtete die Mehrzahl der daran beteiligten Wissenschaftler und Praktiker der statistischen Arbeit der Deutschen Demokratischen Republik (DDR) der Meinung bei, daß die Statistik eine selbständige Gesellschaftswissenschaft ist.

In dieser Eigenschaft kommt der Statistik die Aufgabe zu, das Leben und die Entwicklung der menschlichen Gesellschaft bzw. die wirtschaftlichen Beziehungen in ihrer Einheit von Produktivkräften und Produktionsverhältnissen sowie die sozialen und kulturellen Beziehungen der Menschen untereinander und schließlich den Einfluß der natürlichen und technischen Faktoren auf das gesellschaftliche Leben quantitativ zu untersuchen. Die Statistik der DDR untersucht daher die quantitative Seite gesellschaftlicher Massenerscheinungen, allerdings in untrennbarem Zusammenhang mit deren qualitativer Seite, so daß die gewonnenen statistischen Ergebnisse die objektiven Erscheinungen und Prozesse richtig widerspiegeln. Die theoretischen Grundlagen der Statistik der DDR sind der historische Materialismus und die politische Ökonomie des Marxismus-Leninismus."

Die „Deutsche Verwaltung für Statistik in der sowjetischen Besatzungszone" wurde im Oktober 1945 geschaffen und später als „Statistisches Zentralamt" bezeichnet, mit Sitz in Berlin C 2; seit September 1952 lautet die Bezeichnung „Staatliche Zentralverwaltung für Statistik". Als Ergebnis der sehr ins einzelne gehenden Tätigkeit der statistischen Dienststellen stellt BEHRENS am Ende seiner Ausführungen zusammenfassend fest: „Durch ein derart umfassendes Berichtssystem, verbunden mit den generellen Vollmachten der statistisch-methodischen Weisungsbefugnis an alle Organe der staatlichen Verwaltung ist garantiert, daß die Statistik der DDR ihre Aufgaben in der Planwirtschaft erfüllen kann."

Was die amtliche Statistik im *Ausland* angeht, so bringt auch darüber unsere Quelle aus der Feder von G. FÜRST und G. JACOBI für die wichtigsten europäischen und amerikanischen Länder und bedeutsame asiatische Länder zusammenfassende Angaben[18]. Es handelt sich um folgende Länder: 1. *Österreich*, wo nach dem Gesetz von 1950 die Besorgung der Bundesstatistik, „d. h. aller Tatsachen des gesellschaftlichen und wirtschaftlichen Lebens, die für die Bundesverwaltung, nicht nur für ein Land, von Bedeutung sind", grundsätzlich dem Österreichischen Statistischen Zentralamt obliegt. 2. Die *Schweiz* mit ihrem Eidgenössischen Statistischen Amt

---

[17] Vgl. 15. Lieferung, S. 65 ff.: FR. BEHRENS, Statistik, amtliche (V).

[18] a. a. O. S. 70 ff.

und daneben noch einigen anderen selbständig tätigen Statistischen Ämtern, z.B. dem Bundesamt für Industrie, Gewerbe und Arbeit, das die Statistik der Preise und Löhne, des Arbeitsmarktes, der Bautätigkeit sowie die Preisindexziffern und einen Index für die Einzelhandelsumsätze bearbeitet. 3. *Italien* mit einem Zentralen Statistischen Dienst seit 1861; 1926 wurde das autonome Istituto Centrale di Statistica errichtet (unter Aufsicht des Präsidenten des Ministerrats); dieses Amt hat die Verantwortung für alle Bevölkerungs-, Wirtschafts- und Sozialstatistiken inne. 4. *Frankreich,* wo die amtliche Statistik weitgehend fachlich dezentralisiert ist und fast jede wichtige Verwaltungsbehörde ihren eigenen statistischen Dienst hat. Seit 1946 besteht hier ein führendes zentrales Amt unter dem Namen Institut National de la Statistique et des Études Économiques pour la Mètropole et la France d'Outre-Mer (INSEE), das zwar in viel wirksamerer Weise als sein Vorgänger auf die Entwicklung der französischen amtlichen Statistik Einfluß nehmen kann, ohne daß jedoch die Dezentralisation der amtlichen Statistik beseitigt wäre; nach wie vor werden auch die großen Zählungen von den einzelnen Verwaltungen durchgeführt. 5. Die *Niederlande* mit einer „Statistischen Zentralkommission" (seit 1892) und dem Centraal Bureau voor de Statistiek, die beide dem Innenminister unterstehen. 6. *Großbritannien und Nordirland,* wo nach wie vor eine starke statistische Dezentralisation herrscht; eine statistische Zentralbehörde gibt es hier nicht, was naturgemäß für die Koordination der statistischen Arbeiten eine große Schwierigkeit bedeutet. Eine wichtige Stellung hat dabei das Board of Trade, das auch heute noch eine Reihe wichtiger Statistiken bearbeitet und vor allem das „Annual Abstract of Statistics" herausgibt. Das seit 1941 bestehende Central Statistical Office hat vor allem die Aufgabe, als Beratungs- und Koordinierungsstelle zu wirken und das statistische Material, das von allen Seiten bereitgestellt wird, zusammenzustellen, wozu auch ein „Monthly Digest of Statistics" geschaffen wurde. Wenn hier auch ein die Statistik *allgemein* regelndes Gesetz nicht vorhanden ist, kommt doch dem Statistics of Trade Act von 1947 eine große Bedeutung für die Wirtschaftsstatistik Großbritanniens zu; insbesondere wird hierdurch das Board of Trade verpflichtet, jährlich einen Produktionszensus und nach Bedarf einen Binnenhandelszensus durchzuführen. 7. *Tschechoslowakei,* wo die Statistik zunächst nach dem Gesetz von 1919 sehr stark zentralisiert war („Statistisches Staatsamt" als vollziehendes und „Statistischer Staatsrat" als beratendes Organ) und nach dem zweiten Weltkrieg in anderer Form wieder aufgebaut werden mußte. Das Gesetz über die volkswirtschaftliche Erfassung und die Verordnung über den regionalen Dienst des Statistischen Staatsamtes von 1951 führen dann zu einer völligen Neuordnung nach sowjet-russischer Art. Dabei kontrolliert das Statistische Staatsamt die statistische Berichterstattung mit Hilfe eigener, bei den Verwaltungen eingerichteter Dienststellen; es übt auch die statistische Kontrolle der Erfüllung der Volkswirtschaftspläne aus. 8. *Sowjetunion.* Während im zaristischen Rußland fast jedes Ministerium innerhalb seines Rahmens statistisch tätig war, wobei die „Semstwo-Statistik" der Gouvernements- und Kreis-Selbstverwaltungsorganisationen eine große Rolle spielte[19], steht heute an der Spitze der staatlichen Statistik die „Statistische Zentralverwaltung" beim Ministerrat der UdSSR, der ein wissenschaftlich-methodischer Rat beigegeben ist. Diese Dienststelle ist für alle Fragen der Statistik verantwortlich, prüft auch die Erfüllung der Volkswirtschaftspläne, stellt volkswirtschaftliche Bilanzen auf und führt eigene statistische Erhebungen durch. Auch die statistische Tätigkeit der Ministerien und sonstigen Verwaltungen untersteht der Kontrolle der Statistischen Zentralverwaltung. Für alle Statistiken besteht eine allgemeine Berichterstattungspflicht. 9. *Kanada,* wo allmählich an die Stelle einer langjährigen Dezentralisation eine weitgehende Zentralisation der Statistik getreten ist, für die das Dominion Bureau of Statistics (beim Handelsministerium) verantwortlich ist. 10. *Vereinigte Staaten von Amerika*[20]. Die hier besonders notwendige und wichtige Koordinierung der statistischen Arbeiten wurde seit 1933 vom Central Statistical Board ausgeübt, das 1939 in Gestalt der „Division of Statistical Standards" in das Bureau of the Budget beim Executive Office des Präsidenten eingegliedert wurde; 1952 erhielt es die Bezeichnung Office of Statistical Standards; ohne die formelle Genehmigung dieses Amtes dürfen keine statistischen Erhebungen durchgeführt werden, selbst der Druck von Fragebogen ohne Genehmigungsvermerk ist verboten! Infolge seiner Eingliederung in das Bureau of Budget kann es auch einen erheblichen Einfluß auf die Bewilligung von Mitteln für statistische Zwecke ausüben. Die wichtigste Dienststelle für die Durchführung von Erhebungen ist das Bureau of the Census (beim Department of Commerce), das neben den großen Zensusarbeiten u. a. auch die laufenden Erhebungen über Bevölkerung und Arbeitskräfte, Güterproduktion, Groß- und Einzelhandel, Außenhandel, Staats- und Gemeindefinanzen betreibt. Daneben ist besonders zu erwähnen das Bureau of Labour Statistics, das nebst weiteren Spezialdienststellen für die entsprechenden fachlichen Erhebungen zuständig ist; für die Schätzungen des Volkseinkommens und des Bruttosozialprodukts ist die National Income Division beim Department of Commerce verantwortlich. 11. *Brasilien.* Da nach der Verfassung des Bundesstaates Brasilien die 20 Staaten und die Territorien sowie die Gemeindebezirke eine weitgehende Selbstän-

---

[19] Vgl. hierzu Al. Kaufmann, Theorie und Methoden der Statistik, Tübingen 1913. besonders S. 189 u. 349 ff.

[20] Vgl. oben S. 14.

digkeit haben, war hier der Aufbau einer einheitlichen Statistik besonders schwierig. Erst seit den 30er Jahren besteht hier ein Instituto Brasileiro de Geografia e Estatistica und ein (dieses Institut leitender) Conselho Nacional de Estatistica, denen die statistischen Ämter des gesamten Landes in fachlicher Hinsicht unterstellt sind, so daß sie nach einem einheitlichen Plan arbeiten; das Institut hat Agenturen in allen Gemeindebezirken eingerichtet, die die allgemeine Bundesstatistik besorgen. Die hohen Kosten für diese Organisation werden aus dem Ertrag der von den Gemeinden erhobenen Vergnügungssteuer aufgebracht. 12. *Israel* kennt bereits seit 1935 (noch unter englischer Mandatsverwaltung) ein Statistisches Amt, das einen Teil der amtlichen Statistik zentral verwaltete. Seit 1948 gibt es hier das Statistische Zentralbureau; es führt amtliche statistische Erhebungen mit Ausnahme der Geschäftsstatistik der Verwaltungen durch und ist mit der Koordinierung der amtlichen Statistik überhaupt beauftragt; es übernimmt auch die maschinelle Aufbereitung des statistischen Materials für andere Dienststellen und veröffentlicht die Ergebnisse. 1951 ist es mit der Abteilung für Wirtschaftsforschung (Amt des Ministerpräsidenten) verschmolzen worden. 13. *Türkei.* Hier gibt es erst seit 1933 eine wirklich ertragreiche amtliche Statistik, weil erst dann in der Form der Generaldirektion mit eigenen statistischen Dienststellen ein statistischer Spezialdienst geschaffen worden ist, der das rechtliche Monopol zur Durchführung und Veröffentlichung von Statistiken besitzt. Nur das Gesundheits- und das Nachrichtenwesen werden hinsichtlich der Statistik noch von den zuständigen Ministerien bearbeitet, und das Ministerium für Wirtschaft und Handel berechnet durch seinen konjunkturstatistischen Dienst noch selbst die Preisindices. 14. *Indien.* Hier ist die Statistik entsprechend der Verwaltungsform des Landes noch weitgehend dezentralisiert. Erst 1951 wurde beim Kabinett ein Statistisches Zentralamt (Central Statistical Organization) eingerichtet als koordinierende und beratende Dienststelle; ähnliche Koordinierungsämter gibt es neuerdings auch in den (28) Bundesstaaten. Eine gewisse Einheitlichkeit der Erhebung usw. besteht bisher nur auf begrenzten Gebieten, z. B. bei der Industriestatistik. Für bestimmte statistische Arbeiten gibt es hier eigene Ämter, z. B. für Volkszählungen, für volkswirtschaftliche Gesamtrechnungen usw. und für repräsentative Erhebungen aller Art. 15. *Japan.* Auch hier ist die Statistik stark dezentralisiert. Die japanische Bevölkerung bringt für statistische Arbeiten anscheinend kein großes Interesse auf. In jedem Ministerium bestehen statistische Dienststellen, die die Erhebungen mit Hilfe des „Statistischen Dienstes" durchführen, der in den mittleren und unteren Verwaltungsbezirken eingerichtet ist; auch zum Amt des Ministerpräsidenten gehört ein Statistisches Bureau, das vor allem für Volkszählungen usw. verantwortlich ist. Als koordinierende

Stelle wurde 1951 die Statistical Standards Division beim Büro des Ministerpräsidenten geschaffen.

Sieht man von gewissen Einzelheiten in der Darstellung der bisher behandelten 16 Länder (einschließlich der Bundesrepublik Deutschland) ab, so tritt immerhin deutlich eines in Erscheinung: Alle diese Länder, unter denen sich neben den wirtschaftlich am weitesten entwickelten auch noch einige „Entwicklungsländer" (früher „unterentwickelte Länder" genannt) befinden, haben, teilweise schon recht früh, teilweise erst in der jüngstvergangenen Zeit, in erheblichem Maße statistische Organisationen und Gebilde schaffen müssen, weil sie nur so in die Lage versetzt wurden, zuverlässige Unterlagen für ihr politisches, wirtschaftliches und kulturelles Handeln zu gewinnen. Die Statistik ist damit gewissermaßen ein inhärenter und unentbehrlicher Teil der gesamten Verwaltung geworden. So verschieden die einzelnen Völker in ihrer Denkweise und in ihren politischen und sonstigen Zielen auch noch sein mögen, der Zwang zur Anwendung statistischer Verfahren und damit zur Ausbildung statistischer Organisationen besteht für alle uneingeschränkt; selbst die stärksten Unterschiede des *Wesens* (quale) hindern nicht, daß die Erfassung von *Zahl und Menge* (quantum) immer verbreiteter und immer einheitlicher wird.

Bei diesem Tatbestand ist es kein Wunder, daß es schon im 19. Jahrhundert zur Begründung einer *internationalen Statistik* kam. Folgen wir abermals den Ausführungen von G. Fürst[21], so dürfen wir als Begriff der internationalen Statistik folgendes festhalten: „Unter internationaler Statistik sind alle Arbeiten auf dem Gebiet der Statistik zu verstehen, die sich zum Ziel setzen, einheitlich aufgebaute und damit international vergleichbare statistische Daten über bestimmte Vorgänge und Tatbestände zu erhalten. Zur internationalen statistischen Arbeit gehören daher alle Bemühungen, durch eine wissenschaftliche Diskussion im internationalen Rahmen zu einheitlichen Abgrenzungen, Begriffen und Klassifikationen für die zu untersuchenden Fragen zu kommen. Darüber hinaus werden auch mehr oder weniger feste Vereinbarungen über bestimmte international durchzuführende statistische Programme abgeschlossen.

Ein Interesse an international vergleichbarem statistischem Material ist in allen Ländern vorhanden, da vielfach wissenschaftliche Erkenntnisse erst durch den Vergleich möglich werden. Zu diesem allgemeinen wissenschaftlichen Interesse ist schon frühzeitig das praktische Interesse der Regierungen an vergleichbaren Statistiken, vor allem im Zusammenhang mit Handelsverträgen, sichtbar geworden."

Träger dieser internationalen Statistik ist in erster Linie das 1885 gegründete *Internationale Statistische Institut* (sein Vorläufer der „Inter-

[21] 15. Lieferung, S. 77 ff.: Statistik, internationale.

nationale Statistische Kongreß", der zwischen 1853 und 1878 eine Reihe von Tagungen abhielt). Dieses Institut hat seit seiner Gründung im allgemeinen aller zwei Jahre Tagungen durchgeführt; ihm gehören neuerdings rund 300 Mitglieder, darunter 20 Deutsche, an, die für ihre Person von den Institutsmitgliedern gewählt werden. Außerdem sind die Leiter der Statistischen Zentralämter und der internationalen statistischen Stellen usw. für die Dauer ihrer Amtszeit ex officio Mitglieder des Instituts. Dieses Institut behandelt in erster Linie statistisch-methodische Fragen unter rein wissenschaftlichen Gesichtspunkten; dagegen hat sich die internationale Zusammenarbeit auf dem Gebiet der *amtlichen* Statistik mehr und mehr zu den internationalen Regierungsorganisationen hin verlagert, die im folgenden noch zu behandeln sind.

Geschichtlich ist weiter zu bemerken, daß durch eine besondere Konvention 1905 das Internationale Landwirtschaftliche Institut in Rom errichtet wurde, wodurch es auch auf dem Gebiet der Landwirtschaftsstatistik zu einer intensiven internationalen Zusammenarbeit kam. An seine Stelle ist neuerdings die Food and Agriculture Organisation (FAO), ebenfalls mit dem Sitz in Rom, getreten, und zwar als Gründung der „Vereinten Nationen". Nach der Gründung des Völkerbundes führte 1928 eine in seinem Rahmen abgehaltene Konferenz zum Abschluß der *Genfer Konvention* über die Wirtschaftsstatistik, die von zahlreichen Staaten ratifiziert worden und noch heute in Kraft ist. Sie verpflichtet ihre Mitglieder zur Durchführung eines bestimmten statistischen Minimalprogramms nach einheitlichen Begriffen und Klassifikationen. Die Arbeiten des Völkerbundes wurden nach dem zweiten Weltkrieg von den *Vereinten Nationen* (United Nations = UN) übernommen, und zwar in erheblich erweitertem Maße. Unter den Fachkommissionen der UN befindet sich auch eine „Statistische Kommission", das Schwergewicht liegt aber bei dem Statistischen Amt der UN, das noch besondere Fachabteilungen für Wirtschaftsstatistik, Bevölkerungsstatistik und für Volkswirtschaftliche Gesamtrechnungen besitzt. Zu den erfolgreichen Arbeiten dieses Amtes gehören vor allem eine internationale Gewerbesystematik, eine internationale Systematik für den Außenhandel, ein System volkswirtschaftlicher Gesamtrechnungen und im Zusammenhang damit Grundlagen und Begriffe der Investitionsstatistik.

Zum Wirtschafts- und Sozialrat der UN gehören noch drei regionale Wirtschaftskommissionen, und zwar für Europa, für Asien und den fernen Osten und für Latein-Amerika, die sich ebenfalls alle mit statistischen Arbeiten in ihrem Gebiet befassen. Die Wirtschaftskommission für Europa hat noch für ihre einzelnen Fachgebiete verschiedene statistische Arbeitsgruppen eingesetzt. 1952 wurden die Leiter der Statistischen Zentralämter der europäischen Staaten zu einer ständigen „Konferenz europäischer Statistiker" zusammengeschlossen; diese Konferenz tritt jährlich einmal zusammen und wirkt mit Arbeits- und Sachverständigengruppen auf *allen* Gebieten der amtlichen Statistik. Auch die Vorbereitung der für 1960 bzw. 1961 vorgesehenen Volks-, Berufs- und Betriebszählungen („Weltzensus") gehört hierher.

Weiter sind im internationalen Zusammenhang wichtig geworden die internationalen Hilfsprogramme, von denen hier für die Statistik besonders der „Marshallplan" zu erwähnen ist. Für seine Durchführung wurde in Paris der Europäische Wirtschaftsrat (Organisation for European Economic Cooperation = OEEC) gegründet, dessen Sekretariat eine besondere Abteilung für Volkswirtschaftliche Gesamtrechnungen und Statistik besitzt. Diese Abteilung hat sich besonders verdient gemacht um die Ausarbeitung des Standardsystems volkswirtschaftlicher Gesamtrechnungen; es bildet die Grundlage der jährlichen OEEC-Berichte über die vergangene und die Vorausschau auf die zukünftige Wirtschaftsentwicklung der Mitgliedsstaaten. In diesem System spielen auch Berechnungen des Sozialprodukts zu konstanten Preisen — zur Kennzeichnung der realen Entwicklung — und die Darstellung der Verflechtungen innerhalb der Wirtschaft (input — output) eine wichtige Rolle.

Im Rahmen der „Europäischen Gemeinschaft für Kohle und Stahl" (Montanunion) hat sich auch eine enge statistische Zusammenarbeit zwischen Belgien, unserer Bundesrepublik, Frankreich, Italien, Luxemburg und den Niederlanden entwickelt. Durch die Schaffung des „Gemeinsamen Marktes für Kohle und Stahl" sind sehr vielfältige statistische Probleme aufgetaucht, besonders auf den Gebieten der Produktion, der Beschäftigung, der Arbeitskosten und -einkommen, der Preise, der Lebenshaltung, bei Reallohnvergleichen, Investitionsproblemen im Rahmen einer langfristigen Wirtschaftsentwicklung usw. Infolge der vertraglich festgelegten Befugnisse der „Hohen Behörde" und der erheblichen finanziellen Möglichkeiten kann gerade hier die statistische Abteilung die internationale Zusammenarbeit und die Vergleichbarkeit der internationalen Statistiken sehr viel intensiver gestalten, als das in anderen internationalen Organisationen möglich ist.

Die internationale Arbeitsorganisation (International Labour Organisation = ILO) hat einen Sachverständigenausschuß für Statistik und in ihrem Sekretariat eine Abteilung für Statistik eingerichtet. Hier sollen vor allem gewerbliche und Berufssystematik, Betriebsunfälle, Indexziffern der Lebenshaltung, Wirtschaftsrechnungen für Arbeiterfamilien, Lohnstatistik (einschließlich Reallohnvergleiche), Arbeitskräfte und Arbeitslose, Streiks usw. eingehend behandelt werden. Durch die Konvention Nr. 63, der auch die BRD beigetreten ist, wurde die Statistik der Löhne und der Arbeitszeit verbindlich geregelt.

Die Organisation der Vereinten Nationen für Erziehung, Wirtschaft und Kultur (United Nations' Educational, Scientific and Cultural Organization = UNESCO) mit dem Sitz in Paris gibt ein World Handbook of Educational Organizations and Statistics heraus, arbeitet auch sonst statistisch über Fragen der Erziehung, der Büchereien und Museen, des Analphabetentums, der Bücher und Zeitschriften usw.

Für die Weltgesundheitsorganisation (World Health Organization = WHO) mit dem Sitz in Genf bilden vor allem die kurzfristigen statistischen Zusammenstellungen der Seuchenmeldungen aus aller Welt eine wichtige Grundlage, ferner Statistiken über den Gesundheitszustand, die Sterbefälle und die Todesursachen. Hier wird auch ein entsprechendes internationales Verzeichnis bearbeitet, das auch als Grundlage für die deutschen Statistiken dient.

Auf dem Gebiet der Bankenstatistik und der Statistik des Kapitalmarktes und der Zahlungsbilanz arbeiten die Weltbank, die Internationale Bank für Wiederaufbau und Entwicklung und der Internationale Währungsfonds. Außerdem gibt es noch weitere Sonderorganisationen der UN, die statistisch tätig sind, wie der Weltpostverein, der Fernmeldeverein, die Weltorganisation für Meteorologie.

Erwähnt werden soll noch, daß es über die UN hinaus noch „weltweite amtliche Fachorganisationen" gibt, die sich ebenfalls mit der Statistik ihres Bereiches befassen; es handelt sich hier um Wolle, Baumwolle, Kautschuk, Zinn, Tee und Walfang.

Die bisherigen Ausführungen befaßten sich mit der *amtlichen* Statistik, und zwar vor allem Deutschlands, aber auch wichtiger Gebiete des Auslands sowie der internationalen Regelung. Von Bedeutung für die Öffentlichkeit ist aber nicht nur die amtliche, sondern in gewissem Umfang auch die *private Statistik*. Wesentliche Mitteilungen darüber enthält wieder unsere bisher benutzte Quelle[22], der wir hauptsächlich folgendes entnehmen: Ob es sich um amtliche oder um private Statistik handelt, entscheidet sich danach, wer der *Träger* der Statistik ist. Bei der privaten Statistik handelt es sich nicht nur um natürliche Personen und juristische Personen des Privatrechts, sondern auch um juristische Personen des öffentlichen Rechts, wie die Industrie- und Handelskammern, die Handwerkskammern usw. Einen Sonderfall stellt die „Betriebsstatistik" dar, eine interne, innerbetrieblichen Zwecken dienende Statistik, deren Ergebnisse nicht zur Veröffentlichung bestimmt sind. Bei der amtlichen und der privaten Statistik werden grundsätzlich die gleichen Methoden angewandt; eine Besonderheit der privaten Statistik liegt aber darin, daß

---

[22] 15. Lieferung, S. 81 ff.: W. Degenhardt, Statistik, private.

sie *stets* auf dem Grundsatz der *Freiwilligkeit* beruht, während die amtlichen Erhebungen, soweit sich die Befragten nicht freiwillig beteiligen, zwangsweise durch besondere Rechtsvorschriften durchgesetzt werden können. Mit dieser Freiwilligkeit hängt es auch zusammen, daß die private Statistik normalerweise nur Erhebungen durchführt, an deren Ergebnissen die Befragten ein unmittelbares oder wenigstens ein mittelbares Interesse haben. Die private Statistik zeichnet sich meist durch eine Vielfalt der Fragestellung aus, ferner dadurch, daß hier selten Total-, in der Regel vielmehr Repräsentativerhebungen durchgeführt werden. Anderseits bestehen auch zwischen amtlicher und privater Statistik gewisse enge Verflechtungen, schon deshalb, weil sich die Träger beider Arten von Statistik an den gleichen Erhebungskreis wenden. Das erfordert von vornherein eine Abstimmung der Erhebungsprogramme, um Doppelarbeit zu vermeiden; eine solche Abstimmung wird dadurch erleichtert, daß — wie oben erwähnt — die wichtigsten Träger der privaten Statistik im Beirat und in den Fachausschüssen des Statistischen Bundesamts vertreten sind. Parallelerhebungen sind allerdings in Einzelfällen dann vonnöten, wenn die privaten Organisationen über die individuellen Verhältnisse ihrer Mitglieder unterrichtet sein wollen, aber auf das vorhandene (amtliche) Einzelmaterial wegen der Geheimhaltungsbestimmungen nicht zurückgegriffen werden kann. Auf dem Gebiet der Auswertung der Statistik kommt es vielfach dann zu einer Arbeitsteilung zwischen amtlicher und privater Statistik, wenn die Verbände usw. die Ergebnisse nach sehr viel *mehr* Positionen verwerten müssen, als es der amtlichen Statistik schon im Hinblick auf die Kostenfrage möglich ist; das gilt beispielsweise im Zusammenhang mit der Produktionsstatistik. Während die amtliche Statistik stets veröffentlicht wird, ist das bei der privaten Statistik normalerweise nicht der Fall; nur den beteiligten Mitgliedern werden die entsprechenden Auskünfte gegeben.

Aus der Geschichte der privaten Statistik ist hervorzuheben, daß schon um die Mitte des 19. Jahrhunderts verhältnismäßig umfangreiche Erhebungen von einzelnen Forschern und Wissenschaftlern durchgeführt wurden; eine besondere Rolle spielten hierbei die sozialwissenschaftlichen Vereinigungen wie der Verein für Sozialpolitik (z. B. Untersuchungen über die Lage des Handwerks). Weiter von Bedeutung wurden hierbei die Gewerkschaften, die Arbeitgeberverbände und die Fachverbände sowie die marktregelnden Organisationen, von 1934 ab besonders die damals geschaffenen Pflichtorganisationen der Wirtschaft. Die wichtigsten Träger privater Erhebungen sind heute die industriellen Verbände, wobei teilweise besondere Träger des statistischen Erhebungswesens gebildet werden, z. B. für den Kohlenbergbau die „Statistik für Kohlenwirtschaft e. V.". Die Vielfalt der hier beteiligten Verbände ist unserer Quelle

(S. 83) zu entnehmen. Auch in der Energiewirtschaft, in der Landwirtschaft, in Handel und Verkehr, in Geld- und Kreditwesen, in der Versicherungswirtschaft werden weitgehende Untersuchungen durchgeführt. Zu erwähnen ist hier noch besonders das Wirtschaftswissenschaftliche Institut der Gewerkschaften (Köln) und die Bundesvereinigung der Arbeitgeberverbände sowie die Genossenschaftlichen Spitzenverbände.

Die besonderen Wirtschafts- und Marktforschungsinstitute unterscheiden sich insofern untereinander, als die Wirtschaftswissenschaftlichen Institute im allgemeinen keine besonderen Erhebungen durchführen, sondern auf die Ergebnisse der amtlichen und der privaten Statistik zurückgreifen, während die ausgesprochenen „Markt- und Meinungsforschungsinstitute" sich meist eigener Repräsentativerhebungen (nach mathematisch-statistischem Auswahlverfahren) bedienen; hier sind vor allem das Institut für Demoskopie, Allensbach, und die EMNID, Bielefeld, bekannt geworden. Immerhin werden auch im IFO-Institut für Wirtschaftsforschung, München, und im „Deutschen Institut für Wirtschaftsforschung (IfW, früher Institut für Konjunkturforschung, begründet von Wagemann, dem früheren Präsidenten des Statistischen Reichsamts), Berlin, bestimmte statistische Arbeiten durchgeführt, die den eigentlichen statistischen Erhebungen nahestehen. Zu erwähnen ist noch die bekannte Firma F. O. Licht, Ratzeburg, die auf privatwirtschaftlicher Basis eigene Erhebungen durchführt und vor allem das wichtigste internationale Zahlenmaterial über die Zuckerwirtschaft zusammenstellt.

Die private Statistik im *Ausland* ist besonders da von großer Bedeutung, wo entsprechende amtliche Erhebungen nicht vorliegen. Das gilt z. B. für die Schweiz wegen des Fehlens einer kurzfristigen amtlichen Wirtschaftsstatistik sowie in Italien, in gewissem Umfang auch in Großbritannien; hier sind besonders die „Financial Times" und „The Economist" bekannt geworden durch die Erstellung und Veröffentlichung aufschlußreichen statistischen Materials. In Frankreich hat man durch ein besonderes Gesetz, Nr. 51—711, vom 7. Juni 1951 sogar eine enge Verflechtung zwischen amtlicher und privater Statistik erzielt; private Organisationen können hiernach von der Regierung ermächtigt werden, bei der Durchführung statistischer Erhebungen als „Vermittler" zu dienen; ihre Angestellten sind dann ebenso zur Geheimhaltung verpflichtet wie die Beamten öffentlicher Dienststellen. Ein gut ausgebautes privates Erhebungswesen besteht in Schweden, ähnlich in Norwegen auf bestimmten Gebieten. In den Vereinigten Staaten bedienen sich vielfach staatliche Stellen der Erhebungsergebnisse der privaten Verbände.

Für den notwendigen Kontakt zwischen den Trägern der amtlichen sowie der privaten Statistik und den Benutzern der Statistik (Einzelpersonen, Verbänden usw.) sorgen vor allem die *Veröffentlichungen*[23]. Die amtlichen Veröffentlichungen enthalten die Ergebnisse der einmaligen und der periodischen Zählungen in absoluten Zahlen, teilweise auch schon gewisse Auswertungen (Prozent- und Promillzahlen, graphische Darstellungen usw.). Das Zahlenmaterial ist nach regionalen oder fachlichen oder nach beiden Gesichtspunkten gegliedert und erlaubt auf diese Weise eine Ausnutzung nach den verschiedensten Gesichtspunkten. Für die breite Öffentlichkeit sind von besonderem Interesse die statistischen „Quellenwerke" in der Form von Sammelbänden für einmalige Erhebungen und von Zusammenzügen in statistischen Zeitschriften (Viertel- oder Halbjahreshefte) für periodische Zählungen sowie besonders die Periodika für kürzere Zeitabschnitte, meist Monatshefte; diese Hefte dienen vor allem dazu, den Nicht-Statistiker rasch über das Ergebnis periodischer und einmaliger Zählungen in kurzen Aufsätzen oder Übersichtstabellen zu unterrichten (beispielsweise in der BRD „Wirtschaft und Statistik", herausgegeben vom Statistischen Bundesamt). Daneben gibt es Periodika für längere Zeitabschnitte (Statistische Jahrbücher) mit Zahlennachweisen aus dem gesamten Gebiet der Statistik, häufig auch der privaten Statistik; solche Jahrbücher werden in der Bundesrepublik vom Statistischen Bundesamt und von den Statistischen Landesämtern herausgegeben. Auch in den meisten ausländischen Staaten sind sie eine gewohnte Erscheinung geworden. Ebenso ist die Zahl der internationalen Veröffentlichungen erheblich; so geben auch die UN ein „Monthly Bulletin of Statistics" (New York) seit 1947 und ein Statistical Yearbook sowie ein Demographic Yearbook seit 1948, ferner ein Yearbook of International Trade Statistics seit 1950 und Statistics of National Income and Expenditure seit 1952 heraus. Von den übrigen Veröffentlichungen der UN ist noch zu nennen das Yearbook of Food and Agriculture Statistics (Production, Trade), das seit 1947 in Washington erscheint. Die Montanunion läßt seit 1953 in Luxemburg ein „Statistisches Bulletin (Statistisch Handboek)" herauskommen sowie seit 1956 ein „Statistisches Taschenbuch".

Auswertungen und sonstige Bearbeitungen der Statistik in der Form von Veröffentlichungen wissenschaftlicher Institute und Gesellschaften bringen in Deutschland u. a. das „Allgemeine Statistische Archiv" (München, 1959 der 43. Band) und die Einzelschriften der Deutschen Statistischen Gesellschaft (München), in Österreich die „Statistische Vierteljahresschrift" (Wien), weiter die „Schweizerische Zeitschrift für Volkswirtschaft und Statistik" (Basel und Bern), in Frankreich das „Journal de la Société Statistique de Paris", in Großbritannien das „Journal of the Royal Statistical Society" (London), in den Vereinigten Staaten das

[23] Vgl. hierzu 15. Lieferung, S. 87 ff.: K. KRIEGER, Statistisches Veröffentlichungswesen.

„Journal of the American Statistical Association" (Boston) — um hier nur einige der wichtigsten dieser Erscheinungen zu nennen. Unter den „übernationalen" Veröffentlichungen sei hier nur noch die „Revue de l'Institut International de Statistique" (Den Haag seit 1933) genannt.

Damit kann dieser allgemeine Überblick über die Beziehungen der Statistik zum Staat und zu der Öffentlichkeit überhaupt abgeschlossen werden, und die Darstellung kann sich nunmehr den einzelnen Fachgebieten der Statistik zuwenden.

1. Kapitel

Allgemeines über das statistische Verfahren

Da sich auch bei den verschiedenen Fachgebieten der Statistik immer wieder die gleichen Probleme der Materialbehandlung zeigen, ist es angebracht, *vor* der Erörterung der einzelnen Gebiete einen allgemeinen Überblick über das statistische Verfahren überhaupt zu geben. Dieses statistische Verfahren ist, wenn wir uns der Definition von R. MEERWARTH[1] anschließen, dadurch gekennzeichnet, „daß es Massenerscheinungen erfaßt, auszählt und darstellt sowie die gewonnenen Ergebnisse rechnerisch weiter verarbeitet". Das bedeutet im einzelnen: Auf der *ersten* Stufe werden die Einheiten oder Einzelfälle, aus denen sich die gegebene Massenerscheinung zusammensetzt, festgestellt, und zwar nach ihren Unterscheidungsmerkmalen; das sind diejenigen Merkmale, bezüglich derer sich die Einheiten oder Einzelfälle von einander unterscheiden, also z. B. die Studenten nach ihrem Studienfach, die Arbeiter nach ihrem Erwerbszweig, die Eheschließungen nach dem Alter der Eheschließenden usw. Auf der *zweiten* Stufe des statistischen Verfahrens werden die mit Hilfe der Erhebung (oder Zählung) gewonnenen Unterlagen, auch Urmaterial genannt, ausgezählt: Die Einheiten, aus denen sich die Massenerscheinung zusammensetzt, werden zusammengezählt und gleichzeitig nach den vorgesehenen Unterscheidungsmerkmalen gruppiert. Auf der *dritten* Stufe werden die in den Tabellen eingefangenen zahlenmäßigen Angaben rechnerisch weiterverarbeitet und ausgewertet.

Die *erste* Stufe, die Feststellung der Einheiten oder Einzelfälle, aus denen sich die gegebene Massenerscheinung zusammensetzt, stellt sich bei den „sozialen Massenerscheinungen" in der Regel als eine planmäßig durchgeführte Zählung oder besser *Erhebung* dar; Erhebung ist der allgemeinere Ausdruck und umfaßt auch die Fälle, wo die Statistik nicht zählt, sondern *mißt* (beispielsweise bei den Anbauflächen, bei den Einnahmen und Ausgaben). Das Ziel dieser Erhebung ist die genaue Erfassung des sogenannten „Urmaterials", d. h. der Summe aller die statistische Gesamtheit bildenden Einheiten oder Einzelfälle samt ihren Merkmalen. Wird das Urmaterial durch eine besondere, eigens im statistischen Interesse durchgeführte Erhebung gewonnen, so haben wir das Urmate-

[1] Leitfaden der Statistik (MEYERS Kleine Handbücher, Bd. 23), Leipzig 1939, S. 10.

rial einer *primären* Statistik vor uns; dieser Ausdruck stammt von dem bekannten Statistiker GEORG v. MAYR. Eine genauere Definition gibt GERHARD MACKENROTH[2]: „In allen Fällen, wo selbständige Erhebungen oder Verzeichnungen für statistische Zwecke stattfinden, sprechen wir von Primärstatistik. Primärstatistik betreiben die Statistischen Ämter, die die Fragebogen für die Volks-, Berufs- und Betriebszählungen und für zahlreiche andere Erhebungen der amtlichen und halbamtlichen Statistik ausarbeiten. Dazu kommen die privaten statistischen Büros von Industrieverbänden, Einzelfirmen, Körperschaften des öffentlichen und privaten Rechts und schließlich auch einzelne sozialwissenschaftliche Forscher und Forschungsanstalten." Anders ausgedrückt kann man auch sagen, daß die Ergebnisse solcher Erhebungen auf „ursprünglicher" Massenbeobachtung beruhen. Werden dagegen die Einzelfälle *nicht* durch eine *besondere* statistische Erhebung gewonnen, sondern fallen sie bei der Ausübung nicht-statistischer Tätigkeit an, z. B. bei der Tätigkeit einer öffentlichen Verwaltung, so liegt das Urmaterial einer *sekundären* Statistik vor. Scherzhaft spricht man hier auch gelegentlich von „Abfallprodukt". Die weitere Bearbeitung des Urmaterials auf der zweiten und dritten Stufe ist dann die gleiche, einerlei, ob es sich um Urmaterial einer primären oder einer sekundären Statistik handelt. Beispiele hierfür sind die standesamtlichen Beurkundungen, die Feststellungen, die gelegentlich einer Ehescheidung, einer gerichtlichen Verurteilung, eines Unfalls usw. durch die zuständigen Behörden vorgenommen werden. Die Unterlagen der amtlichen Statistik der Einkommen, der Vermögen, des Umsatzes usw. werden zunächst für die Zwecke der Steuerverwaltung gefertigt und auch von der Steuerverwaltung ausgewertet. Erst nachträglich werden sie für statistische Zwecke bearbeitet, übrigens zu einem großen Teil von den Steuerbehörden selbst. Manche Einkommensermittlungen gelingen dagegen auf primärem Wege, wie schon das Beispiel der Lohn- und Gehaltserhebung im Deutschen Reich vom Februar 1920 gezeigt hat. Dagegen kann man das Einkommen der selbständigen Gewerbetreibenden, auch vieler höher besoldeter Angestellten usw. im allgemeinen nur auf dem Wege der sekundären Statistik feststellen, weil sich die genannten Kreise unbedingt gegen eine Befragung durch eine allgemeine offene Erhebung sträuben würden.

Auch bei dem Material der Sekundärstatistik kann den besonderen statistischen Belangen durch eine entsprechende Fragestellung Rechnung getragen werden, auch wenn dieses Material *zunächst* den Zwecken der besonderen Verwaltung usw. dienen soll. Das geschieht dann vor allem

---

[2] Methodenlehre der Statistik (Grundriß der Sozialwissenschaften, Bd. 24), Göttingen 1949, S. 14.

durch die Aufnahme *zusätzlicher* Fragen, die für den Verwaltungsakt selbst nicht, wohl aber vom statistischen Gesichtspunkt von Bedeutung sind. So wird z. B. bei der Eheschließung noch nach dem genauen Alter, dem Beruf und anderen Daten der Ehepartner gefragt, obwohl diese Feststellungen für die Gültigkeit der Eheschließung (abgesehen von der „Ehemündigkeit") nicht erforderlich sind. Daher darf man auch keineswegs glauben, daß das Urmaterial einer sekundären Statistik unzulänglicher sein müsse als das einer primären Statistik. Das Gegenteil kann der Fall sein. Auf manchen Gebieten zeichnet sich das Urmaterial der sekundären Statistik sogar ausgesprochen durch eine größere Genauigkeit und Vollständigkeit aus als das der primären Statistik. Als Beispiel diene hierfür die Statistik der Straftaten: Zwar werden die in einem bestimmten Zeitabschnitt gegen Reichs- oder Bundesgesetze usw. begangenen Übertretungen, Vergehen und Verbrechen nicht in vollem Sinne „erschöpfend" erfaßt, sondern natürlich nur in dem Umfang, in dem sie der Polizei und den Gerichten bekannt geworden sind. Soweit aber Personen von deutschen Gerichten in dem betreffenden Zeitabschnitt wegen dieser Übertretungen, Vergehen und Verbrechen abgeurteilt worden sind, werden die von der Justizverwaltung den statistischen Dienststellen überlassenen Unterlagen wesentlich zutreffender und vielseitiger sein als Unterlagen, die auf dem Wege einer primären Statistik gewonnen werden könnten. Man versuche sich nur vorzustellen, die Straftaten sollten etwa bei einer Volkszählung durch Befragung der Täter selbst festgestellt werden!

Was nun wieder die *primäre* Statistik angeht, so haben wir uns zunächst mit der Technik der Erhebung eingehender zu befassen. Das erste, was hier äußerlich in Erscheinung tritt, ist der *Fragebogen*. Diesem Fragebogen gehen aber bereits sehr wichtige Überlegungen der verantwortlichen Statistiker voraus. Der Erfolg der ganzen Erhebung kann in Frage gestellt sein, wenn der Fragebogen nicht richtig durchdacht und entsprechend angelegt ist. Mit Recht stellt WAGEMANN[3] fest, daß „die Erhebungstechnik in der zweckmäßigen Anlage des Fragebogens gipfelt". Aus seinen reichen Erfahrungen im amtlichen statistischen Dienst fügt er hinzu: „So einfach dem Laien die Aufstellung und die Formulierung der Fragen erscheinen mag, die den großen Volks- und Betriebszählungen, der Handelsstatistik oder anderen großen Erhebungen zugrunde liegen, so schwierig ist doch in Wirklichkeit diese Technik, an deren Vervollkommnung Generationen von Statistikern gearbeitet haben. Man glaubt nicht, welcher Unsinn entstehen kann, wenn ohne Beteiligung geschulter statistischer Fachleute Erhebungen durchgeführt werden. Eine einzige ungeschickte Frage, eine einzige leichte Mißverständlichkeit des Aus-

[3] in seinem „Narrenspiegel der Statistik", Hamburg 1935, S. 42.

drucks in den Erhebungsbogen kann es mit sich bringen, daß Regimenter von Fehlern in den Zahlenkolonnen einhermarschieren. Zu den Grundbedingungen einer guten Erhebung gehören Eindeutigkeit und Einfachheit in der Fragestellung."

Bei der Vorbereitung dieses Fragebogens muß man zunächst die zu erfassende Massenerscheinung genau abgrenzen, so wie es für den Zweck der Erhebung notwendig ist, also etwa die Gesamtbevölkerung eines bestimmten Gebiets, alle gewerblichen Betriebe oder nur die Motorenbetriebe, alle landwirtschaftlichen usw. Betriebe oder nur die Gartenbaubetriebe, die in Heilstätten behandelten Personen, alle Studierenden, alle Schüler usw. — und muß gleichzeitig die „Zähleinheit" festlegen, etwa alle Personen je für sich, den Familienhaushalt, die technische Betriebseinheit, das Unternehmen, das Krankenhaus, die Hochschule, die einzelnen Schulen usw., wobei alle wesentlichen Unterscheidungsmerkmale geklärt werden müssen.

Noch einige Ausführungen zur Abgrenzung der Massenerscheinung und zur Festlegung der Zähleinheit[4]: Da die Zahl der Massenerscheinungen, die aus praktischen oder theoretischen Gründen gebildet und untersucht werden können, unendlich groß ist, muß der Statistiker, bevor er den eigentlichen Erhebungsplan aufstellt,' die ihn interessierende Massenerscheinung so deutlich umgrenzen, daß hinsichtlich der Einbeziehung der Einheiten oder Einzelfälle kein Zweifel mehr bestehen kann. Die gewünschte Umgrenzung ist dabei durch die Probleme bestimmt, zu deren Klärung der Statistiker die Unterlagen liefern will — oder besser: *soll.* Die Umgrenzung der betreffenden Massenerscheinung muß also mit anderem Wort „problemorientiert" sein. *Nur* aus theoretischem Interesse wird jedenfalls eine amtliche Statistik nicht durchgeführt. Diese Umgrenzung erfordert schon aus diesem Grunde eine recht gute Kenntnis des zugrundeliegenden Materials und seiner Reichweite, damit der verantwortliche Verwaltungsbeamte oder Forscher entscheiden kann, ob überhaupt und in welchem Grade das vorliegende Zahlenmaterial die als Problem gegebene Massenerscheinung deckt. Wer also etwa für ein Land die landwirtschaftlichen oder die gewerblichen Betriebe, die Arbeitslosen, die Wohnungen, die Haushaltungen usw. auszählen will, muß wissen, zu welchem *Zweck* diese Auszählungen vor sich gehen sollen, und danach die einzelnen Gesamtheiten abgrenzen. Bei den Wohnungen kann es sich z. B. darum handeln festzustellen, ob überhaupt die Zahl der Wohnungen für einen bestimmten — „objektiven" — Bedarf (Zuwanderung, starker natürlicher Bevölkerungszuwachs) ausreicht oder ob die Größengliederung der Wohnungen dem Verhältnis zwischen Klein- und Großfamilien

---

[4] Vgl. MEERWARTH a. a. O. S. 19 ff.

entspricht, ob diese Wohnungen ausreichend mit modernen Einrichtungen versehen sind oder versehen werden können (elektrisches Licht, Zentralheizung!); schließlich kann noch die Verkehrslenkung entsprechend der Lage und Häufung der einzelnen Wohnungen in bestimmten Gegenden des Stadtgebietes oder des weiteren Bereichs eine Rolle spielen.

Im allgemeinen ist auch die *Zähleinheit* selbst festgelegt, wenn die Massenerscheinung problemgerecht abgegrenzt ist, d. h. wenn Klarheit darüber besteht, welche Einheiten in die Erhebung oder Zählung einzubeziehen sind oder welche draußen bleiben. Hier bietet aber die Praxis oft größere Schwierigkeiten, als es zunächst der Fall zu sein scheint. Beispiele werden hierzu in den nächsten Kapiteln in größerem Umfang zu behandeln sein. Das gleiche gilt von den *Merkmalen*, die eigentlich so eindeutig im Fragebogen festgestellt werden sollten, daß bei der weiteren Bearbeitung keine Schwierigkeiten entstehen können. Hier weiß aber jeder praktische Statistiker, daß diese Forderung leichter gestellt als zu erfüllen ist. Auch damit werden wir uns noch eingehender zu befassen haben. Hier soll nur noch festgestellt werden, daß Merkmale nach solchen quantitativer und qualitativer Art zu unterscheiden sind.

Auf der *zweiten* Stufe des statistischen Verfahrens wird das Urmaterial ausgezählt oder „aufbereitet". Der bereits (auf S. 19) erwähnte Petersburger Statistiker Alexander Kaufmann hat 1913 die *Aufbereitung* sehr schön folgendermaßen definiert[5]: „Die statistische Erhebung oder Auszählung gibt unmittelbar noch keine statistischen Massenzahlen, sondern nur individuelle Angaben, deren jede sich auf einen Einzelfall oder auf ein Exemplar der betreffenden sozialen Masse bezieht. Diese Einzelangaben sind noch keine Statistik; sie stehen zur Statistik ungefähr im selben Verhältnis, wie die zum Bauplatz zusammengefahrenen Vorräte von Bausteinen, Balken, Wasserleitungsröhren usw. zu dem Gebäude, das aus allen diesen Baumaterialien zu errichten ist. Die Einzeltatsache, die Einzelangabe ist bei der Massenbeobachtung von keinem Interesse — aus einer Menge solcher Angaben sind erst Massenzahlen zu erlangen. Eine derartige Verwandlung von Einzelangaben in statistische Massenzahlen ist Aufgabe der sog. *Aufbereitung* oder *Ausbeutung*; die Zahlen, die sich im Resultate dieser zweiten Stufe der statistischen Beobachtung ergeben, gestalten sich zu *statistischen Tabellen*." Der Ausdruck Aufbereitung (in der Statistik) stammt übrigens von dem preußischen Statistiker *Engel* und ist der Bergmannssprache entnommen; man versteht dort unter Aufbereitung die Überführung des rohen Erzes in die geläuterte Form des Metalls.

Der eigentlichen Aufbereitung vorangehen muß die *Prüfung* des Materials auf Vollständigkeit und auf Richtigkeit. Die Prüfung auf Voll-

[5] a. a. O. S. 389.

ständigkeit erstreckt sich einmal auf den vollzähligen Eingang des Materials anhand von Kontrollisten, laufenden Nummern usw. und zum andern auf die Vollständigkeit der Eintragungen; es dürfen keine Fragen unbeantwortet geblieben sein. Etwa vorhandene Lücken müssen geschlossen werden. Fehlendes Material muß nachträglich eingeholt werden, und die unbeantworteten Fragen geben, soweit sich ihre Antwort nicht aus dem Sinnzusammenhang des ganzen Falles von selbst ergibt, Anlaß zu „Rückfragen". Der hierzu notwendige Arbeitsprozeß kann gelegentlich recht umständlich und zeitraubend sein. Um die Vollständigkeit etwa der gewerblichen Betriebe oder der Handwerksbetriebe zu gewährleisten, ist oft die Benutzung von Branchen-Adeßbüchern oder ein Einblick in die Handwerksrollen von Nutzen. In manchen Fällen läßt sich eine Prüfung erst dann vornehmen, wenn bereits das ausgezählte Gesamtergebnis vorliegt: Dieses Ergebnis kann mit bereits vorher vorhandenen Zahlen verglichen werden, die auf anderem Wege gewonnen worden sind, in Deutschland etwa das Ergebnis einer gewerblichen Betriebszählung mit den bekannten Daten der Wirtschaftsgruppen oder der Berufsgenossenschaften usw. Bei größeren Unterschieden müssen unter Umständen erst sehr langwierige und schwierige Prüfungsarbeiten einsetzen.

Schwieriger noch ist im allgemeinen die Prüfung auf *Richtigkeit* der Eintragungen. Die zentrale Stelle, die ihren Sitz meist weit entfernt von dem Erhebungsobjekt hat, kann die meisten Fehler, absichtliche oder zufällige, allerdings überhaupt nicht erkennen. Deshalb soll das Material immer schon von den lokalen Stellen, die den Objekten näher gelegen sind, geprüft werden, was aber nicht immer mit der nötigen Sachkunde und Sorgfalt geschieht. Manche Angaben erweisen sich aber dadurch als offensichtlich falsch, daß sie im Widerspruch stehen mit anderen Angaben über dieselbe Einheit. Andere sind schon in sich unwahrscheinlich. Bei Formblättern mit vielen Spalten oder Zeilen muß immer damit gerechnet werden, daß Eintragungen in eine falsche Spalte oder Zeile geraten, was sich allerdings vielfach ohne besondere Rückfragen bereinigen läßt. Die sonstigen Unstimmigkeiten müssen aber immer durch Rückfragen geklärt werden. Da es sich bei den Fehlern zum größten Teil um in ihrer Art immer wiederkehrende Eintragungsfehler handelt, arbeitet man dabei in der Regel mit vorbereiteten Rückfrage-Formblättern. Die Prüfung kann nur durch sachkundige Bedienstete durchgeführt werden. Sie dauert bei großen Erhebungen oft mehrere Monate. Von besonderer Bedeutung ist diese Prüfung, wenn es sich um eine Erhebung handelt, deren Ergebnisse unter Umständen zu nichtstatistischen Zwecken wie Beschlagnahme, (Nahrungsmittel-)Rationierung, Besteuerung usw. Verwendung finden könnten, wenn jedenfalls Besorgnisse der Bevölkerung in dieser Richtung vorliegen. Bekannt sind solche Wirkungen von jeher auf dem

Gebiet der Landwirtschaft gewesen. Bei den entsprechenden Sachgebieten wird noch auf die notwendigen Kontrollverfahren einzugehen sein.

Wenn das Material auf Vollständigkeit und Richtigkeit geprüft ist, muß es wenigstens hinsichtlich gewisser Merkmale „ausgezeichnet" werden. Unter *Auszeichnen oder Signieren* versteht man vor allem die „Schlüsselung" qualitativer Angaben. Sie hat folgenden Zweck: Die eigentliche Auszählung ist eine Massenarbeit, die von einfachen Arbeitskräften geleistet werden muß. Diesen kann man aber die Einreihung der einzelnen Angaben in ein oft recht kompliziertes Schema nicht zumuten. Auch dem Geübten ist das nicht möglich, ohne immer wieder die umfangreichen, aber wichtigen Arbeitsbehelfe der systematischen und alphabetischen Verzeichnisse der verschiedenen Berufe, Gewerbezweige, Warengattungen usw. zur Hand zu nehmen. Die Auszählarbeit wird deshalb erleichtert — beim maschinellen Verfahren überhaupt erst möglich gemacht! — und dadurch ein möglichst fehlerfreies Ergebnis sichergestellt, wenn die vielfältigen qualitativen Angaben in ein System von Ziffern oder Buchstaben übersetzt werden. Der auszählende Bedienstete braucht dann die häufig noch recht undeutlich geschriebenen textlichen Angaben der Auskunftspersonen gar nicht mehr anzusehen, sondern nur noch die oft mit Buntstift eingetragenen „Auszeichnungen".

Die *Auszählung* des Materials geht dann technisch folgendermaßen vor sich: Es gibt verschiedene technische Verfahren hierfür, elementare und sehr vollkommene. Man muß für jede Aufbereitung das Verfahren wählen, das gerade hierfür das rationellste ist. Die verschiedenen Verfahren sind unter einem dreifachen Gesichtspunkt zu beurteilen: nach der Schnelligkeit, der Sicherheit und der Kontrollmöglichkeit.

Die wichtigsten Verfahren sind das Strichelverfahren, das Legeverfahren und die elektrische Auszählung.

Das *Strichelverfahren* kommt nur bei ganz einfachen Auszählungen in Betracht. Es besteht einfach darin, daß man sich ein Tabellenformblatt mit der Gliederung der Endtabelle anlegt, aber mit besonders großen Tabellenfächern, jeden einzelnen Fragebogen in die Hand nimmt und für jeden Fall in die zutreffende Spalte einen Strich einträgt. Zweckmäßigerweise werden immer 5 Striche in geeigneter Weise zusammengefaßt und möglichst noch je 2 solcher Fünferpäckchen enger zusammengerückt, so daß die Striche sehr rasch zusammengezählt werden können. Das Verfahren kommt nur in Frage, wenn sehr wenig Teilgruppen unterschieden werden sollen. Sonst sind zuviel Versehen durch Fehleintragungen eines Striches möglich, was um so bedenklicher ist, als das Verfahren keine eigentliche Kontrollmöglichkeit hat. Das Ausstricheln ist im allgemeinen ein recht unsicheres Verfahren. So kann es bei Unterbrechung der Arbeit vorkommen, daß ein Bearbeiter unsicher wird, ob er einen Fall schon gezählt hat oder nicht. Stellt sich zum Schluß heraus, daß ein Fehler unterlaufen sein muß, so muß die ganze Auszählung wiederholt werden. Trotz diesen offenbaren Mängeln kommt die Ausstrichelung, die früher eine große Rolle gespielt hat, für *einfache* Arbeiten immer noch in Betracht. Bei technisch einwandfreier Gestaltung (z. B. Zusammenarbeit von zwei geübten Personen, von denen die eine „ansagt" und die andere strichelt) lassen sich die Fehlerquellen verringern. Das Strichelverfahren hat immerhin den Vorteil, daß das Urmaterial unmittelbar ausgezählt werden kann im Gegensatz zu den beiden folgenden Verfahren.

So müssen beim *Legeverfahren* im allgemeinen erst sogenannte *Zählblättchen* ausgeschrieben werden, wenn die ursprünglichen Formblätter ihrer Größe und sonstigen Beschaffenheit nach nicht schon als solche dienen können. Bei primärstatistischen Fragebogen ist das aber nur möglich, wenn es sich um Individualfragebogen handelt. Bei einer Volks- und Berufszählung müssen bei diesem Verfahren aus den „Haushaltungslisten" erst Zählblättchen herausgeschrieben werden. Ob die Angaben gewissenhaft auf die Zählblättchen übertragen worden sind, läßt sich leicht, mindestens stichprobenweise, nachprüfen. Zu diesem Zweck ist es aber nötig, daß auch das Zählblättchen gewisse Kontrollmerkmale (laufende Nummer der Zählbezirks usw.) enthält, um auch in diesem Stadium der Aufbereitungsarbeit noch den Weg zur ursprünglichen Eintragung im Urmaterial finden zu können.

Die Zählblättchen werden dann nach den verschiedenen Merkmalen auseinandergelegt oder, wie der Praktiker auch sagt, „geworfen". Dabei empfiehlt es sich, den Legevorgang möglichst zu atomisieren, also nicht gleichzeitig nach mehreren Merkmalen, sondern immer nur jeweils nach *einem* solchen auseinanderzulegen, also, wenn eine Tabelle mit einer Gliederung nach Geschlecht, Alter und Familienstand erstellt werden soll, erst nach dem Geschlecht, dann die beiden Geschlechtsgruppen nach dem Alter, dann die nach Alter *und* Geschlecht sortierten Fälle noch nach dem Familienstand auseinanderzulegen. Bei einem Merkmal mit sehr vielen Untergruppen, z. B. dem Alter mit rund 100 Altersjahren, wird man, um nicht unübersichtlich viele Päckchen vor sich zu haben, erst grob (vielleicht 0 — unter 10, 10 — unter 20 Jahren usw.), dann fein sortieren. Der Praktiker kennt noch allerlei weitere Vorteile beim Legeverfahren. Fehler beim Legen oder Werfen lassen sich ebenfalls stichprobenweise leicht erkennen und ebenso Fehler beim Zählen der Blättchen eines jeden Päckchens.

Wenn die Fälle einer Gruppe nicht bloß ausgezählt, sondern noch quantitative Merkmale aufsummiert werden sollen (z. B. Flächenangaben landwirtschaftlicher Betriebe, Beschäftigtenzahlen in gewerblichen Betrieben, Einkommensbeträge bei einer Einkommensstatistik usw.), wird man beim Legeverfahren die zu addierenden quantitativen Merkmale an den Rand der Zählblättchen schreiben. Man kann sie dann bei dachziegelförmiger Übereinanderschichtung dieser Zählblättchen bequemer addieren, falls man es nicht überhaupt vorzieht, in solchen Fällen besondere Listen anzulegen und diese aufzurechnen oder aber die Zahlen in eine schreibende Additionsmaschine zu geben.

Das technisch vollkommenste Verfahren ist sicherlich die *elektrische Auszählung*. Sie ist eigentlich ein maschinelles Legeverfahren. Es gibt zwei Systeme, die nach ihren Erfindern als Hollerith- und Powers-System bezeichnet werden. Hollerith war ein Deutsch-Amerikaner, der dieses System, das damals allerdings noch recht wenig entwickelt war, zum erstenmal bei der Aufbereitung des amerikanischen Census vom Jahre 1890 anwandte. Beiden Systemen gemeinsam ist die Lochkarte, die gewissermaßen an die Stelle des Zählblättchens tritt. Sie enthält eine Reihe von Spalten mit je 10 Feldern, die mit 0, 1, 2 usw. bis 9 beziffert sind. Für jedes Merkmal muß eine Spalte oder, wenn die Zahl der Merkmalsform größer als 10 ist, mehrere Spalten vorgesehen werden. Die Merkmalsformen müssen natürlich durch Ziffernsymbole (auf dem Wege des „Signierens") ausgedrückt sein. Der erste Arbeitsgang bei der elektrischen Auszählung ist das Lochen der Karten mit Hilfe eines Lochers — zweckmäßig eines „Magnetlochers" —, eines Gerätes, das mit einer Anzahl von Tasten für jede Lochung und einer solchen für eine Leerlochung versehen ist. Nach jeder Lochung rückt die Karte automatisch eine Spalte weiter. Nach den Erfahrungen, die ich selbst im Preußischen Statistischen Landesamt als Zählungsleiter gemacht habe, vor allem bei der Volks-, Berufs- und Betriebszählung von 1925[6], empfiehlt es sich, jede Lochkarte durch besondere Prüfmaschinen auf ihre Richtigkeit nachzuprüfen (möglichst „110%ige" Prüfung!), damit für den weiteren Gang der Bearbeitung von dieser Seite her keine Fehler zu befürchten sind.

Die Karten werden dann in der Sortiermaschine spaltenweise sortiert. Dieser Arbeitsgang entspricht dem Auseinanderlegen bei dem manuellen Legeverfahren. Bei dem Hollerith-Verfahren beruht die Sortierung auf einer elektrischen Steuerung. Die Karten werden, nachdem die Sortiermaschine auf eine bestimmte Spalte eingestellt ist, automatisch an einer „Abfühlvorrichtung" vorbeigeführt, wobei an der Stelle, wo sich in der Karte ein Loch befindet, ein Stromkreis geschlossen wird, der die Karte in das der gelochten Stelle entsprechende Fach steuert.

Wenn es sich, wie in der Statistik vielfach, nur darum handelt, die Fälle jeder Gruppe auszuzählen, wird die Sortiermaschine mit einer

---

[6] Vgl. P. Quante, Die Erfahrungen mit elektrischen Zählmaschinen in Preußen bei der Volks- und Berufszählung vom 16. Juni 1925, im Allg. Statist. Archiv, 20. Bd., Heft 1, 1930.

automatischen Auszählvorrichtung verbunden, die die Zahl der Einheiten jeder Gruppe feststellt. Damit ist dann der Aufbereitungsprozeß, der sich so ungeheuer rasch abspielt, abgeschlossen. In vielen Fällen wird aber nicht nur ausgezählt, sondern werden gleichzeitig auch gewisse Merkmale aufsummiert. Manchmal kommt es sogar auf diese Additionen in erster Linie, wenn nicht ausschließlich, an. In der Handelsstatistik beispielsweise wird ja für jede Warensendung, die die Grenze überschreitet, eine Lochkarte hergestellt, die nach den verschiedensten Gesichtspunkten, vor allem Warenart, Herkunfts- oder Bestimmungsland und Verkehrsrichtung sortiert wird. Dann kommt es aber nicht auf die Zahl der Fälle jeder Gruppe an, sondern auf die Summe der Mengen- und Wertbeträge. Es müssen also noch umfangreiche Additionen vorgenommen werden, und das geschieht bei der elektrischen Auszählung wiederum maschinell, und zwar durch die sogenannte Tabelliermaschine. Durch sie werden mehrere Spaltengruppen gleichzeitig in getrennten Rechenwerken aufaddiert. Die Summen werden mit Hilfe der Schreibwerke festgehalten. Die Maschine kann sogar so geschaltet werden, daß außerdem der Inhalt jeder einzelnen Karte listenmäßig niedergeschrieben wird.

Mit diesen Ausführungen konnte das technisch äußerst vielseitig ausgestaltete Verfahren der elektrischen Auszählung nur ganz schwach angedeutet werden. Es kommt hinzu, daß für alle möglichen Sonderbedürfnisse ständig Verbesserungen erfunden werden. Es braucht aber trotzdem nicht in jedem Falle rationell zu sein, dieses Verfahren, das ja immerhin auch einen großen Kostenaufwand erfordert, anzuwenden. Auf gewisse Schwierigkeiten in diesem Zusammenhang habe ich in meinen „Erfahrungen" hinweisen können. Wenn es sich beispielsweise um einfachere Auszählungen, besonders um geringe Mengen handelt, wäre es unwirtschaftlich, mit diesem Verfahren zu arbeiten. Ein großer Teil der Aufbereitungsarbeiten, namentlich die vorbereitenden Arbeiten der Prüfung und Auszeichnung (Signierung), kann zudem durch keine Maschine erledigt werden. Lohnend wird das Verfahren erst, wenn es sich um große Mengen von Einheiten handelt, und ganz besonders dann, wenn dabei quantitative Merkmale addiert werden sollen. Über die erwähnten Neuerungen unterrichten u. a. laufend die „IBM-Nachrichten", herausgegeben von der IBM Deutschland[7].

Nach all diesen vorbereitenden Maßnahmen kommen wir — immer noch auf der zweiten Stufe — zu der eigentlichen *Tabellierung.* Der Zweck der gesamten Aufbereitungsarbeiten ist ja die Herstellung der Tabellen.

Ihrer äußeren Erscheinung nach stellt die Tabelle eine Kombination von (senkrechten) Spalten oder Kolonnen und (waagerechten) Zeilen dar; der Inhalt der Spalten wird durch den „Kopf" bezeichnet, der Inhalt der

[7] Internationale Büromaschinen-Gesellschaft m.b.H., Sindelfingen bei Stuttgart.

Zeilen durch die „Vorspalte"; Tabellenfach oder Tabellenhäuschen heißt der Raum, der für die einzelnen Zahlen bestimmt ist. Eine Tabelle soll an sich so angelegt sein, daß sie sachlich ohne weiteres verständlich ist, auch ohne daß man erst den Text heranziehen muß, in dessen Zusammenhang sie wiedergegeben wird. Meist erhalten die Tabellen eine Überschrift, was immer dann zu empfehlen ist, wenn es sich um eine größere Anzahl von Tabellen in der gleichen Veröffentlichung handelt; auch diese Überschrift soll nach Möglichkeit den Inhalt der Tabelle klar kennzeichnen. Bei einer größeren Anzahl von Spalten und Zeilen ist es angebracht, sie mit einer Numerierung zu versehen, sei es auch nur, um das Zitieren zu erleichtern. Manche Tabellen — besonders in großen amtlichen Quellenwerken — erstrecken sich über zwei und mehr Druckseiten; in solchen Fällen ist es zur Erleichterung des Verständnisses wünschenswert, jeweils den Text der Vorspalte oder wenigstens die entsprechenden Nummern zu wiederholen. *Leere* Tabellenfächer sind möglichst zu vermeiden; wenn in einigen Fällen tatsächlich nichts ausgezählt worden ist, sollte ein liegender Strich (—) eingefügt werden. Ein Punkt anstatt einer Zahl bedeutet dagegen, daß zwar eine Eintragung an sich in Frage kommen könnte, aber in diesem Falle keine Angabe zur Verfügung steht oder nichts nachgewiesen ist. Die Angaben 0, 0,0 usw. besagen nicht etwa, daß hier nichts vorhanden ist, sondern daß es sich jeweils nur um weniger als die Hälfte der kleinsten Einheit handelt, die an sich in der Tabelle dargestellt werden kann.

Im *Aufbau* der Tabellen ist zwischen einfacher und kombinierter Tabellierung zu unterscheiden. Die Tabellierung ist einfach oder auch „isoliert", wenn Merkmale unabhängig von den Zahlen anderer Merkmale dargestellt werden, also z. B. die Todesfälle nur nach dem Geschlecht *oder* nur nach dem Alter des Verstorbenen, dagegen wird die Tabelle „kombiniert", wenn in diesen Fällen die nach dem Geschlecht unterschiedenen Verstorbenen *außerdem* gleichzeitig nach ihrem Sterbealter dargestellt werden. Diese Darstellung setzt selbstverständlich eine entsprechende kombinierte Auszählung des Materials voraus, aus der sich eben die Kombination der Merkmale ergibt. Eine solche kombinierte Darstellung kann unter Umständen sehr viel Raum erfordern; ein Beispiel[8]: Wenn man die Einwohner eines bestimmten Gebietes nach dem Geschlecht (2 Möglichkeiten), nach dem Familienstand (ledig, verheiratet, verwitwet, geschieden, also 4 Fälle) und nach den Altersjahren (möglicherweise 100 Jahre) gliedert, so sind bei einfacher Tabellierung nur 106 Spalten nötig, bei kombinierter Tabellierung dagegen — theoretisch! — $2 \times 4 \times 100 = 800$ Spalten. In Wirklichkeit ist natürlich die Zahl wesentlich geringer, weil es ja praktisch keinen Sinn hat, den Familienstand für die Alters-

[8] nach MEERWARTH, Leitfaden a. a. O. S. 41.

jahre unter 16 auszuzählen, und weil die Erwerbstätigkeit im Grunde erst mit 14 Jahren (oder noch später) beginnen kann, außerdem bestimmte Berufe nur bei Männern, aber nicht bei Frauen — und umgekehrt — vorkommen, ganz abgesehen noch davon, daß die obersten Altersjahre vielfach überhaupt nicht mehr besetzt sind. Die Art der Kombination von Merkmalen ist besonders dann wichtig, wenn man das Material für die „Ursachenforschung"[9] bereitstellen will: Man denke z.B. an die Kombination von Krankheit und Beruf (bestimmte „Berufskrankheiten" im Sinne der Unfallversicherung!), von landwirtschaftlicher Betriebsgröße und Viehhaltung (die vielfach in kleineren Betrieben im Vordergrund steht), von Alter und Straftaten (Häufung bestimmter Straftaten im jugendlichen Alter) usw. Auf der anderen Seite geht bei einer allzu umfangreichen Kombination die Übersicht über den Tabelleninhalt verloren; dabei kann gleichzeitig die zahlenmäßige Besetzung einzelner Untergruppen so gering werden, daß eine Auswertung dieser Angaben für die Ursachenforschung unmöglich ist.

Wenn man nach statistischem „Subjekt und Prädikat" unterscheiden will, dann kann man im allgemeinen sagen, daß die Vorspalte, der die Zeile entspricht, gewissermaßen die Frage beantworten soll, *wer* oder *was* durch die in der Zeile untergebrachten Zahlen charakterisiert wird, daß dagegen der Kopf — dem die Spalte entspricht — die Frage nach den *Merkmalen* beantworten soll, durch die sich die in der Vorspalte gekennzeichneten Gruppen oder Teilmassen charakterisieren lassen. Die Vorspalte drückt also gewissermaßen das statistische Subjekt, der Tabellenkopf das statistische Prädikat des „statistischen Satzes" aus, der in dem Inbegriff der Zahlen der gesamten Tabelle den Ausdruck findet. „Wenn wir z.B. die ersten besten Veröffentlichungen der reichsdeutschen und der preußischen Statistik zur Hand nehmen, so finden wir im Seitentitel (NB. Kaufmanns Bezeichnung für „Vorspalte") der meisten Tabellen der Volkszählungsergebnisse die Benennungen der größeren oder kleineren Verwaltungsbezirke, in den Titeln der Tabellenköpfe Bezeichnungen von solchen diese Teilmassen charakterisierenden Merkmalen wie Größe, Zahl und Bevölkerung der ländlichen und städtischen Gemeinden, wie Familienstands- und Altersgruppen, wie Gebürtigkeit und Staatsangehörigkeit"[10]. In der Praxis kann im übrigen die Unterscheidung von statistischem Subjekt und Prädikat in Abhängigkeit von dem für den Verfasser der Tabelle maßgebenden Gesichtspunkt bedeutend verschoben werden; es kommt hierbei wesentlich darauf an, welche wissenschaftliche oder praktische Aufgabe sich der Verfasser der Tabelle gestellt hat, ob also im einzelnen

---

[9] Zur Ursachenforschung überhaupt vgl. Ch. Lorenz, Forschungslehre der Sozialstatistik, I. Bd., Berlin 1951, S. 272 ff.

[10] Al. Kaufmann, a. a. O. S. 415.

für ihn die örtliche Gliederung oder die sachliche Gliederung im Vordergrund steht, ob er die Personen oder etwa die von ihnen begangenen Handlungen als das Hauptsächliche ansieht, u. dgl. m. AL. KAUFMANN behandelt diese Fragen auf S. 409 ff. seines genannten Werkes ganz ausführlich, mit Beispielen aus Deutschland, Rußland und anderen Ländern.

Im Anschluß an diese allgemeine Betrachtung der Tabellengestaltung als des entscheidenden Teils der statistischen Aufbereitung sei noch kurz ein besonderes Problem behandelt, das sich dann ergibt, wenn die Massenerscheinung nach einem *quantitativen* Merkmal erfaßt worden ist, z. B. die Einwohner nach dem Alter, die landwirtschaftlichen Betriebe nach der Flächengröße. Hierbei müssen vor der Auszählung dieser Massen die Einzelfälle in der Regel in Klassen (oder Stufen) eingereiht werden, die dem jeweiligen Merkmal entsprechen, Altersklassen, Betriebsgrößenklassen usw. Bei diesen Größenklassen unterscheidet FLASKÄMPER[11] mit Recht „formal-arithmetisch" gebildete und „natürliche" Größenklassen. Die zweitgenannten sind eigentlich sachlich-*qualitative* Gruppen, nur im Gewande von Größenklassen. Sie werden nämlich in solchen Fällen gebildet, wo die qualitativen Gruppen selbst nicht gebildet werden können, weil ein entsprechendes statistisches Merkmal nicht erfaßt worden ist oder erfaßt werden kann. Das zeigt sich besonders deutlich bei den Gemeindegrößenklassen. Sie ergeben ja nicht nur Typen von Gemeinden, die sich hinsichtlich der Einwohnerzahl unterscheiden, sondern auch solche, die in verschiedener anderer — *qualitativer* — Hinsicht stark von einander abweichen. Eine Großstadt z. B. ist ja nicht nur eine Gemeinde, die mehr Einwohner hat als eine Kleinstadt oder eine ländliche Gemeinde, sondern sie ist ein Gebilde von einem ganz anderen Typ. Sie hat eine andere berufliche und soziale Struktur, einen anderen Rhythmus ihres Verkehrs und vor allem ganz andere Aufgaben und Funktionen im sozialen Ganzen. Da es aber keine statistisch erfaßbaren Merkmale gibt, die die Großstädte von den Mittelstädten usw. leicht unterscheiden lassen, behilft man sich, gewissermaßen surrogathaft, mit dem größenmäßigen Merkmal der Einwohnerzahl, die ja sicherlich *ein* Symptom, aber bestimmt kein eindeutiges Symptom für den Tatbestand ist, den man im Auge hat. So zieht man bekanntlich die Grenze zwischen Groß- und Mittelstadt bei 100 000 Einwohnern, obgleich man genau weiß, daß es Städte mit weniger als 100 000 Einwohnern gibt, die ein stärkeres großstädtisches Gepräge und mehr Großstadtfunktionen haben als manche Stadt mit mehr als 100 000 Einwohnern. Das war besonders deutlich in den Städten des Ruhrgebiets zu sehen, bevor noch die große Eingemeindung zwischen den Weltkriegen auch äußerlich hier eine Reihe von „Großstädten" neu geschaffen hat. Ähnliches gilt für die Grenzen zwischen ländlichen und

[11] z. B. in seinen „Statistischen Aufgaben", Hamburg 1953, S. 101.

städtischen Gemeinden, die in der (Reichs- und Bundes-)Statistik bei 2000 Einwohnern liegt. Im ehemaligen Staat Preußen wurden allerdings Stadt- und Landgemeinden nach dem Verwaltungscharakter unterschieden, wobei tatsächlich im allgemeinen „Landgemeinden" solche mit überwiegend ländlichem oder ausgesprochen landwirtschaftlichem Charakter waren, wenn sich dieser Charakter auch durch die Industrialisierung bestimmter Gebiete und die Aufnahme von Industriearbeitern usw. (besonders im Ruhrgebiet und in anderen Industriegebieten) vielfach gewandelt hat. Sogar eine offenbare „Stadt" wie Friedenau galt offiziell vor der Aufnahme in die „Großgemeinde" Berlin (Gesetz von 1920) noch als Landgemeinde. Ein anderes Beispiel: An der Schlei in Schleswig-Holstein liegt die *Stadt* Arnis mit etwa 900 Einwohnern, die in vieler Hinsicht mehr den Charakter einer echten Stadt hat als manche Gemeinden mit mehr als 2000 Einwohnern. Alle solche Grenzen sind also schematisch, aber doch für einen ersten Überblick nützlich. Es ist nur in solchen Fällen erforderlich, daß die Art der Einteilung von Zeit zu Zeit überprüft wird; denn es muß immer damit gerechnet werden, daß die Einteilung der sich ständig, sei es allmählich oder rascher, ändernden Wirklichkeit nicht mehr genügend entspricht.

Ein anderer Fall von natürlichen Größenklassen ist die Einteilung der landwirtschaftlichen Betriebe in Parzellenbetriebe (Fläche bis unter 2 ha), kleinbäuerliche (2 — unter 5 ha), mittelbäuerliche (5 — unter 20 ha), großbäuerliche (20 — unter 100 ha) und Großbetriebe (100 und mehr ha). Doch hat hier schon die Praxis auch innerhalb von Deutschland und zum gleichen Zeitpunkt gezeigt, daß auch diese Einteilung sehr willkürlich sein kann. So konnte ich durch einen Vergleich der Personalbesetzung und der Flächengrößen aus Anlaß der großen Zählung von 1925 feststellen, daß im allgemeinen östlich der Elbe (abgesehen von Gebieten wie der Magdeburger Börde) ein „Großbetrieb" mindestens 200 ha Fläche haben muß, um in seiner Intensität und Ertragsfähigkeit einem westlichen Großbetrieb zu entsprechen; ähnliches gilt von den übrigen Betriebsgrößen in der Landwirtschaft[12]. Man müßte eigentlich neben der reinen ha-Zahl auch die Boden*güte* — vielleicht ausgedrückt im Grundsteuerreinertrag — berücksichtigen.

Und schließlich ist auch die Abgrenzung der Erwachsenen von den Jugendlichen einerseits und den Greisen anderseits auch nicht auf die Dauer mit Hilfe der gleichen Altersjahre möglich. Man denke nur daran, daß im allgemeinen die Arbeits- und damit auch die Erwerbsfähigkeit heutzutage viel höher hinaufreicht als etwa vor hundert Jahren. Man

---

[12] Vgl. Landwirtschaftlicher Groß- und Kleinbetrieb nach Personal und Fläche. Preuß. Statistisches Landesamt, Statistische Korrespondenz, Berlin. Jg. 55 (1929), S. 59 ff.

spricht ja teilweise schon ernsthaft davon, die „natürliche Invaliditätsgrenze" (die zum Rentenbezug berechtigt) zum mindesten in Fällen freiwilliger Weiterarbeit auf 68, sogar auf 70 Jahre zu erhöhen. Hier gelten ja auch von Land zu Land ganz verschiedene Auffassungen und Bestimmungen. Dazu kommt noch der Unterschied der Geschlechter in der Wirkung auf die Frage, ob jemand erwachsen sei oder nicht.

Diese Beispiele sollten hier nur ganz allgemein ersichtlich machen, wie schwierig es selbst in so offenkundigen Fällen wie den genannten sein kann, die sachlich-quantitativen Merkmale als Ersatzausdruck für sachlich-qualitative zu verwenden.

Aber nicht nur bei den sachlich-quantitativen Merkmalen bedarf es einer genauen Einsicht in die Notwendigkeit und die sachgemäße Art einer zu schaffenden *Ordnung* für die einzelnen Glieder der Massenerscheinung. Das gilt noch viel mehr für die Einteilung nach sachlich-*qualitativen* Merkmalen. Mit Recht stellt MEERWARTH in seinem „Leitfaden"[13] folgendes fest: „Für die Gliederung einer Reihe von Massenerscheinungen nach bestimmten (qualitativen) Unterscheidungsmerkmalen müssen vorher Schemata oder *Ordnungen* ausgearbeitet werden, damit die Einreihung der Einzelfälle in Gruppen und Untergruppen einheitlich vorgenommen werden kann. ... Eine solche Ordnung stellt eine vielgestaltige Systematik dar, welche in übersichtlicher Weise aufgebaut ist. ... Der Aufbau dieser Ordnung ist von großer Bedeutung für die Erkenntnisse, die aus den Ergebnissen der einzelnen Erhebungen gewonnen werden können. Ist die Ordnung zu sehr zusammengezogen, umfaßt sie nur verhältnismäßig wenig Gruppen und Untergruppen, so besteht die Gefahr, daß in der Gruppe oder Untergruppe Einheiten (Berufsträger, gewerbliche Betriebe, Waren, Todesfälle usw.) zusammengefaßt sind, die voneinander hinsichtlich ihres Wesens oder ihrer Entwicklung stark abweichen. Besteht eine zu weitgehende Gliederung und Untergliederung, so wird die Übersicht gefährdet. Die Ordnung soll sich ferner der jeweiligen Stufe der wirtschaftlichen Entwicklung anpassen. Eine Ordnung der Gewerbe, die auf eine Volkswirtschaft zugeschnitten ist, welche im wesentlichen auf Handwerksbetrieben ruht, paßt nicht auf eine Volkswirtschaft, in der den großen horizontal und vertikal kombinierten Unternehmungen eine entscheidende Bedeutung zukommt. Auf der anderen Seite können Veränderungen in der Systematik, die von einer Zählung zur anderen vorgenommen werden, die Vergleichbarkeit stören."

Gerade die hier nur zusammenfassend erwähnten Schemata oder Ordnungen werden in der kommenden Behandlung der einzelnen Sachgebiete der Statistik noch eine erhebliche Rolle spielen.

---

[13] a. a. O. S. 33 ff.

2. Kapitel

Der Mensch als Lebewesen und als Staatsbürger

a) *Bevölkerungsstand und natürliche Bevölkerungsbewegung*

Der Nachweis des *Bevölkerungsstandes* durch eigene statistische Erhebungen gehört, wie auch in der Einleitung (S. 7 ff.) erwähnt wurde, zu den nachweisbar ältesten statistischen Ermittlungen auf amtlicher Basis. Dabei haben sich mit der Zeit Verfahren herausgebildet, die es ermöglichten, einmal zu zuverlässigen Ergebnissen zu gelangen, und zum andern, diese Ergebnisse für die praktischen Maßnahmen der Bevölkerungs-, Wehr-, Wirtschafts-, Verkehrs-, aber auch der Außenpolitik sowie für die laufende Verwaltung im Staat und in seinen Teilgebieten bis hinunter zu den Gemeinden auszuwerten[1]. Diesen Zwecken dienen die *Volkszählungen*. In Deutschland kann als der Beginn regelmäßig vorgenommener Volkszählungen diejenige von 1871 (erste allgemeine Volkszählung im Deutschen Reich) angesehen werden: Es folgten dann weitere Reichs-Volkszählungen von 1875 ab in fünfjährigem Zeitabstand, als letzte vor dem ersten Weltkrieg diejenige vom 1. Dezember 1910. Bis dahin wurden diese Volkszählungen immer im Winter, kurz vor Weihnachten, durchgeführt, wobei man — im allgemeinen wohl mit Recht — davon ausging, daß sich zu diesem Zeitpunkt die Bevölkerung grundsätzlich an ihrem Wohnort aufhielt. Abweichend von diesem Termin wurden allerdings auch im Sommer Erhebungen durchgeführt, und zwar die Berufszählungen vom 5. Juni 1882, vom 14. Juni 1895 und vom 12. Juni 1907, die man in gewisser Weise auch den Volkszählungen gleichstellen kann, bei denen aber der Sommertermin im Hinblick auf die besondere Erfassung der Berufs- und Beschäftigungsverhältnisse als zweckmäßiger erschien. Auch während des ersten Weltkrieges konnte man ohne Volkszählungen nicht auskommen, vor allem wegen der notwendigen Unterlagen für kriegswirtschaftliche Zwecke, insbesondere für die Lebensmittelbewirtschaftung; so kam es zu den Zählungen vom 1. Dezember 1916 und vom 5. Dezember 1917. Auch die Volkszählung vom 8. Oktober 1919 wurde noch im wesentlichen unter diesem Gesichtspunkt durchgeführt. Allerdings muß man wohl Lind darin Recht geben, daß diese

---

[1] Vgl. hierzu Erwin Lind, Die Volkszählungen, in: Die Statistik in Deutschland nach ihrem heutigen Stand, Bd. I, S. 167 ff.

„Kriegszählungen" nicht als vollgültige Volkszählungen im Sinne der wissenschaftlichen und der verwaltungsrechtlichen Gesichtspunkte angesehen werden dürfen. Infolge der Auswirkungen der Kriegsfolgen dauerte es dann doch länger als sonst üblich, bis es wieder gelang, eine allgemeine Volkszählung im Deutschen Reich durchzuführen; das geschah am 16. Juni 1925 in der Form einer vereinigten Volks-, Berufs- und Betriebszählung. Gleichartige Erhebungen fanden dann am 16. Juni 1933 (im Saarland erst am 25. Juni 1935) und am 17. Mai 1939 statt, dies die letzte reichsdeutsche Zählung vor dem zweiten Weltkrieg. Nach dem zweiten Weltkrieg war die erste gemeinsame Erhebung im „Vier-Zonen-Deutschland" diejenige vom 29. Oktober 1946 — die französische Zone hatte bereits am 26. Januar eine Volkszählung durchgeführt. Die — bisher letzte — Volks- und Berufszählung ist die Zählung vom 13. September 1950.

Die *Rechtsgrundlage* für die früheren Volkszählungen waren Bundesratsbeschlüsse — mit einem „Mindestprogramm" — und Länder(ausführungs)gesetze. Den früheren Berufs- und Betriebszählungen sowie den Zählungen von 1925, 1933 und 1939 lagen besondere Reichsgesetze zugrunde. Die Zählung vom 13. September 1950 beruht auf dem Volkszählungsgesetz vom 27. Juli 1950 (Bundesgesetzblatt S. 335). Auch die Art der Durchführung der Zählung, insbesondere die Mitwirkung von „Zählern" als Pflichtaufgabe usw. ist gesetzlich geregelt. Im übrigen ist für neuere Erhebungen inzwischen ein „Gesetz über die Statistik für Bundeszwecke" vom 3. September 1953 (BGBl. I S. 1314) verkündet worden, in dessen § 6 es heißt: „(1) Die Bundesstatistiken werden, soweit nicht in Absatz 2 oder in anderen Rechtsvorschriften Ausnahmen zugelassen sind, durch Gesetz angeordnet." Der Absatz 2 ermächtigt die Bundesregierung, unter gewissen Voraussetzungen statistische Erhebungen durch Rechtsverordnung anzuordnen.

Faßt man den *Erhebungsgegenstand* der Volkszählung ins Auge, so ergibt sich sofort die Frage, „welche Individuen mit Rücksicht auf die maßgebenden Beziehungen zum Zählungsort als Elemente des Bevölkerungsbestandes anzusehen sind"[2]. G. von Mayr unterscheidet die ursprünglichen und die abgeleiteten Bevölkerungskombinationen: „Der reinste Ausdruck der ursprünglichen Bevölkerungskombination ist die Kombination der faktischen oder ortsanwesenden Bevölkerung"[3]. Die abgeleiteten Bevölkerungskombinationen ergeben sich nicht auf der Grundlage des tatsächlichen Zählungsgeschäfts allein, sondern mit Hilfe von „anderweitigen Beziehungs- und Nichtbeziehungsverhältnissen zu dem

---

[2] Georg von Mayr, Statistik und Gesellschaftslehre, II. Bd., 2. Aufl., Tübingen 1926, S. 25.

[3] im Original teilweise gesperrt.

Zählungsgebiet und dessen Abschnitten". v. MAYR scheint der *ortsanwesenden Bevölkerung* den Vorzug einzuräumen, denn nur bei dieser ist „eine auf direkte Eigenbeobachtung sich gründende Feststellung möglich". Maßgebend ist hier also die Tatsache der Anwesenheit im Zählbezirk im kritischen Augenblick der Zählung (meist Mitternacht *vor* dem Stichtag), für Reisende der Ort ihrer Ankunft am Vormittag des Stichtages. Wie erwähnt, war in Deutschland früher bei den Winter-Volkszählungen diese „ortsanwesende Bevölkerung" maßgebend. Auf der anderen Seite steht die „Wohnbevölkerung", d.h. die Bevölkerung, die ihren *Wohnsitz* am Zählungsort hat. „Aus der faktischen Bevölkerung wird diese Kobination unmittelbar in der Art abzuleiten versucht, daß die vorübergehend Abwesenden aufgrund besonderer Verzeichnung zugerechnet und die nur vorübergehend Anwesenden abgerechnet werden"[4]. Eine gewisse Ähnlichkeit mit der deutschen „Wohnbevölkerung" hat der französische Begriff der „population légale ou résidente", die sich zusammensetzt aus den résidents présents, den résidents absents und der population comptée à part; zu dieser letzten Gruppe gehört in der Hauptsache die faktische Anstaltsbevölkerung (Personen in Kasernen, Gefängnissen, Erziehungsanstalten, Klöstern usw.), aber auch noch darüber hinaus die gesamte Militärbevölkerung, die fremden Arbeiter bei öffentlichen Arbeiten, die abwesenden Matrosen der Handelsmarine. Bei der bundesdeutschen Volkszählung vom 13. September 1950 hat man noch „vorübergehend abwesende" und „längere Zeit oder ständig abwesende Mitglieder der Haushaltung" unterschieden, so daß sich anderseits die Möglichkeit eines dauernden und eines nur vorübergehenden Wohnsitzes ergab (z.B. für Hausangestellte, Schüler, Studenten, Anstaltsinsassen usw.). Bei Schülern und Studenten sowie Personen, die „zu Erwerbszwecken" längere Zeit oder ständig von ihrer Familie abwesend sind, wird noch hinzugefügt: „auch wenn sie von Zeit zu Zeit (z.B. über das Wochenende) zurückkehren". Nicht von der Hand zu weisen ist die Möglichkeit von Doppelzählungen bei „Ortsanwesenheit"; so sollten z. B. seinerzeit bei der Erfassung der „Westwallarbeiter" die Ledigen nur am Westwall, die Verheirateten nur am Wohnort der Familie gezählt werden, was aber sehr häufig nicht beachtet worden ist.

Außer den bisher genannten Gruppen (oder „Bevölkerungskombinationen") sind noch üblich die Begriffe der Geburtsbevölkerung, der rechtlichen Bevölkerung (vor allem der heimatberechtigten, unterstützungswohnsitzberechtigten Bevölkerung, der staatsangehörigen Bevölkerung), der Nationalitätenbevölkerung; bei dem letzten Fall ist vor allem an die „apartheid" der weißen und der farbigen Bevölkerung in Südafrika zu denken.

---

[4] a. a. O. S. 26 f.

Bei der Befragung der Bevölkerung im Rahmen der Volkszählung kommt es nicht nur darauf an, die tatsächliche Anzahl so genau wie möglich zu ermitteln, sondern gleichzeitig die wichtigsten *Merkmale* festzustellen, durch die sich die einzelnen Personen von einander unterscheiden, soweit Staat und Öffentlichkeit auf die Kenntnis dieser Unterscheidungsmerkmale Gewicht legen müssen. Zu diesem Zweck müssen die befragten Personen Angaben machen, die normalerweise „Individualangaben" sind, darüber hinaus werden auch gewisse „Nebenermittlungen" vorgenommen, „um gewisse für die Lebensbedingungen der Gezählten bedeutsame Tatsachen, auch insoweit sie den Charakter von individuellen Eigenschaften nicht tragen, zur Beobachtung zu bringen"[5]. Beide Arten von Aussagen zerfallen in solche, die unmittelbar zur statistischen Ausbeutung geeignet und bestimmt sind, und in solche, die der Identifizierung des Gezählten und der Kontrolle seiner Aussagen dienen. Der Identifizierung dienen vor allem die Familien- und Vornamen (Rufnamen) der Befragten, aber auch sonstige Angaben, wie Stellung im Haushalt, Geburtsort und -datum usw., wenn diese auch in erster Linie statistisch ausgewertet werden sollen. Früher glaubte man auf die Frage nach dem Geschlecht verzichten zu können, weil dies ja durch den Vornamen hinreichend gekennzeichnet sei. Inzwischen hat sich bei mehreren Zählungen herausgestellt, daß es eine ganze Reihe von Vornamen gibt, besonders wenn sie abgekürzt werden, die sowohl männliche wie weibliche Personen bezeichnen können (Beispiel: Toni, ein Name, der — nicht nur im Bayerischen — sowohl bei Männern wie bei Frauen vorkommt). Zur gegenseitigen Kontrolle eignen sich besonders noch Angaben über Geschlecht, Alter und Beruf; diese Fragen werden noch näher zu behandeln sein.

Die Bedeutung der einzelnen Merkmale für die wissenschaftliche und die praktische Auswertung sei hier noch kurz erläutert. Beim Geschlecht ist man zwar in den meisten Teilen Europas schon seit längerem gewohnt, einen Frauenüberschuß vorzufinden (was allerdings für den Südosten von Europa nicht zutrifft), der gelegentlich, im besonderen nach länger dauernden Kriegen, sogar recht hohe Werte annehmen konnte; aber die übrigen Erdteile kennen nur einen Männerüberschuß. Die Kenntnis dieser im einzelnen nach Stadt und Land in den Altersklassen oft recht verschiedenen Verhältnisse ist schon aus allgemeinen bevölkerungspolitischen Erwägungen sehr wichtig, besonders aber im Hinblick auf sozialpolitische Maßnahmen, wenn es sich etwa um die Zulassung von Frauen zu Tätigkeiten handelt, die bisher nur von Männern ausgeübt wurden, ebenso umgekehrt. Beim Familienstand spielt eine besonders große Rolle der Anteil der Verheirateten, der verwitweten und geschiedenen Personen ebenfalls vom Sozialpolitischen her.

---

[5] G. v. Mayr a. a. O. S. 31.

Das Alter, d. h. genauer die Altersverteilung der Bevölkerung, ist unentbehrlich für alle Überlegungen, die sich mit Arbeitseinsatz, mit Berufsnachwuchs, auch schon mit der Einschulung der Kinder usw. befassen, vor allem auch für die Berechnung von Sterbetafeln, für jede Art von Vorausberechnung der Bevölkerungsentwicklung (auf die wir noch besonders zurückkommen). Für die Ermittlung des Alters verzichtet man in den meisten Kulturländern schon seit längerem auf die — früher übliche — Angabe der Lebensjahre, fragt vielmehr nach dem Geburtstag und -jahr. Man hat nämlich in manchen Ländern die Erfahrung gemacht, daß bei der Frage nach dem Alter (in Jahren) leicht die sehr Alten (gerade auch die 100jährigen) im Übermaß auftraten, weil die betreffenden Einwohner nur noch bis etwa zu 50 Jahren wirklich zählen und von da ab die Menschen als „ganz alte Leute" und eben vielfach als 100jährige bezeichnen. Auch die weibliche Eitelkeit soll sich bei dieser Gelegenheit — allerdings wohl nur in vergangenen Zeiten — geltend gemacht haben: Wie der verstorbene Statistiker Schott (Direktor des Statistischen Amts der Stadt Mannheim) gelegentlich einer statistischen Tagung nachgewiesen hat, bildete sich bei Fragen nach dem Alter (in Jahren) leicht eine Sammlung von (graphisch darstellbaren) „Eitelkeitsbuckeln", indem die Altersjahre 29, 39, 49 ungebührlich stark besetzt sind, offenbar weil man den Schritt ins nächste Jahrzehnt scheute. Auch G. v. Mayr verzeichnet hier eine Reihe von Beispielen, wo die Altersangabe entweder aus Absicht oder aus Nachlässigkeit falsch geworden ist[6]. Nach all diesen Erfahrungen gibt also die Frage nach dem Geburtstag (den man ja aus amtlichen Papieren feststellen kann) den zuverlässigeren Einblick in das Lebensalter, wenn auch damit für den bearbeitenden Statistiker die Unbequemlichkeit der Errechnung der Altersjahre verbunden ist.

Die vielfach dem Geburts*tag* angehängte Frage nach dem Geburts*ort* dient nicht nur der gründlicheren Identifizierung, sondern soll die Möglichkeit geben, Probleme der Binnen- und Außenwanderung zu klären (speziell in Deutschland auch dem Problem der Vertreibung näherzukommen), im Zusammenhang mit der ländlichen oder städtischen Herkunft, besonders wenn dem noch die Frage nach dem Wohnsitz zu einem bestimmten Zeitpunkt, etwa zu Beginn oder zu Ende eines Krieges usw., hinzugefügt wird. Bei nicht kreisfreien Städten, ebenso bei kleinen Landgemeinden usw., muß in aller Regel hier noch die Angabe des übergeordneten Verwaltungsbezirks (Kreis oder „Oberamt") verlangt werden, besonders bei häufig vorkommenden Namen wie Altdorf, Neudorf, Neustadt usw.

Bei der Frage nach der *Religion* ist — jedenfalls in der Bundesrepublik bei der Zählung von 1950 — die *rechtliche* Zugehörigkeit zu einer Kirche,

[6] a. a. O. S. 96 f.

Religionsgesellschaft o. dgl. gemeint. In angelsächsischen Ländern wird die Frage nach der Religion als „indiskret" empfunden. 1910 war noch im Deutschen Reich nach dem „Religionsbekenntnis" gefragt worden, 1925 und 1933 handelte es sich bei der Religion um die „rechtliche Zugehörigkeit zu einer Religions- oder Weltanschauungsgemeinschaft". Bei der Aufbereitung müssen teilweise viele Hunderte von „religiösen Benennungen" zusammengefaßt werden. Das Merkmal der Religion ist in manchen Zusammenhängen von großer Bedeutung, so bei der Geburtenhäufigkeit, aber auch bei der Kriminalität, der Selbstmordhäufigkeit und anderen Tatbeständen, bei denen die Zahl der Fälle von der Zugehörigkeit zu einer bestimmten Religion bzw. der nichtreligiösen Einstellung sehr stark beeinflußt werden kann. In der Bundesrepublik war 1950 der Anteil der nicht ausgesprochen christlichen Kirchen (bzw. freikirchlichen evangelischen Gemeinden) angehörigen Bevölkerung überaus gering; so gehörten nur 0,1 vH der jüdischen Religionsgemeinschaft an, 3,2 vH anderen Volks- und Weltreligionen bzw. den Freireligiösen und Freidenkern, und nur 0,3 vH hatten *keine* Angabe über ihre religiöse Zugehörigkeit gemacht.

Das Merkmal der *Nationalität* gehört zu denjenigen Merkmalen, die begrifflich nicht immer eindeutig zu fassen sind und auch vielfach von rein politischen Einflüssen getragen werden. G. v. MAYR[7] macht mit Recht darauf aufmerksam, daß meist ein Doppelbegriff der Nationalität zur Geltung kommt. „Es kann sich nämlich handeln: 1. um eine soziale Eigenschaft des Individuums von festumschriebener *öffentlich-rechtlicher Natur (Staatsangehörigkeit)* mit Erweiterung des Forschungsgebiets auch auf die im Ausland weilenden Staatsangehörigen des Erhebungsgebiets; 2. um eine *außerstaatliche soziale Eigenschaft,* welche sich aus der Zugehörigkeit zu einer nicht öffentlich-rechtlich festorganisierten, tatsächlich aber als soziales Gebilde bestehenden Gemeinschaft des Empfindens und Strebens ergibt, die ihrerseits sich auf der ursprünglichen — teils historisch nachweisbaren, teils prähistorischen — Grundlage der Rassen- und Stammesgemeinschaft unter dem Hinzutritt mannigfaltiger Entwicklungserscheinungen und Einverleibungsprozesse zum gegebenen Augenblickszustande einer eigenartigen Kulturgemeinschaft als freie nationale Gemeinschaft (Nationalität) herangebildet hat, und deren vorzüglichstes, wenn auch nicht allein ausschlaggebendes Symptom die *Gemeinschaft der Sprache* ist (*Sprachengemeinschaft*). ... Gerade aber für die statistische Einreihung der Bevölkerung nach Nationalitätengruppen bildet die Sprache das bedeutungsvolle äußerlich in Zahl und Maß faßbare Symptom der Nationalität, während die schließlich entscheidende Gefühlsmäßig-

[7] a. a. O. S. 150 f.

keit der in der ‚Nation' gegebenen Gemeinschaft der bevölkerungsstatistischen Erfassung nicht zugänglich ist, wohl aber für die politische Statistik bei Volksabstimmungen maßgebend eingreifen kann. Im übrigen ist es nicht Aufgabe des Statistikers, die weitverzweigten Probleme der Nationalität zu erörtern. Das ist Sache der Soziologen, auf deren Forschungen aber der Statistiker verweisen darf." Das bedeutet also, daß es sich bei der Nationalität handeln kann um die Staatsangehörigkeit (im Sinne der rechtlichen Gemeinschaft), um die Sprachgemeinschaft oder um die Stammes-, Volks- oder Blutszugehörigkeit. 1939 war im Deutschen Reich „das Volk anzugeben, dem der einzelne sich innerlich verbunden fühlt und zu dem er sich bekennt". Bei der Sprache als Kennzeichen für die Nationalität erfragte man beispielsweise im alten Österreich-Ungarn die „Umgangssprache", im Deutschen Reich die „Muttersprache" mit dem Zusatz „wenn nicht deutsch, ob der deutschen Sprache mächtig". Auch die Bundesrepublik hat 1950 nach der Muttersprache gefragt.

Will man durch eine Primärstatistik den *Gesundheits- oder Krankheitszustand* der Bevölkerung erfassen, so muß hier die Formulierung besonders vorsichtig sein. Verhältnismäßig einfach ist noch die Frage an Kriegsversehrte oder Unfallbeschädigte, weil hier die Betroffenen meist als solche „amtlich abgestempelt" sind und ihre Angaben — z. B. über den Grad der M. d. E. (Minderung der Erwerbsfähigkeit) danach machen können. Man wird auch kaum fragen können: „Sind Sie gesund?" oder „Sind Sie krank?", da auf solche Fragen fast jeder Einwohner verschieden reagiert. Wenn man gar die Geisteskranken ermitteln möchte und dann die Einwohner mehr oder minder deutlich nach ihrem Geisteszustand befragt, dann kann man sich die Antworten darauf schon vorstellen! Man wird sich auf alle Fälle mit einer Art „Ersatzfrage" behelfen müssen, die hier ungefähr lauten kann: „Sind Sie zur Zeit in ärztlicher Behandlung?", vielleicht noch mit Unterfragen nach spezialärztlicher Behandlung oder nach Aufnahme in einem Krankenhaus. Dabei bleibt in diesem Fall immer noch die Schwierigkeit, daß jemand auch ohne ärztliche Behandlung ausgesprochen krank sein kann, wie ja auch seinerzeit das Reichsversicherungsamt die Krankheit definiert hatte als „einen regelwidrigen körperlichen oder geistigen Zustand, der Arbeitsunfähigkeit oder Behandlungsbedürftigkeit oder beides zur Folge hat". Aus all diesen Gründen wird auch in der Regel der Gesundheitszustand einer Bevölkerung nicht mit Hilfe der Primärstatistik, sondern auf sekundärstatistischem Wege ermittelt.

Bei der bisherigen Darstellung ist die *einzelne* Person als Erhebungseinheit in Erscheinung getreten. Dabei kann es aber in der Statistik des Bevölkerungsstandes nicht sein Bewenden haben. Denn normalerweise gehört der Mensch, der nicht gerade bewußt als Einsiedler lebt, einer

Familie oder wenigstens einem Haushalt an. Man spricht bei der *Familienstatistik* von einem biologischen Gebilde und bei der *Haushaltungsstatistik* von einem sozialökonomischen Gebilde[8]; in der Haushaltung können im Gegensatz zur Familie auch familienfremde Elemente enthalten sein. Was im Sinne der Statistik als Haushalt zu gelten hat, unterliegt gewissen Definitionsschwierigkeiten. Das geht schon aus den Ausführungen von GRIESMEIER hervor: „In Deutschland wurde früher als *Haushalt* eine Gemeinschaft von Personen angesprochen, die eine gemeinsame Hauswirtschaft führen, d. h. gemeinsam wohnen, den Haushalt gemeinsam finanzieren und dabei gemeinsam verpflegt und betreut werden. Die Wohn- und Lebensverhältnisse nach dem zweiten Weltkriege erforderten bei der Volkszählung von 1950 die Abstellung der Erfassung auf die Wohnpartei; die Haushaltung selbst wurde dann bei der Aufbereitung unter Zuhilfenahme entsprechender Angaben für die einzelnen Personen in die Haushaltungsliste fixiert." Historisch ist die Haushaltungsstatistik älteren Ursprungs als die Familienstatistik; der Haushaltungsvorstand war bei jeder „Selbstzählung" zur Ausfüllung der Zählpapiere verpflichtet. Die Haushaltungsstatistik unterscheidet gewöhnliche (Familien-) Haushaltungen, Einzelhaushaltungen und Anstalts- oder Sammelhaushaltungen. Untermieter zählen zur Haushaltung des Hauptmieters. Auch sonst können der „Familienhaushaltung" familienfremde Personen beigemischt sein: Hausangestellte, Erzieher, Gesellschafter und sonstige Personen für persönliche Dienstleistungen (Voraussetzung ist immer, daß alle in der gleichen Wohnung leben), landwirtschaftliches Hilfspersonal, Gewerbegehilfen, Lehrlinge usw. „in Kost und Logis" (in diesen Fällen liegt eine „Produktions- und Konsumtionsgemeinschaft" vor), Zimmerabmieter, Schlafgänger und andere fremde Personen. An *Anstalten* gibt es solche für Beherbergung, für Erziehung, Schulung und Unterricht, für religiöse Zwecke, Kranken-, Heil- und Pflegeanstalten, Anstalten für Volkspflege, Invaliden- und Altersfürsorge, Straf-, Besserungs- und Bewahrungsanstalten, Anstalten für militärische und ähnliche Zwecke (Kasernen), Gemeinschaftsunterkünfte für landwirtschaftliche („Schnitterkasernen") und für gewerbliche Arbeiter, Schiffe, sonstige Anstalten.

Während die normale Familienhaushaltung bei der Volkszählung durch die „Haushaltungsliste" erfaßt wird, gibt es für die Anstalten besondere „Anstaltslisten" = Erhebungsbogen für Hotels, Heime, Anstalten und Massenunterkünfte (Drucksache Nr. 3 der Zählung von 1950); mit Hilfe dieser Anstaltslisten wurden auch die „wohnungslosen Eingewiesenen",

---

[8] zu „Haushaltungs- und Familienstatistik" vgl. J. GRIESMEIER im Handwörterbuch der Sozialwissenschaften, 20. Lieferung, S. 193 f. (Art. „Bevölkerungsstatistik").

also vor allem Flüchtlinge, Evakuierte, Obdachlose usw., erfaßt. Für die „Schiffsbevölkerung" besteht eine besondere „Schiffsliste" (Drucksache Nr. 4). In die allgemeine Anstaltsliste ist auch das *Personal* der Anstalt aufzunehmen, in die Schiffsliste „alle zur Besatzung gehörenden Personen einschließlich ihrer an Bord befindlichen Familienangehörigen sowie das Personal selbständiger gewerblicher Betriebe an Bord". Weitere wichtige Ergänzungen zur Erfassung der Einwohner überhaupt sind die Gebäudeliste (Drucksache Nr. 1) und der Wohnungsbogen (Drucksache Nr. 5), auf den noch näher einzugehen sein wird. Die Haushaltungsliste selbst trägt die Nummer 2.

Um all die vielfältigen und verschiedenartigen Einzelfälle der Bevölkerungsgruppen richtig zu erfassen, bedarf es verständlicherweise einer sehr gründlichen *Organisation* der Volkszählung. Ein genauer Zählungsplan legt Ort und Zeit der Einzelermittlungen fest und klärt, ob eine Zählung „von Amts wegen", eine „Selbstzählung" oder ein gemischtes Verfahren durchgeführt wird. Eine Selbstzählung ist nur in solchen Ländern möglich, wo infolge der allgemeinen Schulbildung jeder erwachsene Einwohner in der Lage ist, die Zählpapiere zu lesen und auszufüllen. Andernfalls müssen amtlich beauftragte Personen nach gründlicher Befragung der Einwohner die Zählpapiere mit den notwendigen Eintragungen versehen. Statt der Haushaltungsliste kannte man früher in Deutschland individuelle Zählpapiere, d. h. es mußte für jede Person in der Familie oder Haushaltung ein besonderes Blatt ausgefüllt werden, wonach dann diese Einzelblätter in einem „Zählbrief" vereinigt wurden, der auch noch allgemeine Angaben für den ganzen Haushalt enthielt. Für das damalige „Legeverfahren" bei der Aufbereitung waren diese Individualpapiere recht praktisch. Anderseits hat es auch noch Hauslisten oder Hausbogen gegeben, und beim Zensus in Britisch-Indien sogar „Zählungsbücher". Bei der deutschen Volkszählung vom 13. September 1950 gab es außer den bereits genannten Drucksachen Nr. 1—5 noch besondere Papiere, die der weiteren Durchführung der Zählung dienen sollten, wie einen „Zählbezirksbericht" nebst Hilfsblatt, eine Anweisung für die Zähler, ein Schlagwortverzeichnis, eine Anweisung für die Gemeindebehörden, einen Gemeindebogen mit Endsummen für das Gemeindegebiet (gewonnen aus den Zählbezirksberichten) und eine „Schnellmeldung" auf Postkartenvordruck zur Weitergabe des Ergebnisses an die nächsthöhere Dienststelle. Auf diese Weise wird schon verhältnismäßig früh ein „vorläufiges Ergebnis" der Volkszählung gewonnen; das ist schon deshalb sehr erwünscht, weil die eigentliche Aufbereitung normalerweise sehr viel Zeit in Anspruch nimmt, selbst wenn man sich des maschinellen Verfahrens bedient.

b) Die natürliche Bevölkerungsbewegung

Auf dem Gebiet der Bevölkerungsbewegung hat G. v. MAYR ein bebesonderes System entwickelt[9]: er unterscheidet den „Bevölkerungs*wechsel*" als den Inbegriff der Bewegungserscheinungen der Bevölkerung, die den Bevölkerungsstand *quantitativ* beeinflussen, und die „Bevölkerungs*entfaltung*" als den Inbegriff der Bewegungserscheinungen, die den Bevölkerungsstand in allgemein menschlich bedeutsamer Weise *qualitativ* beeinflussen. Zum Bevölkerungswechsel rechnet er Geburten, Sterbefälle und Wanderungen, zur Bevölkerungsentfaltung Eheschließungen und Ehelösungen sowie „natürliche Personenbeeinflussung durch Krankheit und Verstümmelung". Ohne uns dieser Systematik genau anzuschließen, behandeln wir in diesem Abschnitt die von v. MAYR genannten statistischen Gruppen mit Ausnahme der Wanderungen („örtliche Bevölkerungsbewegung"), für die ein besonderer Abschnitt vorgesehen ist.

Wenn man es ganz genau nimmt, sind ja eigentlich nur Geburten und Sterbefälle „natürliche" Bevölkerungsvorgänge; wir dürfen aber unbedenklich auch die Eheschließung sowie die Ehescheidung mit hinzunehmen, weil sie von entscheidendem Einfluß auf die Geburtenzahl und die Fortpflanzungsstatistik überhaupt sind, für die wieder Heiratsalter und Ehedauer notwendige Unterlagen darstellen. In Deutschland wie anderswo wurden früher Geburten, Sterbefälle und Eheschließungen nur in die Kirchenbücher eingetragen, wir haben hier seit 1841 in allen Einzelstaaten regelmäßige Feststellungen über diese Vorgänge. Seit dem Personenstandsgesetz vom 6. Juli 1875 bestehen in allen Staaten des Deutschen Reichs verwaltungsmäßige Aufzeichnungen in den staatlichen Standesregistern. Eine Auswertung dieser Vorgänge war also von vornherein nur auf „Sekundärstatistik" angewiesen. Eine einheitliche Regelung der Erhebungen ist erst auf Grund des Personenstandsgesetzes vom 3. November 1937 möglich; die „Dienstanweisung für die Standesbeamten und ihre Aufsichtsbehörden" besagt folgendes: Der Standesbeamte hat bei jeder Beurkundung eines Personenstandsfalles eine statistische Zählkarte auszufüllen (bei Sterbefällen 2, bei Selbstmorden 3 Stück). In Entbindungs-, Kranken- usw. Anstalten, Gefängnissen, Kasernen usw. stellen die zuständigen Leiter die Zählkarten aus, ebenso in (behördlich genehmigten) Entbindungs- usw. Privatanstalten. Die Standesbeamten usw. geben die Zählkarten bis zum 10. des folgenden Monats für den abgelaufenen Monat an das zuständige Statistische Landesamt weiter (Fehlanzeige erforderlich!).

Die Zählkarten enthalten jetzt bei *Eheschließungen* Vor- und Familiennamen des Mannes und der Frau, den Tag der Eheschließung, die Geburts-

---

[9] Vgl. a. a. O. S. 233 ff.

tage von Mann und Frau, ihren bisherigen Familienstand, ihr Religionsbekenntnis, ihre Staatsangehörigkeit, ihren Beruf (auch nach Art des Betriebes und der Stellung im Beruf), ihren ständigen Wohnsitz am 1. September 1939, für Flüchtlinge Angaben über die Flüchtlingsgruppe und den letzten ständigen Wohnsitz, bei *Geburten* (sowohl Lebend- wie Totgeborenen) Vor- und Familiennamen des Kindes, Gemeinde der Geburt, Wohngemeinde der Mutter, das Geschlecht des Kindes, das Datum der Geburt, Angabe, ob Mehrlingsgeburt (die übrigen wo eingetragen), eheliche oder uneheliche Geburt (wenn ehelich: Datum der Eheschließung und Angabe, wievieltes Kind *dieser* Ehe), den Familienstand der Mutter, ihr Geburtsdatum, die Staatsangehörigkeit des Vaters (bei unehelichen Kindern der Mutter) sowie die übrigen Angaben wie bei der Eheschließung, bei *Sterbefällen* Vor- und Familiennamen des (der) Verstorbenen, Gemeinde des Sterbefalles, Wohngemeinde des (der) Verstorbenen, Geschlecht, Sterbedatum, Familienstand, bei Verheirateten das Geburtsdatum des überlebenden Ehegatten sowie die übrigen erwähnten Angaben, vor allem aber noch die *Todesursache* (bei gewaltsamem Tod und Selbstmord Art und Weise und Ursache, bei Unfällen Angabe, ob Betriebsunfall), mit Angaben über Grundleiden, Begleitkrankheiten, nachfolgende Krankheiten, und die Fragen: Welches Leiden hat den Tod unmittelbar herbeigeführt?, ist die Todesursache vom behandelnden Arzt (sein Name!) angegeben?, ist die Todesursache dem ärztlichen Leichenschauschein entnommen?, war der Verstorbene Dauerinsasse einer Heilanstalt? Schon aus diesen weit über den eigentlichen Feststellungsbedarf der Standesämter hinausgehenden Angaben geht hervor, wie diese „Sekundärstatistik" sich in den Dienst der amtlichen Statistik überhaupt stellt, um eine eingehende Erforschung der biologischen, sozialen, wirtschaftlichen usw. Zusammenhänge zu ermöglichen. Was speziell die Todesursachen angeht, so besteht hierfür noch ein ausführliches internationales Todesursachenverzeichnis mit mindestens 200 Nummern (seit 1932 angewandt); über die Geschichte der internationalen Bestrebungen auf diesem Gebiet ist Näheres bei G. v. Mayr[10] nachzulesen. Im Deutschen Reich ging 1925 die Aufbereitung der Todesursachenstatistik vom Reichsgesundheitsamt an das Statistische Reichsamt über. 1934 wurde festgestellt, daß bei 81,6 vH der Gestorbenen die Todesursache vom behandelnden Arzt bescheinigt war. 1936 gab es eine ärztliche Leichenschau erst bei 61,9 vH der Gestorbenen, eine Laienbeschau bei 18,2 vH, ohne Leichenschau blieben 19,9 vH. Es war also doch noch vielfach eine Ergänzung und Berichtigung der Todesursachenangaben auf den Zählkarten nötig, die dann vom Standesamt zum Gesundheitsamt gingen. Eine end-

[10] a. a. O. S. 535 ff.

gültige Prüfung muß dann noch durch das Statistische Landesamt erfolgen, das u. U. auch eine Berichtigung veranlaßt.

Es ist wohl angebracht, im Anschluß an die Todesursachenstatistik gleich die Statistik der *Krankheiten* überhaupt zu behandeln. Zunächst einige historische Feststellungen: 1925/26 fand eine Reichszählung der „Gebrechlichen" statt, wobei Blinde, Taubstumme und Ertaubte, körperlich schwer und leicht Gebrechliche und geistig Gebrechliche erhoben wurden; eine Vorerhebung hierzu geschah bei der Personenstandsaufnahme vom 10. Oktober 1925, die Haupterhebung selbst wurde mit Zählkarten durch die Wohlfahrts- und Fürsorgebehörden unter Mitwirkung von Ärzten durchgeführt; die Aufbereitung gestaltete sich recht schwierig, so daß man die Ergebnisse erst 1931 veröffentlichen konnte. Die „Körperbehinderten" (Personen mit einem körperlichen oder geistigen Gebrechen) sind jetzt, wie erwähnt, bei der Volkszählung von 1950 wieder eingehend erfaßt worden, wobei die Art der Behinderung erfragt wurde, ferner ob die Behinderung angeboren bzw. wann und wodurch sie entstanden war, sowie der Grad der M. d. E. Besondere Reichszählungen über Geschlechtskranke wurden im November/Dezember 1919, 1927, im Januar/ Februar 1934 durchgeführt. Im Ausland wurden diese Fälle teilweise schon viel früher erfaßt, z. B. in Norwegen und Dänemark seit Jahrzehnten. Besonders zu erwähnen ist noch die bestehende Meldepflicht von *übertragbaren* Krankheiten, die ja gesundheitspolizeilich überwacht werden müssen. Zur Anzeige verpflichtet sind hier in erster Linie der behandelnde Arzt, dann der Haushaltungsvorstand, die mit Pflege oder Behandlung befaßte Person, der Wohnungsinhaber, der Leichenbeschauer. Die Ergebnisse dieser Meldungen werden in „Wochenlisten" an das Landesgesundheitsamt zusammengefaßt. Vor 1940 starben im Deutschen Reich fast 100 000 Personen jährlich an einer übertragbaren Krankheit, 1954 in der BRD überhaupt 13 645 Personen, davon allein an Tuberkulose (der Atmungsorgane und sonstigen) 10 110 Personen = 74 vH; rund zwei Drittel dieser Fälle betreffen Männer. Die Tbc ist überhaupt immer noch ein sehr beachtlicher Erkrankungsgrund: 1954 gab es in der BRD noch 96 103 Neuerkrankungen, 1957 waren es 80 128; die Bestände an Tbc am jeweiligen Jahresende machten 1954 453 762, 1957 385 837 Fälle aus. Immerhin ist hier schon ein fühlbarer Rückgang eingetreten (um rund 15 vH), während der Bestand in West-Berlin zur gleichen Zeit nur von 33 328 auf 32 789 zurückgegangen ist, d. h. nur um 1,5 vH! Auf 10 000 Einwohner waren 1954 im Bundesgebiet 91,2, in West-Berlin aber 152,0 Tbc-Kranke (Bestand am Jahresende) entfallen.

Eine Statistik der Krankenanstalten besteht im Deutschen Reich seit 1877, wobei zuerst kleine Privatanstalten mit höchstens 10 Betten nicht einbezogen wurden; hier wurde nach Krankheitsformen unterschieden, seit 1931 nach Krankheitsarten (in größeren Zeitabschnitten). Daneben besteht seit längerem eine Statistik der Gesundheitsfürsorge, vor allem veranlaßt durch die deutschen Städte und die Sozialversicherungsträger; hier erscheint jährlich ein amtlicher „Jahresgesundheitsbericht" aller Gesundheitsämter. Für die zwangsversicherte Bevölkerung (Arbeiter und Angestellte) kann aus den Berichten der Krankenkassen das Verhältnis zwischen gesunden und kranken Mitgliedern erschlossen werden. 1954 handelte es sich um 3,75 vH, berechnet in „Arbeitsunfähigkeitstagen" und bezogen auf die Zahl der Krankenkassenmitglieder mit einem Ansatz von 300 Arbeitstagen jährlich[11].

Unlösbar verknüpft mit der Statistik der natürlichen Bevölkerungsbewegung, aber auch des Bevölkerungsstandes selbst, ist jede Art der *Vorausberechnung* der Bevölkerungsentwicklung. Solche Berechnungen sind bereits in der ersten Hälfte dieses Jahrhunderts in verschiedenen Ländern Europas und in den Vereinigten Staaten vorgenommen worden, wobei man bestimmte Annahmen über die weitere Entwicklung der Geburtenhäufigkeit und der Sterblichkeit (wenn nötig, auch der Wanderungen) gemacht und versucht hat, sich eine Vorstellung davon zu machen, wie sich — immer unter den angedeuteten Annahmen — Bevölkerungszahl und Altersaufbau in der Zukunft gestalten werden. 1924 hat bereits A. L. Bowley für Großbritannien derartige Vorausberechnungen vorgelegt, 1926 veröffentlichte das Statistische Reichsamt ähnliche Berechnungen für Deutschland, die es dann mehrfach wiederholt und methodisch immer weiter ausgestaltet hat. Auch in anderen europäischen Ländern und außerhalb Europas sind solche Berechnungen durchgeführt worden[12]. Fr. Burgdörfer, der sich besonders gründlich mit dieser Materie befaßt hat, sagt dazu grundsätzlich folgendes[13]: *„Die Vorausberechnungen können und wollen natürlich keine Prophezeiungen sein,* sondern wollen lediglich deutlich machen, was aus einer Ausgangsbevölkerung wird, *wenn* gewisse Voraussetzungen hinsichtlich der künftigen Entwicklung der Sterblichkeit, der Geburtenhäufigkeit und gegebenenfalls auch hinsichtlich der Wanderungen so oder so gegeben sind. Diese den Berechnungen zugrunde zu legenden *Annahmen* müssen natürlich aus einer sorgfältigen Analyse der bevölkerungsstatistischen Gesamtsituation und ihrer Entwicklungstendenzen abgeleitet und begründet werden; doch bleibt der subjektiven Auffassung des Autors ein ziemlich weiter Spielraum hinsichtlich der Entscheidung über die zu treffenden Annahmen. Auch muß

---

[11] „Die Statistik der Krankenversicherung" hat J. Krug in: Die Statistik in Deutschland . . ., Bd. II, S. 1181 ff. behandelt.

[12] Vgl. F. W. Notestein u. a.,The Future Population of Europe and the Soviet Union. League of Nations, Genf 1944, S. 219.

[13] in: Bevölkerungsdynamik und Bevölkerungsbilanz, München 1951, S. 36.

sich die Entscheidung weitgehend nach der Art des verfügbaren Materials richten. So ist es nicht weiter verwunderlich, daß die verschiedenen Vorausberechnungen, die in den einzelnen Ländern durchgeführt worden sind, in Aufbau und Methode außerordentlich stark von einander abweichen und international kaum ohne weiteres mit einander verglichen werden können."

Eine besonders wichtige Rolle spielt bei dem Ganzen der sogenannte „Reproduktionsindex"; hierzu äußert sich beispielsweise H. Benser[14] folgendermaßen: „Das Wesen des Reproduktionsindexes beruht auf dem Grundgedanken, daß die Gesamtsumme der Gebärleistungen berechnet wird, die ein Geburtsjahrgang des weiblichen Geschlechts während der ganzen Dauer seiner Fortpflanzungsfähigkeit unter den augenblicklich herrschenden Fortpflanzungs- und Sterblichkeitsverhältnissen und unter der Annahme ‚normaler' Heirats- und Eheauflösungswahrscheinlichkeiten hervorbringt. Durch das Zahlenverhältnis zwischen Tochter- und Muttergeneration wird dann die Größe des Reproduktionsindexes gegeben.

Der Wert des Reproduktionsindexes hängt in weitem Maße von der Genauigkeit seiner Berechnung ab. Es hat keinen Zweck, ihn mit allgemeinen Fruchtbarkeitsziffern zu berechnen, die etwa gar nicht oder nur ganz roh nach dem Lebensalter der Frauen gegliedert sind, sondern es müssen nach Möglichkeit, da es sich hier um die Darstellung biologischer Vorgänge handelt, auch die biologischen Zusammenhänge berücksichtigt werden, d.h. Fruchtbarkeitsberechnung nach Heiratsalter und Ehedauer. Damit erhält dann auch der Reproduktionsindex eine biologisch vertretbare Definition als Summe der Gebärleistungen, die ein Geburtsjahrgang von Frauen, der in das gebärfähige Alter eintritt, von Beginn bis zum Schluß des gebärfähigen Alters hervorbringt."

Jedenfalls kann man nicht ohne weiteres — wie es wiederholt geschehen ist — von den (auf Tausend der gegenwärtigen Bevölkerung berechneten) allgemeinen Geburten- und Sterbeziffern ausgehen. So fordert vor allem Burgdöfer die Berechnung einer „bereinigten Lebensbilanz", wobei zwar grundsätzlich die gleichen Berechnungen durchgeführt werden wie bei den „rohen" Geburten- und Sterbeziffern, aber mit dem wesentlichen Unterschied, daß die Berechnungen *nicht* auf 1000 Einwohner der augenblicklich lebenden Bevölkerung — deren Altersaufbau z.B. in der Bundesrepublik aus äußeren und inneren Ursachen abnorm ist — bezogen werden, sondern aufs Tausend der *stationären Bevölkerung*. Hier sind noch weitere Verfeinerungen der Berechnung möglich, indem man die „wahre" Vermehrungs- und Verminderungsrate der „stabilen" Bevölkerung ermittelt, die auch die durch den Reproduktionsindex dar-

[14] Die Statistik in Deutschland . . ., Bd. I, Berlin 1940, S. 279.

gestellten Fruchtbarkeitsverhältnisse aufweist. Es handelt sich dann also um eine *Konstanz* des Altersaufbaus, der Geburten- und Sterbe*ziffern*, während die entsprechenden *Zahlen* selbst sich ändern, wachsen oder abnehmen können. Derartige Berechnungen, deren Methode hier nur kurz angedeutet werden konnte, sind neuerdings in einer Berechnung des Statistischen Bundesamts angewandt worden, und zwar in dem Band 119 der Statistik der BRD: „Die voraussichtliche Bevölkerungsentwicklung bis 1982". Bei dieser Berechnung wurde nicht nur *ein* Resultat ermittelt, sondern mehrere, indem man einmal von einer „optimistischen", zum anderen von einer „pessimistischen" Einsetzung der künftigen Geburten ausging. Im Zusammenhang hiermit ist auf eine Untersuchung in „Wirtschaft und Statistik"[15] hinzuweisen, die sich mit der „voraussichtlichen Kinderzahl in den Ehen unter den Fortpflanzungsverhältnissen von 1957" befaßt. Hierbei wird einleitend festgestellt: „Über die in den Ehen für eine Bestandserhaltung der Bevölkerung auf lange Sicht erforderliche Kinderzahl bestehen vielfach falsche Vorstellungen. Das gleiche gilt für die Frage, ob die Geburtenzahlen unter den gegenwärtigen Verhältnissen für eine solche Bestandserhaltung ausreichen." Als methodische Grundlage für die Untersuchung wird auch hier das bei der Berechnung von Nettoproduktionsziffern übliche Verfahren benutzt. Dabei gelangt der Verfasser u. a. zu folgendem Ergebnis: „Um unsere Generation von 100 000 Frauen zu ersetzen, sind bei einer Geschlechtsproportion der Lebendgeborenen von 1068 Knabengeburten auf 1000 Mädchengeburten im Jahr 1957 206 800 Kinder notwendig."

c) Familie und Haushaltung

Wenn auch im Vorstehenden schon kurz von der Familie und der Haushaltung die Rede war, weil man bei den Volkszählungen nicht ohne diese Begriffe auskommt, so ist es doch angebracht, dieses Thema noch einmal gesondert darzustellen, schon im Hinblick auf künftige „Großzählungen". In diesem Zusammenhang hat auch G. Fürst mit seinen Mitarbeitern dieser Frage eine ausführlichere Behandlung gewidmet, und zwar in den „Gedanken zum Zählungsprogramm 1960" in der Zeitschrift „Wirtschaft und Statistik"[16]. Hier wird bezüglich der Zählung der Haushalte auf folgendes hingewiesen: „An eine Volkszählung wird ziemlich regelmäßig die Forderung gestellt, auch Angaben über die Größe der Familie und die Zahl der zu den einzelnen Familien gehörenden Kinder zu liefern. Derartige Unterlagen sind im Hinblick auf die Maßnahmen der Familienpolitik (wie z. B. Steuersätze, die Zahlung von Kindergeld und andere wirtschaftliche Erleichterungen für kinderreiche Familien) von zunehmender

[15] hrsg. vom Statistischen Bundesamt, 11. Jg. N. F., Heft 1 (Jan. 1959), S. 17 ff.
[16] 8. Jg. N. F., Heft 12 (Dez. 1956), S. 617 ff.

Bedeutung. Vielfach spielt auch der Gedanke hinein, mit Hilfe der Volkszählung zu einer sogenannten ‚Fruchtbarkeitsstatistik' für die Ehen zu kommen. Es ist daher wichtig, zunächst Klarheit in die Begriffe und in die Terminologie zu bringen." Die Familie im soziologischen Sinne ist eine durch die Volkszählung zu erfassende „Institution", sie kann, aber sie muß nicht, identisch sein mit der „Familie als Wohngemeinschaft", die nur den zusammenlebenden Teil der Familie umfaßt. Zu diesen beiden Begriffen tritt noch derjenige des Haushalts hinzu, der sich nicht ohne weiteres mit der „zusammenlebenden Familie" deckt. Bei der Familie im biologischen Sinne besteht die offenbare Schwierigkeit, sie tatsächlich durch eine „Stichtagszählung" genau zu erfassen. Es wäre erforderlich, zu der Zahl der insgesamt geborenen Kinder (die auch schon bei früheren Zählungen erhoben wurde) auch die Zahl der verstorbenen Kinder und der nicht mehr im Familienverband lebenden Kinder sowie die Dauer der Ehe festzustellen, wenn man wirklich die Familie im biologischen Sinne statistisch konstruieren (oder rekonstruieren) will. Will man gar noch (im Rahmen der „Fruchtbarkeitsstatistik") Ergebnisse über den Ablauf der ehelichen Fruchtbarkeit, die Geburtenabstände usw. gewinnen, so müssen auch noch die Geburtsdaten sämtlicher geborenen Kinder festgestellt werden; dabei taucht noch die Frage auf, ob man nur die Kinder aus der bestehenden Ehe erheben will oder auch die Kinder aus allen Ehen bei Frauen, die schon anderweitig verheiratet waren, sowie weiter die vorehelichen und außerehelichen Kinder. Selbst auf die totgeborenen Kinder kann nicht verzichtet werden, wenn man eine echte „Fruchtbarkeitsstatistik" erhalten will. Bei alledem ist die Einstellung der Bevölkerung zu solchen reichlich diffizilen Fragen sehr wichtig, die vielleicht im Zusammenhang mit einem „Mikrozensus" eher geklärt werden kann.

Verzichtet man bei der Zählung der Familien auf die eben geschilderten biologischen Merkmale und geht statt dessen von dem soziologischen Merkmal des Zusammenlebens der Familie aus, so ist es ohne die dort auftretenden Schwierigkeiten möglich, Größe und Kinderzahl des beieinander lebenden Familienverbandes festzustellen. Man kann auch bereits auf diesem Wege wertvolle und ausreichende Unterlagen für die Familienpolitik gewinnen, selbst wenn die *nicht* im Familienverband lebenden, sondern etwa in Heimen und Internatsschulen untergebrachten Kinder hierbei nicht erfaßt werden können. Für die soziologische Einstellung ist es auch wichtig, sich nicht nur auf die Darstellung der aus Eltern (oder Elternteilen) und Kindern bestehenden „Kleinfamilien" zu beschränken, sondern die „Großfamilie" nachzuweisen, bei der zu dem zusammenlebenden Familienverband auch die Großeltern oder andere zur Familie gehörende Verwandte hinzutreten. In diesem Falle können die familienstatistischen Nachweisungen ohne eine spezielle oder erweiterte Befragung aus den in der Haushaltungsliste verzeichneten Angaben im Wege der Aufbereitung gewonnen werden. Dieser zusammenlebende Familienverband ist aber nicht nur vom soziologischen, sondern auch vom wirtschaftlichen Gesichtspunkt aus von Bedeutung. So möchte man wissen, wie sich die zusammenlebende Familie aus Erwerbstätigen, aus noch nicht und aus nicht mehr Erwerbstätigen zusammensetzt. Auf diese Weise läßt sich auch feststellen, ob das gesamte Familieneinkommen aus der Erwerbstätigkeit *mehrerer* Familienangehöriger besteht, wobei auch Renteneinkommen eine Rolle spielen können. Gerade bei der Erwerbstätigkeit einer Ehefrau ist es wichtig zu wissen, ob hier noch Familienangehörige vorhanden sind, die sich im Falle ihrer Abwesenheit um den Haushalt und die Kinder kümmern können. Auch vom Gesichtspunkt der wirtschaftlichen Merkmale wäre hier keine Erweiterung des Zählungsprogramms notwendig, es können vielmehr ohne Schwierigkeiten die gewünschten soziologischen *und* wirtschaftlichen Familientypen herausgearbeitet werden.

Im allgemeinen wird sich die zusammenlebende Familie mit dem privaten Haushalt decken, jedenfalls bildet sie stets die „Grundzelle des Haushalts". Trotzdem darf man die Probleme der Familienstatistik und der Haushaltsstatistik nicht mit einander vermengen. Der Haushalt als solcher unterscheidet sich von der zusammenlebenden Familiengemeinschaft — soweit nicht wirklich Identität zwischen beiden vorliegt — durch die Aufnahme familienfremder Personen in die Hausgemeinschaft, worauf oben (S. 51) auch schon hingewiesen worden ist. Gerade hierdurch wird dann auch klar, daß der Begriff des „Haushalts" (in dieser Form) mit dem der „gemeinsamen Wirtschaftsführung" verbunden ist. Dabei sind je nach den Aufgaben dieses Haushalts verschiedene Haushaltsformen denkbar. Die erste Form ist der Haushalt als *Produktionsgemeinschaft:* „Die Familienangehörigen oder die Hausangestellten bereiten Mahlzeiten, reinigen und setzen Kleidung und Wäsche instand oder fertigen sie an, halten Wohnung und Hausrat in Ordnung, beaufsichtigen die Kinder usw. Die gleichen Tätigkeiten werden auch von wirtschaftlichen Unternehmen gegen Bezahlung übernommen, während innerhalb des Haushalts zumindest für die Familienangehörigen ein entsprechendes Entgelt nicht berechnet oder bezahlt wird. Der private Haushalt steht als Produktionsgemeinschaft, insbesondere für Dienstleistungen auch heute noch in ständiger Konkurrenz zu den gleichartigen Zweigen der Marktwirtschaft, die Waren oder Dienstleistungen anbieten."[17] Allerdings verschiebt sich der Schnitt zwischen Hauswirtschaft und Marktwirtschaft immer mehr zugunsten der Marktwirtschaft. Es wäre trotzdem immer noch sehr erwünscht, besonders im internationalen Vergleich, statistisch Genaueres

[17] a. a. O. S. 624.

über die Produktionsleistung des *privaten* Haushalts zu erfahren, vor allem festzustellen, ob diese Leistung für den eigenen Bedarf verhältnismäßig groß oder klein ist. Es wird jedoch wohl mit Recht als ausgeschlossen bezeichnet, solche Fragen in eine allgemeine Volkszählung aufzunehmen; hier wird man sich eher mit repräsentativen Feststellungen begnügen müssen. Die zweite Form ist der Haushalt als *Einkommensgemeinschaft*. In diesem Sinne können aber die Hausangestellten und die Untermieter nicht dazu gerechnet werden, sondern nur die zum Haushalt gehörenden Familienmitglieder. Sinnvoll wäre allerdings eine solche Feststellung überhaupt nur, wenn es gelänge, Angaben über die tatsächliche Höhe der Einkommen zu erhalten. Schätzungsweise können jedenfalls gewisse Erkenntnisse aus der Angabe von Zahl und Art der Einkommensbezieher gewonnen werden. Die dritte Form ist der Haushalt als *Verbrauchsgemeinschaft;* hier haben wir den praktisch wichtigsten, allerdings statistisch durchaus nicht leicht faßbaren Begriff. Hier kommt es darauf an, „welche Ausgaben über die gemeinsame Haushaltskasse laufen". Im einzelnen können hier große Unterschiede herrschen, indem vielfach z.B. (mitverdienende) Kinder nur einen Beitrag zum Haushaltsgeld leisten, für den Verbrauch an Kleidung, Bildung und Unterhaltung usw. dagegen selbst aufkommen. Die am leichtesten statistisch erfaßbare Verbrauchsgemeinschaft ist die Wohnungsgemeinschaft. Dabei ist ausdrücklich zu unterscheiden — wie das auch bei der Zählung von 1950 geschehen ist —, ob die Wohnung nur *einer* Familie (vielleicht mit einzelnen Untermietern) oder mehreren Familien Unterkunft gewährt, wie das unter bestimmten Voraussetzungen und unter gewissen Zwangsverhältnissen auch heute noch immer möglich ist. Es sollte aber auf die Dauer wieder möglich werden, Haushalt gleich Wohngemeinschaft gleich Mietpartei zu setzen.

d) Mensch und Ort

Wie bereits aus der Darstellung der Volkszählungen hervorging, können gerade auch für die Statistik die Beziehungen des Menschen zu dem ihn umgebenden Raum ganz verschiedener Art sein; man denke nur an das Beispiel der ortsanwesenden und der Wohnbevölkerung. In diesem Abschnitt sollen nun einige Fragen geklärt werden, die speziell mit der Siedlungsweise des Menschen zusammenhängen[18]. Ob ein bestimmter Raum auf unserer Erde mehr oder minder stark mit Menschen angefüllt ist, wird durch die „Bevölkerungsdichte" ausgedrückt. Es handelt sich hierbei um die Zahl der Menschen, die im Durchschnitt auf eine bestimmte Flächeneinheit entfallen, wobei wir 1 qkm zugrunde legen; die Bevölke-

---

[18] Vgl. hierzu K. Horstmann, Bevölkerungsdichte und Siedlungsweise, Stadt und Land, in: Die Statistik in Deutschland . . ., Bd. I, S. 206 ff.

rungsdichte ist also der Quotient aus Bevölkerungszahl und Fläche; nach G. v. MAYR[19] ist sie „das Zahlenverhältnis zwischen Flächengröße und Bevölkerungsgröße eines gegebenen Beobachtungsgebietes. Durch dieses Zahlenverhältnis wird im Gegensatz zu der durch die Zählung gefundenen absoluten Bevölkerungszahl die relative oder spezifische Bevölkerung zum Ausdrucke gebracht." Bei dieser Berechnung kommt es allerdings sehr darauf an, *welche* Fläche im einzelnen wirklich in die Rechnung einbezogen wird (v. MAYR spricht hier von „Abstraktionen"). Es gibt kaum Berechnungsschwierigkeiten, solange man bei ganz großen Beobachtungsgebieten die gesamte Fläche und die gesamte Bevölkerung einander gegenüberstellt. „Dagegen beginnen die Schwierigkeiten, sobald man behufs genauerer Erfassung der in den großen Durchschnittsergebnissen verwischten tatsächlichen Erscheinungen der Bevölkerungsdichte zur Ermittlung derselben nach kleineren Gebietsabschnitten schreitet." So werden z.B., um die Vergleichbarkeit mit anderen Gebieten nicht zu gefährden, vielfach bestimmte Teile der Bodenfläche, in erster Linie Öd- und Unland, ferner der Wald, bei der Berechnung ausgeschieden. Auf diese Weise wird die Menschenzahl eigentlich mehr zur Nahrungsfläche („landwirtschaftliche Nutzfläche") in Beziehung gesetzt. Dagegen wendet HORSTMANN mit Recht ein, daß „die Lebensgrundlage der Bevölkerung nicht mehr allein auf der Betätigung in der Landwirtschaft (beruht)". Nur bei „autarker" Ernährungswirtschaft hätte eine solche Beziehung einen tieferen Sinn. Von geographischer Seite ist angeregt worden, der Berechnung der Bevölkerungsdichte nicht die oft recht zufällig abgegrenzten politischen Verwaltungsbezirke, sondern anthropogeographisch und wirtschaftlich einheitliche Gebiete zugrunde zu legen.

Neben der Bevölkerungsdichte, die ja die durchschnittliche Ausfüllung eines Raumes darstellt, spielt noch der Begriff des *„Bevölkerungsschwerpunktes"* eine gewisse Rolle. Dieser Begriff kommt dadurch zustande, daß man sich die Bevölkerung auf einer Platte verteilt denkt entsprechend der Lage ihres ständigen Wohnsitzes. Hierbei muß man sich noch die Platte selbst als gewichtslos und alle Personen als gleich schwer vorstellen. Will man nun die Platte an einer einzigen Stelle unterstützen, ohne daß sie das Gleichgewicht verliert, dann muß das an einem bestimmten Punkt, nämlich dem Bevölkerungsschwerpunkt, geschehen[20]. Ein solcher „Schwerpunkt" kann praktisch durchaus seine Bedeutung haben, z.B. bei der Wahl des günstigsten Platzes für einen Bahnhof oder

---

[19] a. a. O. S. 55 f.

[20] Einzelheiten darüber bei F. BURKHARDT, Der statistische Schwerpunkt und seine Bedeutung für Theorie und Praxis. Allg. Statist. Archiv, 19. Bd. 1929, S. 473; ferner BURKHARDT, Verschiebung des Bevölkerungsschwerpunkts. Deutsches Statist. Zentralblatt, 19. Jg. 1927, S. 107.

für ein Krankenhaus, Gebäude, die dann von den Bewohnern aller beteiligten Ortschaften möglichst gleich günstig zu erreichen sein sollen. Eine gewisse Ähnlichkeit mit der Berechnung des Bevölkerungsschwerpunkts hat diejenige des „Bevölkerungsmedianpunkts", auf den besonders FLASKÄMPER hingewiesen hat[21]. Dieser Punkt wird als Schnittpunkt zweier „Medianlinien" gewonnen, die einmal in nordsüdlicher und das andere Mal in ostwestlicher Richtung verlaufen und die Bevölkerung jeweils in zwei gleich große Teile zerlegen. Für diesen Medianpunkt ist die einfache Summe der Entfernungen ein Minimum. Hierbei wird ein „Vial" berechnet als die Summe der notwendigen Wege zur Erreichung eines bestimmten Punktes durch alle Beteiligten; solche Berechnungen sind vor allem für die Landesplanung von Interesse.

Für die praktische Verwendung solcher Angaben kommt es aber weiter darauf an, die tatsächliche Wohnweise der Bevölkerung in bestimmten Gruppen, von „Siedlungen", festzustellen. Hierbei gibt es bestimmte Siedlungstypen wie Einzelhof, Weiler, Haufendorf, überhaupt Wohnplätze aller Art usw. Wichtig ist in diesen Fällen die Ermittlung der Ortschaftsgröße, ausgedrückt durch die jeweilige Einwohnerzahl, die aber wieder nicht identisch zu sein braucht mit der (politischen) Gemeindegröße. Teilweise haben sogar die einzelnen Statistischen Landesämter eigene „Wohnplatzverzeichnisse" aufgestellt[22]. Will man die Bevölkerung wirklich nach „Stadt und Land" gliedern, so kommt man vielfach ohne die Kenntnis der Ortschaften und Wohnplätze nicht zurecht. In diesem Zusammenhang ist noch kurz auf den Gebrauch des Ausdrucks „Verstädterung" hinzuweisen, der aber vielfach gar nicht mehr als örtliche, sondern als berufliche Veränderung gemeint ist[23]. Im Anschluß hieran stellt HORSTMANN fest, daß eine „Gliederung nach dem Anteil an landwirtschaftlicher Bevölkerung beanspruchen (kann), der Gliederung nach Ortschaftsgrößenklassen als zumindest gleichwertig angesehen zu werden".

Während es sich also auf der einen Seite empfiehlt, die (politische) Gemeinde in Ortschaften bzw. Wohnplätze aufzuteilen, ist es unter Umständen auf der anderen Seite nötig, bestimmte Gemeindeeinheiten zu *größeren* Raumgemeinschaften zusammenzufassen. Das kommt vor allem in Frage bei der sogenannten „großstädtischen Agglomeration"[24]. Dieser Ausdruck bedeutet „die organische Lebens- und Raumgemeinschaft, die neben dem politischen Stadtkern auch die wirtschaftlich und sozial ent-

[21] Geographie und Statistik. Festschrift, Frankfurt a. M. 1936, S. 47.

[22] Vgl. HORSTMANN a. a. O. S. 210.

[23] Vgl. P. QUANTE, Nicht Verstädterung, sondern Vergewerblichung. Zeitschrift für Geopolitik, Jg. 1933, S. 379.

[24] Vgl. H. KNIBBE, Großstädtische Agglomerationen, in: Die Statistik in Deutschland ..., Bd. I, S. 214 ff.

scheidend von ihm beeinflußte Umgebung mit erfaßt". Dabei kann es sich naturgemäß nicht mehr nur um bevölkerungsstatistische Gesichtspunkte handeln, sondern es treten auch wirtschafts- und sozialstatistische hinzu. Eine besondere Schwierigkeit bildet dabei die *räumliche* Abgrenzung dieser Agglomeration. Für die Städtestatistik hat Fr. Kaestner[25] folgende Forderung aufgestellt: „Die bisherige Kommunalstatistik muß ... über die verwaltungsrechtliche Zersplitterung hinauswachsen und zu einer Statistik der Lebensgemeinschaft, Wirtschaftseinheit und heimatlichen Bindungen werden. Aus der Statistik muß sich die Verklammerungsfunktion der städtischen Ausstrahlungen ersehen lassen. Die Statistik muß also in ein positives Verhältnis zum Lebensraum kommen und eine Lebensform umschließen; sie muß der Ausdruck der wirtschaftlichen Symbiose werden." Nicht zuletzt sind solche statistischen Untersuchungen und Klärungen mit entscheidend gewesen — und sind es heute noch — bei der „Eingemeindungspolitik" der größeren Städte im Inland und auch im Ausland. Von großer Bedeutung für die Verflechtung zwischen dem großstädtischen Kern und den Umgebungsgemeinden kann vor allem auch der *bauliche* Zusammenhang sein. Andere Verflechtungsmerkmale sind der Pendelverkehr — der im nächsten Abschnitt noch eingehender behandelt wird —, die Verlagerung von Industrie in die „Vororte" wegen der größeren Ausdehnungsmöglichkeit und der niedrigeren Grundstückspreise, der Erwerb von städtischem Grundbesitz in den Außengemeinden, auch die Anlage von Friedhöfen daselbst usw.

Bezüglich der Eingemeindungen ist noch auf folgendes hinzuweisen: Wo sie zum Stillstand gekommen sind, da *scheint* in den Einwohnerzahlen der Metropolen eine Stagnation oder sogar ein Rückgang der Bevölkerung zum Ausdruck zu kommen, während in Wirklichkeit das Wachstum weiter geht, aber jetzt nicht mehr in der Metropole selbst, sondern in den „Satellitenstädten". Beispielsweise haben London und Paris nach 1910 an Bevölkerung abgenommen, wenn man die „Vororte" nicht mitzählt, aber stark zugenommen, wenn man sie mitzählt! Das Wachstum hat sich also so gut wie ausschließlich in die umgebenden Vororte bzw. den angrenzenden Siedlungsraum verlagert. Ähnliche Beobachtungen sind ja zeitweise auch bei Berlin und Hamburg gemacht worden oder in Teilen des Ruhrgebiets, bevor hier die Großeingemeindungen einsetzten.

e) Örtliche Bevölkerungsbewegung

Unter dieser Bezeichnung haben wir die örtlichen Bevölkerungsverschiebungen oder Wanderungen zu behandeln. Dabei sind zu unterschei-

[25] „Die kommunale Wirtschaftsstatistik", in: Zeitler, Die deutsche Kommunalstatistik, Stuttgart u. Berlin 1938, S. 70 ff.

den die Außenwanderungen (Aus- und Einwanderungen), die Binnenwanderungen und die Pendelwanderungen[26]. Die relativ sichersten Unterlagen liegen für die Außenwanderungen vor. Das hängt damit zusammen, daß es sich bei der Ein- und Auswanderung — jedenfalls für Deutschland — in erster Linie um *überseeische* Wanderung handelt und der Wanderungsvorgang deshalb schon aus äußeren Gründen verhältnismäßig sicher festzustellen ist. Allerdings ist selbst da nicht zu verkennen, daß auch dabei gewisse Schwierigkeiten der hundertprozentigen Erfassung entgegenstehen.

Bezüglich der tatsächlichen Auswanderung aus Deutschland, wobei hier nur die überseeische Auswanderung gemeint ist, liegen Zahlennachweise vor in der Statistik des Deutschen Reichs, Band 336, und zwar z. T. schon für die erste Hälfte des 19. Jahrhunderts. Interessant ist dabei, daß die Auswanderung besonders viele Menschen erfaßt hat im Jahrzehnt 1851 — 60 (über 1 Million), im Jahrzehnt 1861 — 70 (über 800 000) und im Jahrzehnt 1881 — 90 (über 1,3 Millionen). Im Bundesgebiet hat die überseeische Auswanderung in dem Jahrzehnt 1948 — 57 immerhin fast 600 000 Personen erfaßt[27]. Kennzeichnend ist auch, daß der größte Teil dieser Auswanderung früher nach den Vereinigten Staaten ging, beispielsweise in den Jahrzehnten 1851—60 88,5 vH und 1881—90 92,0 vH; in den Jahren seit 1948 war dieser Anteil allerdings nur 48,3 vH, weil hier vor allem auch Kanada in besonders starkem Maße deutsche Auswanderer angezogen hat.

Bei der Festlegung des Begriffs Auswanderung folgen wir der Definition im „Wörterbuch der Volkswirtschaft"[28]: „Unter dem Begriffe Auswanderung versteht man das Verlassen eines Staatsgebietes mit der Absicht, in einem anderen Staatsgebiete einen dauernden Wohnsitz zu gründen. Hierbei ist der Begriff dauernd allerdings nicht ganz zweifelsfrei. Viele Personen, die ihre Heimat verlassen, haben die bestimmte oder unbestimmte Absicht, späterhin, wenn der Aufenthalt in der Fremde den erhofften wirtschaftlichen Erfolg gebracht hat, wieder in die Heimat zurückzukehren; wann aber diese Absicht in die Tat umgesetzt wird, und ob diese überhaupt erfolgt, ist im Augenblicke des Abschieds vom Heimatstaat durchaus unsicher. Infolgedessen wird man auch solche Personen als Auswanderer ansehen müssen. Andererseits kann es nicht als Auswanderung bezeichnet werden, wenn der Aufenthalt im fremden Staate von vornherein auf eine bestimmte kurze Frist begrenzt ist. Hier nun aber die richtige Grenze zu ziehen, ist schwierig und muß mehr oder

---

[26] Vgl. hierzu H. Schnieber, Statistik der Ein- und Auswanderung und der Binnenwanderung, in: Die Statistik in Deutschland . . ., Bd. I, S. 220 ff.

[27] Vgl. Statist. Jahrb. für die BRD 1959, S. 62.

[28] 4. Aufl., Jena 1921, Bd. I, S. 222 ff. (Joh. Müller).

weniger der Willkür überlassen bleiben. Die für die deutsche Auswanderungsstatistik im Jahre 1924 festgelegten Richtlinien sehen als Auswanderer alle diejenigen Personen an, die ihre Heimat auf mindestens ein Jahr verlassen. Beabsichtigt man also, aus den tatsächlichen Auswanderungszahlen Schlüsse zu ziehen, so wird man diese Unsicherheit in der Abgrenzung des Begriffes Auswanderung nicht unbeachtet lassen dürfen; insbesondere können Abweichungen in den korrespondierenden Auswanderungs- und Einwanderungsstatistiken verschiedener Länder auf ihr beruhen.

Nicht überflüssig erscheint auch der Hinweis, daß unter Auswanderung nicht nur der überseeische Wechsel der Heimat zu verstehen ist, sondern daß sich die Wanderbewegung auch über die trockenen Landesgrenzen vollziehen kann und sich tatsächlich auch bei den meisten Ländern vollzieht; er dürfte sich beispielsweise für deutsche Verhältnisse auf mindestens ein Fünftel der überseeischen Auswanderung belaufen. Allerdings ist die statistische Erfassung dieses Teiles der Auswanderung überaus schwierig."

Die Erfassung der überseeischen Aus- und Einwanderung beruht seit 1871 auf den Anschreibungen der Einschiffungshäfen, seit 1937 auf den im überseeischen Personenverkehr vorgeschriebenen „einheitlichen Aus- und Einreiselisten", die sämtliche Fahrgäste mit genauen Personalien enthalten. Auswanderer ist dabei ein Reichsdeutscher, der das Reichsgebiet dauernd (d. h. auf mindestens 1 Jahr) über einen reichsdeutschen Hafen (normalerweise Hamburg oder Bremen) verläßt. Daneben gibt es noch Auswanderung Reichsdeutscher über fremde Häfen. Für die Bundesrepublik lautet die Definition folgendermaßen[29]: „Als Auswanderer gelten alle Reisenden, die die Auslandsgrenzen des Bundesgebietes mit der Absicht überschreiten, dieses Gebiet dauernd (mindestens auf 1 Jahr) zu verlassen, um sich im Ausland niederzulassen. Sie müssen wenigstens 1 Jahr in der Bundesrepublik Deutschland, in West-Berlin, in Ost-Berlin, im Saargebiet oder in der sowjetischen Besatzungszone ansässig gewesen sein. Nicht als Auswanderer werden Personen gezählt, die im Rahmen des ‚re-education-program' nach USA ausreisten, auch wenn sie länger als 1 Jahr dort bleiben." Umgekehrt sind Einwanderer Ausländer, die dauernd (auch hier mindestens für 1 Jahr) ins Inland kommen. Selbst wenn man die Aus- und Einwanderer bei den Überseewanderungen durch entsprechende Anweisungen an die Schiffahrtsgesellschaften und Hafenbehörden in ihrem Gesamtumfang erfaßt, entstehen noch beträchtliche Schwierigkeiten, wenn der Statistiker außerdem noch versucht, Reiseziel,

---

[29] Vgl. G. Weinhold, Kleines Wörterbuch der Wirtschaftsstatistik, Stuttgart und Köln 1955, S. 16 f.

Herkunft, Nationalität, Beruf usw. zu erfassen. Viele Auswanderer haben ja selbst noch kein bestimmtes Reiseziel, können also beispielsweise nur allgemein „Amerika" angeben oder nur das nächst erstrebte Ziel. Außerdem ist auch eine „versteckte Aus- und Einwanderung" möglich, indem man z. B. angibt, nur eine Geschäftsreise vorzuhaben, und dann doch länger ausbleibt. Bei Ein- und Auswanderungen über die „trockene Grenze", also auf dem Landwege, besteht in Preußen seit 1925 eine Erfassungsmöglichkeit durch den Zwang zu polizeilichen An- und Abmeldungen, die später auf das ganze Reich ausgedehnt wurde und an sich auch für die überseeischen Wanderungen gilt. Neben der Dauerwanderung soll hierbei auch die „Saisonwanderung" erfaßt werden, die auf 3, später auf 2 Monate begrenzt wurde. Bezüglich der tatsächlichen Erfassung der Wanderung über die trockene Grenze äußert MÜLLER mit Recht große Bedenken: „Bei der großen Zahl der vorhandenen Übergangsstellen und der über die Grenzen rollenden Züge hat es sich bisher für die meisten Länder, die über längere Landgrenzen verfügen, als nicht möglich erwiesen, aus der großen Zahl der die Grenze tagtäglich überschreitenden Reisenden die eigentlichen Auswanderer auszugliedern." Im Ergebnis wird man also annehmen müssen, daß für die Wanderung über die trockene Grenze bestimmt nur „Mindestzahlen" gewonnen werden, aber auch die Zahlen der überseeischen Wanderung in gewissem, wenn auch geringerem Grade, hinter der Wirklichkeit zurückbleiben.

Die zweite Form der Wanderungen stellen die *Binnenwanderungen* dar; das Wörterbuch der Volkswirtschaft[30] bezeichnet diese Wanderungen auch als „innerstaatliche Wanderungen", da sie innerhalb der Landesgrenzen vor sich gehen, und unterscheidet dabei Nah- und Fernwanderungen, „je nachdem es sich um Bewegungen in derselben Gemeinde oder zwischen Nachbargemeinden handelt, oder durch die Wanderungen die äußeren Beziehungen zum bisherigen Wohnsitz gelöst werden. Dann führt die Rücksicht auf den Zweck zur Unterscheidung der vorübergehenden Aufenthaltsverlegung des Reiseverkehrs, der Ortsveränderung des Wanderhandels unter Beibehaltung einer festen Wohnstätte, der länger dauernden Verlegung des Aufenthalts durch Wanderarbeiter, welche die Absicht der Rückkehr verfolgen, und vor allem der Ortsveränderungen, die von der Absicht der Gründung einer neuen Niederlassung geleitet werden." Gewissermaßen zur Illustration dieser Definition sei an die Unterscheidung erinnert, die wir bei TÖNNIES in seinen „Soziologischen Skizzen"[31] finden: „Der Vagierende hat keinen Wohnsitz, der Wandernde verändert seinen Wohnsitz, der Reisende behält seinen Wohnsitz." Besonders ausführlich hat sich mit „Wesen und Arten der Wanderung"

---

[30] III. Bd. 1933, S. 927 ff.

[31] II. Sammlung, Jena 1926.

G. v. Mayr befaßt[32], der auch der statistischen Erfassung der Wanderungen eine ausgiebige Darstellung widmet.

Die an sich notwendige individuelle Feststellung jedes einzelnen Falles der Binnenwanderung — entsprechend der Ermittlung der natürlichen Bevölkerungsbewegung — ist erst sehr spät in Angriff genommen worden. Jedenfalls hat es im Deutschen Reich bis 1936 eine laufende Erfassung der Binnenwanderung von zentraler Stelle nicht gegeben[33]. Nur in Preußen hat das Statistische Landesamt nach dem ersten Weltkrieg eine Erhebung über den Zu- und Fortzug in den einzelnen preußischen Gebietsteilen durchgeführt, und zwar zum Zwecke der besseren Nahrungsmittelversorgung unter Benutzung der damals noch gültigen „Lebensmittel-Abmeldescheine", die für alle Personen ausgefüllt wurden, die aus der bisherigen Wohngemeinde *dauernd* ausschieden, und dann am Zuzugsort „bei der Anmeldung zur Lebensmittelversorgung abzugeben" waren. In diesen Fällen konnte ohne große Schwierigkeiten eine „Sekundärstatistik" aufgebaut werden ähnlich der Statistik der natürlichen Bevölkerungsbewegung nach den Unterlagen der Standesämter. Die Ergebnisse für Preußen sind u. a. im Statistischen Jahrbuch für den Freistaat Preußen, Bd. 19 und 20, veröffentlicht. Zu erwähnen ist auch noch die Binnenwanderungsstatistik der Provinz Ostpreußen, die im Jahre 1929 eingerichtet wurde[34]. Eine umfassende Reichs-Wanderungsstatistik konnte dann aufgebaut werden nach der Einführung der neuen Reichsmeldeordnung vom 6. Januar 1938, und zwar unter Verwendung der einheitlich vorgeschriebenen polizeilichen An- und Abmeldungen. Diese Meldepflicht war nicht etwa von einer bestimmten Mindestaufenthaltsdauer abhängig, was den Vorzug hatte, daß man auch die stark fluktuierenden Bevölkerungsteile damit erfassen konnte. Da die Statistik einen tieferen Einblick in die Wanderungsvorgänge gewähren sollte, wurden alle Auszählungen auf die kleineren Verwaltungsbezirke (Kreise) abgestellt, wobei noch Alter, Geschlecht und Familienstand unterschieden wurden; für eine Auszählung nach dem Beruf waren die Angaben nicht zuverlässig genug. Im Bundesgebiet werden seit Ende der 40er Jahre monatlich von allen Gemeinden an die jeweilige Kreisverwaltung Meldungen über Zuzüge und Fortzüge nach vorgeschriebenem Muster erstattet; anzugeben sind Zu- und Vorname, Geburtstag, Familienstand, Staatsangehörigkeit, Beruf und Berufsstellung, Wohnsitz am 1. September 1939, Herkunftsgemeinde (auch Kreis und Land) und Datum des Zuzuges; die gleichen Angaben

---

[32] a. a. O. S. 566 ff.

[33] Vgl. Schnieber, a. a. O. S. 221.

[34] Vgl. K. Steyer, Die Wanderungsbewegung in Ostpreußen. Beiträge zur Statistik der Provinz Ostpreußen, hrsg. von E. F. Müller, Königsberg/Pr., Heft 1, 1935.

sind bei *Fortzügen* zu machen unter Angabe der Zielgemeinde. Bei Flüchtlingen ist noch der letzte ständige Wohnsitz vor der Flucht anzugeben, bei Rückkehr aus Kriegsgefangenschaft der letzte ständige Wohnsitz vor der Einberufung zur Wehrmacht.

Bevor man mit Hilfe der geschilderten Verfahren — auf sekundärstatistischem Wege — einigermaßen sichere Unterlagen für die Binnenwanderungen gewinnen konnte, mußte man sich damit begnügen, mit Hilfe bestimmter Berechnungen einen Einblick in das Ergebnis der Binnenwanderungen zu beschaffen. Über dieses „indirekte Verfahren" hat sich G. v. Mayr folgendermaßen geäußert[35]: „Berechnung der Gesamtgröße der Wanderbewegung innerhalb gegebener Zeitstrecken aus der Abgleichung von Ergebnissen des natürlichen Bevölkerungswechsels und der Ermittlung des Bevölkerungsstands am Anfang und am Ende dieser Zeitstrecken: Hier handelt es sich weder um direkte noch um indirekte *Beobachtung* der Wanderbewegung, sondern nur um die Berechnung einer Unbekannten, nämlich des Nettobetrags der Zu- und Abwanderungen als *Mehrauswanderung* bzw. *Mehreinwanderung.* Aus welchen Bruttozahlen sich diese Netto-Aus- oder Einwanderung ergibt, bleibt dabei unbekannt. Die bekannten Elemente, die zur Auffindung des unbekannten Elements des Wandereinflusses auf den Bevölkerungsstand führen, sind: 1. der Anfangsstand der Bevölkerung, 2. der aus der Abgleichung der Geburts- und Sterbfälle sich ergebende Zugang oder Abgang an Bestandselementen, 3. der wirklich vorgefundene Schlußbestand. Die Differenz, welche der wirklich gefundene Schlußbestand der Bevölkerung gegenüber dem aus dem Anfangsbestand und dem natürlichen Bevölkerungswechsel berechneten Betrag aufweist, geht als Mehrauswanderung oder Mehreinwanderung auf Rechnung der Wandervorgänge." Anders ausgedrückt: Die Anfangsbevölkerung einer bestimmten Periode vermehrt um den Geburtenüberschuß (oder vermindert um den Sterbeüberschuß) ergibt eine „theoretische Endbevölkerung"; die Differenz zwischen dieser theoretischen und der tatsächlichen Endbevölkerung am Schluß der Vergleichsperiode ergibt den Wandergewinn oder Wanderverlust.

Im Sinne dieses Berechnungsverfahrens haben vor allem agrarpolitisch interessierte Gelehrte, denen es deshalb auf die Entwicklung der landwirtschaftlichen Bevölkerung in Deutschland und im besonderen auf die Erklärung der seinerzeit viel erörterten „Landflucht" ankam, versucht, einen Überblick über die Binnenwanderungen in den verschiedenen Gebieten des Deutschen Reiches zu gewinnen. Hierbei wurde im besonderen für das Jahrfünft (1. Dezember) 1885—1890 aus den Daten der Volkszählung (Bevölkerungszunahme dieses Jahrfünfts) sowie des Geburten-

[35] a. a. O. S. 573.

überschusses der jeweilige Verlust durch Wanderung bzw. der Gewinn durch Wanderung errechnet und dann in Prozenten des Geburtenüberschusses ausgedrückt. Dabei stellte sich — rechnerisch! — heraus, daß für Ostdeutschland ein Wanderungsverlust in Höhe von 75,04 vH des Geburtenüberschusses, für Nordwestdeutschland ein solcher in Höhe von 13,15 vH, für Süddeutschland ein solcher von 30,61 vH vorlag, für die industriellen und kommerziellen Distrikte (Berlin und Umgebung, die Hansestädte, Königreich Sachsen, Rheinprovinz und Westfalen) ein Wanderungs*gewinn* in Höhe von 57,86 vH des Geburtenüberschusses. Man schloß aus diesen Daten, daß die landwirtschaftliche Grundbesitzverteilung die Ursache für diese Unterschiede abgeben müsse; weil z. B. in Ostdeutschland der Großgrundbesitz zu stark, der bäuerliche Familienbetrieb zu schwach vertreten sei, würde hier der Nachwuchs vom Lande verdrängt; in Süddeutschland führe die Übervölkerung und die proletarische Verfassung vieler Kleingrundbesitzer ebenfalls, wenn auch in wesentlich geringerem Maße, zu einer fühlbaren Abwanderung vom Lande; nur Westdeutschland, das vorwiegend ein Bauernland sei, könne deshalb im allgemeinen seine Landbevölkerung erhalten und vermehren. Einzelheiten hierzu habe ich in meinem Aufsatz „Die Abwanderung vom Lande und das GOLTZsche Gesetz"[36] wiedergegeben und schon damals darauf hinweisen müssen, daß die hier angewandte Berechnungsmethode in keiner Weise geeignet ist, Zusammenhänge zwischen der Grundbesitzverteilung und der Abwanderung vom Lande nachzuweisen. Hier gilt unerbittlich, was auch G. v. MAYR von diesen Berechnungen aussagt[37]: „Das Maß der Wanderbewegungen selbst, aus welchem das Mehr der Zu- oder Abwanderung sich ergibt, wird nicht ersichtlich; man erfährt nur das *Nettoergebnis* dieser Wanderbewegungen. Wird die Berechnung für ein politisches Gemeinwesen im ganzen angestellt, so verschwinden dabei die inneren Wanderungen ganz; je mehr man bei den Berechnungen ins geographische Detail geht, um so mehr machen auch die inneren Wanderungen sich geltend; ausscheidbar sind sie aber aus dem Gesamtergebnis der berechneten Nettowanderungen nicht. Diese Berechnungsweise gibt hienach nur mangelhafte Aufschlüsse über die besonderen *Folgewirkungen der inneren Wanderbewegung*." Diese Feststellung soll noch an einigen Beispielen erhärtet werden: Nehmen wir an, in einem Landkreise wandern in einem bestimmten Zeitraum 10 000 Personen ab, und zwar in andere Kreise, und 10 000 Personen wandern aus anderen Kreisen diesem Kreise zu, so ergibt sich nach dieser Methode — trotz starken Wanderbewegungen — *nicht der geringste Wanderverlust*, rein rechnerisch betrachtet. Ist gar die Zahl der Zuwanderer noch größer,

[36] SCHMOLLERS Jahrbuch, Jg. 55, Heft 1, 1931, S. 73 ff.
[37] a. a. O. S. 633.

sagen wir 12 000 Personen, während nach wie vor die 10 000 Personen *ab*wandern, so erhalten wir sogar im ganzen einen Wander*gewinn; die tatsächlich erfolgende Abwanderung wird in beiden Fällen vollkommen verdeckt!* Ist die Zuwanderung kleiner, etwa 6000 Personen, so erscheint zwar eine Nettoabwanderung von 4000 Personen, aber die wirkliche Höhe der (Brutto-)Abwanderung wird auch hier *verschleiert.* Bereits nach diesen Feststellungen ist der Verdacht gut begründet, daß die vorher dargestellten Fälle geringerer Abwanderung in bestimmten Gebieten, etwa des deutschen Westens, oder gar einer „Zuwanderung" ländlicher Bevölkerung *ausschließlich* auf Gründen wie den eben genannten beruhen. Die Aufhellung des geographischen Details allein führt uns also nicht zum Ziele. Wir kämen auch dann nicht viel weiter, wenn wir statt der Kreise oder ihres „platten Landes" uns gar die einzelnen Gemeinden vornähmen. Es würde dann gewiß ein Teil der örtlichen „Abgleichungen" verschwinden, aber auch in den einzelnen Ortschaften des Kreises, wenn auch vielleicht nicht in allen, könnten sich dann doch wieder Ab- und Zuwanderung gegenseitig verdecken, so daß man über die *eigentliche* Abwanderung vom Lande doch nicht hinreichend unterrichtet sein würde.

Wie aus den bisherigen Ausführungen zu ersehen ist, reicht also die „indirekte" Methode der örtlichen Abgleichungen keineswegs aus, um die Wandervorgänge in einem bestimmten Gebiet und innerhalb eines bestimmten Zeitraums auch nur einigermaßen zuverlässig zu erkennen. Das, was wir wissen müssen, nämlich den Umfang der ländlichen Abwanderung, erfahren wir aus der Differenzmethode *nicht.* Diese Methode hat vielmehr einen ganz großen Nachteil, der auch in der Vergangenheit dazu geführt hat, daß aus der unvollständigen statistischen *Erfassung* der ländlichen Abwanderung heraus eine ganz unzulängliche Beurteilung der *Ursachen* der ländlichen Abwanderung entstanden ist. All diesen Problemen bin ich in meinen Veröffentlichungen „Die Flucht aus der Landwirtschaft" (a) und „Die Abwanderung aus der Landwirtschaft" (b)[38] weiter nachgegangen und habe dabei vor allem nachweisen können, daß es sich bei dieser Ursachenforschung in erster Linie um Probleme des landwirtschaftlichen *Berufes* handelt; im dritten Kapitel wird daher auf diesen Zusammenhang noch kurz einzugehen sein.

Als die dritte Form der Wanderungen hatten wir die *Pendelwanderungen* genannt. Sie sind, wie Fr. Kaestner zutreffend bemerkt[39], „eine verhältnismäßig neue Form der Wanderbewegung, eine demographische

---

[38] a) Berlin-Grunewald 1933, b) Kieler Studien, hrsg. von Fr. Baade. Nr. 48, Kiel 1958.

[39] Statistik der Pendelwanderungen, in: Die Statistik in Deutschland . . ., Bd. I, S. 230 ff.

Neubildung". Diese Pendelwanderung „verdankt ihr Entstehen der fortschreitenden Industrialisierung und Verkehrsentwicklung. Ursprünglich wohnte der Geselle im Hause des Meisters, bis schließlich durch die Industrialisierung der handwerkliche Rahmen gesprengt und das patriarchalische Verhältnis zwischen Wohnung und Arbeitsstätte gelöst wurde, so daß nunmehr der Arbeiter zwischen seiner Wohnung und Arbeitsstätte pendeln muß. Dieser Pendelverkehr erstreckt sich oft über große Entfernungen und stellt heute eine typische Erscheinung der Großstädte und des industriellen Lebens dar." Man kann auch sagen, die Pendelwanderung sei die moderne Auseinandersetzung zwischen Menschenzahl und Nahrungsspielraum. „Gerade in der Gegenwart tritt die Pendelwanderung in den Vordergrund als eine Möglichkeit der Symbiose zwischen Stadt und Land, als zeitgemäßer Ersatz für die schwindende Hausindustrie auf dem Lande, als ein Ausgleich auf dem Arbeitsmarkt ohne Bevölkerungsverschiebung und somit als ein Gegengewicht gegen das Anwachsen der Großstädte und die Entvölkerung der Außengebiete. Sie erhöht so die Abwehrbereitschaft des deutschen Raumes und mindert infolge ihrer Bodenverwurzelung die Konjunkturempfindlichkeit der Arbeiterschaft"[40]. Real gesehen ist die Pendelwanderung ein bedeutsamer Teil des *Berufsverkehrs,* und zwar kann sich dieser Berufsverkehr in einem ganz verschiedenen Rhythmus vollziehen: Es gibt Halbtagswanderer — vor allem in kleineren Gemeinden, wobei der Arbeitsweg täglich viermal zurückgelegt wird —, Tageswanderer, Wochenwanderer und „periodische Wanderer".

Eine oft angeschnittene Frage ist diejenige, ob Wohnung und Arbeitsstätte *in verschiedenen Gemeinden* liegen müssen. Ursprünglich wollte man die Pendelwanderung auf die Fälle beschränken, wo Wohnort und Arbeitsstätte auseinanderfallen. Diese Definition hat zu den größten Schwierigkeiten geführt: Einmal ist es gar nicht so selten, daß ein Arbeitsweg über die Grenzen der Wohngemeinde hinüber in die Nachbargemeinde viel kürzer ist als ein Arbeitsweg *innerhalb* der gleichen Gemeinde — z. B. von Wedel (Holstein) nach Blankenese (als Ortsteil von Hamburg) ist es viel näher als von Blankenese etwa zum Jungfernstieg (an der Binnenalster); oder von Kronshagen im Kreise Rendsburg nach Kiel-Hasseldieksdamm ist es viel näher als etwa von Kiel-Elmschenhagen nach Kiel-Friedrichsort —, zum zweiten können benachbarte Wohngemeinden durch Eingemeindung zur Betriebsgemeinde (oder umgekehrt) kommen, und dann sollte der tägliche Arbeitsweg mit einmal keine „Pendelwanderung" mehr darstellen, obwohl sich an seiner Art und Länge nicht das geringste geändert hat! Mit Recht ist deshalb gefordert

[40] a. a. O. S. 231.

worden, auch die „Ortspendler" in die Pendelwanderungsstatistik einzubeziehen. Ein weiteres Charakteristikum für den Pendelverkehr sollte eventuell die Benutzung besonderer *Verkehrsmittel* sein, etwa der Eisenbahn, der Straßenbahn usw., oder wenigstens eines eigenen Kraftwagens oder Fahrrads; hier wendet KAESTNER mit Recht ein[41], daß dann ja der Teil der Arbeiterschaft, der zu Fuß geht, in der Pendelwanderungsstatistik unberücksichtigt bleiben würde, mit der grotesken Folgerung, daß „aus einem solchen Fußwanderer dann ein Pendelwanderer (würde), wenn er bei Regen die Straßenbahn benutzt".

Die Statistik der Pendelwanderungen soll nach KAESTNER[42] möglichst folgende Feststellungen treffen: 1. ihre *Richtung* (Ausgangs- und Endpunkte der Wanderbewegung), Unterschied von Wohn- und Betriebsgemeinde, Überschneidung und Streuung sowie Bilanz der Pendelwanderung; 2. die *Länge* der Wanderstrecke und durchschnittliche Beförderungsstrecke; 3. die *Zeitdauer* des Berufsweges sowie den durchschnittlichen Zeitverlust; 4. den *Rhythmus* der Wanderbewegung, also ob halbtägig, täglich, wöchentlich usw.; 5. die *Zahl* der Pendler oder die Intensität der Wanderbewegung, wünschenswert auch die Hinzurechnung der Zahl der Familienangehörigen; 6. die beteiligten *Personen* („Träger") nach Geschlecht, Alter und Familienstand, Berufsgruppe und Berufsstellung; 7. die Art der benutzten Verkehrsmittel bzw. ob Fußweg; 8. die *Kosten* der Berufswanderung (Barausgaben), unter Berücksichtigung von Betriebszuschüssen. All diese Einzelheiten zu klären, wäre schon wegen des großen Umfangs des Pendelverkehrs sehr wichtig und nützlich; für die Mitte der 30er Jahre hat man im Deutschen Reich schätzungsweise berechnet, daß auf 33 Millionen Erwerbstätige (einschl. Beamte, Angestellte und mithelfende Familienangehörige) ein *täglicher* Berufsverkehr von 48,5 Millionen Stunden entfällt — also 1,47 Stunden auf die Einzelperson — gegenüber 264 Millionen Stunden Erwerbszeit[43]; der Berufsweg würde danach immerhin noch 18,4 vH der Erwerbszeit zusätzlich beansprucht haben. Eine genaue Statistik sollte auch in der Lage sein, den *Ursachen* der Pendelwanderung stärker nachzugehen. Dabei kann u. a. wichtig sein die Verwurzelung mit der angestammten Wohnung (Haus- und Grundeigentum) trotz Arbeitsplatzwechsel, dieser Arbeitsplatzwechsel selbst wegen der höheren städtischen Löhne, der Wohnungsmangel in der Betriebsgemeinde und manches andere noch, was aber wegen der oft recht persönlichen Gründe sich statistisch schwer erfassen läßt.

---

[41] a. a. O. S. 233.

[42] a. a. O. S. 238 f.

[43] Vgl. H. WOLFF, Wieviel Zeit verwenden wir auf den Verkehr? in: Verkehrstechnik, Jg. 1936, Heft 16.

Welche statistischen Möglichkeiten bestehen nun tatsächlich für die Erfassung des Pendelverkehrs? Eine einfache Gegenüberstellung von Berufs- und Betriebszählungsergebnissen, die den Unterschied von Wohn- und Arbeitsort erkennen lassen soll, scheitert daran, daß die Berufszählung auch die Pendler enthält, die in der betreffenden Stadt wohnen und auswärts arbeiten; so können z.B. 15000 Pendler täglich in eine Stadt hineinströmen, werden demnach bei der Betriebszählung erfaßt; gleichzeitig können aber 15000 Stadtbewohner auswärts arbeiten, so daß die Ergebnisse der Berufs- und der Betriebszählung zahlenmäßig übereinstimmen, obwohl in Wirklichkeit 30000 Pendler vorhanden sind (vgl. das Rechenbeispiel auf S. 70 f.)! Richtiger wäre also schon eine klare Frage nach dem Wohnort und dem Arbeitsort im Rahmen einer Volkszählung. Eine weitere Möglichkeit ist durch den kommunalen Lastenausgleich zwischen Betriebs- und Wohngemeinden gegeben; so können seit 1936 (Einführungsgesetz zu den Realsteuergesetzen) die Wohngemeinden einen Zuschuß von den Betriebsgemeinden beanspruchen. Besonders häufig wurde das Verfahren angewandt, in mehr oder minder repräsentativer Form die Betriebe selbst oder die in ihnen beschäftigten Arbeiter zu befragen; immerhin gibt es ja hier keine Auskunftspflicht, und auch sonst sind dabei viele Lücken möglich. Weitere Anhaltspunkte für eine Pendelwanderungsstatistik kann das Material der Krankenkassen sowie der Arbeitsämter (Arbeitsbücher, Karteien der Arbeitsämter) bieten. Man hat sogar schon Umfragen in den Schulen über die Auswärtsarbeit der Väter vorgenommen, z. B. in den Altonaer Volksschulen bald nach dem ersten Weltkrieg. Sehr viel versprach man sich auch zeitweise von der Ermittlung des Berufsverkehrs auf der Eisenbahn (und auf Omnibuslinien) infolge der Ausgabe von Arbeiterrückfahrkarten, Arbeiterwochenkarten, Teilmonatskarten, Monatskarten usw. In diesem Zusammenhang gelten Inhaber von Arbeiterrückfahrkarten als Wochenwanderer, Inhaber von Monats- und Wochenkarten als Tagespendler. Hier bestehen manche Bedenken, denn manche Zeitkarten können sowohl am Ziel-, als auch am Abgangsbahnhof gekauft werden, sie können auch ohne Ausweis von Personen ohne Beruf erworben werden; die Stadtgrenze braucht nicht mit der „Zonengrenze" der Zeitkarte zusammenzufallen; Anfangs- und Endstation der Karte sind keineswegs Anfang und Ende des Berufsweges, die Wohnung ebenso wie der Betrieb können noch weitab von der betreffenden Station liegen. Und selbst wenn der Eisenbahn- und Busverkehr vollzählig erfaßt werden könnte, fehlt ja immer noch die Erfassung des übrigen Pendelverkehrs (zu Fuß, mit Fahrrad, mit Straßenbahn usw.). Es leuchtet ein, daß dieser restliche Pendelverkehr am schwierigsten festzustellen ist.

f) Die Fortschreibung der Bevölkerung

Gewissermaßen anhangsweise soll dem Kapitel über den Bevölkerungsstand und die Bevölkerungsbewegung noch ein kurzer Überblick über die Möglichkeit der „Fortschreibung" der Bevölkerung beigefügt werden. An sich ist ja die Fortschreibung ein in der statistischen Praxis oft gebrauchter Begriff. FLASKÄMPER definiert diesen Begriff in seiner „Allgemeinen Statistik"[44] folgendermaßen: „Unter Fortschreibung im engeren Sinne verstehen wir die Berechnung der Größe einer Bestandsmasse für einen Zeitpunkt, für den keine Zählung vorliegt. Voraussetzung ist, daß die Größe der Bestandsmasse zu einem früheren Zeitpunkt und weiter die inzwischen stattgefundenen Veränderungen bekannt sind." Es liegt auf der Hand, daß das Bedürfnis zu solchen Fortschreibungen in den Fällen am ehesten auftritt, wo die eigentlichen Zählungen zeitlich sehr weit auseinanderliegen; während z. B. früher die deutschen Volkszählungen immerhin aller fünf Jahre stattfanden, ist jetzt schon seit der letzten Volkszählung im Bundesgebiet (1950) ein zehnjähriger Zeitraum verstrichen. Besonders dringend sind solche Fortschreibungen gerade der Bevölkerung, wenn man aus sozial- oder wirtschaftspolitischen Gründen einen genauen Überblick über den jeweiligen Bevölkerungsstand haben muß. Aus diesem Grunde wurde ja auch durch Bundesratsverordnung vom 24. Oktober 1918 eine Fortschreibung der Bevölkerung zur Sicherstellung der Lebensmittelversorgung angeordnet.

Im Grunde scheint ja die Bevölkerungsfortschreibung kein Problem zu sein: Man braucht zu diesem Zweck das vorliegende Ergebnis der letzten Volkszählung, die inzwischen eingetretenen Geburten und Sterbefälle und schließlich die Zu- und Abwanderungen der gleichen Epoche. Dabei dürfte in Ländern, wo die Geburten und Sterbefälle sekundärstatistisch auf Grund der standesamtlichen Meldungen erfaßt werden, kaum ein Zweifel an der Richtigkeit des jeweiligen Geburten- oder Sterbeüberschusses bestehen. Schwieriger liegen die Dinge schon, wie auch aus den Ausführungen im vorigen Abschnitt hervorgeht, bezüglich der Berücksichtigung der *örtlichen* Bevölkerungsbewegung. Wir kennen zwar Beispiele, wo schon in der Vergangenheit die Fortschreibung einer Bevölkerung fast vollständig einer neuen statistischen Ermittlung des Bevölkerungsstandes entspricht; G. v. MAYR nennt hier vor allem die Erfahrungen von Berlin nach dem ersten Weltkrieg[45]. Aber in den meisten Fällen trifft das zu, was MAYR im gleichen Zusammenhang schildert: „Zumeist aber hat sich ergeben, daß die Bevölkerungsfortschreibung einen zu hohen Bevölkerungsstand ergibt, weil, wie die Erfahrung lehrt, die Be-

---

[44] Hamburg 1949, S. 38 f.

[45] a.a.O. S. 16.

völkerung der für diese Fortschreibung unerläßlichen Anmeldepflicht besser entspricht als der gleichfalls gebotenen Abmeldepflicht." Dabei können sich natürlich auch erhebliche Unterschiede in einzelnen Städten und Gemeinden bei der Betrachtung eines ganzen Landes so gut wie vollkommen ausgleichen. Als Beispiel wird noch für die Niederlande festgestellt, daß im Jahre 1889 auf Grund der Fortschreibung nur eine Differenz von 37 581 Personen gegenüber dem *Zählungs*ergebnis von 4 511 415 zutage trat[46], das bedeutete eine Überschreitung des tatsächlichen Ergebnisses um nur 0,83 vH. Dabei sei noch erwähnt, daß besonders in den Niederlanden und etwas später auch in Belgien durch die Einrichtung von „Bevölkerungsregistern" mit Eintragung der Zu- und Wegzüge recht gutes Unterlagenmaterial für die Fortschreibung geschaffen worden ist. MAYR bezeichnet wohl mit Recht eine solche „an die Volkszählung anknüpfende Führung von *Bevölkerungsregistern für Verwaltungszwecke* als durchaus gerechtfertigt". Dazu noch ein weiteres Urteil: „Auch QUETELET hatte geglaubt, wenn einmal eine grundlegende Volkszählung durchgeführt sei, werde mit Hilfe der Bevölkerungsregister jederzeit der Bevölkerungsstand richtig ermittelt werden können und eine neue Volkszählung nur nach langem Zwischenraum erforderlich werden"[47]. Je genauer in der modernen Statistik diese Fortschreibung gehandhabt wird, um so eher dürfte der hier ausgesprochene Optimismus QUETELETS sich bewahrheiten!

[46] ibidem.

[47] Physique Sociale, Bd. I, zitiert a. a. O. S. 17.

3. Kapitel

Der Mensch in Wirtschaft und Beruf

a) Die Erwerbstätigen nach Beruf und Stellung im Beruf

Um innerhalb einer Bevölkerung den Beruf nach dem Umfang seiner Ausübung und nach seiner Gliederung statistisch exakt erfassen zu können, muß man sich zuvor darüber klar sein, was man unter „Beruf" verstehen will. Das ist gar nicht so ohne weiteres sicher, wie es auf den ersten Blick scheinen möchte. So stellt z. B. HESSE im „Wörterbuch der Volkswirtschaft"[1] folgendes fest: „Die Auffassungen vom Wesen des Berufs sind verschieden. Teilweise wird er als Erfüllung einer sittlichen Lebensaufgabe gefaßt, zu der der einzelne Mensch berufen ist, zum Teil auch als Funktion der Gemeinschaft zur Erreichung von Kulturzwecken. Im Sprachgebrauch einer kapitalistischen Wirtschaftsordnung tritt die ethische Fundierung des Begriffes zurück." MEERWARTH weist in „Nationalökonomie und Statistik"[2] auf weitere Unterscheidungsmöglichkeiten hin; er erinnert dabei an die Ausführungen des Prälaten Dr. AUGUST PIEPER auf der Tagung der Gesellschaft für Soziale Reform (Berlin 1921), wonach zum Beruf „eine auf die Dauer erwählte, mit Einstellung aller Anlagen und Strebungen gepflegte Arbeit erst durch ein seelisches, sittliches Verhältnis des Berufstätigen zu seiner Arbeit" wird — ohne diesen Zusammenhang sei die Arbeit „nur Erwerb oder Geschäft, eine leidige Notwendigkeit. ... Zum Beruf wird die Arbeit jedoch erst, wenn der Mensch sie zu sittlicher Tat erhebt, indem er in ihr einem höheren Rufe folgt, den er zu seinem eigenen Gesetz macht". Neben diesem Beruf, der durch „Berufung" gekennzeichnet sein soll, erwähnt MEERWARTH den Beruf als „technische Kategorie", die besonders eine Rolle spielt in der „Psychologie der Arbeitskraft", definiert als „diejenige Arbeitsart, welcher der Mensch während längerer Zeit seine Arbeitskraft voll widmet". MEERWARTH verweist gegenüber diesen und ähnlichen Definitionen auf den *wirtschaftlichen* Zusammenhang und nennt demgemäß Beruf „die besondere Art von Leistungen einer Person ..., die für sie die Grundlage einer dauernden Erwerbschance ist" — und im besonderen Hinblick auf die „Erwerbstätigkeit": „In der modernen kapitalisti-

---

[1] Bd. I, S. 335.

[2] a. a. O. S. 28 ff.

schen Wirtschaftsweise heißt Erwerben in der Regel das auf die Erzielung eines Geldertrags gerichtete Verhalten." Hierbei können sich unter Umständen ganz bestimmte Extreme ergeben, wie etwa der nackte Augenblickserwerb, als bestimmte Schattierung des amerikanischen „jobs". Gegenüber einer solchen zeitlichen Beschränkung fordert G. v. MAYR[3] für den „Beruf aktiver Art" eine „Tätigkeit, welche als *dauernde* Aufgabe einer Person erscheint und zugleich eine gewisse Konsolidierung der Erwerbsverhältnisse derselben ausdrückt". Als die heute und in diesem Zusammenhang übliche Definition darf wohl diejenige bezeichnet werden, die im „Kleinen Wörterbuch der Wirtschaftsstatistik"[4] wiedergegeben ist: Unter Beruf „sind die auf Erwerb gerichteten, besonderen Kenntnisse und Fertigkeiten sowie Erfahrungen erfordernden und in einer typischen Kombination zusammenfließenden Arbeitsverrichtungen zu verstehen, durch die der einzelne an der Leistung der Gesamtheit im Rahmen der Volkswirtschaft (diesen Begriff im weistesten Sinne aufgefaßt) mitschafft, und die in der Regel auch die Lebensgrundlage für ihn und seine nichtberufstätigen Angehörigen bildet. Bei der beruflichen Leistung ist in diesem Sinne nicht nur an die Herstellung wirtschaftlicher Güter zu denken, sondern auch an die Dienstleistungen der verschiedensten Art ebenso wie an die Schaffung und Vermittlung kultureller und geistiger Werte. Die Umgrenzung des Berufs in diesem Sinne ist heute einerseits durch die geschichtliche Entwicklung des Arbeits- und Wirtschaftslebens, durch gesetzliche Vorschriften oder Verwaltungsakte (Anerkennung von Lehr- und Anlernberufen) oder durch die Arbeitspraxis selbst (Arbeitsteilung, Arbeitszerlegung) gegeben." Kurz zusammengefaßt entspricht dieser Definition der Satz von G. FÜRST[5]: „Die Art der Erwerbstätigkeit ist das Merkmal, das von der subjektiven Auffassung des Menschen über das ‚Berufensein' losgelöst ist und daher als Grundlage einer statistischen Erhebung dienen kann."

Ein besonderer Streit hat sich noch erhoben bezüglich der Hausfrauentätigkeit. Hier sagt MEERWARTH: „Das Besorgen der Hauswirtschaft, also die Summe der Arbeitsverrichtungen, die gewöhnlich von der Hausfrau ausgeübt werden, ist wiederum vom wirtschaftlichen Standpunkt aus erst dann Beruf, wenn sie Grundlage einer dauernden Erwerbschance wird (Hausangestellte, Haushälterin usw.)." Hiergegen hat sich schon früh G. FÜRST gewehrt[6]: „Es muß zugegeben werden, daß hier in gewissem Sinne ein Erwerb vorliegt. Wenn auch die Hausfrau keine Bezahlung für ihre Tätigkeit erhält, so empfängt sie als Entgelt doch gewissermaßen

[3] a. a. O. S. 191.
[4] a. a. O. S. 20.
[5] Allg. Statistisches Archiv, Bd. 19, 1929.
[6] a. a. O. S. 7.

freie Wohnung, Kost und Kleidung." Ohne das Vorhandensein einer Hausfrau müßte eine Wirtschafterin eingestellt werden. Aus dieser Tatsache ergibt sich wenigstens die Forderung, in der statistischen Praxis die „Hausfrau" (ohne eigenen Haupterwerb) aus der Zahl der übrigen Angehörigen deutlich herauszuheben. Neuerdings wieder bezeichnet FÜRST z.B. die Hausfraueneigenschaft als eine „Einkommensquelle"[7], und zwar in einem Aufsatz, in dem es darum geht, Definitionen für die Statistik der Erwerbstätigkeit und der Beschäftigung aufzustellen. Im übrigen habe ich selbst zu dem Thema „Hausfrau und Beruf" in meinem Aufsatz „Arbeitsteilung und Berufsbildung im Lichte der Volks- und Berufszählungen"[8] folgendes gesagt: „Eines läßt sich allerdings mit Sicherheit aus den — normalen — Volkszählungen entnehmen, was vom Standpunkt der Arbeitsteilung bedeutsam ist, und es auch vom Standpunkt der Berufsstatistik sein *sollte:* in den Volkszählungen erscheinen mit Sicherheit die Hausfrauen (verheiratete Frauen) nach Gesamtzahl, Altersgliederung usw. Man darf wohl ohne Übertreibung behaupten, daß die *in* ihrer und *für* ihre Familie tätige Frau genau so gut einen Beruf ausübt wie der erwerbende Mann. Am deutlichsten tritt das in Erscheinung in dem Tätigkeitszweig, in dem Erzeugung und Verbrauch noch eng beieinander liegen, das heißt in der bäuerlichen Landwirtschaft. Mit besonderem Nachdruck gilt das allerdings nur für unsere deutschen, abgeschwächt auch für französische Verhältnisse."

Über Sinn und Bedeutung einer zutreffenden Erfassung der Berufe im einzelnen und im ganzen finden wir sehr klare Ausführungen bei G. v. MAYR[9]: „Die berufsstatistischen Nachweise ... (haben) eine *allgemein soziale* und außerdem noch eine *besondere wirtschaftliche* Bedeutung. Die *allgemeine soziale Bedeutung* der Berufsstatistik liegt darin, daß sie in *großen Zügen* die *allgemeine berufliche Gliederung* und innerhalb dieser die *soziale Schichtung* der gesamten *Bevölkerungsmasse* erkennen läßt. Die *besondere wirtschaftliche Bedeutung* berufsstatistischer Feststellung liegt darin, daß sie über die vorbezeichnete allgemeine Berufsgliederung der Bevölkerung hinaus das *volle arbeitsteilige Detail der Berufsermittlungen* und im Zusammenhang damit ganz außerhalb des Rahmens der Berufsstatistik noch im besonderen die *Gestaltung der verschiedenen wirtschaftlichen Gebilde* (Unternehmungen bzw. Betriebe) mittels geeigneter Erfragung an den Betriebsstätten oder sonstiger hierzu geeigneter Zusammenfassung des berufsstatistischen Materials klarlegt.

[7] „Zur Statistik der Erwerbstätigkeit und der Beschäftigung", Wirtschaft und Statistik, 11. Jg. NF, Heft 3 (März 1959), S. 120.

[8] SCHMOLLERS Jahrbuch, 71. Jg., Heft 5 (1951).

[9] a. a. O. S. 190.

Hiernach unterscheidet man die *Berufsstatistik im engeren Sinne* oder die subjektive Berufsstatistik, welche auf der Beobachtung der einzelnen Individuen der Gesamtbevölkerung beruht, also durchaus *persönlichen* Charakter trägt — und die *Betriebsstatistik* oder die *objektive* Berufsstatistik, bei welcher nicht die einzelnen Individuen als solche, sondern der Inbegriff der in einem wirtschaftlichen Verbande vereinigten Produktionsfaktoren (Menschenkräfte, Kapitalkräfte und Boden) das Beobachtungsobjekt bilden." Auf die hier am Schluß genannten Tatbestände kommen wir später zurück. Von Belang ist aber schon in diesem Zusammenhang, daß — wie wir noch sehen werden — die moderne Berufsstatistik auf den Zusammenhang zwischen (subjektivem) Beruf und Betrieb als dem Ort der (objektiven) Berufsausübung ganz besonderen Wert legt.

Zur Darstellung von Zweck und Notwendigkeit einer Berufsstatistik ziehen wir am besten die Ausführungen von Meerwarth heran[10]: „Was will der nationalökonomische Forscher aus einer Berufsstatistik erfahren? Zunächst will er erkennen, wie sich das Volk in Berufs- oder Erwerbstätige und in Nichtberufs- oder Nichterwerbstätige gliedert. Welcher Teil der Bevölkerung muß von den Berufs- und Erwerbstätigen ernährt werden? In erweiterter Fassung und unter anderer Einstellung: welcher Teil der Bevölkerung wird von den Erwerbenden (also den Erwerbstätigen und den berufslos Erwerbenden) ernährt? Wie groß ist der Belastungskoeffizient der Bevölkerung?

Sofort erhebt sich die Frage, in welcher Weise sich die Erwerbstätigen auf die großen Erwerbsquellen verteilen: wieviel ihren Erwerb unmittelbar aus der Land- und Forstwirtschaft, wieviel ihren Erwerb aus dem Gewerbe, dem Handel, dem Verkehr ziehen, wieviel in öffentlichen Diensten stehen; wieviel Erwerbende mit berufslosem Einkommen vorhanden sind, insbesondere wie viele Personen nur von berufslosem Einkommen leben. Vor allem an diese großen Gliederungen denkt der Nationalökonom, wenn er eine Volkswirtschaft als überwiegendes Industrieland, als Agrarland, als Händlerland, als Rentnerland usw. bezeichnet. Ferner will der Forscher die zahlenmäßige Besetzung der einzelnen Schichten und Gruppen ersehen. Wie stark ist die Schicht derer, welche die Verfügung über die Produktionsmittel haben, die Unternehmer, und die Schicht derer, die ohne diese Verfügung sind, also die Angestellten und Arbeiter? Wie verteilt sich die erwerbstätige Bevölkerung zahlenmäßig auf die beiden sozialen Schichten? Wie sind die Gruppen der Unternehmer, wie sind die Untergruppen der Angestellten und Arbeiter besetzt? Welche zahlenmäßige Bedeutung kommt den Handwerkern,

---

[10] a. a. O. S. 50 f.

den Bauern, den Kleinkaufleuten, den Beamten oder der Arbeiterschaft zu?

Dann entstehen die Fragen nach der tieferen beruflichen Gliederung der Erwerbstätigen; eine Gliederung, die nur Erfolg verspricht, wenn sie im Zusammenhang mit der Gliederung nach Schichten und Gruppen durchgeführt wird. Es treten Fragen auf, die für die Erkenntnis volkswirtschaftlicher Zusammenhänge von großer Bedeutung sind."

In diesem Zusammenhang seien noch einige gerade auch mit Hilfe der Berufsstatistik zu klärende Einzelheiten erwähnt, die schon wiederholt in der wirtschaftspolitischen Erörterung eine Rolle gespielt haben: die „Belastung der Wirtschaft" mit Beamten, vor allem aus der Sicht der staatlichen Finanzpolitik, der Gedanke der „Sättigung" bestimmter Menschen- oder Ländergruppen an Agrar- oder Industrieprodukten, das Problem der „Landflucht" oder besser der Abwanderung aus der Landwirtschaft — all diese und viele andere Fragen erfordern (natürlich neben anderen wichtigen Feststellungen) einen genaueren Einblick in die *tatsächliche* Entwicklung der Berufstätigkeit.

Das hier Gesagte gilt in ganz besonderem Maße von der Abwanderung aus der Landwirtschaft, von der ich schon im zweiten Kapitel[11] feststellen konnte, daß bei ihr nicht der örtliche, sondern der *berufliche* Wechsel das Entscheidende ist. Erst mit Hilfe der Berufszählungsergebnisse konnte es gelingen, die Frage zu klären, ob die Aufgabe der Landwirtschaft als Beruf und Erwerbsquelle mit der Betriebsgrößengliederung der Landwirtschaft und der sozialen Schichtung der landwirtschaftlichen Bevölkerung zusammenhänge oder ob nicht vielmehr andere Gründe für den tatsächlich vorgefundenen Rückgang der Agrarbevölkerung maßgebend seien. Ich bin jedenfalls durch die Auswertung der Berufszählungsergebnisse von Deutschland und von wichtigen Gebieten des Auslands zu dem eindeutigen Ergebnis gelangt, daß dieser berufliche Rückgang einmal die gesamte wirtschaftlich fortschreitende Landwirtschaft erfaßt und daß er zum andern — entgegen der früher vertretenen Meinung — *nicht* auf bestimmte soziale Schichten der landwirtschaftlichen Bevölkerung, etwa der Landarbeiter oder der Inhaber von Klein- und Kleinstbetrieben, beschränkt bleibt. Als Ergebnis dieser Überlegungen konnte auch die tatsächliche *Ursache* dieses Bevölkerungswandels festgestellt werden, die ich in Übereinstimmung mit dem Text der Kieler Studie Nr. 48[12] folgendermaßen formulieren möchte: Infolge der Geltung der „Bedarfsgrenze" (der zu geringen Nachfrageelastizität für Nahrungsmittel) in Verbindung mit der technischen Vervollkommnung der Landwirtschaft ist die Arbeitskapazität der Landwirtschaft so stark beschränkt, daß selbst bei zu-

[11] siehe oben S. 71.
[12] siehe oben S. 71.

nehmender Gesamtbevölkerung und dadurch zunehmendem Gesamtbedarf an Nahrungsmitteln der größte Teil des landwirtschaftlichen Nachwuchses oder sogar der ganze Nachwuchs, unter Umständen auch noch ein Teil der stehenden landwirtschaftlichen Bevölkerung selbst den Beruf — in der Regel auch das platte Land als Standort des Berufs — aufgeben muß.

Die bisherigen Ausführungen zum Thema Beruf sollten dazu dienen, den Wert einer genauen statistischen Ermittlung des Berufs herauszustellen, wobei es sich besonders darum handelt, die Statistik so zu gestalten, daß sie auch den jeweiligen Formen der Berufsausübung gerecht wird und sich nicht etwa in abstrakte Daten verliert — was leider in der Praxis der Statistik gelegentlich vorgekommen ist. Im Hinblick hierauf dürfte es angebracht sein, einen kleinen Einblick in die *Geschichte* der Berufsstatistik zu nehmen, um anschließend die heutige Übung und Problematik würdigen zu können.

Im Zuge der volkswirtschaftlichen Arbeitsteilung haben sich die Berufe immer stärker spezialisiert (BÜCHER[13] spricht hier auch von „Berufsspaltung"), so daß wir beispielsweise schon bei den Bürgerverzeichnissen des späteren Mittelalters eine ziemlich große Zahl von Berufen vorfinden; in Frankfurt am Main existierten hiernach in den Jahren 1387 und 1440 bereits 148 bzw. 191 verschiedene „Erwerbsarten", die sich deutlich in 14 „Berufsabteilungen" zusammenfassen lassen: Urproduktion, Metallverarbeitung, Heiz- und Leuchtstoffbereitung, Textilgewerbe, Ledergewerbe, Holz und Horn verarbeitende Gewerbe, Nahrungs- und Genußmittelbereitung, Gewerbe für Bekleidung und Reinigung, Baugewerbe; Handel, Verkauf und Gastwirtschaft; Graphische Kunstübung, Spielleute und fahrende Leute, Lohnarbeit unbestimmter Art, verschiedene andere Berufsarten. Insgesamt wurden in Frankfurt a./M. im Jahre 1440 an selbständig Erwerbenden 1498 Männer, außerdem 77 Söhne und 38 „Knechte" gezählt, bei einer Gesamteinwohnerzahl von 8700. Das Wesentliche an dieser „Berufsstatistik" von damals ist noch ihre einfache Gliederung, das klare Nebeneinander von 148 bzw. 191 deutlich von einander geschiedenen Erwerbszweigen, deren Charakter sich schon aus der Berufsbenennung ergibt. Meist handelt es sich dabei um Handwerksmeister mit verhältnismäßig wenigen Gesellen und Lehrlingen. Hier liegt also noch eine „horizontale" Gliederung der Berufe vor; es gibt zwar Gesellen und Lehrlinge, aber sie stellen grundsätzlich noch keine besondere soziale Schicht, sondern „Anwärter" auf den Meisterberuf aus der jüngeren Generation dar. Diese Gliederung hat sich bekanntlich noch Jahrhunderte hindurch gehalten, auch dann noch, als viele Gesellen allmählich

---

[13] siehe oben S. 8.

gar nicht mehr selbständige Meister werden konnten. Noch im 19. Jahrhundert hat man auch in gewerbepolitischen Bestimmungen noch von „Meistern und Gesellen" gesprochen, wo es sich einwandfrei schon um Fabrikanten und Arbeiter im Sinne einer ganz neuen Schichtung handelte. Jedenfalls konnte sich bis dahin eine (örtliche) Berufszählung, wie wir das bei den Frankfurter Bürgerverzeichnissen feststellen, durchaus damit begnügen, den „persönlichen Beruf" und vielleicht noch die „Stellung im Beruf" zu ermitteln — soweit sich diese Stellung im Beruf nicht ohnehin aus Alter, Familienstand usw. ergab. Für „Personen von Stand", Offiziere, fürstliche Beamte, Geistliche, Gelehrte und ähnliche Gruppen war ja damals der Beruf ohnehin durch „Rang und Stand" bestimmt.

Mit dieser idealen, man möchte fast sagen „idyllischen" Art der Berufserfassung ist es vorbei, als sich in der vorkapitalistischen und kapitalistischen Ära Manufaktur und Fabrik immer stärker ausbreiten und allmählich den Hauptteil der gewerblichen Erzeugung bestreiten. Die Zahl der Berufe wächst durch Produktionsteilung, Arbeitszerlegung und Arbeitsverschiebung aller Art fast ins Ungemessene. Was uns ADAM SMITH in seinem Beispiel von der Stecknadelfabrikation darstellt, ist etwa erst der Anfang einer Entwicklung, an deren Ende Tausende von Berufen — oder besser „Berufsbenennungen" — stehen und wo neben der horizontalen Gliederung eine ganz neuartige „vertikale" Gliederung der Berufe eine Rolle spielte.

Es ist zu prüfen, wie sich die modernen Berufszählungen der ihnen hierdurch neu zuwachsenden Aufgaben entledigt haben. Bei den Berufszählungen von 1882, 1895 und 1907 im Deutschen Reich werden die alten — handwerksmäßigen — Berufe noch mit Recht nach dem *„persönlichen"* System erfaßt, ganz im Sinne des eben geschilderten persönlichen oder individuellen Berufs. Für die meisten neugebildeten Berufe dagegen entsteht ein Neben- und Durcheinander von „echten" (persönlichen) Berufen und von neuen „*Betriebs*berufen". Teilweise läuft diese Art der Erfassung auf eine ganz naive Gleichsetzung von Beruf und Betrieb hinaus. Im Mittelalter und noch lange danach war es ja richtig gewesen, zu sagen: der Schlosser betreibt Schlosserei, der Tischler betreibt Tischlerei, der Schneider betreibt Schneiderei usw. Jetzt glaubt man die Dinge ähnlich fassen zu können: Wenn stets dem Beruf ein Betrieb entspricht, dann auch umgekehrt dem Betrieb ein Beruf. Die Fahrradherstellung als Betrieb umfaßt also einen *Beruf,* den man „Fahrradhersteller" nennen könnte, der Betrieb Schieferbruch einen Beruf „Schieferbrecher" usf., immer in der Art, daß Beruf und Betrieb sozusagen gleichgeschaltet werden, wobei die Systematik der genannten Zählungen durchaus auf die Erfindung neuer Berufsbezeichnungen verzichtet, vielmehr die Betriebsart einfach als Beruf deklariert. Das hat weiter zur Folge, daß etwa

Schlosser in der Fahrradherstellung mit den übrigen Schlossern aus Handwerk und Fabrik zusammengefaßt und ganz einfach als „Schlosser" (im alten Sinne) ausgezählt werden, während der neue „Beruf" Fahrradhersteller alle diejenigen Personen umfaßt, für die kein anderer individueller Beruf vorgesehen ist.

Was bei diesem Verfahren als besonders bedenklich bezeichnet werden muß, ist einmal die falsche Trennung, zum andern die falsche Vereinigung, das heißt zunächst die Trennung von Erwerbstätigen der gleichen *Betriebsart* in solche alter und neuer Berufe oder besser Berufsbenennungen, und zweitens die Vereinigung alter Berufe aus handwerksmäßiger und aus fabrikmäßiger Betätigung. Wenn sich beispielsweise ein gelernter Schlosser der Fahrradherstellung widmet, so muß er logisch zum „Fahrradhersteller" werden und darf nicht als Schlosser — im alten Sinne — ausgezählt werden, wenn anders die Systematik überhaupt Sinn haben soll. Dabei ist zuzugeben, daß derartige Mängel, die in erster Linie bei zeitlichen Vergleichen sichtbar werden, so lange keinen allzu großen Schaden anrichten, wie die in Frage kommenden Berufe noch überwiegend in dem bodenständigen Wirtschaftszweig einer vorwiegend handwerklich organisierten Volkswirtschaft ausgeübt werden[14]. Anders dagegen und wesentlich schlimmer wird es, wenn die fabrikmäßige Herstellung immer stärker in den Vordergrund tritt. In der verhältnismäßig kurzen Zeit von 1882 bis 1907 (25 Jahre) ist im Reich die Zahl der in Handwerksbetrieben Beschäftigten (es handelt sich um Betriebe bis zu fünf Gehilfen) von 4,5 auf 5,4 Millionen oder auf 120 vH gestiegen, dagegen die Zahl der in größeren gewerblichen Betrieben (mit mehr als fünf Gehilfen) Beschäftigten von 2,85 auf 9,05 Millionen oder auf 307,7 vH. Gleichzeitig hat die gesamte Reichsbevölkerung von 45,7 auf 62,0 Millionen zugenommen, d. h. auf 135,7 vH. Demnach ist die Zunahme der Beschäftigten in Handwerksbetrieben noch hinter der Gesamtzunahme der Bevölkerung zurückgeblieben, während sie in den größeren Betrieben verhältnismäßig mehr als doppelt so groß war. Von 1907 bis 1925 ist dann die Zahl der in Handwerksbetrieben Beschäftigten etwa konstant geblieben — höchstens 70 000 mehr als 1907 —, dagegen haben die in größeren Betrieben Beschäftigten fast auf 12 Millionen (genauer 11,93 Mill.) oder gegen 1882 auf 418,5 vH zugenommen, bei gleichzeitigem Anstieg der Reichsbevölkerung auf 63,2 Millionen oder auf 156,8 vH von 1882. Nimmt man hinzu, daß 1925 in Betrieben mit mehr als 10 Personen nicht ganz zwei Drittel (60,6 vH), in den Großbetrieben — mit mehr als 50 beschäftigten Personen — gut zwei Fünftel (41,5 vH) des im Gewerbe beschäftigten Personals arbeiteten, so ist es ohne weiteres verständlich,

[14] Vgl. R. PLATE, Die Berufsstatistik, in: Die Statistik in Deutschland, Bd. II, S. 655.

daß die moderne Berufszählung im Gewerbe besonders gründlich diese großbetrieblichen Verhältnisse berücksichtigen muß und nicht ein Verfahren anwenden darf, das nur den zahlenmäßig viel bescheideneren Verhältnissen des Handwerks, des kleinen Ladenhandels usw. angepaßt wäre. Diese Forderung bedeutet aber eindeutig folgendes: Die nicht handwerksmäßig gelernten Arbeitskräfte in Industrie, Verkehr usw. können nur dadurch ordnungsmäßig in die Statistik der Gesamtwirtschaft eingegliedert und an der ihnen zukommenden Stelle ausgezählt werden, daß man sie mangels eines „persönlichen Berufes" statistisch ihrem *Beschäftigungszweig* zuweist. Das gilt gleichermaßen für Arbeiter, Angestellte (Privatbeamte) und Unternehmer. Nur dieses Verfahren gewährleistet eine *gleichmäßige* Behandlung aller Erwerbs- oder Berufstätigen. Dadurch wird auch keineswegs die Bedeutung der handwerklichen Berufe gemindert; denn es bestehen ja nicht die geringsten Bedenken, die tatsächlich erfaßbaren persönlichen Berufe *außerdem* als solche zu erfragen und sowohl innerhalb des Beschäftigungszweiges als auch im Ganzen der Volkswirtschaft auszugliedern. Voraussetzung hierfür ist und bleibt eine ausreichende „Selbstzählung" im Rahmen der Haushaltungsliste bei einer Volks- und Berufszählung, wie wir sie zuletzt im Bundesgebiet im Jahre 1950 erlebt haben.

Bei solchen großen Zählungen im Inland und im Ausland hat man immer wieder die Erfahrung gemacht, daß vor allem die Arbeiter ihren persönlichen Beruf nur dann mit ausreichender Genauigkeit eintragen, wenn es sich um einen Beruf — man darf es wohl so nennen — *alten Stils* handelt. R. MEERWARTH hat das in „Nationalökonomie und Statistik" eingehend für Deutschland und England dargestellt und sogar für die Vereinigten Staaten, obwohl sie mit bezahlten und gründlich unterwiesenen Zählern arbeiten, feststellen müssen[15], daß die Berufsbenennungen auf den Zählpapieren nicht exakt genug waren, um das vorgesehene sehr eingehend gegliederte Berufsschema herausarbeiten zu können.

Die Gründe für diese Schwierigkeiten liegen auf der Hand. Die Entwicklung zum modernen Großbetrieb und die gleichzeitige Motorisierung und Mechanisierung haben den ursprünglich einheitlichen Produktionsprozeß auf dem Umweg über mehrere selbständige Produktionsabschnitte — BÜCHER spricht hier von „Produktionsteilung" — in einfache, für sich nicht selbständige Arbeitselemente oder Teilprozesse zerlegt. Diese *Arbeitszerlegung* bedeutet zwar auch im Sinne der ADAM-SMITHschen Darstellung eine erhebliche Steigerung der Arbeitsproduktivität, bedeutet aber auch, was hier gerade zur Erörterung steht, eine Auflösung der alten handwerklichen Berufe in Teiloperationen, die kaum noch

[15] a. a. O. S. 69.

den Namen „Beruf" verdienen. Wer solche Teiloperationen ausführt, kann bestimmt nicht mehr, wie es noch in Schillers „Glocke" heißt, „im inneren Herzen spüren, was er erschafft mit seiner Hand"! Und diese innere Loslösung des Menschen von seiner Arbeit wird um so deutlicher, je mehr die ursprünglich noch manuelle Tätigkeit (daher die Bezeichnung „Manufaktur") abgelöst wird durch maschinelle Operationen, bei denen der Arbeiter dann lediglich noch Maschinenbediener ist; in manchen Fällen kann sich sogar seine Tätigkeit darauf beschränken, nur den Gang der Maschine zu überwachen, wie z. B. im Falle einer sogenannten „Spinnerin", die zwischen 6 bis 8 durchaus selbständig arbeitenden Spinnmaschinen hin- und hergehen und nur aufpassen mußte, ob irgendwo der Faden abgerissen oder sonstige Hemmungen aufgetreten seien. Erst wenn man solche Dinge wirklich mit eigenen Augen gesehen hat, kann man einen richtigen Eindruck davon haben, was so mancher heutiger Industrie-„Beruf" in Wirklichkeit bedeutet.

Es hat nicht an Versuchen gefehlt, diesem allmählich immer stärkeren Rückgang des „persönlichen Berufs" in der Statistik dadurch zu begegnen, daß man gewisse Ersatz- oder Hilfssystematiken einführen wollte. Innerhalb des Kreises der Statistiker sind Vorschläge gemacht worden, die darauf abzielten, den „individuellen Beruf" durch eine neue Systematik gewissermaßen wieder zu beleben, d. h. Wege zu finden, die trotz allen erwähnten Schwierigkeiten es ermöglichen sollten, die einzelnen Berufstätigen doch in gewissem Umfang nach ihrer persönlichen Tätigkeit auszuzählen. Da solche Gedanken immer wieder auftreten und sogar, wenn auch nur in bescheidenem Maße, teilweise realisiert worden sind, sei noch kurz auf diese Vorschläge eingegangen.

Der erste der hier zu behandelnden Vorschläge ging von dem Gedanken aus, die persönliche Betätigung des Arbeiters usw. genauer zu klären und alle Arbeiter usw. mit gleicher Betätigung zu *einem* Beruf zusammenzufassen. Das klingt an sich ganz plausibel: alle Leute, die beispielsweise schlossern, schmieden, hobeln, fräsen, reinigen usw., könnten an sich unter einer geeigneten Benennung je als solche verzeichnet werden; gedanklich schwieriger ist es schon, eine ähnliche Operation vorzunehmen, wenn die Betätigung in der Verwendung oder bloßen Bedienung einer Fräs-, einer Bohrmaschine usw. besteht. Dieser Einwand trifft in der Gruppe der sogenannten Maschinenarbeiter viele Tausende von Arbeitern. Und gerade bei diesen ist immer damit zu rechnen, daß trotz allen Belehrungen, ja sogar bei Einsatz von bezahlten Zählern ein ganz erheblicher Teil immer nur in der Sammelrubrik „Maschinenarbeiter" ausgezählt werden kann. Und was ist dann vom Standpunkt des individuellen Berufs damit gewonnen? Außerdem darf nicht verkannt werden, daß selbst die genauesten Tätigkeitsbezeichnungen irreführen können, wenn die Angabe fehlt, wo und in welchem Zusammenhang diese Tätigkeit ausgeübt wird. Die Tätigkeit „Kochen" z. B. kann die Herstellung von Speisen, aber auch bestimmte Arbeiten in einer Chemischen Fabrik umfassen. Oder ein Beruf wie der „Beizer" stellt etwas ganz verschiedenes dar, wenn er in einem Betrieb der Metallindustrie — z. B. Blechbeizer — oder wenn er in der Möbelherstellung ausgeübt wird. Bei Berufen, wie „Wicklerin" oder „Sortiererin" liegt der Fall noch schwieriger, wenn man sonst nichts Näheres weiß.

Der zweite Vorschlag, der gelegentlich mit dem ersten kombiniert wird, will die Berufe von dem bearbeiteten *Stoff* her erfassen und systematisieren, also z. B. alle die Leute unter einen Beruf bringen, die sich jeweils mit Holz, die sich mit Eisen, mit Metallen, mit Gummi, mit Steinen usw. usw., abgeben. Dieser Gedanke erscheint an sich nicht abwegig; zu einem gewissen Teil ist er sogar — allerdings hier in Kombination mit dem Betriebsberuf — bei der Berufszählung von 1939 verwirklicht worden[16]. Da traten in der Berufssystematik z. B. Stein- und Glaswerker, Eisen- und Metallwerker, Papierwerker, Lederwerker auf. Aus der gleichen 1939er Systematik geht allerdings schon hervor, daß dieses Einteilungsprinzip seine sehr engen Grenzen hat und daß es aus praktischen Gründen nicht einmal in diesen Grenzen restlos durchgeführt werden kann. So sehen wir hier neben dem Lederwerker den „Schuhwerker" — dessen *Stoff* doch vorwiegend das Leder ist —, neben dem Textilwerker den Bekleidungswerker. In anderen Fällen wird dann aber ganz von dem Stoffprinzip abgewichen, so beim Musikinstrumentenbauer und beim Spielwarenmacher (Stoffe: Holz, Metalle, Textilien, Gummi usw.), beim Bauwerker (Stoffe: Stein, Holz, Eisen usw.). Letzten Endes nähert sich damit der sogenannte individuelle Beruf dieser Systematik doch wieder dem betrieblich orientierten Beruf. Immerhin läßt sich nicht leugnen, daß damit vielleicht ein Weg gewiesen ist, wie man die umfangreichen „Restposten" nach Abzug der altbekannten Handwerksberufe noch einigermaßen praktisch gliedern kann. Sieht man aber von diesem Kompromiß zwischen dem Stoff- und dem Betriebsprinzip ab, so bleiben auf alle Fälle starke Bedenken gegen den „Beruf auf stofflicher Grundlage" übrig. *Nicht* einzugliedern sind nach diesem Verfahren selbst bei weitherzigster Auslegung all die Arbeiter, die Hof-, Reinigungs- und Transportarbeiten ausführen, vor allem aber alle kaufmännischen und Büro-Angestellten, als deren „Stoff' man ja groteskerweise Papier und Tinte ansehen müßte, und in den meisten Fällen auch die Unternehmer und die Leitenden Angestellten, deren Aufgabe ja weniger im „Stofflichen" als im Organisatorischen und Spekulativen liegt.

---

[16] Vgl. R. Plate, in: Die Statistik in Deutschland, Bd. II, S. 653.

Durch die immer weitergehende Arbeitszerlegung in der Industrie und zum großen Teil auch im Verkehrswesen — auch in der Verwaltung macht sich derartiges schon bemerkbar! — hat die alte auf der vollberuflichen handwerksmäßigen Ausbildung beruhende Berufssystematik schon weitgehend ihren Sinn verloren. Der moderne „Teilarbeiter" fühlt sich demzufolge auch nicht mehr als Teilchen oder Splitter eines bestimmten alten Berufes, sondern als mehr oder minder wichtiges Teilchen seines *Betriebes,* in dem und für den er schafft. Ist somit das Berufsschicksal des Industriearbeiters — aber auch anderer Berufsgruppen! — objektiv *und* subjektiv vom Betrieb her bestimmt, so muß auch die Berufsstatistik alle notwendigen Folgerungen aus diesem Tatbestand ziehen.

All die hier geschilderten Ergebnisse und Erfahrungen haben denn auch neuerdings, das heißt im allgemeinen nach dem ersten Weltkrieg, dazu geführt, daß in den Ländern mit entsprechend ausgebildeter Statistik die Berufszählung sowohl den persönlichen Beruf als auch — und zwar mit ganz besonderem Nachdruck — den Betrieb und die Gewerbeart ermittelt, in deren Rahmen der Beruf ausgeübt wird. So hat beispielsweise der 14. Zensus der Vereinigten Staaten von Amerika (1920) drei Fragen gestellt: Gewerbe, Beruf oder besondere Art der Tätigkeit (wie Spinner, Verkäufer, Arbeiter usw.); Industriezweig, Geschäft oder Anlage, worin die Tätigkeit ausgeübt wird (Baumwollspinnerei, Kurzwarenhandlung, Farm usw.); Unternehmer, Gehalts- oder Lohnempfänger oder für eigene Rechnung arbeitend. Auf diese dritte Frage, die die „Stellung im Beruf" ermitteln will, brauchen wir hier nicht näher einzugehen, da sie in der Geschichte der Berufsstatistik an sich keine Neuerung darstellt. Hierbei sei noch einmal darauf hingewiesen, daß in den Vereinigten Staaten die Ausfüllung der entsprechenden Spalten des Fragebogens von bezahlten Zählern vorgenommen wird, die hierfür von den zuständigen Dienststellen genaueste Anweisungen erhalten haben[17]. Wenn Personen am Zählungstage zufällig unbeschäftigt sind, sonst aber eine bestimmte Tätigkeit ausüben, so wird *diese* Tätigkeit eingetragen; bei Ausübung von zwei Beschäftigungen wird nur die wichtigere eingetragen, d. h. diejenige, bei der das meiste Geld verdient wird; kann der Zähler das nicht feststellen, so ist die Beschäftigung einzutragen, auf die die meiste Zeit verwendet wird. Hinsichtlich der eigentlichen Berufsangabe verlangt die Anweisung ausdrücklich, daß die allgemeine Bezeichnung „Arbeiter" vermieden werden soll, wenn irgendeine genauere Angabe der Beschäftigung gemacht werden kann; wird aber die Bezeichnung Arbeiter gebraucht, so soll der Industriezweig in der entsprechenden Spalte beson-

[17] Vgl. hierzu und zum folgenden die Ausführungen von Meerwarth a. a. O. S. 52 ff.

ders sorgfältig ausgefüllt werden. Ein Stenograph, Stenotypist, Buchhalter, Kassierer usw. soll als solcher und nicht einfach als „kaufmännischer Angestellter" (clerk) eingetragen werden. Überhaupt erhält der Zähler die Anweisung, nicht ohne weiteres die Bezeichnung zu übernehmen, die man ihm angibt. Bezüglich der Frauen- und der Kinderarbeit bestehen noch weitere eingehende Bestimmungen.

Auch der englische Zensus vom Jahre 1921, der ähnlich wie in Deutschland grundsätzlich auf der *Selbstzählung* beruht, stellt zum Beruf mehrere Fragen. Zunächst handelt es sich um die „persönliche Betätigung" (personnel occupation), wobei die besondere Art des Berufs, des Handels, des Gewerbes, der Dienstleistung usw. anzugeben ist. Bei Beschäftigung im Handel oder Gewerbe muß die Antwort die besondere Art der Tätigkeit hinreichend kennzeichnen, indem in geeigneter Weise das Material, an dem gearbeitet wird, und je nach Branche die hergestellten oder gehandelten Erzeugnisse angegeben werden. Hier zeigt sich eine gewisse Ähnlichkeit mit dem eben behandelten „Stoff"-Prinzip der deutschen Statistik. Als Zweites wird hier die „Beschäftigung" (employment) erfragt; sie entspricht praktisch der deutschen „Stellung im Beruf", denn hier ist einzutragen, ob jemand für einen Unternehmer arbeitet — unter Angabe von Name und Geschäft des gegenwärtigen Arbeitsgebers bzw. der öffentlichen Körperschaft —; bei Beschäftigungslosigkeit ist diese anzugeben, aber auch der Name und das Geschäft des letzten Arbeitgebers; ferner ob der Befragte Arbeitgeber ist, d. h. Personen für Geschäftszwecke beschäftigt; wer für eigene Rechnung arbeitet und keine Personen für Geschäftszwecke beschäftigt, hat „für eigene Rechnung" einzutragen. Für häusliche Dienstboten und andere im persönlichen Dienst Stehende gilt die Eintragung „Privat". Als Drittes ist die „Arbeitsstätte" (place of work) einzutragen, und zwar mit genauer Anschrift; ist keine regelmäßige Arbeitsstätte vorhanden, so ist zu sagen: „Keine feste Arbeitsstätte"; wird die Tätigkeit vorwiegend „zu Hause" ausgeübt, so ist das einzutragen. Auch hier wird bei mehreren bezahlten Tätigkeiten nur diejenige gefordert, aus der der Lebensunterhalt hauptsächlich bestritten wird. Für Personen, die sich zur Ruhe gesetzt haben oder beschäftigungslos sind, ist keine Eintragung erforderlich. Besonders betont wird, daß die Art der Beschäftigung *genau* zu bezeichnen ist und daß allgemeine und unbestimmte Ausdrücke zu vermeiden sind.

Gerade die Erfahrungen, die MEERWARTH bei seinem eingehenden Studium der amerikanischen und der englischen Berufsstatistik gewonnen hat, haben ihn, der damals Mitglied des Preußischen Statistischen Landesamts war und an hervorragender Stelle mit der Vorbereitung der ersten großen Nachkriegserhebung (Volks-, Berufs- und Betriebszählung vom 16. Juni 1925) betraut wurde, veranlaßt, nachdrücklich auch für die deutsche Zählung ein ähnliches Verfahren zu fordern, das heißt, es sollte jeder Erwerbstätige sowohl nach dem Beruf wie nach der Gewerbeart des Beschäftigungsbetriebes erfaßt werden. Mit dieser Forderung ist MEERWARTH auch in den sehr gründlichen Verhandlungen und Vorbereitungen dieser Zählung durchgedrungen, trotz allen — an sich möglichen — Bedenken, daß dadurch die Kontinuität der Berufszählungen gestört werden könnte, daß Vergleiche mit früheren Erhebungen dann nicht mehr ohne weiteres möglich seien u. dgl. m. Es braucht hier wohl nicht besonders betont zu werden, daß solche Gedanken da nicht am Platze waren, wo bestimmte innere Mängel der früheren Erhebungen ganz evident geworden waren. Als notwendige Konsequenz des grundsätzlich neuen Verfahrens ergab sich dann auch für die *nicht* gewerblichen Arbeitskräfte, z. B. in der Verwaltung und in den sogenannten „Freien Berufen", die Schaffung von „Betriebszweigen", wie Gesundheitswesen, Theater- und Musikwesen u. ä., um für die Unterbringung aller Beschäftigten tatsächlich keine betriebliche Lücke zu lassen.

Da die deutsche Volks- und Berufszählung von 1925 im Grunde auch für die späteren Zählungen dieser Art im Reich und in der Bundesrepublik vorbildlich geblieben ist, jedenfalls die hier behandelten Prinzipien des individuellen und des „Betriebs"-Berufs weiterhin gültig sind, dürfte es jetzt angebracht sein, dem dritten Faktor der Berufsermittlung, der „Stellung im Beruf", die gebührende Aufmerksamkeit zu widmen. Wie schon angedeutet, hat sich auch bezüglich der Berufsstellung eine nicht unerhebliche Veränderung vollzogen, die ebenfalls mit der Entwicklung der kapitalistischen Wirtschaft zusammenhängt. Früher, d. h. noch weithin im 19. Jahrhundert, war der Beruf einwandfrei der Oberbegriff und die Berufsstellung sozusagen nur ein Entwicklungszustand innerhalb des Berufs: der Tischler z. B. war nacheinander Lehrling, Geselle, Meister; in diesen Phasen verlief regelmäßig sein Berufsschicksal. *Heute* ist — abgesehen vielleicht vom noch bestehenden alten Handwerk — der Tischler, der Schlosser, der Schmied nicht mehr selbstverständlich auf dem Weg zum Meister, also zum selbständigen Unternehmer, sondern er ist — in der Regel — *Arbeiter* und *bleibt* Arbeiter. Lehrling kann er im Handwerk oder neuerdings auch in der Fabrik gewesen sein, Meister wird er — grundsätzlich — nie. *Arbeiter zu sein, ist Lebensberuf geworden,* und diese Gestalt des Berufs formt das Schicksal des Erwerbstätigen vielfach noch stärker, noch entscheidender als der Betrieb, in dem er tätig ist. Das gleiche gilt, wie leicht einzusehen ist, vom Angestellten. Bei diesem ist überhaupt schon in der Benennung die Stellung im Beruf an die Stelle des persönlichen Berufs getreten, wobei dieser persönliche Beruf noch leise anklingt in der Unterscheidung des kaufmännischen und des technischen Angestellten. Vollends beim Unternehmer und bei dem leitenden Angestellten, dem „Manager", ist das *Beruf* geworden, was einst nur Berufsstellung zu sein schien. Hier ist sogar die Vorbildung vielfach nicht mehr der entscheidende Faktor, so daß sich die Unternehmerschicht ebensogut aus ehemaligen Handwerkern (FRIEDRICH KRUPP, ROBERT BOSCH) zusammensetzen kann wie aus Ingenieuren, Kaufleuten, höheren Staatsbeamten (KRUPP VON BOHLEN UND HALBACH, HUGENBERG), akademischen Lehrern (Prof. ABBE bei den Zeißwerken!), Söhnen von Unternehmern, die vielleicht ohne ausgesprochene einschlägige Vorbildung das nötige Kapital oder den noch nötigeren Kredit und den erforderlichen Wagemut nebst einer guten Dosis angeborenen Organisationstalents mitbringen. Diese Wiedergabe historischer Tatsachen soll nicht etwa der Erkenntnis bestimmter soziologischer Entwicklungslinien dienen, sondern sie will zeigen, daß es heutzutage bei der statistischen Festlegung des „Berufs" sehr viel mehr als früher darauf ankommen muß, die Stellung im Beruf — auch „soziale Stellung" genannt — ganz genau zu klären, weil sie von größerer Bedeutung sein kann als der eigentliche „Beruf". Derartige Überlegungen haben ja sogar bei der Volkszählung in der UdSSR dazu geführt, daß die soziale Stellung der Oberbegriff der Berufsauszählung geworden ist.

Ergänzend müssen bei der Stellung im Beruf noch erwähnt werden der Beamte und der Mithelfende. Reichs- oder Bundesbeamter, Landes- und Kommunalbeamter zu sein mit der — bisher wenigstens — klaren Abgrenzung gegen den auf Privatdienstvertrag beschäftigten Behördenangestellten, das ist ebenfalls Inhalt eines *Berufes* geworden, und wenn irgendwo, so herrscht gerade in diesem Beruf noch ein anerkanntes Berufsethos, um dessen willen wir auch in Deutschland im Gegensatz zu manchen anderen Ländern weiterhin an der „Verbeamtung" festhalten, wenn das auch z. B. in der Besatzungszeit nach dem zweiten Weltkrieg zu mancherlei Schwierigkeiten geführt hat. Jedenfalls hat auch noch die Berufszählung von 1950 — wie wir noch im einzelnen sehen werden — Wert darauf gelegt, die Beamten als solche und in bestimmter Unterteilung in Erscheinung treten zu lassen.

Die *Mithelfenden* — in der Landwirtschaft, im Kleinhandel, besonders im Ladengeschäft, im Handwerk usw. — sind vielleicht der einzige Typ, bei dem es sich um eine echte „Stellung im Beruf" handelt, weil hier wirklich die betreffenden Familienangehörigen dem berufstätigen Vater, Ehemann, Bruder usw. nur „helfen", in bestimmten Fällen lebenslänglich, oft allerdings auch nur so lange, bis sie einen echten Dauerberuf finden.

Bei diesen Mithelfenden müssen wir noch etwas länger verweilen, weil hier die früher übliche statistische Erfassung zu verschiedenen Schwierigkeiten in der Darstellung der tatsächlichen Entwicklung geführt hat. Bei den deutschen Berufszählungen bis 1907 einschließlich wurden die mithelfenden Familienangehörigen den Arbeitern (c-Personen) zugerechnet, allerdings seit 1895 wenigstens bei bestimmten Veröffentlichungen dadurch erkennbar, daß sie als c1-Personen von den übrigen c-Personen (c2- und c3-Personen = gelernte und ungelernte Arbeiter) getrennt aufgeführt wurden. Vielfach blieben sie aber unterschiedslos in der Gruppe der „Arbeiter", wogegen z. B. auch FRANZ ŽIŽEK[18] Bedenken anmeldet, weil ja die mithelfenden Familienangehörigen „soziologisch eine Grenzgruppe darstellen, da es sich zumeist um Familienangehörige von Selbständigen handelt, deren dauernde Interessen mehr in der Richtung der Selbständigenschicht gehen"; 1907 machte ihre Zahl — nach dieser Art der statistischen Erfassung — „fast ¼ aller Arbeiter aus"! ŽIŽEK hebt auch hervor, daß sich die Anzahl dieser Mithelfenden von 1895 bis 1907 verdoppelt habe, „teilweise allerdings infolge veränderter Zählweise". Bekanntlich spielten die Mithelfenden eine ganz besondere Rolle in der deutschen Landwirtschaft, und die wechselnde Art ihrer Erfassung hat teilweise zu recht sonderbaren Schlußfolgerungen bezüglich der Entwicklung der landwirtschaftlichen Berufsbevölkerung geführt. In der bereits erwähnten Kieler Studie Nr. 48 habe ich darüber folgendes ausgeführt[19]: „In diesem Zusammenhang ist es weiterhin angebracht, noch auf eine andere Wirkung hinzuweisen, die durch die veränderte Erfassung der ‚Mithelfenden' nach 1895 für diese Statistik des landwirtschaftlichen Berufs entsteht. Diese Art der Erhebung ist nämlich schuld daran, daß die Anzahl der hauptberuflich Erwerbstätigen in der deutschen Landwirtschaft nach 1895 *(angeblich)* zugenommen hat. Die *Erwerbstätigen* einschließlich der Mithelfenden sind — nach den offiziellen Zahlen der Statistik — von 8,06 Millionen im Jahre 1882 und 8,05 Millionen im Jahre 1895 auf 9,58 Millionen im Jahre 1907 gestiegen, dagegen sind in der gleichen Zeit die ‚Berufszugehörigen' (Erwerbstätige und nichttätige Angehörige zusammen) von 18,70 Millionen über 17,82 Millionen auf 16,92 Millionen *gesunken.* Dieses statistische Bild (der Erwerbstätigen) hat vielfach dazu verleitet, eine kräftige Zunahme der im Hauptberuf landwirtschaftlich Erwerbstätigen in Deutschland anzunehmen. In Wirklichkeit haben die in sich *vergleichbaren* Erwerbstätigen — Selbständige, Knechte, Landarbeiter usw. — in dieser Zeit um rund 450 000 abgenommen, die angebliche Gesamtzunahme um 1,5 Millionen ist also ausschließlich durch die (statistische) Vermehrung der Mithelfenden um fast zwei Millionen zu erklären. Es unterliegt keinem Zweifel, daß auch vor 1907 die mithelfende Tätigkeit der Ehefrauen und Kinder von Landwirten in stärkstem Umfange Platz gegriffen hatte, ohne daß man dieser Tatsache damals in der Statistik die gebührende Beachtung geschenkt hätte. Das

[18] In seinem „Grundriß der Statistik", München und Leipzig 1921, S. 279 ff.
[19] a. a. O. S. 63.

Statistische Reichsamt bestätigt in der Deutschen Wirtschaftskunde[20] diesen Tatbestand, indem es bei der Betrachtung der Entwicklung von 1882 bis 1925 ausführt: ‚Die Vermehrung der Zahl der Erwerbstätigen in der Land- und Forstwirtschaft beruht in der Hauptsache auf einer vollständigeren Erfassung insbesondere der mithelfenden Familienangehörigen als hauptberuflich erwerbstätige Personen'." Daneben gibt es noch einen anderen Grund für die sonderbare *Zunahme* der landwirtschaftlichen Erwerbstätigen im Bilde der Statistik. Hierzu ist folgendes zu sagen[21]: „1907 sind Mithelfende offenbar *aus anderen Bevölkerungskreisen* der landwirtschaftlichen Bevölkerung zugeschlagen worden. Das ergibt sich einwandfrei aus einer Reihe zwingender Momente, vor allem aus dem unmöglichen Geschlechtsverhältnis (Anzahl der Frauen bezogen auf die Männer) für 1907 im Vergleich mit 1895 und mit den sonstigen Verhältnissen des Jahres 1907 selbst. Der Frauenüberschuß (als vH der Zahl der Männer) soll nämlich in der gesamten landwirtschaftlichen Bevölkerung von 1895 bis 1907 gestiegen sein von 9,32 auf 14,51 vH, bei Beschränkung auf die über vierzehn Jahre alten Berufszugehörigen der Landwirtschaft sogar von 7,91 auf 20,29! Dabei zeigt noch auf der anderen Seite der allgemeine Frauenüberschuß — der deutschen Gesamtbevölkerung — einen Rückgang von 3,75 (1895) auf 2,62 vH (1907). Diese eigenartige Entwicklung zwischen 1895 und 1907 dürfte es wohl evident machen, daß es sich hier unmöglich um die Geschlechtsverteilung *derselben* Landwirtsfamilien handeln kann. Die Zunahme der Mithelfenden — es handelt sich hier fast um eine Million — kann also nicht aus dem Bestande der bisherigen (landwirtschaftlichen) Familien heraus erfolgt sein, sondern sie kann nur auf die Einbeziehung früher nicht erfaßter oder nicht beachteter Familien zurückgeführt werden. Es stellt sich also folgendes heraus: 1907 ist eine große Anzahl weiblicher Personen der *nicht*landwirtschaftlichen Bevölkerung als (hauptberuflich) ‚Mithelfende in der Landwirtschaft' gezählt worden, weil sie im ‚landwirtschaftlichen *Neben*betrieb' ihres Ehemannes oder Vaters oder sonstigen Verwandten geholfen haben, wobei Ehemann, Vater usw. ‚im Nebenberuf selbständige Landwirte' (als Inhaber eines im wesentlichen der Eigenversorgung dienenden kleinen Landstücks), im Hauptberuf aber Industriearbeiter, Angestellte, kleine Gewerbetreibende usw. sind. Auf die Frage, ob solche Mithelfenden mit Recht oder mit Unrecht dem landwirtschaftlichen *Haupt*beruf zugezählt worden sind, wobei ja der *Umfang* der ‚landwirtschaftlichen' Tätigkeit zur Beurteilung herangezogen werden müßte, braucht hier nicht eingegangen zu werden. *Tatsächlich* sind aber diese (weib-

[20] Deutsche Wirtschaftskunde. Ein Abriß der deutschen Reichsstatistik. Bearb. im Statistischen Reichsamt. Berlin 1930, S. 48.

[21] a. a. O. S. 61 f.

lichen) Personen in der Statistik als hauptberufliche Landwirte behandelt worden. Für unsere Darstellung ist das Ergebnis wesentlich, daß durch die Einbeziehung dieser in kleinen Nebenbetrieben helfenden Personen in die Statistik des Hauptberufs der tatsächliche Rückgang der *eigentlichen* landwirtschaftlichen Bevölkerung nicht unerheblich abgemildert erscheint. Solche landwirtschaftlichen Nebenbetriebe, die ihrer Bedeutung nach wohl mehr den Kleingärten zu vergleichen sind, kommen in besonders großer Anzahl in der Umgegend der Großstädte sowie in stark industriellen Gebieten vor und bewirken hier eine besonders starke ‚Inflation' von landwirtschaftlicher Bevölkerung[22]." In diesem Zusammenhang darf noch darauf hingewiesen werden, daß die zahlenmäßige Darstellung der Arbeitskräfte in der Landwirtschaft — je nach dem tatsächlichen Umfang ihrer Arbeitstätigkeit! — überhaupt recht problematischer Natur sein kann. Noch mehr als für die Berufszählung kann das für die landwirtschaftliche Betriebszählung wesentlich werden, bei der diese Frage deshalb noch einmal genauer angeschnitten werden soll. Immerhin sei hier schon hervorgehoben, daß in Deutschland wenigstens die Möglichkeit besteht, die wirkliche Berufsleistung in „Arbeitskräften" (abgekürzt „AK") zu messen; „eine Arbeitskraft (AK) entspricht als Einheit einer voll arbeitsfähigen männlichen oder weiblichen Kraft mit einer Leistung von 300 Arbeitstagen oder 2400 Stunden[23]".

Bei der Erfassung des Berufs — in jeglicher Form — darf nicht übersehen werden, daß dieser Beruf nicht nur als „Hauptberuf", sondern unter gewissen Voraussetzungen auch als *„Nebenberuf"* ausgeübt werden kann. Wie wir gesehen haben (vgl. oben S. 88 f.), ist sowohl die amerikanische wie die englische Statistik der Erfassung des Nebenberufs ausgewichen. In Deutschland dagegen wird schon seit längerem auf die Erfassung des Nebenberufs großer Wert gelegt. So hat z. B. die Berufszählung von 1907 in Spalte 12 der Haushaltungsliste folgende Frage gestellt: „Üben Sie einen oder mehrere Nebenberufe aus? Oder eine nebensächliche Erwerbstätigkeit? Wenn ja, welchen oder welche? Falls mehrere Nebenberufe: mit a, b, c zu bezeichnen und untereinander aufzuführen." In Spalte 13 wird dann auch für den Nebenberuf die Eintragung der „Stellung im Beruf" verlangt. Hierzu bringt MEERWARTH noch folgende bedeutsame Ausführungen[24]: „In den Erläuterungen zu den Spalten 12 und 13 wird der Nebenberuf definiert: Als Nebenberuf (Nebenbeschäftigung, Nebenerwerb) gilt jede erwerbende Tätigkeit, welche, ohne Hauptberuf

---

[22] Vgl. P. QUANTE, Die Mithelfenden in der deutschen Landwirtschaft und ihre Entwicklung seit 1882. Allg. Statist. Archiv, Jena, Bd. 22 (1932), Heft 2, S. 211 ff.

[23] Vgl. G. KLAUDER, Landwirtschaftliche Faustzahlen, 4. Aufl., Berlin u. Hamburg 1957, S. 11.

[24] a. a. O. S. 58.

zu sein, sei es zur Zeit der Zählung oder zu einer anderen Jahreszeit, zum Zwecke des eigenen Erwerbes ausgeübt wird. Auch die nebensächliche Erwerbstätigkeit von solchen, die in der Hauptsache nicht erwerbend tätig sind, sondern aus anderen Quellen leben (wie Hausfrauen oder andere Familienangehörige, Leibgedinger, Rentner, Pensionäre), ist anzugeben. In der Frage 12 und in den Erläuterungen ist bereits angedeutet, daß mit dem Worte Nebenberuf ganz verschiedene Tatbestände gedeckt werden. Zunächst kann Nebenberuf einen zweiten Beruf, dann auch eine nebensächliche Erwerbstätigkeit bedeuten, Tatbestände, die manchmal, aber nicht immer, identisch sind. Der Beamte oder Angestellte eines Gewerbetriebs, der abends in einer Musikkapelle gegen Entgelt musiziert, übt in der Tat einen zweiten Beruf aus, der ihm lediglich einen Nebenerwerb (hier einen im Vergleich zu der in Geld ausgedrückten Höhe des Haupterwerbs minder bedeutungsvollen Betrag) einbringt. Die Nebeneinnahmen des berufslos Erwerbenden (Pensionäre, Rentner usw.) stellen einen nebensächlichen Erwerb (im Vergleich zum Geldbetrag der Pension, der Rente) dar, sind aber nicht aus einem Nebenberuf im Sinne von zweitem Beruf erworben. Der Gastwirt, Bäcker, Metzger auf dem Land, der gleichzeitig noch Inhaber eines landwirtschaftlichen Erwerbsbetriebes ist, übt zwei Berufe aus; es ist vielfach zweifelhaft, welcher dieser beiden Berufe als Haupt- und welcher als Nebenberuf (im Sinne: minderer Betrag der Einnahmen) anzusehen ist. Der Ausdruck Nebenberuf hat hier vielfach seinen Sinn verloren. Er hat erst recht seinen Sinn verloren, wenn er einen Beruf wiedergeben will, der in einer anderen Jahreszeit als der Hauptberuf ausgeübt wird. Tatbestand: ein Arbeiter, der im Winter in der Textilindustrie, im Sommer in der Landwirtschaft tätig ist; ein Arbeiter, der im Sommer im Baugewerbe, im Winter im Bergbau tätig ist, usw.

So bedeutungsvoll die Erfassung des Nebenberufs, des zweiten Berufs ist, so notwendig erscheint es auch, bei der Bearbeitung der Antworten den verschiedenen Tatbeständen, die hier mit dem gleichen Wort bezeichnet werden können, Rechnung zu tragen."

Bei den letzten Ausführungen kam bereits teilweise ein Gesichtspunkt zur Geltung, der noch eine besondere Behandlung verdient: Für die Feststellung, ob es sich wirklich noch um einen Nebenberuf oder vielleicht sogar einen echten zweiten Beruf handle, wurde als Merkmal die Höhe der Einnahmen aus dem Neben- oder dem zweiten Beruf von Bedeutung. An sich ist man ja gewohnt, den Beruf als ein „qualitatives" Merkmal der Zähleinheit Mensch anzusprechen; hier aber tritt offenbar noch ein *quantitatives* Merkmal in Erscheinung, mit dem es anscheinend erst richtig gelingen soll, eine zutreffende Gruppierung der Berufsausübenden zu finden. In gewissem Sinne hat diese quantitative Bewertung ja auch bei der amerikanischen und englischen Berufsstatistik eine Rolle gespielt, weil hier erst der überwiegende Erwerbsertrag (im Falle mehrerer „jobs") die Zuweisung zu dem eigentlichen Beruf veranlaßt. Aber noch an einem anderen Punkte der beruflichen Einordnung kann das quantitative Merkmal von großer Bedeutung werden, und zwar bei den sogenannten „Selbständigen". In vergangenen Zeiten bestand jedenfalls im städtischen Handwerk kein Zweifel daran, daß der Selbständige, der Meister, in der Rangklasse und wohl meist auch im Ertrag seiner Tätigkeit gegenüber den „Unselbständigen" (Gesellen und Lehrlingen) obenan stand. Anders lag es — schon damals — auf dem Gebiet der Landwirtschaft, weil hier schon früh neben dem (mehr oder minder großen) Gutsbesitzer der (mehr oder minder große) Bauer stand; beide sind zwar „selbständig", unterscheiden sich aber doch ganz erheblich voneinander, auch „artmäßig". In Industrie und Handel, aber auch in anderen Wirtschaftsgruppen, kommt hinzu, daß neben die eigentlichen Selbständigen mehr und mehr Personen getreten sind, die zwar rechtlich zu den „Angestellten", wirtschaftlich aber zu den „Unternehmern" zu rechnen sind; die Berufszählung von 1907 z. B. hat als Selbständige die Eigentümer, die Pächter, die „leitenden Beamten und sonstigen Betriebsleiter" aufgeführt (die letzten als a3-Personen), dazu sogar noch in der Industrie die Spezialgruppe der für ein fremdes Geschäft arbeitenden Hausgewerbetreibenden (afr-Personen), die zweifellos ihrer wirtschaftlichen Bedeutung nach eher zu den Arbeitern zu rechnen sind. Wie kann nun heute innerhalb der Unternehmer die mehr oder minder große Bedeutung im Erwerbsleben einigermaßen deutlich gekennzeichnet werden? Hier hat man den Weg beschritten, die Unternehmer nach der Größe ihrer Betriebe — in der Landwirtschaft nach der Anzahl der bewirtschafteten Hektare — bzw. nach der Anzahl der beschäftigten Arbeitnehmer (so in nicht landwirtschaftlichen Betrieben) auszugliedern, ein Weg, der um so leichter gangbar ist, je mehr man die Berufszählung mit einer Betriebszählung kombiniert.

Eine besondere Erwähnung verdienen noch die sogenannten „freien Berufe", wobei wir uns am besten den Ausführungen von Meerwarth anschließen[25]: „Schließlich zur vielumstrittenen Gruppe der *freien Berufe*. Man umfaßt in dieser Gruppe herkömmlich Ärzte, Rechtsanwälte, Architekten, Schriftsteller, bildende Künstler, Musiker. Es wurde oft darauf hingewiesen, daß in dieser Gruppe heterogene Arten vereinigt sind. Zunächst treten wir auch an die freien Berufe unter wirtschaftlichem Gesichtspunkt heran; lassen also Gedankengänge beiseite, die dahin gehen, freie Berufe seien im Gegensatz zu anderen Berufen Verwalter eines Kulturamts — (NB: hier ist selbstverständlich nicht an ein „Kulturamt"

[25] a. a. O. S. 48 f.

als landwirtschaftliche Verwaltungsdienststelle zu denken! Qu.) — usw. Unter wirtschaftlichem Gesichtspunkt steht ‚frei' im Gegensatz zu ‚angestellt': der freie Schriftsteller, der angestellte Schriftsteller; der freie Musiker, der angestellte Musiker; der freie Arzt, der angestellte Arzt; der freie Architekt, der angestellte Architekt usw. Die aufgeführten Berufe sind also — immer vom volkswirtschaftlichen Gesichtspunkt aus — nicht als solche freie Berufe; ihre Träger können den Beruf ‚frei' ausüben, sie müssen es aber nicht. Der Arzt, der von einem gewerblichen Unternehmen als Fabrikarzt angestellt ist, übt als solcher keinen freien Beruf aus. Der Schriftsteller, der als Redakteur von einem Verleger angestellt ist, sein Gehalt gemäß einem Tarifvertrag ausgezahlt erhält, übt als solcher keinen ‚freien' Beruf aus. Der Rechtsanwalt, der von einer Bank engagiert ist, um juristische Fragen zu bearbeiten, übt als solcher keinen ‚freien' Beruf aus. Allerdings ist in zahlreichen Fällen der Fabrikarzt daneben noch freier Arzt, der eine Privatpraxis auf eigene Rechnung ausübt. Der Redakteur ist oft daneben noch freier Schriftsteller und verfertigt auf eigene Rechnung und Gefahr Romane usw.

Es wird nun darauf hingewiesen — ein Hinweis, der allerdings, von Ausnahmefällen abgesehen, nur für die Vorkriegszeit gilt —, daß beispielsweise der freie Beruf des Schriftstellers vielfach überhaupt kein Erwerbsberuf war, daß der freie Schriftsteller seinen Beruf gar nicht zum Erwerb ausübte, da er seine Einnahmequellen zum Lebensunterhalt anderswoher aus Zinsen, Renten usw. bezog. In der wirtschaftlich orientierten Denkweise würde dieser — im wesentlichen auf die Verhältnisse der Vorkriegszeit zugeschnittene — Fall besagen, daß der eben behandelte freie Schriftsteller seine Tätigkeit überhaupt nicht als Beruf oder nur gelegentlich nebenher als Beruf ausübte, daß er zu der in der Vorkriegszeit auch in Deutschland starken Gruppe der ‚berufslosen Erwerbenden' zählte.

Damit sind wir zu der letzten wirtschaftlich bedeutsamen Gruppe von Erwerbenden gelangt, zu den *berufslos Erwerbenden.* Die Angehörigen dieser Gruppe beziehen Einkommen ohne Erwerbstätigkeit: berufsloses Einkommen. Solches Einkommen kann einmal erlangt werden auf Grund früherer Arbeit in Form von Pensionen, Versicherungsrenten, Altenteilen usw. oder vor allem auf Grund von Familienbesitz durch Verpachten, Vermieten von Gebäuden und Boden, durch Geldleihe oder durch Beteiligung bei Erwerbswirtschaften (z. B. Aktiengesellschaften). Jede der zuerst betrachteten Gruppen von Erwerbstätigen kann außer jenem ‚Berufseinkommen' derartiges Einkommen erzielen. Vor dem Krieg konnte sogar das berufslose Einkommen ausreichen, die Lebenshaltung zu decken."

Allgemein sei noch gesagt, daß die freien Berufe und die berufslos Erwerbenden sich eigentlich nicht einer „Betriebsgruppe" zuweisen lassen, sondern eher den Typ eines rein „persönlichen Berufs" darstellen.

Im Sinne der bisher behandelten Erfassungsmöglichkeiten des Berufs haben denn auch die Reichsberufszählungen von 1925, 1933 und 1939 sowie die Berufszählung vom 13. September 1950 (kombiniert mit einer Volks- und einer Betriebszählung) im Bundesgebiet sich bemüht, eine Gruppierung zu schaffen, die jeden Erwerbstätigen (und Berufslosen) dort eingliedert, wo er sowohl vom persönlichen wie vom volkswirtschaftlichen Standpunkt einwandfrei hingehört. Dieses Verfahren erfordert eine bestimmte und wohlüberlegte Systematik der Wirtschaftszweige, ferner eine solche der Berufszweige sowie der Berufsstellung. Hier soll uns in erster Linie die Einteilung der Zählung von 1950 interessieren[26].

Für die „wirtschaftliche" oder auch betriebliche Gliederung der Erwerbspersonen stehen 151 Wirtschafts*zweige* zur Verfügung, die dann zu 74 Wirtschafts*gruppen* und weiter zu 10 Wirtschafts*abteilungen* zusammengefaßt sind (aus Raumgründen können hier neben den Abteilungen die Gruppen usw. nur teilweise aufgeführt werden): Landwirtschaft und Tierzucht, Forst- und Jagdwirtschaft, Gärtnerei, Fischerei (mit der Nummer 0 bezeichnet); Bergbau, Gewinnung und Verarbeitung von Steinen und Erden, Energiewirtschaft (1); Eisen- und Metallerzeugung und -verarbeitung (2); Verarbeitende Gewerbe (ohne Eisen- und Metallverarbeitung) (3/4); Bau-, Ausbau- und Bauhilfsgewerbe (5); Handel, Geld- und Versicherungswesen (6); Dienstleistungen (7); Verkehrswesen (8); Öffentlicher Dienst und Dienstleistungen im öffentlichen Interesse (9); dazu kommt wegen fehlender Angaben noch eine Abteilung 9 a: Ohne Angabe der Betriebszugehörigkeit. Hierzu noch einige Einzelheiten: Zur Abteilung 1 Bergbau usw. gehört u. a. die Erdölgewinnung sowie die Wasser-, Gas- und Elektrizitätsversorgung; zur Abteilung 2 der Lokomotivbau und der Schiffsbau, der Straßenfahrzeugbau, der Bau von Luftfahrzeugen, die Feinmechanik und Optik; zur Abteilung 3/4 die Keramische Industrie, die Glasindustrie, die Chemische Industrie, das Textilgewerbe, die Papiererzeugung und -verarbeitung, das Druck- und Vervielfältigungsgewerbe, das Ledergewerbe, die Holzverarbeitung, die Holzveredlung, die Musikinstrumentenherstellung, die Spielwarenherstellung, das Mühlengewerbe, die Bäckerei, die übrigen Nahrungs- und Genußmittelgewerbe, die Schneiderei, die Kleider- und Wäscheherstellung, die Schuhmacherei und Schuhindustrie, die Mützen-, Hut- und Putzmacherei, die Kürschnerei und Rauchwarenzurichtung, die Polstermöbel-

[26] Vgl. Wirtschaftskunde der Bundesrepublik Deutschland (1955), S. 59 ff.

herstellung; zur Abteilung 5 die Klempnerei, die Bau- und Architektenbüros, die Schornstein- und Gebäudereinigung; zur Abteilung 7 das Photographische Gewerbe, die Wäscherei, die Färberei und chemische Reinigung, das Dienstmann- und Trägergewerbe, das Gaststättenwesen, das Wohngewerbe, die Badeanstalten, das Friseurgewerbe, ferner Kunst, Theater, Musik, Film, Rundfunk, Schrifttum, Schaustellung (also auch Zweige, in denen eigentlich mehr „freie Berufe" enthalten sein können!), Sportpflege, Häusliche Dienste; zur Abteilung 8 auch die Deutsche Bundespost und Bundesbahn; zur Abteilung 9 die Sozialversicherung, die Verwaltung, die Besatzungsmächte und ausländischen Vertretungen, das Bildungswesen, die Kirche, die Rechts- und Wirtschaftsberatung, die Interessenvertretung, die Krankenpflege, die Straßenreinigung, das Bestattungs- und Veterinärwesen, die Volkspflege und Fürsorge.

In diesem Zusammenhang soll der Versuch gemacht werden, die zahlenmäßige Entwicklung der Erwerbstätigen im Deutschen Reich von 1882 bis 1925 (I. Zeitraum) sowie im Bundesgebiet von 1939 bis 1950 (II. Zeitraum) an Hand der Veröffentlichungen des Statistischen Bundesamts und des Statistischen Reichsamts[27] kurz und zusammenfassend darzustellen. Dabei wollen wir die genannten Wirtschaftsabteilungen der Einfachheit halber zu „Wirtschaftsbereichen" zusammenziehen, entsprechend dem Verfahren in den genannten Quellen. Die Erwerbstätigen in der Landwirtschaft sollen im I. Zeitraum (Reichsumfang *nach* dem Versailler Vertrag) von 7 133 600 = 42,2 vH auf 9 762 400 = 30,5 vH aller Erwerbstätigen zugenommen haben; wie bereits des näheren ausgeführt, beruht diese — angebliche — Zunahme auf der nicht sachgerechten Behandlung der „Mithelfenden". Das wird noch besonders deutlich, wenn man statt der Erwerbstätigen die „Berufszugehörigen" — von denen ausführlicher noch die Rede sein wird —, d. h. die Erwerbstätigen *und* die von ihnen unterhaltenen Angehörigen ohne eigenen Haupterwerb und ihre Entwicklung anschaut: Deren Zahl hat sich im I. Zeitraum von 15 938 800 = 40,0 vH auf 14 373 000 = 23,0 vH der Gesamtbevölkerung *vermindert*. Für den II. Zeitraum ergibt sich ein Rückgang der landwirtschaftlichen Erwerbspersonen von 5 309 000 = 26,1 vH auf 5 114 000 = 23,2 vH *aller* Erwerbspersonen. Eines wird dabei trotz dem systematischen Fehler bei der Entwicklung zwischen 1882 und 1925 (I. Zeitraum) ganz deutlich: Die starke *Abnahme* der *landwirtschaftlichen* Erwerbstätigkeit im Rahmen der gesamten Erwerbstätigkeit, gekennzeichnet durch den Vomhundertsatz 42,2 (mag er auch etwas überhöht sein) für 1882 und durch den Vomhundertsatz 23,2 für 1950. Daß diese Entwicklung in jeder technisch fortschreitenden Landwirtschaft vor sich geht, habe ich bereits erwähnt (oben

[27] Wirtschaftskunde von 1955, S. 62 ff., und Deutsche Wirtschaftskunde von 1930 (Berlin), S. 47 ff.

S. 81). Als ein besonders überzeugendes Beispiel hierfür seien hier noch die Vereinigten Staaten genannt; hier liegen recht zuverlässige Zahlen für die Zeit von 1820 an vor[28]. Zwar hat hier die Zahl der landwirtschaftlich Erwerbstätigen infolge des Fortschritts der Besiedlung und der Aufschließung immer neuer Anbaugebiete noch bis 1930 absolut *zugenommen,* aber der Hundertsatz im Vergleich mit *allen* Erwerbstätigen von 1820 bis 1950 *abgenommen* von 71,8 auf 12,2 vH! Für die Schweiz[29] ergibt sich eine Abnahme von 1888 bis 1950 von 37,5 auf 16,5 vH, um noch ein Beispiel aus einem ganz anderen geographischen Bereich anzuführen. In Industrie und Handwerk dagegen hat im Deutschen Reich die Zahl der Erwerbstätigen im I. Zeitraum von 5 702 400 = 33,8 vH auf 13 239 200 = 41,4 vH aller Erwerbstätigen zugenommen, dann noch im II. Zeitraum von 8 135 000 = 40,0 vH auf 9 823 000 = 44,5 vH. In Handel und Verkehr (einschl. Geld- und Versicherungswesen) ist die Zunahme bis 1925 (I. Zeitraum) ganz besonders stark: Hier stieg die Zahl der Erwerbstätigen von 1 443 600 = 8,6 vH schon auf 5 273 500 = 16,5 vH aller Erwerbstätigen, im II. Zeitraum allerdings nur von 2 935 000 = 14,4 vH auf 3 443 000 = 15,6 vH. Für den öffentlichen Dienst und die privaten Dienstleistungen können folgende Angaben gemacht werden[30]: Hier haben die Erwerbstätigen von 1907 bis 1939 zugenommen von 1 133 300 = 4,6 vH auf 3 563 800 = 10,4 vH.

An zweiter Stelle fassen wir die „Stellung im Beruf" ins Auge, wie sie ihre Ausprägung bei der Berufszählung von 1950 erfahren hat. Die Oberbegriffe sind hier die Selbständigen, die mithelfenden Familienangehörigen, die Beamten, die Angestellten, die Arbeiter, dazu noch die selbständigen Berufslosen. Bei den Selbständigen werden noch unterschieden alleinschaffende Selbständige, Selbständige in *nicht landwirtschaftlichen* Betrieben mit 1—5 Arbeitnehmern, mit 6—10, mit 11—50, mit 51 und mehr Arbeitnehmern, ferner Selbständige in *landwirtschaftlichen* Betrieben mit weniger als 2 ha bewirtschafteter Fläche, mit 2 — unter 10 ha, mit 10 — unter 30 ha, mit 30 und mehr ha bewirtschafteter Fläche. Bei den Beamten gibt es solche des einfachen und mittleren Dienstes, des gehobenen Dienstes, des höheren Dienstes. Um welche Schicht es sich jeweils handelt, kann nur aus der Eintragung in Spalte 21 der Haushaltungsliste (gegenwärtig ausgeübte Tätigkeit, Beruf) entnommen werden, wo als Beispiel für den Beamten der „Postbetriebsassistent" angeführt ist. Die Angestellten können sein kranken- und angestelltenversicherungspflichtig, nicht kranken-, aber angestelltenversicherungspflich-

[28] Vgl. Kieler Studien, Nr. 48, S. 133.

[29] a. a. O. S. 127.

[30] Vgl. Statistisches Handbuch von Deutschland, hrsg. vom Länderrat des amerikanischen Besatzungsgebiets, München 1949, S. 31.

tig, weder kranken- noch angestelltenversicherungspflichtig. Die Unterlagen für diese Einteilung der Angestellten liefern die Spalten 23 (Krankenversicherung) und 24 („Woraus erwarten Sie Ihre Altersversorgung?") der Haushaltungsliste. Mit den Angaben hierüber lassen sich die Angestellten in drei Gehaltsschichten einteilen, denn ihre Krankenversicherungspflicht reicht nur bis 7920 DM jährlich (660 DM monatlich) und ihre Rentenversicherungspflicht bis 15000 DM jährlich (nach §§ 4 und 5 des Angestellten-Rentenversicherungsgesetzes). Man kann also die Angestellten gruppieren nach solchen mit höchstens 660 DM Monatsgehalt, mit mehr als 660—1250 DM Monatsgehalt und mit mehr als 1250 DM Monatsgehalt. Die Arbeiter müssen (in Spalte 20, gegenwärtige Stellung im Beruf) eintragen, ob sie gelernt, angelernt oder ungelernt sind, ferner wird gefragt nach Heimarbeitern und Hausgehilfen.

Bezüglich eines zahlenmäßigen Vergleichs in der Entwicklung der Berufsstellung ist zunächst noch einmal darauf hinzuweisen, daß es ja allgemein bekannt ist, wie stark die selbständige Tätigkeit gegen früher *ab*genommen hat und dafür die *un*selbständige Tätigkeit *zu*genommen hat. Infolge der methodischen Schwierigkeiten, die vor allem durch die unzweckmäßige Behandlung der „Mithelfenden" — wobei auch noch einmal an ihre frühere Unterordnung unter die c-Personen erinnert sei — für die Zählungen vor der Jahrhundertwende entstehen, empfiehlt es sich, hier für Deutschland erst von den Zahlen für 1907 auszugehen. Dabei haben sich die Zahlen der Erwerbstätigen nach ihrer Berufs- oder sozialen Stellung wie folgt entwickelt[31]: Die Selbständigen haben von 1907 bis 1939 immerhin noch leicht zugenommen (aber nur absolut), und zwar von 4682600 = 19,0 vH aller Erwerbspersonen auf 4783000 = 14,0 vH der Erwerbspersonen — das bedeutet *relativ* einen recht empfindlichen Rückgang —; die mithelfenden Familienangehörigen haben zugenommen von 3772800 = 15,3 vH auf 5627600 = 16,4 vH, wobei sogar hier noch einige Fragezeichen bezüglich des tatsächlichen Umfangs der Zunahme zu setzen sind; die Angestellten und Beamten haben sehr stark zugenommen, und zwar von 2870200 = 11,7 vH auf 6481900 = 18,9 vH (hier also eine absolute *und* relative Zunahme!); die Arbeiter haben (absolut) zugenommen von 13311400 = 54,0 vH auf 17375300 = 50,7 vH (also auch hier ein relativer Rückgang, wenn auch in engeren Grenzen). Für die selbständigen Berufslosen sind die Anfangs- und Endzahlen 3077900 und 6325800. Für das Bundesgebiet ergibt sich von 1939 bis 1950 folgende Entwicklung[32]: Zunahme der Selbständigen von 2926800 = 14,4 vH auf 3258300 = 14,7 vH der Erwerbspersonen, eine deutliche Abnahme der mithelfenden Familienangehörigen von 3627000 = 17,8 vH

[31] Vgl. Statistisches Handbuch von Deutschland, S. 31.
[32] Vgl. Wirtschaftskunde von 1955, S. 64.

auf 3184400 = 14,4 vH, eine stärkere Zunahme der Angestellten von 2606900 = 12,8 vH auf 3523500 = 16,0 vH, eine immerhin noch fühlbare Zunahme der Arbeiter von 9509400 = 46,8 vH auf 11229300 = 50,9 vH aller Erwerbspersonen. Bei den „Beamten" werden ausgewiesen zu Beginn des Zeitraums 1667900 = 8,2 vH und am Ende nur 878500 = 4,0 vH; diese sonderbare Entwicklung geht zurück auf die Tatsache, daß 1939 unter den „Beamten" 656000 ihrer Dienstpflicht genügende Soldaten, Arbeitsmänner und Arbeitsmaiden mitgezählt wurden.

Der dritte — früher der wichtigste! — Einteilungsbegriff der modernen deutschen Berufszählung ist der *persönliche Beruf*. Hier hat man 1950 folgende Berufsabteilungen geschaffen: 1) Berufe des Pflanzenbaus und der Tierwirtschaft, 2/3) Industrielle und handwerkliche Berufe, 4) Technische Berufe, 5) Handels- und Verkehrsberufe, 6) Berufe der Haushalts-, Gesundheits- und Volkspflege, 7) Berufe des Verwaltungs- und Rechtswesens, 8) Berufe des Geistes- und Kunstlebens, 9) Berufstätige mit unbestimmtem Beruf. Dazu treten anhangsweise die Selbständigen Berufslosen. Zu dieser Einteilung sagt G. Weinhold in seinem „Kleinen Wörterbuch der Wirtschaftsstatistik"[33] folgendes: „Der Bildung der *Berufsabteilungen* liegt der Gedanke zugrunde, in ähnlicher Weise wie bei der systematischen Gliederung des Wirtschaftslebens auch die großen, mit der Entwicklung der arbeitsteiligen Volkswirtschaft hervorgewachsenen Zweige des Baumes der Berufe bis zu den leicht überschaubaren Hauptästen zu verfolgen und dabei die wesentlichen Wirkungsbereiche des Menschen im Beruf herauszustellen. So umfaßt die Berufsabteilung 1 mit den Berufen des Pflanzenbaues und der Tierwirtschaft die ursprünglichsten Berufe. Die Berufsabteilung 2/3 faßt diejenigen Berufsgruppen zusammen, die der Erzeugung, Weiterverarbeitung oder Verwandlung stofflicher Dinge aller Art dienen; sie umschließt damit zugleich die typischen Berufe handwerklicher und industrieller Fertigung. Für die Reihenfolge der Berufsgruppen innerhalb der Berufsabteilung 2/3 ist als gliederndes Merkmal im allgemeinen der Übergang von der anorganischen zur organischen Stofferzeugung und Stoffverarbeitung maßgebend gewesen, im besonderen gesehen ihre Bedeutung im Rahmen der Befriedigung der menschlichen Grundbedürfnisse sowie auch der Gedanke der Stufenfolge des Tätigwerden-Könnens der einzelnen Berufsgruppen, und schließlich die Berücksichtigung der verwandtschaftlichen Beziehungen zu einander. Die Zusammenfassung der Ingenieure, Techniker und zugehörigen Berufe in einer eigenen Berufsabteilung (4: Technische Berufe) hat ebenfalls besondere Gründe: An und für sich wäre es teilweise — aber nur teilweise — möglich gewesen, die Ingenieure, Techniker usw. bei den übrigen Berufsabtei-

[33] a. a.O. S. 21 f.

lungen und Berufsgruppen einzuordnen, insbesondere bei der Berufsabteilung 2/3. Das hätte aber zu einer Zersplitterung geführt, die bei der besonderen Bedeutung dieser Berufe, ihren ausbildungsmäßigen Ähnlichkeiten und dementsprechend ihrer nachwuchspolitischen Zusammengehörigkeit praktisch wieder eine Zusammenfassung notwendig gemacht hätte. Dabei ist es selbstverständlich, daß solche Berufe, die nur der Benennung nach das Attribut ‚-techniker' oder -‚ingenieur' führen, wie z. B. Gartenbautechniker, Weinbautechniker oder Forstingenieur, nicht in diese Berufsabteilung gehören. Als Zusammenfassung der Berufsgruppen der Güterverteilung und des Verkehrswesens folgt die Berufsabteilung 5 den vorangehenden Berufsabteilungen der Gütererzeugung. Alsdann reihen sich die Berufsabteilungen 6, 7 und 8 an, die alle diejenigen Berufsgruppen enthalten, die im weitesten Sinne dem geordneten Zusammenleben der Menschen dienen. Ihre Reihenfolge leitet von der Pflege des Einzelmenschen und der Familie zu den Berufsgebieten über, die das Volk in seiner Gesamtheit und den Staat betreffen, um mit den Berufen des Geistes- und Kunstlebens abzuschließen, die alle anderen Berufsabteilungen zur Voraussetzung haben. Demgegenüber bildet die Berufsabteilung 9 eine Art von Zugeständnis an die Unvollkommenheit allen menschlichen Ordnungsstrebens, indem sie die ‚Berufstätigen mit unbestimmtem Beruf' umfaßt, an deren Vorhandensein die Berufssystematik weder aus systematischen noch aus rein praktisch-statistischen Gründen vorbeigehen konnte."

Weinhold geht auch darauf ein[34], „wie weit man systematisch in der Anerkennung von Berufen als systematischer Einheit gehen kann". — Ein derartiger Beruf wird in der Praxis durch eine vierstellige Kennziffer bezeichnet. — „So, wenn es sich z. B. um ganz ausgesprochene Teilverrichtungen (Teil- oder ‚Spezialarbeiter'-Berufstätigkeiten) oder um sogenannte Berufsabarten oder -spielarten handelt. Im allgemeinen ist die Systematik der Berufe in den Fällen der *Berufs-spiel- oder -abarten* so vorgegangen, diese, soweit sich das vertreten ließ, dem jeweiligen ursprünglichen oder Grundberuf zuzuordnen — so z. B. die verschiedenen Abarten des Formerberufs in der Eisen- und Metallverarbeitung (2531) wie Kernformer, Lehmformer, Masseformer, Sandformer, Stahlgußformer —, selbständige Berufe (als unterste systematische Einheiten) aber dann zu bilden, wenn diese in der Praxis des Arbeitslebens auch als solche gewertet werden; so stehen z. B neben dem in mannigfachen Spielarten schillernden Beruf ‚Eisen- und Stahlschmied' (2551) die Berufe ‚Kesselschmied' (2554), ‚Kupferschmied' (2555) und ‚Messer- und Klingenschmied' (2556) als selbständige berufssystematische Einheiten. In der Fassung für

[34] a. a. O. S. 20 f.

die Arbeitsstatistik wurden *Abarten* des Berufs oder *Berufszweige* in einer größeren Zahl von Fällen aus praktischen Bedürfnissen mit kleinen Buchstaben unterschieden, so z. B. 2611 a: Schmelzschweißer, 2611 b: Elektroschweißer, und 2611 c: Gasschweißer. Die Teilberufstätigkeiten wurden dann den Grundberufen zugeordnet, wenn sie mit diesen noch in arbeitstechnisch und auch ausbildungsmäßig engerem Zusammenhang stehen; andernfalls wurden hierfür entweder besondere systematische Einheiten gebildet, oder sie wurden im Rahmen der jeweiligen „sonstigen Berufe" erfaßt.

Hauptgrundsatz für die Aufstellung der *Berufe* als unterste systematische Einheiten ist, daß *jeder Beruf als systematische Einheit alle zu ihm gehörenden gleichartigen Berufstätigkeiten so vollständig umfaßt, daß die Inhaltsreinheit* und damit *Klarheit* des betreffenden *Berufsbegriffs* sichergestellt ist, mit anderen Worten, daß die unter einem Beruf ermittelten und zahlenmäßig ausgewiesenen Erwerbspersonen auch tatsächlich diesem Beruf angehören. Damit im Zusammenhang steht der weitere Hauptgrundsatz, daß *die in dem gleichen Beruf vorhandenen Arbeitskräfte* (Selbständige, Arbeiter, Angestellte, Beamte, Lehrlinge, Anlernlinge usw.) eine *Einheit* bilden, abgesehen von den Fällen — z. B. Landwirt einerseits und Landarbeiter andererseits —, in denen durch die soziale Stellung zugleich von einander getrennte Berufe entstanden sind. Nur auf diese Weise kann auch die richtige Darstellung der Streuung der Berufe über die Wirtschaftszweige, also die statistische Kombination von Beruf einerseits und Wirtschaftszweig andererseits, gewährleistet werden. Hierbei waren auch die sogenannten *Doppelberufe* zu berücksichtigen, d. h. jene Fälle, in denen eine Person zwei verschiedene Berufe voll nebeneinander ausübt. Es sind deshalb neben den betreffenden Einzelberufen als unterste systematische Einheiten in gleicher Weise auch besondere Positionen für eine größere Anzahl von typischen Doppelberufen gebildet worden, so z. B. 1112 (Landwirt und Gastwirt), 1113 (Landwirt und Kaufmann), 2434 (Dachdecker und Klempner), 2653 (Klempner und Installateur), 3042 (Stellmacher und Schmied) usw., wobei in allen Fällen auch die jeweils umgekehrte Kombination gilt."

All diese Bemühungen laufen darauf hinaus, alle Berufstätigen doch in irgendeiner Form einem „persönlichen Beruf" zuzuweisen, der *nicht* mit dem Betriebszweig des Erwerbs identisch ist (wie vielfach 1907). Es darf aber bei aller Anerkennung dieser Bemühungen nach den vorherigen Ausführungen bezweifelt werden, ob das überhaupt in voller Reinheit möglich ist. Erstens spricht dagegen die weit verbreitete grundsätzliche Entwicklung des Berufs zu einer „Betriebs-Teiltätigkeit"; zweitens lassen die oft sehr allgemeinen Eintragungen der Befragten — z. B. Arbeiter, bestenfalls Maschinenarbeiter — vielfach gar keine richtige Eingliederung nach Berufen zu. Der Aufbereitungsplan der Berufszählung von 1950 sieht zwar vor, daß sich „bei allgemeinen Angaben, z.B. Arbeiter, Hilfsarbeiter, Ingenieur, Techniker, ... aus der Eintragung über den Geschäftszweig *oftmals* (!) eine genauere Bestimmung und Signierung des Berufs ermöglichen" lasse. Das Endergebnis kann dann doch vielfach nur ein „Betriebsberuf" sein.

Insgesamt sind bei der Auszählung der Berufe im Jahre 1950 etwa 450 Berufe unterschieden worden, die dann zu 38 Berufsgruppen und weiter zu den acht oben genannten Berufsabteilungen zusammengefaßt worden sind[35]. An der Spitze stehen hier die industriellen und handwerklichen Berufe mit 8 346 400 Personen = 37,8 vH der insgesamt 22 074 010 Erwerbspersonen, es folgen die Berufe des Pflanzenbaus und der Tierwirtschaft mit 5 141 900 Personen = 23,3 vH und die Handels- und Verkehrsberufe mit 3 621 900 = 16,4 vH. Die in diesen drei Abteilungen vertretenen Berufe umfassen allein schon mehr als drei Viertel (genau 77,5 vH) aller Berufstätigen. Am niedrigsten sind die Zahlen bei den Technischen Berufen mit 581 700 = 2,6 vH und bei den Berufen des Geistes- und Kunstlebens mit 451 700 = 2,05 vH. Von allen 22,07 Millionen Berufstätiger befinden sich nur 14,8 vH in selbständiger Stellung, dagegen bei den Handels- und Verkehrsberufen 25,2 und bei den Berufen des Pflanzenbaus und der Tierwirtschaft 24,4 vH; am niedrigsten ist hier der Anteil der Selbständigen in den Berufen des Verwaltungs- und Rechtswesens mit nur 2,2 vH. Die der Zahl nach wichtigsten Einzelberufe innerhalb der industriellen und handwerklichen Berufe sind die Schlosser mit 711 930, die Schneider und Näher mit 621 690, die Maurer mit 445 930, die Tischler mit 431 790, die Elektriker mit 354 070 und die Bergleute mit 345 680, zusammen sind das 2 911 090 = 34,9 vH der industriellen und handwerklichen Berufe überhaupt. Der Anteil der Selbständigen in diesem Bereich ist durchschnittlich 9,9 vH, am höchsten liegt er bei den Schuhmachern mit 51,7 vH. Aus den übrigen Berufsabteilungen treten der Zahl nach am meisten hervor die mithelfenden Familienangehörigen in der Land- und Forstwirtschaft mit 2 732 740, die Landwirte mit 1 145 560, die Verwaltungs- und Büroberufe mit 1 084 870, die Betriebskaufleute mit 711 070, die Hausgehilfinnen mit 674 100, die Technischen Berufe (insgesamt) mit 581 710, die kaufmännischen Angestellten mit 458 810. Mit den ausgewählten Berufen aus Industrie und Handwerk zusammen handelt es sich hierbei um 10 299 950 Berufstätige = 46,6 vH der Erwerbspersonen überhaupt. Es ist immerhin nicht ohne Belang, daß 13 besonders zahlreich besetzte Berufe ausreichen, um fast die Hälfte aller Berufstätigen darzustellen; dabei ist allerdings nicht zu übersehen,

[35] Vgl. hierzu und zum folgenden die Wirtschaftskunde von 1955, S. 69 ff.

daß es sich in den beiden Gruppen der Technischen Berufe und der Verwaltungs- und Büroberufe bereits um gewisse „Zusammenfassungen" handelt.

Für die praktische Auswertung all dieser Zählungsergebnisse, insbesondere auch für ihre Verwendung zu volkswirtschaftlichen Studien begnügt man sich selbstverständlich nicht mit den reinen Angaben aus dem engeren Berufsbereich, sondern kombiniert diese Angaben mit den sehr wichtigen Merkmalen des Geschlechts und des Alters sowie des Familienstandes. Besonders wichtig ist hier die Veränderung im Anteil der Frauenarbeit geworden. So nahm von 1907 bis 1925 im Deutschen Reich die Zahl der erwerbstätigen Männer um 23 vH, aber die der erwerbstätigen Frauen um 35 vH zu; im ganzen waren 1925 11,48 Millionen Frauen = 35,6 vH aller weiblichen Personen erwerbstätig, 1939 betrug dieser Anteil 36,2, 1950 allerdings nur noch 31,4 vH, womit nicht gesagt ist, daß dieser Rückgang der weiblichen „Erwerbsquote" auf einer geringeren Bereitschaft der Frauen zur Erwerbstätigkeit beruhen müßte. Mit zunehmendem Alter nimmt allerdings die Erwerbstätigkeit der Frau stark ab; so waren beispielsweise im Jahre 1925 erwerbstätig von den Frauen zwischen 18 und 20 Jahren 77,4 vH, zwischen 20 und 25 Jahren 67,8 vH, zwischen 25 und 30 Jahren nur 48,1 vH. Von den verheirateten Frauen waren erwerbstätig 1907 rund 26 vH, 1925 29 vH, 1939 31,1 vH — bis dahin war der Anteil also ständig gestiegen —, aber 1950 nur noch 25,0 vH. Nach einem anderen Berechnungsverfahren können wir für 1950 folgendes feststellen[36]: Von den weiblichen Erwerbspersonen insgesamt befanden sich 16,0 vH im Alter von 20 bis (unter) 25 Jahren, 12,8 vH im Alter von 25 bis 30 Jahren, 7,2 vH im Alter von 30 bis 35, 9,3 vH im Alter von 35 bis 40 und 9,4 vH im Alter von 40 bis 45 Jahren, insgesamt also 54,7 vH im Alter von 20 bis (unter) 45 Jahren. Für die männlichen Erwerbstätigen beträgt der Anteil für die gleiche Altersspanne zwar nur 51,8 vH, dafür aber vom 45. Lebensjahr an nach oben 36,8 vH, während die Frauen hier nur noch mit 27,6 vH vertreten sind. Unter 20 Jahren ist der Anteil bei den Frauen 17,7 vH, bei den Männern nur 11,4 vH. Erheblich größer sind die Unterschiede bei den „Erwerbspersonen in abhängiger Stellung"(also auch ohne Mithelfende): hier befinden sich im Alter von unter 30 Jahren bei den Frauen 59,5 vH, bei den Männern dagegen nur 37,9 vH. Bei den verheirateten Frauen, und zwar gilt das für sämtliche Erwerbspersonen, beträgt der Anteil zwischen 25 und 55 Jahren 76,8 vH; für die Erwerbspersonen in abhängiger Stellung im gleichen Alter sogar 82,0 vH. Nicht unerheblich verschoben hat sich von 1925 bis 1950 der Anteil der einzelnen Berufsstellungen bei den erwerbstätigen

[36] Vgl. Statistisches Jahrbuch für die BRD 1956, Stuttgart, S. 112.

Frauen: der Anteil der Selbständigen von 9,6 auf 7,6 vH, der mithelfenden Familienangehörigen von 36,0 auf 32,0 vH, der Beamten und Angestellten von 12,5 auf 20,2 vH, der Arbeiter und Hausangestellten von 41,9 auf 40,2 vH. Eine erhebliche *Zunahme* ist hier also nur für die weiblichen Beamten und Angestellten eingetreten. Vergleichsweise war für die Männer im Jahre 1950 der Anteil der Selbständigen 18,8, der Mithelfenden nur 4,5, der Beamten und Angestellten 19,8 (fast ebenso hoch wie bei den Frauen!), der Arbeiter und Hausangestellten 56,9 vH.

Abschließend ist für die Erwerbstätigen noch kurz der Nebenberuf zu behandeln, bei dem es sich, wie schon dargestellt, entweder um echte Doppelberufe handeln kann oder nur um das Vorhandensein eines weiteren Berufs neben dem eigentlichen Hauptberuf. Hierbei unterscheidet man 1950 für die Aufbereitung die Tatsache, daß *kein* Nebenberuf besteht (Signatur 0), daß ein landwirtschaftlicher Nebenberuf (als Selbständiger) besteht (Signatur 1), daß ein landwirtschaftlicher Nebenberuf (als Abhängiger) besteht (2), daß ein sonstiger Nebenberuf besteht (3). Nebenberufe von selbständigen Beufslosen und Angehörigen ohne Haupterwerb werden *nicht* signiert.

b) Die Berufszugehörigen (Erwerbspersonen und Familienangehörige)

Nunmehr gehen wir zu den *Berufszugehörigen* über, das sind die Erwerbspersonen bzw. die berufslosen Selbständigen zusammen mit ihren Angehörigen ohne Hauptberuf. Man hat den Unterschied zwischen den eigentlichen Berufstätigen und den Berufszugehörigen gelegentlich so ausgedrückt: Bei den Erwerbstätigen selbst könne man fragen: „Wovon leben die Menschen, in welchen Berufen und Wirtschaftszweigen verdienen sie ihren Lebensunterhalt?" — Bei den Berufszugehörigen dagegen lautet die Frage: „Wieviel Personen werden vom jeweiligen (Haupt-)Beruf insgesamt *ernährt?*" Rechnet man nicht nur die Erwerbstätigen selbst, sondern auch die jeweils von ihnen unterhaltenen Angehörigen — soweit sie keinen eigenen Hauptberuf haben! — dem Hauptberuf des Ernährers zu, so erhält man auf diese Weise eine Gruppierung nicht nur für die Erwerbstätigen, sondern für die *Gesamtbevölkerung;* vorausgesetzt ist dabei, daß man auch die selbständigen Berufslosen in diese Rechnung mit einbezieht. Dabei sind die Anteile der einzelnen Wirtschaftsabteilungen am Gesamtbereich durchaus verschieden, je nachdem, ob man nur die Erwerbspersonen oder die gesamte Wohnbevölkerung einbezieht. Das soll durch eine Berechnung[37] dargetan werden, bei der die Berufszugehörigen jeder Wirtschaftsabteilung gleich 100 gesetzt werden. Dann erhält man für die Erwerbspersonen jeweils folgende Vom-

---

[37] Unterlagen im Statistischen Jahrbuch 1956, S. 111.

hundertzahlen: Landwirtschaft und Tierzucht, Forst- und Jagdwirtschaft, Gärtnerei, Fischerei 73,0; Bergbau, Gewinnung und Verarbeitung von Steinen und Erden, Energiewirtschaft 41,8; Eisen- und Metallerzeugung und -verarbeitung 50,3; Verarbeitende Gewerbe (ohne Eisen- und Metallverarbeitung) 57,7; Bau-, Ausbau- und Bauhilfsgewerbe 47,0; Handel, Geld- und Versicherungswesen 57,4; Dienstleistungen 74,9; Verkehrswesen 42,0; Öffentlicher Dienst und Dienstleistungen im öffentlichen Interesse 50,4; Ohne Angabe der Betriebszugehörigkeit 66,4; Wirtschaftsabteilungen insgesamt (ohne selbständige Berufslose) 56,4. Hiernach dürfte der „normale" Anteil der Erwerbspersonen etwa bei der Hälfte der Berufszugehörigen oder sogar etwas darunter liegen, so daß praktisch in diesen Fällen auf einen Erwerbstätigen durchschnittlich zwei von ihm unterhaltene Personen — wobei der Erwerbstätige eingerechnet wird! — entfallen. Liegt der Anteil der Erwerbspersonen wesentlich *über* der Hälfte, wie vor allem in der Landwirtschaft usw., aber auch bei den (privaten) Dienstleistungen, so erklärt sich das bei der Landwirtschaft eindeutig durch den recht starken Anteil an mithelfenden Familienangehörigen (das sind allein 53,4 vH aller landwirtschaftlichen Erwerbspersonen), während es sich bei den Dienstleistungen um einen ausgesprochen hohen Anteilsatz von *weiblichen* Arbeitern handelt (das sind 57,5 vH aller Erwerbspersonen dieser Wirtschaftsabteilung).

Es soll an dieser Stelle nicht unterlassen werden, auf gewisse Bedenken hinzuweisen, die vor allem MEERWARTH[38] zu der Frage vorgebracht hat, „wieviel Personen von einem Beruf *ernährt* werden". Er führt zu diesem Zweck die statistische Nachweisung an, die die Bevölkerung nach dem Hauptberuf der Erwerbstätigen wiedergibt, wobei die Bevölkerung selbst gegliedert wird in Erwerbstätige, Dienende für häusliche Dienste (im Haushalt ihrer Herrschaft lebend), Ehefrauen ohne Haupterwerb, übrige Angehörige ohne Haupterwerb — die Summe dieser Personen ergibt dann die „Berufszugehörigen" —, während die Erwerbstätigen selbst in den Vorspalten gegliedert werden nach Berufsabteilungen, -gruppen, -klassen und -arten sowie nach Stellung im Beruf und nach dem Geschlecht. Zu dieser Nachweisung gibt MEERWARTH folgenden Kommentar: „Hinter dieser Nachweisung steht die Vorstellung: der Beruf ernährt einmal den in ihm ‚hauptberuflich' Erwerbstätigen; dieser Erwerbstätige ernährt wiederum seine Ehefrau und seine Kinder, falls sie nicht ‚hauptberuflich' erwerbstätig sind, und schließlich die in seinem Haushalt lebenden Hausangestellten.

Bei näherem Zusehen ist der Erkenntniswert dieser Übersicht wesentlich geringer, als gewöhnlich angenommen wird. Zunächst ist es zweck-

---

[38] a. a. O. S. 104 f.

mäßig, die Auffassung, daß der Beruf oder der Industriezweig, in dem der oder die Berufe ausgeübt werden, die Berufstätigen und ihre Familienangehörigen ernähren, oder — wie die Auffassung oft wiedergegeben wird — daß der Unternehmer eines Industriezweiges den darin Berufstätigen ‚Brot gebe', als nicht fördernd fernzuhalten. Daß Löhne und Gehälter an die Erwerbstätigen gezahlt werden, von denen deren Angehörige leben, hängt ebenso wie die Höhe dieser Löhne und Gehälter im wesentlichen von der Nachfrage nach Erzeugnissen des oder der Industriezweige ab, in denen die Berufstätigen beschäftigt sind.

Die Übersicht weist also nach: die Erwerbstätigen einer jeden Berufsart samt ihren — in der gleichen Haushaltung lebenden — berufslosen Angehörigen. *Soweit nicht* die Ehefrau oder ein sonstiger — in der Haushaltung des Erwerbstätigen lebender — Angehöriger in einer anderen Berufsart haupterwerbstätig ist, ernähren die Einkommen der eine bestimmte Berufsart ausübenden Erwerbstätigen die Angehörigen. Damit ist die Bedeutung dieser Übersicht wesentlich eingeschränkt. Aus dem Kopf der Übersicht sind die Dienenden für häusliche Dienste, die im Haushalt ihrer Herrschaft leben, auszuscheiden. Sie zählen zu den Erwerbstätigen und sind als solche einer besonderen Berufsart einzureihen. Daß sie der erwerbstätige Haushaltungsvorstand entlohnt, ist gleichgültig. Dieser entlohnt aus seinem Einkommen z. B. auch Teppichklopfer oder Waschfrauen, die mit Recht als Erwerbstätige besonderen Berufen zugewiesen werden. Aus seinem Einkommen bestreitet er auch die Ausgaben an Kaufleute und Handwerker, die auch nicht seinem Beruf als Zugehörige zugeteilt werden."

Zweifellos müssen die kritischen Ausstellungen Meerwarths vor allem in den genannten Einzelheiten anerkannt werden; wenn aber diese von ihm vorgeschlagenen „Bereinigungen" vorgenommen sind, dann darf man doch wohl ohne weitere Bedenken die These billigen, daß der „Erwerbstätige" aus seinem Beruf heraus sich selbst und die nicht selbst hauptberuflich erwerbstätigen Angehörigen ernähre oder besser versorge, was zu der Konsequenz führt, daß dann auch insgesamt die Erwerbstätigen eines bestimmten Berufs oder einer Berufsgruppe usw. die entsprechenden „Berufszugehörigen" ernähren oder versorgen, oder anders, und zwar abstrakter ausgedrückt: daß die und die Berufe, Berufsgruppen usw. soundso viel Menschen versorgen.

In diesem Zusammenhang erscheint noch eine weitere Betrachtungsweise als recht erheblich für die Gestaltung der Ergebnisse einer Berufszählung: Nicht nur insgesamt ist, wie eben dargestellt, das Verhältnis der Berufstätigen zu den Berufszugehörigen von Bedeutung, sondern hier müssen auch die Einzelgruppen je nach der Anzahl der zu versorgenden Berufszugehörigen berücksichtigt werden, daß heißt, es muß unterschieden werden, ob der Berufstätige nur für sich selbst zu sorgen hat oder ob er einen, ob er zwei, ob er drei oder noch mehr Familienangehörige zu versorgen hat. Zu diesem Zweck müssen Tabellen aufgestellt werden, die die „Einzel- und Familienhaushaltungen nach dem Beruf des Haushaltungsvorstandes" wiedergeben. Derartige Nachweisungen können z. B. sehr wichtig werden für das Problem des „Familien- oder Soziallohns", für Kinderbeihilfen, für Mietbeihilfen, sonstige Probleme der Sozialpolitik, für die Gestaltung der Einkommenssteuer usw.

Eine solche Tabelle über Einzel- und Familienhaushaltungen usw. hat es erstmalig für die Berufszählung von 1925 gegeben; aus leicht verständlichen Gründen konnte sie nicht etwa für alle Berufs*arten* aufgestellt werden, sondern nur für die Berufs*abteilungen,* denen jeweils noch die Stellung im Beruf hinzugefügt war. Die Familienhaushaltungen wurden unterschieden nach der Zahl der in ihnen lebenden Personen, beginnend mit 2 und endigend mit 11 und mehr Personen; dabei wurden noch Familienangehörige und Familienfremde unterschieden; bei den Familienangehörigen wurden noch die hauptberuflich Erwerbstätigen und die Kinder unter 14 Jahren besonders gezählt, bei den Familienfremden die Hausangestellten, die Gewerbegehilfen usw. im Betriebe des Haushaltungsvorstandes und schließlich die Schlafgänger, Zimmerabmieter usw. besonders gezählt. Am Schluß wurde die Anzahl der Familienhaushaltungen im ganzen sowie die Zahl der in ihnen vorhandenen Personen im ganzen und getrennt nach männlichen und weiblichen Personen wiedergegeben. Nach einem ähnlichen System wurden auch 1950 die Einzel- und Familienhaushaltungen erfragt, allerdings bezüglich der Zahl der in den Haushaltungen lebenden Personen begrenzt auf 8 und mehr Personen. In der Folge sind dann noch weitere Feststellungen getroffen worden, die sich mit diesen Problemen beschäftigen, und zwar aufgrund der Mikrozensus-Erhebung vom Oktober 1957[39]. Bei dieser auf einer 1-vH-Stichprobe beruhenden Zählung wurden für die Bundesrepublik Deutschland einschließlich des Saarlands, aber ohne Berlin, rund 17 Millionen Haushalte ermittelt; weniger als ein Fünftel davon, nämlich rund 3 Millionen waren Haushalte von Einzelpersonen. Dabei sind rund 1,2 Millionen für sich allein einen Haushalt führende erwerbstätige Personen in ihrer Verteilung auf die Wirtschaftsbereiche und nach der Stellung im Beruf nachgewiesen worden. Weitere Ergebnisse sind der Veröffentlichung zu entnehmen[40]: „Während von 100 der in Einzelhaushalten lebenden Personen insgesamt 28 Männer und 72 Frauen sind, ist die Geschlechtsrelation bei den Erwerbstätigen dieses Personenkreises nahezu ausgeglichen: Es wurden 531 000 erwerbstätige Männer und 648 000 er-

[39] Vgl. Wirtschaft und Statistik, 11. Jg. NF, Heft 12 (Dezember 1959), S. 655 ff.
[40] a. a. O. S. 658 f.

werbstätige Frauen ermittelt, was einem Verhältnis von 45 : 55 entspricht.

In der Landwirtschaft spielen ... einzellebende Erwerbstätige keine Rolle. Unter allen Wirtschaftsbereichen ist die Landwirtschaft derjenige, der auf Grund der Wirtschafts- und Arbeitsorganisation im bäuerlichen Familienbetrieb eine vergleichsweise große Zahl von Haushalten umfaßt, in denen Familien mit entfernter Verwandten und mit fremden Personen, dem Gesinde, zusammen wohnen und wirtschaften. Zwischen 4 und 5 vH aller erwerbstätigen alleinlebenden Männer bzw. Frauen gehören diesem Wirtschaftsbereich an; überwiegend sind es selbständige, ältere und alte Personen, in vielen Fällen wohl Altenteiler, die in der Nachbarschaft des bäuerlichen Hofes eine kleine Eigenwirtschaft betreiben. Die 2000 weiblichen in der Landwirtschaft mithelfenden Familienangehörigen, zur Hälfte Witwen, zur Hälfte ledige Frauen, sind ebenso wie die erwähnten Selbständigen, obwohl sie allein wohnen, durch ihre Tätigkeit mit dem größeren Haushalt des meist benachbarten Hofes verbunden. Einzelhaushalte sind ... eine vorwiegend städtische Erscheinung.

Über die Hälfte der alleinlebenden erwerbstätigen Männer und mehr als ein Drittel der Frauen sind in Industrie und Handwerk beschäftigt, weit überwiegend als Arbeiter. Mit jeweils etwas über einem Fünftel ist der Hundertsatz der Erwerbstätigen im Wirtschaftsbereich Handel, Geld, Versicherungswesen bei Männern und Frauen fast gleich; über die Hälfte der alleinlebenden Frauen gehören in diesem Wirtschaftsbereich der Gruppe Beamte und Angestellte an, meist sind es ledige jüngere in den Berufen des Handels tätige Mädchen.

Die Zahl der im öffentlichen Dienst und mit Dienstleistungen beschäftigten alleinlebenden Frauen ist mit 236 000 rund dreimal so groß wie die der alleinlebenden Männer, die in rund 86 000 Fällen zu diesem Wirtschaftsbereich gehören. Der Anteil, berechnet auf die jeweilige Gesamtzahl aller alleinlebenden Erwerbstätigen macht bei den Frauen das doppelte desjenigen der Männer aus; er ist im Öffentlichen Dienst/Dienstleistungen mit rund 36 vH der unter allen Wirtschaftsbereichen vergleichsweise höchste."

Durch denselben „Mikrozensus"[41] ist es möglich geworden, Näheres auszusagen über die „Erwerbstätigkeit von Frauen nach der Struktur ihrer Familien". „Die Untersuchung erstreckt sich auf rund 16,4 Millionen verheiratete, verwitwete und geschiedene Frauen, das sind etwa drei Viertel aller in der Bundesrepublik lebenden Frauen über 15 Jahren. Etwas mehr als die Hälfte davon, 8,2 Millionen, sind ... verheiratete

[41] Vgl. Wirtschaft und Statistik, 12. Jg. NF, Heft 1 (Januar 1960), S. 38 ff.

Frauen, die mit ihrem Ehepartner und ledigen Kindern zusammen eine ‚Vollfamilie' bilden und sie zu betreuen haben. ...

2,4 Millionen Frauen (15 vH) sind verwitwet oder geschieden und haben keine ledigen Kinder zu betreuen. Da sie weder für einen Ehemann noch für Kinder zu sorgen haben, sind sie also durch eine Erwerbstätigkeit nicht stärker belastet als beispielsweise alleinstehende ledige Frauen." Für diese Frauen gelten im einzelnen folgende Ergebnisse: Von 100 verheirateten Frauen *mit* Kindern sind 30 erwerbstätig, davon 18 als Selbständige oder mithelfende Familienangehörige und 12 in abhängiger Stellung; für verheiratete Frauen *ohne* Kinder sind die entsprechenden Ziffern 29, 12 und 17. Von 100 verwitweten und geschiedenen Frauen *mit* Kindern sind 33 erwerbstätig, davon 13 als Selbständige oder Mithelfende und 20 in abhängiger Stellung; für verwitwete und geschiedene Frauen *ohne* Kinder sind die entsprechenden Ziffern nur 17, 7 und 10. „Relativ die meisten Erwerbstätigen weist die Gruppe der Verwitweten und Geschiedenen mit ledigen Kindern auf, die wenigsten die Gruppe der Verwitweten und Geschiedenen, die nicht mit ledigen Kindern zusammenwohnen und bei denen es sich vielfach um ältere Menschen handelt." Bei den Letztgenannten ist eben der Gesamtbedarf so viel geringer, daß sie durchaus mit ihren sonstigen Bezügen (Renten, Pensionen, Abfindungen usw.) zurecht kommen. Interessant ist auch der Unterschied, der sich für die Erwerbsstruktur der verheirateten Frauen hinsichtlich der *Kinderzahl* zeigt: „Von 100 verheirateten Frauen mit 1 Kind gehen rd. 15 einer außerhäuslichen Beschäftigung nach. Von 100 verheirateten Frauen mit 4 und mehr Kindern sind es nur noch 5. Dagegen wird der Anteil der als Selbständige oder mithelfende Familienangehörige beschäftigten verheirateten Frauen mit zunehmender Kinderzahl größer. Er steigt von 14 vH bei Frauen mit 1 Kind auf 26 vH bei Frauen mit 4 und mehr Kindern. Diese Steigerung ist nur durch die in der Landwirtschaft als Selbständige und mithelfende Familienangehörige beschäftigten Frauen bedingt. Der Anteil der Selbständigen und Mithelfenden in den übrigen Wirtschaftsbereichen bleibt mit rd. 6 vH bei einem Kind und 5 vH bei 4 und mehr Kindern fast konstant." Bei verwitweten und geschiedenen Frauen zeigt sich in der Landwirtschaft (Selbständige und Mithelfende) ebenfalls eine Zunahme des Anteils von 6 vH bei einem Kind auf 13 vH bei 3 Kindern. „Dagegen fällt der Anteil der als Arbeiterinnen, Angestellte und Beamtinnen beschäftigten verwitweten und geschiedenen Frauen von 22 vH bei einem Kind auf 13 vH bei 3 und mehr Kindern. Es ist bemerkenswert, daß der Anteil der als Arbeiterinnen beschäftigten Frauen sich nur unwesentlich, nämlich von 14 vH bei einem Kind auf 12 vH bei 3 und mehr Kindern, verringert, der Anteil der Angestellten und Beamtinnen jedoch bedeutend stärker von 8 vH bei einem

Kind auf 2 vH bei 3 und mehr Kindern. Auffallend ist hier also der trotz größerer Kinderzahl ziemlich hoch bleibende Anteil der als Arbeiterinnen beschäftigten verwitweten und geschiedenen Frauen, die mit ihren ledigen Kindern zusammenleben."

Die hier wiedergegebenen Beispiele aus der Vielfalt der gerade durch den Beruf und im Zusammenhang mit ihm entwickelten Bevölkerungsgruppierungen zeigen mit hinreichender Deutlichkeit, daß nicht nur die Erwerbstätigen selbst, sondern auch ihre nicht berufstätigen Familienangehörigen und damit die Gesamtbevölkerung als „Berufszugehörige" durch die Berufsstatistik so einwandfrei erfaßt und dargestellt werden müssen, daß diese zahlenmäßigen Unterlagen jederzeit einen genauen Einblick in die Gestaltung der menschlichen und wirtschaftlichen Beziehungen ermöglichen.

Ein weiterer „Mikrozensus" wurde in 1 vH der Haushalte in der Bundesrepublik als Repräsentativerhebung über Bevölkerung und Erwerbstätigkeit in der Woche vom 4. bis 10. Oktober 1959 durchgeführt; Ergebnisse sind abgedruckt in Wirtschaft und Statistik, September-Heft 1960, S. 516 ff.

4. Kapitel

Landwirtschaftliche Unternehmen und Betriebe

Vorbemerkung

Genau wie beim Beruf müssen wir auch beim *Betrieb* gewisse Merkmale und Besonderheiten festlegen, die später für die statistische Erfassung von Bedeutung werden. WERNER SOMBART hat in seinem „Modernen Kapitalismus"[1] die Betriebe als „Veranstaltungen zum Zwecke fortgesetzer Werkverrichtungen" bezeichnet. Diese Definition ist allerdings so allgemein, daß man darunter nicht nur den *Erwerbs*betrieb verstehen kann, sondern auch jede andere Art von (nicht bloß einmaliger) Werkverrichtung, also auch den Haushalt, den Unterricht, sogar den Sport oder die Jagd, kurz alles, worin der „schaffende" Mensch mit einer gewissen Regelmäßigkeit tätig wird. Bezüglich des Haushalts, der hier erwähnt worden ist, sei noch auf folgendes hingewiesen: „Beim Handwerker, Kleinkaufmann, Bauern ist die Erwerbswirtschaft und deren Rechnungsführung nicht oder kaum getrennt vom Haushalt, der an der Bedarfsdeckung orientiert ist"[2]. Die ausgesprochenen Erwerbswirtschaften oder -betriebe werden meist als Unternehmen bezeichnet; hier handelt es sich besonders um die typischen Wirtschaftsbetriebe der modernen kapitalistischen Wirtschaftsweise, die zwar nicht nur, aber in ganz besonderem Maße außerhalb der Landwirtschaft eine wichtige Rolle spielen. Aus diesem Grunde müssen wir auch bei den entsprechenden Wirtschaftsbereichen auf die „unternehmungsweise Organisation des modernen Wirtschaftslebens", wie sie MEERWARTH bezeichnet, noch näher eingehen. Dabei werden auch die *öffentlichen* Betriebe eigener Art (die ganz streng von den öffentlichen „Anstalten" wie Krankenhäuser, Museen, Schulen usw. zu scheiden sind) zu behandeln sein. Wir beginnen also mit den Erwerbswirtschaften im Bereich der Landwirtschaft.

Nicht als (landwirtschaftliche) Erwerbswirtschaften anzusehen sind die landwirtschaftlichen „Betriebe" des Pfarrers, des Lehrers, des gewerblichen Arbeiters, die lediglich einen *Zuschuß* zu den Nahrungsmitteln für den Haushalt liefern sollen. Dabei wird der „Betrieb" des gewerblichen Arbeiters dadurch noch nicht zur Erwerbswirtschaft, daß hier gelegentlich

---

[1] 6. Aufl., München u. Leipzig, I. Bd., S. 10.

[2] Vgl. MEERWARTH, a. a. O. S. 110.

auch Gemüse usw. verkauft wird. Auch „der dem Flächeninhalt nach vielleicht beträchtliche landwirtschaftliche Besitz, den sich ein im ‚Ruhestand' lebender Industrieller oder Bankier erworben hat, wird nicht zur Erwerbswirtschaft, weil gelegentlich einige Zentner Obst abgesetzt werden. Hingegen ist der landwirtschaftliche Betrieb des selbständigen Handwerkers auf dem Lande (Schmied, Stellmacher, Bäcker, Fleischer, Gastwirt usw.) in der Regel als eine Erwerbswirtschaft anzusehen, auch wenn sie — in den statistischen Sprachgebrauch — nur eine ‚Nebenerwerbsquelle' darstellt"[3]. In diesem Zusammenhang stellt MEERWARTH fest, daß der „kleinkapitalistische Unternehmer" ähnlich wie im Gewerbe auch in der Landwirtschaft häufig vorkomme; er bezeichnet dabei als landwirtschaftliche Unternehmung „eine landwirtschaftliche Erwerbswirtschaft, die Kapitalrechnung führt, also durch eine Bilanz abrechnet". Von einer „landwirtschaftlichen Erwerbswirtschaft" im allgemeinen kann man nach allem nur dann sprechen, „wenn die Lieferung marktgängiger Erzeugnisse in regelmäßigen Perioden und in einem Umfange erfolgt, der zu der Größe der Erwerbswirtschaft in einem bestimmten Verhältnis steht."

Ein landwirtschaftlicher *Betrieb* im besonderen soll hier verstanden werden als „technisch-wirtschaftliche Einheit", wobei es nicht auf den Besitz als solchen ankommt, sondern auf die in einer Hand *technisch* zusammengefaßte Fläche. Die Statistik der landwirtschaftlichen Betriebe soll uns in den Stand setzen, die Frage zu beantworten: *Wie* produziert die Landwirtschaft?, während die Statistik der landwirtschaftlichen Erzeugung die Frage beantworten wird: *Was* produziert die Landwirtschaft?

Ein wichtiges Kennzeichen oder Merkmal des landwirtschaftlichen Betriebes ist die *Betriebsgröße,* die sich herkömmlicherweise nach der bewirtschafteten Fläche richtet, wobei man noch die Gesamtfläche und die landwirtschaftlich benutzte Fläche unterscheiden kann. Neben dieser rein quantitativen Gliederung gibt es allerdings auch eine mehr *qualitative* Gliederung, wie sie insbesondere FRIEDRICH AEREBOE vertritt[4]. Er unterscheidet

1. *Großbetriebe* = solche Besitzungen, in denen der Besitzer oder Pächter die reinen Verwaltungsgeschäfte oder täglichen Anordnungen nicht allein besorgen kann, sondern hierzu leitender Beamten bedarf. Die Bodenflächen sind hier auch so groß und so gut, daß sie von mehreren Wirtschaftshöfen aus bewirtschaftet werden müssen, die unter sich nur in losem oder in keinem wirtschaftlichen Zusammenhange stehen, insbesondere ihre eigenen Zugtiere haben.

---

[3] MEERWARTH, a. a. O. S. 258.

[4] Allgemeine landwirtschaftliche Betriebslehre, Berlin 1917, S. 8 f., wiedergegeben bei MEERWARTH, a. a. O. S. 258 f.

2. *Größere Gutsbetriebe* = solche, auf denen der Betriebsleiter die täglichen Anordnungen allein treffen kann, zu deren Durchführung er aber noch Hilfskräfte benötigt, die in der Betriebsleitung volle Beschäftigung finden, also zu körperlicher Mitarbeit in der Regel keine Zeit finden. Die Bodenflächen sind hier nur so groß, so gut und so gelegen, daß man mit einem Haupthof allein oder neben diesem mit Vorwerken auskommt, deren wirtschaftliche Selbständigkeit beschränkt ist, die also in weitgehender Aufgabenteilung mit dem Haupthofe stehen.

3. *Kleinere Landgüter oder größere bäuerliche Betriebe* = solche, auf denen der Betriebsleiter die ganze Betriebsleitung allein oder mit Hilfskräften durchführen kann, die sich regelmäßig auch an den körperlichen Arbeiten beteiligen. Vorwerke fehlen hier in der Regel.

4. *Kleinere bäuerliche Betriebe* = solche, in denen der leitende Landwirt regelmäßig körperlich mitarbeitet. Er und seine Familie stellen vornehmlich die Arbeitskräfte, so daß fremde Hilfskräfte ganz zurücktreten.

5. *Parzellen- oder Zwergbauernbetriebe* = solche, in denen eine volle Beschäftigung des Betriebsinhabers und seiner Familie nicht mehr oder nur bei Übergang zu gärtnerischen Kulturen möglich ist.

Die Gruppen 1 und 2 sind im wesentlichen landwirtschaftliche Unternehmungen; in der Gruppe 3 finden sich neben Unternehmungen bereits Übergänge: kleinkapitalistische Unternehmungen. Die Gruppen 4 und 5 enthalten die Bauernwirtschaften einschließlich der Wirtschaften der Zwergbauern.

Bei den oben aufgeführten Betriebsarten Nr. 1 und 2 taucht, wie wir sehen, dasselbe Problem auf, das bei den gewerblichen usw. Betrieben eine noch wesentlich größere Rolle spielt: der Unterschied von Unternehmung und Betrieb; die Flächen der „Großbetriebe" können so groß sein, daß sie von mehreren Wirtschaftshöfen aus bewirtschaftet werden müssen, beim „größeren Gutsbetrieb" können noch Vorwerke vorhanden sein, die allerdings in der Regel nur in beschränktem Maße wirtschaftlich selbständig sind. Zu einer „landwirtschaftlichen Unternehmung" können auch noch nicht landwirtschaftliche Betriebe gehören, wenn ihr z. B. eine Zuckerfabrik, eine Brennerei, eine Stärkefabrik, eine Kartoffeltrocknungsanstalt, auch eine Ziegelei usw. angegliedert ist; derartige „Nebenbetriebe" pflegen allerdings schon aus technischen Gründen meist unter einer besonderen Leitung zu stehen. Im übrigen werden wir den Umfang des landwirtschaftlichen Betriebes und im besonderen die Größenklassenbildung in den folgenden Ausführungen noch etwas genauer zu behandeln haben.

Die statistische Ermittlung der Verhältnisse in den landwirtschaftlichen Betrieben beruht in Deutschland auf den *„Landwirtschaftlichen Betriebs-*

zählungen", die von 1882 bis 1939 zu den gleichen Terminen durchgeführt wurden wie die Berufszählungen; nur die letzte derartige Zählung — in der Bundesrepublik — fand nicht zugleich mit der Berufszählung (von 1950) statt, sondern bereits am 22. Mai 1949. Dabei hatte „jeder Betriebsinhaber oder Bewirtschafter einer Bodenfläche von mindestens einem halben Hektar, die ganz oder teilweise als Acker, Wiese, Weide, Wald, Fischgewässer, Garten, Obstfläche oder Rebfläche genutzt wird, für die von ihm bewirtschaftete Bodenfläche (Betrieb) einen Betriebsfragebogen" — Betriebsbogen für Land- und Forstwirtschaft genannt — auszufüllen und ihn am Ort des Betriebes abzugeben. Es wurde ausdrücklich darauf hingewiesen, daß auch Haus- und Hofflächen usw. zur Betriebsfläche gehören. Die Zahl der auf diese Weise nachgewiesenen landwirtschaftlichen usw. Betriebe belief sich 1949 auf rund 2,012 Millionen mit einer Gesamt-Betriebsfläche von 21,98 Millionen ha = 89,6 vH der Fläche des Bundesgebiets. Der Rest von 10,4 vH entfiel nur mit 1,4 vH auf Kleingärten und landwirtschaftliche Kleinbetriebe *unter* 0,5 ha Gesamtfläche, hauptsächlich jedoch auf Flächen, die außerhalb der land- und forstwirtschaftlichen Betriebe liegen, wie bebaute Grundstücke, Wege, Eisenbahn- und Industriegelände, Autobahnen, Flug-, Übungs- und Sportplätze, Gewässer und sonstige Flächen. Am größten war der Anteil der land- und forstwissenschaftlichen Gebietsfläche an der Gesamtfläche in Bayern mit 94 vH und in Württemberg-Hohenzollern („Südwürttemberg") mit 93,7 vH, am niedrigsten — wenn man von den Stadtstaaten Hamburg und Bremen absieht — in Rheinland-Pfalz mit 86,6 und in Nordrhein-Westfalen mit 84,3 vH, wobei die starke Industrialisierung dieser Gebiete maßgebend gewesen ist[5].

Gegenüber 1939 hat die Zahl der landwirtschaftlichen Betriebe (auf dem gleichen Staatsgebiet) um rund 28 000 abgenommen, wobei sich die gesamte Betriebsfläche um rund 43 000 ha vermindert hat. Die Abnahme der Betriebszahl führt unser Quellenwerk[6] überwiegend auf die Größenklassenverschiebung zugunsten der mittleren Betriebe zurück, den Rückgang der Betriebs*fläche* dagegen in der Hauptsache auf den Bau von Flug- und Übungsplätzen und von Autobahnen und auf die nicht unerhebliche Zunahme von Privat- und Industriebauten. Rechnet man, was zu Vergleichszwecken nötig ist, auch die Kleingärten und Kleinbetriebe *unter* 0,5 ha hinzu, deren Anzahl von 1933 bis 1949 von 3,1 auf 4,45 Millionen gestiegen ist, so zeigt sich das immerhin erstaunliche Bild, daß

---

[5] Vgl. hierzu und zu den folgenden Ausführungen Bd. 27 der Statistik der BRD, Struktur der land- und forstwirtschaftlichen Betriebe, Heft 2, Zusammenfassende Auswertung der Landwirtschaftlichen Betriebszählung vom 22. Mai 1949. Stuttgart-Köln 1954.

[6] a. a. O. S. 25.

die gesamte Betriebsfläche all dieser „Betriebe" seit 1895 ziemlich unverändert geblieben ist: damals waren es 22,58 Millionen ha, jetzt sind es noch 22,31 Millionen ha (also nur rund 1 vH weniger) — am niedrigsten war die Fläche 1925 mit 21,22 Millionen ha —. Ganz anders sieht es allerdings bei der *Zahl* der Betriebe aus: Damals waren es 3,02 Millionen, jetzt sind es 6,46 Millionen, also mehr als das Doppelte, wobei die wesentliche Zunahme erst nach 1925 eingesetzt hat. Hier ist offenbar die genannte Zahl von „Kleingärten usw." und deren Zunahme entscheidend gewesen.

Die Gesamtzahl der ermittelten landwirtschaftlichen Betriebe wird von jeher in den Betriebszählungen in *Größenklassen* aufgeteilt, die aber abweichend von dem erwähnten System von Aereboe lediglich nach quantitativen Merkmalen gebildet werden. Für diese Einteilung kann sowohl die Gesamtfläche des Betriebes wie auch nur die landwirtschaftlich genutzte Fläche maßgebend sein. Dabei wird für Veröffentlichungszwecke im allgemeinen die Gesamtfläche (= Betriebsfläche) nur dann zugrundegelegt, wenn es sich um eine Darstellung der Besitzverhältnisse handelt, in allen übrigen Fällen dagegen die landwirtschaftliche Nutzfläche. Vergleicht man die land- und forstwirtschaftlichen Betriebe in Größenklassen nach der Gesamtfläche (a) und die landwirtschaftlichen Betriebe in Größenklassen nach der landwirtschaftlichen Nutzfläche (b) mit einander, so ergibt sich für die bundesdeutsche Betriebszählung von 1949 folgendes Bild:

Übersicht 1: Land- und forstwirtschaftliche Betriebe

a) Land- und forstwirtschaftliche Betriebe nach Größenklassen der Betriebsfläche

Größenklasse	Anzahl der Betriebe		Betriebsfläche	
	absolut	vH	ha	vH
1	2	3	4	5
0,5 — unter 2 ha	594 115	29,5	648 660	2,9
2 — „ 5 „	530 122	26,4	1 758 975	8,0
5 — „ 10 „	404 641	20,1	2 874 307	13,1
10 — „ 20 „	280 380	13,9	3 910 905	17,8
20 — „ 50 „	159 092	7,9	4 733 336	21,5
50 — „ 100 „	29 228	1,5	1 948 234	8,9
100 ha u. darüber	14 414	0,7	6 104 608	27,8
zusammen	2 011 992	100,0	21 979 025	100,0

b) Landwirtschaftliche Betriebe nach Größenklassen der landwirtschaftlichen Nutzfläche

Größenklasse	Anzahl der Betriebe		Landwirtschaftlich benutzte Fläche	
	absolut	vH	ha	vH
1	2	3	4	5
0,001 — unter 2 ha	650 630	32,9	657 379	4,9
2 — „ 5 „	543 854	27,5	1 806 845	13,4
5 — „ 10 „	400 674	20,3	2 840 190	21,1
10 — „ 20 „	254 803	12,9	3 524 998	26,2
20 — „ 50 „	112 402	5,7	3 245 198	24,1
50 — „ 100 „	12 690	0,6	822 520	6,1
100 — „ 200 „	2 240	0,1	300 072	2,3
200 ha u. darüber	797	0,0	261 061	1,9
zusammen	1 978 090	100,0	13 458 263	100,0

Angesichts dieser Tabellen sind folgende Ergebnisse interessant: Ob man nur die Betriebe mit landwirtschaftlicher Nutzfläche zählt — gleichgültig, ob sie außerdem Waldflächen enthalten oder nicht —, oder ob man die land- und forstwirtschaftlichen Betriebe insgesamt zählt — auch wenn sie gar keine landwirtschaftliche Fläche enthalten —, so ist die Anzahl dieser beiden Betriebsarten kaum verschieden von einander; der Unterschied macht nur 33 902 Betriebe aus oder 1,7 vH der Gesamtzahl, die also keine landwirtschaftliche Nutzfläche enthalten. Wie sich aus der für diese Berechnung herangezogenen Veröffentlichung der Statistik der Bundesrepublik Deutschland ergibt[7], entfallen von diesen Betrieben *ohne* landwirtschaftliche Nutzfläche allein 18 641 auf die Betriebe mit weniger als 5 ha Betriebsfläche und 4023 auf solche mit 100 und mehr ha Betriebsfläche, insgesamt also 22 664 oder fast genau zwei Drittel der Gesamtdifferenz. In den einzelnen Größenklassen zeigt sich hinsichtlich der Anzahl der Betriebe bei a und b eine sehr große Ähnlichkeit für die Betriebe zwischen 2 und 20 ha — das gilt auch für den jeweiligen Vomhundertsatz —, eine größere Abweichung allerdings schon bei den Betrieben *unter* 2 ha, und recht erhebliche Abweichungen bei den Betrieben mit 20 und mehr ha (absolut und relativ). Hinsichtlich der Flächen (bei a Betriebsfläche, bei b landwirtschaftlich benutzte Fläche) zeigt sich eine recht gute Übereinstimmung bei den Betrieben unter 10 ha — allerdings

[7] Bd. 27, Heft 2, S. 16 ff.

nur in den absoluten Zahlen, *nicht* im Vomhundertsatz —, eine gewisse Ähnlichkeit noch bei den Betrieben zwischen 10 und 20 ha (auch nur absolut). Bei mehr als 20 ha treten aber ganz erhebliche Abweichungen auf, die jenseits der 50-ha-Grenze besonders groß sind; hier macht sich eben doch die Tatsache bemerkbar, daß es sich in dem einen Falle (a) um die gesamte Betriebsfläche, in dem anderen Falle (b) nur um die landwirtschaftlich benutzte Fläche handelt. Die gesamte Betriebsfläche (a) umfaßt bei den Betrieben unter 20 ha 9,19 Millionen ha, die landwirtschaftlich benutzte Fläche (b) ebenfalls nur bei den Betrieben unter 20 ha (hier nach Größenklassen der landwirtschaftlich benutzten Fläche) 8,83 Millionen ha, das bedeutet nur einen Unterschied von rund 363 000 ha oder nicht ganz 4 vH (ziemlich genau 3,9). Der erhebliche Unterschied in den aufgerechneten Flächen (a Betriebsfläche, b landwirtschaftliche Nutzfläche) von 8,52 Millionen ha verteilt sich also fast nur auf die Betriebe mit 20 und mehr ha, wobei vor allem die Waldfläche (insgesamt 6,85 Millionen ha) entscheidend wirkt.

Diese Vergleichsberechnungen sollen nicht etwa nur dem Zweck dienen, die Größenordnungen in der deutschen Land- und Forstwirtschaft erkennen zu lassen, sondern sie sind hier in erster Linie dazu bestimmt, im Rahmen der praktischen Auswertung der Statistik die Bedeutung der *qualitativen* Merkmale neben den quantitativen Merkmalen hervortreten zu lassen — hier in der Unterscheidung zwischen Gesamtfläche und landwirtschaftlich genutzter Fläche.

Die hier wiedergegebenen Zahlen (insbesondere unter b) erlauben im Vergleich mit früheren Ergebnissen der landwirtschaftlichen Betriebszählung folgende allgemeine Schilderung[8]: Die Struktur der Landwirtschaft im Bundesgebiet ist durch das starke Überwiegen der *bäuerlichen* Wirtschaft gekennzeichnet (umfassend die Betriebe von 2 bis unter 100 ha landwirtschaftlicher Nutzfläche): Diese Betriebe umfassen zwei Drittel aller Betriebe und mehr als neun Zehntel der gesamten landwirtschaftlich benutzten Fläche. 1925 im Deutschen Reich hatte der Anteil der bäuerlichen Wirtschaft nur zwei Fünftel (40,1 vH) der Betriebe und fast drei Viertel (73,6 vH) der landwirtschaftlich benutzten Fläche ausgemacht. Großbetriebe (100 und mehr ha) umfassen jetzt nur noch 0,2 vH der Anzahl und 4,2 vH der landwirtschaftlichen Fläche; 1925 dagegen waren es — im ganzen Deutschen Reich! — 0,4 vH der Anzahl und 20,2 vH der Fläche gewesen. Der größte Teil davon hatte in Vorpommern, Mecklenburg und im nordwestlichen Teil Ostpreußens gelegen.

Den Schwerpunkt der landwirtschaftlichen Nutzung bilden jetzt die Betriebe von 5 bis unter 20 ha; sie haben fast die Hälfte (47,3 vH) der

[8] Vgl. Bd. 27, Heft 2, S. 11 f.

landwirtschaftlichen Nutzfläche im Bundesgebiet inne, in großen Teilen Süddeutschlands sogar mehr als die Hälfte. Sie werden bewirtschaftet durch den Betriebsinhaber und seine Familienangehörigen, in den größeren Betrieben häufig noch durch familienfremde Arbeitskräfte.

Die größeren bäuerlichen Betriebe (20 bis unter 100 ha) nehmen fast ein Drittel (30,2 vH) der gesamten landwirtschaftlichen Nutzfläche in Anspruch; sie kommen vor allem in Schleswig-Holstein, im nördlichen Niedersachsen und im südlichen Bayern vor.

Die zahlreichen kleinbäuerlichen Betriebe (2 bis unter 5 ha) sind mit 27,5 vH an der Anzahl, aber nur mit 13,4 vH an der landwirtschaftlich genutzten Fläche beteiligt. Bei entsprechender Bodenqualität und Wirtschaftsweise können sie noch die einzige Einkommensgrundlage ihrer Inhaber bilden. Sie sind besonders stark im Südwesten des Bundesgebiets vertreten.

Die große Zahl (32,9 vH der Anzahl) der Kleinbetriebe (unter 2 ha) nimmt zusammen nur 4,9 vH der landwirtschaftlichen Nutzfläche ein, so daß ihr Anteil an der Produktion verhältnismäßig gering sein muß. Ihre *soziale* Bedeutung beruht auf der Bereitstellung zusätzlicher Erwerbs- und Beschäftigungsmöglichkeiten, die unter wirtschaftlich schwierigen Verhältnissen ausgleichend wirken können. Diese Betriebe werden im allgemeinen von *nebenberuflichen* Landwirten bewirtschaftet, da sie meist keine selbständige Ackernahrung darstellen. Eine Ausnahme hiervon bilden die Gartenbau-, Weinbau- und sonstigen Betriebe mit außergewöhnlich intensiver Bewirtschaftung. Auch die Kleinbetriebe sind vor allem im Südwesten des Bundesgebiets stark vertreten.

In diesem Zusammenhang und in gewisser Ergänzung der Aereboeschen Definition sei hier noch kurz auf Sinn und Gestaltung der landwirtschaftlichen Größenklassen eingegangen. Bei der Gruppierung nach der landwirtschaftlichen Nutzfläche werden Acker, Gartenland, Wiese, Weide (aber ohne „geringe Weiden und Hutungen") und Weinberge berücksichtigt. Für die Betriebszählungen von 1882 bis 1907 wurde nur diese Einteilung angewandt, von 1925 an auch diejenige nach der *Gesamt*fläche, diese allerdings zuerst nur für die Haupttabellen, seit 1933 dann für alle Tabellen. Wenn man nach der landwirtschaftlichen Nutzfläche einteilt, dann nennt man Großbetriebe solche mit einer Nutzfläche von 100 und mehr ha, Großbäuerliche Betriebe solche mit 20 bis unter 100 ha, Mittelbäuerliche Betriebe solche mit 5 bis unter 20 ha, Kleinbäuerliche Betriebe solche mit 2 bis unter 5 ha, Parzellenbetriebe solche mit weniger als 2 ha. Als zweckmäßig hat sich eine weitere Abgrenzung bei 50 und 200 ha herausgestellt, die jetzt auch angewandt wird (vgl. oben S. 118 f.).

Abweichend von der Landwirtschaft wird für die gewerblichen Betriebe seit jeher die Größe des Personalbestandes für die Bildung von Betriebsgrößenklassen zugrundegelegt. Wie leicht zu zeigen ist, wäre es aber auch für die Landwirtschaft angebracht — zum mindesten zusätzlich —, Größenklassen nach dem Personalbesatz zu bilden. Im Verfolg dieser Überlegungen habe ich seinerzeit im Preußischen Statistischen Landesamt Berechnungen anstellen lassen, aus denen genauere Aussagen über das Verhältnis zwischen Flächengröße und Personalbesatz gewonnen werden konnten[9]. Zu diesem Zweck wurden alle landwirtschaftlichen Betriebe (nach der Betriebszählung von 1925) nach der Größe des Personalbestandes geordnet und für jede Personalgrößenklasse der durchschnittliche Umfang der landwirtschaftlich genutzten Fläche ermittelt. Diese Berechnung ergab dann für die einzelnen preußischen Gebiete teilweise ganz erhebliche Unterschiede in der Flächengröße bei *gleicher* Personenzahl. Bei den eigentlichen „Familienbetrieben" (normalerweise ohne fremdes Personal) mit 4—5 beschäftigten Personen beträgt die landwirtschaftlich genutzte Fläche im preußischen Staatsdurchschnitt 7,7 ha, mehr als doppelt so groß ist sie aber in Schleswig-Holstein mit 17,5 ha — ein Gebiet mit ausgesprochener Viehweidewirtschaft wie Schleswig-Holstein erfordert eben auf die beschäftigte Person selbst bei gleicher Bodengüte wesentlich mehr Fläche als etwa ein Gebiet mit intensivem Hackfruchtbau, wie Teile der Provinz Sachsen (hier 7,8 ha Nutzfläche) oder Niederschlesien (7,6 ha). Am geringsten ist hierbei die Flächengröße in Hessen-Nassau und der Rheinprovinz (5,0 bzw. 5,1 ha). In den etwas größeren Familienbetrieben, mit 6—10 Personen, in denen einige familienfremde Personen als „Gesinde" mitarbeiten, steht wieder Schleswig-Holstein an der Spitze mit 34,0 ha Nutzfläche; es folgen Ostpreußen mit 23,1 ha, die Grenzmark mit 21,9 ha und Brandenburg mit 20,6 ha; ganz zu unterst steht Oberschlesien mit 10,3 ha. Wenden wir uns den größeren und Großbetrieben zu, so stellen wir hier folgendes fest: Die Betriebe, die 21—30 Personen umfassen, lassen schon im besonderen Maße die Schwierigkeiten erkennen, die sich aus der schematischen Behandlung aller Betriebe mit 100 und mehr ha als „Großbetriebe" ergeben. Hier liegt der Staatsdurchschnitt zwar bei 104,8 ha, die Werte für Schleswig-Holstein (156,8 ha), Pommern (148,9 ha), Ostpreußen (141,5 ha) und Grenzmark Posen-Westpreußen (139,6 ha) sogar noch wesentlich höher, aber auf der andern Seite die Provinz Sachsen mit 72,5 ha, Westfalen mit 74,7 ha und Hannover mit 69,0 ha nebst anderen Provinzen ganz stark *unter* 100 ha, von wo ab man die „Großbetriebe" rechnen will. Daraus dürfte schon einwandfrei hervorgehen, daß jedenfalls in den nordöstlichen Provinzen *und* in Schleswig-Holstein der landwirtschaftliche Betrieb mit 100 und mehr ha noch keinen eigentlichen Großbetrieb darstellt.

[9] Statistische Korrespondenz, hrsg. vom Präsidenten des Preuß. Statist. Landesamts, Berlin, 55. Jg., Nr. 9, 7. März 1929.

Die Grenze der *Großbetriebe* wird aber einwandfrei mit der nächsten Größenklasse (im Sinne des Personalbesatzes), nämlich 31—50 Personen, überschritten. Hier liegen — abgesehen lediglich von der Rheinprovinz (70,0 ha) — alle Werte der westlichen Provinzen mit Einschluß von Provinz Sachsen und von beiden Schlesien über 100 ha — am niedrigsten noch Hessen-Nassau mit 112,0 ha —, der Staatsdurchschnitt (192,5 ha) und Brandenburg (198,7 ha) ganz dicht bei 200 und die nordöstlichen Provinzen (Pommern mit 271,8, Ostpreußen mit 244,8 und Grenzmark mit 235,4 ha) sowie Schleswig-Holstein (258,0 ha) zum Teil recht erheblich *über* 200 ha. Wenn somit der eigentliche Großbetrieb in den meisten Provinzen des preußischen Staates — es handelt sich dabei um den ganzen Westen und den Südosten — durch die Größenangabe „100 und mehr ha" richtig bezeichnet ist, so darf man, um wirklich *vergleichbare Größen* zu gewinnen, in Ostpreußen, Pommern, Grenzmark und Schleswig-Holstein als solchen erst den Betrieb von 200 ha an als Großbetrieb gelten lassen. Auch hier ist, ähnlich wie bei der (Personal-) Größenklasse 11—20 Personen, der Umfang eines „östlichen" Betriebes der Fläche nach fast doppelt so groß wie der eines westlichen.

Bei den höheren Größenklassen (51 und mehr Personen) zeigt sich der Unterschied zwischen den Provinzgruppen etwa in der gleichen Stärke, soweit in den westlichen Provinzen noch Vergleichsmöglichkeiten vorliegen, was wenigstens für die Betriebe mit 51—100 Personen fast durchweg der Fall ist. Immer bestätigt es sich, daß man die in der westlichen Gruppe angewandte Flächengröße etwa verdoppeln muß, um das richtige Vergleichsmaß für die östliche Gruppe zu finden. Dabei ist noch für die großen Betriebe überhaupt festzustellen, daß hier der störende Einfluß der Familienangehörigen, der uns noch bei den bäuerlichen Betrieben entgegentrat, ganz fortfällt, so daß hier die Personalbesetzung einen recht sicheren Anhalt für die tatsächliche Beurteilung des Betriebsumfanges gibt. Wenn man in dem hier behandelten Sinne die Großbetriebe in den nordöstlichen Provinzen und in Schleswig-Holstein statt bei 100 ha landwirtschaftlich benutzter Fläche erst bei 200 ha beginnen läßt, so verringert sich die Fläche der Großbetriebe in Pommern von 48,2 auf 42,5, in Ostpreußen von 37,9 auf 28,2, in der Grenzmark von 31,4 auf 24,2 und in Schleswig-Holstein von 14,5 auf 10,6 vH der Gesamtfläche aller Landwirtschaftsbetriebe dieser Provinzen.

Aus den hier angestellten Überlegungen und Berechnungen dürfte wohl eindeutig hervorgehen, wie vorsichtig man gerade bei der Einreihung von Wirtschaftsbetrieben in Größenklassen sein muß, besonders wenn man aus Art und Umfang dieser Größenklassen wirtschaftspolitische Schlüsse ziehen will, wie das ja bekanntlich bei der Landwirtschaft vielfach geschehen ist, besonders in der Frage der Siedlungsgesetzgebung, d. h.

der Schaffung von bäuerlichen Familienbetrieben durch die Aufteilung von „Großbetrieben". Allerdings muß man auf der anderen Seite gerade auch bei den Landwirtschaftsbetrieben vorsichtig sein, wenn man ihre Größenklassen nach der Zahl der Arbeitskräfte bilden will, bei der ja auch bestimmte Probleme zu lösen sind, die in Kürze behandelt werden.

Um die landwirtschaftliche Betriebsstatistik zweckmäßig gestalten zu können, ist es auch erforderlich, sich etwas näher mit dem „Betriebs- oder Wirtschaftssystem" der Landwirtschaft zu befassen, vor allem mit den z. T. erheblichen Abweichungen von den Systemen der Industrie und allgemein des Gewerbes. Hierüber entnehmen wir der Darstellung von MEERWARTH[10] folgendes: „Im allgemeinen kann allerdings innerhalb der landwirtschaftlichen Erwerbswirtschaft, insbesondere auch innerhalb der landwirtschaftlichen Unternehmung nicht in dem Sinne von Betrieben gesprochen werden, wie es bei den gewerblichen Unternehmungen (geschieht). Die in einer landwirtschaftlichen Unternehmung vereinigten ‚Betriebszweige', wie Getreidebau, Kartoffelbau, Viehwirtschaft usw. sind allerdings nicht den in einem Eisenwerk vereinigten Betrieben Kohlengrube, Hochofenanlage, Stahlwerksanlage, Walzwerksanlage, Maschinenfabrik gleichzustellen. Die einzelnen Zweige der landwirtschaftlichen Unternehmung bilden, worauf mit Nachdruck hinzuweisen ist, zusammen einen einheitlichen Organismus; die Teile stehen infolge der Eigenart der landwirtschaftlichen Produktion in engster, dauernder Wechselwirkung zu einander. Die von einem jeden Betriebszweig benötigten Arbeitsmittel, wie Pflug, Egge, Dreschmaschine usw., dienen in der Regel nicht nur einem Betriebszweig, sondern werden meistens von mehreren Zweigen im Wechsel beansprucht. Noch mehr zeigt sich die gemeinsame Beanspruchung bei den menschlichen und tierischen Arbeitskräften. ‚Dieselben Gespanne, welche heute Weizenland pflügen, arbeiten morgen auf dem Roggenlande, fahren übermorgen Kartoffeln zur Brennerei, und an einem anderen Tage verfrachten sie Hafer zur Eisenbahnhaltestelle' (Aereboe). Diese gemeinsame Beanspruchung derselben Betriebsmittel nimmt den einzelnen Betriebszweigen ihre Selbständigkeit. ‚Die Betriebszweige sind in Wahrheit Zweige an demselben Stamme. Wie im Tierkörper Herz, Lunge, Leber und andere Organe zwar, jedes für sich betrachtet, seine besonderen Aufgaben hat, trotzdem aber allen gemeinsames Blut zufließt und, jedes für sich betrachtet, unselbständig ist, so auch bei den einzelnen Zweigen der Landgutswirtschaft' (Aereboe S. 17).

Die bei der Betrachtung der gewerblichen Unternehmungen aufgetauchten, vom Standpunkt der Statistik nur schwer lösbaren Probleme

---

[10] a. a. O. S. 260 ff.

der Gliederung der Unternehmungen in Betriebe kommen also bei der Landwirtschaft im allgemeinen in Fortfall. Hingegen ergeben sich — was in der Regel übersehen wird — auch bei der Landwirtschaft außerordentliche Schwierigkeiten, wenn es gilt, die Erwerbswirtschaften und Unternehmungen nach der Art der Erzeugnisse oder nach der Art der in der Erwerbswirtschaft oder Unternehmung zusammengefaßten Betriebszweige zu gliedern. Von Ausnahmen abgesehen, ist die landwirtschaftliche Unternehmung auf die Gewinnung mehrerer Erzeugnisse gerichtet. Die Grundstücke werden (vgl. Th. Brinckmann im Grundriß der Sozialökonomik, VII. Abteilung I, Tübingen 1914, S. 30 ff.) teils als Wiese und Weide, die Gras und Heu liefern, teils als Wald zur Holzgewinnung, teils als Acker und Garten benutzt, die wieder die verschiedenartigsten Gewächse liefern. Jede Nutzungsart gibt einen besonderen Bodennutzungszweig ab. Die pflanzlichen Erzeugnisse der Unternehmung bedürfen in vielen Fällen, ehe sie den Betrieb als marktfähige Ware verlassen oder ihrer sonstigen Zweckbestimmung entgegengeführt werden können, einer Umwandlung in andere Erzeugnisse; so werden Heu und Stroh und andere Futterstoffe durch die Nutzviehhaltung in tierische Produkte umgewandelt, und wieder andere, wie Kartoffeln und Zuckerrüben, werden auf technischem Wege veredelt. Mit den Zweigen der Bodennutzung verbinden sich also Einrichtungen des Betriebes zur Weiterverarbeitung oder Veredelung von pflanzlichen Erzeugnissen, Nutzviehzweige, hausgewerbliche Zweige und technische Nebengewerbe, die gleichfalls wieder besondere Betriebszweige, Veredelungszweige, darstellen. ...

Wie Brinckmann hervorhebt, können — je nach den wirtschaftlichen, natürlichen und persönlichen Verhältnissen — in einem Betrieb bald eine größere Anzahl von Bodennutzungs- und Veredelungszweigen, von Haupt- und Unterzweigen zu einem Ganzen sich vereinigen; dabei ist auch das Umfangsverhältnis, in welchem die einzelnen Zweige auftreten, wieder der mannigfaltigsten Kombination fähig. Kaum übersehbar ist die Zahl der Kombinationsmöglichkeiten.

Um einen Überblick zu erhalten, faßt man Betriebe, die durch das Vorkommen oder Vorwalten bestimmter Betriebszweige ein charakteristisches Gepräge erhalten, in denen der Wirtschaftstypus derselbe ist, zu Gruppen zusammen, die man als *Betriebs-* oder *Wirtschaftssysteme* bezeichnet. Am wichtigsten ist bei dieser Gliederung nach Betriebssystemen, wie Brinckmann betont, das Verhältnis, in welchem die Zweige der Bodennutzung, also einmal die Kulturarten, dann im besonderen die Kulturen des Ackerlandes zueinander stehen. Man spricht von Ackerbau- und Weidesystemen, indem man auf das Kultursystem Bezug nimmt; von Körnerwirtschaften, Futterbauwirtschaften, Rübenwirtschaften, von Dreifeldersystemen, Feldgrassystemen usw., wenn es sich um ein Ackerbausystem und dessen nähere Kennzeichnung handelt. Man kann auch beide Merkmale — Kulturarten- und Anbauverhältnis — kombinieren, ein System z. B. als Fruchtwechselwirtschaft mit Dauerweide kennzeichnen. Nicht selten geschieht es, daß der eine oder andere Veredelungszweig bei der Kennzeichnung des Betriebssystems mit zum Hauptmerkmal erhoben wird, so z. B. wenn von einer Körnerwirtschaft mit Wollschafhaltung, einer Fruchtwechselwirtschaft mit Brennereibetrieb, einer Futterbauwirtschaft mit Abmelkbetrieb, einer Weidemastwirtschaft usw. die Rede ist. Es wird, wie Brinckmann abschließend hervorhebt, immer möglichst das herausgehoben, was für die Betriebskombination typisch und darum geeignet ist, den Betrieb in seinen Grundzügen zu charakterisieren.

Der landwirtschaftliche Betrieb ist bisher als Wirtschaftsbetrieb, im besonderen als Erwerbswirtschaft betrachtet worden; er läßt sich aber auch als *Werkbetrieb* betrachten, als eine Veranstaltung zum Zweck fortgesetzter Bodennutzung. Der bereits erwähnte Betrieb des Pfarrers, des Lehrers, des gewerblichen Arbeiters, der einen Zuschuß an Nahrungsmitteln zum Haushalt liefert, ist keine landwirtschaftliche Erwerbswirtschaft, ist nur landwirtschaftlicher Werkbetrieb: es wird eine Bodenfläche als Acker, Gartenland, Gemüseland usw. bewirtschaftet. Für eine Reihe nationalökonomischer Probleme sind auch diese Nur-Werkbetriebe von Bedeutung. Wer etwa die Größe und die betriebliche Gliederung, ferner die Nutzungsarten derjenigen deutschen Fläche untersuchen will, die Deutschland mit Nahrungsmitteln versorgt, muß auch die landwirtschaftlichen Betriebe, die keine Erwerbswirtschaften sind, heranziehen. Auch diese Betriebe liefern Nahrungsmittel, die — falls die Betriebe nicht vorhanden wären — von den landwirtschaftlichen Erwerbswirtschaften Deutschlands oder vom Ausland geliefert werden müßten. Wer auf der anderen Seite die Existenzbedingungen des landwirtschaftlichen Klein- und Großbetriebs, wer die Leistungen und die Leistungsfähigkeit der verschiedenen Betriebsgrößen untersuchen will, wird vor allem die landwirtschaftlichen Erwerbswirtschaften in den Bereich seiner Untersuchungen einbeziehen. Die Nur-Werkbetriebe ‚ringen' gar nicht mit den übrigen landwirtschaftlichen Betrieben um den Absatz.

Von viel stärkerer Bedeutung als im Gewerbe ist in der Landwirtschaft die Unterscheidung zwischen *Betrieb* und *Besitz*. Vielfach verpachten Grundbesitzer ihr ganzes Land oder einen Teil ihres Landes an Landwirte, die es als Pächter allein oder neben eigenem Land bewirtschaften. Oder ein Gutsbesitzer gibt Landstücke an seine landwirtschaftlichen Arbeitskräfte als Deputatland ab. Oder in Gegenden mit Realteilung überlassen die in die Stadt abwandernden Geschwister ihren kleinen landwirtschaftlichen Besitz als Pachtacker dem zurückbleibenden Bruder, der diese Stücke mit seinem eigenen Besitz zusammen bewirtschaftet. Es ist beispielsweise für Probleme des Siedlungswesens wichtig, auch den landwirtschaftlichen Besitz in Gliederung nach Größenklassen, Nutzungsarten usw. zu kennen."

Um wirklich die Frage beantworten zu können: *Wie* produziert die Landwirtschaft? (vgl. oben S. 115), bedarf es über die bereits erwähnten Feststellungen hinaus noch einer großen Reihe von Einzelfragen. Der „Betriebsbogen für Land- und Forstwirtschaft" der landwirtschaftlichen Betriebszählung von 1949 enthält insgesamt nicht weniger als 200 Positionen, für die genaue Angaben gefordert werden; allerdings sind darin die drei Fragen nach Name, Betriebsort und Wohnort des Betriebsinhabers (zur Identifizierung) mit einbezogen.

Wir wollen diese Fragen in der Reihenfolge des Betriebsbogens kurz behandeln. Die ersten 30 Fragen befassen sich mit dem Betriebsinhaber, seinen Familienangehörigen und Verwandten (soweit sie im Betriebshaushalt leben) und den familienfremden Arbeitskräften sowie mit dem Vorhandensein von „Werkswohnungen" und (als „Sonderfragen") der Beschäftigung von ausgewiesenen und vertriebenen Deutschen, d. h. also zusammenfassend mit dem *Personal* der landwirtschaftlichen Betriebe. Die Frage nach dem landwirtschaftlichen Personal ist in Deutschland bei der Zählung von 1907 zum ersten Mal gestellt worden. Sehr wichtig ist hierbei die Unterscheidung zwischen familieneigenen und familienfremden Arbeitskräften; beide Gruppen wieder werden nach ständigen und nicht ständigen Arbeitskräften unterschieden; als nicht ständig beschäftigt gelten Personen, die „bei Aufrechnung sämtlicher Arbeitsleistungen weniger als die Hälfte des Jahres im Betrieb arbeiten". Diese Bestimmung gibt bereits eine wichtige Grundlage ab für die Berechnung der oben erwähnten (S. 94) AK-Einheiten; zum mindesten verhindert sie die früher übliche simple Addition aller irgendwie beschäftigten Personen. Für die familienfremden Arbeitskräfte, die als nicht ständig gelten sollten, wurde 1949 festgestellt, wieviele von ihnen in der Zählwoche (15. bis 21. Mai) im Betrieb beschäftigt waren. Die Mitarbeit von Familienangehörigen ist für die deutsche Landwirtschaft von jeher besonders wichtig. So waren z. B. 1907 in Württemberg 79,6 vH aller Betriebe *reine* Familienbetriebe, von den Betrieben mit 5 und mehr ha sogar noch 51,0 vH. 1939 waren in den Grenzen des heutigen Bundesgebiets 80,2, 1949 76,3 vH *aller* land- und forstwirtschaftlichen Betriebe reine Familienbetriebe (*ohne* ständige familienfremde Arbeitskräfte[11]). Am höchsten war dieser Anteil 1949 in Baden-Württemberg mit 87,3 vH, nicht viel niedriger in Hessen und Rheinland-Pfalz mit 82,9 vH, am niedrigsten in Schleswig-Holstein

[11] Angaben in Bd. 27, Heft 2 der Statistik der BRD, S. 81.

einschl. Hamburg mit 47,6 vH; hier hatte er 1939 noch 61,2 vH betragen! Nach der Zahl der ständig beschäftigten Personen ergibt sich folgender Anteil an reinen Familienbetrieben im Bundesgebiet 1949: bei 1 Person 91,5, bei 2 Personen 92,3, bei 3 Personen 80,5, bei 4 bis 5 Personen 59,9, bei 6 und mehr Personen — verständlicherweise — nur noch 7,7 vH; bei dieser letzten Gruppe ist immerhin Schleswig-Holstein noch mit einem Anteil von 18,2 vH und Niedersachsen noch mit 11,8 vH vertreten. Vergleichsweise erreicht bei 4 bis 5 Personen Baden-Württemberg den höchsten Satz mit 74,5 vH, während Schleswig-Holstein hier mit 25,5 vH am niedrigsten liegt.

Die familienfremden Arbeitskräfte werden unterschieden nach Verwaltungs-, Aufsichts- und Rechnungspersonal, nach Lehrlingen, nach ständig beschäftigten Arbeitskräften mit voller Beköstigung im Betriebshaushalt (früher „Knechte und Mägde" oder „Gesinde" genannt), nach sonstigen ständig beschäftigten Arbeitskräften (Landarbeiter, Gartenarbeiter, Waldarbeiter, Viehpfleger, Gutshandwerker, Deputanten usw.); diese Personen werden weiter nach dem Geschlecht unterschieden und nur Personen von 14 Jahren und darüber erfaßt (bei den Familienangehörigen allerdings auch Personen unter 14 Jahren). Auch Arbeitskräfte über 65 Jahre sind (nach dem Geschlecht) anzugeben. Der überwiegende Teil sämtlicher familienfremden Arbeiter, und zwar rund 680 000 Personen = 70 vH, entfällt 1949 auf „Knechte und Mägde"; sie nehmen, wie unsere Quelle sagt[12], „gewissermaßen die Stelle von fehlenden Familienangehörigen ein". Die männlichen Personen unter ihnen sind mit 382 000 zahlreicher als die weiblichen mit 298 000. Die nicht im Betriebshaushalt beköstigten Arbeiter nehmen 1949 mit insgesamt 290 000 Personen nur etwa 30 vH aller land- und forstwirtschaftlichen Arbeiter ein. Betriebe mit Deputatentlohnung (Deputatland, -kartoffeln, -getreide, -milch) gibt es 1949 31 819 = 1,6 vH der land- und forstwirtschaftlichen Betriebe überhaupt; der Anteil ist allerdings bei den Betrieben von 50 bis unter 100 ha schon 55,7 und bei den Betrieben mit 100 und mehr ha sogar 79,2 vH. Auf der anderen Seite sind festgestellt worden 84 914 Arbeiterhaushaltungen mit Deputatland, 51 741 mit Deputatkartoffeln, 69 824 mit Deputatgetreide und 73 372 mit Deputatmilch.

Um einen genaueren Einblick in den wirklichen Stand und die tatsächliche Entwicklung des Kräftebedarfs in der Landwirtschaft zu gewinnen, hat das Statistische Bundesamt im Juli 1956 eine repräsentative Statistik der Arbeitskräfte eingeführt, deren Notwendigkeit in „Wirtschaft und Statistik"[13] folgendermaßen begründet wird: „Die im Sommer 1956 eingeführte repräsentative Statistik der Arbeitskräfte in landwirtschaftlichen

[12] a. a. O. S. 79.
[13] 9. Jg. NF, Heft 3 (März 1957), S. 154 ff.

Betrieben unterscheidet sich in ihrer Zielsetzung wesentlich von früheren Erhebungen, bei denen ebenfalls auf dem Wege einer Betriebsbefragung die in der Landwirtschaft tätigen Arbeitskräfte ermittelt wurden. Sowohl bei den Landwirtschaftlichen Betriebszählungen als auch bei den Erhebungen über die familieneigenen Arbeitskräfte der landwirtschaftlichen Betriebe in den Jahren 1952 bis 1954 wurden die Angaben an einem bestimmten Zeitpunkt des Jahres ermittelt. Dabei wurde zwischen ‚ständig beschäftigten' und ‚nichtständig oder vorübergehend beschäftigten' Arbeitskräften der Betriebe unterschieden. Bei diesen Zählungen rechneten zu den ‚ständig beschäftigten' Arbeitskräften Personen, die bei Zusammenrechnung aller Arbeitsleistungen während eines ganzen Jahres (Landwirtschaftliche Betriebszählung) oder eines halben Jahres (Statistik der familieneigenen Arbeitskräfte) mindestens die Hälfte dieser Zeit im Betrieb beschäftigt waren. Diese wenig bestimmte Definition und die weitgefaßte Abgrenzung der Beschäftigtengruppen ergab sich dadurch, daß es bei den jahreszeitlich wechselnden Arbeitsverhältnissen der Landwirtschaft nicht möglich ist, die Personen nach der Dauer der Beschäftigung an einem einzigen Stichtage genauer zu erfassen. Da Aufzeichnungen über die Beschäftigungsdauer in den meisten Betrieben nicht vorliegen, blieb die Zuordnung der Personen zu einer dieser Beschäftigungsgruppen weitgehend dem subjektiven Urteil und dem Gedächtnis der Befragten überlassen. Bei den früheren Erhebungen wurden auch die abgeleisteten Arbeitszeiten und die jahreszeitliche Bewegung der Arbeitskräfte nicht ermittelt. Als Beschäftigung wurde jede Tätigkeit angesehen, die im landwirtschaftlichen Betrieb oder Betriebshaushalt geleistet wurde. Nach der Definition für den Begriff ‚Betriebshaushalt' rechneten hierzu alle Verrichtungen, die im Haushalt des Betriebsinhabers für die Beköstigung und die sonstige Versorgung der familieneigenen und -fremden Arbeitskräfte der Betriebe geleistet wurden. Die Beschäftigtenzahlen, die sich hierbei ergeben, enthalten also auch die Personen, die ganz oder teilweise in den Haushalten der landwirtschaftlichen Betriebe beschäftigt waren. Zwischen den hauswirtschaftlichen Verrichtungen und den produktionseigentümlichen Arbeiten in der Landwirtschaft wurde nicht unterschieden, und somit wurden auch nicht die mit eigentlichen landwirtschaftlichen Arbeiten beschäftigten Personen festgestellt. Diese Beschäftigtenzahl jedoch und der Umfang der Arbeitsleistungen ohne hauswirtschaftliche Arbeiten sowie ihre jahreszeitliche Veränderung werden für volkswirtschaftliche Rechnungen (Produktivität, Arbeitseinkommen) und für betriebswirtschaftliche Vergleiche besonders dringend gebraucht.

Die neue Landarbeitskräftestatistik trägt den sich hieraus ergebenden Erfordernissen in gewissem Umfang Rechnung. So werden durch Verkürzung der Berichtszeit von einem ganzen bzw. halben Jahr auf einen

Monat die auf das Gedächtnis der Betriebsinhaber gestützten Angaben verbessert. Durch monatliche Befragung werden die Veränderungen im Bestand der Arbeitskräfte sowie ihr Arbeitseinsatz in den Betrieben ermittelt. Dabei werden folgende Beschäftigtengruppen unterschieden:

Familienarbeitskräfte

a) Personen, die den ganzen Monat voll beschäftigt waren;
b) Personen, die den ganzen Monat regelmäßig einen Teil des Tages beschäftigt waren;
c) Personen, die nur einen Teil des Monats oder unregelmäßig beschäftigt waren.

Familienfremde Arbeitskräfte

a) ständige Arbeitskräfte im festen Arbeitsverhältnis;
b) nichtständige Arbeitskräfte.

In Verbindung hiermit werden die tägliche Arbeitszeit der regelmäßig teilbeschäftigten Familienarbeitskräfte und die von nichtständigen familienfremden Arbeitskräften geleisteten Arbeitstage ermittelt. Somit werden die abgeleisteten Arbeitszeiten der wichtigsten Gruppen der landwirtschaftlichen Arbeitskräfte festgestellt. Auf die beabsichtigte Ermittlung der Arbeitszeit der unregelmäßig beschäftigten Familienarbeitskräfte mußte verzichtet werden. ...

Für die Beurteilung der Ergebnisse dieser Zählung ist von Bedeutung, daß Arbeitsausfälle infolge Urlaub oder vorübergehender Krankheit als Beschäftigungszeiten mit angerechnet werden, nicht dagegen Arbeitszeiten, die in der Forstwirtschaft oder in einem gewerblichen Betrieb geleistet werden. Die Arbeitszeiten der jetzt vollbeschäftigten familieneigenen Arbeitskräfte und der ständigen familienfremden Arbeitskräfte werden nicht festgestellt. Die Umrechnung der von regelmäßig teilbeschäftigten familieneigenen Arbeitskräften in den einzelnen Monaten geleisteten Arbeitszeiten auf vergleichbare Meßziffern, die den Arbeitszeiten der vollbeschäftigten Arbeitskräfte entsprechen, erfolgt in Anlehnung an die tariflichen Bestimmungen über die tägliche Arbeitszeit der Landarbeiter nach folgendem Schlüssel:

tägliche Arbeitszeit	in den Monaten November, Dezember, Januar, Februar	8 Std.
tägliche Arbeitszeit	in den Monaten September, Oktober, März, April	9 Std.
tägliche Arbeitszeit	in den Monaten Mai, Juni, Juli, August	10 Std.

Als Maßeinheit wird die der monatlichen Arbeitszeit einer voll beschäftigten Arbeitskraft entsprechende Leistung zugrunde gelegt. In Anlehnung an den in betriebswirtschaftlichen Rechnungen gebräuchlichen

Ausdruck ,Tagewerk', dessen Verwendung in der Statistik jedoch sehr große Zahlen notwendig machen würde, wurde diese Maßeinheit als ,Monatswerk' bezeichnet. Dabei werden ohne Unterschied 25 Arbeitstage als ein voller Arbeitsmonat gerechnet. Bei der entsprechenden Umrechnung der von nichtständigen familienfremden Arbeitskräften geleisteten Zeiten wird die gleiche Zahl von Arbeitstagen zugrunde gelegt."

Auf dieses Vergleichsverfahren ist hier etwas näher eingegangen worden, um erkennen zu lassen, wie groß die tatsächlichen Schwierigkeiten bei der Feststellung der „Vollarbeitskraft" immer noch sind, daß es aber wohl im großen und ganzen gelungen ist, diese Schwierigkeiten annähernd zu meistern und damit den Umfang der in den verschiedenen landwirtschaftlichen Betrieben verwandten Arbeitskräfte einigermaßen genau wiederzugeben. Im übrigen gibt die Darstellung in „Wirtschaft und Statistik" das Ergebnis in „Monatswerken" auch für die einzelnen Betriebsgrößenklassen (nach der landwirtschaftlich benutzten Fläche) wieder. Dabei stellt sich heraus, daß die Zahl der Monatswerke (je 100 Personen einschließlich der regelmäßig teilbeschäftigten Familienarbeitskräfte) von den Betrieben mit unter 2 ha bis zu den Betrieben mit 20 — unter 50 ha für die Gesamtheit der Arbeitskräfte deutlich ansteigt und auch in der nächsten Größenklasse (50 ha und darüber) nur wenig absinkt und daß hierbei die Ehefrauen stets am meisten beansprucht werden — ein auch sonst bekanntes Ergebnis! —.

Der Hauptteil der Fragen (nämlich 102 Fragen) bezieht sich auf die „selbstbewirtschaftete Gesamtfläche des Betriebes" und klärt die Besitzverhältnisse, die Kulturarten (Acker, Obstanlagen, Wiesen usw.) und sonstigen Flächen (Öd- und Unland, Gewässer usw.), insbesondere den „Anbau auf dem Ackerland als Hauptfrucht"; hinzu kommt noch die Nutzung der Haus- und Nutzgartenfläche, der Bestand an Obstbäumen, ferner einige Sonderfragen über Anbau von Obst und Gemüse zum Zweck des Verkaufs, über Gemüsebau zur Samengewinnung, über den Umbruch von Dauergrünland — alles Gegenstände, die agrartechnisch von Bedeutung sind. Eine sehr wichtige Frage ist hier auch diejenige nach der Zahl der „räumlich von einander getrennt liegenden Stücke" der landwirtschaftlichen Nutzfläche.

Über die hiermit zusammenhängende „Bodenzersplitterung im Bundesgebiet" macht unsere Quelle[14] folgende Angaben: Unter den insgesamt 1 978 090 Betrieben mit einer landwirtschaftlich benutzten Fläche gliedert sich diese landwirtschaftliche Nutzfläche bei 46,3 vH in höchstens 5 Teilstücke auf, bei 22,6 vH in 6 — 10, bei 18,0 vH in 11 — 20, bei 7,1 vH in 21 — 30, bei 3,0 vH in 31 — 40, bei 1,3 vH in 41 — 50, bei 0,7 vH in

[14] a. a. O. S. 19 f.

51 — 60, bei 0,4 vH in 61 — 70, bei 0,2 vH in 71 — 80, bei 0,1 vH in 81 — 90, bei 0,1 vH in 91 — 100 und bei 0,2 vH in 101 und mehr Teilstücke auf. Als Besonderheit stellt unsere Quelle fest: „Somit lassen die mittelbäuerlichen Betriebe — NB. von 5 bis unter 20 ha landwirtschaftlicher Nutzfläche — für das Bundesgebiet die stärkste Zersplitterung der landwirtschaftlichen Nutzfläche erkennen, wobei die Größe der einzelnen Teilstücke nicht berücksichtigt ist. Nach dem Grad der Bodenzersplitterung folgen die kleinbäuerlichen Betriebe von 2 bis unter 5 ha landwirtschaftlicher Nutzfläche. Obwohl von diesen Betrieben mehr als acht Zehntel (85,2 vH) nur 1 bis 20 Teilstücke bewirtschaften, ist die Zersplitterung relativ groß, wenn man berücksichtigt, daß auf Grund der kleineren Durchschnittsgröße je Betrieb die einzelnen Teilstücke in dieser Betriebsgröße kleiner sein müssen als bei den mittelbäuerlichen Betrieben." In den einzelnen Ländern des Bundesgebiets ist diese Bodenzersplitterung außerordentlich verschieden, zum Teil hat man ihr auch schon durch entsprechende „Umlegungs"-Maßnahmen im Sinne der „Flurbereinigung" abgeholfen. Am stärksten zersplittert ist die landwirtschaftliche Nutzfläche offenbar in Rheinland-Pfalz, wo allein 29,9 vH aller Betriebe landwirtschaftliche Nutzflächen haben, die aus 21 und mehr Teilstücken bestehen. Maßgebend waren hier u. a. die üblichen Erbsitten (Realteilung) und die günstigen natürlichen Wachstumsbedingungen insbesondere für den Weinbau, dessen hohe Flächenproduktivität eine äußerst starke Aufteilung der Anbauflächen zuließ. An zweiter Stelle hinsichtlich der Bodenzersplitterung steht Württemberg-Baden; hier weisen auch die großbäuerlichen Betriebe (20— unter 100 ha) eine relativ stärkere Aufteilung der landwirtschaftlichen Nutzfläche auf. Die kleinste umlegungsbedürftige Fläche überhaupt findet sich in Schleswig-Holstein.

Zu der richtigen Erfassung der Flächen ist allgemein noch folgendes zu sagen: Die Angaben werden in Hektar und Ar verlangt, und zwar auch für die kleinsten Anbauflächen und sonstigen Flächen (zum Unterpflügen bestimmt, Brache usw.). Wie die jahrzehntelange Erfahrung mit derartigen Erhebungen gezeigt hat, ist die genaue Wiedergabe dieser Flächen keineswegs so selbstverständlich, wie man sich das oft vorstellt; teilweise *wollen* die Betriebsinhaber keine richtigen Angaben machen, teilweise *können* sie es aber auch nicht. Bei der Behandlung der landwirtschaftlichen Erzeugung (im nächsten Kapitel) wird darauf noch näher einzugehen sein.

Noch kurz einige Angaben über die Verschiedenartigkeit der Kultur- und Anbauflächen je nach der Betriebsgröße: Das Ackerland nimmt bei allen Betriebsgrößen den größten Raum ein — im ganzen ist sein Anteil an der landwirtschaftlichen Nutzfläche des Bundesgebiets 57,0 vH —, am höchsten aber ist sein Anteil mit 61,1 vH bei den „Großbetrieben" (100 und mehr ha), am niedrigsten dagegen bei den Klein- und Kleinbäuerlichen Betrieben (0,001—unter 5 ha) mit 52,4 bzw. 54,7 vH. In diesen kleinsten Betrieben spielt nämlich das Gartenland für die Ernährung der bewirtschaftenden Familie die wichtigste Rolle. Für die Wiesen ergibt sich ein Gesamtanteil von 26,9 vH, hier ist der Anteil mit 35,4 vH am höchsten bei den kleinbäuerlichen Betrieben von 2 bis unter 5 ha, am niedrigsten dagegen mit 10,1 vH bei den Großbetrieben. Nur etwa halb so groß wie der Wiesenanteil ist der Anteil der Weiden; ihr Gesamtanteil ist nämlich nur 13,9 vH; er steigt genau mit zunehmender Größenklasse, und zwar von 4,9 vH bei den Kleinbetrieben bis auf 27,0 vH bei den Großbetrieben. Für alle anderen Kulturflächen (Gartenland, Rebland usw.) liegen die Gesamtanteile weit unter 2, meist noch unter 1 vH. Hinsichtlich der einzelnen Gebiete der Bundesrepublik ist noch folgendes festzustellen: Der Anteil des Ackerlandes an der landwirtschaftlichen Nutzfläche ist mit 80 — 81 vH am höchsten in Rhein-Hessen und Braunschweig, mit 23 bzw. 37,5 vH am niedrigsten in Bremen bzw. Schwaben. Für das Dauergrünland finden wir den höchsten Anteil mit 72,8 vH in Bremen, es folgen Schwaben mit 61,4 und Aurich mit 60,1 vH; der niedrigste Anteil liegt hier in Rhein-Hessen mit 2,6 vH.

Bei bestimmten Fruchtarten innerhalb des Ackerlandes ergeben sich vielfach auch recht große Unterschiede hinsichtlich des Anbauanteils am Ackerland für die einzelnen Betriebsgrößenklassen: So ist der Ackeranteil der Kartoffeln im ganzen 13,7 vH, am größten aber mit 23,0 vH bei den Kleinbetrieben (unter 2 ha), am kleinsten bei den Großbäuerlichen Betrieben (50 — unter 100 ha) mit 11,9 vH, der Anteil der Zuckerrüben im ganzen 2,3 vH, am größten mit 8,0 vH bei den Großbetrieben, am kleinsten mit 0,5 vH bei den Kleinbetrieben, der Anteil der Futterrüben und sonstigen Futterhackfrüchte im ganzen 9,3 vH, am größten mit 12,2 vH bei den Kleinbäuerlichen Betrieben (2 — unter 5 ha), am kleinsten mit 5,0 vH bei den Großbetrieben, der Anteil von Raps und Rübsen im ganzen 1,1 vH, am größten mit 4,4 vH bei den Großbetrieben, am kleinsten mit 0,2 vH bei den Kleinbetrieben, der Anteil der Futterpflanzen (insgesamt) im ganzen 17,9 vH, am größten mit 20,8 vH bei den kleinbäuerlichen Betrieben, am kleinsten mit 11,9 vH bei den Großbetrieben. Weitergehende Angaben dieser Art können für die einzelnen Bundesländer aus unserer Quelle[15] entnommen werden, ebenso über die Veränderungen im Bundesgebiet seit 1907. Sonderbarerweise zeigen sich hier die kleinsten Veränderungen im Anbauverhältnis (seit 1907) bei Kartoffeln; hier gehen sie nicht über eine Zu- oder Abnahme von 4,8 vH gegenüber der jeweils vorhergehenden Zählung (1907 — 1925 — 1933 —

[15] a. a. O. S. 52 ff.

1939 — 1949) hinaus. Dagegen erleben wir beispielsweise bei Weizen Veränderungen von + 31,1 vH (1933) und von — 21,7 vH (1949), bei Zuckerrüben solche von + 48,5 vH (1939) und von — 23,8 vH (1925).

Für die Erfassung der *Viehhaltung* werden 1949 insgesamt 21 Fragen gestellt, und zwar werden der Stückzahl nach ermittelt Pferde, Maultiere, Maulesel und Esel (einschl. Fohlen) nach dem Alter (unter 3 Jahre, 3 Jahre und älter); Rindvieh nach Alter und Geschlecht (Kälber, Jungvieh 3 Monate bis unter 1 Jahr, Jungvieh 1 — unter 2 Jahre, Färsen (Kalbinnen — 2 Jahre und älter), Kühe *nur* zur Milchgewinnung, Kühe zur Milchgewinnung *und* Arbeit, Arbeitsochsen, -bullen, -stiere, alles übrige Rindvieh sowie Rindvieh insgesamt; Schafe einschl. Lämmer; Ziegen einschl. Lämmer; Schweine insgesamt und nach folgenden Gruppen: Ferkel unter 8 Wochen, Zuchtsauen 6 Monate und älter, alle übrigen Schweine; Hühner (ohne Trut-, Perl- und Zwerghühner) über 6 Monate; Gänse über 6 Monate; Enten über 6 Monate; Bienenvölker.

Über den Bestand des „Großviehs" im Jahre 1949 macht unsere Quelle[16] folgende Angaben: „Die als Großvieh bezeichneten Tiere — Pferde und Rinder oder eine dieser Tierarten — wurden bei der Landwirtschaftlichen Betriebszählung 1949 in 1,57 Millionen oder 78 vH aller land- und forstwirtschaftlichen Betriebe mit 0,5 und mehr ha Betriebsfläche des Bundesgebietes gehalten. Dabei war die Haltung von Rindvieh in 1,56 Millionen oder 77,5 vH der Betriebe sehr viel häufiger als die Pferdehaltung, die nur in rund 606 000 oder 30 vH aller Betriebe vorkam. Verhältnismäßig am häufigsten ist die Großviehhaltung in den bäuerlichen Betriebsgrößenklassen von 5 bis unter 100 ha landwirtschaftlicher Nutzfläche, in denen jeweils etwa 99 vH der Betriebe Großvieh halten, und zwar haben rund 96 bis 99 vH Rindvieh und 60 bis 96 vH (mit der Betriebsgröße ansteigend) Pferde. Auch in den landwirtschaftlichen Großbetrieben (100 und mehr ha landwirtschaftlicher Nutzfläche) und in den kleinbäuerlichen Betrieben (2 bis unter 5 ha landwirtschaftlicher Nutzfläche) ist der Anteil der Betriebe mit Großviehhaltung mit rund 93 bis 97 vH an der jeweiligen Gesamtzahl ebenfalls noch sehr hoch. In den Kleinbetrieben (unter 2 ha) ist dagegen die Haltung von Großvieh verhältnismäßig seltener. Die Zahl der Betriebe mit Pferdehaltung geht mit abnehmender Betriebsgröße von rund 96 vH bis auf 1 vH zurück, während die Rinderhaltung noch in der Betriebsgröße von 1 bis unter 2 ha landwirtschaftlicher Nutzfläche in mehr als zwei Drittel aller Betriebe zu finden ist. In den kleinsten Betrieben fehlt meist die für Großviehhaltung erforderliche wirtschaftseigene Futtergrundlage und für die Pferdehaltung im besonderen die Möglichkeit, die Arbeitskraft der Pferde im Betrieb voll auszunutzen."

---

[16] a. a. O. S. 58.

Eine immer wichtigere Rolle in der modernen Landwirtschaft spielt die *Maschinenverwendung.* Teilweise wurde im Deutschen Reich schon 1882 und 1895 nach dem Maschinenbesatz gefragt, 1907 sollten die Maschinen vom ausfüllenden Betriebsinhaber in vorgesehenen Freizeilen eingetragen werden, ohne daß ein besonderer Vordruck gegeben war; dieses Verfahren hat sich aber — verständlicherweise — als nicht geeignet erwiesen, so sind vor allem manche Angaben einfach vergessen worden, ferner ist durch Verwendung ortsüblicher Ausdrücke (z. B. „Windmühlen" für „Windfegen") manches Mißverständnis entstanden. Seit 1925 sind dann wieder die einzelnen Maschinen (auch Kraftfahrzeuge) erfragt worden, bei den späteren Erhebungen ging man immer mehr ins einzelne. 1949 befassen sich insgesamt 36 Fragen mit „betriebs*eigenen*" Maschinen, eine weitere Frage (die noch untergeteilt ist) mit „betriebs*fremden*" Maschinen. Bei den betriebseigenen Maschinen ist jeweils die Zahl der im Vordruck genannten im Betrieb benutzten Maschinen einzutragen. Den Anfang bilden die Elektromotoren (nach drei verschiedenen „Nennleistungen" — die mittlere Gruppe ist 0,75 kW bzw. 1 PS bis unter 4,5 kW bzw. 6 PS), Verbrennungsmotoren und Dampflokomobilen; es folgen die Bodenfräsen (einschl. Hackfräsen), die Schlepper: auch hier verschiedene Gruppen, beginnend mit höchstens 10 PS (einschl. Einachsschlepper) und weiteren Grenzen bei 18, 25 und 35 PS sowie über 35 PS, die luftbereiften Ackerwagen, die Lastkraftwagen, die Drillmaschinen, die Düngerstreuer für Handelsdünger, die Hackmaschinen, die „Vielfachgeräte" (für Gespann- und Schlepperzug), die Gespanngrasmäher, die Heuwender, die Mähbinder für Gespannzug ohne und mit Aufbaumotor, die Zapfwellenbinder, die Motormäher, die Kartoffelroder (für Gespann- und Schlepperzug), die Dreschmaschinen: auch diese in drei Gruppen, wobei die mittlere Gruppe über 7,5 dz bis 12,5 dz Stundenleistung umfaßt; die Strohpressen (Bindfaden- und Drahtpressen getrennt), die Höhenförderer, die Greiferaufzüge, die Fördergebläse für Garben, Stroh, Heu, die Häckselmaschinen, und zwar ohne oder mit Gebläse oder Wurfschaufeln, die Schrotmühlen, die Kartoffelsortierer mit Hand- und Kraftbetrieb, die Elektro-Futterdämpfer, die Elektroherde, die Melkmaschinenanlagen und die Wäschewaschmaschinen mit Motor. Bezüglich der betriebs*fremden* Maschinen wird gefragt, ob im letzten Jahr vor der Zählung folgende Maschinen geliehen, gemietet, gemein- oder genossenschaftlich oder im Lohnverfahren benutzt worden sind: Schlepper, Zapfwellenbinder, Dreschmaschinen, Motormäher, Luftbereifte Ackerwagen, Mähbinder für Gespannzug, Wäschewaschmaschinen mit Motor, Kartoffelroder. Aus dieser ausführlichen Aufzählung ergibt sich, daß man offenbar nur auf diese Weise zu genauen und zuverlässigen Angaben gelangen kann, die es ihrerseits wieder ermöglichen, den technischen Fortschritt in der deutschen Landwirtschaft überhaupt und vor allem in den einzelnen Betriebsgrößenklassen festzustellen. Man hat zu sehr die Erfahrung gemacht, daß mit zu allgemeinen Angaben niemand gedient ist!

Einige wenige Fragen beziehen sich dann noch auf Beregnungsanlagen (nach ha und ar), auf Gärfutterbehälter (nicht gemeint sind einfache Erdgruben) für Grünfutter und für Kartoffeln (nach Anzahl und Fassungsvermögen in cbm), auf ausgebaute Jauchegruben, auf „Gülleanlagen" mit Pumpwerk und Rohrleitungsnetz; es wird gegen Ende noch gefragt, ob der Betrieb an ein öffentliches Wasserleitungsnetz angeschlossen ist, ob er eigene Wasserversorgung mit fließendem Wasser hat, ob elektrische Stromversorgung vorhanden ist. Die letzten Fragen sind die nach technischen und gewerblichen *Neben*betrieben: Getreide- oder Kartoffelbrennerei, Obstbrennerei, Trocknungsanlage, sonstiger gewerblicher Betrieb (Brauerei, Mühle, Molkerei, Gastwirtschaft, Bäckerei, Lohndrescherei usw.), wobei die in Frage kommende Gattung anzugeben ist.

Insgesamt ergeben sich so im Betriebsbogen 200 Fragen — teilweise noch mit Unterfragen —, die alle erkennen lassen, wie weit hier die Statistik ins einzelne gehen muß, um tatsächlich das Wesen des heutigen landwirtschaftlichen Betriebs nach Art und Umfang zu charakterisieren.

Über die tatsächliche Maschinenverwendung im Jahre 1949 können wir unserer Quelle[17] folgendes entnehmen: „Die Zahl der Betriebe mit Verwendung von Landmaschinen und technischen Einrichtungen wie auch die Zahl der Maschinen ist von den verschiedensten Voraussetzungen abhängig, von denen die Betriebsgrößenverteilung, die Bodengestaltung, die Parzellierung, das Kulturarten- und Anbauverhältnis, ferner die Landarbeitsverhältnisse und in Beziehung hierzu die technische Vervollkommnung sowie der Anschaffungspreis der Maschinen von größerem Einfluß sind. Unter den Antriebsmaschinen waren die Elektromotoren am zahlreichsten, diese wurden im Bundesgebiet in 860 201 Betrieben oder 43 vH aller Betriebe verwendet ... Der Anschaffungspreis der Motoren, der weitgehende Ausbau des Stromnetzes sowie die Tarifbegünstigung des Kraftstromes ermöglichen diese Ausdehnung. Bereits in den kleinbäuerlichen Betrieben und Kleinbetrieben der Größenklasse unter 5 ha landwirtschaftlich benutzter Fläche verwenden 22 vH aller Betriebe im Bundesgebiet Elektromotoren. In der Betriebsgrößenklasse von 5 bis unter 10 ha verwendeten rund 68 vH der Betriebe Elektromotoren, und in den Größenklassen über[18] 10 ha liegt der Anteil der Betriebe mit Elektro-

[17] a. a. O. S. 69 ff.

[18] im Originaltext heißt es hier zwar „unter", jedoch läßt der Sachzusammenhang nur die Deutung zu, daß die Betriebe der Größenklassen *über* 10 ha gemeint sind.

motoren zwischen 81 und 90 vH. ... Die höchsten Anteile an Betrieben, die Elektromotoren benutzten, weisen Württemberg-Hohenzollern und Bayern mit 63 vH bzw. 61 vH auf. Es folgen dann Württemberg-Baden (51 vH) und Schleswig-Holstein (42 vH). In Hessen und Rheinland-Pfalz benutzten dagegen noch nicht ein Viertel der land- und forstwirtschaftlichen Betriebe Elektromotoren. ...

In zunehmendem Maße gewinnt der Einsatz von Ackerschleppern an Bedeutung. Seine vielseitige Verwendbarkeit als Zug- und Antriebsmaschine und die heute allgemein übliche Ausrüstung mit Luftreifen, Zapfwelle und Kraftheber spielen hierbei eine entscheidende Rolle. Besonders zahlreich waren die Schlepper der mittleren Leistungsklassen. Von insgesamt 76 699 Schleppern im Bundesgebiet entfielen 35 635 oder 46 vH auf die Leistungsklasse von 18 bis 25 PS. Fast 40 vH aller Schlepper waren in den großbäuerlichen Betrieben von 20 bis unter 50 ha eingesetzt. Der Anteil der Betriebe mit Schleppern an allen Betrieben lag in dieser Größenklasse mit mehr als 26 vH ebenfalls weit über dem Gesamtdurchschnitt aller Betriebsgrößenklassen, der nur 3,5 vH betrug.

Besondere Beachtung für eine weitere Mechanisierung der Landwirtschaft verdient die Verwendung von Ackerschleppern in den mittelbäuerlichen Betrieben von 10 bis unter 20 ha. Von insgesamt 254 803 land- und forstwirtschaftlichen Betrieben dieser Größenklasse verwendeten 15 915 Betriebe oder 6 vH betriebseigene Ackerschlepper. Die bevorzugte Verwendung von Kleinschleppern veranschaulicht bereits die derzeitige Entwicklung des Einsatzes von motorischen Zugkräften in diesen Betrieben. Von insgesamt 17 431 Kleinschleppern der Leistungsklasse von 10 bis 18 PS entfiel über ein Drittel auf diese Betriebsgrößenklasse."

Daß es sich wirklich um ein „zunehmendes Maß" des Einsatzes von Ackerschleppern handelt, hat die Entwicklung von 1949 bis 1954 deutlich erwiesen. Die „Wirtschaftskunde" von 1955 sagt hierzu[19]: „In der Zeit von 1949 bis 1954 ist eine geradezu umwälzende Entwicklung in der Motorisierung der Landwirtschaft durch den Schleppereinsatz eingetreten: Der Bestand an Zweiachs- und Kettenschleppern hat sich in dieser Zeit mehr als vervierfacht und der Bestand an Einachsschleppern und Bodenfräsen mehr als verdoppelt. ... Auch die landwirtschaftlichen Kleinbetriebe sind am technischen Fortschritt der Landwirtschaft, soweit er durch die Verwendung des Schleppers gekennzeichnet ist, stark beteiligt. 1953 entfielen fast 30 vH der Zweiachs- und Kettenschlepper auf Betriebe der Größenklasse unter 10 ha landwirtschaftliche Nutzfläche. Von der Gesamtzahl der Einachsschlepper und Bodenfräsen entfielen fast 87 vH auf die Betriebe unter 10 ha."

---

[19] a. a. O. S. 104.

Kehren wir zu der Betriebszählung von 1949 zurück, so sagt unsere Quelle darüber weiter folgendes aus: „Betrachtet man die Verhältnisse in den einzelnen Ländern, so zeigt sich, daß die Anteile der Betriebe an allen Betrieben, die Schlepper verwenden, in Norddeutschland erheblich höher liegen... Von den süddeutschen Ländern weist nur Bayern mit 4,5 vH einen Anteil der Betriebe, die Schlepper verwenden, auf, der höher als der Bundesanteil ist. Dies beruht vorwiegend auf der bisherigen Entwicklung der Mechanisierung in der Landwirtschaft, die auch bei Schleppern zunächst vom Großbetrieb ausging und erst später durch zweckmäßigere Konstruktionen ... in den mittleren Betriebsgrößen Eingang finden konnte. Die höchsten Anteile der Betriebe mit Schleppern an allen Betrieben weisen daher die Länder auf, in denen die mittel- bzw. großbäuerliche Betriebsstruktur vorherrscht. Der Anteil der Betriebe mit betriebseigenen Schleppern an der Gesamtzahl der land- und forstwirtschaftlichen Betriebe ist in Schleswig-Holstein mit 6 vH am höchsten. Es folgen Nordrhein-Westfalen und Niedersachsen mit jeweils 4 vH. In Hamburg liegt der Anteil der Betriebe mit Schleppern bei 9 vH; dieser verhältnismäßig hohe Anteil gegenüber den anderen Ländern ist auf die zahlreichen Gartenbaubetriebe zurückzuführen und prägt sich auch besonders in der häufigen Verwendung von Bodenfräsen aus....

Die Verbreitung von betriebseigenen Arbeitsmaschinen, die durch Motoren angetrieben werden, steht im engen Zusammenhang mit der Verwendung von Elektromotoren. Am stärksten verbreitet waren die Häckselmaschinen mit insgesamt 936 175 Maschinen. Im Bundesgebiet verwendeten 43 vH aller Betriebe Häckselmaschinen ohne und 3,4 vH aller Betriebe Häckselmaschinen mit Gebläse.

Mit am häufigsten war auch die Verwendung von Schrotmühlen mit 368 348 Maschinen, die in rund 18 vH aller Betriebe verwendet wurden, sowie von betriebseigenen Dreschmaschinen mit einer Gesamtzahl von insgesamt 338 018 Maschinen. Der Anteil der Dreschmaschinen mit einer Stundenleistung bis zu 7,5 dz an der Gesamtzahl aller Dreschmaschinen betrug fast 90 vH. Diese wurden vorwiegend in klein- und mittelbäuerlichen Betrieben zwischen 5 bis unter 20 ha eingesetzt. Die Anzahl anderer größerer Maschinen, wie maschineller Fördereinrichtungen — Höhenförderer, Greiferaufzüge und Fördergebläse —, die sowohl nach ihrer Verwendungsmöglichkeit als auch nach ihrem Anschaffungspreis vorwiegend für größere Betriebe in Betracht kommen, ist dagegen kleiner. Am zahlreichsten unter ihnen sind die Greiferaufzüge mit insgesamt 144 784 Stück, die bereits in mittelbäuerlichen Betrieben von 10 bis unter 20 ha stark verbreitet sind. Der Anteil der Betriebe mit Greiferaufzügen betrug in dieser Größenklasse 20 vH aller Betriebe.

... Die luftbereiften Ackerwagen, die eine bedeutende Ersparnis an tierischer und motorischer Zugkraft mit sich bringen, stehen in einem weitaus günstigeren Verhältnis zur Zahl der Schlepper. Von ihnen wurden insgesamt 161 366 Stück gezählt. Auf je einen Schlepper entfielen danach etwa zwei luftbereifte Ackerwagen. In dieser Zahl sind allerdings auch die luftbereiften Ackerwagen für Gespannzug einbezogen. Unter den Feldgeräten und Maschinen für Gespann- oder Schlepperzug waren die Gespanngrasmäher, Drillmaschinen, Heuwender, Kartoffelroder und Mähbinder am zahlreichsten. In regionaler Hinsicht ist die Verwendung dieser Maschinen in starkem Maße von der vorherrschenden Betriebsrichtung in den einzelnen Gebietsteilen des Bundesgebietes abhängig und daher unterschiedlich. So tritt z. B. die Verwendung von Kartoffelsortierern besonders in den norddeutschen Ländern hervor, wo der Saatzucht- und Vermehrungsbau der Kartoffeln eine größere Rolle spielt.

Die Verbreitung des Vielfachgerätes für Gespann- und Schlepperzug mit insgesamt 73 521 Stück gehört noch zur jüngsten technischen Entwicklungsstufe in der Landwirtschaft. Das in den verschiedenartigsten Modellen gebaute Vielfachgerät ersetzt bereits eine Reihe anderer Geräte und Maschinen, da es als Universalgerät mit wenigen Handgriffen wandelbar und für mehrere Arbeitsgänge der Feldbestellung zu verwenden ist. Es kann beispielsweise zum Lochen, Zudecken, Häufeln und Hacken von Kartoffeln sowie zum Hacken von Rüben und Getreide oder zum Säen und Dibbeln benutzt werden. Das Vielfachgerät führt zu einer Verringerung des Maschinenparks in der Landwirtschaft und hat bis jetzt in den mittel- und großbäuerlichen Betrieben sowie in den Großbetrieben starken Eingang gefunden. Dem entsprechen auch die hohen Anteile der Betriebe mit diesen Geräten in den norddeutschen Ländern. Von den süddeutschen Ländern weist Hessen mit 4 vH ebenfalls einen beachtlichen Anteil auf. . . .

Aus den bisherigen Ausführungen ergibt sich, daß die Zahl der Betriebe mit betriebseigenen Maschinen im Verhältnis der überhaupt vorhandenen Betriebe bei den meisten Maschinenarten mit steigender Betriebsgröße zunimmt. Dagegen ist die Zahl der Maschinen je 1000 ha landwirtschaftlich benutzter Fläche in den Großbetrieben von 100 ha und darüber durchweg niedriger als in den bäuerlichen Betriebsgrößenklassen.

An Drillmaschinen entfallen auf 1000 ha landwirtschaftlich benutzter Fläche in Großbetrieben rund 6 Maschinen, während in den mittelbäuerlichen Betrieben von 10 bis unter 20 ha ein Besatz von fast 38 Maschinen festgestellt wurde. Für Düngerstreuer, Gespanngrasmäher, Heuwender, Mähbinder für Gespannzug und Kartoffelroder ergeben sich ähnliche Relationen. Großbetriebe benötigen je Flächeninhalt eine weitaus geringere Anzahl an Maschinen. Zu berücksichtigen ist, daß die Maschinen in Großbetrieben größer und leistungsfähiger sind, während andererseits infolge des länger andauernden Arbeitseinsatzes in diesen Betrieben der Ausnutzungsgrad einer Maschine besser ist und die Kosten je Hektar bearbeiteter Fläche niedriger liegen. Der Aufwand für Maschinen, den die mittel- und kleinbäuerlichen Betriebe je Flächeneinheit aufzubringen haben, um nach dem Anteil der mechanisierten Betriebe an allen Betrieben den gleichen Stand der Mechanisierung zu erreichen wie die Großbetriebe, liegt offensichtlich höher, da die bewirtschaftete Fläche dieser Betriebe jeweils kleiner ist und der Maschinenbesatz entsprechend dichter sein müßte. Man versucht heute einen gewissen Ausgleich durch kleinere und billigere Maschinentypen, zweckmäßige Konstruktionen, die besonders für die mittelbäuerlichen Betriebe geeignet sind, oder durch genossenschaftliche und gemeinschaftliche Maschinenbenutzung herbeizuführen."

Die — nur in Auswahl vorgenommene — Wiedergabe von Ausführungen aus den amtlichen statistischen Veröffentlichungen soll vor allem dem Zweck dienen, an bestimmten Beispielen zu zeigen, daß die Statistik des landwirtschaftlichen Betriebes keineswegs nur, wie man sich oft in Zeiten einer größeren Ausdehnung der statistischen Erfassung verärgert ausdrückte, zu einer Häufung von „Zahlenfriedhöfen" gelangt. Gewiß sind, wie man schon aus den hier gegebenen wenigen Beispielen ersehen kann, was aber ein Blick in die amtlichen Veröffentlichungen erst in vollem Umfang bestätigt, für die Wiedergabe der statistischen Ergebnisse nach Bund, Ländern, Regierungsbezirken, (Stadt- und Land-)Kreisen, und zwar jeweils in den genannten Größenklassen, die in gewissen Fällen sogar noch eine weitere Unterteilung erfahren, immer wieder meist recht umfangreiche Tabellen erforderlich; so bedarf z. B. die Darstellung der „Personalverhältnisse in den land- und forstwirtschaftlichen Betrieben" nach der Zählung von 1949 (Band 23 der Statistik der BRD) allein schon ganzer 413 Seiten im Großformat.

Diese ausführliche Darstellung ist auch nicht nur deshalb erforderlich, damit jeder Kreissachbearbeiter usw. gerade auch sein Interessengebiet in den Tabellen wiederfindet — obwohl das natürlich auch seinen Sinn hat! —, sondern dieses Eingehen auf die vielen möglichen Kombinationen im sachlichen und örtlichen Sinne dient doch vor allem folgendem Zweck: Die privat- und die volkswirtschaftliche Bedeutung des landwirtschaftlichen Betriebes (das hier Gesagte gilt zwar auch im allgemeinen von den gewerblichen Betrieben, ist aber für die Landwirtschaft vor allem im gegenwärtigen Stadium auch hinsichtlich der internationalen Beziehungen ganz besonders aktuell!) erfordert eine ganz besonders genaue und objektive Charakterisierung der einzelnen Tätigkeits- und Erwerbsrichtungen, die sich keineswegs auf qualitative Unterscheidungen beschränken darf, sondern gerade und vorzugsweise die quantitativen Zusammenhänge eindeutig und klar in Erscheinung treten lassen muß, damit einerseits die am Erwerb selbst interessierten Gruppen, anderseits Staat und Verwaltung die Möglichkeit einer zutreffenden und gerechten Beurteilung des wirtschaftlichen Bestandes und der wirtschaftlichen Vorgänge haben. Ohne die Möglichkeit solcher ins einzelne gehenden Beobachtungen und daran anknüpfender wissenschaftlicher Untersuchungen, die nur durch derartig gegliederte Statistiken zu erreichen sind, wäre eine objektive Würdigung des hier maßgebenden Tatbestandes niemals möglich.

Ergänzend sei noch kurz auf die mehr rechtliche Frage des „Besitzverhältnisses" eingegangen, die oben (S. 126) nur gestreift worden ist. Vom Beginn der landwirtschaftlichen Betriebszählungen an hat man auch Eigentumsfläche, Pachtland, Dienstland usw. unterschieden, 1949 in der Form, daß gefragt wurde nach eigener Fläche, gepachteter Fläche, Heuerlingsland und sonstigem Land (z. B. Dienstland, aufgeteilter Allmende usw.); das Pachtland mußte noch aufgeteilt werden nach den Verpächtern: Privatpersonen, Gemeinden; Reich, Ländern, Provinzen, Kreisen; Kirchen und kirchlichen Anstalten, Gesellschaften, Körperschaften und anderen juristischen Personen. 1949 entfallen in der Bundesrepublik auf Eigenland 87,6, auf Pachtland 12,1, auf Heuerlingsland 0,1, auf sonstiges Land 0,2 vH der Betriebsfläche der land- und forstwirtschaftlichen Betriebe. Nach den Größenklassen ergibt sich hier allerdings vielfach ein ganz anderes Bild; so ist z. B. bei den Betrieben unter 2 ha der Pachtlandanteil 29,6 vH, umgekehrt bei den Betrieben mit 100 ha und darüber der Eigenlandanteil 95,8 vH. Die *Zahl* der Pachtbetriebe macht allerdings 57 vH aller land- und forstwirtschaftlicher Betriebe aus, so daß man sagen kann, daß „das Pachtwesen für die Landwirtschaft im Bundesgebiet eine erheblich größere Bedeutung hat, als aus der Fläche des Pachtlandes und insbesondere aus seinem Anteil an der Gesamtbetriebsfläche hervorzugehen scheint"[20]. Im übrigen hat die Landwirtschaftliche Betriebszählung von 1949 noch folgende Ergänzungen erfahren: Am 15. Oktober 1950 wurde eine Gartenbauerhebung durchgeführt, deren Ergebnisse gesondert veröffentlicht worden sind („Betriebsverhältnisse im Gemüse-, Obst- und Gartenbau"[21]), ferner im September 1950 eine Erhebung der „Pflanzenbestände in Baumschulen"[22]; besondere „Schleppererhebungen" wurden vorgenommen am 14. April 1950 und im Mai 1953[23], deren Ergebnisse oben (S. 137) bereits erwähnt worden sind.

[20] Bd. 27, Heft 2, S. 32.
[21] Statistik der BRD, Bd. 26.
[22] Statistik der BRD, Bd. 30.
[23] Ergebnisse in den Bänden 25, Heft 2, und 94 der Statistik der BRD.

Die hier behandelte landwirtschaftliche Erhebung von 1949/50 blieb aber, und das ist sehr wichtig für den heutigen Stand der Statistik, *nicht* auf Deutschland beschränkt. Vielmehr wurde 1950 ein „World Census of Agriculture" durchgeführt, und zwar auf Veranlassung der FAO (Food and Agriculture Organization of the United Nations). Das „Programm" dieser Welt-Erhebung erschien im Dezember 1948 in Washington, USA. Es ähnelt im Aufbau grundsätzlich sehr stark dem deutschen Fragebogen, ist allerdings in mancher Hinsicht weniger ausführlich, z. B. hinsichtlich des Personals und der Maschinenverwendung; es wird aber den einzelnen Regierungen ausdrücklich anheimgestellt, die Fragestellung auf weitere Einzelheiten auszudehnen.

Im Zusammenhang mit den landwirtschaftlichen Betriebszählungen ist noch eine Statistik zu erwähnen, die gewisse Änderungen im Bestand und in der Struktur der landwirtschaftlichen Betriebe laufend erfaßt. Gemeint ist die *Siedlungsstatistik*, deren Aufgabe es ist, die aufgrund des Reichs-Siedlungsgesetzes vom 11. August 1919 durchgeführten Maßnahmen darzustellen. Diese Statistik erfaßt a) Landerwerb und Landbereitstellung zu Siedlungszwecken, b) die von Neubauern und Siedlern bezogenen neuen Höfe, c) die an bestehende Kleinbetriebe erteilten Landzulagen („Anliegersiedlung"). Seit 1929 gibt es hier besondere Zählkarten für jede neue Stelle usw. (Beschaffenheit des Hofes, Versorgung mit Arbeitskräften, Ausstattung mit Vieh usw.), seit 1935 jährliche Erhebungen über die Entwicklung der Familien- und Betriebsverhältnisse der Neubauern. In den Jahren 1919 bis 1928 wurden im Reichsgebiet rund 26 500 Neusiedlungen mit einer Gesamtfläche von rund 260 000 ha (Durchschnittsgröße also etwa 10 ha) begründet. 1945 bis Ende 1956[24] sind im Bundesgebiet 67 611 Neusiedlungen mit 144 076 ha Fläche geschaffen worden, ferner 26 761 Anliegersiedlungen mit 34 387 ha Fläche. Die Eingliederungsmaßnahmen zugunsten vertriebener Landwirte, soweit es sich um Betriebsübernahme durch Kauf oder Pacht handelt, sind in diesen Zahlen nicht enthalten. Die Zahl der eigentlichen bäuerlichen Siedlungen betrug in dieser Zeit nur 7718, ihre Fläche umfaßte 115 406 ha, also immerhin fast zwei Drittel der gesamten Siedlungsfläche (178 463 ha); in der Größe von 15 ha und darüber wurden 3599 Betriebe mit 75 933 ha geschaffen.

Über die Entwicklung der europäischen Landwirtschaft im letzten halben Jahrhundert, auch gerade im Zusammenhang mit der „inneren Kolonisation" bringt Folke Dovring wesentliches Material in seiner Untersuchung „Land and Labor in Europe 1900—1950"[25]. Von Interesse sind

---

[24] Statistisches Jahrbuch 1958 der BRD, S. 130.

[25] The Hague (Den Haag) 1956, von mir besprochen im Weltwirtschaftlichen Archiv (Zeitschrift des Instituts für Weltwirtschaft an der Universität Kiel, hrsg. von Fr. Baade), Bd. 79, Heft 1 (1957), S. 49 f.

dabei u. a. die Feststellungen, wieviel Hektar jeweils auf 1 männliche Arbeitskraft entfallen: 1950 waren es im Durchschnitt von ganz Europa 7, in Europa *ohne* UdSSR 5,8 (in UdSSR allein 10), in Großbritannien 14,0, in Dänemark 8,4, in Frankreich 8,3, in Österreich 8,0, in Schweden 7,6, in Spanien 6,2, in Westdeutschland 5,9, in Ungarn 4,6, in den Niederlanden 4,0 und in Italien 3,6 ha.

In der Bundesrepublik wurde die *Landwirtschaftszählung* im Zusammenhang mit dem neuen Zählwerk am 31. Mai 1960 wiederholt, und zwar zunächst als „Haupterhebung"; es soll im Juli 1961 eine Gartenbauerhebung folgen, weiter eine Forsterhebung (mit noch zu bestimmendem Erhebungszeitraum), eine Binnenfischereierhebung im Juni 1962 und schließlich eine monatliche Arbeitskräfteerhebung für die Dauer eines Jahres (bis spätestens Oktober 1961) — vgl. hierzu Wirtschaft und Statistik, 12. Jg. Heft 7 vom Juli 1960, S. 393.

Damit verlassen wir das Gebiet der Landwirtschaft und gehen zu Handwerk und Industrie über.

5. Kapitel

Nichtlandwirtschaftliche Arbeitsstätten

a) Unternehmen und Betrieb, besonders in Handwerk und Industrie

Im Gegensatz zum landwirtschaftlichen Betrieb, der im allgemeinen einen einheitlichen Organismus darstellt (vgl. oben S. 138 f.), setzt sich im Gewerbe eine Gliederung des Unternehmens in „Betriebe" immer mehr durch. Da es eine wesentliche Aufgabe der Statistik ist, die wichtigen Entwicklungstendenzen, die im Wirtschaftsleben in Erscheinung treten, rechtzeitig und genau zu erfassen, muß die Statistik ganz besonders um eine zweckentsprechende *Gliederung* innerhalb des Gewerbes bemüht sein.

Als das eigentliche Ziel der Erfassung und Darstellung muß hier das *Unternehmen* betrachtet werden. Besonders deutlich wird das ausgesprochen in dem Aufsatz „Unternehmen, fachliche Unternehmensteile und örtliche Einheiten als Grundlage für die statistische Darstellung wirtschaftlicher Tatbestände" in „Wirtschaft und Statistik"[1], wo es heißt: „Die statistische Einheit, bei der und für die alle denkbaren ökonomischen und technischen Tatbestände erhoben und dargestellt werden können und die deshalb allein als Grundelement des statistischen Gesamtbildes verwendet werden kann, ist das Unternehmen. Das Unternehmen (die Firma) stellt in der Regel die im Wirtschaftsleben tatsächlich auftretende wirtschaftende Einheit dar. Für Institutionen außerhalb des Unternehmensbereichs wäre eine ähnlich abgegrenzte Einheit zu wählen. ... Auch wenn einzelne Tatbestände für andere Einheiten als das Unternehmen dargestellt werden können, so ist es doch nicht möglich, ein Gesamtbild aller Vorgänge auf einer anderen Einheit als der des Unternehmens aufzubauen, weil zahlreiche wirtschaftlich wichtige Tatbestände, insbesondere aus der Aufwands- und Ertragsrechnung, für diese Einheiten entweder gar nicht oder nur nach schwierigen und problematischen, mehr oder weniger willkürlichen Umschlüsselungen erfaßt werden können. ... Bei der Definition des Unternehmens sollte sich der Statistiker möglichst an die im Wirtschaftsleben üblichen Begriffe und Vorstellungen halten.

---

[1] 9. Jg. NF, Heft 12 (Dezember 1957), S. 643 ff. (Verf.: Dr. Fürst u. Mitarbeiter), bes. S. 668 f. Von der im Original vorgenommenen Gliederung und Numerierung der „Leitsätze" und der Hervorhebung durch Sperrdruck ist hier abgesehen worden.

Da der Unternehmensbegriff auch für andere als statistische Zwecke gebraucht wird und daher in gesetzlichen Vorschriften — wenn auch häufig mit anderslautender Bezeichnung — vorkommt, sollte man sich bemühen, einen bereits vorhandenen Begriff zu verwenden und nicht eine neue Definition für statistische Zwecke zu schaffen. Definitionen des Unternehmens — oder ihm etwa entsprechender wirtschaftender Einheiten — kommen in mehreren handels- und steuerrechtlichen Vorschriften vor, und zwar in verschiedenartiger Abgrenzung, so daß es leider mehrere rechtlich fundierte Begriffe des Unternehmens gibt. Unter den vorhandenen Unternehmensbegriffen sollte derjenige als Richtschnur ausgewählt werden, der die kleinsten Einheiten liefert und damit den Notwendigkeiten der Statistik am meisten entgegenkommt, denn für den Statistiker ist aus verschiedenen Gründen ein möglichst enger Unternehmensbegriff am ehesten brauchbar. Es empfiehlt sich daher, daß man sich an die kleinste Einheit hält, bei der und für die noch vollständige Auskünfte über *alle* gewünschten Tatbestände eingeholt werden können. Es wurde schon gesagt, daß diese Einheit in Anlehnung an vorhandene Rechtsvorschriften definiert werden sollte. Anzustreben ist also die kleinste Einheit, für die aus rechtlichen Gründen eine Vermögensrechnung und Jahresabschlüsse aufgestellt oder doch zumindest Aufzeichnungen über Einnahmen und Ausgaben gemacht werden müssen. Diese übrigens auch den internationalen Empfehlungen entsprechende kleinste rechtlich definierte Einheit orientiert sich am besten an den Vorschriften des Handelsrechts, die allerdings nicht immer sehr scharf gefaßt sind und auch nicht für alle Unternehmen zutreffen."

Hier ist das Statistische Bundesamt — m. E. mit gutem Recht — zu einem Vorschlag gekommen, der die gewohnten Begriffe der Praxis möglichst weitgehend auch für das statistische Verfahren auswerten will, selbst wenn sich da und dort im Einzelfall Schwierigkeiten ergeben sollten. Eine andere mehr technisch-statistische Frage ist es, auf welchem Wege man die für das Unternehmen entscheidenden Einzelheiten am einfachsten und am klarsten gewinnt, wobei unter Umständen statt des Unternehmens eine andere „Einheit" angegangen und befragt wird. Bevor wir näher auf diese Dinge eingehen, sei noch kurz auf einige Tatsachen der gewerblichen Entwicklung hingewiesen, die ebenfalls für die Statistik zu beachten sind: Auf der einen Seite sehen wir die Spezialisierung von Unternehmen, die sich allmählich auf eines von mehreren Erzeugnissen beschränken oder nur noch *eine* Produktionsstufe eines Erzeugnisses bearbeiten (auch „Differenzierung" genannt, so daß beispielsweise statt der früheren Spinnerei *und* Weberei jetzt nur noch die Spinnerei vorhanden ist); auf der anderen Seite besteht eine Tendenz zur Integrierung. Hier unterscheiden wir die vertikale Integrierung, bei der ein Unternehmen sich eine ihrer Produktion folgende oder vorangehende Produktionsstufe angliedert (Kohlengrube — Kokerei — Brikettfabrik, Kohlengrube — Werk der Eisenindustrie und umgekehrt, Maschinenfabrik — Eisengießerei) und die horizontale Integrierung: Ein Unternehmen, das Werkzeugmaschinen herstellt, gliedert sich einen zweiten Betrieb an, der landwirtschaftliche Maschinen baut, oder einen Betrieb, der Schreibmaschinen herstellt. Diese Integrierung hat auch in manchen Fällen zu Interessengemeinschaften und Konzernen usw. geführt. Auf die mit einer solchen Entwicklung verbundenen Erfassungsschwierigkeiten weist besonders MEERWARTH hin[2].

Welche Erfahrungen hat die deutsche Statistik hinsichtlich der zweckmäßigsten Erfassung der Gewerbebetriebe gemacht? Hier sei zunächst aus historischen Gründen hingewiesen auf den „Bericht der Kommission zur weiteren Ausbildung der Statistik des Zollvereins betreffend die Gewerbestatistik" vom 19. August 1871 (Verfasser Direktor ENGEL vom Kgl. Preuß. Statistischen Amt, veröffentlicht in der Statistik des Deutschen Reichs, Band I, Berlin 1873, S. 340 ff.). Dieser Bericht enthält eine damals recht brauchbare systematische Übersicht der Gewerbebetriebe. Genau wie für die Landwirtschaft fanden dann in den Jahren 1882, 1895 und 1907 Gewerbliche Betriebszählungen statt, bei denen die eben genannte Systematik teilweise ungeschickt erweitert worden ist. Das Zählungsverfahren von 1907 war in mancher Hinsicht *nicht* geeignet, den vorhin geschilderten Zwecken der Statistik, speziell der Erfassung der wirtschaftlichen Entwicklungstendenzen, zu dienen. Denn damals wurden zwecks leichterer Erfassung und Darstellung die Unternehmen und Betriebe in „technische Teilbetriebe" aufgegliedert und diese als maßgebende Einheiten ausgezählt; die „Gesamtbetriebe" wurden dabei der Betriebsart des „hauptsächlichsten" (Teil-)Betriebes zugewiesen; bei einem solchen Verfahren mußte z.B. auch die Möglichkeit einer Darstellung der vertikalen und horizontalen Integrierung vollkommen verlorengehen! Hier hat man umgekehrt zur Bildung von Gewerbekombinationen schreiten müssen.

Wesentliche Veränderungen im System konnten bei der vom Preußischen Kriegsamt am 15. August 1917 veranstalteten Gewerblichen Betriebszählung vorgenommen werden, für die vor allem MEERWARTH wichtige Vorschläge gemacht hatte. Damals ist es z.B. gelungen, die Elektrotechnische Industrie als besondere Gruppe aus der Maschinenindustrie herauszunehmen, die Gummiindustrie von der Lederindustrie zu trennen und eine neue Gruppe „Wasser-, Gas- und Elektrizitätswerke" zu schaffen (die Wasserwerke hatten bis dahin zur „Nahrungsmittelindustrie" gehört,

---

[2] a. a. O. S. 112 ff.

die Gaswerke zur Industrie der forstwirtschaftlichen Nebenprodukte, die Elektrizitätswerke zur Elektrotechnischen Industrie!).

Bei den Gewerblichen Betriebszählungen von 1925, 1933 und 1939 bildete die „Örtliche Einheit" die *Erhebungseinheit,* während technische und wirtschaftliche Einheiten erst aus der Bearbeitung gewonnen wurden. Dieses Verfahren hat u. a. MEERWARTH in „Nationalökonomie und Statistik" empfohlen[3], und so ist auch die Örtliche Einheit die Erhebungseinheit geblieben bis einschließlich 1950 (Zählung der „nicht-landwirtschaftlichen Arbeitsstätten" vom 13. September 1950). 1933 ist die Örtliche Einheit nicht nur Erhebungseinheit, sondern auch für folgende Merkmale *Bearbeitungseinheit* geworden: Betriebsgröße, Gliederung des Personals nach der Stellung im Betrieb, Kraftmaschinenausrüstung; auch die „Verwaltungs- und Hilfsbetriebe", die allen Teilbetrieben gleichermaßen dienen, gehören ohne Aufteilung in die Örtliche Einheit.

1950 wurde der Zählung der „Arbeitsstättenbogen" zugrundegelegt, der von jedem Inhaber bzw. verantwortlichen Leiter einer nicht-landwirtschaftlichen Arbeitsstätte nach dem Stande vom 13. 9. 1950 auszufüllen und „zur Abholung bei der Arbeitsstätte bereitzuhalten" war; nur für Gewerbebetriebe *ohne* feste Arbeitsstätte war der Bogen „am Wohnsitz" abzugeben. Die Zählung war ebenso wie die Volks-, Berufs- und Wohnungszählung durch Bundesgesetz angeordnet, die Ausfüllung dieses Bogens also eine Rechtspflicht, worauf ausdrücklich aufmerksam gemacht wurde. Der Kreis der nicht-landwirtschaftlichen „Arbeitsstätten" war recht weit gefaßt. Die Zählung umfaßte grundsätzlich Industrie, Handwerk, Handel, Geld- und Versicherungswesen, Dienstleistungsgewerbe (darunter Gaststätten- und Beherbergungsgewerbe, Kunststätten und dgl.), Verkehr (dabei Bundesbahn und Bundespost gesondert zu erfassen) einschl. Privatbahnen, auch bemannte Schiffe; öffentliche und öffentlichrechtliche Verwaltungen sowie deren wirtschaftliche Werke wie Elektrizitäts-, Gas- und Wasserwerke, Hafenbetriebe und dgl., auch Anstalten wie Schulen, Krankenhäuser, Altersheime, auch kirchliche Dienststellen; Büros jeglicher Art (auch von Verbänden, Vereinen usw.), soweit darin ständig mindestens eine Person haupt- oder nebenberuflich tätig ist; selbständige Angehörige freier Berufe, wie Künstler, Schriftsteller, Ärzte und Rechtsanwälte (mit eigener Praxis), Steuerberater, Hebammen, Hausschneiderinnen usw.; überhaupt jede selbständige haupt- oder nebenberuflich ausgeübte Tätigkeit, nicht dagegen ehrenamtliche Tätigkeiten; die nicht an eine feste Arbeitsstätte gebundenen Gewerbe, z. B. Schausteller, Straßenhändler; *Neben*betriebe der Land- und Forstwirtschaft handwerklicher oder gewerblicher Art (z. B. Brennereien, Sägewerke,

[3] a. a. O. S. 125 u. 159 f.

Gutsschmieden), die überwiegend für Dritte (fremde Kundschaft) arbeiten; auch Gärtnerei- und Tierzuchtbetriebe, aber nur dann, wenn sie *keine* (eigenen oder gepachteten) landwirtschaftlich, forstwirtschaftlich oder gärtnerisch genutzten Bodenflächen für Zwecke des Betriebes bewirtschaften (z. B. Friedhofsgärtnereien, die nur Begräbnisanlagen instandsetzen, Champignonzüchtereien, Büros für Gartenanlagen und Gartenarchitektur, Orchideen-, Brieftaubenzüchtereien, Schweinemästereien und dgl.); Hochsee-, Küsten- und Binnenfischereibetriebe (*ohne* eigene oder gepachtete bewirtschaftete Wasserflächen). Man vergleiche hiermit die Aufteilung in „Wirtschaftsabteilungen usw." oben S. 98 f. Man sieht, daß sich unter den „nicht-landwirtschaftlichen Arbeitsstätten" nicht wenige Fälle befinden, die ebenso gut bei der *Berufs*zählung als solche in Erscheinung treten, und zwar nicht nur die „Freien Berufe" (vgl. oben S. 96 f.).

Um auf alle Fälle jede einzelne „Arbeitsstätte" zu erfassen, ist ausdrücklich vorgeschrieben, daß einen „Arbeitsstättenbogen" auszufüllen haben jede *Haupt*niederlassung, jede *Zweig*niederlassung, jeder Filialbetrieb, jedes Zweigbüro, auch auf räumlich voneinander getrennt liegenden Grundstücken befindliche Werkstätten, Lagerplätze und sonstige Betriebsteile, soweit darin *ständig* mindestens eine Person haupt- *oder* nebenberuflich tätig ist. Besondere Vorschriften sind erlassen, um zu verhüten, daß Angaben von *Zweig*niederlassungen sich etwa in der Meldung des *Haupt*betriebes wiederholen und dann zu Doppelzählungen führen könnten. Anderseits soll die Hauptniederlassung (der Hauptbetrieb) ausdrücklich sämtliche Zweigniederlassungen als solche nach Art des betriebenen Gewerbes und mit genauer Anschrift, auch mit der Zahl der beschäftigten Personen aufführen — was für Kontrollzwecke offenbar unentbehrlich ist. Keine besonderen Arbeitsstätten im Sinne dieser Zählung sind Baustellen; anderseits sind hierher zu rechnen auch Saison- und Kampagnebetriebe (Freibadeanstalten, Strandrestaurants usw.), *wenn* in ihnen während der Saison- und Kampagnezeit mindestens eine Person tätig ist. Handelt es sich um Betriebs-, Büro- oder Laden*gemeinschaften,* so hat jede der zur Gemeinschaft gehörenden Parteien einen *eigenen* Fragebogen auszufüllen.

Der Inhalt des Arbeitsstättenbogens von 1950 gliedert sich in acht Fragegruppen: Unter A werden „Allgemeine Angaben" verlangt; anschließend an die vollständige und genaue Anschrift (sogar mit Angabe der Telephonnummer) wird gefragt, ob die Arbeitsstätte *nach* Jahresende 1944 gegründet worden ist oder ob sie (und zwar an einem anderen Ort) schon vorher bestanden hat, ferner, ob diese Arbeitsstätte „als Ersatz für eine aus Kriegs- oder Kriegsfolgegründen ... aufgegebene Arbeitsstätte errichtet" worden ist. Mit der Jahresscheide 1944/45 und der letzten Frage soll der Beginn der Nachkriegswirtschaft gekennzeichnet werden. Unter

B soll die Arbeitsstätte näher gekennzeichnet werden nach der *Art* des betriebenen *Gewerbes,* bei Behörden des *Aufgabengebietes,* bei freien Berufen usw. der *verrichteten Tätigkeit;* die dann folgenden Fragen 2—8 sollen nur von Industrie-, Handwerks- und Handelsbetrieben sowie von Handelsvertretern und Handelsmaklern und von Arbeitsstätten des Dienstleistungsgewerbes beantwortet werden, und zwar handelt es sich hier um die Angabe der wichtigsten gewonnenen und erzeugten *Güter,* die hergestellten, reparierten, gehandelten, vermittelten *Waren* und der Dienstleistungen; beim Handel wird noch nach Großhandel und Einzelhandel unterschieden. Dabei ist weiterhin anzugeben, welche von den eben genannten Tätigkeiten in der Arbeitsstätte überwiegt, worin ihr „wirtschaftlicher Schwerpunkt" liegt. Der Betrieb soll auch angeben, ob er sich an der „Industrieberichterstattung" (die später noch besonders behandelt wird) beteiligt, ferner, ob es sich bei ihm um einen *Handwerks*betrieb (mit Eintragung in der Handwerksrolle) handelt oder ob der Befragte die Arbeitsstätte als Zwischenmeister leitet. Unter C soll geklärt werden, ob es sich um eine *Haupt-* oder *Zweig*niederlassung handelt; dabei kann die befragte Arbeitsstätte die *einzige* der Unternehmung sein: Dann sind die anderen Fragen unter C nicht auszufüllen; ist sie aber Hauptniederlassung, so sind sämtliche Zweigniederlassungen hier aufzuführen, darunter sind zu verstehen alle von der Hauptniederlassung *räumlich getrennt* liegenden Arbeitsstätten (selbst wenn sie in derselben Gemeinde liegen!) wie Zweigwerke, Zweiggeschäfte, Verkaufsfilialen, Betriebsteile, Werkstätten und dgl., und zwar jeweils mit genauer Bezeichnung der Anschrift, mit Angabe des betriebenen Gewerbes und der *Zahl* der beschäftigten Personen; ist die Arbeitsstätte aber *Zweig*niederlassung usw., dann hat sie hier die genaue Anschrift der Hauptniederlassung einzutragen — so daß nach beiden Seiten kontrolliert werden kann. Ebenfalls formaler Art („sachlich-qualitativ") sind die Angaben unter E *„Form der Unternehmung"* (die ja aus einer einzigen selbständigen Arbeitsstätte bestehen kann): Hier wird gefragt, ob die Unternehmung im Handelsregister eingetragen ist, ob sie von einer oder mehreren Personen betrieben wird, ob sie betrieben wird als Offene Handelsgesellschaft bzw. Kommanditgesellschaft, als Gesellschaft mit beschränkter Haftung, als Aktiengesellschaft bzw. Kommanditgesellschaft auf Aktien, als Eingetragene Genossenschaft oder unter einer sonstigen Rechtsform (Eingetragener Verein, Versicherungsverein auf Gegenseitigkeit, Bergrechtliche Gewerkschaft usw.), ferner ob sie von einer Körperschaft, Anstalt oder Stiftung des öffentlichen Rechts (Bund, Land, Gemeinde usw.) betrieben wird (*nicht* in privater Gesellschaftsform). Bei der GmbH ist noch das Stammkapital, bei der Aktiengesellschaft das Grundkapital einzutragen. Eine weitere Frage will die „Beteiligung der öffentlichen Hand" für Unternehmungen in Gesellschaftsform des privaten Rechts feststellen: „Sind an Ihrer Unternehmung Körperschaften des öffentlichen Rechts — einschließlich Bundesbahn und Bundespost — beteiligt mit a) zusammen über 50 bis unter 100 vH, b) zusammen 100 vH?" Die Fragen sind nur mit Ja oder Nein zu beantworten. Und schließlich soll noch die Zahl der (tätigen und nicht tätigen) Inhaber der von mehreren Personen oder als Offene Handelsgesellschaft (bzw. Kommanditgesellschaft) betriebenen Unternehmungen angegeben werden, und zwar unter Hervorhebung der Heimatvertriebenen. Unter G werden dann noch „Sonderfragen für Arbeitsstätten des Groß- und Einzelhandels gestellt, und zwar soll beim *Einzel*handel festgestellt werden, ob es sich handelt um ein Ladengeschäft — dieses wieder der Art nach aufgeteilt nach Fachgeschäft, Warenhaus, Kleinpreisgeschäft, Gemischtwarengeschäft, Konsumgenossenschaft (Laden) —, ein Etagengeschäft, einen Handel in der Wohnung, ein Versandgeschäft (mit überwiegender Versandtätigkeit), um einen ambulanten Handel, Stadthausierhandel, Straßenhandel, um einen Ständigen Straßenverkaufsstand *ohne* Verkaufsraum (z.B. Kioske); beim *Groß*handel will man wissen, ob es sich handelt um vorwiegend Binnengroßhandel, vorwiegend Einfuhrhandel, vorwiegend Ausfuhrhandel, vorwiegend Ein- und Ausfuhrhandel, um Lagerraum innerhalb der Arbeitsstätte (wenn ja, Flächenangabe in qm), um Lagerraum außerhalb der Arbeitsstätte, in dem keine Person ständig beschäftigt ist (auch hier Flächenangabe).

Zahlenmäßige Angaben werden verlangt in den Gruppen D, F und H: Bei D handelt es sich um die *beschäftigten Personen;* sie sind von allen Arbeitsstätten nach dem Stande vom 13. 9. 1950 anzugeben, und zwar *nicht* nach dem erlernten Beruf, sondern nach der wirklich *ausgeübten Tätigkeit.* Zu zählen sind auch vorübergehend Abwesende, Erkrankte und Urlauber, ebenso vom Betrieb angestellte (lohnsteuerpflichtige) Reisende, weiter Personal, das zur Ausführung von Bauten, Montagen usw. auswärts sowie auf vom Betrieb benutzten Fahrzeugen usw. tätig ist; *nicht* dagegen das Personal ständig bemannter Schiffe, weil derartige Schiffe als *selbständige* Arbeitsstätten gelten. Alle diese Personen werden unterschieden als 1. tätige Inhaber und tätige Mitinhaber, 2. Mithelfende Familienangehörige, für die keine Beiträge zur Sozialversicherung bezahlt werden (sonst stehen sie nämlich in einem regulären Beschäftigungsverhältnis), 3. Angestellte und Beamte im privaten und öffentlichen Dienst einschl. der leitenden Angestellten und Beamten (Leiter und Direktoren gehören nur dann unter 1, wenn sie *Inhaber* sind), 4. Arbeiter, Gesellen, Gehilfen (ohne Nachwuchs in Ausbildung), diese wieder unterschieden nach gelernten, angelernten, ungelernten (Hilfsarbeitern), 5. Lehrlinge, Anlernlinge, Umschüler, Praktikanten und Volontäre, diese wieder unterschieden nach kaufmännischen, technischen und Verwaltungslehrlingen, gewerblichen Lehrlingen und den übrigen (Anlernlingen usw.). Unter der Gesamtsumme der Beschäftigten sollen noch hervorgehoben werden die Heimatvertriebenen, die Schwerbeschädigten, die Knappschaftsvollrentner (nur im Bergbau). Als letztes sind die Heimarbeiter anzugeben, aber nur soweit sie unmittelbar für diese Arbeitsstätte tätig sind. Alle hier genannten Beschäftigungsgruppen sind zu unterscheiden nach männlichen und weiblichen Personen. Unter F werden die *Umsätze* für das Kalenderjahr 1949 erfragt, die aber *nicht* von Banken, Sparkassen und Versicherungsunternehmungen auszufüllen sind. Wenn die Arbeitsstätte die Hauptniederlassung bzw. der Sitz einer Unternehmung mit mehreren Arbeitsstätten ist, so ist der Gesamtumsatz der Unternehmung einschl. der Hauptniederlassung und aller Zweigniederlassungen usw. (in vollen DM) anzugeben, auch dann, wenn die Umsätze von Zweigniederlassungen den für sie zuständigen Finanzämtern selbständig gemeldet sein sollten. Außerdem ist der Gesamtumsatz (bzw. das Gesamtentgelt) *dieser* Arbeitsstätte, der dem Finanzamt für 1949 gemeldet wurde, einzutragen; einbezogen sind hier auch die freien Berufe, Ärzte, Anwälte usw., auch Handelsagenten, Makler usw., wobei es nicht darauf ankommt, ob der Umsatz im einzelnen umsatzsteuerpflichtig oder umsatzsteuerfrei ist. Zur Angabe verpflichtet sind auch die Arbeitsstätten mit *Klein*umsätzen, die nicht umsatzsteuermeldepflichtig sind. Schließlich sind noch anzugeben die Umsätze in Zollausschlüssen (Freihafengebiete, Dreiseemeilenzone) und im Ausland (die nicht steuerbar sind). Um Bedenken der zur Umsatzmeldung Verpflichteten zu zerstreuen, wird zu Beginn des Arbeitsstättenbogens ausdrücklich darauf hingewiesen, daß sämtliche Angaben der Geheimhaltungspflicht unterliegen und *nur statistischen* und *nicht steuerlichen* Zwecken dienen.

Im Abschnitt H wird noch die Zahl der dieser Arbeitsstätte am Stichtage *zur Verfügung stehenden Kraftfahrzeuge und Anhänger* (ohne gemietete) erfragt, und zwar für Krafträder (auch mit Beiwagen), für Personenkraftwagen, für Omnibusse, für Lastkraftwagen und Lieferwagen, für Zugmaschinen (auch Sattelzugmaschinen), für sonstige Fahrzeuge (z. B. Motorspritzen, Abschleppfahrzeuge usw.), für Anhänger (auch Sattelanhänger). Für Lastkraftwagen usw. sowie für Anhänger ist auch die Nutzlast in Tonnen anzugeben. Die Vermieter haben alle Kraftfahrzeuge, auch die für längere Zeit vermieteten, selbst anzugeben; Reparaturwerkstätten und Garagen geben nur die von ihnen selbst benutzten Fahrzeuge an; in Reparatur oder in fremden Garagen befindliche Kraftfahrzeuge werden von der Arbeitsstätte mitgemeldet. Die Angaben unter D und F sind vor allem deswegen von größerer Bedeutung für die Statistik, weil mit ihrer Hilfe die Betriebe in *Größenklassen* entsprechend ihrer wirtschaftlichen Bedeutung eingereiht werden können. Zu bemerken ist noch, daß für die ausgesprochenen *Behörden nicht* alle Fragen des Arbeitsstättenbogens in Betracht kommen; voll zu beantworten haben auch Behörden die Fragen der Gruppen A und H, nur teilweise die Fragen von B (hier nur die erste Frage) und D (hier nur die Beschäftigtengruppen, die in Behörden vorkommen können), gar nicht — verständlicherweise — die Fragen von C, E, F und G.

Aus dieser Schilderung des Arbeitsstättenbogens, besonders hinsichtlich der Zahlenangaben für die einzelnen Arbeitsstätten („Örtlichen Einheiten"), die ja immer wieder für die Unternehmung als Ganzes zusammengefaßt werden sollen, ergibt sich mit hinreichender Deutlichkeit, daß es dabei der amtlichen Statistik darauf ankommt, die Angaben für die *Unternehmung* auszuwerten und die *Unternehmungen* als solche in ihrer wirtschaftlichen Bedeutung hervortreten zu lassen, auch wenn man aus durchaus praktischen Gründen zur Befragung die einzelnen Arbeitsstätten heranzieht. Auf diese Weise können sicherlich die vom Statistischen Bundesamt aufgestellten Forderungen — s. oben S. 144 f. — ohne Schwierigkeiten erfüllt werden. So können auch, wie wir gesehen haben, die wichtigsten Merkmale der Unternehmungen wie Betriebszweck, Betriebsform, Rechtsform, ihre wirtschaftlichen Verflechtungen, ihre Belegschaft (nach Zahl, Geschlecht, Funktionen usw.), ihre maschinellen Arbeitskräfte usw., nach Art und Umfang für das ganze Bundesgebiet und für seine einzelnen Teile — diese regionale Gliederung bleibt für viele Zwecke entscheidend wichtig — aus den vorhandenen Unterlagen entnommen und in jeder gewünschten Gliederung zusammengestellt werden. Eine so gegliederte Auswertung erlaubt auch nach allen Seiten die Benutzung dieser Statistik für wirtschaftliche und sozialpolitische Zwecke; man denke z. B. nur an Fragen des Kräfteeinsatzes, des Kapitalbedarfs, der Raumforschung und Raumplanung, der Nachwuchslenkung und vieles andere mehr. Der wiederholt zitierte Aufsatz in „Wirtschaft und Statistik 1957" bestätigt „für bestimmte Feststellungen, die regional getroffen werden müssen (z. B. Verkehrs- und Unterbringungsprobleme, Heranziehung von Arbeitskräften usw.) . . . die Verwendung der örtlichen Einheit (als) sinnvoll und notwendig", stellt aber — mit Recht — „als Grundlage eines in sich geschlossenen statistischen Gesamtbildes aller Tatbestände . . . die örtliche Einheit (als) nicht geeignet" hin, „da es Tatbestände . . . gibt, die nur für das Unternehmen und nicht für die örtliche Niederlassung einen Sinn haben"[4]. Wir kommen also zu dem Schluß, daß sowohl die Örtliche Einheit — als die *Erhebungs*einheit — als auch die Unternehmung — als die *Darstellungs*einheit — in der geschilderten Form der Betriebsstatistik durchaus zu ihrem Recht kommen.

[4] a. a. O. S. 670.

Im Hinblick auf die bevorstehende Arbeitsstättenzählung von 1961 — die wieder in internationalem Rahmen durchgeführt werden soll — ist es angebracht, noch kurz auf eine Frage einzugehen, die gerade auch international wiederholt diskutiert worden ist, nämlich ob es sich empfiehlt, einen „fachlichen Unternehmensteil" als Darstellungseinheit zu verwenden. Die maßgebenden Stellen des Statistischen Bundesamts lehnen es mit guter Begründung ab, fachliche Unternehmensteile als die entscheidenden statistischen Einheiten herauszustellen. Man tut wohl zur Klärung der Sache am besten daran, dieses Problem in der Fassung der „Leitsätze" von Dr. Fürst und Mitarbeitern wiederzugeben[5]:

„Die wichtigsten Ansatzpunkte für eine Unterscheidung fachlicher Unternehmensteile sind die folgenden:

a) Jedes Unternehmen stellt ein *‚Funktionenbündel'* aus mehreren Grundfunktionen dar. Es übt also neben der Hauptfunktion (z. B. Produktion) noch verschiedene Nebenfunktionen aus (z. B. Einkauf, Verkauf, Lagerhaltung, Transport, allgemeine Verwaltung, soziale Maßnahmen), die z. T. für das Funktionieren des Unternehmens unerläßlich und ein selbstverständlicher Bestandteil jedes Unternehmens sind.

b) Die zu einem Unternehmen gehörenden Nebenfunktionen können sich im branchenüblichen Ausmaß halten. Wenn sie dieses überschreiten, kann das Vorhandensein solcher Nebenfunktionen nachweisungswürdig werden.

c) Innerhalb der Hauptfunktionen des Unternehmens sind vielfach vertikal oder horizontal kombinierte fachliche Unternehmensteile vorhanden.

d) Der Hauptfunktion können ferner Hilfsbetriebe oder Nebenbetriebe (z. B. Kraftwerk, Kistenfabrik) angeschlossen sein.

e) Es ist außerdem möglich, daß in einem Unternehmen verschiedenartige Grundfunktionen gleichberechtigt — wenn auch quantitativ von unterschiedlicher Bedeutung — als Hauptfunktionen nebeneinanderstehen.

Fachliche Unternehmensteile, die als gesonderte Darstellungseinheiten in Frage kommen, sind entweder aus betriebsorganisatorischen Gründen vorhanden und damit räumlich oder anderweitig faßbare tatsächliche Gebilde, oder sie sind vom Betriebswirt bzw. vom Statistiker gedanklich konstruierte, an der Art der Erzeugnisse oder Dienstleistungen orientierte Zurechnungsstellen. (Im ersten Fall wird häufig eine enge Verwandtschaft zu ‚Kostenstellen' bestehen, während im zweiten Fall eine Anlehnung an die ‚Kostenträger' vorhanden ist.) Es lassen sich also

---

[5] a. a. O. S. 668 f. (auch hier im allgemeinen von den Sperrungen und der Numerierung des Originaltextes abgesehen).

mehrere Definitionen für ‚fachliche Unternehmensteile' finden, so daß auch bei der Verwendung solcher Darstellungseinheiten übereinstimmende Grundsätze nötig sind.

Abgesehen davon, daß die Herauslösung einzelner — meist untereinander sehr stark verzahnter — fachlicher Unternehmensteile den Statistiker teilweise vor unlösbare theoretische Probleme stellt, bringt sie ganz erhebliche *praktische Schwierigkeiten* mit sich. Ein wesentliches Hindernis ist schon darin zu sehen, daß von den befragten Unternehmern Aufteilungen verlangt werden müssen, bei denen sie sich in den meisten Fällen nicht auf vorhandene Buchhaltungsunterlagen stützen können. Schon aus diesem Grunde würde bei einer Verwendung fachlicher Unternehmensteile als Darstellungseinheiten eine erhebliche *Mehrarbeit* sowohl bei den Befragten als auch in den Statistischen Ämtern entstehen.

Man muß sich also fragen, ob dort, wo wirklich zwingende Gründe für fachliche Untergliederungen sprechen, die erstrebten Ziele nicht auch erreicht werden können, ohne daß die Unternehmen in eine Reihe fachlicher Unternehmensteile zerlegt werden müssen. Bei genauerer Untersuchung dieser Frage zeigt sich, daß man tatsächlich in vielen Fällen um diese problematische Zerlegung herumkommt, ohne dabei auf die gewünschten betriebswirtschaftlichen und produktionstechnischen Erkenntnisse verzichten zu müssen. Bei geschickter Ausnutzung aller vorhandenen Möglichkeiten werden viele Bedenken gegenstandslos, die — zum Teil durchaus zu Recht — gegen das Unternehmen als Darstellungseinheit bestimmter betriebswirtschaftlicher und produktionstechnischer Merkmale erhoben werden. So lassen sich z. B. das Vorhandensein und die Leistungen verschiedener ‚Nebenfunktionen' oder ‚Nebenbetriebe' sehr einfach und zuverlässig durch Fragen nach den Bezugs- und Absatzwegen oder durch eine nach Art der Erzeugnisse bzw. Dienstleistungen gegliederte Erfassung der Bruttoproduktion bzw. der Umsätze ermitteln.

Wenn die Herauslösung fachlicher Unternehmensteile bei Ausnutzung aller angedeuteten Möglichkeiten vermieden werden kann oder wegen unüberwindlicher Schwierigkeiten unterbleiben muß, so lassen sich doch einzelne vom ‚Normalfall' abweichende *‚Unternehmenstypen'* feststellen und nachweisen. Ob mehr als branchenüblich ausgeprägte Nebenfunktionen, ob vertikale oder horizontale Kombinationsteile bzw. nur Nebenbetriebe innerhalb der Hauptfunktion vorhanden sind oder ob Kombinationen aus bzw. zwischen Hauptfunktionen vorliegen, läßt sich durch verhältnismäßig einfache Fragen nach bestimmten Tatbeständen feststellen. Man würde so interessante Merkmale zur Kennzeichnung der Unternehmen und zu ihrer Einordnung in Kombinationsklassen der Darstellungssystematik erhalten, die zur Beurteilung der statistisch nachzuweisenden Tatbestände mit großem Nutzen herangezogen werden könnten. Mit Hilfe einer entsprechend gegliederten Aufteilung der Produktion oder der Umsätze wäre es darüber hinaus möglich, z. B. den *Marktanteil* der einzelnen ,Unternehmenstypen' zu ermitteln. Fragt man gleichzeitig nach der Art der verbrauchten Materialien, so kann man außerdem auch auf wichtige *produktionstechnische Zusammenhänge* schließen, ohne daß problematische Zurechnungen nötig werden.

Wo man mit diesen Methoden nicht auskommen zu können glaubt, wo sich also die Zerlegung und Herauslösung von Unternehmen trotz aller Bedenken und Schwierigkeiten nicht umgehen läßt, sollte man sich auf möglichst wenige, dafür aber vorher sehr gründlich überlegte Fälle beschränken, denn die Mannigfaltigkeit der Zusammenfassung verschiedenartiger Tätigkeiten in einem Unternehmen ist außerordentlich groß. Ohne vorherige genaue Festlegung der gewünschten Aufteilungen und ohne eine entsprechende genaue Befragung der Unternehmen wird sich das Ziel einer solchen Aufteilung, möglichst ,homogene' Gebilde zu erhalten, nie erreichen lassen. Aus diesem Grunde kann bei allgemeinen Großzählungen mit notwendigerweise einfachen Fragebogen nicht erwartet werden, daß es gelingt, tiefere Einblicke in die Struktur der Unternehmen unter fachlichen Gesichtspunkten zu gewinnen oder dabei gar Unternehmensteile als besondere Darstellungseinheiten herauszulösen."

Wenn man so, wie eben dargestellt, auf der einen Seite durch die Bildung von „fachlichen Unternehmensteilen" zu einer Spezialisierung einzelner Gewerbearten usw. gelangen könnte, ist es auf der andern Seite unbedingt notwendig, durch eine „Kombination von Gewerbearten" den tatsächlichen Erscheinungen der wirtschaftlichen Integration gerecht zu werden. Mit diesem Problem hat sich ausgiebig MEERWARTH befaßt[6], indem er zunächst die Methode von 1907 ablehnt, „sich die hauptsächlichste Produktionsstufe oder den hauptsächlichsten Gewerbezweig angeben zu lassen . . . und dann die Unternehmung in diejenige Gewerbeart ein(zureihen), welcher der hauptsächlichste Gewerbezweig angehört". Hiergegen erhebt er erhebliche Bedenken: „Dieses vereinfachte Verfahren hat sich jedoch nach verschiedenen Richtungen hin nicht bewährt. Zunächst war es für die Unternehmer in vielen Fällen unmöglich, einen ,hauptsächlichsten Gewerbezweig' oder ,hauptsächlichsten Betriebszweig' zu nennen. Das Unternehmen bildet einen Gesamtkörper; es hat keinen Sinn, einen Teil als den hauptsächlichsten herauszusuchen. Für die Kenntnis des wirtschaftlichen Aufbaus eines Landes ist ferner wenig gewonnen, wenn die übrigen Produktionsstufen mit Personal usw. unauffindbar hinter einer Stufe verschwunden sind, die in jedem Falle mit einer gewissen Willkür als die hauptsächlichste bezeichnet worden ist.

[6] a. a. O. S. 156 (vgl. auch oben S. 146).

Aus dieser Schwierigkeit gibt es nur einen Ausweg: das einfache, auf die spezialisierten Unternehmungen zugeschnittene Gewerbeverzeichnis zu erweitern durch *Kombinationen von Gewerbearten,* in welche die integrierten Unternehmungen aufgenommen werden können. Neben die Gewerbeart Maschinenbau, in die alle ‚reinen' Maschinenfabriken aufgenommen werden, neben die Gewerbeart Eisengießerei, in die alle ‚reinen' Eisengießereien aufgenommen werden, tritt eine Kombination von Gewerbearten ‚Eisengießerei — Maschinenbau', in die alle Unternehmungen aufgenommen werden, welche die beiden Produktionsstufen umfassen. Bei einer Reihe von Unternehmungen, etwa bei den ‚Montanriesen', wird eine Kombination von zwei Gewerbearten nicht genügen; es wird eine Kombination aus drei oder vier Gewerbearten notwendig sein.

Es erhebt sich die Frage: auf welche Weise erhält die Bearbeitung einer Zählung Kenntnis von der besonderen Art der Integration oder Kombination, die in dem Unternehmen herrscht. Eine Frage nach Zahl und Art der Betriebe, die das Unternehmen besitzt, führt . . . nicht zum Ziel. Es ist jedoch wahrscheinlich, daß eine Frage nach den wichtigsten Arten der hergestellten Erzeugnisse und nach den wichtigsten Produktionsstufen, welche die Unternehmung in sich vereinigt, Unterlagen zur Ermittlung der Kombinationen liefert. Aus der Wiedergabe der hergestellten Haupterzeugnisse (Lokomotiven — Eisenbahnwagen; Automobile — Schreibmaschinen; Anilinfarben — photographische Erzeugnisse; landwirtschaftliche Maschinen — Lokomobilen) kann die horizontale Integrierung, aus der Wiedergabe der Produktionsstufen (Spinnerei — Weberei — Appretur; Hochofen — Stahlwerk — Walzwerk; Eisengießerei — Maschinenbau) die vertikale Integrierung ersehen werden. Es ist zuzugeben, daß die Unterlagen, aus denen die Arten der Kombinationen ersehen werden können, nicht immer eindeutig sein werden. Es ist auf der anderen Seite nicht möglich und auch nicht notwendig, eine jede tatsächlich vorkommende Kombination in ihrer genauen Zusammensetzung darzulegen. Der Umfang eines derartig ausgebauten Zahlenwerkes wäre ungeheuerlich. Es muß genügen, die Kombinationen in groben Zügen wiederzugeben. Mit anderen Worten: die Kombinationen brauchen sich durchaus nicht immer aus Gewerbe*arten* zusammenzusetzen; in manchen Fällen wird die Zusammenkopplung einer Gewerbeart mit einer Gewerbe*klasse* (Eisengießerei — Maschinenbau) oder einer Gewerbe*gruppe* mit Gewerbe*arten* (Bergbau — Hochofenbetrieb — Stahlwerkbetrieb — Walzwerkbetrieb) oder einer Gewerbe*gruppe* mit einer anderen Gewerbe*gruppe* (Bergbau — chemische Industrie) genügen. Die großen gewerblichen Betriebszählungen haben bisher derartige Kombinationen nicht aufgenommen. In Zukunft wird dieser Weg nicht mehr zu umgehen sein, wenn die Zählung überhaupt den Anspruch macht, Kenntnisse über den gewerblichen Aufbau eines Landes zu übermitteln. Hingegen liegen für einzelne Industriezweige Versuche vor, durch Einführung von Kombinationen eine tiefere Einsicht in die Gliederung der Unternehmungen herbeizuführen. ...

Der Verein Deutscher Maschinenbauanstalten hat gelegentlich die Unternehmungen der Maschinenindustrie folgendermaßen dargestellt:

Gruppe I. Reine Maschinenbaubetriebe:
- a) Werkzeugmaschinenfabriken,
- b) Textilmaschinenfabriken,
- c) Landmaschinenfabriken,
- d) alle anderen Maschinenfabriken.

Gruppe II. Fahrzeugfabriken:
- a) Kraftwagenfabriken,
- b) Schiffswerften,
- c) Eisenbahnwagenfabriken.

Gruppe III. Maschinenfabriken mit Eisenhütten und Bergwerksbetrieben.

Gruppe IV. Maschinenfabriken mit anderen Industriebetrieben (wie chemische Industrie, Holz- und Textilindustrie).

Gruppe V. Maschinenfabriken mit Eisen und Metall verarbeitenden Betrieben (Apparatebau, Geldschrank- und Metallwarenfabriken).

Sind die örtlichen Einheiten, also die Unternehmungen und Unternehmungsteile, in die Ordnung der einfachen und kombinierten Gewerbe eingereiht, so ist damit die Unterlage für eine geographische Darstellung der örtlichen Einheiten geschaffen, wobei der Unternehmungsteil ausdrücklich als solcher zu kennzeichnen ist. Die Bearbeitung wird dann weiter dazu übergehen müssen, endgültig die Unternehmungen, wie sie durch die Firma zusammengehalten werden, darzustellen; von einer geographischen Gliederung wird dabei allerdings abzusehen sein, wenn man nicht für Unternehmungen mit Unternehmungsteilen, die an verschiedenen Orten liegen, den — durchaus unzweckmäßigen — Grundsatz aufstellen will, daß die ganze Unternehmung samt Personal an dem Ort des Hauptsitzes der Unternehmung zu zählen ist. Faßt man bei der Darstellung der eigentlichen Unternehmungen die Unternehmensteile zusammen, so werden sich naturgemäß vielfach neue Kombinationen ergeben, die früher bei der Darstellung der örtlichen Einheiten nicht vorhanden waren."

Was nun die *Systematik* der Arbeitsstätten (oder *Ordnung* der Wirtschaftszweige) angeht, so kennt man hier Klassen, Zweige, Gruppen und Abteilungen; äußerlich sind diese Unterscheidungen an der Zahl der Ziffern im Rahmen der Numerierung zu erkennen: die Abteilungen haben

1 Ziffer (0—9), die Gruppen 2, die Zweige 3 und die Klassen 4 Ziffern. Die Abteilungen sind bereits oben auf S. 98 im Zusammenhang mit der Zuweisung der Berufe zu den einzelnen Wirtschaftsabteilungen aufgeführt worden. Wirtschafts*gruppen* sind beispielsweise Steinkohlenbergbau (Nummer 11), Energiewirtschaft (19), Maschinenbau (24), Feinmechanik und Optik (28), Textilgewerbe (42), Hoch-, Tief- und Ingenieurbau (51), Geld-, Bank- und Börsenwesen (68), die Deutsche Bundespost (81), die Deutsche Bundesbahn (82), die Öffentliche Verwaltung (91), Gesundheitswesen und Hygiene (99). Als Wirtschafts*zweige* seien hier erwähnt die Glasindustrie (365), das Druckereigewerbe (397), die Sparkassen (686), das Schaustellungsgewerbe (736), die freien Berufe der Gesundheitspflege (992), und als die niedrigste Zusammenfassung folgende „*Klassen*": (NE-) Metallgießereien (2270), Herstellung von Kunstleder, Linoleum usw. (3450), Ledererzeugung (4110), Zuckerindustrie (4660), Wirtschaftsberatung (9450). Diese Beispiele sollen nur ein Bild davon geben, wie weitgehend die Aufteilung für die Arbeitsstättenstatistik sein kann — was ja auch erforderlich ist, wenn man sich über die Verhältnisse in stark spezialisierten Erwerbszweigen näher unterrichten will. Die Zahl der Gruppen beträgt 77, die der Zweige 382 und die der Klassen 681 (1939 waren es 918 gewesen). Unter den Klassen erscheinen auch in beachtlicher Zahl *Kombinationen,* von denen nur die folgenden genannt seien: Spinnerei und Weberei (Nummer 4201), Mühlengewerbe und Bäckerei (4501), Fleischerei mit Gastwirtschaft (4617), Kraftwagenverkehr mit Fuhrgewerbe (Pferdebetrieb — 8401); Kombinationen mit Wirtschaftszweigen *außerhalb* der gleichen Gruppe sind z. B. die folgenden: Schlosserei und Klempnerei (2991), Tischlerei und Glaserei (3891), Dachdeckerei mit Klempnerei (5592), Gastwirtschaft mit Gemischtwaren- oder Kolonialwarenhandlung (7291); eine wichtige Rolle spielen die (internen) Kombinationen in der Energiewirtschaft, z. B. Elektrizitätswerk mit Gaswerk (1901), Gaswerk mit Fernheizwerk (1903), Wasserwerk mit Gaswerk (1907). Weitere Beispiele können aus den Statistischen Jahrbüchern der BRD entnommen werden (Abschnitt X: Unternehmen und Arbeitsstätten).

Um eine Vorstellung von den *Größenklassen* des Gewerbes zu gewinnen, sollen hier im Anschluß an die Darstellung des Statistischen Jahrbuchs für 1952[7] die Zahlen der ersten fünf Abteilungen (in der Zusammenfassung als „Produzierendes Gewerbe" bezeichnet) ausgewertet werden. Die Betriebe (= Arbeitsstätten) sind hier nach der Zahl der Beschäftigten in folgende Größenklassen aufgeteilt: mit 1—9 Beschäftigten, mit 10—19, mit 20—99, mit 100—199, mit 200—499, mit 500—999, mit 1000 und mehr Beschäftigten. Setzt man nun die Gesamtzahl der Betriebe

[7] Arbeitsstätten und Beschäftigte im Produzierenden Gewerbe nach Größenklassen, S. 166 f.

sowie der Beschäftigten in jeder Abteilung (zusätzlich in der Gruppe Steinkohlenbergbau) und in ihrer Zusammenfassung gleich 100, so erhält man folgende Übersicht:

Übersicht 2: Die Größenklassen im produzierenden Gewerbe

Größenklasse		Produzierendes Gewerbe 1—5	Bergbau usw. 1	Steinkohlenbergbau 11	Eisen- u. Metall 2	Sonst. verarb. Gew. 3/4	Bau-, Ausbau- usw. 5
1		2	3	4	5	6	7
1— 9	Betr.	88,6	66,2	22,5	85,3	92,0	84,1
	Besch.	24,6	5,4	0,08	13,7	33,6	31,7
10— 19	Betr.	5,5	12,1	8,8	6,3	3,9	8,7
	Besch.	7,8	4,2	0,01	5,3	7,7	14,3
20— 99	Betr.	4,8	17,2	15,5	6,2	3,3	6,4
	Besch.	20,9	18,1	0,6	16,5	20,1	31,7
100—199	Betr.	0,7	2,0	5,6	1,1	0,5	0,6
	Besch.	9,6	7,2	0,8	10,0	9,7	10,4
200—499	Betr.	0,4	1,4	9,4	0,7	0,2	0,2
	Besch.	11,9	10,7	3,0	14,3	12,3	8,0
500—999	Betr.	0,1	0,4	4,3	0,2	0,1	0,03
	Besch.	7,3	7,3	2,9	10,8	6,9	2,8
1000 u.	Betr.	0,06	0,7	33,9	0,2	0,03	0,01
mehr	Besch.	17,9	47,3	92,5	29,4	9,6	1,1

Mit der einzigen Ausnahme des Steinkohlenbergbaus (der in 445 Betrieben = Arbeitsstätten rund 470 000 Menschen beschäftigt) liegt der größte Anteil der *Betriebe* in der Größenklasse 1—9 Personen, und zwar mit 84,1—92,0 vH außer beim Bergbau, wo er (nur) 66,2 vH beträgt. Beim *Steinkohlen*bergbau liegt das Maximum der Betriebe in der Größenklasse 1000 und mehr Beschäftigte (33,9 vH).

Der größte Anteil der *Beschäftigten* liegt für Bergbau und Eisen- und Metallerzeugung und -verarbeitung in der Größenklasse 1000 und mehr Beschäftigte (29,4—47,3 vH), für den Steinkohlenbergbau ebenfalls, hier aber mit dem überaus hohen Satz von 92,5 vH. Umgekehrt liegt beim Bau-, Ausbau- und Bauhilfsgewerbe der größte Anteil sowohl in der Größenklasse 1—9 Beschäftigte als auch in der Klasse 20—99 Beschäftigte, mit je 31,7 vH. Den Höchstsatz in der Größenklasse 1—9 Beschäftigte mit 33,6 vH weisen die sonstigen verarbeitenden Gewerbe (ohne Eisen und Metall) auf. Faßt man die Abteilungen 1—5 zusammen (Spalte 2), so überragt hier die Größenklasse 1—9 Beschäftigte sowohl nach der Zahl der Betriebe als auch nach der Zahl der beschäftigten Personen alle anderen Klassen, ähnlich wie wir das bei der Abteilung 3/4 festgestellt haben. Um jeweils zwei Drittel ($66^2/_3$ vH) aller Beschäftigten zusammenzufassen, müssen wir demnach einbeziehen (jeweils in der Reihenfolge ihres Anteils) in Abteilung 1, Bergbau, die Klassen 1000 und mehr, 20—99 und 200—499 Beschäftigte, in Abteilung 2, Eisen und Metall, die Klassen 1000 und mehr, 20—99, 200—499 und 1—9 Beschäftigte, in Abteilung 3/4, Sonstige verarbeitende Gewerbe, die Klassen 1—9, 20—99, 200—499 und 100—199 Beschäftigte, in Abteilung 5, Baugewerbe, die Klassen 20—99, 1—9 und 10—19; in diesem letzten Falle handelt es sich also um die drei untersten Größenklassen, die zusammen einen Anteil von 77,7 vH, also von mehr als drei Vierteln, aufweisen.

Interessant ist im Vergleich hierzu auch eine aus der „Industrieberichterstattung" gewonnene Darstellung der Wirtschaftskunde von 1955[8]: Dabei handelt es sich um die Industrie (ohne Bau und Energie) nach dem Stande vom September 1954, und zwar werden hier wiedergegeben die jeweiligen Anteilziffern für die Zahl der Betriebe und die Zahl der Beschäftigten in jeder Größenklasse.

Übersicht 3: Die Größenklassen in der Industrie

Betriebe mit . . . Beschäftigten	Anteilziffern der Betriebe	Anteilziffern der Beschäftigten
1— 9	45,8	2,7
10— 49	32,7	11,1
50— 99	9,5	9,6
100—199	5,7	11,3
200—499	4,1	18,1
500—999	1,2	11,9
1000 u. mehr	1,0	35,3
	100,0	100,0

Während nach oben hin der Anteil der Betriebe konsequent abnimmt, gibt es bei den Beschäftigtenanteilen zwar im allgemeinen eine Zunahme, aber mit auffälligen Unterbrechungen in der dritten und der sechsten Größenklasse. Nach der Zahl der *Betriebe* sind die Klein- und Mittelbetriebe in der Überzahl: allein 78,5 vH aller Betriebe haben weniger als 50 Beschäftigte. Anderseits entfallen 76,6 vH aller *Beschäftigten* auf die Betriebe mit 100 und mehr Beschäftigten und 35,3 vH allein auf die Betriebe mit 1000 und mehr Beschäftigten. Großbetriebe sind vor allem in Bergbau und Schwerindustrie, z. T. auch in Maschinen-, Fahrzeug-, Papier- und Textilindustrie anzutreffen. In den übrigen Bereichen steht der Klein- und Mittelbetrieb im Vordergrund.

[8] a. a. O. S. 142.

Aus einer weiteren Tabelle des Statistischen Jahrbuchs für 1952[9] läßt sich auch ein Überblick über die *regionale Verteilung* gewinnen. Hier werden die beschäftigten Personen in den nichtlandwirtschaftlichen Arbeitsstätten nach Wirtschaftsabteilungen usw. und nach Ländern (entsprechend dem *damaligen* Aufbau des Bundesgebiets) dargestellt. Wenn man die Zahl der Einwohner der Länder in Prozenten der Bundesbevölkerung und ebenso die Zahl der Beschäftigten der einzelnen Länder in Prozenten der Beschäftigten im Bundesgebiet für jede Abteilung berechnet, so ergibt sich folgendes Bild:

Übersicht 4: Die regionale Verteilung der Beschäftigten in den nichtlandwirtschaftlichen Arbeitsstätten

Land	Einwohner vH	Alle Abt. vH	Abteilung 0 vH	1 vH	2 vH	3/4 vH	5 vH	6 vH	7 vH	8 vH	9 vH
1	2	3	4	5	6	7	8	9	10	11	12
Schleswig-Holstein	5,4	3,7	12,7	1,7	2,8	3,1	4,6	4,6	4,4	4,0	5,2
Hamburg	3,4	4,6	7,3	1,3	3,4	3,4	4,2	6,9	5,5	7,3	5,4
Niedersachsen	14,3	11,2	20,6	9,9	8,5	10,0	12,9	12,4	12,5	12,6	13,0
Nordrhein-Westfalen	27,6	31,6	16,3	59,6	38,7	28,3	28,0	28,2	24,9	28,0	25,6
Bremen	1,2	1,6	14,0	0,5	1,6	1,1	1,8	2,2	1,4	2,7	1,6
Hessen	9,1	9,1	5,1	5,4	9,1	9,0	9,5	9,4	9,5	9,9	9,8
Württemberg-Baden	8,2	9,5	4,4	4,2	12,7	10,9	9,5	8,5	8,1	7,9	8,7
Bayern	19,2	17,6	10,0	10,2	14,6	20,2	18,6	17,7	21,5	17,0	18,5
Rheinland-Pfalz	6,3	5,6	6,7	5,0	3,5	6,2	5,9	6,0	5,9	6,4	5,8
Baden	2,8	2,8	1,8	1,3	2,4	3,7	2,6	2,2	3,5	2,6	3,4
Württemberg-Hohenzollern	2,5	2,7	1,1	0,9	2,7	4,1	2,4	1,9	2,8	1,6	3,0

Hier heben sich deutlich bestimmte Abteilungen gebietsweise heraus, indem ihr Beschäftigtenanteil stark *über* oder *unter* dem Einwohneranteil liegt: Die nichtlandwirtschaftliche Gärtnerei und Tierzucht und Fischerei (0) spielt eine besonders große Rolle im Nordwesten (Fischerei- und Schweinemastgebiete!) und ist dafür anderseits in den übrigen Ländern meist unterdurchschnittlich. Der Bergbau einschließlich der Industrie der Steine und Erden (1) ist übergroß nur in Nordrhein-Westfalen, sonst überall unterdurchschnittlich. Eisen- und Metallerzeugung und -verarbeitung (2) sind übergroß in Nordrhein-Westfalen und Württemberg-Baden (das ist der Nordteil der beiden Länder = amerikanisches Besatzungsgebiet), nennenswert auch in Bremen, aber ausgesprochen unterdurchschnittlich

[9] a. a. O. S. 162 f.

in Schleswig-Holstein, Niedersachsen, Bayern, Rheinland-Pfalz. Sonstige verarbeitende Gewerbe 3/4 treten — relativ! — nur in Baden und Württemberg-Hohenzollern (der Südteil der beiden Länder = französisches Besatzungsgebiet) im Vergleich mit dem Einwohneranteil hervor, sind aber ausgesprochen unterdurchschnittlich in Schleswig-Holstein und Niedersachsen. Das Baugewerbe usw. (5) liegt nur in Hamburg und Bremen etwas über dem Einwohnerdurchschnitt. Bei Handel, Geld- und Versicherungswesen (6) gilt genau dasselbe. Die privaten Dienstleistungen (7) sind nur in Hamburg überdurchschnittlich. Die Verkehrswirtschaft (8) liegt verständlicherweise in Hamburg und Bremen erheblich über dem Einwohneranteil, da hier die Schiffahrt die Hauptrolle spielt, ist anderseits unterdurchschnittlich in Schleswig-Holstein und Württemberg-Hohenzollern. Der öffentliche Dienst (9) ist ebenfalls in den beiden Stadtstaaten überdurchschnittlich, entspricht aber sonst ziemlich genau dem Einwohneranteil. Zieht man *alle* Abteilungen (0—9) zusammen (Spalte 3), so fallen nur Hamburg und Bremen nach oben und Schleswig-Holstein nach unten stärker aus dem Rahmen; für Hessen und Baden ergibt sich hier sogar eine Gleichheit beider Anteile. Vom Steinkohlenbergbau (Gruppe 11) liegen 98,7 vH in Nordrhein-Westfalen. Von den *Ländern* her gesehen hat Schleswig-Holstein ein Übergewicht nur in Abteilung 0, Hamburg und Bremen in 0, 5, 6, 8 und 9, Nordrhein-Westfalen in 1 und 2, Württemberg-Baden in 2, Baden und Württemberg-Hohenzollern in 3/4.

In der bisherigen Darstellung ist schon mehrfach von der Bildung von *Größenklassen* die Rede gewesen, und es konnte festgestellt werden, daß in der Land- und Forstwirtschaft meist die (gesamte oder landwirtschaftlich benutzte) Fläche hierfür herangezogen wurde, in den nichtlandwirtschaftlichen Betrieben dagegen die Zahl der Beschäftigten. Darüber hinaus hat sich besonders noch der *Umsatz* als ein geeignetes Charakteristikum der Betriebsgröße erwiesen, und die Zählung vom September 1950 hat ja auch passende Unterlagen hierfür geliefert. Diese Angaben sind auch von der Bundesstatistik für die *Unternehmen* ausgewertet worden; als ein Beispiel sei hier die Tabelle „Umsätze der Unternehmen in den Ländern am 13. 9. 1950 nach Umsatzgrößenklassen"[10] genannt, die für Bund und Länder die Zahl der Unternehmen (*ohne* Bundespost, Bundesbahn, Öffentliche Verwaltung, Sozialversicherung usw.) nach bestimmten Umsatzklassen nebst Angabe der Zahl der Beschäftigten und des jeweiligen Absatzes wiedergibt. Als Gesamtumsatz für das Kalenderjahr 1949 wurden dabei 188,77 Milliarden DM ermittelt, wobei der Höchstbetrag mit 66,17 Mrd. in Nordrhein-Westfalen und die niedrigsten Beträge (jeweils unter 10 Mrd.) in Bremen, Schleswig-Hol-

---

[10] Statistisches Jahrbuch 1956, S. 170 f.; daselbst auch weitere Quellenangaben.

stein und Rheinland-Pfalz erzielt wurden. Gliedern wir die Ergebnisse in Vomhundertsätzen für die Zahl der Unternehmen und den Betrag des Umsatzes aus, so erhalten wir folgende Übersicht 5:

Unternehmen mit einem Umsatz von

	Anzahl vH	Umsatz vH
bis unter 10 000 DM	45,6	1,8
10 000 „ „ 50 000 „	33,6	8,2
50 000 „ „ 100 000 „	10,0	7,1
100 000 „ „ 250 000 „	6,4	9,9
250 000 „ „ 1 000 000 „	3,3	16,0
1 000 000 und mehr „	1,1	57,0
	100,0	100,0

Während die Zahl der Unternehmen von der kleinsten bis zur größten Umsatzklasse ganz stark *ab*nimmt — von fast der Hälfte der Gesamtzahl auf wenig mehr als 1 vH —, nimmt der in den einzelnen Größenklassen erzielte Umsatz etwa im gleichen Maße *zu* — von nicht ganz 2 vH auf mehr als die Hälfte des Gesamtumsatzes. Nordrhein-Westfalen, das am Gesamtumsatz mit 35,1 vH beteiligt ist, erzielt in der Klasse 1 Million und mehr DM sogar noch einen etwas höheren Anteil, nämlich 39,1 vH. In dieser Größenklasse liegt Schleswig-Holstein am niedrigsten mit einem Anteil von nur 2,3 vH.

Weitere Größenklassen könnten gebildet werden nach der Höhe des im Betrieb angelegten Kapitals (für Aktiengesellschaften an Hand der Bilanzen) oder auch nach der „Nettoleistung" (bzw. Wertschöpfung) der einzelnen Unternehmen. Nach der Umsatzsteuerstatistik für 1950 sind die Aktiengesellschaften mit 38 vH am gesamten Industrieumsatz beteiligt, in der Eisenschaffenden Industrie sogar mit 81 vH; im Kohlenbergbau mit 75 und in der Energiewirtschaft mit 61 vH. Diese Beispiele sollen nur zeigen, wie wichtig im Einzelfall solche Feststellungen sein können. Bei der Aufteilung nach Eigen- und Fremdkapital ergibt sich Ende 1953 in der Bundesrepublik für das Eigenkapital ein Anteil von 47,8, für das Fremdkapital ein solcher von 50,4 vH an der Bilanzsumme; der Rest entfällt zu 0,6 vH auf sonstige Passivposten und zu 1,2 vH auf Gewinne; man kann hier also sagen, daß „das Anlage- und Umlaufvermögen im Durchschnitt etwa je zur Hälfte durch das sichtbare Eigenkapital und durch das Fremdkapital finanziert worden ist"[11].

Im Gesamtrahmen der Arbeitsstätten- oder Betriebsstatistik gebührt noch dem *Handwerk* eine besondere Behandlung. Das Handwerk zu defi-

[11] Wirtschaftskunde von 1955, S. 150.

nieren, ist nicht ganz einfach. Wie schon die Wirtschaftskunde von 1955 feststellt[12], kann man sich bei der Betriebsform des Handwerks nicht allein mit wirtschaftlichen Merkmalen begnügen. Auch die Standes- und die Berufsauffassung — man denke noch an das Handwerks-Ethos in Schillers „Lied von der Glocke" — sowie eine teilweise aus grauer Vorzeit stammende Traditionsgebundenheit spielen dabei eine wesentliche Rolle. Dazu kommen politische Forderungen, die im geschichtlichen Ablauf immer wieder besonders im Hinblick auf die Erhaltung eines gesunden „Mittelstandes" erhoben worden sind. Daß das Handwerk vor der eigentlichen Industrialisierung die maßgebliche Form der Herstellung von Waren und Dienstleistungen gewesen ist, braucht hier nur angedeutet zu werden. Es ist aber durch die Industrialisierung *nicht* das eingetreten, was seiner Zeit vorausgesagt worden ist, daß nämlich das Handwerk als solches vollständig dem Untergang geweiht sei und durch Industriebetriebe usw. ersetzt werden müsse. Gewiß sind manche Zweige des Handwerks im Zuge der Industrialisierung ausgestorben oder haben wenigstens sehr an Bedeutung eingebüßt. Ziemlich unberührt geblieben ist dabei das Nahrungsmittelhandwerk; andere Zweige haben teilweise industrielle Fertigungsmethoden und -apparate übernommen, so daß hier von der Arbeitsmethode her oft gar kein Unterschied mehr zwischen Industrie und Handwerk festzustellen ist. Irrig ist allerdings die Meinung von KARL MARX im I. Band des „Kapitals", Buch I[13]: „Indes bildet diese auf Maschinerie beruhende Reproduktion des Handwerksbetriebes nur den Übergang zum Fabrikbetrieb, der in der Regel jedesmal eintritt, sobald mechanische Triebkraft, Dampf oder Wasser, die menschlichen Muskeln in der Bewegung der Maschine ersetzt." Wo allerdings die Industrie, wie z. B. bei der Schuhherstellung, weitgehend die Neufertigung der Konsumgüter übernommen hat, beschränkt sich jetzt das Handwerk meist auf Reparaturen. Auf der anderen Seite sind aber auch *neue* Handwerksberufe entstanden, wie Photographen, Elektrotechniker, Kraftfahrzeughandwerker, die mit recht modernen Methoden, wenn auch im Klein- oder sogar Alleinbetrieb, ihre Leistung vollbringen. Überhaupt ist das Handwerk heute durch verhältnismäßig kleine Betriebe gekennzeichnet, in denen die Meister und vielfach die Familienangehörigen mitarbeiten, Betriebe, die oft keine fremden Arbeitskräfte beschäftigen. Die Erzeugnisse gehen aber meist nicht über den Handel, sondern werden noch unmittelbar an den letzten Verbraucher abgesetzt; dabei handelt es sich vielfach um die wichtigsten Bedürfnisse des privaten Verbrauchs wie Ernährung, Bekleidung, Wohnung und Wohnungsausstattung. Da, wo der

---

[12] a. a. O. S. 200.

[13] Volksausgabe, hrsg. von K. KAUTSKY, Stuttgart 1914, S. 403.

Kunde eine ganz besonders „individuelle" Behandlung wünscht, wie z. B. bei der Kleidungsherstellung nach Maß, steht das Handwerk auch heute noch durchaus im Vordergrund.

Es ist nicht weiter verwunderlich, wenn bei dieser Entwicklung das Handwerk früher nicht besonders von der Statistik herausgehoben worden ist. Teilweise hat man sich darauf eingestellt, den Umfang des „Kleingewerbes" näher zu erfassen, aber die Begriffe Kleingewerbe und Handwerk fallen inhaltlich nicht zusammen, und das Handwerk hat sich selbst stets dagegen gewehrt, unter dem Begriff „Kleingewerbe" behandelt zu werden. Anderseits konnte man bei einer Reihe von Gewerbezweigen (die ja im Deutschen Reich seit 1882 erhoben worden sind) gewissermaßen von innen her sich auf ausgesprochene Handwerksbetriebe beschränken, indem man die amtliche Gewerbesystematik entsprechend aufbaute; davon wurden insbesondere betroffen Schmiederei, Schlosserei, Klempnerei, Drechslerei, Bäckerei, Konditorei, Fleischerei, Glaserei, Ofensetzerei, auch Photographen, Friseure, Schornsteinfeger. Bei diesen und ähnlichen Tätigkeiten unterlag die Zurechnung zum Handwerk offenbar keinem Zweifel. Darüber hinaus gab und gibt es aber Gewerbezweige, in denen sowohl handwerkliche wie industrielle Herstellung möglich und üblich ist. Hier half man sich für die statistische Erfassung lange mit der Methode, die Betriebe bis zur Höchstzahl von 10 Beschäftigten als Handwerksbetriebe anzusehen; man hat aber nicht mit Unrecht dagegen eingewandt, daß heutzutage weder die Zahl der beschäftigten Arbeitskräfte noch der Umfang der Maschinenausstattung ein entscheidendes Merkmal dafür abgeben, ob der Betrieb dem Handwerk oder der Fabrik zugerechnet werden müsse. Immerhin ist z. B. bei der Gewerblichen Betriebszählung von 1925 im Reich so verfahren worden[14]. Die erste umfassende Handwerksstatistik in Deutschland hat der „Ausschuß zur Untersuchung der Erzeugungs- und Absatzbedingungen der deutschen Wirtschaft" (der sogenannte Enqueteausschuß) mit Hilfe der Berufsorganisationen des Handwerks zum 1. Oktober 1926 durchgeführt; wiederholt wurde diese Erhebung am 1. Oktober 1931; die Ergebnisse wurden veröffentlicht unter den „Beiträgen zur Wirtschaftslehre des Handwerks", Heft 12, von Dr. Wernet als „Statistik des Handwerks"[15]. Parallel damit liefen bestimmte Repräsentativerhebungen des Statistischen Reichsamts. Allerdings hat es bis zur Einführung der „Handwerksrolle" (im Jahre 1929) immer an dem objektiven Merkmal gefehlt, an das man bei den großen Zählungen hätte anknüpfen können, um eine einwandfreie Trennung zwischen Industrie und Handwerk durchzuführen. Für die Erhebung von 1931 konnte dann

---

[14] Vgl. Deutsche Wirtschaftskunde von 1930, S. 173.

[15] Stuttgart 1934.

das Material bereits der Handwerksrolle entnommen werden. Auch 1939 hat es eine Handwerksbetriebszählung gegeben.

Nach dem zweiten Weltkrieg wurde das Handwerk zunächst in einer *eigenen* Handwerkszählung am 30. September 1949 erhoben, dann aber auch im Rahmen der Arbeitsstättenzählung vom 13. September 1950. Bei der Handwerkszählung von 1949 wurden neben den eigentlichen Handwerksbetrieben auch einbezogen handwerkliche *Neben*betriebe von Industriebetrieben oder die handwerklichen Teile von Betrieben, die sich überwiegend in anderen Wirtschaftsbereichen betätigen, insbesondere mit Einzelhandel oder Gastwirtschaften verbundene Handwerksbetriebe (z. B. Schuhgeschäft mit Reparaturwerkstatt). Die 1949 und 1950 ermittelten Gesamtzahlen weichen nicht sehr stark von einander ab; 1949 gab es 864 428 „Handwerksbetriebe", 1950 dagegen 847 275 „Arbeitsstätten des Handwerks" und 56 892 „Kombinationsbetriebe", bei denen der Schwerpunkt *nicht* beim handwerklichen Teil lag; das ergibt zusammen 904 167 Betriebe oder um 4,8 vH mehr als 1949. Unter den Handwerksbetrieben von 1949 befanden sich 807 337 *selbständige* Handwerksbetriebe und 31 624 handwerkliche *Neben*betriebe, für die restlichen 25 467 Betriebe ist eine solche Unterscheidung nicht möglich. Die rund 864 000 Betriebe von 1949 beschäftigten insgesamt 3,06 Millionen Personen, von denen 527 000 = 17,5 vH weiblich waren. Am größten ist der weibliche Anteil im Bekleidungs-, Textil- und Lederhandwerk mit 42,5 vH, am niedrigsten im Bauhandwerk mit 2,8 vH, sehr niedrig auch noch im holzverarbeitenden Handwerk mit 3,4 vH. Nach der Zahl der insgesamt Beschäftigten stehen im Vordergrund die Bauhandwerke mit 1,051 Millionen = 34,3 vH, bei Bekleidungs-, Textil- und Lederhandwerk sind es 574 000 = 18,8 vH, in den eisen- und metallverarbeitenden Handwerken 448 000 = 14,6 vH (in den bisher genannten zusammen 67,7 vH oder gut zwei Drittel), in den Nahrungsmittelhandwerken 404 000 = 13,2 vH, in der Holzverarbeitung 353 000 = 11,5 vH und in allen übrigen Handwerken zusammen 231 000 = 7,6 vH.

Teilt man auch das Handwerk in *Größenklassen* ein, so ergeben sich für 838 961 Betriebe (die Summe der obigen selbständigen und der handwerklichen Nebenbetriebe) mit 2 990 400 Beschäftigten folgende Anteilzahlen (a für die Betriebe, b für die Beschäftigten):

mit 1 Beschäftigten	a) 36,6 vH	b) 10,3 vH
„ 2—4 „	44,6	34,0
„ 5—9 „	13,3	23,2
„ 10—14 „	2,7	8,8
„ 15 u. mehr „	2,8	23,7
	100,0	100,0

Demnach hatten im Jahre 1949 81,2 vH aller Handwerksbetriebe *weniger* als 5 Beschäftigte und nur 5,5 vH 10 und mehr Beschäftigte, deren Anzahl allerdings 32,5 vH, also fast ein Drittel aller Beschäftigten ausmachte. Am häufigsten sind hier die Betriebe mit 2—4 Beschäftigten, das gilt auch von dem Beschäftigungsanteil selbst. Der *Ein*mannbetrieb herrscht vor in der Gruppe Bekleidungs-, Textil- und Lederhandwerke, aber *nicht* im Nahrungsmittelhandwerk, da hier Herstellung *und* Verkauf meist nicht von *einer* Person bewältigt werden können. Die *größeren* Betriebe treten vor allem im Bauhandwerk und bei der Eisen- und Metallverarbeitung auf.

Eine Kombination mit einem Betrieb aus einem anderen Wirtschaftsbereich fand sich etwa bei jedem 5. Handwerksbetrieb, davon entfielen zwei Drittel aller Fälle auf Landwirtschaft, ein Fünftel auf (branchefremden) Einzelhandel und etwa ein Sechstel auf Gastwirtschaften. Häufig sind Handwerksbetriebe mit Ladengeschäften kombiniert, die nicht nur die eigenerzeugte Ware, sondern auch fabrikmäßig hergestellte Waren vertreiben (vor allem in der Nahrungsmittelbranche: Brot, Süßwaren usw.).

Von den rund 3 Millionen insgesamt im Handwerk Beschäftigten sind 29,4 vH Betriebsinhaber, 7,7 vH deren mithelfende Familienangehörige (zusammen also 37,1 vH Familienmitglieder), 31,9 vH Gesellen und Facharbeiter, 10,3 vH an- und ungelernte Arbeiter, 16,2 vH Handwerkslehrlinge und Umschüler, außerdem noch 1,4 vH Anlernlinge und Gewerbegehilfen und 3,1 vH technische und kaufmännische Angestellte und Lehrlinge. Ganz erheblich ist der *weibliche* Anteil bei den Anlernlingen (72,0 vH), immerhin noch 56,1 vH bei den mithelfenden Familienangehörigen (vor allem die Ehefrau des Meisters!) und 46,2 vH bei den technischen und kaufmännischen Angestellten, besonders klein bei den Gesellen und Facharbeitern mit nur 7,0 vH. Am größten war der Lehrlingsanteil (21 vH) in der Eisen- und Metallverarbeitung und in der Holzverarbeitung; das will aber nicht allzu viel für das Handwerk besagen, denn ein großer Teil der so vorgebildeten Lehrlinge geht später als Facharbeiter in die Industrie über oder als Betriebshandwerker in Industrie- und Handelsbetriebe, in Verkehrsunternehmen und in den öffentlichen Dienst.

Fast sieben Jahre nach der Handwerkszählung von 1949 (September) wurde das Handwerk erneut gezählt, und zwar im Mai 1956[16]. Zugrunde lag ein eigenes „Gesetz über die Handwerkszählung 1956" vom 12. Juni 1956. Hiernach waren alle in die Handwerksrolle eingetragenen Betriebe

---

[16] Näheres in Wirtschaft und Statistik, 9. Jg. NF, Heft 9 (September 1957), S. 472 ff.

zu erfassen, also auch solche, in denen außer dem Handwerk noch ein anderes Gewerbe, z. B. Einzelhandel oder eine Gaststätte, betrieben wird. In den Erhebungsbogen und in den Ausfüllungsrichtlinien war im einzelnen genau geregelt, *wie* derartige „gemischte Betriebe" zu melden hatten. Dabei sollten die Beschäftigten nur insoweit angegeben werden, wie sie „für den Handwerksbetrieb" tätig sind, *nicht* dagegen die Beschäftigten eines etwa vorhandenen nicht handwerklichen Betriebsteiles. Hierzu sagt unsere Quelle: „Diese Abgrenzung ist allerdings insofern problematisch, als bei der kleinbetrieblichen Struktur des Handwerks die für den eigentlichen Handwerksbetrieb tätigen Personen häufig auch mit anderen Arbeiten, z. B. als Bedienungskräfte in der gleichzeitig betriebenen Gaststätte oder in der Landwirtschaft oder im Haushalt des Betriebsinhabers beschäftigt werden. Die Zählung hat also auch Personen erfaßt, die nur mit einem mehr oder weniger großen Teil ihrer Arbeitskraft ‚für den Handwerksbetrieb' tätig sind. Ein statistischer Nachweis, in welchem Umfange diese Personen (insbesondere die verhältnismäßig große Zahl der mithelfenden Familienangehörigen) tatsächlich dem Handwerk (im funktionalen Sinne) zuzurechnen sind, wäre zwar von großem Interesse, hätte man jedoch die dahingehenden Wünsche verwirklichen wollen, so hätte das ohnehin bereits stark belastete Frageprogramm noch erheblich erweitert werden müssen." Diese Ausführungen zeigen einmal deutlich auf, welche Schwierigkeiten immer wieder in der statistischen *Praxis* auftreten, gerade weil und wenn sie einwandfreie Ergebnisse erzielen will. Ähnliches haben wir ja bereits bei der Bewertung der landwirtschaftlichen Arbeitskräfte (vgl. oben S. 94) als „Vollarbeiter" (AK) beobachten können.

Unter „Betrieb" im Sinne des Handwerkszählungsgesetzes war nach den näheren Bestimmungen tatsächlich das *Unternehmen* zu verstehen; „die praktische Bedeutung dieses Problems ist im Handwerk gering, da es sich bei den in Frage kommenden ‚Betrieben' in den meisten Fällen um Kleinunternehmen handelt, bei denen Betrieb und Unternehmen sich decken"[17]. Interessant ist folgene Feststellung: *Versandt* wurden die Erhebungsbogen auf Grund des Adressenmaterials der Handwerkskammern, *aufbereitet* wurden aber 60 000 Bogen weniger, da die betreffenden Betriebe „ruhende oder erloschene Betriebe" waren, Betriebe, deren Inhaber unbekannt verzogen waren, oder Betriebe, die aus sonstigen Gründen nicht erfaßt werden konnten — ein Zeichen, daß die Handwerksrolle nicht überall dem neuesten Stand entspricht! Unter den eingetragenen Betrieben fand sich eine Reihe von Betrieben, die die gleichen Erzeugnisse sowohl handwerklich wie industriell herstellten und deshalb eigent-

[17] a. a. O. S. 472.

lich als teilweise oder sogar überwiegend industriell anzusehen waren; derartiges geschah vor allem in der Möbelherstellung von Nordrhein-Westfalen. Es gab sogar Fälle, in denen die Betriebe erklärten, ausschließlich *industriell* zu produzieren und nur noch aus Traditionsgründen in der Handwerksrolle eingetragen zu sein; grundsätzlich sind aber auch diese Betriebe erfaßt worden. Weitere Schwierigkeiten ergaben sich daraus, daß 1953 ein neues „Verzeichnis der Gewerbe, die als Handwerk betrieben werden können" (sogenannte Positivliste), in Kraft getreten ist, das einige Handwerkszweige *nicht* enthält, die noch 1949 zum Handwerk gezählt wurden (z.B. Hausschlachterei, Wirkerei, Stepperei, Kunststopferei), das aber anderseits auch einige Gewerbezweige enthält, die 1949 generell *nicht* als Handwerk gegolten hatten (Teile der Edelsteinschleiferei und des Druckgewerbes).

Im Ergebnis brachte die Handwerkszählung von 1956 gegen 1949 eine *Zunahme* der Beschäftigten um 567 000 = 18,5 vH — ein erneuter Beweis dafür, daß das Handwerk keineswegs „im Untergang befindlich" ist. Anderseits hat die Zahl der Betriebe um 113 000 = 12,9 vH *abgenommen,* so auch die Zahl der „tätigen Inhaber" um 107 000 = 11,9 vH. Unsere Quelle sieht darin — wohl mit Recht — eine Folge des Bereinigungsprozesses, der in der Zwischenzeit im Handwerk stattgefunden hat. *Zugenommen* gegen 1949 hat die Zahl der mithelfenden Familienangehörigen, und zwar um 36 400 = 15,5 vH, ferner die Zahl der Gesellen und sonstigen Facharbeiter, und zwar um 305 000 = 31,2 vH, desgleichen die Zahl der an- und ungelernten Arbeiter (um 190 000 = 60,4 vH) — aus diesem hohen Steigerungssatz ergibt sich offenbar eine Tendenz zu vermehrter Arbeitsteilung —, desgleichen die Zahl der Lehrlinge, und zwar um 51 800 = 10,4 vH. Auf nicht ganz vier Fachkräfte kommt jetzt *ein* Lehrling; die meisten Lehrlinge gibt es im metallverarbeitenden Handwerk, dabei in einzelnen Zweigen fast ein Drittel aller Beschäftigten. Relativ besonders groß ist die Zunahme der „sonstigen Beschäftigten", nämlich der technischen und kaufmännischen Angestellten einschließlich Lehrlinge: es handelt sich um ein Mehr von 91 400 Personen = 67,0 vH; diese Personen sind hauptsächlich im Vertrieb beschäftigt.

b) Handel und Verkehr

Im Gesamtrahmen der nichtlandwirtschaftlichen Betriebszählung sollen noch kurz einige Besonderheiten aus den anderen Abteilungen hervorgehoben werden. Für den *Warenhandel* wurden 1950 festgestellt 632 474 Unternehmen, 678 988 Arbeitsstätten (nur 7,3 vH *mehr* als die Zahl der Unternehmen!) und 2 156 900 Beschäftigte (also nur 3,2 Personen im Durchschnitt aller Arbeitsstätten). Teilt man diese Zahlen nach Erwerbsgruppen auf, so ergeben sich folgende Ziffern (vH):

Gruppen	Unternehmen	Arbeitsstätten	Beschäftigte
Ein- und Ausfuhrhandel	0,8	0,8	1,7
Binnengroßhandel und Verlag	18,7	19,1	34,1
Handelsvertretung	12,0	11,2	5,1
Einzelhandel	68,5	68,9	59,1
	100,0	100,0	100,0

Am größten ist also der Anteil der Unternehmen und der Arbeitsstätten für den Einzelhandel (mehr als zwei Drittel), er sinkt nur bei den Beschäftigten auf rund drei Fünftel ab; recht erheblich ist nur noch der Anteil der Beschäftigten im Binnengroßhandel und Verlag mit einem guten Drittel. Außerdem sind noch in Vermittlung, Werbung und Verleih zu nennen 32 310 Unternehmen, 34 510 Arbeitsstätten und 85 600 Beschäftigte. Die selbständigen Handelsvertreter und -makler stellen mehr als ein Zehntel aller Arbeitsstätten im Handel, aber nur 5 vH aller im Warenhandel Beschäftigten.

Bildet man auch im *Handel* die Größenklassen nach der Zahl der Beschäftigten, so ergibt sich die folgende

Übersicht 6:

Betriebe mit ... Beschäftigten	Anteilziffern (vH) der Betriebe	Beschäftigten
1	39,9	12,6
2—4	46,5	37,1
5—9	9,3	18,4
10—19	2,9	11,6
20—99	1,3	14,2
100 u. mehr	0,1	6,1
	100,0	100,0

Die Arbeitsstätten des Handels mit 1—4 Personen umfassen also 86,4 vH der Betriebe, aber nur 49,7 vH (immerhin fast die Hälfte) der Beschäftigten; die Verteilung ergibt also ein vollkommen anderes Bild als diejenige der Industrie (vgl. oben S. 160), wo der Anteil der Beschäftigten mit den höheren Größenklassen stark *zu*nimmt — während die Anteilziffern für die Betriebe sich im Grunde kaum wesentlich unterscheiden. In Arbeitsstätten des *Einzel*handels mit 1—4 Beschäftigten arbeiteten allein 36 vH aller Beschäftigten des Handels. Nach der sozialen Struktur gab es 1950 im Warenhandel 32,9 vH tätige Inhaber, 12,1 vH mithelfende Familienangehörige, 26,6 vH Angestellte, 18,6 vH Arbeiter und 9,8 vH Lehrlinge. Im übrigen waren unter den mithelfenden Familienangehörigen 77,4 vH weibliche Personen, unter den Angestellten und Lehrlingen 52,2—56,4 vH, unter den Arbeitern 28,7 und unter den tätigen Inhabern etwa ebenso viel, nämlich 28,5 vH; im ganzen betrug hier der weibliche Anteil 43,5 vH, im Einzelhandel war er noch höher, nämlich 54,0 vH, am geringsten aber in der Handelsvertretung mit 21,6 vH. Nach der *Rechtsreform* wiesen die Handelsunternehmen 91,9 vH als von einer oder mehreren Personen betriebene sowie 5,9 vH als Offene Handelsgesellschaften oder Kommanditgesellschaften auf, zusammen also 97,8 vH; alle übrigen Formen mußten sich also mit 2,2 vH begnügen.

Im *Verkehrswesen* gab es im September 1950 77 517 Unternehmen mit 118 001 Arbeitsstätten und 1,2 Millionen Beschäftigten. Der bedeutendste Verkehrsbetrieb in der Bundesrepublik ist die Deutsche Bundesbahn mit rund 45 vH aller im gewerblichen Verkehrswesen Tätigen, es folgt die Deutsche Bundespost mit rund 25 vH aller Beschäftigten; von den bei der Post Beschäftigten sind allein 27 vH Frauen. Die Aufteilung des Verkehrswesens nach den einzelnen Gruppen ergibt sich aus der folgenden Übersicht[18]:

Übersicht 7: Das Verkehrswesen der BRD nach Gruppen

Gruppen	Unternehmen	Arbeitsstätten	Beschäftigte insges.	Beschäftigte wbl.
			1000	1000
Deutsche Bundespost	1	21 713	286,7	77,9
Schienenbahnen:				
Deutsche Bundesbahn	1	11 377	532,0	20,0
Sonstige Eisenbahnen	134	1 154	22,6	1,1
Straßenbahnen, Untergrundbahnen usw.[19]	95	502	67,5	6,8
Straßenverkehr	62 131	62 452	133,2	11,3
Schiffahrt, Wasserstraßen- u. Hafenwesen	6 406	10 665	79,8	4,1
Luftverkehr	18	29	0,9	0,2
Verkehrsneben- und Hilfsgewerbe	8 731	10 109	65,1	9,4
	77 517	118 001	1 187,8	130,8
dazu: See- und Binnenschiffmakler	.	274	1,8	0,4

Bei den *Größenklassen* nach der Zahl der Beschäftigten kann man im Verkehrswesen die Bundesbahn und die Bundespost für die Gliederung der Arbeitsstätten *nicht* einbeziehen, da hier die örtliche Aufteilung mehr

[18] Wirtschaftskunde von 1955, S. 269.

[19] Hoch- und Schwebebahnen, Berg- und Drahtseilbahnen, gemischte Straßenbahn- und Omnibusbetriebe.

oder weniger willkürlich ist. Für die *übrigen* Verkehrsbetriebe ergibt sich aber folgende Aufteilung:

Übersicht 8: Das Verkehrswesen (ohne Bundesbahn und -post) nach der Zahl der Beschäftigten

Arbeitsstätten mit ... Beschäftigten	Anteilziffern (vH) der Betriebe	Anteilziffern (vH) der Beschäftigten
1	46,3	11,0
2—4	41,9	25,0
5—9	6,9	10,3
10—49	4,1	18,3
50—199	0,6	14,4
200 u. mehr	0,2	21,0
	100,0	100,0

Während hier die Anteilziffern bei den Arbeitsstätten mit steigender Größenklasse eindeutig *ab*nehmen, läßt sich für die Ziffer der Beschäftigten höchstens eine ganz grobe, aber auch nur sehr geringe, Zunahme feststellen, wenn man den Durchschnitt der ersten drei Ziffern (15,4) mit dem der letzten drei Ziffern (17,9) vergleicht.

Damit schließen wir die Betrachtung der nicht landwirtschaftlichen Arbeitsstätten- (oder Betriebs-)Zählung ab und haben nur noch zu erwähnen, daß eine weitere Arbeitsstättenzählung für das Jahr 1961 (voraussichtlich im Mai) vorgesehen ist, und zwar wieder im internationalen Rahmen. Eine „Probezählung" hierfür hat in ausgewählten Bezirken bereits am 12. Mai 1960 stattgefunden; aus den hierbei gewonnenen Erfahrungen soll dann der endgültige Fragebogen festgelegt werden.

c) Fortschreibung der Betriebe

Die ziemlich großen Zwischenräume zwischen den Betriebszählungen — das gilt sowohl für die Landwirtschaft wie für das Gewerbe usw. (abgesehen allerdings von der Wiederholung der Handwerkszählung im Jahre 1956) — lassen es angebracht erscheinen, bestimmte andere Hilfsmittel in Anspruch zu nehmen, um die Entwicklung der Betriebe wenigstens für einige wichtige Merkmale in kürzeren Zeiträumen feststellen und verfolgen zu können. Bei der Bevölkerungsentwicklung arbeitet man zu diesem Zweck mit einer „Fortschreibung der Bevölkerung" (s. oben S. 75 f.). Aber auch für das Gewerbe bestehen gewisse Möglichkeiten einer solchen Fortschreibung. Und zwar ist hier zunächst heranzuziehen die Statistik der Gewerbeaufsichtsbeamten und Bergbaubehörden. Diese überwiegend aus sozialpolitischen Gründen (Arbeiterschutz usw.) geschaffenen Dienststellen haben schon seit längerem (im Deutschen Reich im 4. Band der Jahresberichte der Gewerbeaufsichtsbeamten) fortlaufend solche Daten veröffentlicht, die für die von der Gewerbeaufsicht erfaßten Betriebe einen Einblick in die inzwischen eingetretenen Veränderungen bedeuten. Der Gewerbeaufsicht waren schon frühzeitig (mindestens seit 1891) alle gewerblichen Betriebe mit mindestens 10 Arbeitern — seit 1925 mit mindestens 5 Beschäftigten unter Einschluß des Handelsgewerbes — unterstellt, von vornherein Ziegeleien, Brüche und Gruben (über Tage) mit mindestens 5 Arbeitern, Hüttenwerke, Zimmerplätze, Bauhöfe, Werften, Werkstätten der Tabakindustrie auch bei *weniger* Personal, Bergwerke, Salinen, Aufbereitungsanstalten, unterirdisch betriebene Gruben oder Brüche ebenfalls bei weniger Personal, sonstige Werkstätten, soweit hier Triebkräfte aus elementarer Kraft angewandt wurden, weiter noch andere Werkstätten entsprechend den Vorschriften der Gewerbeordnung und sonstige Anlagen gemäß Bundesratsvorschriften („Verordnungsbetriebe" mit besonderen Schutzbestimmungen). Aus dem Zweck der Gewerbeaufsicht ergibt sich immerhin eine ziemlich weitgehende Erfassung der Betriebe, mindestens von einer bestimmten Betriebsgröße an, aber auch, wie wir sehen, für kleinere Betriebe, wenn es der Arbeiterschutz usw. erfordert. Da diese Betriebe regelmäßig beobachtet werden müssen, ist es auch an sich nicht problematisch, bei dieser Gelegenheit gewisse statistische Feststellungen zu treffen. Immerhin war es z. B. noch 1907 nicht ganz einfach, die Betriebszählung und die Gewerbeaufsichtsstatistik zu vergleichen, da bei der Betriebszählung der „technische Teilbetrieb" zugrundegelegt war, bei der Gewerbeaufsicht dagegen die „örtliche Einheit" (soweit es sich um gemischte Unternehmungen handelte). Ferner legte die Gewerbeaufsicht für den Bestand an Arbeitskräften jährliche *Durchschnitts*zahlen zugrunde, die amtliche Statistik dagegen Augenblickszahlen. Um hier einen Ausgleich zu erzielen, hat das Arbeitsministerium bereits 1925 (und erneut 1938) neue „Anleitungen" herausgegeben, in denen im allgemeinen ein *Stichtag* zwischen dem 1. Juli und dem 1. August verlangt wurde; bei „Kampagne"-Betrieben usw. berechnet die Gewerbeaufsicht auch weiterhin einen Durchschnitt. Da die Gewerbeaufsicht in ihrer Statistik sämtliche großen Betriebe (mit 50 und mehr Beschäftigten) und auch die mittleren Betriebe (mit 5—49 Beschäftigten) nachweist, von den Kleinbetrieben (mit 1—4 Beschäftigten) aber nur diejenigen mit motorischer Kraft sowie die bestimmten Schutzvorschriften unterliegenden, so wird hier doch nur ein *Ausschnitt* aus allen gewerblichen Betrieben erfaßt. Daraus hat sich z. B. für das Jahr 1925 in Württemberg ergeben, daß die Gewerbeaufsicht nur 28,0 vH der Betriebe gemäß den Ergebnissen der Gewerblichen Betriebszählung (Abteilung B) nachgewiesen hat, aber doch 95,2 vH der *Beschäftigten;* im allgemeinen darf man annehmen, daß durchweg auch von der Gewerbeaufsicht mehr als neun Zehntel der beschäftigten Personen erfaßt worden sind. Für eine zahlengerechte „Fortschreibung" beschränkt man sich also besser auf die „mittleren und großen" Betriebe (mit 5 und mehr Beschäftigten). Eine weitere Differenz ergibt sich aus der Tatsache, daß die Gewerbeaufsicht nur die „Gefolgschaftsmitglieder", Arbeiter und Angestellte usw., einbezieht, die Betriebszählung dagegen auch die Betriebs*leiter*.

Um zu einigermaßen sicheren Vergleichsmöglichkeiten zu gelangen, wurde der Betriebszählung von 1950 ein „Zählblatt für die Gewerbeaufsicht" beigefügt, das (entsprechend § 139 b der Gewerbeordnung usw.) von Arbeitsstätten auszufüllen war, die „mindestens einen sozialversicherungspflichtigen Arbeitnehmer beschäftigten, ferner von Bäckereien und Konditoreien, auch wenn in ihnen keine sozialversicherungspflichtigen Arbeitnehmer tätig sind, sowie von Betrieben, die Heimarbeit vergeben"; nicht auszufüllen waren diese Blätter vom Bergbau, von der Deutschen Bundesbahn und Bundespost, von öffentlichen Verwaltungen sowie Körperschaften des öffentlichen Rechts — hier ist ja auch die Fortschreibung anderweitig gesichert. Auch Heimarbeiter, Hausangestellte, mithelfende Familienangehörige waren nicht mitzuzählen. Verlangt wurden nähere Angaben über die Arbeitsstätte (Adresse, Inhaber, Art des Gewerbebetriebs) und die in ihr Beschäftigten (nach dem Stande vom 13. 9. 1950), getrennt nach Arbeitern und Angestellten, nach männlichen und weiblichen Personen, unter besonderer Hervorhebung der Jugendlichen von 14 bis unter 16 Jahren und von 16 bis unter 18 Jahren, sowie der Schwerbeschädigten.

Eine weitere Möglichkeit der „Fortschreibung" beruht auf der Statistik der Berufsgenossenschaften (als Träger der Unfallversicherung gemäß RVO). Alljährlich wurden in Heft 1 der „Amtlichen Nachrichten des Reichsversicherungsamts" die von den einzelnen Berufsgenossenschaften dem Reichsversicherungsamt übermittelten statistischen Ergebnisse betreffend die Zahl der Betriebe und der Beschäftigten veröffentlicht. Neuerdings werden in den (monatlich erscheinenden) „Arbeits- und Sozialstatistischen Mitteilungen des Bundesministeriums für Arbeit und Sozialordnung" (in Bonn) unter anderem die Versicherten in den einzelnen Berufsgenossenschaften bekanntgegeben. Dabei handelt es sich um gewerbliche und landwirtschaftliche Berufsgenossenschaften, Gemeindeunfallversicherungsverbände und „Ausführungsbehörden". Allerdings bestehen auch hier gewisse Schwierigkeiten, wirklich vergleichbare Zahlen zu erlangen, da die Arbeitsstättenzählung eine andere Erfassung und Einteilung vorsieht als die Zählung der Betriebe und Beschäftigten von den Berufsgenossenschaften aus. Immerhin kann man auf diese Weise vor allem für die *Fabriken* von Jahr zu Jahr Betriebe und versicherte

Personen fortschreiben, soweit sie zu bestimmten Berufsgenossenschaften gehören; bevor eine neue Arbeitsstättenzählung vorgenommen wird, kann man so wenigstens die laufenden Veränderungen in einzelnen Gewerbezweigen als solche erkennen.

Einen gewissen Einblick in solche Veränderungen erlaubt auch noch der „monatliche Industriebericht" — der im 7. Kapitel noch näher behandelt werden wird —; wichtig sind hierbei die Angaben über die Zahl der Beschäftigten. Die Angaben des Industrieberichts beziehen sich allerdings im allgemeinen nur auf Betriebe mit 10 und mehr Beschäftigten (mit gewissen Ausnahmen).

Im Zusammenhang mit der (auf S. 153) bereits erwähnten Arbeitsstättenzählung von 1961, die nunmehr auf den 9. Mai 1961 festgelegt ist, ist bereits eine Zählung im Handel sowie im Gaststätten- und Beherbergungsgewerbe (Stichtage 30. September bzw. 31. August 1960) vorweggenommen worden; ein „Verkehrszensus" soll sich voraussichtlich 1962 anschließen.

6. Kapitel

Die landwirtschaftliche Erzeugung

a) Bodenbewirtschaftung

Herkömmlich und zweckmäßigerweise unterscheiden wir die Erzeugung unmittelbar von der Bodenfläche und die Erzeugung von tierischen Produkten oder „Veredlungsprodukten". Demgemäß befassen wir uns in diesem Abschnitt zunächst nur mit der Bodenbewirtschaftung.

Als Ergebnis der unmittelbaren Bodenbewirtschaftung werden alljährlich die *Ernten* statistisch festgestellt. Dabei ist allerdings gleich auf eines aufmerksam zu machen: Die Ernten werden im allgemeinen weder in Deutschland noch im Ausland als solche von den Erzeugern erfragt — es sei denn etwa, daß dies aus besonderen Gründen bei den „buchführenden Landwirten" geschieht —, sondern sie werden mit Hilfe eines Rechensystems gewonnen, das sich auf die zwei Faktoren stützt: Anbaufläche und Hektarertrag; die jeweilige Gesamternte ergibt sich als das Produkt dieser beiden Faktoren. Es ist geschichtlich immerhin von Interesse, daß beispielsweise für das Königreich Preußen erstmals im Jahre 1778 statistische Angaben über Getreideaussaat erhoben wurden, 1787 auch über Kartoffelanbau, Anbau von Klee und Futterkräutern[1]. Bereits *vor* diesen preußischen Ermittlungen hören wir von solchen in Frankreich und Schweden (hier schon in der ersten Hälfte des 18. Jahrhunderts), auch im Kurfürstentum Sachsen (von 1755 ab). Daß Deutschland im ganzen hier teilweise vom Ausland überflügelt worden ist, stellt ENGEL (der Leiter des Preußischen Statistischen Bureaus) in seiner „Ansprache an die landwirtschaftliche Bevölkerung über Wesen und Bedeutung der Ermittelung der landwirtschaftlichen Bodenbenutzung und des Ernteertrages im Jahre 1878" fest[2]: „Was Deutschland anlangt, so bestehen bis jetzt über das Anbauverhältnis, über Masse und Wert der Ernten in dem überwiegenden Teile desselben nichts als mehr oder weniger gewagte Mutmaßungen oder Schätzungen; nur Bayern, Württemberg, Baden, Hessen und Sachsen-Weimar machen hiervon eine Ausnahme. Andere Staaten, wie Österreich,

---

[1] Vgl. hierzu und über weitere Einzelheiten den Beitrag von Dr. E. PALMGREN (meinem damaligen Mitarbeiter) über das „Verfahren der landwirtschaftlichen Erzeugungsstatistik" in der Preußischen Statistik, Heft 283: Statistik der Landwirtschaft im Freistaat Preußen für das Jahr 1925.

[2] Heft 283, a. a. O. S. 1*.

England, Frankreich, Belgien, die Schweiz, ja selbst die Vereinigten Staaten von Amerika, sind dagegen entweder schon im Besitz eines Teiles der unentbehrlichen Grundlagen für eine zuverlässige Erntestatistik oder erstreben sie mit Aussicht auf Erfolg." In den Akten des 1805 gegründeten Preußischen Statistischen Bureaus findet sich (nach 1810) der für die damalige Auffassung sehr bezeichnende Satz von HOFFMANN, dem Direktor des Bureaus: „Saat- und Erntetabellen zu sammeln, lohnt nicht; sie sind alle falsch."[3] Erst das 1842 für Preußen errichtete „Landesökonomiekollegium" hat eine Erntestatistik für Preußen in die Wege geleitet, und zwar durch Anordnung regelmäßiger Berichterstattung der landwirtschaftlichen Vereine[4]. Trotz allem blieb in Preußen, wie das ENGEL bemängelt hat, die landwirtschaftliche Erzeugungsstatistik nur auf ganz wenige Produkte beschränkt, im Gegensatz zu anderen deutschen Ländern.

Das eigentliche „Geburtsjahr" der *deutschen* landwirtschaftlichen Erzeugungsstatistik ist das Jahr 1878: der Bundesrat ordnete durch Beschluß vom 8. November 1877 (in Fortsetzung der Verhandlungen der „Kommission zur weiteren Ausbildung der Statistik des Zollvereins") für den ganzen Umfang des Deutschen Reiches die Vornahme genauer Ermittlungen über die landwirtschaftliche Bodenbenutzung an, erstmalig für das Jahr 1878[5]. Diese Erhebungen wurden dann wiederholt 1893, 1900, 1913, 1927, 1935 und seitdem jährlich durchgeführt. Die Flächen wurden (vor 1935) nach Kultur- und Fruchtarten gemeindeweise *geschätzt*, wobei nach Möglichkeit auf Katasterunterlagen zurückgegriffen wurde. Für die Jahre *zwischen* den großen Bodenbenutzungserhebungen begnügte man sich zunächst mit Feststellungen, die nur als Notbehelf angesehen werden können. Erst von 1899 ab wurden die Landesregierungen durch Bundesratsbeschluß angewiesen, jährlich im Juni gemeindeweise die „Anbauflächen" zu ermitteln, die für die *Ernte*statistik in Betracht kamen. Preußen hatte solche Ernteflächen bereits von 1889 ab ermittelt. Während des I. Weltkrieges (von 1916 ab) hat man dann den Versuch gemacht, die bisherige gemeindeweise Erhebung durch eine *Individual*erhebung zu ersetzen, in der durchaus unrichtigen Meinung, daß eine Individualerhebung auf alle Fälle besser und zuverlässiger sein müsse als eine gemeindeweise Erhebung. Ich bin auf diese Kriegserhebung in meinem Aufsatz „Die Zuverlässigkeit der deutschen Anbau- und Erntestatistik unter besonderer Berücksichtigung der preußischen Verhältnisse"[6] näher eingegangen und

[3] a. a. O. S. 2*.
[4] a. a. O. S. 3*.
[5] a. a. O. S. 5* ff.
[6] Zeitschrift des Preußischen Statistischen Landesamts, 64. Jg., S. 1 ff., besonders S. 33 ff.

kann mich hier auf die Feststellung beschränken, daß dieser Methodenwechsel damals nur zu einer Verschlechterung der Statistik geführt hat. Jedenfalls nahmen die in Frage kommenden Flächen gegen früher — statistisch! — rapide ab, ohne daß sich allerdings im einzelnen genau sagen ließe, wieviel von diesem Flächenrückgang eine echte Flächeneinbuße war infolge des kriegsbedingten Fehlens von Arbeitskräften und wieviel nur „statistischer" Natur war, vor allem infolge der unheilvollen Wirkung der Bewirtschaftungsmaßnahmen auf die zur Auskunft Verpflichteten. Eine gewisse Verbesserung bedeutete es immerhin für 1918 und 1919, daß man die *Wirtschafts*fläche der einzelnen Besitzer an die „Grundsteuermutterrolle" anlehnte, womit wenigstens die annähernde Richtigkeit der Angaben über die *Gesamt*fläche erreicht wurde, die gewisse Kontrollmöglichkeiten gewährten. Von 1920 ab kehrte man dann zu den alten gemeindeweisen Anbauerhebungen zurück und erzielte dadurch wieder einen erheblichen Zuwachs der Anbaufläche. Im Deutschen Reich (Gebietsumfang nach dem Versailler Frieden) wurden als landwirtschaftliche Nutzfläche folgende Millionen ha ermittelt: 1913 29,20, 1919 26,65, 1920 27,87, 1925 28,50. 1925 wurde in Preußen (auf meinen Vorschlag) eine Art „kleine Bodenbenutzungserhebung" durchgeführt mit Anlehnung an das Grundkataster und dabei wieder *sämtliche* Agrarflächen erhoben, nicht nur die unmittelbar für die Erntestatistik benötigten. Von 1927 ab wurde dieses Verfahren im ganzen Reich zur Pflicht, weil man damit wesentlich bessere Ergebnisse erzielte als nur mit den Teilerhebungen, die sich auf die Ernteflächen beschränkten.

Welches Verfahren endgültig in der Erntestatistik anzuwenden sei, ist noch lange strittig gewesen, und es ist darüber eine ziemlich umfangreiche Literatur entstanden. Erwähnt werden soll hier noch das Buch von Walter Brodbeck, Deutsche Getreidestatistik seit 1878 (Berlin-Schöneberg 1939), das sehr eingehend Kritik und Gegenkritik beleuchtet.

Von 1935 ab ist es dann gelungen, Individualzahlen für den Anbau zu erhalten, indem jeder Betriebsleiter seine Wirtschaftsfläche nach der „Belegenheit" anhand der „summarischen Grundsteuermutterrolle" und der Staatssteuerrolle, später des Einheitswertbogens, genau nachweisen mußte, einschließlich der zugepachteten und ausschließlich der abverpachteten Flächen. Dieser Klärung diente eine ausführliche Vorerhebung, die auch jetzt wieder angewandt wird. Hierüber ist Näheres nachzulesen in meinem Aufsatz „Die Fortschritte der deutschen Bodenbewirtschaftungsstatistik seit 1933"[7]. Hinzuweisen ist in diesem Zusammenhang noch auf folgendes: Die Benutzung von Unterlagen der Finanzbehörden für die Statistik geschieht ohne jede „Gegenleistung", d. h. die amtliche Statistik

[7] Weltwirtschaftliches Archiv (Zeitschr. des Instituts für Weltwirtschaft an der Universität Kiel), 47. Bd., Heft 2, März 1938, S. 373 ff.

kann nicht etwa ihre Einzelunterlagen (Ertragsergebnisse gemeinde- oder betriebsweise) den Finanzämtern zur Verfügung stellen, muß vielmehr jeden Versuch, Einzelangaben für steuerliche Zwecke zu erhalten, unbedingt ablehnen, schon wegen der gesetzlich angeordneten Geheimhaltung der Einzelangaben — weil ja auch jeder Verstoß hiergegen zu einer wesentlichen Verschlechterung der Statistik führen könnte.

Das jetzt geltende Erhebungsverfahren (seit 1948 schon im „Vereinigten Wirtschaftgebiet") sieht neben der Bodenbenutzungserhebung (im Mai jedes Jahres) eine Vorerhebung vor, die nur in bestimmten Jahren eine „Vollerhebung" darstellt. So war z. B. 1952 in einem besonderen „Betriebsblatt" die gesamte Betriebsfläche für alle land- und forstwirtschaftlichen Betriebe mit 0,5 und mehr ha Gesamtbetriebsfläche sowie für alle Erwerbsgarten- und Erwerbsobstbaubetriebe (auch unter 0,5 ha Fläche) genau zu berechnen, und zwar nach der Belegenheit in verschiedenen Gemeinden, nach Grundeigentum, gepachteter und verpachteter Fläche (unter Nennung der Pächter und Verpächter), mit dem Endergebnis der „selbstbewirtschafteten Fläche", ferner waren die einzelnen „Nutzungsarten" — auch Kulturarten genannt — (Ackerland, Gartenland, Wiesen, Viehweiden, Waldflächen, Öd- und Unland usw.) nachzuweisen. Für die Jahre 1953—1955 dagegen wurde nur eine „Fortschreibung" eben dieser selbstbewirtschafteten Gesamtfläche nach den Nutzungsarten gefordert. Die sogenannten „Forensalflächen" (Flächen, die außerhalb der Wirtschaftsgemeinde liegen) werden dabei durch besondere „Austauschlisten" von Gemeinde zu Gemeinde nachgewiesen und in einem besonderen „Gemeindeblatt" zusammengestellt. Bei der Fortschreibung 1957 bis 1959 werden „Veränderungsnachweise" und „Veränderungslisten" für die Zusammenstellung der Veränderungen aus den Betriebsblättern verwendet. Außerdem gibt es noch „Grundeigentumslisten" für Grundeigentümer ohne Betriebssitz in der betreffenden Gemeinde. Dieses ganze, sicherlich etwas umständliche Verfahren ist aber erforderlich, um eine genaue Nachweisung der im einzelnen tatsächlich *bewirtschafteten* Flächen zu ermöglichen. Mit Hilfe dieser vorhergehenden Klärung kann dann die eigentliche Bodenbenutzungserhebung leichter durchgeführt werden, wobei ein „Betriebsbogen" auszufüllen ist, der den „Anbau auf dem Ackerland und im Erwerbsgartenbau als Hauptfrucht" (in ha und ar) enthält. Der Anbau in Haus- und Kleingärten ist dabei nicht anzugeben. Eine Neuerung gegen früher bedeutet es allerdings, daß seit Ende der 50er Jahre nicht nur die *Vor*erhebung, sondern auch die *Haupt*erhebung zur Bodenbenutzung im allgemeinen im Repräsentativverfahren und nur in bestimmten ausdrücklich vorgeschriebenen Jahren als *Voll*erhebung durchgeführt werden soll. Die Rechtsgrundlage für all diese Erhebungen ist übrigens das „Gesetz über die Statistik für Bundeszwecke (Statistisches Gesetz)" vom 3. September 1953 (BGBl. I S. 1314 ff.). An die Haupterhebung schließt sich (im Oktober) noch eine *Nach*erhebung an, die die Anbauflächen von landwirtschaftlichen Zwischenfrüchten und Futterpflanzen zur Samengewinnung (1955—1958 auch Mähdruschflächen) enthält; auch diese Erhebung wurde 1959 erstmalig repräsentativ durchgeführt, wobei die meisten Bundesländer ein vom Statistischen Bundesamt entwickeltes Verfahren mit Betrieben, zwei Länder dagegen eigene Verfahren mit Gemeinden als Stichprobeneinheiten anwandten[8].

Für bestimmte Fruchtarten usw. sind noch Sondererhebungen notwendig, weil sie bei den bisher genannten Erhebungen nur allgemein oder in Zusammenfassungen berücksichtigt werden. Das gilt zunächst von dem gesamten *Gemüse*, das in der Haupterhebung unter „Gemüse und Erdbeeren in feldmäßigem Anbau und im Erwerbsgartenbau (auch unter Glas)" in *einer* Zahl aufgeführt ist. Hierfür laufen seit 1948 Gemüse*vor*erhebungen (jährlich im Februar), die den beabsichtigten Anbau ausgewählter Gemüsearten sowie Erdbeerpflanzungen in Betrieben mit Anbau für den Verkauf wiedergeben, und Gemüse*haupt*erhebungen (jährlich im Juli), die die einzelnen Anbauflächen von Gemüse und Erdbeeren (1955 und 1959 auch von Blumen und Zierpflanzen) in Betrieben mit Verkaufsanbau wiedergeben; außerdem wird bei beiden Erhebungen der (beabsichtigte bzw. tatsächliche) Anbau von überwinternden Gemüsearten berücksichtigt. Gewisse Schwierigkeiten entstehen hier durch den Unterschied zwischen gärtnerischem und landwirtschaftlichem Anbau (Feldgemüsebau), ferner durch den hierbei häufigeren *Mehrfach*anbau auf der gleichen Fläche im Laufe eines Jahres. Weitere Spezialerhebungen betreffen die Heil- und Gewürzpflanzen (früher Arznei-, Gewürz- und Duftpflanzen), ebenfalls jährlich seit 1948, ferner die Pflanzenbestände in *Baumschulen*, seit 1950 in zweijährigem Abstand, seit 1959 jährlich; hier handelt es sich um die Bestände an Obst- und Ziergehölzen (außerhalb der Wald- und Forstbetriebe!), gegliedert nach Arten und Anzuchtmerkmalen. Auf diesem Gebiet steht das Land Schleswig-Holstein innerhalb der Bundesrepublik weitaus im Vordergrund: so gab es 1956 im Bundesgebiet im ganzen 68,87 Millionen „verkaufsfertige Pflanzenbestände in Baumschulen" (Stückzahl), davon allein in Schleswig-Holstein 28,50 Millionen = 41,5 vH. Erst in weitem Abstand folgte das flächenmäßig mehr als doppelt so große Land Nordrhein-Westfalen mit 13,43 Millionen Stück = 19,5 vH des Bundesbestandes. Zu erwähnen sind noch die Erhebungen über Anbau (und Erträge) von Korbweidenanlagen und von Gemüsesamen, die in längeren Abständen stattfinden. Eine Sondererhebung stellte auch die Gartenerhebung von 1950 dar; sie erfaßte die land-

[8] Vgl. Die Arbeiten des Statistischen Bundesamtes im Jahre 1959, Bericht für den Statistischen Beirat, März 1960, S. 95.

wirtschaftliche Nutzfläche und die Fläche der Gartengewächse der Betriebe, die Gartengewächse zum *Verkauf* anbauen, gegliedert nach Hauptbetriebsrichtungen und Betriebsgrößenklassen, die Fläche der Gartengewächse auch nach Nutzungszweigen und Pflanzenarten. Auch für den *Weinbau* fand 1958 eine eigene Weinbaubetriebserhebung statt, die die Betriebsfläche, die landwirtschaftliche Nutzfläche und die Rebfläche (darunter die ertragsfähige Rebfläche) der Betriebe mit Erwerbsweinbau erfaßte, jeweils gegliedert nach Betriebsgrößenklassen; hierbei wurde die Fläche auch gegliedert nach der *Lage* der Rebflächen, auch die Zahl der Teilstücke des Reblandes und die Zahl der Betriebe nach der Stärke der Parzellierung erfaßt, schließlich noch die durch Wurzelerfrierungen im Winter 1955/56 total vernichteten Rebflächen festgestellt.

Eine weitere Besonderheit stellen die *Obstbaumzählungen* dar, die im Deutschen Reich zuerst 1900 und 1913 durchgeführt wurden, aber damals lediglich der Feststellung des Obstbaumbestandes (nicht der Obsternte) dienen sollten[9]. Bereits erheblich früher hatte es allgemeine Obstbaumzählungen in den alten „Obstländern" gegeben, vor allem sehr früh in Württemberg, Baden und Hessen. Dann kam es im Reich erst wieder 1932 bis 1934 zu Zählungen der Obstbäume (im Spätsommer 1934 besonders hinsichtlich des Standortes ergänzt), schließlich noch im Spätsommer 1938. Bei den Zählungen bis 1934 sind gewisse Schwierigkeiten bekannt geworden: In vielen Gebieten ist es offen ausgesprochen worden, daß die Befragung der Obstbaumbesitzer durch eine zwar unbegründete, aber tatsächlich vorhandene Steuerfurcht sehr stark beeinträchtigt worden sei! Auch waren die Baumbesitzer selbst oft über Bestand und Ertragsfähigkeit ihrer Bäume nicht genügend unterrichtet. Das führte von 1938 ab zu einer Feststellung der Obstbäume nicht nach dem Betriebsprinzip, sondern nach der „Ortslage", auch „gewann- oder flur- oder riedweise" Erhebung genannt. Um die Fachgruppen, Gartenbau- und Obstbauvereine usw. ausgiebig beteiligen zu können, hat man auch den Erhebungszeitraum erweitert (1938 auf fast drei Wochen). Unterschieden werden die Obstbäume nach Hoch-, Halb- und Viertelstämmen, nach Buschbäumen, nach Spindelbüschen, Spindeln und Spalieren; dazu kommt das Beerenobst, bei dem für Johannisbeeren und Stachelbeeren die „Sträucher" ermittelt werden, für Erdbeeren — die an sich mit beim „Gemüse" erfaßt werden — und Himbeeren jedoch die Fläche. Erfaßt werden die Obstanlagen nach dem „Standort", a) in Haus- und Kleingärten, Schrebergärten, Heim- und Laubengärten usw., b) auf freiem Ackerland, auf Gras- und Weideland, innerhalb von Deichen, einschließlich eingezäunter Obstpflanzungen (aber ohne Hausgärten), c) an Straßen, Eisenbahndämmen,

[9] Vgl. meinen Beitrag Obstbaumzählung und Obstertragsstatistik in: Die Statistik in Deutschland nach ihrem heutigen Stand, Bd. II, S. 915 ff.

Kanälen usw. Dann wird vielfach unterschieden nach Bäumen, die ertragsfähig sind, die noch nicht ertragsfähig sind, und solchen, die als abgängig gelten („Ertragsstufen"). In der Bundesrepublik haben Obstbaumzählungen 1951 und 1958 stattgefunden. Die *Forst- und Holzwirtschaft* ist nach Fläche und Betrieb in den Betriebszählungen und in den Bodenbenutzungserhebungen mit enthalten, eine eigene Forsterhebung hat es 1937 im Deutschen Reich gegeben. Von der gesamten Wirtschaftsfläche in der Bundesrepublik nahm die Waldfläche (Forsten und Holzungen) 1957 28,6 vH ein; am höchsten war der Flächenanteil in Hessen mit 39,4 vH, am niedrigsten in Bremen mit 2,1, in Hamburg mit 4,6, in Schleswig-Holstein mit 8,4 vH.

Wenn auf die eben dargestellte Weise der *eine* Faktor der Ernteberechnung — im allgemeinen die Anbaufläche, beim Obst die Zahl der Bäume — mit hinreichender Genauigkeit ermittelt worden ist, dann kommt es noch ganz wesentlich darauf an, den *anderen* Faktor — im allgemeinen den Hektarertrag, beim Obst den Ertrag je Baum — festzustellen. Wir befassen uns zunächst mit dem *Hektarertrag* für die Bodenfrüchte. Für Deutschland ist dazu folgendes zu sagen: Diese Erträge wurden (in Doppelzentnern) seit 1878 jährlich festgestellt, aber anfangs noch recht summarisch; der Bundesrat forderte nur für jeden Kreis (in Süddeutschland: Amt oder Oberamt) *eine* Durchschnittsangabe, in Preußen ging man allerdings bis auf die Gemeindebehörden hinunter. Zunächst gab es nur *endgültige* Ernteschätzungen im Herbst (November) jedes Jahres. Von 1893 ab gab es außerdem *vorläufige* Ernteschätzungen, mit denen neben den Bürgermeistern usw. Vertrauensmänner der landwirtschaftlichen Vereine beauftragt wurden. Hier sei noch erwähnt, daß Preußen bereits seit 1846 sogenannte „Erntetabellen" kannte und seit 1859 „Erdruschtabellen", Bayern bereits seit 1810 in größeren Abständen Erhebungen über Aussaat und Ernte[10]. Eine sehr wichtige Ergänzung bedeutete hierbei die „Saatenstandsbericherstattung", die durch Beschluß des Bundesrats vom 7. Juli 1892 im ganzen Deutschen Reich angeordnet und erstmalig im Jahr 1893 (in den Monaten April bis November) durchgeführt wurde. Diese Saatenstandsberichterstattung bedeutet eine ganz wesentliche Vorbereitung auf die künftige Ernteschätzung, denn nur der ist wirklich imstande, ein richtiges Urteil über die Ernteerträge abzugeben, der das Wachstum der betreffenden Pflanzen mindestens vom Frühjahr ab mit beobachtet hat. Wesentlich war hierbei auch die Auswahl geeigneter Berichterstatter; auf Anordnung der landwirtschaftlichen Zentralbehörden (in Preußen des Ministers für Landwirtschaft, Domänen und Forsten) mußten die örtlichen Stellen (vor allem auch landwirtschaftliche

---

[10] Vgl. hierzu E. PALMGREN a. a. O. S. 4* f.

Provinzial- und Zentralvereine) „Vertrauensmänner" benennen, die bereit und in der Lage waren, die Tätigkeit als Saatenstandsberichterstatter zu übernehmen. Die Zahl dieser Berichterstatter war anfänglich noch recht niedrig; so entfielen z. B. in Preußen 1893 auf einen Landkreis durchschnittlich nur 6 Berichtsbezirke, im ganzen preußischen Staat gab es 2860, im ganzen Deutschen Reich 1899 6474 — vor dem zweiten Weltkrieg immerhin schon rund 9000 — Berichterstatter. Sie schätzten den „Saatenstand" vom Frühjahr bis zum Herbst mit den Noten 1—5 (auch Zwischennoten mit einer Dezimalstelle), schätzten auch die „voraussichtlichen Erträge" der Feldfrüchte Anfang August (später auch Anfang Juli), September und Oktober und die „endgültige Ernte" im November — lange Zeit nur für 11 Fruchtarten. Die Note 3 sollte einen mittleren (durchschnittlichen) Saatenstand darstellen, von dem aus eine durchschnittliche Ernte zu erwarten wäre. In Preußen mußte der Berichterstatter von 1904 ab alljährlich neben der Schätzung der *tatsächlichen* Ernte angeben, „wie hoch (in Doppelzentnern ausgedrückt) er für seinen Berichtsbezirk eine Mittel-(Normal-)ernte schätzt, d. h. eine Ernte, die der Boden des Berichtsbezirkes bei sachgemäßer Bewirtschaftung *ohne* besonders günstige oder ungünstige Witterungseinflüsse und *ohne* besonders starkes Auftreten von tierischen und pflanzlichen Schädlingen ergeben muß; das wäre also eine Ernte, für die bei der Saatenstandsberichterstattung die Note 3,0 angebracht wäre"[11]. Die Berichterstatter sind ehrenamtlich tätige Landwirte, die von landwirtschaftlichen Organisationen vorgeschlagen und (neuerdings) im Einvernehmen mit der örtlich zuständigen Dienststelle der Landwirtschaftsverwaltung vom Statistischen Landesamt ernannt werden. Für die Abgabe richtiger Urteile entscheidend war u. a. der Umfang des Berichtsbezirks, weshalb die Statistischen Ämter immer wieder auf eine Verkleinerung der Berichtsbezirke drängten; wichtig wurde auch über den rein dienstlichen (Drucksachen-)Verkehr hinaus eine persönliche Aussprache mit ihnen, die seit 1929 in sogenannten „Berichterstatterlehrgängen" in den einzelnen Staats- und Reichsgebieten zustande kam (auch Schulungslehrgänge genannt); die Erfahrung der folgenden Jahre hat bestätigt, daß durch solche Aussprachen das Interesse und die Fähigkeit der Berichterstatter für den statistischen Dienst erheblich gehoben wurde. Während des ersten Weltkrieges hatte man neben der üblichen Berichterstattung noch Vorschätzungen durch die Kommunalverbände durchgeführt (von 1915 ab), die sich teilweise auf die einzelnen Gemeinden erstreckten; von 1919 ab wurden diese zusätzlichen Schätzungen wieder abgebaut. Eine gute Wirkung auf die Bereitschaft und Eignung der Berichterstatter bedeutete die Schaffung von „Merkbüchern"

[11] Vgl. Die Zuverlässigkeit der deutschen Anbau- und Erntestatistik, a. a. O. S. 60.

(Anfang der 30er Jahre in Preußen), die einen längeren Text über Zweck und Aufbau der Berichterstattung sowie über die allgemein zu beobachtenden Grundsätze ihrer Tätigkeit enthielten. Auch die (monatlichen) Berichtskarten für die Dauer des Berichtsjahres waren darin abgedruckt. Sehr wichtig war auch für die Berichterstatter der Hinweis auf die richtige Ermittlungsweise eines „Durchschnitts" für ihre Saatenstands- und Erntemeldungen; da sie — zumal bei größeren Berichtsbezirken — innerhalb ihres Meldebereichs meist mit sehr unterschiedlichen Einzelwerten rechnen müssen, ist aus diesen Einzelbeobachtungen (der verschiedenen Felder oder Gemeinden) nicht einfach ein „roher" Durchschnitt zu errechnen, sondern es müssen die verschieden großen Anbauflächen mit berücksichtigt werden, so daß sich daraus ein „gewichteter Durchschnitt" ergibt. Nach meinen persönlichen Erfahrungen sind den meisten Berichterstattern die Notwendigkeit und die Methode dieses Verfahrens bald geläufig geworden.

Die eigentlichen *Ernteschätzungen* wurden zwar (jedenfalls in Preußen) von 1878 bis 1898 noch von den Gemeindevorstehern durchgeführt, gingen aber 1899 endgültig auf die Saatenstandsberichterstatter über, entsprechend einem Beschluß des Bundesrats vom 19. Januar 1899. Die Gemeinde- und Gutsvorsteher sollten von da ab nur noch über die Anbaufläche Auskunft geben, wobei die Erhebungen nunmehr in die Zeit von Mitte Juni fielen. In eigenen Ernteberichtskarten hatten jetzt die Berichterstatter den „durchschnittlichen Hektarertrag in Kilogramm" für die zu erhebenden Fruchtarten anzugeben, wobei noch zu ihrer Erleichterung (seit 1901) die bei der letzten Anbauermittlung festgestellten Flächen in den Erntekarten vorgetragen waren. Während des ersten Weltkrieges gab es daneben noch besondere Ernteschätzungen durch kommunale Organe (vor allem im Hinblick auf die Erfordernisse der Zwangsbewirtschaftung für Nahrungsmittel). Von 1910 ab sind neben den endgültigen Ernteschätzungen auch wieder Ernte*vor*schätzungen durchgeführt worden, und zwar zuerst in Preußen; bereits 1911 folgten die meisten anderen Bundesstaaten Preußen auf dem von ihm eingeschlagenen Wege. Auch diese Erntevorschätzungen wurden in Hektarerträgen (nach Gewicht) ausgedrückt.

Im großen und ganzen ist dieses System unverändert bis zum Ende der 40er Jahre dieses Jahrhunderts beibehalten worden. Allerdings fielen schon gegen Ende des zweiten Weltkrieges manche Mängel in der Ernteberichterstattung ins Auge; das hatte nicht zuletzt seinen Grund in der Tatsache, daß im Zuge der Einziehungen zur Wehrmacht (oder zum Arbeitsdienst) viele bewährte Berichterstatter ihre Tätigkeit aufgeben mußten und durch oft recht unzulängliche Vertreter ersetzt wurden; sicherlich haben auch manche allgemeine „Auflösungserscheinungen" noch weiter zur Verschlechterung der statistischen Meldungen beigetragen. Jedenfalls machte man im Jahre 1949 im Gebiet der Bundesrepublik eine recht unerfreuliche Feststellung: Nach den Meldungen der Saatenstands- und Ernteberichterstatter in der Augustvorschätzung wurden nur 8,4 Millionen t Getreide ermittelt; dagegen ergab sich nach einem „besonderen Ermittlungsverfahren" eine Getreideernte von 10,2 Millionen t. Diese zweite Ermittlung hat sich praktisch als die richtigere erwiesen! Hätte die Bundesrepublik die niedrigere Schätzung anerkannt, so wäre verkehrterweise eine zu große Getreidemenge eingeführt worden, was schon bei einer Million t zusätzlich Devisen im Betrage von etwa 300 Millionen DM erfordert hätte. Ähnliche Überlegungen kann man bei der Kartoffelernte anstellen, wo bei zu niedrigen Schätzungen sehr leicht die Gefahr eines neuen „Schweinemordes" akut geworden wäre (vgl. die Ausführungen über die Viehzählungen im nächsten Abschnitt).

Die erwähnte Methode der besonderen Ernteermittlung ist nach den im Ausland gemachten Erfahrungen mit Repräsentativerhebungen entwickelt worden; vor allem war hier das Beispiel der Vereinigten Staaten maßgebend. Das Ziel bei dieser Methode ist, durch Probe*schnitte* und Probe*drusche* effektive Erntemengen zu erhalten, die man im Durchschnitt als repräsentativ für das ganze Gebiet (Kreis, Land usw.) ansehen darf. Die Auswahl der Probestellen geht nach dem „Zufallsprinzip" vor sich, allerdings unter Berücksichtigung der in den Kreisen verschiedenen Anbaudichte der einzelnen Feldfrüchte. Erfaßt werden dabei Winterroggen, Winterweizen und Spätkartoffeln. Für die Auswahl seien als Beispiel die Zahlen von Schleswig-Holstein im Jahre 1957 genannt: Auf Anordnung des Bundesernährungsministeriums wurden hier für Winterroggen 150, für Winterweizen 100 und für Spätkartoffeln 135 Gemeinden ausgewählt, in diesen Gemeinden wieder für Winterroggen 300 „Felder", Winterweizen 200 und Spätkartoffeln 270 Felder. Bei Winterroggen und -weizen wurden je Probefeld 5 Teilstücke von je 1 qm abgeerntet, bei den Kartoffeln mehrere 5-m-Teilstücke; mindestens 15 vH der Probefelder waren unter Kontrolle der dazu eingesetzten Kommission voll zu dreschen bzw. voll zu roden. Bei der Auswahl der Betriebe in den Gemeinden sind kleine und große Betriebe (diese von 10 ha an) zu berücksichtigen. Zur Entnahme des Probeschnitts ist ein U-förmiger, 1 qm umfassender Metallrahmen zu verwenden. Die Probeschnitte dürfen nicht zu früh, d. h. höchstens vier Tage vor dem allgemeinen Schnitt, vorgenommen werden. Die gewonnenen Proben werden — luftdicht verpackt — der Probestelle der Landwirtschaftlichen Untersuchungs- und Forschungsanstalt bei der Landwirtschaftskammer (für Schleswig-Holstein in Kiel) eingesandt, wo die Proben ausgedroschen, gewogen und ihr Trockenmaß und Fremdbesatz festgestellt werden. Auf Grund dieser Ermittlungen wird dann berechnet, wie hoch der Ertrag je Hektar bei einem Feuchtigkeitsgehalt von 14% an der betreffenden Probestelle gewesen wäre[12]. Im übrigen werden die Gemeinden (wie bei einer Lotterie) mit Urne und Nummernzetteln ausgewählt, ähnlich die Probebetriebe, schließlich noch die Probefelder; zuletzt kommt es noch auf die eigentlichen Probe*stellen* an, wo nun tatsächlich das Getreide oder die Kartoffeln entnommen werden sollen. Diese Stellen sind unabhängig vom Einzelfall *allgemein* vorgeschrieben, damit nicht etwa spezielle Einflüsse auf den Ort der Probe möglich sind. An diesen Stellen *muß* entnommen werden, selbst wenn dort der Wuchs durch Unregelmäßigkeiten, durch große Steine oder Bäume usw. beeinträchtigt ist. Die Probestellen sollen zusammen gewissermaßen ein Probe*feld* ergeben, das in seiner Güte und Zusammensetzung *sämtlichen* Getreide- und Kartoffelfeldern des Landes entspricht.

Trotz bestimmten Vorteilen dieses Systems der besonderen Ernteermittlung sind aber die Ernteschätzungen der Saatenstands- und Ernteberichterstatter nicht etwa eingestellt worden, vielmehr laufen beide Verfahren nebeneinander her. Es ist inzwischen gelungen, die Tätigkeit der Berichterstatter wieder zuverlässiger zu gestalten, so daß man gern wieder auf ihre Meldungen zurückgreift. Die Fortführung dieser Schätzungen ist schon deshalb unentbehrlich, weil man ja auch für die kleinen Gebiete (Landkreise usw.) eines Landes laufende Ergebnisse gewinnen muß und eine Ausdehnung des „objektiven Verfahrens" auch hierauf auf alle Fälle sehr hohe Kosten verursachen würde[13]. Das Statistische Bundesamt spricht sogar von einem „bewährten Zusammenwirken der ‚Berichterstattung' mit der ‚besonderen Ernteermittlung' in Verbindung mit anderen Feststellungen", das ... „einen frühzeitigen Überblick über den Ausfall der Getreide- und Kartoffelernte ermöglicht". Immerhin zeigt noch ein Vergleich beider Ermittlungsverfahren für das Jahr 1952[14] ein mehr oder minder starkes Zurückbleiben der Schätzungen der Berichterstatter zu Ende August hinter den Ergebnissen der „besonderen Ernteermittlung"; bei Winterroggen ergibt sich für die einzelnen Länder (nach der damaligen politischen Gliederung) ein Minus zwischen 5,1 (Schleswig-Holstein) und 11,2 (Württemberg-Hohenzollern) vH — nur Rheinland-Pfalz zeigt ein *Mehr* von 3,6 vH —, bei Winterweizen ein Minus zwischen 2,2

[12] Nähere Einzelheiten ergeben sich noch aus den „Richtlinien für die Durchführung der Besonderen Ernteermittlung 1957 im Lande Schleswig-Holstein", hrsg. vom Minister für Ernährung, Landwirtschaft und Forsten (10. Mai 1957). Vgl. ferner allgemein H. Strecker, Moderne Methoden in der Agrarstatistik (Einzelschriften der Deutschen Statistischen Gesellschaft, Nr. 8), Würzburg 1957.

[13] Vgl. Strecker a. a. O. S. 55 ff.

[14] Strecker a. a. O. S. 56.

(Rheinland-Pfalz) und 12,4 (Baden) vH, bei Spätkartoffeln ein Minus zwischen 8,5 (Württemberg-Baden) und 26,1 (Baden) vH.

Heute unterliegen der Ernteschätzung (durch die Berichterstatter) insgesamt 42 Fruchtarten (bei Trennung von Winter- und Sommerfrucht, nicht gerechnet Zwischenfrüchte sowie die Obst- und Gemüseberichterstattung). Die Vorschätzungen beginnen Ende Juni, die Ernteschätzung für Getreide und Frühkartoffeln geht Ende August vor sich, für Ölfrüchte Ende September, für Hülsenfrüchte, Spätkartoffeln usw. Ende Oktober, für Zwischenfrüchte, Rüben und Zichorien Ende November. Soweit es sich um die drei der „besonderen Ernteermittlung" unterliegenden Fruchtarten handelt, gelten hier die Ergebnisse *dieses* Verfahrens als die endgültigen Ergebnisse; in gewissem Umfang werden die Vergleichsberechnungen, die für diese Fruchtarten zwischen Berichterstatterschätzung und besonderer Ermittlung vorgenommen werden, auch auf die übrigen Fruchtarten angewandt und deren Ergebnisse entsprechend abgewandelt. Man wird allerdings bei den ganzen Berechnungsmethoden noch eine Zeitlang Erfahrungen gewinnen müssen, ehe eine endgültige Regelung eintreten kann; bis dahin dürften die Dinge noch im Fluß bleiben.

Für den *Obstbau* wurde im Reich 1935 eine Berichterstattung ähnlich der geschilderten Saatenstands- und Ernteberichterstattung für Getreide usw. eingeführt, zunächst in den *Haupt*obstbaugebieten, wenig später auch in den übrigen Gebieten; die Berichtsbezirke umfassen durchschnittlich 4—5 Gemeinden. Die Berichterstatter sind ehrenamtlich tätige Fachleute aus den Kreisen der Gärtner, Bauern, Fachbeamten des Gartenbaus, Lehrer usw., kurz aus Berufsschichten, die sich zum Zweck des Erwerbs oder liebhabermäßig eingehender mit dem Obstbau befassen. Auch der Obstertragsstatistik geht eine regelmäßige Beobachtung des Wachstumsstandes — beginnend im Mai mit der Bewertung der Blüte, dann auf Fruchtansatz und Behang übergehend — mit anschließenden Erntevorschätzungen voraus. Die Erntevorschätzungen liegen für Süßkirschen schon im Juni, für Sauerkirschen im Juli, für Pflaumen und Zwetschgen usw. im August, für Walnüsse, Äpfel und Birnen im September, für Äpfel und Birnen noch mal im Oktober. Entsprechend verteilen sich auch die endgültigen Ernteschätzungen vom Juli — für Süßkirschen und Stachelbeeren usw. — bis zum November — für Äpfel und Birnen. Der gesamte Ernteanfall ist zugleich mit der endgültigen Ermittlung aufzuteilen nach Verwendungsart (Selbstverbrauch, Eßobst zum Verkauf, Verwertungsobst) und Güte (gutes, mittleres und geringes Obst). Auch bei der Obstberichterstattung haben sich die Schulungslehrgänge als sehr nützlich erwiesen. Ähnlich wie bei Getreide usw. ist man hier schon teilweise (zuerst in Württemberg 1954) auf das Stichprobenverfahren übergegangen, jedoch sind hier noch keine endgültigen Entscheidungen getroffen worden.

Beim *Gemüse* besteht ähnlich wie beim Obst ein eigener Berichterstatterdienst[15], mit dem man in Preußen, zunächst in den Hauptgemüsegebieten, 1933 begonnen hat, der dann im Deutschen Reich einheitlich seit 1937 aufgezogen ist. „Die statistische Erfassung der Obst- und Gemüseerzeugung" habe ich in dem Sammelwerk „Obst und Gemüse in Westeuropa (Erzeugung und Marktverflechtung)"[16] für Deutschland und die meisten anderen europäischen Länder (Niederlande, Belgien, Luxemburg, Frankreich, Schweiz, Österreich, Italien, Spanien, Großbritannien, Irland, Dänemark, Schweden, Norwegen) behandelt.

Auf ganz bestimmte Gebiete des Reiches beschränkt sich von jeher Weinbau und Hopfenbau, die beide schon ziemlich früh statistisch erfaßt wurden. Die dabei angewandten Methoden unterscheiden sich aber kaum von den bisher erörterten.

In der Forst- und Holzwirtschaft wurde 1933 vorübergehend eine Erhebung über „Gewinnung und Absatz von Derbholz" eingerichtet, später aber statt dessen eine allgemeine Anmeldung des geplanten Einschlags verlangt. Im Bundesgebiet wird nunmehr für jedes Jahr, und zwar das „Forstwirtschaftsjahr" (1. Oktober bis 30. September), der *Holzeinschlag* ermittelt, getrennt nach den einzelnen Holzarten (Nadel- und Laubstammholz, Nadel- und Laubgrubenholz, Nadel- und Laubfaserholz, anderes Nadel- und Laubschichtnutzholz, sowie Brennholz. Die Erfassung geschieht durch das Bundesministerium für Ernährung, Landwirtschaft und Forsten. Gerade auf dem Gebiet der Forstwirtschaft besteht seit längerem ein unmittelbares Interesse an einer internationalen Statistik. Das geht u. a. deutlich hervor aus Betrachtungen, die Prof. Dr.-Ing. Fr. Heske unter dem Titel „Weltforstpolitik und Weltforst-Statistik" in der „Zeitschrift für Weltforstwirtschaft"[17] veröffentlicht hat.

b) Viehstand, Schlachtungen, tierische Produkte

Auf die Bedeutung der Viehhaltung im Rahmen der landwirtschaftlichen Erzeugung hat vor allem H. Rauch in seinem Beitrag „Die Viehzählungen" in der „Statistik in Deutschland"[18] hingewiesen: „Die Erhebungen über den Umfang und die Entwicklung der Viehbestände gehören in Deutschland — wie in den meisten Kulturländern — zu den ältesten Einrichtungen des statistischen Dienstes überhaupt. Sie waren von jeher ein Bestandteil der amtlichen Statistik und dementsprechend

---

[15] Vgl. P. Quante, Die deutsche Gemüsestatistik, in: Allg. Statistisches Archiv, hrsg. von Fr. Zahn, 24. Bd., Jena 1934, S. 159 ff.

[16] hrsg. von Fr. Baade, Hiltrup bei Münster/Westfalen 1955, S. 10 ff.

[17] Wissenschaftliches Organ für deutsche und ausländische Forst- und Holzwirtschaft, hrsg. von Fr. Heske, Hamburg-Blankenese, Bd. 13, Heft 1—3, 1955.

[18] Bd. II, S. 933 ff.

auch bereits in den früheren deutschen Staaten gut ausgebildet. Dies erklärt sich ohne weiteres aus der großen Bedeutung, welche die Nutztierhaltung in Deutschland einmal für die Nahrungsmittelversorgung der Bevölkerung und sodann für die Betriebsweise der Landwirtschaft, insbesondere für die bäuerlichen Wirtschaften besitzt, für die die Viehhaltung zumeist die Haupteinnahmequelle bildet. Nach den neuesten Schätzungen (NB: 1940!) des Instituts für Konjunkturforschung über die Produktionswerte der deutschen Wirtschaft wird allein im Altreich der Wert der Nutztierhaltung und der daraus gewonnenen Erzeugnisse auf 7,6 Milliarden RM im Jahre veranschlagt, das sind nicht weniger als 60 vH des Gesamtwertes der landwirtschaftlichen Erzeugung überhaupt."

Die älteste allgemeine Viehzählung in Deutschland war die bayerische Viehbestandsaufnahme von 1794, die sich auf alle wichtigen Nutztierarten erstreckte. Bald danach — 1798 — erlebte auch Preußen die Durchführung einer allgemeinen Viehzählung im ganzen Staatsgebiet, nachdem schon in Teilgebieten einige Erhebungen vorangegangen waren. Das 19. Jahrhundert brachte dann Viehzählungen noch in Württemberg (1831), Sachsen (1834) und Baden (1855), ehe es zu allgemeinen Reichs-Viehzählungen kam. Die erste dieser Reichszählungen fand am 10. Januar 1873 statt, im allgemeinen in Ausgliederung nach Alter und Geschlecht; bei den Schweinen begnügte man sich damals allerdings mit der Gesamtsumme. In diesen Zeitläuften war man noch mit einer etwa zehnjährlichen Wiederholung der Viehzählungen (1883, 1892) zufrieden; 1892 wurden dann auch die Schweine nach dem Alter gegliedert. Im Jahre 1893 (1. Dezember) fand — in beschränktem Umfang — eine „außerordentliche Viehbestandsaufnahme" statt, und zwar wegen der ungünstigen Futterernte dieses Jahres und der dadurch verursachten Futtermittelknappheit. Die nächste große Viehzählung war dann schon 1900 im Hinblick auf den beabsichtigten Abschluß von Handelsverträgen. Der Dezembertermin blieb nun weiterhin maßgebend, nur 1923 wurde schon im Oktober gezählt (was für Vergleichszwecke allerhand Umrechnungen und „Fortschreibungen" auslöste), und zwar wegen der schwierigen Ernährungsverhältnisse dieses Jahres. Seit 1897 gab es auch noch eingeschobene „kleine Zählungen", die sich mit mehr summarischen Ergebnissen begnügten. Von 1912 (in Preußen schon von 1906) ab ging man zur Vornahme von *jährlichen* Viehzählungen über (je nach Bedarf handelte es sich dabei um große oder kleine Zählungen). 1913 gab es erstmalig eine Zwischenzählung nur für *Schweine;* die Notwendigkeit eingehender Ermittlungen gerade hierfür ergab sich aus der gewaltigen Zunahme des Schweinebestandes (von 7 Millionen Stück im Jahre 1873 auf 22 Millionen Stück im Jahre 1912). Der erste Weltkrieg brachte — vor allem aus Gründen der Nahrungsmittelrationierung — verständlicherweise eine Häufung der Viehzählungen, die vom 1. März 1917 ab vierteljährliche wurden (März, Juni und September außer den üblichen *großen* Dezemberzählungen) und sich erst auf Pferde, Rindvieh, Schweine und Schafe erstreckten, später aber noch durch Kleinvieh erweitert wurden. An diesen Ergebnissen interessiert war vor allem die „Reichsfleischstelle". Erst vom Ende 1920 ab begnügte man sich zunächst wieder mit den Jahreszählungen.

Vielfach gingen die Länder mit ihrem Erhebungsprogramm über das Reichsschema hinaus. Eine wichtige Bereicherung der Zählungen bedeuteten die Fragen nach dem Verkaufswert und dem Lebendgewicht der Tiere, die in großen Abständen auch von Reichs wegen erfragt wurden. 1929 wurden im Reich allgemein die vierteljährlichen Schweinezählungen wieder aufgenommen, weil dieses Verfahren sich als notwendig erwies wegen der wechselnden Futterverhältnisse und der Schnellwüchsigkeit der Schweine sowie vor allem wegen der Auswirkung der Preisveränderungen auf die Schweinehaltung („Schweinezyklus"). Den hier entstandenen Schwierigkeiten suchte man zu begegnen mit Aufklärungsliteratur — hier ist besonders bekannt geworden die „Schweinefibel" von Fr. Baade — und mit einer Beratung der Öffentlichkeit auf Grund von Vorausberechnungen gemäß der jeweiligen Zusammensetzung des Bestandes („Fortschreibung"); hierbei sind vor allem hervorgetreten v. d. Warth und Hanau in Deutschland, aber auch Mordekai Ezekiel in den Vereinigten Staaten, wo sich vielfach ganz ähnliche Schwierigkeiten bemerkbar gemacht hatten. Mit ähnlichen Berechnungen hat später auch H. Paetzmann gewisse Fehler der westdeutschen Viehzählungen zwischen 1945 und 1949 nachgewiesen[19]. Von 1935 ab erwiesen sich auch bei den Schafen Zwischenzählungen (im Sommer) als angebracht, weil die Regierung wegen der innerdeutschen Wollerzeugung die Schafhaltung noch besonders unterstützen wollte; zahlenmäßig hat sich die Schafhaltung gegen früher sehr stark gewandelt: 1873 waren es im Reich noch 25 Millionen Schafe gewesen, vor dem ersten Weltkrieg nur noch 5,5 Millionen und 1932 gar nur 3,4 Millionen.

Neu eingeführt wurde 1931 die Zählung des „Weidefettviehs" in den nordwestdeutschen Mastgebieten (Anfang Juni und Anfang September); beteiligt sind daran 8 Kreise von Schleswig-Holstein, je 4 Kreise von Stade und Aurich und 6 Ämter von Oldenburg (jetzt Niedersachsen), und zwar ausschließlich Marschgebiete, wo aus den Geestgebieten stammende Rinder in wenigen Monaten „fettgegräst" werden. Zu erwähnen sind auch noch Rassenerhebungen bei Pferden seit 1932 (Zuchthengste und Stutenbedeckungen), Sonderrassenerhebungen für Rinder, Schweine, Schafe und Ziegen (1936), ferner Edelpelztierzählungen seit 1931. Während seit dem

---

[19] Deutsche landwirtschaftliche Presse, 1950, Nr. 18 u. 19.

ersten Weltkrieg die Grundlage für die Viehzählungen die „Bekanntmachung" vom 30. Januar 1917 war, wurden die Viehzählungen von Anfang 1939 ab neu geregelt durch das Viehzählungsgesetz vom 31. Oktober 1938, wonach der Reichsminister für Ernährung und Landwirtschaft Datum und Umfang der Viehzählungen zu bestimmen hatte, was vor allem während des zweiten Weltkrieges wichtig war. Dieses Gesetz hat in der Neufassung (durch das „Gesetz zur Änderung und Ergänzung des Gesetzes über Viehzählungen") vom 2. August 1951 noch länger die Grundlage der weiteren Erhebungen gebildet, ist aber dann durch das neue Bundes-Viehzählungsgesetz vom 18. Juni 1956 (BGBl. I S. 522) ersetzt worden. Dieses neue Gesetz enthält u. a. nicht mehr die Androhung, daß bei der Erhebung verschwiegenes Vieh eingezogen werden könne, sondern nur die „Ahndung einer Ordnungswidrigkeit mit einer Geldbuße" (§ 7), die auch erhoben wird, wenn den Zählern oder Prüfern das Betreten der Ställe oder anderer Örtlichkeiten verweigert wird. Von Bedeutung sind auch die folgenden neuen Bestimmungen für Zählung und Zähler: Das in Schlachthöfen befindliche Vieh ist in besonderen Zähllisten zu erfassen. Maßgebend ist überhaupt immer der Standort des Viehs am Zähltage, also ist Eigentumsvieh ebenso zu behandeln wie „Pensionsvieh" (das von einer anderen Person beaufsichtigt wird); auch bereits verkauftes Vieh ist noch beim ehemaligen Besitzer zu zählen, wenn es sich am Zähltage noch bei ihm befindet; Vieh, das sich am Zähltage bei Händlern oder Schlachtern befindet, ist bei *diesen* zu zählen, auf dem Transport befindliches Vieh auf dem Empfangsbahnhof usw. Hausschlachtungsvieh ist mitzuzählen, wenn es in der *Nacht* vor dem Zählungstage noch gelebt hat. Auch kranke Tiere sind zu zählen, selbst wenn mit ihrem Eingehen zu rechnen ist. Anderseits darf bei Seuchengefahr das Gehöft nicht betreten werden, der Zähler hat sich dann vielmehr die Viehzahlen zu verschaffen „durch Zuruf, Fernsprecher oder durch Besprechung (mit dem Viehhalter usw.) an einem anderen Ort". Durch all diese Einzelbestimmungen soll verhütet werden, daß bestimmte Tiere entweder überhaupt nicht oder aber doppelt gezählt werden. Wichtig sind auch die neuen Bestimmungen zur Frage der „Geheimhaltung" der Einzelergebnisse. Hier bleibt es dabei, daß die Benutzung von Einzelangaben und Feststellungen zu steuerlichen und sonstigen Zwecken unzulässig ist, wobei sämtliche Behörden ausdrücklich darauf hingewiesen werden, auf die Einhaltung dieser Anweisung zu achten. Anderseits aber dürfen die Einzelangaben der Viehhalter sowie die bei den Zählungen und Nachprüfungen getroffenen Feststellungen ausdrücklich verwendet werden für behördliche Maßnahmen zur Durchführung des Tierzuchtgesetzes und des Viehseuchengesetzes, für die Berechnung der öffentlichen Dasselbekämpfungsgebühren (bei Schädigung durch die Dasselfliege) durch die zuständigen Behörden oder die von diesen beauftragten Stellen. Das Gesetz stellt ausdrücklich fest, daß zur Auskunft verpflichtet seien der Viehhalter selbst oder mit der Viehhaltung befaßte oder vertraute Familienmitglieder oder Betriebsangehörige.

Bei den Viehzählungen werden gegenwärtig erfaßt Schweine, Schafe, Rinder, Pferde, Ziegen, Bienenstöcke und Federvieh. Die „allgemeine" Viehzählung findet jährlich zu Anfang Dezember statt. Für die Durchführung der Zählung werden jedem Zähler von der Gemeindeverwaltung eine oder mehrere „Zählflächen" zugewiesen; für jede Zählfläche gilt eine besondere „Zählliste", in deren einzelne Zeilen die Viehhalter (namentlich mit Wohnplatz!) mit ihren einzelnen Vieharten Spalte für Spalte aufzunehmen sind. Am Schluß hat der Zähler diese Zählliste (oder, wenn erforderlich, mehrere Zähllisten) aufzurechnen, worauf dann die Zählflächenergebnisse zum Gemeindeergebnis zusammengestellt werden (in der „Gemeindeliste"). Aus dem Gemeindeergebnis muß hervorgehen die Anzahl der Viehhalter jeder Gattung (Schweinehalter, Schafhalter usw., nicht dagegen für Bienenvölker und Federvieh). Die Schweine werden unterschieden nach Ferkeln (unter 8 Wochen), Jungschweine (unter ½ Jahr), Schlacht- und Mastschweinen, Zuchtsauen (diese wieder nach dem Alter und nach der Tatsache, ob trächtig oder nicht trächtig), Ebern; die Schafe nach Alter und Geschlecht, unter Hervorhebung der zur Zucht benutzten Schafböcke und weiblichen Schafe sowie besonderer „Milchschafe"; das Rindvieh nach Kälbern, Jungvieh (3 Monate bis unter 2 Jahre alt, mit weiterer Grenze bei 1 Jahr, und nach Geschlecht), 2 Jahre alten und älteren Tieren (getrennt nach Bullen, Stieren und Ochsen; Färsen, Kalbinnen usw.; Kühen zur Milchgewinnung, diese wieder nach Rassen — beispielsweise in Schleswig-Holstein Schwarzbunte, Rotbunte, Angler, Shorthorn, Kreuzungen und übrige —); allen übrigen Kühen (Schlacht- und Mastkühen); die Pferde werden unterschieden nach dem Alter (Grenzen bei 1 Jahr, bei 2, 3, 4, 5, 9, 14 Jahren). Bei den Bienenstöcken (Bienenvölkern) interessiert nur ihre Anzahl; beim Federvieh werden erfaßt Hühner — Trut-, Perl- und Zwerghühner werden besonders aufgezählt —, getrennt nach Hennen unter 1 Jahr und Legehennen von 1 Jahr und älter, sowie Hähnen, Schlacht- und Masthühnern, ferner Gänse, Enten (je in *einer* Zahl).

Bei einem Vergleich der Viehbestände von einst und jetzt (immer auf das Bundesgebiet bezogen) ergeben sich folgende interessante Tatsachen: Die Zahl der Pferde betrug im Durchschnitt 1935/38 1,54 Millionen Stück, 1957 dagegen nur noch 967 000 Stück, das bedeutet in diesen 20 Jahren einen Rückgang von 100 auf 62,7. Der Rindviehbestand insgesamt hat sich nicht wesentlich verändert: zu Beginn der Periode 12,114 Millionen, am Ende 11,95 Millionen Stück, das bedeutet eine Abnahme um nur 1,5 vH;

dagegen ist der Milchkuhbestand von 5,99 auf 5,57 Millionen zurückgegangen, d. h. von 100 auf 93,1; erheblich größer noch ist die Abnahme bei den Milchkühen, die auch *zur Arbeit* verwendet werden (besonders in Süddeutschland): von 1,97 auf 1,18 Millionen oder auf 59,6 vH; der Schafbestand ist von 1,89 auf 1,27 Millionen oder auf 67,2 vH zurückgegangen, der Ziegenbestand sogar von 1,38 Millionen auf 567 000, d. h. auf 41,3 vH oder erheblich weniger als auf die Hälfte. Ganz anders ist dagegen die Entwicklung bei den Schweinen verlaufen: Hier haben die Bestände (jeweils nach der Dezemberzählung) von 12,49 auf 15,42 Millionen oder auf 123,7 vH *zugenommen*, die Zuchtsauen sogar auf 147,0 vH — absolut von 926 700 auf 1,365 Millionen; allerdings haben die Schlacht- und Mastschweine von 3,82 auf 3,30 Millionen oder auf 86,4 vH *ab*genommen, wenn auch seit 1950 hier schon wieder eine allmähliche Zunahme zu verzeichnen ist. *Zu*genommen haben auch die Hühner, und zwar von 51,12 auf 55,98 Millionen oder auf 109,2 vH. *Ab*genommen dagegen haben die Bienenvölker von 1,43 auf 1,21 Millionen oder auf 84,4 vH; Hier lag der Höchstbestand im Jahre 1953 mit 1,60 Millionen (= 112,3 vH von 1935/38).

Recht unterschiedlich ist im Bundesgebiet die Zahl der Tiere je Viehhalter: auf 1 Viehhalter entfallen in der Bundesrepublik 1957 durchschnittlich 1,8 Pferde — maximal im Hamburg 3,1, minimal in Rheinland-Pfalz 1,4 —, durchschnittlich 9,0 Stück Rindvieh — 20,3 in Schleswig-Holstein, 5,5 in Rheinland-Pfalz —, durchschnittlich 7,9 Schweine — 13,2 in Schleswig-Holstein, 4,3 in Rheinland-Pfalz —, durchschnittlich 13,1 Schafe — 31,2 in Baden-Württemberg, 2,1 in Bremen, 3,1 in Hamburg, 7,4 in Nordrhein-Westfalen —, durchschnittlich 17,5 Hühner — 22,2 in Niedersachsen, 10,2 in Hamburg und Bremen, 13,2 in Rheinland-Pfalz. Das Saarland blieb 1957 beim Rindvieh mit 4,0 und bei den Schweinen mit 3,2 noch unter den genannten Minimalzahlen je Viehhalter zurück, während Berlin (West) bei den Schweinen 20,3 Stück je Halter aufwies, eine Ziffer, die noch weit über dem sonstigen Maximum (Schleswig-Holstein) liegt. Im übrigen wird bei solchen Vergleichen immer wieder der Unterschied zwischen den Gebieten mit überwiegend mittel- und großbäuerlicher und solchen mit kleinbäuerlicher Struktur deutlich.

Neben den allgemeinen Viehzählungen im Dezember jedes Jahres laufen jetzt im Bundesgebiet „Zwischenzählungen" Anfang März und Anfang September nur für Schweine, Anfang Juni für Schweine, Schafe und Rinder, und zwar im März und September seit 1954 und im Juni seit 1956 im „Stichprobenverfahren" gezählt. STRECKER[20] erinnert daran, daß 1922 in Preußen ein Versuch unternommen worden ist, Viehzählungen nach der repräsentativen Methode durchzuführen, daß dann aber

[20] a. a. O. S. 63 f.

diese Entwicklung hier wieder zum Stillstand kam, „während in den angelsächsischen Ländern seit den dreißiger Jahren und nach dem Ausbau der Theorie des Repräsentativverfahrens in weiten Kreisen das Stichprobenverfahren angewandt wurde. Erst nach dem zweiten Weltkrieg ging man (NB in Deutschland!) dazu über, die durch zusätzliche Verwaltungsaufgaben stark beanspruchten Gemeinden u. a. durch repräsentative Viehzählungen zu entlasten." Besonders gilt das von den Schweinezwischenzählungen: „Auf keinem Gebiet der amtlichen Agrarstatistik wurden bisher bei der Einführung repräsentativer Methoden so umfangreiche Vorbereitungsarbeiten durchgeführt, wie bei der Schweinezwischenzählung. Nachdem Voruntersuchungen gezeigt hatten, daß die ‚Gemeinde' als Auswahleinheit sich nicht eignete, weil sie einen zu hohen Auswahlsatz erforderte, wurden zum ersten Mal im März 1952 die Schweinebestände im Stichprobenverfahren mit der Auswahleinheit ‚Schweinehalter' ermittelt. Es stellte sich jedoch heraus, daß diese Ergebnisse mit denen der vorangegangenen und nachfolgenden Vollerhebung nicht voll vergleichbar waren. ... Die repräsentative Methode auf Schweinehalterbasis wurde daher wieder aufgegeben. Im Bestreben, das Stichprobenverfahren hinsichtlich der Vergleichbarkeit zu verbessern, wurde als Zwischenstufe zwischen den Auswahleinheiten ‚Gemeinde' und ‚Schweinehalter' als neue Auswahleinheit der ‚Zählbezirk' (Zählfläche) eingeführt. *Mit gutem Erfolg*[21] werden nach diesem Verfahren seit März 1954 die Schweine gezählt. Viele Erfahrungen über die Wirksamkeit verschiedener Stichprobenmethoden wurden hierbei gewonnen."

Ähnlich wie die Ernteermittlung bietet also auch die Feststellung des Viehbestandes ein gutes Beispiel dafür, daß eine Kombination von *Voll*erhebungen und *Teil*erhebungen auf die Dauer zu guten Ergebnissen führen kann, wobei selbstverständlich sehr viel von der Art des angewandten (und erprobten!) Verfahrens abhängt.

Die Erhebungen über den Viehbestand stellen in gewisser Hinsicht die Voraussetzung dar für die Ermittlung über den Anfall von tierischen Produkten, Fleisch, Milch, Eiern usw. Hier soll zunächst der *Fleischanfall* behandelt werden. Hier liegen genauere statistische Nachweisungen eigentlich erst seit dem Beginn des 20. Jahrhunderts vor. Immerhin hat J. B. Esslen in seinem Aufsatz „Die Entwicklung von Fleischerzeugung und Fleischverbrauch auf dem Gebiete des heutigen Deutschen Reichs seit dem Anfang des 19. Jahrhunderts und ihr gegenwärtiger Stand"[22] den Versuch unternommen, auch für frühere Zeiten einen Einblick in das Gebiet des Fleischverbrauchs zu gewinnen. In gewissem Zusammenhang

[21] im Original nicht kursiv.

[22] (Conrads) Jahrbücher für Nationalökonomie und Statistik, III. Folge, Bd. 43, Jena 1912.

mit der Statistik des Fleischanfalls stehen die Ermittlungen über den *Marktverkehr* mit Vieh, die es im Deutschen Reich seit 1908 gab und die auf den Angaben von (zuletzt 49) wichtigeren Schlachthöfen über den Auftrieb von Lebendvieh und über die Zufuhren von Fleisch zum Marktort beruhte. Bis 1930 war diese Statistik monatlich, seitdem wöchentlich durchzuführen. Sie besteht gegenwärtig in dieser Form nicht mehr.

Die eigentliche *Schlachtungsstatistik* ist eine typische „Sekundärstatistik". Sie ist gewissermaßen ein Abfallprodukt der Veterinärgesetzgebung. Bevor diese Statistik im Deutschen Reich zustande kam, gab es schon in einigen Ländern eine Fleischbeschaustatistik, und zwar in Baden seit 1888, in Württemberg seit 1893, in Bayern seit 1895; Anlaß zu solchen Ermittlungen hatte die teilweise weit verbreitete Tuberkulose unter den Rindviehbeständen gegeben. Eine einheitliche Reichsgesetzgebung entstand 1900 mit dem Reichsgesetz vom 3. Juni 1900 betreffend die Schlachtvieh- und Fleischbeschau (amtliche Untersuchung vor und nach der Schlachtung) und dem Bundesratsbeschluß vom 1. Juni 1904. Nach diesen Bestimmungen unterliegen Rindvieh (einschl. Kälber), Schweine, Schafe, Ziegen, Pferde und Hunde, deren Fleisch zum Genuß für Menschen verwendet werden soll, sowohl vor als auch nach der (gewerblichen) Schlachtung einer amtlichen Untersuchung. Durch Bekanntmachung des Reichskanzlers vom 10. Juli 1902 wurden auch Esel, Maultiere und Maulesel der Verpflichtung zur amtlichen Untersuchung unterworfen. Die Schlachtviehbeschau durfte unterbleiben bei Notschlachtungen, ferner bei Schlachttieren, deren Fleisch ausschließlich im eigenen Haushalt verwendet werden sollte. Zeigten jedoch bei Hausschlachtungen die Tiere vor oder nach der Schlachtung Merkmale einer Erkrankung, die die Genußtauglichkeit des Fleisches ausschloß, so fiel die Befreiung von der Beschaupflicht fort. *Nicht* als eigener Haushalt im Sinne dieser Vorschrift war anzusehen: der Haushalt der Kasernen, Krankenhäuser, Erziehungs-, Speise-, Gefangenenanstalten, Armenhäuser und ähnlichen Anstalten, sowie der Haushalt der Schlächter, Fleischhändler, Gast-, Schank- und Speisewirte. Einen gewissen Ersatz für die fehlende Beschau der Hausschlachtungen bildete bei den Schweinen, für die sie hauptsächlich in Frage kam, die Trichinenschau, die aber nicht einheitlich für das Reich geregelt, sondern anfangs der landesrechtlichen Regelung überlassen war. In Preußen wieder war die Erfassung der Schweinehausschlachtungen Sache der gebietlichen oder örtlichen Polizeiverordnungen. In der „Statistischen Korrespondenz des Preußischen Statistischen Landesamts[23] habe ich auf Grund

[23] Nr. 15 vom 15. April 1924. Vgl. auch R. Kuczynski und P. Quante, Statistische Grundlagen zu Deutschlands Versorgung mit Nahrungs- und Futtermitteln (Die Volksernährung, hrsg. unter Mitwirkung des Reichsausschusses für Ernährungsforschung, 7. Heft, I. Teil, Berlin 1926, S. 98 ff. Dort auch weitergehende Einzelheiten.

eingehenden Materials feststellen können, daß 1913 27,62 vH, 1923 53,75 vH aller Schweineschlachtungen *reine* Hausschlachtungen darstellen, wobei diese Zahlen noch als Mindestzahlen anzusehen sind, da ein Teil der Hausschlachtungen statistisch von den gewerblichen Schlachtungen nicht getrennt werden kann. In der neuesten Zeit ist allerdings wieder ein Rückgang des Anteils der Hausschlachtungen festzustellen, so von 1950 bis 1957 (im Bundesgebiet) bei Schweinen von 39,4 auf 22,5 vH, bei Rindern von 2,8 auf 2,2 vH, bei Ziegen von 44,4 auf 33,8 vH; allerdings liegt bei Ziegen der niedrigste Satz mit 31,5 vH im Jahre 1953. In den einzelnen Teilen des Reiches bzw. Preußens sind die Hausschlachtungen — auch bei Rindern usw. — allmählich in größerem Umfang beschaupflichtig geworden — in der Stadt Berlin bestand der allgemeine Beschauzwang sogar schon seit 1882 —, aber erst durch das Zweite Gesetz zur Änderung des Fleischbeschaugesetzes vom 15. April 1937 ist die allgemeine Beschaupflicht im ganzen Reich für *sämtliche* Hausschlachtungen (mit Ausnahme von Schaf- und Ziegenlämmern) obligatorisch gemacht worden. Erst von da an ist jetzt eine zuverlässige Grundlage geschaffen für die Erfassung so gut wie *aller* Schlachtungen.

Die Schlachtvieh- und Fleischbeschau wird ausgeübt von amtlichen „Fleischbeschauern", die für besondere durch die Landesregierung gebildete Beschaubezirke bestellt sind; es sind entweder approbierte Tierärzte (so stets in den Schlachthäusern) oder andere Personen („Laienbeschauer") mit genügenden Kenntnissen. In bestimmten Fällen, wie bei Krankheitsverdacht, hat der Laienbeschauer das Tier dem Tierarzt zur Beschau zu überweisen. Die Beschauer haben das Ergebnis ihrer Untersuchungen, die ja eigentlich nur eine gesundheitspolizeiliche Maßnahme darstellen, in einem „Beschautagebuch" nach vorgeschriebenem Muster niederzulegen (so gibt es z. B. verschiedene Beurteilungsgrade: tauglich, untauglich, bedingt tauglich, minderwertig). Für die Statistik wichtig ist einmal der Zwang, daß der Beschauer jährlich bestimmte Übersichten bis an das Reichsgesundheitsamt einreichen mußte, vor allem aber die Tatsache, daß er auf Postkartenformular einen Nachweis über die *Zahl* der beschauten Tiere (zuerst vierteljährlich nach Monatsergebnissen, seit 1935 monatlich) einsenden muß, und zwar an den Kreis-Veterinärrat, der die Unterlagen zusammen mit den Tierseuchenmeldungen an das zuständige Statistische Landesamt weiterleitet. Auf diese Weise können also Daten, die ursprünglich nur einer reinen Verwaltungsstatistik dienten, nunmehr auch volkswirtschaftlich usw. ausgewertet werden.

Mit der Zahl der Schlachtungen allein ist es aber noch nicht getan; vielmehr müssen wir, um eine genaue Vorstellung von der Größe des Fleischanfalls zu bekommen, neben der Zahl der Schlachtungen noch das *Durchschnittsschlachtgewicht* kennen — ähnlich wie wir bei der Erntefeststellung die Anbaufläche mit dem Hektarertrag vervielfältigen müssen. Solche Schlachtgewichte sind erstmalig 1906 ermittelt worden, von 1921 ab werden sie dann alljährlich festgestellt, und zwar auf repräsentativem Wege von (seinerzeit 96) bestimmten Schlachthöfen. Bei diesen Gewichtsfeststellungen muß sehr genau verfahren werden. Es ist seit langem festgelegt worden, was „vor der Gewichtsermittlung bei dem Ausschlachten vom Tiere zu trennen ist"[24]. Fleisch ist danach nicht nur das Muskelfleisch im engeren Sinne, sondern auch das im ausgeschlachteten Tierkörper enthaltene Fett, *nicht* aber Eingeweide und Eingeweidefett. Seit 1935 erfolgen die Schlachtgewichtsmeldungen monatlich. Seit dem 21. Juli 1960 gilt im Bundesgebiet das „Gesetz über die Schlachtgewichtsstatistik" (BGBl. I Nr. 39). Hiernach wird jetzt über die *Lebend*gewichte und die *Schlacht*gewichte der Rinder, Kälber, Schweine und Schafe bei *gewerblichen* Schlachtungen eine Schlachtgewichtsstatistik als Bundesstatistik durchgeführt. Zum Teil bezieht sich das neue Gesetz auf das Vieh- und Fleischgesetz vom 25. April 1951. Schlachtgewicht ist „das Gewicht des geschlachteten und ausgeweideten Tieres ausschließlich der Haut, des Kopfes vom ersten Halswirbel ab und der im Karpal- oder Tarsalgelenk ausgelösten Gliedmaßen, jedoch einschließlich der Nieren, des Nierenfetts, bei Schweinen auch der Haut, des Kopfes, der Füße und der Flomen" (§ 2). Die Lebendgewichte werden auf den Schlachtviehgroßmärkten und den Schlachtviehmärkten ermittelt; diese Erhebungen erfassen monatlich das Gesamtlebendgewicht und die Stückzahl der aufgetriebenen Tierarten, gegliedert nach Handelsklassen. Die Schlachtgewichte werden auf Schlachthöfen ermittelt. Bezüglich dieser Ermittlung hat das Gesetz von 1960 eine *repräsentative* Erhebung angeordnet: in einem Zeitraum von jeweils 6 Jahren (beginnend 1960) wird an *einem* Schlachttage im Monat September das Lebend- *und* das Schlachtgewicht festgestellt, und zwar im 1. Jahr des Zeitraums bei Rindern, im 2. bei Schweinen, im 3. bei Kälbern und Schafen; hier besteht sogar noch die Möglichkeit für die Landesregierungen — allerdings im Benehmen mit dem Bundesernährungsministerium —, nur einen *Teil* der geschlachteten Tiere erfassen zu lassen, „wenn dies für die Erzielung zuverlässiger Ergebnisse ausreicht" (§ 4). Auch diese Gewichte werden nach Handelsklassen aufgegliedert. Auskunftspflichtig sind die Eigentümer der Schlachttiere sowie die Leiter der Großmärkte, Schlachtviehmärkte und Schlachthöfe. Wenn man voraussetzen darf, daß sich das Verhältnis zwischen Lebend- und Schlachtgewicht nur in sehr großen Zeiträumen verschiebt, dürfte das angeordnete Verfahren sehr zweckdienlich sein.

Eine gewisse Ergänzung zu der Schlachtungsstatistik stellt die *Fischereistatistik* dar. Eine allgemeine amtliche Fischereistastistik besteht im

[24] Vgl. Kuczynski/Quante, a. a. O. S. 103 f.

Deutschen Reich erst seit 1906. Vorher waren nur *die* Fischfänge anzumelden, die durch ausländische Fischer vorgenommen waren, also gewissermaßen die „Einfuhr" von Fischen darstellten. Das Gesetz vom 7. Februar 1906 dehnte die Anmeldepflicht auch auf die rein deutschen Fischfänge aus: deutsche Fischer und Mannschaften deutscher Schiffe haben die von ihnen gefangenen und an Land gebrachten Fische, Robben, Wale und andere Seetiere sowie die daraus gewonnenen Erzeugnisse anzumelden ohne Rücksicht darauf, ob die Seetiere an der deutschen Küste oder auf der See (Küsten-, See- und Hochseefischerei) gefangen sind. Hier sind monatliche Anmeldungen aufgrund der Schiffstagebücher auf vorgeschriebenem Formblatt zu erstatten, und zwar bei der „Meldestelle", wo der letzte Fang des Monats an Land gebracht worden ist. Auch für die Bodenseefischerei besteht eine Statistik seit 1906; Erhebungsstellen sind hier die Hauptzollämter oder die Polizeidirektionen. Bei der übrigen Binnenfischerei sind anmeldepflichtig die Fischereibetriebe, auch Sportfischervereine, und zwar bei den staatlichen (Ober-)Fischmeistern bzw. bei den Landräten und Oberbürgermeistern. Nimmt man alle Fischereibetriebsarten zusammen, so wurden bei der See- und Küstenfischerei gewonnen 1938 686 204 t im Wert von 91,8 Millionen RM, 1957 685 787 t im Wert von 252,9 Millionen DM. Den Hauptanteil lieferte in beiden Jahren die Dampferhochseefischerei, jedoch nimmt (mengenmäßig) die Kleinhochsee- und Küstenfischerei allmählich zu. Von der Gesamt*menge* der See- und Küstenfischerei entfielen 1957 auf Bremen 39,8, auf Niedersachsen 32,3, auf Schleswig-Holstein 15,4 und auf Hamburg 12,5 vH, vom Gesamt*wert* auf Bremen 43,4, auf Niedersachsen 29,6, auf Schleswig-Holstein 13,7 und auf Hamburg 13,3 vH. Die wichtigsten Fischarten sind der Menge nach (1957) Heringe, Rotbarsch und Kabeljau mit zusammen 66 vH; das wichtigste Fanggebiet ist die Nordsee mit 50 vH, es folgen im weitem Abstand Island (13,5 vH), die norwegische Küste (6,6 vH), die Ostsee (6,3 vH), zusammen 76,4 vH. Bei der Bodenseefischerei stehen nach Menge und Wert die Blaufelchen weit im Vordergrund (Anteil 72,5—80,7 vH).

Erst wesentlich später als bei den bisher genannten Erzeugnissen setzt die statistische Beobachtung und Erfassung bei der *Milch* ein, was um so erstaunlicher ist, als bekanntlich die Milcherträge im landwirtschaftlichen Betrieb wertmäßig eine wesentlich größere Rolle spielen als etwa die Roggen- und Weizenerträge. So erzielten, gemessen an den „Verkaufserlösen", 1956/57 im Bundesgebiet die pflanzlichen Erzeugnisse im ganzen 4,37 Milliarden DM, die tierischen Erzeugnisse im ganzen 11,29 Milliarden DM (das macht zusammen 15,66 Mrd. DM Verkaufserlös der westdeutschen Landwirtschaft). Im einzelnen lag ganz vorn der Erlös aus *Milch* mit 4,24 Mrd. DM, es folgte derjenige aus Schweinen mit 3,61 Mrd., aus Rindern mit 2,17 Mrd. DM (aus Schlachtvieh insgesamt waren es 6,37 Mrd. DM), dann aus Getreide insgesamt mit 1,80 Mrd., aus Kartoffeln mit 819 Millionen DM. Vom gesamten Verkaufserlös nahm also die Milch 27,1 vH ein.

Die erste Milcherzeugungserhebung wurde nach Befragung sachverständiger Stellen für das Jahr 1928 durchgeführt[25]; es handelte sich dabei um eine noch ziemlich überschlägliche Schätzung der Milcherträge. In jedem Landkreis wurden Schätzungskommissionen aus den Direktoren der landwirtschaftlichen Schulen und sonstigen Sachverständigen gebildet, die jeweils in *einer* Zahl für den ganzen Kreis die Bruttomilcherträge der Kühe „unter Leistungskontrolle", der gewöhnlichen (unkontrollierten) Milchkühe und der Arbeitskühe schätzten. Das Ergebnis war immerhin schon sehr bedeutsam; man konnte klar die großen Unterschiede von Kreis zu Kreis und die wesentlich höheren Erträge der Kühe unter Leistungskontrolle erkennen. Als Unterlagen für die notwendigen Ermittlungen und Schätzungen stehen den Ausschüssen in erster Linie die Ergebnisse der Viehzählungen zur Verfügung. 1928 war der Durchschnitt je Kuh und Jahr bei sämtlichen Milchkühen 2220 l, bei den Milch- und Arbeitskühen nur 1591 l, bei den gewöhnlichen Milchkühen 2299 l, aber bei den Kontrollkühen 3473 l, sie erzielten also 51 vH *mehr* als die gewöhnlichen Milchkühe, dank der besseren Fütterung und Pflege, der ständigen Beratung der Besitzer usw. Bei der Wiederholung dieser Erhebung im Jahre 1931 war das Ziel die zur menschlichen Ernährung verfügbare Milchmenge. Also fügte man Fragen über die Verfütterung von Vollmilch an Kälber und Ziegenlämmer hinzu; zur Beantwortung waren die Angaben über den Bestand an Kälbern und über die Kälbergeburten aus den Viehzählungen von Wert. Die für die Kälberaufzucht verfütterten Milchmengen schwankten in Deutschland zwischen 6 und 20 vH der Bruttoerzeugung. Auch die Erzeugung von Ziegenmilch wird seit 1931 festgestellt. Noch weiter ausgebaut wurde das Verfahren 1934: Außer der Verfütterung wurde jetzt auch noch die Verwendung der Kuhmilch überhaupt, getrennt nach Anlieferung an Molkereien, unmittelbarem Absatz an Verbraucher, Verbrauch im eigenen Haushalt und Verarbeitung im eigenen Haushalt erfragt. Vor allem aber ging man jetzt zur *monatlichen* Befragung über, um die jahreszeitlichen Schwankungen im Milchanfall beobachten zu können. 1935 wurde — einmalig — eine pflichtmäßige Milchkontrolle für *alle* Kühe („Einfachkontrolle") angeordnet. Seit 1936 wurden die laufenden monatlichen Erhebungen noch ausgedehnt auf die Futterversorgung (Weideauftrieb, Aufstallung, Grün- und Trockenfütterung). Die heutige Form der Milcherzeugungs-

[25] Vgl. hierzu R. Ehrath, Milchwirtschafts- und Molkereistatistik, in: Die Statistik in Deutschland nach ihrem heutigen Stand (1940), Bd. II, S. 945 ff.

statistik ist etwa diejenige von 1934. Bei der Verarbeitung im Haushalt des Kuhhalters wird unterschieden, ob die Milch zu Butter oder zu Käse, Vollmilchquark, Schichtkäse usw. verarbeitet ist.

Eine wichtige Ergänzung dieser Milchstatistik bildet die *Molkereistatistik*. Sie kam 1930 erstmalig auf freiwilliger Grundlage bei rund 1500 Molkereibetrieben im Deutschen Reich zustande, erfaßte also etwa ein Siebentel der damals bestehenden molkereiwirtschaftlichen Unternehmungen. Da in erster Linie die größeren Molkereien — in Gegenden mit vorherrschendem Kleinbetrieb allerdings auch zahlreiche kleine Molkereien — an der Erhebung beteiligt waren, konnte mehr als ein Drittel des gesamten Milchumsatzes der deutschen Molkereien beobachtet werden; man durfte also mit gutem Recht von einer repräsentativen Erfassung sprechen. Die Berichte waren monatlich einzusenden und erstreckten sich auf Anlieferung und Verwendung von Vollmilch und Rahm, den durchschnittlichen Fettgehalt der angelieferten Milch, die Herstellung und den Absatz von Butter, Käse und Quark sowie auf die Verwendung der Molkereirückstände, wobei die einzelnen Angaben jeweils weitgehend zu untergliedern waren. Diese Molkereistatistik wurde von Ende 1936 ab von den Milchwirtschaftsverbänden übernommen, und zwar unter Heranziehung sämtlicher Betriebe. *Amtliche* Statistik bleibt die *Jahres*molkereierhebung, die ebenfalls sämtliche Betriebe erfaßt. Seit 1946 besteht eine laufende monatliche Berichterstattung über Molkereiwirtschaft an das Bundesministerium für Ernährung, Landwirtschaft und Forsten. Für das Jahr 1957 ergab sich insgesamt eine Milchanlieferung von 12,0 Millionen t; ihr stand gegenüber ein Trinkmilchabsatz von 2,76 Millionen t Vollmilch und 179 400 t Mager- und Buttermilch. Hergestellt wurden rund 311 000 t Butter, 155 000 t Käse und 109 000 t Speisequark usw., ferner rund 277 000 t Kondens(voll)milch. Die Molkereistatistik ist in diesem Zusammenhang behandelt worden — obwohl sie ja eigentlich eine „gewerbliche" Statistik darstellt —, weil ihre Daten wichtige Kontrollmöglichkeiten abgeben für die Milchproduktionsstatistik, insbesondere in den Gebieten, wo die Kuhmilch zum größten Teil an die Molkereien geht.

Über die Erzeugung von *Eiern* in der Bundesrepublik werden monatliche Meldungen der „betriebswirtschaftlichen Berichterstatter" der Landwirtschaftskammern erstattet und vom Bundesministerium für Ernährung, Landwirtschaft und Forsten zusammengestellt und veröffentlicht. Als Verkaufsmenge wurden hier 1956/57 195 000 t erfaßt mit einem Verkaufserlös von 632 Millionen DM. Im Vergleich damit spielt die deutsche *Woll*erzeugung nur eine ganz geringe Rolle: Im Bundesgebiet sind im gleichen Zeitraum nur 4500 t als Verkaufsmenge und 20 Millionen DM als Verkaufserlös ermittelt worden.

7. Kapitel

Die gewerbliche Produktion

Die Unterschiede zwischen der gewerblichen und der landwirtschaftlichen Erzeugung machen es von vornherein unmöglich, im Gewerbe auch nur entfernt ein ähnliches Verfahren statistischer Erfassung durchzuführen wie in der Landwirtschaft. Hier waren es jeweils nur verhältnismäßig *wenig* Erzeugnisse, die sogar im allgemeinen unter den Augen der Öffentlichkeit heranreifen oder -wachsen, beim Gewerbe dagegen handelt es sich um eine sich noch ständig steigernde *Vielfalt* von Erzeugnissen, die noch dazu hinter den Mauern der Werkstätten und der Fabriken — bei der bergbaulichen Urproduktion sogar im allgemeinen tief unter der Erdoberfläche — entstehen. Einige Ausnahmen wie beim Baugewerbe oder bei offenen Schmieden ändern nichts an dieser grundsätzlichen „Abgeschlossenheit" der gewerblichen Erzeugung. Hier dürften sich also keine Sachverständigen finden lassen, die mit „Schätzungen" über Art und Menge der von ihnen beobachteten Erzeugnisse richtige Auskunft geben könnten. Es bleibt vielmehr nur der Weg der Befragung der einzelnen Erzeuger (der im allgemeinen in der Landwirtschaft gerade nicht beschritten wird).

Ein weiterer Unterschied zwischen der landwirtschaftlichen und der gewerblichen Erzeugung besteht darin, daß die landwirtschaftliche Erzeugung weithin eine *Ur*produktion darstellt, während die gewerbliche Erzeugung bereits vorhandene Güter (Rohstoffe, Halbfabrikate) einer Bearbeitung unterzieht; somit ist „unter gewerblicher Produktion ... die durch die gewerbliche Tätigkeit den bearbeiteten Materialien hinzugefügte *Werterhöhung* (Wertsteigerung, Nettoproduktion) zu verstehen"[1]. Nach Žižek erfordert daher „eine richtige gewerbliche Produktionsstatistik ... folgende Feststellungen: a) die hergestellten Erzeugnisse nach Art, Menge und Wert, b) das bearbeitete Material ebenfalls nach Art, Menge und Wert, c) Wert der empfangenen fremden Hilfsarbeit, d) Wert der für fremde Rechnung geleisteten Hilfsarbeit (zu c und d gehört auch die von der Hausindustrie geleistete Arbeit). Manche Erhebungen be-

---

[1] Fr. Žižek, Grundriß der Statistik, München u. Leipzig 1921, S. 328 ff. Vgl. hierzu auch die Ausführungen von R. Meerwarth, Nationalökonomie und Statistik, S. 232 ff.

friedigen allerdings diese Forderungen nicht, sondern begnügen sich mit der Erfassung der Produkte."

Blickt man in die Vergangenheit zurück, so finden wir schon 1860 in Deutschland die Montanstatistik des Deutschen Zollvereins vor, wobei die Bergbehörden die Statistik der Bergwerke, Salinen und Hütten durchführten. 1870 wurde hier schon vorgeschlagen, bei den Betriebszählungen künftig auch die gewerbliche Erzeugung, die Verkaufserlöse und die Summe der ausgezahlten Löhne zu erfragen, ein Vorschlag, der aber bald in Vergessenheit geriet. Immerhin gab es noch gegen Ende des 19. Jahrhunderts, und zwar 1897 amtliche Produktionserhebungen für Textilindustrie, einige Zweige der Chemischen Industrie, für die Keramische Industrie, die Lederindustrie, die Papier- und Papierverarbeitungsindustrie, die Tabakindustrie usw. und 1899 für die Margarineindustrie. Nach der Jahrhundertwende fanden dann 1901, 1903 und 1906 Erhebungen in der (damals noch sehr jungen) Kraftfahrzeugindustrie statt. Auch wurden Erhebungen in der Stärkeindustrie, die schon 1898 begonnen hatten, für die Zeit von 1901 bis 1904 wiederholt. Die Ergebnisse all dieser Erhebungen sind veröffentlicht in den „Nachrichten für Handel und Industrie" (Jg. 1901, 1902, 1905 und 1908). Die eben geschilderte Zeit kann man als die *erste* Epoche der deutschen Statistik der gewerblichen Erzeugung bezeichnen.

Etwa mit dem Ende dieser ersten deutschen Epoche begannen einschlägige Erhebungen im Ausland: Die Vereinigten Staaten und Großbritannien (hier aufgrund eines besonderen Gesetzes „Census of production act") entwickelten einen „Produktionszensus" in mehrjährigem Abstand (z. B. 1908 und 1912) mit dem Ziel, den „reinen Wert der Produktion", die Werterhöhung, festzustellen — Erhebungen, die dann zum internationalen Vorbild wurden. In den Vereinigten Staaten insbesondere handelt es sich um umfassende allgemeine Produktionserhebungen im Rahmen des zehnjährlichen Zensus (z. B. des 13. im Jahre 1910 und des 14. im Jahre 1920); in Großbritannien und Irland wurden zwar alle Industrien erfaßt, aber die kleineren, nicht der Fabrikinspektion unterstehenden Betriebe nicht mit einbezogen. Ebenso haben die Niederlande mehrere derartige Erhebungen vorgenommen. Der Zensus von Kanada enthält ebenfalls eingehende produktionsstatistische Fragen. In Australien und Neuseeland sowie in der Südafrikanischen Union gibt es seit längerem jährliche Produktionserhebungen. Auch die Fabrikzählungen Norwegens und die Industrieerhebungen Schwedens enthalten produktionsstatistische Angaben. Umfassende Ermittlungen dieser Art gibt es laufend auch in Rußland.

Für die Zeit vor dem ersten Weltkrieg hat man einen „Gesamtwert der gewerblichen Produktion" in Deutschland — schätzungsweise — berechnet: Danach betrug der Wert der Bruttoproduktion im Jahre 1905 36 Milliarden M, im Jahre 1913 54 Milliarden M. Da die englischen und amerikanischen Erhebungen für die *Netto*produktion (Werterhöhung) einen Prozentsatz von etwa 40 vH der Bruttoproduktion festgestellt hatten, wandte man diesen Satz auch auf Deutschland an und gelangte somit für 1905 zu einer deutschen Nettoproduktion von 14,5 und für 1913 zu einer solchen von 22 Milliarden M. „Nach diesen Ziffern hatte die deutsche gewerbliche Produktion die erste Stelle in Europa erreicht, sie wurde nur von derjenigen der Vereinigten Staaten von Amerika übertroffen"[2].

Die zweite Periode der deutschen gewerblichen Produktionsstatistik erstreckt sich auf die Zeit von 1907 bis 1932. In dieser Zeit ging eine Umgestaltung der Montanstatistik und ihre Einbeziehung in die regelmäßige Produktionsstatistik vor sich, ferner wurden die Erhebungsbogen inhaltlich weiter ausgestaltet, die Erhebung auf weitere Industriezweige ausgedehnt und vor allem eine größere Regelmäßigkeit der Erhebung erzielt. So wurden schon vor dem ersten Weltkrieg — seit 1907 *jährlich* — 23 Zweige der Montan-, Hütten- und Eisenverarbeitenden Industrie sowie einige weitere Wirtschaftszweige einbezogen. Zwischen 1925 und 1932 waren regelmäßig in jedem Jahr 50 Industriezweige beteiligt, vor allem Bergbau und Salinenwesen mit 15 Zweigen, Eisen- und Metallgewinnung mit 9 Zweigen, Textilindustrie mit 20 Zweigen, außerdem 6 sonstige Zweige, darunter Kraftfahrzeugindustrie und Elektrizitätswerke. Auch diese erweiterten Erhebungen — Erzeugung und Absatz nach Menge und Wert in sehr eingehender Warengliederung, Auslandsabsatz, Verbrauch an Roh- und Hilfsstoffen, Beschäftigtenzahlen, Betriebseinrichtungen — dienten noch *nicht* einer allgemeinen Ermittlung der Werterhöhung, sondern einer eingehenden Durchleuchtung besonders interessierender Industriezweige[3]. Insgesamt wurden hierbei regelmäßig erfaßt rund 16 000 Betriebe mit 1,6 Millionen berufsgenossenschaftlich versicherten Personen, die schätzungsweise ein Viertel des Gesamtwertes der damaligen industriellen Produktion umfaßten[4]. Außerdem wurden 1927 und 1928 einmalige Produktionserhebungen im Maschinenbau, in der Eisen- und Stahlwarenindustrie, auf verschiedenen Gebieten der Öl- und Fettwirtschaft sowie in der Getreidemühlenindustrie durchgeführt.

Die dritte, mit 1933 beginnende Periode der gewerblichen Produktionsstatistik ist vor allem durch die politischen Pläne des „Dritten Reiches" bestimmt gewesen. Um rechtzeitig Rohstoffschwierigkeiten begegnen zu

---

[2] Žižek a. a. O. S. 333.

[3] Vgl. K. Werner, Die Industriestatistik der Bundesrepublik Deutschland, Berlin 1958, S. 16 ff.

[4] E. Frh. v. Roeder, Die industrielle Produktionsstatistik, in: Die Statistik in Deutschland (1940), II. Bd., S. 1012 ff.

können, wurden zunächst einmal die Produktionserhebungen auf *sämtliche* Industriezweige ausgedehnt. Die Gesamterhebung von 1933 erstreckte sich unter Anwendung spezieller Fragebogen auf 142 Industriezweige; die übrigen Zweige wurden damals noch behelfsmäßig mit einheitlichen und einfacheren Fragebogen erfaßt. Man unterschied für die Zukunft „Generalerhebungen" und „Zwischenerhebungen". Die erste (und einzige!) Generalerhebung dieser Art fand 1936 statt und bezog 321 Industriezweige mit rund 145 000 Betrieben ein, einschließlich des Bergbaus und der Energiewirtschaft, aber ohne Baugewerbe, Baunebengewerbe und Reparaturgewerbe. Das Handwerk war dabei nicht grundsätzlich ausgenommen, aber auf Betriebe mit (in der Regel) mindestens 5 oder auch 10 Personen und mit einem Mindestumsatz von 10 000 bis 20 000 RM beschränkt, ohne daß es für diese Erfassung eines besonderen (handwerklichen) Fragebogens bedurfte. Diese Generalerhebung von 1936 wurde vorbereitet in der Abteilung „Industrielle Produktionsstatistik" des Statistischen Reichsamts, die aber von Ende 1938 bis etwa Ende 1939 als „Reichsamt für wehrwirtschaftliche Planung" verselbständigt war und erst danach wieder (als Abteilung VIII) in das Statistische Reichsamt zurücktrat; unter dieser Sonderbezeichnung ist auch noch die Veröffentlichung der Ergebnisse erschienen, die vor allem Aussagen über Brutto- und Nettoproduktionswerte, Lohnquoten und sonstige volkswirtschaftliche Werte enthält. Gerade *diese* Ergebnisse haben sich später als sehr nützlich für den Wiederaufbau des deutschen Staatswesens und der deutschen Wirtschaftsforschung nach dem Kriege erwiesen[5].

Die „Zwischenerhebungen" (von Jahr zu Jahr) sollten sich nur auf eine Auswahl wichtiger Industriezweige erstrecken, vor allem Rohstoff- und Grundstoffindustrien, die meisten Halbwarenindustrien und eine Anzahl von Fertigwarenindustrien. 1937 wurden nach diesem Plan auch 58 000 Industriebetriebe erfaßt, und zwar mit eingeschränkter Fragestellung gegenüber der Generalerhebung; so wurde z. B. *nicht* nach der Altersgliederung der Beschäftigten gefragt, auch nicht nach dem Brennstoff- und Energieverbrauch. Dazu kommen noch kurzfristige Produktionserhebungen, meist monatlich, auf einigen Gebieten vierteljährlich; diese Erhebungen wurden damals von den Wirtschafts- und Fachgruppen der Reichsgruppe Industrie durchgeführt. Während des zweiten Weltkrieges wurde diese Industriestatistik starken Veränderungen unterworfen, die Industrieberichterstattung teilweise noch ausgebaut, die Produktionsstatistik aber bald praktisch stillgelegt — abgesehen von bestimmten Aufgaben im Rahmen des Planungsamtes des Ministeriums Speer von 1943 ab.

[5] Werner a. a. O. S. 18.

Als Abschluß dieser historischen Betrachtung der Industrieproduktionsstatistik ist es angebracht, aus den umfangreichen Ergebnissen der umfassenden Industriestatistik von 1936 einige wichtige Ergebnisse wiederzugeben. Läßt man unter den 30 Industriegruppen (als Zusammenfassung der 321 Industriezweige) die „sonstigen Industriezweige" ganz außer Betracht, so kann man als wichtigste Gruppen ihrer 14 zusammenstellen, die nach der Zahl der Beschäftigten — bei insgesamt 7,95 Millionen Beschäftigten — je mindestens 180 000 Personen umfassen und nach dem Absatz (Gesamtabsatz 62,77 Milliarden RM) je mindestens 1,2 Milliarden RM. Setzt man statt der absoluten Zahlen die Prozentsätze (bezogen auf die Gesamtheit der Beschäftigten und den Gesamtumfang des Absatzes) für die einzelnen Industriegruppen ein, so erhält man die folgende Übersicht 9, deren Reihenfolge sich nach dem Anteil der Beschäftigten (in der 1. Zahlenspalte) ergibt, wobei die Reihenfolge nach dem Absatz (2. Zahlenspalte) zwar gewisse Abweichungen zeigt, aber im großen und ganzen doch mit derjenigen der 1. Spalte übereinstimmt.

Übersicht 9: Die wichtigsten Industriegruppen 1936 nach dem Anteil der Beschäftigten und des Absatzes

Industriegruppe	Anteil (vH) an den Beschäftigten		Anteil (vH) an dem Gesamtabsatz	
Textilindustrie	(1)	11,5	(2)	10,6
Bergbau	(2)	7,1	(4)	5,8
Maschinenbau	(3)	7,0	(3)	6,4
Nahrungs- und Genußmittel	(4)	6,9	(1)	11,6
Eisen- und Stahlwaren	(5)	5,5	(5)	5,0
Steine und Erden	(6)	5,1	(10)	2,7
Elektroindustrie	(7)	3,7	(8)	3,4
Druck und Papierverarbeitung	(8)	3,6	(9)	2,7
Holzverarbeitung	(9)	3,2	(14)	2,0
Bekleidung	(10)	2,9	(11)	2,5
Metallwaren und verwandte Ind.	(11)	2,8	(13)	2,0
Eisenschaffende Industrie	(12)	2,5	(6)	3,8
Lederindustrie	(13)	2,5	(12)	2,5
Chemische Industrie	(14)	2,3	(7)	3,5
Industriegruppen 1—14 zusammen		66,6		64,5

Ganz genau stimmen in der Reihenfolge allerdings nur die Gruppen Maschinenbau (3) und Eisen- und Stahlwaren (5) überein, einigermaßen auch noch Elektroindustrie (7 bzw. 8), Druck und Papier (8 bzw. 9), Bekleidung (10 bzw. 11) und Metallwaren und verwandte Industrien (11 bzw. 13); besonders gut ist die Übereinstimmung noch bei den ersten vier Gruppen *in ihrer Zusammenfassung* — in beiden Spalten stellen sie zusammen die vier bedeutendsten Gruppen dar, wenn auch die Reihenfolge beim Absatz 2, 4, 3, 1 ist, also von der Reihenfolge bei den Beschäftigten im einzelnen abweicht. Diese vier Gruppen umfassen allein ein Drittel aller aufgeführten 14 Gruppen (genau 32,5 bzw. 34,4 vH). Weit auseinander liegen dagegen Steine und Erden (an 6. bzw. 10. Stelle), Holzverarbeitung (9 bzw. 14), Eisenschaffende Industrie (12 bzw. 6) und Chemische Industrie (14 bzw. 7).

Gerade diese Unterschiede sind nicht unwesentlich für das Problem „Brutto- und Nettoproduktion" und werden deshalb später nochmals zu behandeln sein.

Nach dem zweiten Weltkrieg begann allmählich wieder der Aufbau einer Industriestatistik, aber in den einzelnen Besatzungszonen in verschiedener Weise; in der amerikanischen Zone konnten die Statistischen Landesämter (im Auftrage der Militärregierungen) bereits Mitte 1946 mit der Einführung einer monatlichen Industriestatistik beginnen, in der britischen Zone kam diese monatliche Statistik erst Anfang 1947 in Gang, mit gewissen Unterschieden gegenüber der amerikanischen Zone[6]. Erst seit August 1947 wurde die Industriestatistik im „Vereinigten Wirtschaftsgebiet" nach einem einheitlichen Meldeformular durchgeführt, das sehr umfangreich war und sehr detaillierte Angaben über Produktion, Versand- und Bestandsmengen und Materialverbrauch verlangte. An die Stelle der früheren fachlichen Gliederung nach Industriezweigen trat bei der Erfassung eine „regionale Dezentralisation der Industriestatistik nach Bundesländern". Das Gesetz über die Errichtung eines Statistischen Amtes des Vereinigten Wirtschaftsgebietes vom 21. Januar 1948 und die „Gemeinsame Anordnung der Verwaltungen des Vereinigten Wirtschaftsgebietes zur Durchführung von Statistiken" vom 1. Juni 1949 schufen dann die rechtliche Fundierung für eine weitere Vereinheitlichung der Statistik. In den Jahren 1950 und 1951 schlossen sich auch die Länder der französischen Besatzungszone dem industriestatistischen Erhebungssystem der anderen Bundesländer an. Die nächsten Jahre brachten vor allem gewisse Vereinfachungen (z. B. Umstellung der eingehenden Produktionserhebungen von monatlichen auf vierteljährliche Perioden) und den Übergang der Industriestatistik in der britischen Zone von den „Wirtschaftsverwaltungen" auf die Statistischen Landesämter.

---

[6] Vgl. hierzu K. Werner, a. a. O. S. 19 ff.

Die rechtliche Grundlage für die Befragung der an der Statistik beteiligten Betriebe hatte früher die „Verordnung über Auskunftspflicht" vom 13. Juli 1923 gebildet, für die gegenwärtige Gestaltung sind maßgebend geworden das Gesetz über die Statistik für Bundeszwecke vom 3. September 1953 und speziell das „Gesetz über die allgemeine Statistik in der Industrie und im Bauhauptgewerbe" vom 15. Juli 1957 (BGBl I, Nr. 31, S. 720). Dieses Gesetz umfaßt die Bereiche des monatlichen Industrieberichts, des Produktionseilberichts, der vierteljährlichen Produktionserhebung, des Industrieberichts für kleine Betriebe und der jährlichen Zusatzerhebung zum Industriebericht. Auskunftspflichtig sind wie bisher die Betriebe der Industrie und des Bergbaus (mit Ausnahme der Betriebe der Bauindustrie und der Unternehmen der öffentlichen Elektrizitäts-, Gas- und Wasserversorgung) sowie alle Betriebe des Bauhauptgewerbes (§ 2 des Gesetzes). Die „Weiterleitung von Einzelangaben" an Ministerien (die sogenannte „Dienstberichterstattung") ist jetzt durch das Gesetz von 1957 folgendermaßen geregelt (§ 7 des Gesetzes): *Ohne* Nennung des Namens des Auskunftspflichtigen dürfen Einzelangaben durch die erhebenden Behörden ohne weiteres an die für die Wirtschaft zuständige oberste Bundes- und Landesbehörde weitergeleitet werden — dabei handelt es sich im wesentlichen um Tabellen, in deren Feldern sich auch Zahlen *einzelner* Firmen befinden) —, die Weiterleitung von Einzelangaben unter Nennung des Namens des Auskunftspflichtigen ist in Einzelfällen auf Anforderung zulässig, aber der betroffene Auskunftspflichtige ist „unverzüglich von der Weiterleitung der Einzelangaben unter Angabe des Zweckes der Anforderung zu unterrichten" (§ 7, Abs. 2). Das Gesetz begrenzt selber den Umfang der Erhebungen in folgender Weise (§ 3): Bei höchstens 70 000 der Betriebe der Industrie und des Bergbaus werden folgende Tatbestände erfaßt: *monatlich* die Beschäftigten, die Arbeitsstunden, die Bruttolohn- und Bruttogehaltssummen, der Umsatz; der Verbrauch, der Zugang und der Bestand an Brennstoffen; die Erzeugung, die Gewinnung, der Bezug, die Abgabe und der Verbrauch von Elektrizität und von Gas, die Produktion nach einer *für die Industriegruppen repräsentativen Auswahl* von höchstens 700 Waren oder Warengruppen; *vierteljährlich* die *Gesamt*produktion nach Waren, die Reparatur-, Montage- und Lohnveredlungsarbeiten; *aller zwei Jahre* die Gewinnung, der Anfall, der Bezug, die Abgabe, der Gebrauch und der Verbrauch von Wasser; der Anfall, die Behandlung und der Verbleib des Abwassers. Bei den übrigen Betrieben der Industrie und des Bergbaus (über die 70 000 Betriebe hinaus) werden *jährlich* die Beschäftigten und der Umsatz erfaßt. Bei höchstens 20 000 der Betriebe des Bauhauptgewerbes werden erfaßt *monatlich* die Beschäftigten, die Arbeitsstunden, die Bruttolohn- und Bruttogehaltssummen, der Umsatz, *jährlich* die Geräteausstattung, die Forderungen aus betrieblichen Leistungen und Lieferungen. Für den Rest der Betriebe des Bauhauptgewerbes (über die 20 000 hinaus) werden die eben genannten Tatbestände *einmal jährlich* erhoben. Außer den hier aufgeführten Tatbeständen werden bei den einzelnen Betrieben noch Angaben zur Kennzeichnung des Betriebes erhoben, „die zu einer zutreffenden Beurteilung der Meldepflicht und der statistischen Zuordnung der Betriebe erforderlich sind" (§ 5 des Gesetzes).

Den monatlichen Industriebericht bezeichnet K. WERNER als „das Kernstück der Industriestatistik". In ihm werden die Beschäftigten nach dem Stande am Monatsende erfaßt, gegliedert nach tätigen Inhabern und (kaufmännischen und technischen) Angestellten sowie kaufmännischen und technischen Lehrlingen — die bisher genannten in *einer* Zahl —, Arbeitern (ohne gewerbliche Lehrlinge), gewerblichen Lehrlingen, dabei unterschieden nach dem Geschlecht. Der Umsatz wird gegliedert nach Umsatz aus eigener Erzeugung und sonstigem Umsatz sowie nach Inlands- und Auslandsumsatz, der Brennstoffverbrauch und -bestand nach Kohlearten und Heizöl, die Stromversorgung gegliedert in Fremdbezug, Eigenerzeugung, Abgabe und Verbrauch, der Gasbezug gegliedert nach Orts- und Kokereigas und nach Erdgas. In dem Fragebogen sind also eine Reihe allgemein volkswirtschaftlich wichtiger Tatbestände und eine Reihe energiewirtschaftlicher Fragen enthalten. Die Erhebungseinheit ist der „Industriebetrieb", und zwar im Prinzip die „örtliche Einheit", „doch wird sie nicht so streng abgegrenzt, wie etwa ... bei der Arbeitsstättenzählung, weil es bei der laufenden Industriestatistik mehr auf schnelle Berichterstattung und Anpassung an die Unterlagen der Firmen als auf genaue regionale Zuordnung ankommt. Firmen mit mehreren örtlich getrennten Produktionsbetrieben ‚sollen' für jeden Betrieb eine besondere Meldung erstatten und den Umsatz, falls er durch eine Zentralbuchhaltung festgestellt wird, auf diese Meldungen aufteilen. In der Praxis wird es, in den einzelnen Bundesländern in verschiedenem Grad, zugelassen, daß Betriebe, die nicht weit voneinander entfernt liegen, (z. B. in einer Stadt oder in Nachbargemeinden) gemeinsam melden, wobei allerdings die Kreisgrenzen immer eingehalten werden müssen. Dem Prinzip der örtlichen Einheit entspricht es, daß sich der Bericht ‚auf den gesamten Betrieb einschl. aller Verwaltungs- und Hilfsbetriebe' (wie Lagerplätze, Kraftzentralen, Reparatur- und Montagewerkstätten, Fuhrpark usw.) sowie handwerkliche Nebenbetriebe und Lehrlingswerkstätten erstreckt"[7]. Im übrigen ist für örtlich getrennt liegende „Hauptverwaltungen" eine getrennte Meldung abzugeben; örtlich getrennte Verkaufsbüros oder reine Handelsfilialen werden dagegen nicht erfaßt. *Nicht*

[7] K. WERNER a. a. O. S. 54 f.

in den Berichten einbezogen werden sogenannte „nichtindustrielle Betriebsteile", wie z. B. Wohlfahrtseinrichtungen, Kantinen, überwiegend für fremde Rechnung arbeitende Fuhrparks, Gärtnereien usw.; dagegen werden örtlich getrennte Hilfsbetriebe der Produktion wie Kraftzentralen, Lagerplätze usw. in die Angaben des Hauptbetriebes einbezogen.

Zu dieser monatlichen Berichterstattung werden grundsätzlich alle Betriebe mit 10 und mehr Beschäftigten, das sind etwa 52 000 Betriebe, herangezogen; Termin für die Meldung der Betriebe an die Statistischen Landesämter ist der 12. des dem Berichtsmonat folgenden Monats, die Landesämter wieder sollen die vorläufigen Landesergebnisse bis zum 25. dieses Monats, die endgültigen etwa eine Woche später an das Statistische Bundesamt einsenden. Man legt also — mit Recht — großen Wert auf eine beschleunigte Erledigung. Die Ergebnisse werden dann in der Unterscheidung nach „hauptbeteiligten und beteiligten Industriezweigen" aufbereitet und veröffentlicht. Die Begriffe „hauptbeteiligt und beteiligt" stammen noch aus den in der Bewirtschaftungszeit gebrauchten Bezeichnungen „hauptbetreuend und nebenbetreuend"; K. Werner bezeichnet sie — wohl mit Recht — als „wenig glücklich", ohne daß sie aber bisher durch eine bessere Begriffsbezeichnung hätte ersetzt werden können. *Sämtliche* im Industriebericht erfragten Tatbestände werden in den Ergebnistabellen nach „hauptbeteiligten" Industriegruppen und -zweigen ausgewiesen. Das bedeutet an sich nichts anderes „als eine auf Grund der Industrieberichtssystematik erfolgte Aufbereitung nach den oben gekennzeichneten Industriebetriebseinheiten". „Gemischtbetriebe", d. h. solche, die Umsätze und Beschäftigte in mehreren der Industriegruppen oder -zweige der Systematik angeben, werden hierbei mit den Angaben für den gesamten Betrieb demjenigen Industriezweig zugerechnet, bei dem der „Schwerpunkt" des Betriebes liegt. Als Maßstab für den Schwerpunkt wird dabei die im Fragebogen angegebene Beschäftigtenzahl angenommen. Wenn also z. B. eine Maschinenfabrik mit einer Eisengießerei verbunden ist und im Fragebogen 250 Beschäftigte beim Maschinenbau und 50 Beschäftigte bei der Eisengießerei angibt, so wird der ganze Betrieb der Industriegruppe Maschinenbau zugeordnet. Aus diesen Ausführungen, für die bei K. Werner noch weitere Beispiele und Einzelheiten nachzulesen sind, ergibt sich, daß hier tatsächlich andere Prinzipien obwalten als bei der früher behandelten Arbeitsstättenzählung; das hier angewandte Verfahren nähert sich eigentlich mehr demjenigen bei den Betriebszählungen des Deutschen Reiches vor dem ersten Weltkrieg. Wenn sich im Laufe eines Jahres der „Schwerpunkt" eines Gemischtbetriebes nach der Beschäftigtenzahl von einem Industriezweig auf einen anderen verschiebt, so wird der Betrieb jeweils zu Beginn des neuen Kalenderjahres dem neuen „hauptbeteiligten" Industriezweig zugeordnet.

Die Daten über Beschäftigte und Umsatz werden außerdem noch nach sogenannten „beteiligten" Industriegruppen oder -zweigen aufbereitet. In dem (monatlichen) Industriebericht sind ja eine Reihe Spalten vorgesehen, die jeweils mit der Nummer des in Frage kommenden Industriezweiges (entsprechend dem auf der Rückseite aufgedruckten Verzeichnis) bezeichnet und mit den Zahlen der Beschäftigten, den Werten des Umsatzes usw. auszufüllen sind. Hierbei wird also die örtliche Einheit aufgespalten in gewissermaßen „technische Teilbetriebe"; die oben erwähnten Beschäftigten des Gemischtbetriebes werden zu 250 der Industriegruppe Maschinenbau und zu 50 Personen dem Industriezweig Eisen-, Stahl- und Tempergießerei zugewiesen. Die hier vorgeschriebene Aufteilung ist für den Umsatz unproblematisch: Der Umsatz ist ohnehin nach Erzeugnissen gegliedert, und diese lassen sich mit Hilfe des Warenverzeichnisses der Industriestatistik klar den beteiligten Industriezweigen zuordnen. Bei den Beschäftigten entsteht aber noch das Problem derjenigen (Neben- und Hilfs-)Betriebsteile, die *nicht* unmittelbar an der Produktion der einzelnen Erzeugnisgruppen teilhaben, wie Kraftzentrale, Verwaltung usw. Diese Neben- und Hilfsbetriebsteile werden nun voll mit aufgespalten, und ihre Beschäftigten werden dem bestimmten Industriezweig zugeordnet, für den sie arbeiten oder, falls eine solche Feststellung nicht genau möglich ist, „anteilmäßig aufgeschlüsselt". Auf alle Fälle ist am Ende die Summe der Beschäftigten nach hauptbeteiligten Industriezweigen gleich der Summe der Beschäftigten nach beteiligten Industriezweigen, wobei die Aufteilung, wie wir gesehen haben, oft nur schätzungsweise möglich ist. Von Bedeutung ist diese Aufteilung u. a. im Zusammenhang mit der Aufteilung der Gemeinkosten bei der Kostenkalkulation; WERNER nimmt an, daß „die Automatisierung mit ihrer weiteren Verlagerung von Beschäftigten aus der unmittelbaren Fertigung des Endproduktes in vorbereitende Tätigkeiten und Hilfsbetriebsteile ... vermutlich die Schwierigkeiten dieser Aufgliederung erhöhen (wird). Zu den Hauptinteressenten an der Aufgliederung nach beteiligten Industriezweigen gehören heute die Industrieverbände, da deren Abgrenzung weitgehend produktionstechnisch bedingt ist"[8].

Die *vierteljährliche* Produktionserhebung erfaßt die gleichen Betriebe wie der monatliche Industriebericht und erhebt den vollständigen Produktionsausstoß in sehr weitgehender Gliederung nach Menge und Art; eine gewisse Sonderregelung gibt es für die Industriezweige, für die „Fachstatistiken" bestehen. Die Betriebe haben im allgemeinen die *zum*

---

[8] a. a. O. S. 57.

Absatz bestimmte Produktion anzugeben, z. T. aber auch, besonders bei den *Grundstoffindustrien,* die Produktion von *zur Weiterverarbeitung bestimmten* Erzeugnissen, so daß sich hier eine *Gesamt*produktion ermitteln läßt. Die Gliederung der Erzeugnisse richtet sich nach dem „Systematischen Warenverzeichnis für die Industriestatistik". Dieses Warenverzeichnis ist im Hinblick auf die Möglichkeit einer maschinellen Aufrechnung nach dem Dezimalsystem gegliedert und enthält (nach dem Stande von 1957) 32 zweistellige Waren*gruppen,* 152 dreistellige Waren*zweige,* 787 vierstellige Waren*klassen* und 5481 (also fast 5500) sechsstellige Waren*arten.* Bei der Gruppierung der Waren hat man sich weitgehend an die in der Praxis des Wirtschaftslebens gebräuchlichen Gliederungen gehalten; dabei ist teilweise der Rohstoff (Eisen- und Metallwaren, Holzwaren usw.) maßgebend gewesen. Wichtig ist dabei: „Jede Warenart hat grundsätzlich nur eine Nummer, auch wenn sie in verschiedenen Industriezweigen hergestellt wird. ... Die Ergebnisse der vierteljährlichen Produktionserhebung geben also die Produktionsmengen und -werte der einzelnen Waren *unabhängig davon an, wo diese erzeugt werden*"[9]. Entsprechend den Wünschen der Praxis ist die „Gliederungstiefe" in den einzelnen Warengruppen recht verschieden, teilweise sehr groß, z. B. im Maschinenbau, teilweise nur gering, z. B. in der Chemischen Industrie. Selbstverständlich wird dieses Warenverzeichnis mit der technischen oder wirtschaftlichen Entwicklung von Zeit zu Zeit geändert. Wichtig ist auch, daß die Industrieberichtssystematik gerade in den zweistelligen Gruppen weithin mit der „Arbeitsstättensystematik" (nach der Zählung von 1950) übereinstimmt; auch wo sich die zweistelligen Gruppen nicht decken, lassen sie sich „mit Hilfe der drei- oder vierstelligen Positionen beider Systematiken leicht in Übereinstimmung bringen"[10]. Ebenso ist es von Bedeutung, daß sich mit Hilfe der eingehenderen Gliederung der Industrieberichtssystematik die Ergebnisse der *deutschen* Industriestatistik ziemlich leicht mit denen der internationalen Statistiken vergleichen lassen; hier ist maßgebend die „International Standard Industrial Classification (ISIC)" des Statistical Office of the United Nations. In dieser internationalen Statistik decken sich auch die Begriffe enterprise und local unit im wesentlichen mit den deutschen Begriffen „Wirtschaftseinheit" und „örtliche Einheit"; das „establisment" dagegen, ein international sehr gebräuchlicher Begriff, entspricht nicht genau einer der deutschen Einheiten; man sieht es wohl am besten als „Betrieb", als ein Zwischending zwischen örtlicher und technischer Einheit an[11].

---

[9] Werner a. a. O. S. 62.

[10] Vgl. Werner a. a. O. S. 64 ff., woselbst er auch die wesentlicheren Unterschiede zwischen beiden Systematiken behandelt.

[11] Werner a. a. O. S. 52.

Die deutsche Industriestatistik gibt ihre Ergebnisse auch in der Zusammenfassung zu den folgenden „Hauptgruppen" wieder: Grundstoffindustrien, Investitionsgüterindustrien, Verbrauchsgüterindustrien — Verbrauchsgüter sind diejenigen verwendungsreifen Güter, die zum Verbrauch in den privaten Haushaltungen bestimmt sind, also sowohl kurzlebige Verbrauchsgüter (z.B. Bekleidung) als auch langlebige Gebrauchsgüter (z.B. Möbel, Küchengeräte) —, Nahrungs- und Genußmittelindustrien — Nahrungs- und Genußmittel sind ja eigentlich auch „Verbrauchsgüter", sind aber im wesentlichen aus organisatorischen Gründen (die entsprechenden Industrien gehören in die Zuständigkeit des Bundesernährungsministeriums) in einer besonderen Hauptgruppe zusammengefaßt worden. Bei der Zuordnung der einzelnen Industrien zu diesen „Hauptgruppen" entstehen auch sonst gewisse Schwierigkeiten; so ist z.B. Kohle zum Teil Grundstoff, zum Teil aber auch Verbrauchsgut (in den privaten Haushaltungen), Glühlampen können sowohl in Erwerbsbetrieben als auch in Haushaltungen verwandt werden, ebenso können Personenkraftwagen Erwerbszwecken wie auch privaten Zwecken dienen; im allgemeinen hilft man sich hierbei mit dem „Schwerpunktsprinzip", wonach der *überwiegende* Verwendungszweck maßgebend sein soll. Eine weitere Schwierigkeit der Zuteilung ergibt sich — um ein Beispiel zu nennen — daraus, daß etwa die Elektroindustrie allgemein zu den Investitionsgüterindustrien gerechnet wird, aber doch zu einem erheblichen Teil auch Gebrauchsgüter (Heiz- und Kochgeräte, Rasierapparate usw.) herstellt; ähnliche Beispiele lassen sich leicht finden, so daß man also auch im großen nur von „*überwiegend* Verbrauchsgüter herstellenden Industrien" usw. sprechen darf. K. Werner unterstreicht die Notwendigkeit einer solchen Regelung mit dem Satz, „daß auch der Statistiker Unwesentliches weglassen können muß, um das Typische zu erkennen"[12].

Während der monatliche Industriebericht und die vierteljährliche Produktionserhebung grundsätzlich *alle* Betriebe mit 10 und mehr Beschäftigten erfaßt, wendet sich der Produktions-*Eilbericht* allmonatlich an diejenigen Betriebe (mit 10 und mehr Beschäftigten), die an der Erzeugung bestimmter *ausgewählter* Produkte beteiligt sind; es handelt sich bei diesen Produkten um rund 600 Erzeugnisse oder Erzeugnisgruppen, die vor allem auch bei der Herstellung der (noch zu behandelnden) Produktionsindices eine Rolle spielen. Wie schon der Name „Eilbericht" sagt, liegt hier der Meldetermin sehr früh, viele Daten werden sogar telephonisch von den Statistischen Landesämtern eingeholt. Spätestens am 15. müssen die letzten Ländererergebnisse beim Statistischen Bundesamt eingetroffen sein, das dann das Bundesergebnis schon 2—3 Tage später

[12] a. a. O. S. 68.

den zuständigen Ministerien übermittelt und auch schon den Produktions-Index bis zum 20. für den vorangegangenen Monat dem Bundes-Wirtschaftsministerium liefert. Diese Daten werden auch mit großer Beschleunigung der Öffentlichkeit bekanntgegeben, teils in „Wirtschaft und Statistik", teils in der allgemeinen Presse von seiten des Wirtschaftsministeriums.

Die bisher genannten Industrieberichte beziehen sich durchweg auf Betriebe mit 10 und mehr Beschäftigten. Daneben gibt es aber auch eine Berichterstattung über *Kleinbetriebe*. Die Industriebetriebe mit weniger als 10 Beschäftigten werden im allgemeinen nur *einmal* jährlich, und zwar im September, durch den „Industriebericht für Kleinbetriebe" erfaßt. Die Anzahl dieser Kleinbetriebe ist zwar verhältnismäßig groß (1956 waren es rund 42 000 Betriebe), aber ihre allgemeine Bedeutung ist doch nur gering: Der Anteil ihrer Beschäftigtenzahl an der der gesamten Industrie beträgt etwa 2,3 vH, wenn er auch in einigen Zweigen erheblich höher liegt. So umfassen die in der Edelsteinindustrie dieser Größenklasse Beschäftigten allein 37,9 vH, die in der Mineralwasser- und Limonadenindustrie Beschäftigten 34,1 vH, die in der Spirituosenindustrie Beschäftigten 32,9 vH, die in der Molkerei- und milchverarbeitenden Industrie Beschäftigten 17,4 vH (die entsprechenden Betriebe der gesamten Ernährungsindustrie allerdings nur 7,9 vH) und schließlich noch die in Sägewerken und in der Holzverarbeitung Beschäftigten 15,5 vH aller Beschäftigten in den durch die Industrieberichterstattung überhaupt erfaßten Betrieben[13]. Dieser Industriebericht für Kleinbetriebe erfaßt zahlenmäßig nur die Gesamtzahl der Beschäftigten und den Umsatz, daneben noch die Tatsache der Eintragung in das Handelsregister oder in die Handwerksrolle, die Mitgliedschaft bei der Industrie- und Handelskammer, die Vertriebeneneigenschaft, den Produktionszweig usw. Als Hauptaufgabe dieser Erhebung bezeichnet WERNER die „jährliche Korrektur des Berichtskreises des monatlichen Industrieberichts und der Produktionsstatistiken". In jedem Jahr überschreiten nämlich eine große Anzahl von Betrieben die 10-Beschäftigten-Grenze nach oben sowohl wie nach unten; dabei kann dann die Gruppe derer, die jetzt zu den Betrieben mit 10 und mehr Beschäftigten zustoßen, eben nur durch die einmalige Erhebung der Kleinbetriebe festgestellt werden.

Für die Betriebe mit 10 und mehr Beschäftigten, die an sich der monatlichen und der vierteljährlichen Berichterstattung unterliegen, gibt es noch ein Erhebungsverfahren, das darauf abzielt, in längeren Zwischenräumen Tatbestände zu erheben, die zwar interessieren, aber nicht unbedingt kurzfristig ermittelt werden müssen. Dieses Verfahren ist die

---

[13] WERNER a. a. O. S. 49.

„Zusatzerhebung zum Industriebericht", die meist jährlich — möglicherweise aber auch in größerem Abstand — vorgenommen wird. Das Frageprogramm kann dabei wechseln; so wurde in den letzten Jahren z. B. die „Vertriebeneneigenschaft" der Betriebe, der zahlenmäßige Anteil der Vertriebenen an den Beschäftigten, die Wasserversorgung der Industriebetriebe, die Arbeiterplatzkapazität und die Normalarbeitszeit ermittelt. Im Rahmen der Zusatzerhebung von 1951/52 wurden auch die Grundlagen zur Berechnung von Nettoproduktionswerten sämtlicher Industriezweige (für 1950) festgestellt. Neuerdings ist für diese Zusatzerhebungen eine besondere Rechtsgrundlage erforderlich, wenn sie über das Erhebungsprogramm des Industriestatistischen Gesetzes von 1957 hinausgehen wollen. Eine besondere Jahreserhebung für 1954 befaßte sich mit der Nettoleistung der Industrie (gestützt auf eine besondere Verordnung „über die Jahreserhebung der Nettoleistung der Industrie" vom 12. Januar 1956), wobei jedoch nicht der Betrieb die Erhebungseinheit darstellte, sondern das Unternehmen. Außerdem gliederte sie noch den Eingang an Rohstoffen und Hilfsmaterial nach Warengruppen auf. Eine weitere Besonderheit stellt die *„Auftragseingangsstatistik"* dar, die nicht in das Programm des Gesetzes von 1957 gehört, sondern auch auf einer besonderen Rechtsverordnung fußt (vom 21. Dezember 1957). Diese Statistik erfaßt nur etwa ein Fünftel der industrieberichtspflichtigen Betriebe, und zwar ist nur ein Teil der Industriegruppen ausgewählt und innerhalb dieser wieder ein Teil der größeren Betriebe.

Alle im Rahmen der Industriestatistik aufgeführten Erhebungen werden von den Statistischen Landesämtern durchgeführt, wobei deren industriestatistische Abteilungen jeweils eine „Industriekartei" führen, die die Industriebetriebe und neuerdings auch die Industrie*unternehmen* enthält; aufgebaut wurde sie nach dem zweiten Weltkrieg aus dem Adressenmaterial der Landeswirtschaftsämter, der Industrie- und Handelskammern usw., auf dem laufenden gehalten und kontrolliert wird sie jetzt — wie schon erwähnt — durch den Industriebericht für Kleinbetriebe, ferner durch Neuanmeldung von Betrieben (durch die Gewerbeämter der Gemeinden) sowie in größeren Abständen durch die „Arbeitsstättenzählungen". Bei rund 80 vH aller eingehenden Berichte müssen Ergänzungen, Berichtigungen oder Rückfragen vorgenommen werden; auch werden die eingehenden Meldungen geprüft an den Durchschnittsquoten und durch Vergleiche mit *früheren* Berichten. Die verschiedenen Sachbearbeiter in den einzelnen Landesämtern haben sich vielfach auf bestimmte Industriegruppen einstellen müssen, um über die notwendigen Branchenkenntnisse zu verfügen und die wichtigsten Firmen kennen zu lernen. Bei der Aufbereitung werden im allgemeinen elektrische Zählmaschinen (System Hollerith) verwendet, allerdings wird gerade der

Produktionseilbericht interessanterweise vielfach manuell bearbeitet — weil ja die Herstellung der maschinellen Unterlagen unter Umständen zu viel Zeit beansprucht. An den Ergebnissen interessiert sind neben den Ministerien und sonstigen Behörden des Bundes und der Länder vor allem Industrie- und Handelskammern, Städte, Verbände und vielfach auch Einzelfirmen.

Während die bisher dargestellten Erhebungen als *allgemeine* Industriestatistik zu bezeichnen sind, da sie sich grundsätzlich auf die große Masse der Industriezweige erstrecken, befassen sich andere Statistiken auf dem Gebiet der Industrie absichtlich nur mit einzelnen Industriezweigen. Soweit es sich dabei um *amtliche* Statistiken handelt, spricht man von den „Fachstatistiken", die im allgemeinen für ihre Durchführung besonderer Rechtsverordnungen bedürfen. Angebracht sind solche Fachstatistiken besonders für Industrien, die eine *Schlüsselstellung* haben oder in ihrer Rohstoffversorgung in besonders hohem Grade *auslandsabhängig* sind. Diese Statistiken erfassen nicht nur den Produktionsausstoß, sondern auch den Materialverbrauch und die Bestände, und zwar überwiegend mengenmäßig. Im Gegensatz zu der älteren Produktionsstatistik sind sie durchweg kurzfristig. Sie geben meist ein klares Bild des Rohstoffflusses[14]. Im Vordergrund dieser Fachstatistiken steht die *Eisen- und Stahlstatistik,* da bekanntlich die Eisen- und Stahlindustrie eine besondere Schlüsselstellung für die gesamte Wirtschaft besitzt und auch in besonders hohem Grade konjunkturempfindlich ist. Die hier übliche Statistik (gestützt auf die VO über die Durchführung einer Eisen- und Stahlstatistik vom 1. August 1957) wird sogar von einer besonderen Außenstelle des Statistischen Bundesamts in Düsseldorf durchgeführt, die gleichzeitig auch die Unterlagen für die von der (internationalen) Montanunion benötigten Erhebungen liefert, so daß die Montanunion die deutschen Firmen nicht noch einmal besonders zu befragen braucht. Einbezogen in diese Fachstatistik sind die Betriebe des Eisenerzbergbaus, der Eisenschaffenden Industrie, der Legierungsmittelerzeugung und des Schrotthandels, insgesamt rund 3000 Betriebe. Die Erhebungen gehen monatlich vor sich und beschränken sich im wesentlichen auf die Erfassung der Mengen, wobei die einzelnen Produktionsstufen klar auseinandergehalten werden; außer dem Produktionsausstoß werden auch Zugang, Verbrauch und Bestände an Roh- und Hilfsstoffen ermittelt. Statt des Umsatzes wird der Versand erhoben, so daß immerhin Wertgrößen für Umsatz und Produktion *errechnet* werden können. Ferner werden verlangt Angaben über Beschäftigte, geleistete Arbeitsstunden, Löhne und Gehälter, in einzelnen Zweigen auch Auftragseingänge und -bestände. Beim Handel interessieren vor allem Bestände, Zugänge und Abgänge

[14] Vgl. WERNER a. a. O. S. 28.

von Schrott. Auch die *Nichteisen- und Edelmetallstatistik* ist für Deutschland wichtig, da infolge der geringen deutschen Metallerzvorkommen die entsprechende Versorgung der Bundesrepublik stark von der Einfuhr der Überschußländer abhängt. Wegen der Vielfalt der Metallarten und -verarbeitungsstufen ist hier eine besonders detaillierte statistische Erfassung am Platze. Die Nichteisen- und Edelmetallstatistik erstreckt sich auf die Betriebe des Metallerzbergbaus, der Metallgewinnung, der ersten Verarbeitungsstufe und des Metallhandels und ermittelt für rund 30 Metalle monatlich mengenmäßig die Erzeugung von Erzen, Konzentraten, Roh- und Halbmaterial sowie die Bestände an Rohmaterial bei den Metallgewinnungsbetrieben. Vierteljährlich werden noch der Verbrauch von Vor-, Roh- und Abfallmaterial, die Bestände an Rohmaterial sowie an Vor- und Abfallmaterial erhoben. Bearbeitet wird diese Statistik vom „Bundesamt für gewerbliche Wirtschaft".

Wegen der großen Bedeutung des Handelsdüngers für Menge und Qualität der Ernteerträge ist weiter die *Düngemittelstatistik* sehr wichtig, besonders um Vorsorge treffen zu können für die zweckmäßige Belieferung der Landwirtschaft. Deshalb wird auf Grund der VO über die Durchführung einer Düngemittelstatistik vom 1. August 1957 eine amtliche Fachstatistik durchgeführt, die monatlich die Produzenten — im wesentlichen Chemische Industrie und Kokereien — befragt. Dabei werden ermittelt Produktion, Ein- und Ausfuhr, Bestände an Düngemitteln nach dem Reingehalt an Nährstoffen, ebenso die Daten für die Rohstoffe und die Lieferungen an Verarbeiter. Diese Statistik wird im Statistischen Bundesamt aufbereitet.

Sehr stark einfuhrabhängig — zu rund 90 vH — ist die *Textilindustrie* hinsichtlich ihrer Rohstoffversorgung (wenn man dabei von den Chemiefasern absieht). Anderseits sind Produktion und Absatz von den wechselnden Neigungen der Verbraucher und der „Mode" abhängig. Deshalb wird in der Textilwirtschaft eine sehr eingehende Fachstatistik (auf Grund des Statistischen Gesetzes von 1953) als Bundesstatistik von den Statistischen Landesämtern durchgeführt. Dabei wird die Textilindustrie in ihre Produktionsstufen Spinnstoffaufbereitung, Spinnstoffverarbeitung, Gespinstverarbeitung und Textilveredelung aufgegliedert und jeweils innerhalb dieser Stufen in eine große Zahl fachlicher Zweige. Auch hier werden monatlich mengenmäßig Zugang, Bestände und Abgang an Rohstoffen, Produktion, Bestände und Versand von Textilerzeugnissen, die Zahl der Spindel- und Webstuhlstunden sowie die der Beschäftigten erhoben. Veröffentlicht werden hier die Produktionszahlen in den üblichen Veröffentlichungen des Statistischen Bundesamtes, die übrigen Daten „als Manuskript gedruckt" von einer vom Fachverband gegründeten „Textilstatistik GmbH" herausgegeben.

Auch bei der *Lederindustrie* ist die Rohstoffversorgung in weitem Umfang einfuhrabhängig, und zwar bei Großviehhäuten zur Hälfte, bei Kleintierfellen sogar fast vollständig; daneben sind die Auslandslieferungen starken Preis- und Kursmanipulationen unterworfen. Es kommt hinzu, daß diese Industrie infolge ihrer Standortverhältnisse durch die Spaltung Deutschlands strukturell in eine recht schwierige Lage geraten ist; das zeigt sich u. a. am Produktionsindex der Ledererzeugung, der hier 1956 nur 87,3 betrug, wenn man die Produktion von 1936 gleich 100 setzt. Deshalb ist auch hier durch die VO über die Durchführung einer Lederstatistik vom 24. September 1957 eine Fachstatistik eingeführt worden, die allerdings nur vierteljährlich erhoben wird — vorher war sie monatlich. Diese Statistik erfragt bei den ledererzeugenden Betrieben mengenmäßig Zugang, Bestände und Einarbeitung von Häuten und Fellen, getrennt nach Arten, ferner Erzeugung, Bestände und Absatz von Leder, ebenfalls nach Arten aufgegliedert. Veröffentlicht werden nur die Produktionszahlen für Leder.

Da *Rohtabak* ungefähr zu drei Vierteln ausländischen Ursprungs ist und die Anbaufläche bei den Inlandtabaken kontingentiert wird, hat sich auch hier eine Sonderstatistik als notwendig erwiesen, vor allem wegen der Festsetzung der Anbaukontingente und als Grundlage für die Handelsverträge. Die VO über die Durchführung einer Rohtabakstatistik vom 1. August 1957 schreibt deshalb vor, daß bei den Tabakwarenherstellern und bei den Rohtabakhändlern vierteljährlich die Bestände, Zugänge und Abgänge in Rohtabak nach Sorten ermittelt werden. Die Meldungen gehen an die Landwirtschaftsministerien; die Aufbereitung führt wieder das Bundesamt für gewerbliche Wirtschaft durch.

Eine Fachstatistik mit besonderer Eigenart ist die *Montanstatistik* der Bergbehörden; sie ist nämlich keine Bundesstatistik — etwa mit einer Rechtsgrundlage nach dem Statistischen Gesetz von 1953 —, sondern eine Statistik, die von den Bergbehörden der *Länder* auf Grund alter Tradition nach einheitlichen Gesichtspunkten aufgezogen ist. Sie umfaßt alle dem Allgemeinen Berggesetz unterworfenen Bergwerke, Aufbereitungsanstalten, Salinen und zugehörigen Betriebsanstalten; sie veröffentlicht ihre Ergebnisse vierteljährlich. Fachlich ist sie gegliedert in Stein-, Braun-, Pechkohlenbergbau, Erdölbergbau, Kali- und Steinsalzbergbau, Eisen- und Metallerzbergbau, sonstigen Bergbau (Flußspat-, Schwerspat-, Kaolinbergbau u. a.). Die Statistik geht aber sehr ins einzelne und erstreckt sich auf folgende Tatbestände: Gewinnung und Produktion sämtlicher Bodenschätze und der hieraus in Bergbaubetrieben hergestellten Erzeugnisse nach Mengen und Werten, Zahl der Beschäftigten, Löhne, Zahl der Arbeitsschichten, entgangene Schichten, Zahl der Arbeitstage,

Unfälle in sehr detaillierter Gliederung (nach Arten, Ursachen, Schwere des Unfalls usw.), sowie den Maschinenbestand im Steinkohlenbergbau.

Besondere Fachstatistiken sind auch eingerichtet worden auf dem Gebiet der *Elektrizitäts-, Gas- und Wasserversorgung,* ein Gebiet, das wegen seiner besonderen Verhältnisse durch die allgemeine Industriestatistik nicht hinreichend statistisch beobachtet werden könnte, anderseits aber wegen seiner Schlüsselstellung einer sehr genauen Erfassung bedarf. Rechtsgrundlagen sind hier die VO über die Statistik in der Elektrizitäts- und Gaswirtschaft vom 22. November 1956 und die VO über die Statistik in der öffentlichen Wasserversorgung und im öffentlichen Abwasserwesen vom 3. April 1958. Man spricht hier zusammenfassend auch von einer Statistik der *Energiewirtschaft* und bemüht sich dabei auch um die Erstellung von Energiebilanzen. Im einzelnen handelt es sich um eine Monatsstatistik der öffentlichen Elektrizitätsversorgungsunternehmen, bei der die Stromerzeugung — nach Kraftquellen gegliedert —, die Stromabgabe an das öffentliche Netz, die Leistungen und Belastungen der Anlagen an einem Stichtag, die Vorräte an Speicherwasser sowie Verbrauch und Bestand an Brennstoffen erfaßt werden, weiter um eine Monatsstatistik der öffentlichen Gasversorgungsunternehmen, bei der in ähnlicher Weise wie bei den Elektrizitätswerken Erzeugung, Gewinnung, Umwandlung, Speicherung, Bezug und Abgabe von Gas, Anfall von Koks und Nebenprodukten, Verbrauch und Bestand an Brennstoffen ermittelt werden. Die eben genannten Monatsstatistiken werden bei den Wirtschaftsministerien bearbeitet. Dazu kommt noch eine *jährliche* Erhebung bei den Elektrizitäts- und Gaswerken, die die Zahl der Beschäftigten, der geleisteten Arbeitsstunden, die Bruttosumme der Löhne und Gehälter, den Strom- und Gasabsatz nach Menge und Wert (in DM) und gegliedert nach Abnehmergruppen (Energieverteiler, Sonderabnehmer, Tarifabnehmer, Auslandsabsatz) erfaßt. Außerdem werden noch ermittelt die Ergebnisse der Stromerzeugungsanlagen der Industrie sowie der Anlagen zur Erzeugung und Umwandlung gasförmiger Brennstoffe in der Industrie[15]. Der monatliche *Verbrauch* der Industrie an Strom und Gas wird schon durch den normalen Industriebericht ermittelt. Was die Wasserversorgung angeht, so hat der Wirtschaftsaufschwung der letzten Jahre allmählich zu einer steigenden Beanspruchung der Wasservorkommen geführt, so daß man hier vielleicht schon mit einem drohenden „Engpaß" rechnen muß. Auch standortmäßig kann sich das erheblich auswirken. Die zunehmende Verschmutzung der Gewässer wirkt sich besonders für die Abwasserwirtschaft aus. Dies alles erfordert auch hier gründliche statistische Unterlagen, die zum Teil durch die Zusatzerhe-

---

[15] Näheres hierüber bei K. WERNER a. a. O. S. 122.

bungen für die Jahre 1952 und 1955 gewonnen werden konnten. Auf Grund des Industriestatistischen Gesetzes vom 15. Juli 1957 werden nunmehr aller zwei Jahre bei allen industrieberichtspflichtigen Betrieben des Bundesgebiets erfragt die jährliche Eigenförderung an Wasser nach Arten, der Fremdbezug, der Verwendungszweck sowie die vorgeklärt und die ungeklärt abgeleitete Wassermenge. Für 1957 ist außerdem eine eingehende Erhebung bei den rund 13 000 Wasserwerken angeordnet worden, die die Wassergewinnung aus Grundwasser, Quellwasser und Oberflächenwasser, den Fremdbezug, die Wasserabgabe und die Einwohnerzahl des Versorgungsgebiets klären soll; ebenso soll das öffentliche Abwasserwesen statistisch erfaßt werden.

Eine Besonderheit stellt noch die Totalerhebung im Bauhauptgewerbe als *Fachstatistik für die Bauindustrie* dar. Die Bauindustrie ist neben dem Bauhandwerk ein Teil des „Bauhauptgewerbes", das im wesentlichen im Hochbau die am Rohbau arbeitenden Betriebe, den Tiefbau und den Spezialbau umfaßt. Im Jahre 1956 machte die Bauindustrie nach der Zahl der Beschäftigten 32 vH, nach dem Umsatz 40 vH des gesamten Bauhauptgewerbes aus; nach der Zahl der Betriebe waren es sogar nur 6,4 vH! Das will aber nichts besagen angesichts der Tatsache, daß die Betriebe in der Bauindustrie eben wesentlich mehr Menschen im Durchschnitt beschäftigen als im Bauhandwerk. Am Umsatz gemessen überwiegt das Bauhandwerk bei weitem im Wohnungsbau, ebenso auch in landwirtschaftlichen Bauten, während bei gewerblichen und industriellen Bauten sowie bei öffentlichen und Verkehrsbauten die Bauindustrie voransteht; für die öffentlichen und Verkehrsbauten steht allerdings im Hochbau immer noch das Handwerk voran, im Tiefbau dagegen deutlich die Bauindustrie[16]. Die Bauberichterstattung besteht aus dem Monatsbericht, der nur die Betriebe mit 20 und mehr Beschäftigten umfaßt, und der *Totalerhebung* (diese einmal im Jahr mit Stichtag Ende Juli), die sich auf sämtliche Betriebe des Bauhauptgewerbes erstreckt und die einzige Erhebung darstellt, die getrennte Ergebnisse für das handwerkliche Bauhauptgewerbe und die Bauindustrie aufweist. Die Ergebnisse dieser Fachstatistik werden jährlich einmal veröffentlicht und enthalten für die Bauindustrie im wesentlichen folgende Tatbestände: Betriebe und Beschäftigte am Stichtag, gegliedert nach Zweigen des Bauhauptgewerbes, nach Betriebsgrößenklassen und nach Ländern; die Beschäftigten in eingehender Gliederung; die Löhne und Gehälter; den Umsatz, gegliedert nach der Art der Bauten und nach Betriebsgrößenklassen; die geleisteten Arbeitsstunden nach der Art der Bauten; die wichtigsten Geräte; die ausstehenden Forderungen.

---

[16] Vgl. hierzu die Tabelle bei WERNER a. a. O. S. 32.

Neben der *amtlichen* Industriestatistik gibt es in großem Umfang auch *private* Industriestatistiken, wie überhaupt weithin die offiziellen statistischen Erhebungen durch solche von seiten der Wirtschaft, der Verbände usw. ergänzt werden; in dem einleitenden Kapitel (oben S. 24 ff.) habe ich darauf auch schon allgemein hingewiesen. Auf dem Gebiet der Industrie werden solche „privaten" Erhebungen vor allem von den Industrieverbänden — in Deutschland wie im Ausland — durchgeführt; zu bestimmten Zeiten, z. B. im Zusammenhang mit staatlichen Rohstoffbewirtschaftungs- oder sonstigen Lenkungsmaßnahmen (vor allem im Kriege, aber auch sonst in totalitären Staaten), werden solche Verbände auch geradezu mit der Durchführung solcher Erhebungen bei ihren Mitgliedern beauftragt, wodurch die Erhebungen eigentlich einen amtlichen Charakter erhalten. Im heutigen Bundesgebiet hat aber diese Verbandsstatistik einen durchaus privaten Charakter, die Verbände führen sie durch, weil ihr Bedarf an Unterlagen, wie K. Werner sagt, „von der mehr dem allgemeinen Interesse dienenden und durch die öffentlichen Haushalte finanzierten amtlichen Statistik oft nicht gedeckt werden kann"[17]. Der Bedarf der Verbände an statistischen Daten ist deshalb so groß, weil sie immer wieder für die Interessenvertretung, für wirtschaftspolitische Verhandlungen aller Art, für die (allgemeine und spezielle) Marktbeobachtung, für die Beratung der Mitgliedsfirmen usw. gebraucht werden. Dabei haben diese Verbandsstatistiken im einzelnen — verständlicherweise — verschiedene „Schwerpunkte". Bei der Statistik des Vereins Deutscher Maschinenbauanstalten (VDMA) z. B. liegt dieser Schwerpunkt mehr bei dem Markt und der Konjunkturlage, dagegen spielt hier die Rohstoffversorgung keine oder nur eine untergeordnete Rolle; der Kern dieser Verbandsstatistik ist eine Monatsstatistik über Umsätze und Auftragseingänge, gegliedert nach In- und Ausland, wobei rund 1100 Mitgliedsfirmen zur aktuellen Unterrichtung über die Konjunkturlage ausgewählt sind und nach rund 35 Fachzweigen aufgegliedert werden. Auf der anderen Seite steht bei der Verbandsstatistik der papiererzeugenden Industrie — neben einer stark gegliederten Erfassung der Produktion, der Lieferungen und der Umsätze — die Roh- und Hilfsstoffversorgung stark im Vordergrund.

Im Gesamtgebiet der Statistik der gewerblichen Produktion werden, wie wir gesehen haben, die bedeutsamsten Ergebnisse von den Industriebetrieben geliefert. Dabei ist auf eine Schwierigkeit hinzuweisen, die sich daraus ergibt, daß noch immer — troz der Handwerksordnung vom 17. September 1953 — keine befriedigende Abgrenzung zwischen Hand-

---

[17] a. a. O. S. 34 (hier auch ein ausführliches Verzeichnis der einzelnen Verbände mit ihren Statistiken auf S. 36 ff.).

werk und Industrie besteht. Das genannte Gesetz bringt keine klare Definition für das Handwerk, es bezeichnet einen Gewerbebetrieb als Handwerksbetrieb, „wenn er handwerksmäßig betrieben wird und zu einem Gewerbe gehört, das in der Anlage A zu diesem Gesetz aufgeführt ist", was für den zweiten Teil des Satzes in Wirklichkeit eine „Definition ex post" bedeutet. Im allgemeinen muß man sich deshalb an das Merkmal der Eintragung in die Handwerksrolle halten, wie das auch bei der Handwerkszählung von 1956 gesetzlich vorgeschrieben war. Dabei kann es durchaus vorkommen, daß sich Betriebe zwar von der „handwerklichen" zur „industriellen" Betriebsweise (oder auch zu Handelsbetrieben) entwickeln, aber ihre Löschung in der Handwerksrolle absichtlich oder unabsichtlich hinauszögern, so daß in Wirklichkeit noch ein Teil der industriellen Produktion unter das Handwerk gerechnet wird. Die Handwerksrolle kümmert sich auch bei „gemischten" Betrieben nicht um den „Schwerpunkt", so daß auch auf diese Weise verkehrte „Zuweisungen" eintreten können. Grundsätzlich soll die Industriestatistik neuerdings „reine Handwerksbetriebe" nicht mehr enthalten und bei kombinierten Betrieben nur der wirklich industrielle Teil einbezogen werden. Außerdem gibt es noch ein „produzierendes Kleingewerbe", das weder zum Handwerk noch zur Industrie gerechnet werden kann, wobei es sich um Brennholzsäger, Vervielfältigungsbetriebe, Hausschneiderinnen, Gerüstbauer, Zigarrenhersteller usw. handelt. Die Inhaber dieser Betriebe des Kleingewerbes produzieren in nur bescheidenem Umfang, bedürfen keines Befähigungsnachweises (wie sonst beim Handwerk) und beschäftigen im allgemeinen nur mithelfende Familienangehörige, aber kaum oder nur in geringem Umfang familienfremde Arbeitskräfte. Offenbar wird ein *Teil* dieses Kleingewerbes aber trotzdem durch den „Industriebericht für Kleinbetriebe" erfaßt.

Sieht man die Statistik der gewerblichen Produktion von der Seite der erzeugten Waren her, so bringt die Beschränkung der laufenden statistischen Erfassung auf den Bereich der Industrie (durch das Gesetz von 1957) den Nachteil mit sich, daß bestimmte Waren nicht voll erfaßt werden, weil ein nicht unerheblicher Teil von ihnen in Handwerksbetrieben hergestellt wird. Das gilt insbesondere für die „serienmäßige Erzeugung" von Möbeln, von Kraftfahrzeugkarosserien und von wärmetechnischen Anlagen[18], an der nicht nur die industriellen Kleinbetriebe, sondern gerade auch das Handwerk nicht unerheblich beteiligt ist. Darüber hilft auch nicht die Veröffentlichung des Statistischen Bundesamtes über die „Serienproduktion des Handwerks" für die Jahre 1952 und 1953 hinweg, da die Zahlen hierbei nicht vollständig sind und nur in grober Annäherung ermittelt werden konnten.

---

[18] Vgl. Werner a. a. O. S. 50.

Ein besonderes Anliegen der Produktionserhebungen ist die Feststellung *des Brutto- und des Nettoproduktionswertes.* In Deutschland ist man allerdings erst verhältnismäßig spät auf diese Fragen eingegangen. In den Vereinigten Staaten von Amerika hat man von jeher, jedenfalls schon seit mehr als 100 Jahren, die Angaben des „Zensus" dazu benutzt, aus den Fragen nach den Kosten der gebrauchten Materialien, Hilfsstoffe und Brennstoffe und nach dem Wert der während des Jahres hergestellten Erzeugnisse und der geleisteten Arbeit den „durch die Bearbeitung den Materialien hinzugefügten Wert" (value added to materials by manufacture) zu errechnen, kurz „Mehrwert" oder Nettoproduktionswert genannt. Es kam eben dem Zensus vor allem darauf an, „die gesamte Werterhöhung, welche durch die gewerbliche Produktion der Vereinigten Staaten von Amerika bewirkt wird, zu ermitteln"[19]. Ähnliches gilt von den englischen Produktionserhebungen (Census of Production) von 1907 ab. Den Wert der Nettoproduktion (net output) — neben dem Bruttowert (gross output) der Erzeugung — gewinnt die englische Statistik dadurch, „daß sie von dem Wert der Erzeugung eines jeden Industriezweiges den Gesamtwert der verbrauchten Materialien und den Betrag abzieht, der anderen Betrieben für die Herstellung ausgegebener Arbeit bezahlt wurde. Der Schlußbericht über die englische Produktionserhebung des Jahres 1907 ... umschreibt das Wesen der Nettoproduktion noch einmal deutlich. Dieser Wert drückt vollständig und unter Vermeidung von Doppelzählungen den Gesamtbetrag aus, um welchen der Wert (am Werk) der Erzeugnisse des Industriezweiges oder der als eine Gesamtheit aufgefaßten Gruppe die Kosten (am Werk) der von anderwärts gekauften Materialien übersteigt, d. h. er stellt den Wert dar, welcher den Materialien im Lauf der Bearbeitung hinzugefügt worden ist (the value added to the materials in the course of manufacture). Diese Summe bildet für jeden Industriezweig den Fonds, aus dem Löhne, Gehälter, Miete, Zollabgaben, Zinsen, Steuern, Abnutzung, Reklame, Verkaufsspesen und ähnliche Ausgaben einschließlich des Profits bestritten werden müssen"[20]. Auch die holländische Produktionserhebung (zuerst 1916) bemüht sich sehr um die Ermittlung der Werterhöhung, „geht aber ... konsequenter vor als die amerikanische und englische Statistik; sie sucht außer den Materialkosten jeweils einen Betrag für *Abschreibungen* in Abzug zu bringen"[21]. In Kanada gibt es solche Berechnungen schon seit 1870. Im Deutschen Reich hat das „Institut für Konjunkturforschung" in Berlin

---

[19] Meewarth, Nationalökonomie und Statistik, S. 209; s. auch Werner a. a. O. S. 110 ff.

[20] Meerwarth a. a. O. S. 221 f., wo er auch auf gewisse „Zurechnungsfehler" eingeht.

[21] Meerwarth a. a. O. S. 229.

für 1927/28 erstmalig den Bruttowert der industriellen Produktion auf 84 Milliarden RM — schätzungsweise — veranschlagt und im Vergleich damit den Nettowert der industriellen und handwerklichen Produktion auf 33—34 Milliarden RM beziffert; dabei ist man vom Bruttowert ausgegangen und hat aus ihm den *vermuteten* Nettowert errechnet, „indem man das vom britischen und amerikanischen Zensus ermittelte Verhältnis zwischen Brutto- und Nettowerten als auch für Deutschland gültig annahm. Beim Bergbau war der Anteil der Netto- an der Bruttoproduktion etwa 80 vH, beim Maschinenbau etwa 50 vH, beim Nahrungsmittelgewerbe etwa 25 vH, bei der Gesamtindustrie etwa 40 vH“[22]. Erst 1936 wurden dann auch in Deutschland im Zusammenhang mit der Generalerhebung der Industrie beide Werte tatsächlich ermittelt, und zwar der Bruttowert mit rund 64, der Nettowert (der Industrieproduktion) mit rund 34 Milliarden RM. In der Bundesrepublik ergab sich für 1954 ein Bruttoproduktionswert von 154,14 Milliarden, ein Nettoproduktionswert von 71,73 Milliarden DM (so nach dem Statistischen Jahrbuch für 1958). Die deutsche Statistik teilt die Brutto- und Nettoproduktionswerte auf nach Erzeugnissen des Bergbaus, Grundstoffen und Produktionsgütern, Investitionsgütern, Verbrauchsgütern und schließlich Nahrungs- und Genußmitteln. Den Anteil des Nettowertes am Bruttoproduktionswert bezeichnet man als „Nettoquote“. Diese Nettoquote lag 1954 insgesamt bei 45,7 vH, im einzelnen betrug sie beim Bergbau 72,2, bei den Grundstoffen und Produktionsgütern 43,5, bei den Investitionsgütern 46,0, bei den Verbrauchsgütern 45,5, bei den Nahrungs- und Genußmitteln 38,4 vH. Beim Bergbau liegt also die Nettoquote wesentlich höher als bei den übrigen Gruppen (im Vergleich mit den Nahrungs- und Genußmitteln fast doppelt so hoch!). Daraus ergibt sich z. B. noch folgendes: Während der Bergbauanteil am gesamten *Brutto*produktionswert nur 6,3 vH beträgt, erhöht er sich für den *Netto*wert auf 10,0 vH; umgekehrt fällt der Nahrungs- und Genußmittelanteil bei diesem Vergleich von 15,8 auf 13,3 vH; bei den übrigen Gruppen verändern sich die Anteile nur wenig, am stärksten noch bei den Grundstoffen, aber auch hier fällt der Anteil nur von 28,6 (brutto) auf 27,3 (netto). Für den Unterschied zwischen Brutto- und Nettowerten ist noch folgende Überlegung angebracht: Die Bruttowerte enthalten auch den Wert der zugekauften Materialien, die bereits im Produktionswert der Lieferwerke erscheinen; sie sind also für Rückschlüsse auf die eigentliche Produktionsleistung ungeeignet, da sie *Doppelzählungen* enthalten; man könnte aus ihnen nur die *Umsatz*entwicklung entnehmen. Dagegen vermeiden die Nettowerte diese Doppelzäh-

---

[22] O. Donner, Statistik (Grundzüge der Rechts- und Wirtschaftswissenschaft, Reihe B Wirtschaftswissenschaft, hrsg. von J. Jessen und E. Wiskemann), Hamburg 1937, S. 153 f.

lungen. Sie sind ja gleich dem Bruttowert vermindert um die Materialkosten (Ausgaben für Roh-, Hilfs- und Kraftstoffe) und die Zahlungen für Hilfsarbeiten fremder Firmen. Die Nettowerte kennzeichnen also im Gegensatz zu den Bruttowerten den Beitrag der Betriebe zum Volkseinkommen. Zusammenfassend geben wir den Charakter und die Bedeutung des „Nettoproduktionswertes der Industrie" am besten in der Fassung wieder, die dieser Begriff in G. WEINHOLDS Kleinem Wörterbuch der Wirtschaftsstatistik[23] gefunden hat:

„Im Industriezensus von 1936 sind die Nettoproduktionswerte aus den Bruttoproduktionswerten der einzelnen Industriezweige durch Abzug des Wertes sämtlicher verbrauchten Rohstoffe, Halbwaren und Hilfsstoffe einschl. der Kraftstoffe, Heizstoffe, des bezogenen Stroms usw., sowie des Wertes der vergebenen Lohnarbeiten für Instandsetzungen ermittelt worden. Dem Wert der verbrauchten Materialien liegt dabei der tatsächliche Einkaufspreis frei Werk (einschließlich bezahlten Zolls und bezahlter Verpackung, abzüglich Rabatt) zugrunde. In dem auf diese Weise ermittelten Nettoproduktionswert für die einzelnen Industriezweige sind die Abschreibungen für das Sachkapitel sowie der Wert der nicht erfaßten Hilfsmaterialien (z. B. Bürobedarf) und der Instandsetzungsarbeiten in industriellen Betrieben noch enthalten, da sie erhebungstechnisch nicht gesondert ausgewiesen sind.

Der Nettoproduktionswert gibt einen zahlenmäßigen Anhaltspunkt für die Bedeutung der einzelnen Industriezweige im Rahmen der gesamten Industrie und darüber hinaus innerhalb der Volkswirtschaft. Er zeigt annäherungsweise, in welchem Umfang die einzelnen Industriezweige an der Neuschaffung von Werten beteiligt sind, und ermöglicht es dadurch, ihre Bedeutung rein größenordnungsmäßig abzustufen. Allerdings ist bei der Beurteilung des Nettoproduktionswertes, insbesondere hinsichtlich seiner Bedeutung als Leistungsmaßstab der Industrie, zu berücksichtigen, daß dieser Wert sich aus verschiedenartigen Bestandteilen zusammensetzt und *nicht genau die reine Wertschöpfung* wiedergibt.

Neben den Wertäquivalenten für die Elemente der Wertschöpfung wie Löhne und Gehälter, Kapitalzinsen, Gewinne und Rückstellungen, Steuern und Zölle usw., werden durch den Nettoproduktionswert auch gedeckt die Wertäquivalente für *Abschreibungen,* nicht erfaßte Hilfsmaterialien (z. B. Büromaterial), Instandsetzungsarbeiten in industriellen Betrieben, Miete und Pacht, Reklamekosten, Versicherungsprämien, Bankspesen und ähnliche Posten. Der Nettoproduktionswert liegt also etwas höher als die reine Wertschöpfung, und zwar bei den einzelnen Industriezweigen in verschiedenem Grade.

---

[23] a. a. O. S. 126 f.

Um den Nettoproduktionswert an die reine Wertschöpfung der Industrie anzugleichen, müßten daher die aufgezählten Elemente, soweit sie nicht zur industriellen Wertschöpfung gehören, abgesetzt werden. Dies wird bei dem Gesamtwert für die ganze Industrie annäherungsweise durchgeführt. Für die einzelnen Industriezweige ist es allerdings mangels näherer statistischer Unterlagen nicht möglich."

Als Abschluß des Kapitels über die gewerbliche Produktion soll noch kurz auf einige Ergebnisse dieser Statistik eingegangen werden. Laufende Unterlagen im internationalen Rahmen finden wir vor im Monthly Bulletin of Statistics, herausgegeben vom Statistical Office of the United Nations (Department of Economic Affairs, New York), und in der Kieler Halbjahresveröffentlichung „Die Weltwirtschaft", Halbjahresschrift des Instituts für Weltwirtschaft an der Universität Kiel, herausgegeben von Fr. Baade, die jeweils um die Mitte oder das Ende eines Kalenderjahres erscheint und in ihrem „Statistischen Anhang" einen recht ausführlichen Überblick über die industrielle Produktion nach Sachgebieten und nach Ländern (mengenmäßig) gewährt, der in „Länderberichten" und „Marktberichten" noch weitgehend textlich vertieft wird.

An zwei Beispielen soll noch gezeigt werden, welche Bedeutung nach Ausweis der Statistik bestimmte Länder in der Gewinnung von Metallen bzw. Produktion von Industrieerzeugnissen haben können[24]. Die *Rohstahlgewinnung* in der Welt machte 1938 im ganzen 109,4 Millionen t, 1957 dagegen 291,0 Millionen t aus. Im Jahre 1957 betrug die Gewinnung in den Vereinigten Staaten 102,26 Millionen t oder 35,1 vH der Weltgewinnung, in der Sowjetunion 51,0 Millionen t = 17,5 vH; in weitem Abstand folgten dann die Bundesrepublik Deutschland mit 24,5 Millionen t = 8,4 vH und Großbritannien mit 22,05 Millionen t = 7,6 vH. Die Vereinigten Staaten und die Sowjetunion zusammen hatten dabei allein schon einen Anteil von 52,6 vH, also etwas mehr als die Hälfte der gesamten Rohstahlgewinnung, die vier genannten Länder zusammen einen Anteil von 68,6 vH, also reichlich zwei Dritteln. Nimmt man noch Frankreich und Japan hinzu, die der Rohstahlgewinnung nach die nächsten waren, so kommen für diese beiden Länder noch 26,7 Millionen t = 9,2 vH der Weltgewinnung hinzu; das bedeutet für alle sechs genannten Länder zusammen einen Anteil von 77,8 vH oder reichlich drei Vierteln. Bei der *Herstellung von Kraftwagen* ergibt sich in der ganzen Welt für 1938 eine Anzahl von 3,05 Millionen Personenkraftwagen, für 1956 eine solche von 9,14 Millionen Pkw. Hier stehen ganz im Vordergrund die Vereinigten Staaten mit 5,82 Millionen = 63,6 vH der Weltproduktion, es folgen in weitem Abstand die Bundesrepublik Deutschland

[24] Vgl. Statistisches Jahrbuch für die BRD 1958, S. 60* und 71*.

mit rund 911 000 = 10,0 vH, Großbritannien mit 707 600 = 7,75 vH, Frankreich mit 648 500 = 7,1 vH und Kanada mit 375 000 = 4,1 vH; die genannten fünf Länder zusammen erzeugten also 92,55 vH der Weltproduktion von Pkw. Bei den Lastkraftwagen sieht es folgendermaßen aus: Gesamtproduktion 1956 2,44 Millionen, am meisten in den Vereinigten Staaten mit 1,1 Millionen = 45,5 vH, dann wieder in weitem Abstand die Sowjetunion mit 367 000 = 15,1 vH, Großbritannien mit 297 000 = 12,2 vH, Frankreich mit 178 500 = 7,3 vH und schließlich die Bundesrepublik mit 164 100 = 6,7 vH; die hier genannten fünf Länder zusammen erzeugen also 86,8 vH der Weltproduktion von Lkw. Bei den Angaben über die Kraftwagenherstellung ist allerdings im Statistischen Jahrbuch ausdrücklich vermerkt, daß es sich bei den Ostblockstaaten um „Schätzungen" handele.

8. Kapitel

Der Markt

a) Die Statistik des Außenhandels

Eine ausgesprochene *Handelsstatistik*, die alle gehandelten Waren nach Menge und Wert und nach Herkunft und Bestimmung erfaßt, stellt nur die Statistik des *Außenhandels* dar, nicht dagegen diejenige des Binnenhandels, die nur gewisse Teilergebnisse liefern kann. Aus diesem Grunde beginnen wir dieses Kapitel mit dem Außenhandel. Diese Außenhandelsstatistik steht auch von der Sache her mit Recht im Vordergrund des Interesses: eine gut durchgeführte Statistik des Außenhandels erlaubt einen genauen Einblick in die *weltwirtschaftlichen* Zusammenhänge und bedeutet insofern eine sehr wichtige Ergänzung zu den nationalen Produktionsstatistiken auf dem Gebiet der Landwirtschaft und des Gewerbes (im weitesten Sinne)[1]. Die weltwirtschaftliche Arbeitsteilung kennt zunächst den Unterschied zwischen „Bodenländern" und „Arbeitsländern". Das Bodenland liefert Nahrungs- und Genußmittel, meist ohne gewerbliche Bearbeitung (oder nur geringfügig bearbeitet), ferner Roh- und Hilfsstoffe an das Arbeitsland, wo sie dann eingehend be- und verarbeitet werden. Die Nahrungs- und Genußmittel werden normal ohne weiteres konsumiert, die Futtermittel auf dem Wege der „Veredelung" durch den Tiermagen in Fleisch, Milch, Eier usw. umgewandelt. Eine weitere Arbeitsteilung geht zwischen den Arbeitsländern oder Industrieländern selbst vor sich. Beispielsweise lieferte in der Textilindustrie England an alle Industrieländer feine Seidenartikel für Männer, Frankreich solche für Frauen; Deutschland lieferte besonders Plauener Spitzen nach England, den Vereinigten Staaten und Frankreich. In der Maschinenindustrie führte England in andere Industriestaaten Textilmaschinen und Kessel aus, die Vereinigten Staaten Metallbearbeitungsmaschinen (nach Europa), auch Mähmaschinen, *billige* Automobile usw. Deutschland lieferte auch in hochentwickelte Industrieländer Explosionsmotoren, Lokomobilen, Dampfpflüge, Frankreich und Italien besonders Luxusautomobile, Deutschland vor allem noch Chemikalien und Arznei-

---

[1] Vgl. hierzu besonders ANDR. PREDÖHL, Außenwirtschaft (Grundriß der Sozialwissenschaft, hrsg. von R. SCHAADER, Bd. 17). Göttingen 1949.

mittel in alle Welt[2]. Wichtig ist in diesem Zusammenhang immer wieder die Feststellung, wieweit neben dem Export der „innere Markt" versorgt wird, wie groß also die „Exportquote" ist, wozu wieder neben den genauen Produktionsstatistiken auch ebenso genaue Außenhandelsstatistiken benötigt werden.

Die Kenntnis all dieser Bewegungen und Zusammenhänge, und zwar von Jahr zu Jahr, möglichst sogar von Monat zu Monat, ist notwendig nicht nur der Wissenschaft halber, sondern zunehmend aus Gründen der Staatspolitik. W. GRÄVELL hat einmal[3] festgestellt: „Der Außenhandel unterliegt heute in jeder Beziehung der staatlichen Überwachung; Devisenpolitik, Preispolitik, Handelspolitik und Bedarfsgesichtspunkte bestimmen sie nach Art und Umfang." Wenn dieser Satz auch 1940, also in einer Zeit (notgedrungen) staatlich gelenkter Wirtschaft gedruckt worden ist, so hat er seine Geltung durchaus auch heute noch, auch außerhalb der ausgesprochen totalitären Regierungsbereiche, zum mindesten dort, wo man Wert auf eine „sozialgelenkte Marktwirtschaft" legt. In früheren Jahrzehnten mag die Bezeichnung *der* deutsche Außenhandel oder *der* englische Außenhandel vielfach noch eine Fiktion dargestellt haben, weil in Wirklichkeit der jeweilige deutsche oder englische Kaufmann usw. nur aus eigenem Antrieb und nach seinem rein privaten Ermessen gehandelt haben kann. Heute — und das gilt gewiß schon längere Zeit — bestimmt vielfach der Staat Richtung, Art und Menge des Außenhandels; durch internationale Vereinbarungen werden Quoten und Kontingente festgesetzt, selbst die „Liberalisierung des Handels" innerhalb der ERP-Länder oder der EWG-Länder kann auf Mengen- oder Wertabmachungen nicht verzichten, wie sich das beispielsweise bei den seinerzeitigen Verhandlungen in Torquay zeigte. Für alle solche Aufgaben und Planungen wird die Außenhandelsstatistik zum notwendigen Kontrollmittel der Staatsgewalt und der staatlichen Lenkung. Darin liegt einer der Hauptgründe, weshalb auch schon recht lange die staatliche Außenhandelsstatistik sorgfältig betrieben und immer mehr ausgebaut worden ist, im Gegensatz zu der statistischen Behandlung des Binnenhandels.

Neben dem Staat sind aber auch die einzelnen Unternehmer, Produzenten und Händler und besonders noch die für diese Gruppen tätigen Interessentenverbände, Kammern usw. aufs stärkste an den Ergebnissen der Außenhandelsstatistik interessiert. Jede Erzeugung von für das Ausland bestimmten Waren, jede Handelsanbahnung mit einem fremden Lande setzt die genaueste Kenntnis der Auslandsmärkte und der dortigen Konkurrenzlage voraus. Das erfordert nicht nur Kenntnis der *eigenen*

---

[2] Vgl. R. MEERWARTH, Nationalökonomie u. Statistik, S. 353 ff., woselbst auch noch weitere Beispiele aufgeführt sind.

[3] Die Statistik in Deutschland, II. Bd., S. 1090.

Handelsbewegungen, sondern in besonderem Maße eben die der *fremden* Länder. Dabei müßten eigentlich die verschiedenen ausländischen Statistiken mit der deutschen Statistik ohne weiteres *vergleichbar* sein (gerade hier bestehen aber gewisse Schwierigkeiten, wie wir noch sehen werden); jeder einzelne Unternehmer muß prüfen können, wie *seine* Exportproduktion und *sein* Versand oder Empfang sich zu den Zahlen seines ganzen Wirtschaftszweiges — im In- und Ausland — verhält.

Der Staat anderseits ist noch besonders aus finanziellen Gründen an den laufenden Ergebnissen der Außenhandelsstatistik interessiert: soweit Zölle oder sonstige Gebühren erhoben werden, muß ihm daran liegen, seine entsprechenden Einnahmen mit den Ergebnissen der Statistik abstimmen zu können, zum andern muß er aus diesen Zahlen rechtzeitig Entwicklungen ablesen können, die seine finanziellen Erwartungen und Planungen beeinflussen.

Wir können also mit GRÄVELL[4] „zusammenfassend feststellen, daß heute die Zahl der Benutzer der Außenhandelsstatistik außerordentlich viel größer ist als früher und daß dabei die Ergebnisse der Außenhandelsstatistik ganz bestimmten Aufgaben zu dienen haben, die sich aus der nationalen Einordnung des Außenhandels in die Gesamtwirtschaft und aus der veränderten Marktlage für den internationalen Warenabsatz ergeben haben." Neuerdings spielt bei diesen Überlegungen vor allem auch das Verhältnis zu den „Entwicklungsländern" eine mehr und mehr bedeutsame Rolle.

Zur *Geschichte* der Außenhandelsstatistik ist kurz folgendes zu sagen: Sie wurde in Deutschland bereits eingerichtet bei der Begründung des Deutschen Zollvereins 1833/34 und beruhte auf den statistischen Anschreibungen, die von den Zollvereinsstaaten gemacht und dem Berliner Zentralbureau des Zollvereins übersandt wurden. Bereits lange vorher hatten allerdings schon merkantilistische Kreise Wert gelegt auf eine planmäßige Erfassung dieser Handelsbewegungen. So hat schon 1664 COLBERT für Frankreich Aufzeichnungen über den Außenhandel angeordnet; in England begann man 1679 damit. In Preußen ließ Friedrich d. Gr. eine allgemeine Ein- und Ausfuhrstatistik anfertigen, die Vereinigten Staaten begannen 1790 mit solchen Aufzeichnungen. Einigermaßen moderne Außenhandelsstatistiken gibt es auf dem europäischen Festland seit 1827 in Frankreich und seit 1831 in Belgien. In diese Entwicklung ordnete sich, wie man sieht, der Deutsche Zollverein konsequent ein. Bis zum Ende des 19. Jahrhunderts folgten dann noch Schweden, die Niederlande, Rußland, Österreich, Norwegen, Dänemark, Spanien, Italien und die Schweiz. Heute gibt es kaum mehr einen selbständigen Staat, der

---

[4] a. a. O. S. 1091.

nicht über mehr oder weniger ausführliche statistische Nachweisungen über den Außenhandel verfügte. Auch die Veröffentlichung der Ergebnisse ist allgemein üblich geworden, sofern nicht, wie bei den Ostblockstaaten, gewisse „politische" Rücksichten hier Einhalt gebieten. Auch die Vereinten Nationen veröffentlichen regelmäßig monatlich und vierteljährlich die Außenhandelsergebnisse[5]. Für die internationale Vergleichbarkeit wichtig geworden ist vor allem die Brüsseler Konvention von 1913 betreffend die Einrichtung einer *internationalen* Handelsstatistik. Hier wurde schon damals ein „gemeinsames Warenverzeichnis" mit 186 Positionen vereinbart, nach dem jeder Mitgliedsstaat seine Ergebnisse — *neben* der eigenen ausführlicheren Form — aufbereiten sollte. Dieses Abkommen wurde von Deutschland und anderen beteiligten Staaten noch *vor* dem ersten Weltkriege, von Frankreich erst am 17. April 1920 ratifiziert.

Im Deutschen Reich selbst wurde die Außenhandelsstatistik seit 1872 vom „Kaiserlichen Statistischen Amt" — dem späteren Statistischen Reichsamt — erstellt. Dabei hatte das Amt zuerst reine Verwaltungsinteressen zu befriedigen. Neuregelungen erfolgten dann durch die Gesetze vom 7. Februar 1906 und vom 27. März 1928 („Gesetz über die Statistik des Warenverkehrs mit dem Ausland"). Maßgebend waren gebietlich von 1879 bis 1906 die Grenzen des Deutschen Zollgebietes. Im Jahre 1906 wurde das handelsstatistische Gebiet folgendermaßen umschrieben: Deutsches Reich außer Helgoland und den badischen Zollausschlüssen, aber einschließlich des Großherzogtums Luxemburg und der österreichischen Gemeinden Jungholz und Mittelberg. Abweichend vom Zollgebiet umfaßt das handelsstatistische Gebiet *auch* die Freihäfen und die Zollausschlußgebiete (außer den badischen Gemeinden). Nach 1918 ist dann außer den abgetretenen Gebieten — vorübergehend — auch das Saarland herausgefallen.

Zu unterscheiden sind die einzelnen *Formen* des Außenhandels. Zunächst sind hier zu nennen Einfuhr, Ausfuhr und Durchfuhr (Transit); unter Durchfuhr ist nur die unmittelbare zolltechnische Durchfuhr zu verstehen, nicht die mittelbare (Wiederausfuhr eingeführter Waren). „Diese Durchfuhren werden statistisch erfaßt und in den Außenhandelsstatistiken nachgewiesen, obwohl hier für das Erfassungsland primär Verkehrs- und nicht Handelsvorgänge vorliegen. Gemäß internationaler Übereinkunft werden sie nicht zum nationalen Außenhandel addiert, sondern getrennt ausgewiesen"[6]. Weiter ist hervorzuheben der *Niederlage*verkehr, d. h.

---

[5] Vgl. hierzu PATRICK SCHMIDT, Probleme der Außenhandelsstatistik, in: Statistik, Aufgaben und Anwendung in der Gegenwart, hrsg. von E. VON LUCADOU. Nürnberg-Düsseldorf 1952, S. 125 ff.

[6] P. SCHMIDT a. a. O. S. 130 f.

die Einfuhr in Zollausschlüsse und Freihafengebiete, in Freibezirke, Zollniederlagen und auf Konten sowie die Ausfuhr aus solchen Territorien und Einrichtungen, ferner der — zolltechnische — *Veredelungs*verkehr (Veredelung unter Zollaufsicht).Theoretisch könnte man auch daran denken, noch weitere Warengeschäfte in die Außenhandelsstatistik einzubeziehen, wozu sich P. Schmidt folgendermaßen äußert[7]: „Im weitesten Sinne wären als Außenhandel eines Landes auch Warengeschäfte anzusehen, die auf Rechnung eines Inländers zwischen zwei fremden Ländern durchgeführt werden, ohne daß die Ware das Wirtschaftsgebiet seines Heimatlandes berührt. Dieser Warenverkehr entzieht sich aber der Erfassung durch die nationale Außenhandelsstatistik des Händlerlandes. Auch der *Binnenhandel auf Rechnung von Ausländern* wird, selbst wenn hierbei Devisenforderungen und -verpflichtungen entstehen, nicht in den Außenhandelsstatistiken erfaßt und ausgewiesen. Im übrigen liegt auch in beiden Fällen kein Warenverkehr mit dem Ausland vor."

In Deutschland sind weiter zu unterscheiden „Spezialhandel, Gesamteigenhandel und Generalhandel". Dabei umfaßt der *Spezialhandel* die *Einfuhr* von Waren unmittelbar aus dem Ausland und aus Niederlagen (das sind die Zolläger, die Zollkonten, die Läger der Freibezirke und der innerhalb des deutschen Wirtschaftsgebietes gelegenen Zollausschlüsse) a) in den freien Verkehr, b) zur Eigenveredelung im zollamtlich zugelassenen Veredelungsverkehr (zuzüglich der zur Be- oder Verarbeitung in den innerhalb des deutschen Wirtschaftsgebietes gelegenen Zollausschlüssen eingehenden ausländischen, tarifmäßig zollpflichtigen oder umsatzausgleichssteuerpflichtigen Waren), c) in die innerhalb des deutschen Wirtschaftsgebietes gelegenen Zollausschlüsse zum Verbrauch daselbst, d) als Schiffsbedarf (Versorgung der aus dem deutschen Wirtschaftsgebiet ausgehenden deutschen Schiffe mit ausländischen Waren); die *Ausfuhr* a) von Waren 1. aus dem freien und unter Steuerüberwachung stehenden Verkehr, 2. nach Eigenveredelung im zollamtlich zugelassenen Veredelungsverkehr (zuzüglich der in den Zollausschlüssen aus ausländischen, tarifmäßig zollpflichtigen oder umsatzausgleichssteuerpflichtigen Waren hergestellten Erzeugnisse), b) von inländischen Waren, die unter Zollüberwachung aus Niederlagen ausgeführt werden.

Der *Gesamteigenhandel* umfaßt in der *Einfuhr* die aus dem Ausland in das Wirtschaftsgebiet eingeführten Waren — ohne Rücksicht darauf, ob die Einfuhr in den freien Verkehr, auf Niederlagen, zur Veredelung oder nach Veredelung erfolgt; in der *Ausfuhr* die aus dem Wirtschaftsgebiet nach dem Ausland ausgeführten Waren — ohne Rücksicht darauf, ob die Ausfuhr aus dem freien Verkehr, aus Niederlagen, nach Veredelung oder zur Veredelung erfolgt.

---

[7] a. a. O. S. 131.

Der Unterschied zwischen dem Spezialhandel und dem Gesamteigenhandel beruht in der Hauptsache auf der verschiedenen Behandlung des Niederlageverkehrs und des Veredelungsverkehrs.

Vom Niederlageverkehr enthält der Spezialhandel in der Einfuhr nur denjenigen Teil der auf Niederlagen gegangenen Waren, der aus den Niederlagen entweder in den freien Verkehr oder in den Veredelungsverkehr oder in die Zollausschlüsse zum Verbrauch daselbst oder als Bedarf auf ausgehende deutsche Schiffe gebracht worden ist; dagegen ist der Teil, der dort noch lagert oder wiederausgeführt worden ist, im Spezialhandel nicht enthalten. Entsprechend fehlt bei der Ausfuhr die Wiederausfuhr aus Niederlagen nach dem Ausland.

Beim Veredelungsverkehr fehlen im Spezialhandel in der Einfuhr diejenigen Waren, die für Rechnung eines Ausländers zur Lohnveredelung unter Zollüberwachung eingeführt worden sind, sowie diejenigen, die nach Veredelung im Ausland wiedereingeführt worden sind; in der Ausfuhr fehlen diejenigen Waren, die nach zollamtlich überwachter Lohnveredelung ausgeführt worden sind, sowie die zur Veredelung im Ausland ausgeführten Waren.

Der *Generalhandel* umfaßt in der Einfuhr und in der Ausfuhr die im Gesamteigenhandel nachgewiesene Warenbewegung zuzüglich der unmittelbaren Durchfuhr (einschließlich des Seeumschlagverkehrs). Der Generalhandel wird nur der Menge nach erfaßt. Die Gewichtsangaben enthalten nicht die nur der Stückzahl nach und deshalb besonders ausgewiesenen Pferde und Wasserfahrzeuge.

Die hier dargestellte Dreiteilung des Außenhandels in Spezial-, Gesamteigen- und Generalhandel besteht in der deutschen Statistik seit 1945 *nicht* mehr. Seitdem gilt die Bezeichnung Generalhandel für den früheren „Gesamteigenhandel". Durch die Genfer Konvention von 1928 hatte der Begriff Generalhandel international schon diese Bedeutung gehabt, aber erst „nach dem zweiten Weltkrieg hat sich die amtliche deutsche Statistik der internationalen Gepflogenheit angepaßt"[8].

Bei den oben erwähnten „unter Steuerüberwachung stehenden Waren" handelt es sich um die einer Verbrauchs- oder Stempelabgabe unterliegenden Waren wie Bier, Branntwein, Essigsäure, Leuchtmittel, Mineralwasser usw., Salz, Spielkarten, Tabak, Wein, Zucker, Zündwaren.

In der Nachweisung des Spezialhandels erscheint eine „Außenhandelsstatistik vom Standpunkt der Produktion aus betrachtet"[9]; sie enthält die Einfuhr von Gütern, die der deutschen Volkswirtschaft als Rohmaterialien, Halbfabrikate, Produktionsmittel („festes Kapital") und unmittelbare

---

[8] P. Schmidt a. a. O. S. 129.

[9] Meerwarth a. a. O. S. 358 f.

Konsumgüter zugute kommen, ferner die Ausfuhr von Gütern, die die deutsche Volkswirtschaft abgeben kann. In diesem Sinne müßte, wie MEERWARTH richtig bemerkt, bei der Ausfuhr auch unterschieden werden, ob es sich — vom deutschen Gebiet her gesehen — um „deutsche" oder ausländische Erzeugnisse handelt; dabei sind deutsche Erzeugnisse nur solche, die vom Rohmaterial oder vom Halbfabrikat aus in Deutschland (wenn auch nur abschließend) „bearbeitet" worden sind — Umpacken oder Ummarken der Ware ist keine „Bearbeitung"! —. Die ausländischen Erzeugnisse müßten bei der Ausfuhrstatistik abgesetzt werden, was in anderen Staaten schon frühzeitig geschehen ist, in Deutschland erst seit den Verordnungen von 1919 und 1921 möglich ist, die eine Angabe des Herkunftslandes auf dem Anmeldeschein für die Ausfuhr verlangen.

In der Ein- und Ausfuhrstatistik ist unausscheidbar enthalten ein Teil der „mittelbaren Durchfuhr", also Waren, die auf in- oder ausländische Rechnung in den freien Verkehr eingeführt werden und ihn in der gleichen Weise wieder verlassen (also nicht mit „Durchfuhrmeldescheinen" vom Spediteur angemeldet sind). An solchen Waren des „Zwischenhandelsverkehrs" wurden z. B. 1913 große Mengen rohe Baumwolle (allein für 56 Millionen M *aus*geführt), ungefärbte Rohseide, Kaffee, Kakao, Südfrüchte, Reis usw. in Ausfuhr festgestellt.

In der Nachweisung des Generalhandels (bei MEERWARTH noch als „Gesamteigenhandel" bezeichnet) wird die Wareneinfuhr und -ausfuhr „vom händlerischen Gesichtspunkt"[10] betrachtet. Er umfaßt alle aus dem Ausland in das deutsche Wirtschaftsgebiet eingegangenen Waren, in der Ausfuhr alle aus dem deutschen Wirtschaftsgebiet nach dem Ausland ausgeführten Waren. Die Zahlen des Generalhandels sind normalerweise höher als die des Spezialhandels, und zwar wegen bestimmter Waren des Niederlage- und des Veredelungsverkehrs. Anderseits ist — nach Meerwarth — zu bemängeln, daß die unmittelbare Durchfuhr ausgeschieden wird, was vom „händlerischen Gesichtspunkt" aus unzweckmäßig sei.

Im Ausland — worauf noch kurz eingegangen werden soll — ist die Gruppierung beim Außenhandel vielfach etwas anders wie in Deutschland. So unterscheidet die *Schweiz* Spezialhandel und „Effektivhandel"; der Spezialhandel soll dort in der Einfuhr alle für den schweizerischen Konsum bestimmten Waren und in der Ausfuhr alle nach dem Ausland gehenden Waren schweizerischen Ursprungs umfassen, der Effektivhandel „repräsentiert den wirklichen Gesamthandel der Schweiz mit dem Ausland"[11], ohne Rücksicht darauf, ob die Waren einheimischen oder fremden Ursprungs sind. In den *Niederlanden* gibt es keine eigentliche

[10] MEERWARTH a. a. O. S. 357.

[11] a. a. O. S. 363.

Nachweisung über den Außenhandel vom „händlerischen" Standpunkt aus, weil man amtlich die Handeltreibenden nicht zu sehr belästigen möchte (bezüglich der Ausfüllung der Einzelnachweisungen). Die Einfuhr umfaßt hier unmittelbare Einfuhr und Einfuhr auf Lager, die Ausfuhr die in den Niederlanden erzeugten oder bearbeiteten Güter, ferner Güter, die aus dem Ausland eingeführt worden waren und zur freien Verfügung der Empfänger gestanden hatten; die unmittelbare Durchfuhr wird aber nicht nachgewiesen[12]. Nach sachverständiger Auffassung kann aus diesen Daten die Handelsbilanz stets richtig aufgestellt werden. *Dänemark* unterscheidet Generalhandel (ähnlich dem schweizerischen Effektivhandel) und Spezialhandel. *Norwegen* weist bei der Einfuhr den Generalhandel nach, bei der Ausfuhr werden norwegische und fremde Waren unterschieden, das tut auch Dänemark bei der Ausfuhr; im übrigen ähnelt die dänische Statistik der schweizerischen. *Schweden* gibt ausführlich nur den Spezialhandel wieder, unter dem die Statistik die Einfuhr von Waren zum Verbrauch oder zur Veredelung (im Lande) sowie die Ausfuhr von eigenen oder im Lande veredelten Erzeugnissen versteht. Alle drei skandinavischen Länder unterscheiden keinen besonderen Veredelungsverkehr. *Großbritannien* unterscheidet Gesamthandel und Spezialhandel. Der Gesamthandel enthält in der Einfuhr alle von den einführenden Schiffen gelöschten Waren (Landgrenzen kennt Großbritannien ja nur gegen Eire — Irland —), die in den freien Verkehr oder auf Niederlagen eingehen. Ausgeschieden wird die Durchfuhr, das sind Waren, die auf dem gleichen Schiff ohne Umladung wieder ausgeführt werden, ferner Waren, die unter Zollverschluß vom Einfuhr- zum Ausfuhrschiff gebracht werden; einbezogen werden aber die Waren, die mittels Durchfuhrscheins zur Durchfuhr bestimmt sind. Die Ausfuhr umfaßt einheimische Waren (Erzeugung des Vereinigten Königreichs und alle im Vereinigten Königreich bearbeiteten Waren heimischen oder fremden Ursprungs) und fremde Waren und Kolonialwaren (darunter diejenigen Waren, die in der gleichen Form ausgeführt werden, wie sie eingeführt worden sind: reexports). Beim britischen Spezialhandel werden jeweils die fremden Waren und die Kolonialwaren abgesetzt, er enthält also nur einheimische Waren. Die *Vereinigten Staaten* unterscheiden eine Generaleinfuhr — in den freien Verkehr oder auf Niederlagen (warehouses) — und eine Einfuhr zum Verbrauch: die unmittelbar oder aus Niederlagen in den freien Verkehr gebrachten Waren; bei der Ausfuhr werden unterschieden amerikanische Waren (einheimische, *nicht* „nationalisierte" Waren) und fremde Waren (aus freiem Verkehr oder aus Niederlagen). Ein besonderer Veredelungsverkehr wird hier nicht unterschieden.

---

[12] Vgl. hierzu J. H. F. Claessens, Die Neueinrichtung der niederländischen Handelsstatistik, Weltwirtschaftliches Archiv, 14. Bd., Heft 4, Mai 1919, S. 224 ff.

Die verschiedenen Länder, außer Deutschland und den Niederlanden, versuchen im allgemeinen, die „nationalisierten" (fremden) Waren so auszuscheiden, daß die Ausfuhr der Güter erkannt wird, die die heimische Volkswirtschaft abgeben kann. Diese Ausscheidung fremder Waren kann eine der Ursachen dafür sein, daß sich die Ergebnisse der Handelsstatistik zwischen zwei Ländern — mit gegenseitiger Ein- und Ausfuhr — oft nicht decken. Wie groß dieser Anteil fremder Waren sein kann, dafür nur eine Angabe aus des Jahre 1912 für Großbritannien: auf die britische Gesamtausfuhr in Höhe von 598,96 Millionen £ entfielen nicht weniger als 111,74 Millionen an fremden Waren, das bedeutet fast 18,7 vH der Gesamtausfuhr.

Wenn wir uns nunmehr der *Richtung* des Außenhandels zuwenden, so dürfen wir uns hier auf die „Internationale Übereinkunft über Wirtschaftsstatistik" vom 14. Dezember 1928 beziehen. Nach dieser Übereinkunft sollen unterschieden werden

1. bei der Einfuhr
   a) Ursprungs- oder Erzeugungsländer,
   b) Herkunftsländer,
   c) Einkaufsländer;
2. bei der Ausfuhr
   a) Verbrauchsländer,
   b) Bestimmungsländer,
   c) Verkaufsländer.

Ursprungs- oder Erzeugungsland (a) ist bei Naturerzeugnissen das Land, in dem sie entstanden sind, bei angefertigten Erzeugnissen das Land, in dem sie die Beschaffenheit erhalten haben, in der sie in das Einfuhrland eingeführt worden sind (Umpacken, Sortieren und Mischen bedeuten dabei keine Verarbeitung — das gilt auch für das Verbrauchsland). Verbrauchsland (a) ist das Land, in dem die Waren der Verwendung zugeführt werden, für die sie erzeugt worden sind, oder das Land, in dem die Waren eine Bearbeitung, Reparatur oder ergänzende Bearbeitung erfahren sollen; hier ist also „Verbrauch" nicht nur als endgültiger Konsum aufzufassen! P. Schmidt weist darauf hin[13], daß sich hier schon definitorische Schwierigkeiten ergeben: „Allerdings vermögen die Außenhandelsstatistiken bei diesem Nachweis der Richtungen nicht zu klären, ob und in welchem Umfange Vorleistungen anderer Volkswirtschaften in die Lieferungen von Erzeugungsländern eingegangen sind. Auf der anderen Seite wird nicht erkennbar, ob die Bezüge von ‚Verbrauchsländern' mittelbar als Investitionsgüter und unmittelbar als Verbrauchsgüter in diesen Ländern dem Konsum dienen, oder ob sie nach

[13] a. a. O. S. 132 f.

Hinzufügung weiterer Wertschöpfung wieder an andere Volkswirtschaften abgegeben werden. Auch bestehen, insbesondere bei der Erfassung der Ausfuhr, oft große praktische Schwierigkeiten, das Verbrauchsland im Sinne der obigen Definition festzustellen, da es zum Zeitpunkt des Exports oft dem Exporteur und gelegentlich — vor allem bei Orderware — selbst dem ausländischen Käufer nicht bekannt ist. Entsprechende, wenn auch weniger große praktische Schwierigkeiten stellen sich der richtigen Ermittlung des Ursprungs- oder Erzeugungslandes bei Einfuhren entgegen."

Herkunftsland (b) ist das Land, aus dem Ware zuerst, mit oder ohne Umladung während der Beförderung nach dem Einfuhrland versandt worden ist, ohne Gegenstand eines Handelsgeschäftes in den etwa berührten Zwischenländern gewesen zu sein. Bestimmungsland (b) ist das Land, wohin die Ware tatsächlich (mit oder ohne Umladung) versandt wird, ebenfalls ohne Gegenstand eines Handelsgeschäftes in Zwischenländern gewesen zu sein. Man spricht in diesem Zusammenhang auch von „Speditionsland". Vielfach sind Herkunftsland und Bestimmungsland jeweils identisch mit Ursprungs- oder Erzeugungsland bzw. mit Verbrauchsland; wo das *nicht* der Fall ist, machen öfter Importeure trotzdem bei beiden Fragestellungen die gleiche Länderangabe, weil ihnen nichts Genaueres bekannt ist (siehe oben). Bis 1951 wurde in der *deutschen* Statistik noch die Bezeichnung „Bestimmungsland" für Verbrauchsland benutzt.

Einkaufsland (c) ist das Land, in dem der *Ver*käufer sein Geschäft betreibt, Verkaufsland (c) das Land, in dem der Käufer sein Geschäft betreibt. In der deutschen Statistik wird allerdings, worauf P. Schmidt ausdrücklich hinweist[14], das „Verkaufsland" dieser Definition als „Käuferland" bezeichnet.

Im folgenden seien einige Beispiele für die Anwendung dieser verschiedenen „Außenhandelsrichtungen" gegeben: In Deutschland ist Herkunftsland (in der üblichen Bezeichnung) das Land, in dem die Ware in derjenigen Beschaffenheit erzeugt oder hergestellt ist, in der sie eingeführt wird, Bestimmungsland (so noch offiziell bis 1951) das Land, für dessen Verbrauch die Ware dienen soll. Die Schweiz kennt offiziell nur Erzeugungs- und Verbrauchsland. Die Niederlande kennen das Einkaufsland, aus dessen Handel die Waren herstammen, und das Verkaufsland, in dessen Handel die Waren übergehen sollen; ebenso ist es in den nordischen Ländern und den Vereinigten Staaten. In Großbritannien gilt als Herkunftsland das Land, von dem die Waren nach Großbritannien und Nordirland übersandt worden sind, als Bestimmungsland das Land, in das die Waren übersandt worden sind; es wird — eigentlich zu Unrecht —

[14] a. a. O. S. 133.

sogar als Land der „final destination" bezeichnet. Richtiger müßte man in diesen Fällen von Einkaufs- und Verkaufsland sprechen.

Für die Schwierigkeiten, die sich aus der verschiedenartigen Anwendung der (scheinbar) gleichen Definition ergeben, seien noch einige Beispiele genannt. Bei P. SCHMIDT lesen wir hierüber[15]: „Hierbei zeigte sich beispielsweise für die Beziehungen zwischen der Bundesrepublik Deutschland und Großbritannien, daß im August 1950 von Großbritannien für 102 Mill. DM Waren gekauft worden sind. Hiervon entfielen aber nur 39 Mill. DM auf Waren, deren Herstellungsland Großbritannien war. Bei Waren im Werte von 73 Mill. DM handelt es sich um Erzeugnisse anderer Länder, großenteils allerdings des Sterlinggebietes, die englischen Exporteuren abgekauft wurden. In der statistischen Nachweisung der deutschen Ausfuhren nach Großbritannien wird im Juli 1951 angegeben, daß von Verkäufen im Werte von 120 Mill. DM nur für 65 Mill. DM für Großbritannien selbst bestimmt waren, Güter im Werte von 55 Mill. DM waren hingegen erkennbar für dritte Länder bestimmt. In Wirklichkeit dürfte der Anteil der für den Verbrauch in anderen Ländern bestimmten Waren an den Verkäufen nach Großbritannien noch größer gewesen sein, denn oft genug wird es bei der Ausfuhr aus Deutschland noch nicht erkennbar, daß die von Großbritannien gekauften Waren zum Weiterverkauf bestimmt sind. Ähnliche Verhältnisse liegen im Handelsverkehr mit den Niederlanden, Frankreich, der Schweiz und den USA vor." Für die Zeit vor dem ersten Weltkrieg können hier folgende Zahlen genannt werden: 1912 betrug die englische Einfuhr aus Deutschland nach der *englischen* Statistik dem Wert nach 1401 Millionen M, dagegen die deutsche Ausfuhr nach England nach der *deutschen* Statistik nur 1276,3 Millionen M; nach der englischen Statistik wären also für 124,7 Millionen M *mehr* Waren von Deutschland nach England gegangen, weil nämlich aus deutschen Häfen neben wirklich deutschen Waren auch österreichisch-ungarische, russische usw. Waren nach England gingen. Umgekehrt betrug 1912 die englische Ausfuhr nach Deutschland nach der *englischen* Statistik 808 Millionen M, die deutsche Einfuhr aus England nach der *deutschen* Statistik 921,8 Millionen M, also nach der deutschen Statistik um 113,8 Millionen M *mehr,* weil nämlich englische Waren auch über die Niederlande und Belgien nach Deutschland gegangen sind, die aber in England als Ausfuhr nach den Niederlanden und Belgien behandelt worden sind. Und noch ein Beispiel aus der jüngeren Zeit: 1956 betrug die Einfuhr Großbritanniens aus den Vereinigten Staaten (in deutscher Währung[16]) 4,8 Milliarden DM, dagegen die Ausfuhr der Vereinigten Staaten nach Großbritannien 3,74 Milliarden DM; nach der englischen

[15] a. a. O. S. 135.

[16] Statistisches Jahrbuch der BRD 1958, S. 78* ff.

Statistik wären es also um 1,06 Milliarden DM *mehr* gewesen. Umgekehrt war im gleichen Jahre die Ausfuhr Großbritanniens nach den Vereinigten Staaten 2,86 Milliarden DM, dagegen die Einfuhr der Vereinigten Staaten aus Großbritannien 3,03 Milliarden DM; der Betrag nach der amerikanischen Statistik liegt also (nur) um 0,17 Milliarden DM höher.

Neben der Richtung des Außenhandels stehen im Vordergrund *Menge und Wert*. Nach den deutschen Vorschriften ist als Gewicht das „Reingewicht" anzusehen. Ist nur das Rohgewicht bekannt, so wird das Reingewicht unter Verwendung bestimmter Verhältnisziffern (Tarasätze) aus dem Rohgewicht berechnet. Im Ausland bestehen vielfach uneinheitliche Vorschriften über die Feststellung des Reingewichtes, so daß aus diesem Grunde kleinere Fehler bei internationalen Vergleichen entstehen können. Neben dem Gewicht treten auch Angaben in Stück — vor allem beim Vieh —, Liter, Festmeter, Faß usw. auf. Beim Wert soll der tatsächlich gezahlte oder erzielte Preis erfaßt werden; er kann entweder vom Empfänger oder vom Versender „deklariert" oder von besonderen Sachverständigen „geschätzt" werden, und zwar dann nachträglich für ein ganzes Jahr. Wegen der Schätzungsfehler sind immer mehr Staaten zur (amtlichen) Deklaration übergegangen. Aber auch hierdurch wird die Möglichkeit einer absichtlichen Erhöhung oder Senkung der Werte nicht ausgeschlossen.

In Deutschland wurden früher alle Werte bei der Ein- und Ausfuhr geschätzt; man ist dann zu einem gemischten System übergegangen, so waren vor dem ersten Weltkriege sämtliche Ausfuhrartikel und bei der Einfuhr 60 Positionen wie Tabakblätter und -erzeugnisse, Kürschnerwaren, Fahrzeuge und Uhren usw. zu deklarieren. Seit dem 1. März 1921 gibt es nur noch die Deklarierung, und zwar bei der Einfuhr durch den Empfänger, der sich durch den Frachtführer oder Spediteur vertreten lassen kann. Eine Schätzung gibt es zu dieser Zeit noch in Dänemark, teilweise auch in Schweden und Norwegen, die Deklaration herrscht allgemein in der Schweiz, den Niederlanden, in England und den Vereinigten Staaten.

Als *Wert* gilt im allgemeinen der „Grenzwert", d. h. der Wert, den die Ware beim Überschreiten der Grenze hat, also der Wert am Versendungsort zuzüglich der Fracht-, Versicherungs- und sonstigen Kosten bis zur Grenze. England und die nordischen Staaten ermitteln den Grenzwert bei der Einfuhr „cif" (Warenpreis = cost + insurance + freight), bei der Ausfuhr „fob" (Warenpreis am Ausfuhrhafen = free on board). Die Vereinigten Staaten setzen bei der Einfuhr die Preise der Waren an der Grenze (am Ausfuhrhafen) des Landes ein, aus dem die Waren kommen: die Marktpreise einschließlich der Kosten *bis* zur Verschiffung, aber *ohne* die Frachtkosten bis zu den Vereinigten Staaten. Durch diese Grenzwertberechnung ergibt sich eine gewisse Schwierigkeit[17]: Die Einfuhr liegt dem Werte nach höher als die Ausfuhr. Der Grenzwert bei der Einfuhr drückt aber in Wirklichketi nicht das Maß der Verbindlichkeiten gegenüber dem Ausland aus, wenn und soweit als ein Teil der Einfuhr durch eigene Handelsschiffe eingeführt wird. Ebenso drückt der Grenzwert bei der Ausfuhr nicht alle Einnahmen der eigenen Volkswirtschaft aus, weil die Frachteinnahmen der eigenen Flotte hinzukommen. In der Zeit der Geldentwertung ergaben sich in Deutschland — entsprechend aber auch in anderen Ländern — noch besondere Fehler durch die Addition guter und schlechter Markbeträge, die vor allem die Papiermarkwerte bei der Einfuhr zu niedrig erscheinen ließen.

Das *Warenverzeichnis* oder Warenschema der Außenhandelsstatistik sollte nach den Wünschen der daran interessierten Stellen in Wirtschaft und Verwaltung einerseits „möglichst weit in alle Einzelheiten des unerhört vielfältigen Sortiments der Warenströme zwischen den Volkswirtschaften eindringen"[18] können, es findet aber anderseits seine „Grenzen einmal darin, daß das für Handelsverträge, Marktanalysen und Marktabsprachen zur Verfügung gehaltene Zahlenmaterial einigermaßen übersichtlich bleiben muß, und zum anderen darin, daß die technische Apparatur der amtlichen Statistik nur begrenzte Aufgaben erfüllen kann". In Deutschland galt von 1906 bis 1951 mit gewissen Änderungen in der Zwischenzeit das „Statistische Warenverzeichnis". Seit dem 1. Oktober 1951 gilt als „Grundsystematik" das „Warenverzeichnis für die Außenhandelsstatistik". Aus dieser Grundsystematik können noch zwei andere Warensystematiken für die statistische Darstellung der Vorgänge im Warenverkehr mit dem Ausland „durch Zusammenfassungen hollerithtechnisch erstellt werden". „Das neue Warenverzeichnis baut in seinen Grundzügen (den ersten vier Stellen der Nummerung) auf dem neuen deutschen Zolltarif auf, der sich seinerseits von dem Zolltarifschema der Internationalen Studienkommission für die Europäische Zollunion (Brüsseler Zolltarif) ableitet." Die weitergehende Unterteilung soll vor allem dem Unterrichtungsbedürfnis von Wirtschaft und Verwaltung Rechnung tragen. Insgesamt unterscheidet das Verzeichnis rund 6000 verschiedene Warenpositionen. Daneben gibt es eine Zusammenfassung dieser „Warennummern", die eine Darstellung des Außenhandels nach 8 Gruppen und 207 Untergruppen der Ernährungs- und Gewerblichen Wirtschaft ermöglicht. Anders geartete Zusammenfassungen der Warennummern ergeben die Kapitel, Gruppen und Positionen des „Internationalen Warenverzeichnisses für den Außenhandel" (Standard International Trade Classification = SITC); diese Systematik wird von den meisten westlichen

[17] Vgl. hierzu Meerwarth a. a. O. S. 375.

[18] P. Schmidt a. a. O. S. 135 f.

Ländern entweder als Hauptsystematik oder — wie in der Bundesrepublik — als zusätzliche Systematik bereits benutzt oder wenigstens in absehbarer Zukunft benutzt werden.

Die *Erfassung* oder Ermittlung der vielfältigen Daten der Außenhandelsstatistik geht normalerweise so vor sich, daß die amtliche Statistik sich der Zollstellen bedienen muß, die in fast allen Ländern als Anmeldestellen für die Außenhandelsstatistik eingeschaltet sind. Auf diese Weise kann man die Außenhandelsstatistik in gewisser Hinsicht als „Sekundärstatistik" charakterisieren, da man ja ihre Ergebnisse nicht durch unmittelbare Befragung seitens statistischer Dienststellen, sondern dadurch erhält, daß die mit den Außenhandelsvorgängen betrauten Dienststellen diese Daten ermitteln und den Statistischen Ämtern mitteilen. Das braucht nicht einmal für die Zoll- oder Grenzübergangsstellen eine überflüssige dienstliche Belastung zu bedeuten; denn die Zollverwaltung usw. ist ja aufs stärkste an einer genauen und vollständigen statistischen Erfassung der Außenhandelsvorgänge — auch im Falle von Zollfreiheit für bestimmte Waren — interessiert, sei es zu Kontrollzwecken, sei es zur Vorbereitung zollpolitischer Maßnahmen oder von Kontingentierungen. Technisch geht die Gewinnung des Zahlenmaterials so vor sich: Die Importeure und Exporteure haben für den Grenzübergang „Anmeldescheine" auszufüllen, bei den verschiedenen Verfahren in verschiedener Farbe, und zwar in mehrfacher Ausfertigung; besondere Methoden gelten in den Freihäfen Hamburg und Bremen („Manifestkontrolle"). Ein Stück der Anmeldescheine geht wenige Tage nach Monatsende an die Statistische Zentralstelle (jetzt das Statistische Bundesamt in Wiesbaden) und wird dort mit elektrischen Zählmaschinen aufbereitet, so daß mit aller wünschenswerten Beschleunigung die „Monatlichen Nachweise über den auswärtigen Handel" herauskommen können. Zu Kontrollzwecken ist bei der Anmeldung die Frage nach dem (letzten) Herstellungsort für die Ausfuhr und nach dem Einkaufsland für die Einfuhr eingefügt worden. Von Ex- und Importeuren wird für die Kosten der Statistik eine „Statistische Abgabe" (früher „Gebühr") abverlangt. In England und in den Vereinigten Staaten bilden die Schiffs- (und Flug-)Manifeste und sonstigen Unterlagen die unmittelbare Quelle der Außenhandelsstatistik. In einigen Ländern, z.B. in Frankreich und in der Schweiz, wird die Außenhandelsstatistik bei den Zollverwaltungen nicht bloß erhoben, sondern auch aufbereitet und veröffentlicht.

Wenn man die Entwicklung des Außenhandels (Ein- und Ausfuhr) eines Landes von Jahr zu Jahr vergleichen will, so ist das unmittelbar nur für die Außenhandels*werte* möglich. Da sich diese Werte aber durch Preissteigerungen oder -senkungen verändern können, ohne daß die Mengen sich im gleichen Sinne zu ändern brauchen, gibt dieser Werte-

Vergleich keinen ausreichenden Einblick. Will man aber die Mengen und ihre Änderungen in der Zeit vergleichen, so entstehen hier noch besondere Schwierigkeiten: Einmal werden nicht alle Waren nach dem Gewicht, sondern, wie wir gesehen haben, auch nach Stückzahl, Rauminhalt usw. gehandelt, so daß hier eine Addition an sich schon nicht möglich wäre, um zu einer vergleichbaren Gesamtsumme zu gelangen, zum zweiten aber gäbe eine solche Gesamtsumme (der Menge nach) gar kein richtiges Bild von der wirklichen Bedeutung der Einfuhr oder Ausfuhr, da hier billige Waren mit hohem Gewicht ungebührlich stark und teure Waren mit niedrigem Gewicht ungebührlich schwach in Erscheinung treten würden. Infolgedessen ist man für zeitliche Vergleiche zu einem anderen Vergleichssystem gelangt, nämlich der Berechnung des „Volumens". Ausgehend von den Werten des „Basisjahres" multipliziert man die Warenmengen jeweils mit den *gleichen* Werten je Mengeneinheit, so daß man also feststellen kann, „wie hoch sich die Werte des Außenhandels belaufen würden, wenn sich gegenüber dem Basisjahr nur die Mengen, nicht aber die Preise und nicht die Qualitäten geändert hätten"[19]. Auf diese Weise werden also für den Vergleich von Jahr zu Jahr (oder in längeren Zeiträumen) die Veränderungen im Preise, in der Qualität und im Sortiment, die die Wertdarstellungen beeinflussen, so gut wie vollständig ausgeschaltet; allerdings bedeutet diese Rechnungsart auf der anderen Seite eine gewisse Verzerrung der Mengenveränderungen (in ihrer Bedeutung für die gesamte Einfuhr bzw. Ausfuhr), weil man sie ja mit *gleich*bleibenden Durchschnittswerten versieht; aber dennoch bleibt eine solche Berechnung durchaus sinnvoll, wenn sie auch eine „Fiktion" darstellt (man tut so, als ob sich die einzelnen Werte von Jahr zu Jahr *nicht* geändert hätten).

Für den Unterschied, der sich aus der Einsetzung der tatsächlichen Werte sowie bei der Volumensberechnung ergibt, sei hier noch ein kleines Beispiel gegeben: Im Bundesgebiet betrug nach den tatsächlichen Werten 1950 die Einfuhr 11 374, die Ausfuhr 8362 Millionen DM; 1957 war die Einfuhr auf 31 697, die Ausfuhr auf 35 968 Millionen DM gestiegen[20]. Setzt man nun die Werte von 1950 gleich 100, so ergibt sich für 1957 bei der Einfuhr ein Wert von 279, bei der Ausfuhr ein Wert von 430. Legt man aber das *Volumen* zugrunde, so ergibt (ebenfalls 1950 = 100) der Vergleich für 1957 bei der Einfuhr 264, bei der Ausfuhr 326. Die Abweichung zwischen den beiden Ziffern ist also bei der Einfuhr nicht erheblich, bei der Ausfuhr aber sehr fühlbar (etwa 4 : 3), weil offenbar die deutschen (Ausfuhr-)Preise viel stärker gestiegen sind als die ausländischen (Einfuhr-)Preise.

[19] P. Schmidt a. a. O. S. 137.

[20] Statistisches Jahrbuch der BRD 1958, S. 243.

Außer dem — mit Hilfe der Volumensberechnung einigermaßen gelösten — Problem des zeitlichen Vergleichs innerhalb *desselben* Landes bestehen weitere Probleme vor allem im *internationalen* Vergleich. Auf die verschiedenen Möglichkeiten der „Richtung" des Außenhandels wurde schon eingegangen (oben S. 235 ff.). Ferner spielen eine Rolle die Bewertungsunterschiede, wobei, wie erwähnt, die Einfuhren zu cif-Preisen und die Ausfuhren zu fob-Preisen bewertet werden; dadurch gehen die *gleichen* Außenhandelsvorgänge mit anderen Werten in die Ausfuhrstatistik des ausführenden Landes ein als in die Einfuhrstatistik des die gleiche Ware einführenden Abnehmerlandes — das gilt allerdings nicht für Nachbarländer, deren Warenverkehr über gemeinsame (Land-)Grenzen geht. Um diesem Mangel abzuhelfen, hat die UNO diejenigen Nationen, die ihre Einfuhren cif bewerten, um Unterlagen gebeten, die es in Zukunft ermöglichen sollen, die Einfuhrwerte für den internationalen statistischen Vergleich auf ihre fob-Werte herabzurechnen. Eine weitere, aber unvermeidliche Schwierigkeit ergibt sich aus dem Unterschied in der *zeitlichen* Erfassung zwischen zwei am gleichen Außenhandelsvorgang beteiligten Ländern, und zwar hängt sie mit der Dauer des Transports der Ware zusammen. Die Unterschiede sind hier um so größer, je mehr die Gebietsgrenzen von einander entfernt sind und je geringer die Schnelligkeit des Transports ist; dabei spielt es auch eine wesentliche Rolle, ob auf dem Wege der Ware Umladungen und vielleicht sogar Zwischenlagerungen in Zollagern eingeschaltet sind. Auf diese Weise kann es vor allem vorkommen, daß ein Außenhandelsvorgang bei dem Einfuhrland im Vergleich mit dem Ausfuhrland nicht nur in einem späteren Monat des gleichen Jahres, sondern erst in einem Monat des *nächsten* Kalenderjahres in Erscheinung tritt, so daß hier scheinbar ganz verschiedene Ergebnisse auftreten können, obwohl es sich nach Menge und Wert um genau die gleichen Waren handelt. Wegen der Berücksichtigung des Niederlagen- und Veredelungsverkehrs sind die Abweichungen noch stärker, wennn nicht der Generalhandel, sondern der Spezialhandel nachgewiesen wird. Früher waren auch noch dadurch Unterschiede von Land zu Land entstanden, daß in dem einen Land das „Meldeverfahren" wesentlich langsamer gearbeitet hat als in dem anderen Lande; das soll allerdings heute nicht mehr der Fall sein, „weil innerhalb der Grenzen des technisch Möglichen heute alle Länder bestrebt sind, die Grenzübergangsmeldungen dem Meldemonat zuzurechnen[21].

Hauptsächlich aber ergeben sich Vergleichsschwierigkeiten durch eine unterschiedliche Zurechnung zu den für die Ware in Frage kommenden Ländern. Hierzu stellt P. Schmidt folgendes fest[22]: „Für internationale

[21] P. Schmidt a. a. O. S. 139.
[22] a. a. O. S. 139 f.

Vergleiche der verschiedenen nationalen Außenhandelsstatistiken nach Handelsrichtungen ergeben sich zum Teil Schwierigkeiten aus Unterschieden, die sich bei der Zurechnung der Einfuhren einerseits und der Ausfuhren andererseits zu den Partnerländern ergeben. Diese entstehen einmal aus grundsätzlichen methodischen Abweichungen, zweitens aus praktischen Schwierigkeiten, den gesetzten methodischen Prinzipien zu entsprechen, drittens bei cif-Berechnung daraus, daß Exporteur, Transportversicherer und Frachtführer verschiedenen Nationen angehören können, viertens aus Unterschieden des Erfassungsumfangs und schließlich aus der Besonderheit der ‚nationalisierten' Waren.

1. Die meisten Länder weisen grundsätzlich ihre Einfuhren nach Herstellungs- und ihre Ausfuhren nach Verbrauchsländern aus. Einige Länder aber, unter ihnen vor allem das große Schiffahrtsland Großbritannien, stellen die Herkunfts- und Bestimmungsländer fest. Nachweisungen nach Einkaufs- und Käuferländern werden nur von wenigen Ländern und dann subsidiär erstellt. Da Herstellungs- und Verbrauchsland einerseits sowie Herkunfts- und Bestimmungsland andererseits nicht immer identisch sind, entsprechen im Fall solcher tatsächlichen Abweichungen die Angaben in den Außenhandelsstatistiken der Partnerländer einander nicht.
2. Mangels eigener besserer Unterrichtung oder wegen unzureichender Sorgfalt kann der Fall eintreten, daß die anmeldenden Firmen statt des Herstellungs- bzw. des Verbrauchslandes das Herkunfts- bzw. das Bestimmungsland oder gar das Einkaufs- bzw. das Käuferland angeben in der Meinung, es sei tatsächlich das Herstellungs- bzw. das Verbrauchsland. Oft werden weder statistische Meldestellen noch die verantwortliche statistische Behörde in der Lage sein, diesen Irrtum zu bemerken und zu korrigieren. Auch dann entsprechen die Nachweisungen der Partnerländer einander nicht. Dies gilt insbesondere bei Orderexporten für das exportierende Land.
3. Die Einfuhren werden in den meisten Außenhandelsstatistiken cif, die Ausfuhren fob nachgewiesen. Dabei werden die Entgelte auch für alle Transporte, Versicherungen usw. in der Einfuhrstatistik des empfangenden Landes dem Land zugerechnet, das als Herstellungsland der Waren nachgewiesen wird, obgleich diese Leistungen von dritten Ländern, unter Umständen auch von dem Einfuhrland selbst erbracht wurden.
4. Gewisse Schwierigkeiten, Beziehungen zwischen Nachweisungen in den Außenhandelsstatistiken zweier Partner herzustellen, ergeben sich auch dann, wenn das empfangende Land nur den Generalhandel nachweist. Dieser Mangel wird auch nicht durch den Nachweis der Reexporte im Generalhandel des empfangenden Landes geheilt, weil

für die reexportierten Waren nicht der Zusammenhang zwischen dem Herstellungsland bei den Ankünften und dem Bestimmungsland bei Weiterverbringung der gleichen Ware hergestellt wird.

5. Bei Wiederausfuhr sogenannter nationalisierter Waren ist die Beziehung der Leistung auf das ursprüngliche Lieferland bisher nicht erreicht worden."

Um eine Vorstellung davon zu geben, wie sich im deutschen Außenhandel die Anteile der wichtigsten Warengruppen an der *Gesamt*-Ein- und -Ausfuhr von 1913 und 1937 (jeweiliges Gebiet des Deutschen Reiches) bis zur Gegenwart (Bundesgebiet) verschoben haben, ist im folgenden ein Auszug aus dem Statistischen Jahrbuch der BRD für 1958[23] wiedergegeben:

Übersicht 10: Ein- und Ausfuhr der BRD nach Warengruppen

Anteil der Warengruppen an der Gesamtein- und -ausfuhr
(diese jeweils = 100)

Jahr	Einfuhr				Ausfuhr			
	Ernährung	pflanzl. Nahrgsm.	Gewerbe	Rohstoffe	Ernährung	pflanzl. Nahrgsm.	Gewerbe	Enderzeugn.
1913[24]	38,2	22,8	61,8	34,9	12,0	10,4	88,0	37,7
1937[24]	37,4	20,8	61,7	36,5	1,5	0,8	98,5	53,2
1950	44,1	27,3	55,9	29,6	2,3	0,8	97,7	42,6
1956	32,8	19,4	66,7	29,4	2,7	1,6	97,0	59,8
1957	31,5	18,9	68,0	29,6	2,3	1,2	97,4	60,7

Hiernach ist der Anteil der Ernährungswirtschaft bei der Einfuhr zwar bis 1950 noch merklich gestiegen, hat dann aber bis 1957 auf etwas weniger als ein Drittel der Gesamteinfuhr (gemessen an deren Wert) abgenommen; die pflanzlichen Nahrungsmittel machen jeweils mehr als die Hälfte der gesamten Nahrungseinfuhr aus. Der Anteil der gewerblichen Wirtschaft an der Gesamteinfuhr hat seit 1913 — abgesehen von 1950 — im ganzen zugenommen und liegt jetzt etwas höher als bei zwei Dritteln; verständlicherweise stehen hier im Vordergrund die Rohstoffe, deren Anteil (auch an der Gesamteinfuhr) aber immerhin von etwas mehr als einem Drittel auf rund drei Zehntel abgesunken ist. Bei der *Ausfuhr* hat nur 1913 die Ernährung noch einen nennenswerten Anteil gehabt mit 12 vH, sie hat aber neuerdings so gut wie ganz an Bedeutung verloren. Umgekehrt ist der Anteil der gewerblichen Wirtschaft zunächst bis 1937 auf 98,5 vH gestiegen, hat sich aber auch danach kaum verringert (1957 = 97,4 vH); wichtig ist hierbei die starke Zunahme des Anteils der „End-

[23] S. 244.
[24] Jeweiliges Reichsgebiet.

erzeugnisse" von einem reichlichen Drittel vor dem ersten Weltkriege auf drei Fünftel im Jahre 1957, wobei allerdings 1950 noch einen gewissen Tiefstand zeigt. Der andere Teil der Fertigwaren, nämlich die „Vorerzeugnisse", sind in ihrem Anteil an der Gesamtausfuhr von 26,2 vH (1913) auf 19,8 vH (1957) zurückgegangen.

Weiterhin können wir der gleichen Quelle[25] entnehmen, welches die *wichtigsten* Waren in der Ein- und Ausfuhr der Bundesrepublik Deutschland in den Jahren 1957 (und vorher) gewesen sind. Insgesamt ist 1957 für 31,7 Milliarden DM *eingeführt* worden; davon entfielen auf Textilien und Bekleidung 13,4 vH, auf Obst, Gemüse und dgl. 6,6, auf Eisen und Eisenwaren 6,3 auf Erze und Metallaschen 6,1, auf Erdöl, Teer und Erzeugnisse daraus 5,9, auf Kohlen und Koks 5,6, auf NE-Metalle und Waren daraus 5,5, auf Getreide und Müllereierzeugnisse 5,2, auf Chemische Waren (einschl. Rohstoffe) 5,2, auf Fette (außer Butter) und Öle zur Ernährung 3,7 vH; faßt man diese zehn Warengattungen zusammen, so macht ihr Gesamtanteil an der Einfuhr bereits 63,5 vH, also fast zwei Drittel der westdeutschen Gesamteinfuhr aus. Gliedert man diese Einfuhrergebnisse nach Herstellungsgebieten, so entfallen auf Europa 56,67 vH, darunter am meisten auf die Niederlande mit 7,1 vH, aber auch noch beachtliche Werte auf Italien (4,9 vH), Frankreich (4,9), Schweden (4,7), Belgien-Luxemburg (4,15), Großbritannien (3,6) und die Schweiz (3,3 vH) — auf diese sieben Länder zusammen 32,6 vH; auf Amerika entfallen 31,31 vH, davon allein auf die Vereinigten Staaten 17,8 vH; bei Asien sind es nur noch 9,04, bei Afrika 6,44 und bei Australien und Ozeanien 2,44 vH.

Die *Ausfuhr* hat 1957 insgesamt den Betrag von 35,97 Milliarden DM erreicht; davon entfielen auf Maschinen 19,5 vH, auf Eisen und Eisenwaren 16,2, auf Chemische Waren (einschl. Rohstoffe) 11,2, auf Fahrzeuge (außer Wasserfahrzeugen) 10,8, auf Elektrotechnische Erzeugnisse (auch Elektrische Maschinen) 8,4, auf Kohlen und Koks 6,1 und auf Textilien und Bekleidung 5,6 vH; insgesamt macht der Anteil dieser sieben Warengattungen an der deutschen Ausfuhr bereits 77,8 vH aus, also mehr als drei Viertel der Gesamtausfuhr des Bundesgebietes. Bei der Gliederung nach Verbrauchsgebieten dieser Ausfuhr ergeben sich folgende Anteile: für Europa 64,6 vH, und zwar am meisten für die Niederlande mit 9,02 vH (hier war ja auch der Anteil bei der *Ein*fuhr am höchsten), Belgien-Luxemburg (6,7), Frankreich (6,3), die Schweiz (6,1), Schweden (6,03), Italien (5,6 vH) — für diese sechs Länder zusammen 39,7 vH. Auf Amerika entfallen 16,48 vH, davon allein auf die Vereinigten Staaten 6,9 vH; bei Asien sind es immerhin noch 11,67 vH, wobei sich Indien mit

---

[25] a. a. O. S. 254 f. und 266 f.

3,13 vH heraushebt, bei Afrika nur 5,35 und bei Australien und Ozeanien 1,19 vH. Die Ausfuhr nach den genannten sechs europäischen Ländern bezieht sich vor allem auf Maschinen, Eisenerzeugnisse und Elektrotechnische Erzeugnisse, Kraft- und Luftfahrzeuge (ganz besonders nach Schweden), z. T. auch noch Steinkohlen.

b) Die Statistik des Binnenhandels

Wie bereits erwähnt, verfügen wir für den Binnenhandel bei weitem nicht über so reichliches und zuverlässiges statistisches Material wie für den Außenhandel. Im Deutschen Reich konnte man erst zu brauchbaren Ergebnissen über die *Umsatz*größen im Handel gelangen, als man mit der Besteuerung des Umsatzes begann, und zwar durch das Umsatzsteuergesetz vom 26. Juli 1918[26]. Bis 1921 wurden die ermittelten Veranlagungsergebnisse nur global statistisch ausgewertet, so daß spezifische Zahlen für den *Handel* noch nicht anfielen. Getrennt ausgewiesen wurden die Umsätze für den Handel erst nach der Veranlagung von 1925 für die Umsätze des Jahres 1924. Trotzdem sind die Ergebnisse der Umsatzsteuerstatistiken für 1924/25 nicht von besonderem Wert, da für diese Zeit nur die *steuerpflichtigen* Umsätze, *nicht* aber die steuer*freien* erfaßt wurden, was in besonderem Maße gerade auch vom Großhandel galt. Erst 1926 wurden erstmalig die *Gesamtumsätze* erfaßt, „wodurch die Umsatzsteuerstatistik von einer reinen Finanzstatistik zu einer wirklichen Wirtschaftsstatistik wurde. Sie ist seitdem die wesentlichste Quelle für Informationen über die Höhe der Umsätze des Handels und somit — insbesondere für die Jahre seit 1954 — das Kernstück der Handelsstatistik schlechthin"[27]. In der Statistik des Deutschen Reichs, Band 399 und Band 511, sind für 1928/29 und 1935 Umsatzergebnisse in starker Branchenaufgliederung (Großhandel, Einzelhandel, Handelsvermittlung usw.) und nach Umsatzgrößenklassen herausgekommen. Nach dem zweiten Weltkriege wurden erst im Frühjahr 1954 brauchbare Unterlagen über die Umsätze im Groß- und im Einzelhandel gewonnen, als das Statistische Bundesamt die Ergebnisse der Umsatzsteuerstatistik für 1950 herausbrachte. Die Branchengliederung entsprach hierbei der Systematik der Arbeitsstättenzählung von 1950.

Erhebungseinheit bei der Umsatzsteuerstatistik ist das Unternehmen, *nicht* die örtliche Einheit (der „Betrieb"). Allerdings ist die Zahl der erfaßten Steuerpflichtigen mit der Zahl der im Handel tätigen Unternehmer

---

[26] Vgl. hierzu E. Batzer und H. Laumer, Die deutsche Handelsstatistik (Schriftenreihe des Ifo-Instituts für Wirtschaftsforschung, Nr. 39), Berlin-München 1960, S. 18 ff.

[27] a. a. O. S. 22.

nicht ohne weiteres identisch, da z. B. ein Teil der Unternehmen mit „Kleinstbetragsumsätzen" gar nicht erfaßt wird (z. B. Saisonbetriebe, wie etwa der Christbaumhandel vor Weihnachten); ihr Anteil am Gesamtumsatz fällt aber nur wenig ins Gewicht. Gewisse Vergleichsschwierigkeiten ergeben sich daraus, daß nach dem Umsatzsteuerrecht in der Regel die vereinnahmten Entgelte eines Jahres erfaßt werden, nicht dagegen Zahlungsforderungen für bereits getätigte Verkäufe, die erst im folgenden Jahre fällig werden. Auf diese Weise ergibt sich unter Umständen eine zeitliche Verschiebung, aus der gewisse Differenzen (im Jahresumsatz) zwischen steuerlichem und wirtschaftlichem Umsatz entstehen. Die Umsätze, die sich der steuerlichen Erfassung entziehen, spielen seit 1950 kaum mehr eine Rolle; es kann sich nur noch im Ein- und Ausfuhrhandel, im Getreidegroßhandel, in einigen Rohstoffbranchen sowie im Vertretergewerbe um etwas größere Unvollständigkeiten handeln.

Auch für die Umsatzsteuer gilt das Prinzip des „Schwerpunkts": „Den Wirtschaftsbereichen Groß- bzw. Einzelhandel sind die Gesamtumsätze der Unternehmen zugeordnet, bei denen der Schwerpunkt der wirtschaftlichen Tätigkeit (mehr als 50 vH) im Groß- bzw. Einzelhandel liegt. Es wird von der amtlichen Statistik angestrebt, diesen Schwerpunkt nach dem Verhältnis der Wertschöpfung aus den einzelnen Tätigkeiten zu bestimmen"[28].

Sehr wesentlich für die Benutzung der Binnenhandelsstatistik ist, daß die Aufgliederung der Ergebnisse nach Branchen von Erhebung zu Erhebung erweitert und verbessert worden ist. 1928/29 wurde der Großhandel in 25 Bereiche untergliedert, der Einzelhandel in 44; dabei wurde der Buchhandel nicht dem Einzelhandel zugewiesen, sondern getrennt dargestellt. 1935 ging die Branchengliederung noch weiter. Für 1956 ergeben sich aus dem Branchenverzeichnis (bei Batzer u. Laumer) bereits 66 Großhandels- und 63 Einzelhandelsbranchen (mit vierstelligen Nummern). In der Statistik für 1957 ist Westberlin erstmalig in die Bundesergebnisse einbezogen.

Während die Erhebungen der Umsatzsteuerstatistik nur *Jahreswerte* wiedergeben, die noch dazu verhältnismäßig spät anfallen — etwa mit einjährigem Abstand zum Berichtsjahr —, laufen daneben schon seit längerem *repräsentative* Umsatzstatistiken des Statistischen Bundesamts. Im Einzelhandel laufen derartige Erhebungen monatlich seit Januar 1949, beteiligt sind daran zur Zeit 24 000 Unternehmen mit 35 000 Verkaufsstellen; sie verteilen sich auf 39 Geschäftszweige und berücksichtigen Betriebe aller Umsatzgrößenklassen; der Umsatz dieser Zweige entspricht rund 96 vH des Gesamtumsatzes des Einzelhandels[29]. Die Ergebnisse

[28] a. a. O. S. 24.
[29] a. a. O. S. 35.

dieser „Umsatzschnellstatistik" werden gewichtet nach den Ergebnissen der (Gesamt-)Umsatzsteuerstatistik von 1954. Die Warenhäuser und Kleinpreisgeschäfte melden ihre Umsätze entsprechend aufgegliedert, sie werden dann ebenfalls den vier vorgesehenen „Warenbereichen" (Nahrungs- und Genußmittel; Bekleidung, Wäsche, Schuhe; Hausrat und Wohnbedarf; Sonstige Waren) hinzugerechnet; die Umsätze der Konsumgenossenschaften werden dem Bereich Nahrungs- und Genußmittel zugeordnet[30]. In der Veröffentlichung werden die Umsatzwerte, bezogen auf den Monatsdurchschnitt 1954 = 100 (früher war die Basis 1950 = 100), in Indexform wiedergegeben. Die Indices werden für die zu jeweiligen Preisen bewerteten Umsätze sowie für die „preisbereinigten" Umsätze berechnet. Im Großhandel gibt es entsprechende Repräsentativerhebungen ebenfalls monatlich seit 1952, beteiligt sind hier rund 4000 ausgewählte Unternehmungen aus 23 Geschäftszweigen; das Statistische Bundesamt veröffentlicht hier nur die Branchenergebnisse. Die von dieser Dienststelle veröffentlichten Indices stellen die *wertmäßige Entwicklung* des Warenabsatzes der genannten Geschäftszweige dar; sie beziehen sich nicht auf den monatlichen Zahlungseingang, sondern auf die monatlich in Rechnung gestellten Lieferungen und Leistungen.

In ähnlicher Art werden auch noch Ergebnisse aus den Angaben von rund 400 gewerblichen und landwirtschaftlichen Ein- und Verkaufsvereinigungen (9 Zweige des genossenschaftlichen Großhandels) gewonnen, die ebenfalls monatlich seit 1955 laufen; die Repräsentation liegt bei rund 75 vH, bei den Einkaufsvereinigungen des Lebensmitteleinzelhandels sogar nahe bei 100 vH. All diese Repräsentativergebnisse werden immer wieder von Zeit zu Zeit durch die Ergebnisse der Umsatzsteuerstatistik kontrolliert und wenn nötig korrigiert.

Eine gewisse Ergänzung der genannten Erhebungen bedeuten auch die „Kostenstrukturerhebungen" von 1950 und 1955 — auf die wir auch noch in anderem Zusammenhang (vor allem bei den Preisen) zurückkommen werden —. Derartige Erhebungen wurden bereits vor dem zweiten Weltkrieg angestellt und bezogen sich z. B. für 1936 auf den Großhandel und für 1937 auf den Einzelhandel. Bei der Kostenstrukturerhebung des Statistischen Bundesamts für das Geschäftsjahr 1950 haben auch die Fachverbände des Handels mitgewirkt. Ausgewertet wurden die Angaben von etwa 4250 ausgewählten Großhandelsunternehmungen und 10 280 Einzelhandelsfirmen; die Ergebnisse wurden ebenfalls nach dem systematischen Verzeichnis der Arbeitsstätten gegliedert, wobei auch hier der wirtschaftliche „Schwerpunkt" entscheidend war. Dargestellt wurde der wirtschaftliche Umsatz einschließlich des Eigenverbrauchs, ge-

---

[30] Vgl. Statistisches Jahrbuch der BRD 1958, S. 235.

gliedert nach Einzel- und Großhandelsumsatz, der Umsatz von selbsthergestellten oder bearbeiteten Waren und der Umsatz aus sonstigen Leistungen. 1955 wurde die Kostenstrukturerhebung wiederholt, bezog sich aber nur auf ausgewählte Unternehmen des allgemeinen Lebensmitteleinzelhandels, des Einzelhandels mit Milch und Milcherzeugnissen, mit Fischen und Fischwaren, mit Schokolade und Süßwaren im Kalenderjahr 1955, gegliedert nach Steuersätzen. Festgestellt wurde der wirtschaftliche Umsatz, gegliedert nach Umsatz von Handelsware, von selbsthergestellten und bearbeiteten Waren und Umsatz aus sonstigen Leistungen sowie nach Unternehmergruppen.

Im folgenden seien noch einige Ergebnisse der Statistik des Binnenhandels für die Bundesrepublik Deutschland genannt: Im Jahre 1950 betrug der Gesamtumsatz des Binnen*groß*handels 58,26 Milliarden DM; etwa zwei Drittel des Gesamtumsatzes entfielen auf die verhältnismäßig schwach besetzte Gruppe der Unternehmen mit einem Umsatz von 1 Million DM und mehr[31]. Fachlich entfiel der größte Anteil mit rund 22 Milliarden DM auf den Großhandel mit Nahrungs- und Genußmitteln und auf den Landhandel. Nach der „Umsatzschnellstatistik" hat sich innerhalb des Großhandels der Umsatzwert für die Lebensmittel im Vergleich mit 1954 = 100 bis 1957 auf 132 gesteigert, für Rundfunk-, Fernseh- und Phonoartikel sogar auf 179 und für Elektrogeräte und Leitungsmaterial auf 161, aber für Tuche und Futterstoffe nur auf 111[32]. Im gesamten *Einzel*handel ergab sich für 1950 ein Umsatz von 30,8 Milliarden DM; der größte Anteil lag bei den Geschäften mit Nahrungs- und Genußmitteln (einschl. Konsumgenossenschaften) mit rund 12 Milliarden DM oder 38 vH des Gesamtumsatzes des Einzelhandels. Setzt man auch hier die Umsatzwerte von 1954 gleich 100, so stellt sich für 1957 die Ziffer bei jeweiligen Preisen im Bundesgebiet auf 133, im Falle der „Preisbereinigung" auf 127.

Unter den zahlreichen Teilerhebungen von Instituten und Verbänden[33] seien vor allem die Erhebungen des Instituts für Handelsforschung an der Universität Köln genannt, das regelmäßig einen „Betriebsvergleich" im Einzelhandel und im Großhandel durchführt, ebenfalls in der Aufteilung nach Branchen; hier werden u. a. (monatliche und jährliche) Beschaffungs-, Lager-, Absatz- und Kostenindices ermittelt. Ferner führt das Ifo-Institut für Wirtschaftsforschung, München, seit etwa einem Jahrzehnt laufende Erhebungen über den Groß- und Einzelhandel bei einem repräsentativen Firmenkreis (rund 1600 Großhandelsfirmen und 1500 Ein-

[31] Wirtschaftskunde der BRD von 1955, S. 248 f.
[32] Statistisches Jahrbuch 1958, S. 238.
[33] Näheres bei Batzer u. Laumer, a. a. O. S. 44 ff.

zelhandlungen) durch[34]; hierbei geht es „nicht um die Erfassung quantitativer, sondern qualitativer Daten, d. h. um die Erfassung von Entwicklungstendenzen und Urteilen".

Eine Zwischenstellung zwischen Binnenhandel und Außenhandel nehmen die wirtschaftlichen Beziehungen zwischen dem Bundesgebiet und der sowjetischen Besatzungszone („Deutsche Demokratische Republik") ein; P. SCHMIDT drückt diesen Zustand folgendermaßen aus[35]: „Die besonderen politischen Verhältnisse im Deutschland der Nachkriegszeit — und ähnlich auch in einigen anderen Ländern — haben dazu geführt, daß sich im Verhältnis des Bundesgebietes mit Westberlin zu den sowjetisch besetzten deutschen Gebieten eine Situation ergeben hat, die auf der Grenze zwischen Binnenwirtschaft und Außenwirtschaft liegt. ... Der Warenverkehr zwischen der Bundesrepublik und dem sowjetischen Besatzungsgebiet (definiert als Währungsgebiet der DM-Ost) wird in der Statistik der Bundesrepublik nicht zum Außenhandel gerechnet." Hier wird vielmehr vom „Interzonenhandel" gesprochen: „Der Interzonenhandel umfaßt den Warenverkehr zwischen den Währungsgebieten der DM-West und der DM-Ost. Die statistische Erfassung erfolgt auf Grund der für den Interzonenhandel vorgeschriebenen Warenbegleitscheine und Bezugsgenehmigungen. In den Nachweisungen sind die Umsätze der Energiewirtschaft (Austausch von Strom und Gas) und der Postverkehr mit Handelsware enthalten. Dagegen sind Umzugsgut, Geschenke und sonstige Sendungen, bei denen die Bestimmungen über den Interzonenhandel keine Wertangabe vorsehen, nicht einbezogen. Ebenfalls nicht eingeschlossen ist der Durchgangsverkehr zwischen dem Ausland und dem Währungsgebiet der DM-Ost"[36]. Es gibt zwischen den Währungsgebieten der DM-West und der DM-Ost *keinen* freien Handelsverkehr, der Warenverkehr wird vielmehr bestimmt durch die Wertgrenzen für die einzelnen Warenarten, die in den „Interzonenhandelsabkommen" festgelegt wurden. Das Bundesgebiet (einschl. Westberlin) hat aus dem Währungsgebiet Ost 1950 für 342,1 Millionen „Verrechnungseinheiten" (= DM-West) Waren bezogen, 1957 dagegen für 817,3 Millionen „VE"; 1952 zeigt einen Tiefstand mit 79,5 Millionen VE. Wertmäßig waren am höchsten die Anteile für Bergbauerzeugnisse (1957 = 187,8 Millionen VE), Mineralöle, Kohlenwertstoffe usw. (161,3 Millionen) und Textilien (102,0 Millionen), zusammen 451,1 Millionen VE = 55,3 vH. Umgekehrt hat die Bundesrepubik an das Währungsgebiet Ost 1950 für 328,5 Millionen, 1957 dagegen für 845,9 Millionen VE geliefert; dabei handelte es

---

[34] a. a. O. S. 59 ff.

[35] a. a. O. S. 142.

[36] Wirtschaftskunde der BRD von 1955, S. 525.

sich 1957 hauptsächlich um Erzeugnisse der eisen- und metallschaffenden und Gießerei-Industrie mit 151,1 Millionen, Pflanzen und tierische Erzeugnisse mit 122,0 Millionen, Chemische Erzeugnisse mit 112,0 Millionen, Maschinen mit 111,8 Millionen VE, zusammen 497,7 Millionen VE = 58,7 vH der Gesamtlieferungen. Bezogen haben aus dem Währungsgebiet Ost vor allem die Länder Nordrhein-Westfalen, Berlin-West und Bayern, und zwar zusammen 70,5 vH der Gesamtbezüge von 1957. Geliefert haben im gleichen Jahr in das Währungsgebiet Ost vor allem die Länder Nordrhein-Westfalen und Hamburg (alle anderen Länder blieben weit unter je 100 Millionen VE), und zwar zusammen 56,5 vH der Gesamtlieferungen[37].

Im Vergleich zu diesen Zahlen ist der Warenverkehr zwischen dem Bundesgebiet und *Berlin-West* ganz erheblich höher: Westberlin hat in das Bundesgebiet geliefert 1950 für 821 Millionen DM, 1957 für 3,89 Milliarden DM, dagegen hat Westberlin aus dem Bundesgebiet bezogen 1950 für 2,24 Milliarden DM und 1957 für 5,65 Milliarden DM. Unter den Lieferungen *aus Berlin-West* stehen ganz oben die Elektroartikel, die 1957 allein 1,42 Milliarden DM ausmachen = 36,6 vH der gesamten Lieferungen; erst in weitem Abstand folgen dahinter Erzeugnisse der eisen- und metallverarbeitenden Industrie mit 862,8 Millionen DM = 22,2 vH der Gesamtlieferungen; zusammen machen beide Gruppen schon wesentlich mehr als die Hälfte aus. Bei den Lieferungen aus dem Bundesgebiet *nach* Berlin stehen die Nahrungsmittel ganz vorn, die 1957 allein 1,00 Milliarden = 17,7 vH des Gesamtempfangs ausmachen; es folgen (mit Beträgen zwischen einer halben und einer Milliarde DM) Erzeugnisse der eisen- und metallverarbeitenden Industrie; Textilien, Schuh- und Lederwaren; pflanzliche und tierische Erzeugnisse; Erzeugnisse der eisen- und metallschaffenden sowie der Gießerei-Industrie mit zusammen 2,62 Milliarden DM = 46,3 vH des Gesamtempfangs in Westberlin. Der Warenverkehr zwischen dem Bundesgebiet und Westberlin wird durch die sogenannte „Berlinhandelsstatistik" aufgrund der vorgeschriebenen „Warenbegleitscheine" erfaßt; es fehlen darin neben weniger wichtigen Sendungen wie Umzugsgut, Geschenken usw. vor allem die Postsendungen bis zu einem Gewicht von 20 kg und damit besonders ein Teil der Lieferungen der Westberliner Bekleidungsindustrie[38].

---

[37] Angaben entnommen aus dem Statistischen Jahrbuch der BRD 1958, S. 241.
[38] Vgl. Wirtschaftskunde 1955, S. 541, und Jahrbuch 1958, S. 240.

9. Kapitel

Der Verkehr

Die Verkehrsstatistik ist einmal von Bedeutung zur Klärung der Zusammenhänge zwischen den Produktions- und Verbrauchsgebieten des gleichen Landes und zur Ergänzung der Außenhandelsstatistik, ist aber weiterhin wichtig wegen des Umfangs des Verkehrs überhaupt, auch des reinen Personenverkehrs, mit all seinen Einzelheiten. HANS KELLERER hat in seinem Werk „Verkehrstatistik (Eine vergleichende Gesamtdarstellung der Ziele und Lösungswege)"[1] folgende Definition gegeben: „Verkehrsstatistik ist die wissenschaftliche Durchforschung der Massentatsachen bei den Verkehrsvorgängen mit den Methoden der Statistik." Nach OTTO SCHLIER[2] besteht die Aufgabe der Verkehrsstatistik darin, „die nicht mehr überschaubare Fülle von Einzelvorgängen auf dem Gebiet des Verkehrs so zu ordnen und zu zählen, daß Urteile über den Zustand ‚des Verkehrs', über seine Entwicklung, über Stärke und Intensität der Verkehrsströme usw. möglich werden". Unter Verkehr wollen wir mit KELLERER und anderen den „Verkehr im engeren Sinne" verstehen, nämlich „jede von Menschen herbeigeführte Ortsveränderung von Personen, Gütern und Tieren, ferner die Übermittlung von Nachrichten"[3], *nicht* dagegen den Geld-, Zahlungs- und Handelsverkehr.

Der Gewinnung und Weiterverarbeitung von verkehrsstatistischem Material stellen sich, worauf KELLERER mit Recht hinweist[4], erhebliche Schwierigkeiten entgegen; entsprechende Erhebungen müssen deshalb so angelegt sein, daß sie den Verkehrsfluß nicht oder doch nur wenig hemmen und die Reisenden möglichst wenig belästigen. Einzelbeobachtungen oder „Momentaufnahmen" können vielfach kein ergiebiges Resultat liefern, hier wäre vielmehr eine *dauernde* Beobachtung am Platze, z. B. beim Landstraßenverkehr. Insgesamt nennt KELLERER[5] vier Möglichkeiten zur Gewinnung von Urmaterial für die Verkehrsstatistik: 1. Zurückgreifen auf anderweitig anfallende Belege (sekundäres Verfahren), 2. besondere Verkehrsbeobachtungen und -zählungen, 3. Versand von

---

[1] Berlin 1936, S. 10.
[2] Verkehrsstatistik in: Die Statistik in Deutschland (1940), II. Bd., S. 1111.
[3] a. a. O. S. 9.
[4] a. a. O. S. 13.
[5] a. a. O. S. 16.

statistischen Fragebogen an geeignete Kreise, 4. Verwendung von Maschinen, die den Verkehrsvorgang registrieren. Der Sache nach unterscheidet er die Verkehrsanlagen, den Verkehrsumfang, die Verkehrsbeziehungen, die Verkehrsleistungen. Bei den „Großorganisationen" wie Bundesbahn und -post pflegen meist eigene ausführliche Statistiken über die Einzelheiten des Verkehrs vorzuliegen.

Im *Personenverkehr* (zu Lande) kann man zwar im allgemeinen aus der Zahl und Art der ausgegebenen Fahrkarten Schlüsse auf die Verkehrsleistungen ziehen, steht aber z. B. bei der Ausgabe von Netz- und Bezirkskarten der Bundesbahn schon gewissen Schwierigkeiten gegenüber; ähnliches gilt von den „Einheitsfahrscheinen" städtischer Verkehrsunternehmungen, aus denen sich nicht Anfangs- und Endpunkt der Fahrt ersehen lassen. Hier hat man sich schon öfter mit „Zählkarten" geholfen, die an bestimmten Tagen ausgegeben wurden und Abgangsstation und Kartensorte vermerkten und an der Sperre des Bestimmungsbahnhofs abgegeben wurden. Ähnliche Zählungen werden immer wieder als „Stichprobenverfahren" in städtischen Verkehrsunternehmungen usw. angewandt. KELLERER bezeichnet nach seinen Erfahrungen ausdrücklich die Zählkarte bei Eisenbahnen als „ein wertvolles Hilfsmittel"[6]. Als Ergebnis solcher Feststellungen gibt die Bundesbahn die Zahl der beförderten Personen im öffentlichen Personenverkehr (ohne Kraftwagenverkehr) für 1955 mit 1,4 Milliarden, für 1956 mit 1,46 Milliarden an, die Zahl der Personenkilometer mit 35,9 bzw. 38,8 Milliarden; die *mittlere* Reiseweite betrug 26 bzw. 27 km. Allein im S-Bahnverkehr von Hamburg wurden 1955 129,9 Millionen, 1956 136,4 Millionen Personen befördert. Setzt man die Leistungen von 1950 gleich 100, so ergeben sich für 1957 bei der Bundesbahn 116 beförderte Personen, aber 134 Personenkilometer[7]. Die 67 Straßenbahnunternehmen des Bundesgebiets haben mit 5752 Motorwagen und 5440 Anhängern im Jahre 1957 insgesamt 3,08 Milliarden Personen befördert, darunter auf *Einzel*fahrtausweise 1,6 Milliarden[8]. Im Vergleich mit 1950 ist hier die Zahl der beförderten Personen nur auf 106 gestiegen, die der Wagenkilometer auf 109. Die Zahl der beförderten Personen im Ortsverkehr der *Omnibusse* ist allerdings von 1950 = 100 bis 1957 schon auf 317 gestiegen.

Bei der *Güterverkehrsstatistik* liegen die Erfassungsmöglichkeiten wesentlich günstiger als beim Personenverkehr, da für jeden einzelnen Beförderungsfall bestimmte Dokumente ausgefertigt werden müssen, die Warenart und -menge, Beförderungsweise und Beförderungsweg, Absender und Empfänger enthalten. Man kann von den „Begleitpapieren"

---

[6] a. a. O. S. 243.
[7] Vgl. Statistisches Jahrbuch der BRD 1958, S. 288 f.
[8] a. a. O. S. 315.

für statistische Zwecke entweder ein Duplikat anfertigen lassen oder die nötigen Vermerke anderweitig eintragen, wie das die Bundesbahn in den „Versandbüchern" tut, denen die „Empfangsbücher" entsprechen. Von der Güterverkehrsstatistik sagt SCHLIER zusammenfassend[9]: „Die Güterverkehrsstatistik hat die Aufgabe, die Warenbewegung zwischen den Wirtschaftsgebieten des Inlands wie auch mit dem Ausland zu erfassen. Sie liefert also Material, um den Versand der Produktionszentren nach Absatzgebieten, die Versorgung der Großstädte nach Bezugsgebieten und ähnliche Fragen beurteilen zu können. Die Statistik besitzt etwas Ähnlichkeit mit der Außenhandelsstatistik; sie geht jedoch insofern über deren Rahmen hinaus, als sie auch die binnenwirtschaftlichen Verflechtungen einbezieht und die Verkehrsmittel berücksichtigt, bleibt aber andererseits hinsichtlich der Intensität, mit der die Warenbewegung mit dem Ausland statistisch durchleuchtet wird, hinter jener zurück, wobei insbesondere auf die Beschränkung der Güterverkehrsstatistik auf Mengenangaben (im Gegensatz zur Mengen- und Wertermittlung der Außenhandelsstatistik) hinzuweisen ist."

Im einzelnen gibt es Statistiken des Güterverkehrs für den Eisenbahnverkehr (in Deutschland) schon seit 1882, für die Binnenschiffahrt seit 1909, die Seeschiffahrt seit 1925 und den Güterfernverkehr mit Kraftfahrzeugen seit 1937. Auf diese Weise wird der weitaus größte Teil aller Gütertransporte erfaßt. Allerdings bestehen hier bei aller Ausführlichkeit immer noch gewisse Lücken. So fallen z. B. beim Eisenbahnverkehr die „Bahnhofssendungen", d. h. die Sendungen, die innerhalb des Tarifbahnhofs bleiben oder nach der freien Strecke gehen, ebenso bei der Schiffahrt die innerhalb der Gemeindegrenzen bleibenden Transporte, beim Bahn- und Schiffsverkehr im allgemeinen die Sendungen unter 500 kg (die allerdings nur bei der Bahn stärker ins Gewicht fallen) und bei allen Verkehrszweigen der *Eigenbedarf* der Fahrzeuge (an Kohlen, Benzin usw.) aus.

Beim *Eisenbahngüterverkehr* werden die erwähnten Anschreibungen von den „Verkehrskontrollen II" weiter bearbeitet und schließlich zu Gesamtergebnissen zusammengestellt. Wichtig ist dabei, daß die Ergebnisse nach „Versand" und „Empfang" auf die einzelnen „Verkehrsbezirke" verteilt werden — das sind jetzt im Bundesgebiet 66 Bezirke —; auf diese Weise kann für jeden Verkehrsbezirk der Versand und der Empfang der Güter insgesamt und in der Verteilung auf Güterarten im Verkehr mit den anderen deutschen und den ausländischen Bezirken festgestellt werden. Insgesamt wurde für 1956 eine Verkehrsleistung der Bundesbahn (ohne Kraftwagenverkehr) in Höhe von 299,3 Millionen t be-

[9] a. a. O. S. 1117 f.

förderter Güter ermittelt und 55,7 Milliarden Tariftonnenkilometer; in „Zugkilometern" ergaben sich 189,1 Millionen. Die mittlere Transportweite im Güterverkehr betrug 206 km — das ist das Mittel der tatsächlich zurückgelegten Beförderungsstrecken —. Die wichtigsten Gütergattungen ergeben sich aus den folgenden Zahlen, die (für 1956) dem „öffentlichen Verkehr" (unter Ausschluß des „Dienstgut"- und des Militärverkehrs) entnommen sind[10], und zwar in Millionen Tonnen: Steinkohlen 45,81, Steinkohlenkoks 26,39, Braunkohlenbriketts 15,96, Eisenerze 21,69, Natursteine 11,18, Erde, Kies, Sand 9,99, Alteisen und Abfälle 9,95. Diese sieben Gütergattungen ergeben zusammen schon 140,97 Millionen t = 51,4 vH der gesamten im öffentlichen Verkehr beförderten Güter mit 274,11 Millionen t.

Die wichtigsten *Verkehrsbezirke* der Bundesbahn sind ersichtlich aus den folgenden Zahlen, die den Güterverkehr für 1956 darstellen, wobei jedesmal Versand und Empfang (in Millionen t) zusammengerechnet sind[11]: Ruhrgebiet (ohne Dortmund und Essen) 87,72, Dortmund 33,28, Gebiet um Braunschweig 29,10, Rheinisches Braunkohlenrevier 22,57, Duisburg 26,06, Oberpfalz und Niederbayern 18,23, Gebiet um Hagen 17,04, Gebiet um Düsseldorf 16,14, Gebiet um Aachen 14,47, Rheinhäfen des Ruhrgebiets (ohne Duisburg) 14,16. Diese zehn Gebiete von insgesamt 66 umfassen zusammen 278,76 Millionen t oder 50,4 vH von insgesamt 553,60 Millionen t (in Versand *und* Empfang). Abgesehen von den beiden Bezirken „um Braunschweig" und Oberpfalz/Niederbayern handelt es sich also bei den wichtigsten Verkehrsbezirken des Bundesgebietes praktisch nur um Nordrhein-Westfalen, das allein 231,43 Millionen t = 41,8 vH des Gesamtgüterverkehrs aufbringt. Der *Lokal*verkehr (das ist der Verkehr innerhalb des *gleich*en Bezirks) macht nur 64,98 Millionen t = 11,7 vH, der Verkehr mit dem Ausland im Versand 21,91 Millionen t = 4,0 vH, im Empfang 12,05 Millionen t = 2,2 vH aus.

Hält man aber den Verkehr zwischen den Bezirken — „Wechselverkehr" genannt — nach Versand und Empfang auseinander, so kann man in den einzelnen Verkehrsbezirken teilweise sehr wichtige Unterschiede beobachten[12], wobei hier nur einige zahlenmäßig besonders ins Auge fallende Bezirke herausgehoben werden: Einen erheblichen Überschuß des Versandes über den Empfang sehen wir beim Ruhrgebiet (V 43,12 Millionen t, E 16,19 Millionen t), ebenso beim Rheinischen Braunkohlenrevier (V 8,69, E 2,37 Millionen t) und beim Gebiet um Braunschweig (V 6,52, E 3,85 Millionen t), ferner im Bezirk Essen (V 5,83, E 2,28 Millionen t); umgekehrt zeigen einen erheblichen Überschuß des Empfangs

[10] Statistisches Jahrbuch der BRD 1958, S. 292 f.
[11] a. a. O. S. 294.
[12] ibidem.

über den Versand die Bezirke Duisburg (E 13,23, V 8,03 Millionen t), Gebiet um Hagen (E 8,80, V 5,65 Millionen t), Köln (E 4,74, V 2,18 Millionen t), Württemberg ohne Südwürttemberg und Stuttgart (E 4,59, V 2,86 Millionen t), Bremen (E 4,41, V 2,70 Millionen t) und das Schleswig-Holsteinische Ostseegebiet ohne Lübeck (E 2,24 Millionen, V 506 000 t). Bei den genannten Gruppen wird der Unterschied zwischen den ausgesprochenen Versandgebieten und Empfangsgebieten besonders deutlich, ganz im Sinne der obigen Ausführungen von SCHLIER (S. 254); es gibt aber auch wichtige Gebiete, in denen sich Versand und Empfang ungefähr die Waage halten, wie z.B. Dortmund (V 9,53, E 9,46 Millionen t), Hamburg (V 4,16, E 4,82 Millionen t). Im Verhältnis zu Berlin-West ist am größten der Versand aus dem Ruhrgebiet mit 1,25 Millionen t, der allein schon 52,5 vH des gesamten Versands aus dem Bundesgebiet nach Berlin darstellt. Im Verhältnis zur SBZ und zum Sowjetsektor von Berlin tritt als Versandgebiet am stärksten hervor Hamburg mit 571 000 t = 48,3 vH des Gesamtversandes dorthin.

Neben dem Güterverkehr auf Eisenbahnen (Schienenverkehr) hat sich der Güterverkehr mit Kraftfahrzeugen (Straßenverkehr), kurz als *Güterkraftverkehr* bezeichnet, immer mehr durchgesetzt[13]. Seit 1931 ist in Deutschland der gewerbliche Güterfernverkehr (Fernverkehr privater Unternehmer für andere) konzessionspflichtig. Dabei fand 1932 eine statistische Untersuchung des Deutschen Industrie- und Handelstages über Anzahl der Betriebe und Fahrzeuge, beförderte Mengen, Tonnenkilometer und erzielte Frachteinnahmen statt. Zwei Jahre später veranstaltete der Industrie- und Handelstag (bzw. der dort bestehende Reichsautobahnenausschuß) bereits eine zweite statistische Erhebung über den Güterkraftverkehr. Während die erste Untersuchung durch den Fragenkreis „Wettbewerb Schiene—Straße" angeregt worden war, handelte es sich bei der zweiten Erhebung darum, Zahlenunterlagen für Bau und Linienführung der „Reichsautobahnen" zu erhalten. Dabei wurde besonders der Werkfernverkehr beobachtet, der durch die Industrie- und Handelskammern in einem besonders ausgearbeiteten Fragebogen erfaßt wurde. 1935 schlossen sich die Unternehmer des gewerblichen Güterverkehrs (ohne Werkfernverkehr) zum Reichs-Kraftwagen-Betriebsverband (RKB) zusammen; dieser Verband übernahm auch die Landraumverteilungsstellen-GmbH. Im Rahmen dieser Organisation war es leichter, statistische Erhebungen durchzuführen. Auf diese Weise gibt es seit 1936 eine laufende Güterbewegungsstatistik nach 80 „Verkehrsbezirken" für den Kraftwagenverkehr. Monatlich wurde eine „Güterartenstatistik" durchgeführt *ohne* Unterteilung nach Versand- und Empfangsgebieten (wieviel Tonnen

[13] Vgl. hierzu H. KELLERER, Güterverkehr mit Kraftfahrzeugen, in: Die Statistik in Deutschland, II. Bd., S. 1128 ff.

werden von jeder Güterart befördert?). Vierteljährlich brachte man eine „Verflechtungsstatistik" zustande, bei der die Warenbewegung zwischen irgendeinem Paar der Verkehrsbezirke erfaßt wurde. ohne Rücksicht auf die Warenart. Bei der vereinfachten Fragestellung war es denn auch möglich, statt der 40 Verkehrsbezirke der Eisenbahn die 80 Kraftverkehrsbezirke darzustellen. Das statistische Warenverzeichnis war dabei dasselbe wie bei Eisenbahn- und Binnenschiffahrtsstatistik. Von besonderem Interesse waren die einzelnen Entfernungszonen, da man wissen wollte, wie stark der Anteil des Kraftwagenverkehrs in den einzelnen Entfernungen ist. Deshalb hat man auch monatlich ermittelt, wie sich die Zahl der beförderten Tonnen und der geleisteten Tonnenkilometer auf die 13 Entfernungsstufen verteilte; die Grenzen für diese Entfernungsstufen (von 51 km an) lagen bei 100, 150, 200, 250, 300, 400 und so fort bis 900, 1000 km, die höchste war über 1000 km. Als statistische Unterlage beim RKB-Verkehr dienten die Frachtbriefe. Der Werkfernverkehr und der Möbelfernverkehr wurden im Statistischen Reichsamt bearbeitet; Unterlagen waren hierbei Drittschriften von Aufstellungen, die die Unternehmen des Werkfernverkehrs und des Möbelfernverkehrs bei Abführung der Beförderungssteuer an die Finanzämter ablieferten. Ausländische Werkfernverkehrsunternehmen hatten die Beförderungssteuer beim Grenzübertritt abzuführen. Aufbereitet wurden die statistischen Ergebnisse von Anfang an im Lochkartenverfahren, wodurch eine ausgiebige Güterbewegungsstatistik sehr erleichtert wurde.

Nach dem zweiten Weltkriege wurden 1950 auch die gewerblichen Straßenverkehrsbetriebe erhoben und überhaupt dem Güterkraftverkehr besondere Aufmerksamkeit zugewandt. Das „Güterkraftverkehrsgesetz" vom 17. Oktober 1952 bestimmt u. a., daß der gewerbliche Güterkraftverkehr (genau definiert als „jede Beförderung von Gütern mit einem Kraftfahrzeug für andere") der Genehmigung bedarf, wobei nach § 9 des Gesetzes „Zulassungshöchstzahlen" gesetzt sind; daneben zählt als Werkverkehr „jede Beförderung von Gütern für eigene Zwecke eines Unternehmens". Bei Beförderungen im Werkverkehr (auf Fahrzeugen von mehr als 1 t Nutzlast oder mit Zugmaschinen) sind „Beförderungs- und Begleitpapiere" erforderlich (VO vom 29. September 1953), von denen Durchschläge zur statistischen Erfassung an das Kraftfahrtbundesamt in Flensburg-Mürwik gehen. Die Beförderungsleistungen im gewerblichen Güterkraftverkehr werden von der „Bundesanstalt für den Güterfernverkehr" in Köln statistisch erfaßt.

Die statistische Erfassung der Güterströme des Kraftverkehrs ist mit größeren Schwierigkeiten verbunden als bei den anderen Verkehrsträgern. Der *Vorteil* des Kraftfahrzeugverkehrs, der *beweglichste* Verkehrsträger zu sein (der auch nicht fahrplangebunden ist), bedeutet auf der anderen Seite den *Nachteil*, daß hier wegen der fehlenden Bindung an bestimmte Abfahrts- und Ankunftsstellen sowie an vorgeschriebene Wege bestimmte Kontrollen nicht wirksam werden können, die vor allem beim Schienenverkehr bestehen. Erst recht aber bedarf man zu einer vernünftigen Eingliederung des Straßenverkehrs in das System des gesamten Verkehrswesens immer wieder genauer „quantitativer" Beobachtungen. Da aber eine genaue Beobachtung, die sich auf *alle* Verkehrsvorgänge der fraglichen Art erstreckt, zweifellos zu große Kosten erfordert hätte, so begnügte man sich beim Güterkraftverkehr mit *repräsentativen* Statistiken, wenigstens soweit es sich um den Werkfernverkehr und den gewerblichen Güterfernverkehr handelt. Der gewerbliche Möbelfernverkehr allerdings wird in einer Totalerhebung erfaßt. Der Auswahlsatz bei den repräsentativen Statistiken beträgt $33^1/_3$ vH, ein Satz, der bestimmt als ausreichend bezeichnet werden darf. Jedenfalls versucht man auf diese Weise sowohl eine Kostenersparnis wie auch eine möglichst rasche Erstellung von Zwischenergebnissen zu erzielen. In den erwähnten Belegen (als Unterlagen für die statistische Aufbereitung) sind besonders der Absendungs- oder Beladeort und der Bestimmungs- oder Entladeort deutlich zu kennzeichnen; zusätzlich sind auf den Nachweisen auch solche Beförderungsleistungen einzutragen, bei denen eine Beförderungssteuer nicht erhoben wird oder bei denen die Steuer wegen Geringfügigkeit außer Ansatz bleibt. Was die Erfassung der Güterarten angeht, so enthält das dazu benutzte amtliche Güterverzeichnis 25 Gütergruppen und 129 Gütergattungen. Die Zahl der Verkehrsbezirke bei der Güterbewegungsstatistik des Kraftverkehrs ist im Bundesgebiet auf 32 beschränkt, dazu kommen noch Berlin-West, die SBZ und Ostberlin, das Saargebiet und das Ausland.

An Veröffentlichungen über den Güterkraftverkehr sind zu nennen: a) „Der gewerbliche Güterfernverkehr mit Kraftfahrzeugen aus dem Bundesgebiet und Berlin (West) im Jahre 1954 in seiner Bedeutung nach Verkehrsgebieten, Gütergruppen und wichtigeren Gütergattungen", bearbeitet und herausgegeben von der Bundesanstalt für den Güterfernverkehr, Köln, im Dezember 1956, b) „Der Werkfernverkehr mit Kraftfahrzeugen im Jahre 1954", herausgegeben vom Kraftfahrtbundesamt, Flensburg-Mürwik, Bielefeld 1956. Eine Untersuchung, in der sowohl der Eisenbahntransport wie der gewerbliche Güterfernverkehr auf einem bestimmten Warengebiet eine Rolle spielt, ist diejenige von Dr. Olga Kahle, „Die frachtkostenmäßige Lage der schleswig-holsteinischen Land- und Ernährungswirtschaft im übergebietlichen Versand ihrer Produktionsüberschüsse"[14]. Ferner hat das Schweizerische Archiv für Verkehrswis-

[14] Kieler Studien Nr. 37, Kiel 1955.

senschaft und Verkehrspolitik[15] eine Untersuchung herausgebracht „Zur Struktur des Güterverkehrs mit Motorfahrzeugen in der Schweiz 1951, Ergebnisse einer Stichprobenerhebung vom Eidgenössischen Statistischen Amt", und einen Aufsatz von Dr. ROBERT RÜCKLI, „Gütertransportstatistik und Verkehrsanalyse"[16]. „Die Statistik der Verkehrsbeziehungen, erläutert an den regionalen Strömen im Güterkraftverkehr in der Bundesrepublik und in Berlin (West)" behandelt WERNER BORMANN in seiner von der Rechts- und Staatswissenschaftlichen Fakultät der Universität Kiel genehmigten Dissertation von 1960.

Den Güter*nah*verkehr statistisch zu erfassen, ist recht schwierig; im Nahverkehr werden im allgemeinen nur die kleinen Fahrzeuge eingesetzt, wie dreiräderige LKWs, sonstige LKWs mit einer Nutzlast bis zu 999 kg und Kombiwagen. Aus dem Jahre 1950 stammt eine Repräsentativstatistik, die herausgegeben wurde vom Bundesminister für Verkehr durch die „Sammelstelle für Nachrichten über Kraftfahrzeuge und Kraftfahrzeugführer", Bielefeld, 1951: „Ergebnisse der Repräsentativerhebungen im Güterverkehr mit Kraftfahrzeugen im Gebiet der Bundesrepublik Deutschland vom März 1950". Bis zum Jahre 1952 sind die Ergebnisse des Güter*nah*verkehrs noch in den statistischen Veröffentlichungen enthalten[17]; hier sind im Straßenverkehr überhaupt (für das Jahr 1952) 559,4 Millionen t beförderter Güter nachgewiesen worden, aber *ohne* Güternahverkehr mit Kraftfahrzeugen nur 56,1 Millionen t, so daß auf den Güter*nah*verkehr allein 503,3 Millionen t entfallen; das sind schon beinah 55 vH der insgesamt im Binnenverkehr beförderten Güter (917,1 Millionen t). Dabei ist selbstverständlich zu berücksichtigen, daß, an der wirklichen Verkehrs*leistung* gemessen, dieser hohe Anteil nicht allzuviel besagen will, da es sich hier ja nur um ganz kurze Strecken für den Transport handelt. Nahverkehr ist nämlich nach § 2 des genannten Güterkraftverkehrsgesetzes die Güterbeförderung mit einem Kraftfahrzeug „innerhalb der Grenzen eines Gemeindebereichs oder innerhalb der Nahzone. Nahzone ist das Gebiet innerhalb eines Umkreises von 50 km vom Ortsmittelpunkt aus. Zur Nahzone gehören alle Gemeinden, deren Ortsmittelpunkt innerhalb der Nahzone liegt". In späteren Jahren ist der Güternahverkehr mit Kraftfahrzeugen nicht wieder ausgezählt worden.

Aus den Ergebnissen des Fernverkehrs mit Lastkraftwagen für 1956 ist folgendes herauszuheben[18]: Die insgesamt beförderten Gütermengen betrugen 74,87 Millionen t, davon im gewerblichen Güterfernverkehr 53,73 Millionen t = 71,8 vH und im Werkfernverkehr 21,15 Millionen t

---

[15] im 8. Jahrgang, Zürich 1953 (S. 1 ff.).
[16] a. a. O. S. 225 ff.
[17] Vgl. Statistisches Jahrbuch der BRD 1955, S. 313.
[18] Statistisches Jahrbuch 1958, S. 314.

= 28,2 vH. In Millionen Tonnenkilometern ausgedrückt betrugen die Leistungen im gewerblichen Güterfernverkehr 14 191 = 80,2 vH und im Werkfernverkehr 3505 = 19,8 vH, insgesamt 17 696. Daß der Werkfernverkehr mehr auf die geringeren Entfernungen eingestellt ist, ergibt sich u. a. aus folgenden Daten: Von den Tonnenkilometern des *gewerblichen* Fernverkehrs lagen in den Entfernungsstufen von 300 km und darüber 57,6 vH (davon allein in denen von 500 und mehr km 28,2 vH), von denen des *Werk*fernverkehrs dagegen nur 26,7 vH (von 500 und mehr km hier sogar nur 8,2 vH). Die wichtigsten Gütermengen im Werkfernverkehr waren (1956) Erzeugnisse der Nahrungs- und Genußmittelindustrie mit 4,98 Millionen t, der sonstigen Industrie mit 3,26 Millionen t, Gegenstände des Großhandels mit Baustoffen mit 2,83 und des Großhandels mit Nahrungs- und Genußmitteln (einschl. Vieh) mit 2,77 Millionen t; das sind zusammen schon 13,84 Millionen t oder 65,5 vH des Werkfernverkehrs überhaupt. Dagegen bleiben die Erzeugnisse des Bergbaus, der Energiewirtschaft und der Gewinnung und Verarbeitung von Steinen und Erden mit 1,45 Millionen t und auch die der Eisen- und Metallerzeugung und -verarbeitung mit 1,90 Millionen t — beide zusammen 3,35 Millionen t = 15,9 vH — dahinter weit zurück.

Einen weiteren sehr wichtigen Posten im Verkehr stellt die *Binnenschiffahrt* dar. Hier hat es schon seit 1872 eine Statistik des Binnenschiffs*bestandes* gegeben, die dann aller fünf Jahre durchgeführt wurde und zuletzt 1912 stattfand[19]; nach dem ersten Weltkriege wurde diese Statistik an die „Binnenschiffskartei" im Statistischen Reichsamt angeschlossen und fortlaufend bearbeitet, wobei Zahl und Gattung der Schiffe, Maschinenstärke und Tragfähigkeit, Verwendungszweck, Alter und einige technisch wichtige Merkmale erfaßt wurden. Unterlagen hierfür waren fortlaufende Meldungen der Binnenschiffsregistergerichte, der Eichämter und dgl., auch Rückfragen bei den Schiffseignern selbst. Zum Jahresende wurde der jeweilige Bestand der Binnenschiffe festgehalten und die Ergebnisse dieser Bilanz in den „Vierteljahrsheften zur Statistik des Deutschen Reichs" veröffentlicht. Die eigentliche *Binnenschiffahrtsstatistik* erstreckt sich sowohl auf die Beobachtung des Verkehrs der Fahrzeuge als auch auf die Erfassung der Güterbeförderung. Diese Statistik erfaßt den Schiffs- und Güterverkehr a) beim Ein- und Ausgang über die Grenzen der Bundesrepublik Deutschland und über die Zonenübergangsstellen; b) beim Durchgang durch die wichtigen Schleusen; c) bei der Ankunft und dem Abgang in allen Häfen, Lade- und Löschstellen sowie bei Ein- und Ausladungen außerhalb der Häfen, Lade- und Löschstellen. Der Schiffsverkehr wird nach der Zahl der Schiffe und deren Tragfähigkeit (in Tonnen) ausgewiesen, der Güterverkehr nach dem Gewicht der be-

[19] Vgl. O. Schlier a. a. O. S. 1116.

förderten Güter. Nach Verkehrsbezirken werden unterschieden: innerhalb des Bundesgebietes (ohne Saarland), Saarland, Berlin (West), Sowjetsektor von Berlin und sowjetische Besatzungszone, Ostgebiete des Deutschen Reiches (Stand vom 31. Dezember 1937) unter polnischer und sowjetischer Verwaltung sowie Ausland. Die Angaben werden gewonnen aus den „Anmeldungen" bei den genannten Anmeldestellen, die sich auf die Fahrzeuge nach Schiffsgattung, Tragfähigkeit, Heimatstaat usw. und auf die beförderten Güter nach Menge, Güterart, Ein- und Ausladeort usw. beziehen. Die Angaben werden von den zuständigen Verkehrsstellen zusammengefaßt und schließlich an die Statistischen Dienststellen weitergeleitet.

Auf diese Weise werden *monatlich* festgestellt die tonnenkilometrischen Leistungen auf den Binnenwasserstraßen nach dem Heimatstaat der Schiffe, der Güterverkehr, gegliedert nach Gütergruppen und Verkehrsbeziehungen, der Güterumschlag nach Wasserstraßengebieten und Gütergruppen, der Güterumschlag in den Binnenhäfen, der Güterverkehr in den Auslands- und Zonengrenzstellen sowie den wichtigen Schleusen, *jährlich* die tonnenkilometrischen Leistungen nach Wasserstraßenabschnitten, der gesamte Schiffs-, Güter- und Floßverkehr in den Binnenhäfen, der Güterverkehr in den Binnenhäfen, gegliedert nach Gütergruppen, der Schiffs- und Güterverkehr an den Auslands- und Zonengrenzstellen sowie an den wichtigen Schleusen, der Güterverkehr der einzelnen Verkehrsbezirke.

Aus den Ergebnissen der Binnenschiffahrtsstatistik sei folgendes wiedergegeben[20]: Der Bestand an Binnenschiffen in der Bundesrepublik betrug am 1. Januar 1957 3460 Schiffe mit eigener Triebkraft und einer Tragfähigkeit von 1,58 Millionen t sowie einer Maschinenleistung von rund 866 000 PS — Ende 1953 waren es erst 2406 Schiffe gewesen —, darunter 328 Tankschiffe, weiter 3574 Schiffe *ohne* eigene Triebkraft und mit einer Tragfähigkeit von 2,63 Millionen t, darunter 159 Tankkähne; außer diesen Güterschiffen gab es zur gleichen Zeit noch 2520 „Hamburger Schuten und Leichter" mit rund 334 000 t Tragfähigkeit, 841 Schlepper mit rund 323 000 PS Maschinenleistung sowie 578 Fahrgastschiffe mit 161 000 t Tragfähigkeit und 95 000 PS Maschinenleistung. Bei den Güterschiffen haben mehr als 600 t 1176 = 35,9 vH aller Güterschiffe und verfügen über eine Gesamttragfähigkeit von 1,01 Millionen t = 63,6 vH der gesamten Tragfähigkeit der Güterschiffe. Von den Fahrgastschiffen beförderten je mehr als 500 Personen 76 = 13,1 vH der Gesamtzahl, sie verfügten über 88 000 t Tragfähigkeit = 54,6 vH der Gesamttragfähigkeit. Beim Schiffs-, Güter- und Floßverkehr im Jahre 1956 betrugen die Ausladungen der Schiffe (bei der Ankunft) im ganzen 103,9 Millionen t, da-

[20] Statistisches Jahrbuch der BRD 1958, S. 295.

von allein im Rheingebiet (einschl. Main und Neckar) 71,35 Millionen t = 68,8 vH, die Einladungen (beim Abgang) 90,17 Millionen t, davon im Rheingebiet 50,59 = 56,1 vH und im westdeutschen Kanalgebiet 22,57 Millionen t = 25,0 vH.

Betrachtet man den Güterverkehr auf den Binnenwasserstraßen nach *Verkehrsbezirken*, deren Zahl sich jetzt (mit Zusammenfassungen) auf 45 beläuft, so stehen hier ganz stark im Vordergrund (1956) Duisburg mit 29,26 Millionen t = 15,1 vH des Gesamtumschlags (Versand und Empfang zusammengerechnet) von 194,56 Millionen t, der Rhein-Herne-Kanal und der Ruhrkanal mit 17,62 Millionen t = 9,0 vH und der Niederrhein unterhalb des Ruhrgebiets mit 12,49 Millionen t = 6,4 vH, diese drei Bezirke zusammen mit 30,5 vH des Gesamtumschlags. Nimmt man noch die Rheinhäfen des Ruhrgebiets (ohne Duisburg) sowie den Niederrhein um Düsseldorf und um Köln hinzu, so ergeben sich hier weitere 23,87 Millionen t = 12,3 vH. Zusammen haben also diese sechs Verkehrsbezirke einen Anteil von 42,8 vH am Gesamtumschlag aller (45) Verkehrsbezirke. Rechnet man den Güterverkehr nach den beförderten Gütern insgesamt zusammen[21] — wobei die „Doppelzählungen" nach Verkehrsbezirken unterbleiben —, so stehen unter den insgesamt beförderten 135,92 Millionen t ganz voran die Steinkohlen mit 28,23 Millionen t, dicht dahinter die gewöhnliche Erde, Kies und Sand mit 22,07 und dann die Eisenerze mit 15,67 Millionen t; diese drei Gütergattungen umfassen allein schon 48,6 vH, also fast die Hälfte aller auf den Binnenwasserstraßen der Bundesrepublik (1956) beförderten Güter. Bei den Eisenerzen handelt es sich übrigens fast zu drei Vierteln um Empfang aus dem Ausland, während von den Steinkohlen nicht ganz ein Viertel und von Erde, Kies und Sand nicht ganz ein Fünftel in das Ausland *versandt* wurden. Mit weitem Abstand hinter den genannten drei Gütergattungen an der Spitze der Beförderung folgen noch als wichtig Steinkohlenkoks mit 7,02 und andere mineralische Rohstoffe mit 5,32 Millionen t; rechnet man dann diese fünf Gütergattungen zusammen, so umfassen sie mit 78,31 Millionen t schon 57,7 vH, also fühlbar mehr als die Hälfte der gesamten beförderten Güter. Der Versand *nach* dem Ausland nahm mit 20,98 Millionen t 23,3 vH des Gesamtversands (90,14 Millionen t) ein, umgekehrt der Empfang *aus* dem Ausland mit 37,41 Millionen t sogar 35,8 vH des Gesamtempfangs (104,41 Millionen t, wobei auch der „Versand nach dem Bundesgebiet" als Empfang eingesetzt worden ist).

Nach *tonnenkilometrischen Leistungen* steht im Gesamtverkehr von 1956 mit 32,27 Milliarden tkm[22] der Rhein von Rheinfelden bis zur nieder-

[21] Statistisches Jahrbuch 1958, S. 298 f.

[22] a. a. O. S. 301.

ländischen Grenze mit 22,59 Milliarden tkm = 69,9 vH bei weitem im Vordergrund. Erst mit ganz großem Abstand folgt der Dortmund-Ems-Kanal von Datteln bis Bergeshövede mit 1,40 tkm = 4,3 vH der Gesamtleistung; immerhin nehmen diese beiden Wasserstraßen zusammen schon fast drei Viertel der Gesamtleistungen ein! An diesen Gesamtleistungen sind die *ausländischen* Schiffe mit 12,06 Milliarden tkm = 37,4 vH der Gesamtleistung beteiligt. Im einzelnen sind auch für 1957 die Anteile der einzelnen Länder (als Heimatstaaten der beteiligten Schiffe) an den tonnenkilometrischen Leistungen zu nennen; dabei entfallen auf Deutschland 62,6 vH (genau wie 1956), auf die Niederlande 20,3, auf Frankreich 6,5, auf die Schweiz 5,2, auf Belgien 3,7, auf Österreich 1,0, auf die Tschechoslowakei 0,4 und auf die anderen Länder 0,3 vH. Die „mittlere Transportweite" betrug 1957 je Schiff im Durchschnitt aller Länder 237 km, sie ist am größten für die Schiffe aus der Schweiz mit 514 km, am niedrigsten für diejenigen aus der Tschechoslowakei mit 146 km und liegt — verständlicherweise — dem Durchschnitt am nächsten bei den deutschen Schiffen mit 235 km.

Stellt man die Anteile der Hauptverkehrsträger am *Güterverkehr* für 1957 im Bundesgebiet zusammen, so ergeben sich hierfür folgende absolute und Prozentzahlen[23]:

Übersicht 11: Leistungen im Güterverkehr der BRD 1957

Verkehrsträger	Beförderte Güter		Geleistete Tonnenkilometer	
	Mill. t	vH	Mrd. tkm	vH
Eisenbahnverkehr	303,3	58,1	62,4	54,6
Binnenschiffahrt	142,3	27,2	33,7	29,5
Straßenfernverkehr mit Lastkraftfahrzeugen	76,9	14,7	18,2	15,9
insgesamt	522,5	100,0	114,3	100,0

Der Luftverkehr brauchte hier nicht aufgenommen zu werden, da er für die Güterbeförderung im ganzen sehr unwichtig ist und nicht einmal einen Anteil von 0,1 vH ergeben hätte. Beim Eisenbahnverkehr ist der Schienen- und Schiffsverkehr der Deutschen Bundesbahn, bei der Binnenschiffahrt der Verkehr deutscher und ausländischer Schiffe auf den Binnenwasserstraßen des Bundesgebietes und beim Straßenfernverkehr der Werkfernverkehr und der gewerbliche Güterfernverkehr einschl. des Möbelfernverkehrs und der Transporte der bundesbahneigenen und der im Auftrag der Deutschen Bundesbahn fahrenden Lastkraftfahrzeuge, aber *ohne* Nahverkehr mit Lastkraftfahrzeugen aufgeführt.

[23] a. a. O. S. 287.

Von Interesse ist hier ein Vergleich mit dem Anteil der Verkehrsträger am öffentlichen *Personenverkehr;* hier ergibt sich für 1957 folgende Übersicht:

Übersicht 12: Leistungen im Personenverkehr der BRD 1957

Verkehrsträger	Beförderte Personen		Geleistete Personenkilometer	
	Millionen	vH	Millionen	vH
Eisenbahnverkehr	1 472	20,9	40 591	55,1
Straßenbahnverkehr	3 363	47,9	16 250	22,0
Omnibuslinienverkehr				
Ortsverkehr	902	12,8	3 520	4,8
Überlandverkehr	1 295	18,4	12 820	17,4
Luftverkehr	2	0,0	523	0,7
insgesamt	7 034	100,0	73 704	100,0

Beim Eisenbahnverkehr ist der S-Bahnverkehr in Hamburg einbezogen, beim Straßenbahnverkehr auch der U- und Hochbahnverkehr sowie der Obusverkehr; zum Omnibuslinienverkehr rechnen kommunale, gemischtwirtschaftliche und private Unternehmen sowie Bundesbahn und Bundespost einschließlich des nicht öffentlichen linienähnlichen Arbeiterverkehrs, zum „Überlandverkehr" der Omnibusse rechnet auch der Nachbarorts- und linienähnliche Arbeiterverkehr; beim Luftverkehr ist hier nur der Inlandverkehr gemeint. Zur Berechnung der geleisteten Personenkilometer sind für den Straßenbahn- und Omnibuslinienverkehr *repräsentativ* errechnete Reiseweiten zugrunde gelegt worden, und zwar für den Straßenbahnverkehr rund 5 km, für den Obusverkehr rund 4 km, für den Omnibus-Ortsverkehr rund 4 km und für den Omnibus-Überlandverkehr rund 10 km[24].

Während beim Güterverkehr die Anteilziffern der einzelnen Verkehrsträger sowohl bei den beförderten Gütern wie bei den geleisteten Tonnenkilometern einigermaßen übereinstimmen, zeigen sich beim Personenverkehr ganz starke Abweichungen: lediglich beim Überlandverkehr der Omnibuslinien sind die Anteilziffern für die beförderten Personen (18,4 vH) und für die geleisteten Personenkilometer (17,4 vH) ziemlich gleich, im übrigen aber zeigen sich Abweichungen in den Anteilsätzen, die stets mehr als das Doppelte der Vergleichsziffer ausmachen; beim Eisenbahnverkehr ist der „Personenkilometer"-Anteil fast das Dreifache des „Personen"Anteils, beim Straßenbahnverkehr ist umgekehrt der Personenanteil reichlich das Doppelte des Personenkilo-

[24] a. a. O. S. 287.

meteranteils, beim Omnibusortsverkehr auch fast das Dreifache. Das ist nur so zu erklären, daß bei der Eisenbahn die größere Entfernung entscheidend ist, bei Straßenbahn und Omnibus dagegen die größere Personenzahl. Nur im Omnibusüberlandverkehr hält sich beides die Waage, und beim Luftverkehr kommt es ganz eindeutig auf die größere Entfernung an.

Wesentlich stärker als alle anderen Verkehrszweige ist die *Seeschifffahrt* der Bundesrepublik von den Kriegs- und Nachkriegsereignissen betroffen worden[25]; rund zwei Drittel des Schiffsbestandes gingen schon während des Krieges verloren, der Rest wurde dann aufgrund des Potsdamer Abkommens beschlagnahmt oder als Reparationsgut verteilt. Nur ganz wenige kleine und überalterte Schiffe wurden den Eigentümern belassen. Der Wiederaufbau der deutschen Handelsflotte konnte erst 1949 wieder beginnen, als das durch die alliierten Abmachungen ausgesprochene Bauverbot erstmals gelockert wurde; erst von 1951 an sind alle wesentlichen Beschränkungen über den Bau von Handelsschiffen weggefallen. Während es im Reichsgebiet 1938 noch 4,04 Millionen BRT Handelsschiffsraum gegeben hatte, war dieser Raum eingeschränkt 1948 auf 249 000 (nur 6,2 vH von 1938!), erreichte 1951 mit 1,18 Millionen t 29,3 vH des Vorkriegsstandes, 1954 mit 2,36 Millionen immerhin schon 58,4 vH, am 1. Januar 1957 sogar 3,47 Millionen BRT = 85,8 vH des Vorkriegsstandes, aber zwei Jahre später (31. 12. 1958) schon 4,44 Millionen BRT und damit 10 vH *mehr* als 1938.

Die Statistik des Seeverkehrs beruht auf den Ankunfts- und Abgangsmeldungen der Hafenverwaltungen, Zollstellen usw.; bei den Anschreibungen werden im allgemeinen nur solche Schiffe erfaßt, die dem Erwerb durch Seefahrt dienen[26]. Erfragt werden dabei die Merkmale des Schiffes, ferner Herkunfts- und Bestimmungshafen, zu Handelszwecken angelaufene Zwischenhäfen, Reisezweck usw. Die Küstenländer und ihre Seehafenstädte, wie Hamburg und Bremen, hatten schon lange vor der Reichsgründung eigene Seeverkehrsstatistiken, jetzt schon seit über hundert Jahren. Bezüglich des Güterverkehrs haben die Schiffe bei den Anmeldestellen Ladungsverzeichnisse einzureichen, woraus dann die zuständigen Statistischen Ämter Nachweisungen herstellen über Ein- und Ausladegüter nach Menge (brutto), Güterart und Verkehrsbezirk. Auf diese Weise werden *monatlich* erfaßt Schiffs- und Güterverkehr über See, gegliedert nach Häfen, Hauptverkehrsbeziehungen, wichtigen Gütergruppen und Flaggen, *jährlich* der gesamte Schiffs- und Güterverkehr über See in den einzelnen Häfen; dabei wird besonders nachgewiesen

---

[25] Wirtschaftskunde von 1955, S. 287 ff.

[26] Vgl. hierzu Die Statistik in Deutschland, II. Bd., S. 1133 ff. F.: WALPURGER, Statistik des Seeverkehrs.

der Schiffsverkehr, gegliedert nach wichtigeren Häfen, Hauptverkehrsbeziehungen, Flaggen und Schiffsgattungen, und der Güterverkehr, gegliedert nach wichtigeren Häfen, Verkehrsbeziehungen, Flaggen und Gütergruppen sowie nach einzelnen Verkehrsbeziehungen. Es werden laufend sämtliche Schiffe und Güter erfaßt, die in den Häfen der Bundesrepublik Deutschland *seewärts* ankommen und (oder) abgehen. Ausgenommen sind nur Kriegs- und Zollschiffe, Schiffe, die zu Gewinnungszwecken oder zur Versorgung auf See befindlicher Fahrzeuge aus- und (oder) einlaufen, u. ä. Als Seeverkehr gilt jede Fahrt, die entweder ganz außerhalb der Seegrenzen stattfindet oder auf der diese überschritten werden. Der Schiffsverkehr wird nach der Zahl der Schiffe, nach deren NRT-Raumgehalt, Flagge und Beladungszustand ausgewiesen, der Güterverkehr nach dem Gewicht der Ladung. Die Unterteilung nach Schiffsgattungen erstreckt sich auf Dampfer mit Kohlenfeuerung und mit Ölfeuerung, Motorschiffe, Schiffe mit Hilfsantrieb und ohne Antrieb sowie Tanker. In der Gliederung nach Hauptverkehrsbeziehungen werden unterschieden: Häfen des Bundesgebietes untereinander (darunter Binnenhäfen), Häfen der sowjetischen Besatzungszone, Häfen der Ostgebiete des Deutschen Reiches (Stand 31. Dezember 1937), übrige europäische Häfen und außereuropäische Häfen.

Die wichtigsten Ergebnisse aus der neueren Seeverkehrsstatistik sind folgende: Am 31. Dezember 1958 verfügte die Bundesrepublik Deutschland[27] über 2736 Handelsschiffe mit 4,44 Millionen BRT, das waren im Vergleich mit dem 31. Dezember 1957 der Anzahl nach 5,0 vH, dem Tonnengehalt nach 14,1 vH *mehr*. Von den 2736 Handelsschiffen überhaupt waren 2104 Motorschiffe mit 3,45 Millionen BRT (= 77,6 vH der gesamten Handelstonnage), Dampfschiffe 244 mit rund 952 000 BRT (= 21,4 vH); beide Arten enthalten zusammen also bereits 99,0 vH des gesamten Tonnengehalts; Schiffe mit Hilfsantrieb gab es 359, die aber nur über 32 000 BRT verfügten, und Schiffe ohne Antriebsmaschinen 28 mit rund 10 000 BRT. Unter den Handelsschiffen sind die wichtigsten die 2481 „Trockenladungsschiffe" mit 3,7 Millionen BRT; weit dahinter zurück stehen die 110 Tanker mit 512 000 BRT, die 20 kombinierten Fracht- und Fahrgastschiffe mit 175 000 BRT und die 125 reinen Fahrgastschiffe mit rund 33 000 BRT. Aus dem Nordseegebiet stammen 2470 Handelsschiffe mit 4,07 Millionen BRT (= 91,7 vH des Gesamttonnengehalts), davon allein 1340 Schiffe mit 2,56 Millionen BRT aus Hamburg; im Ostseegebiet sind beheimatet 266 Schiffe mit 369 000 BRT. Außer diesen Handelsschiffen gibt es zur gleichen Zeit noch 881 Seefischereifahrzeuge mit 167 000 BRT und 359 sonstige Fahrzeuge mit 54 000 BRT.

[27] Statistisches Jahrbuch 1960, S. 345.

Vergleicht man die deutschen Bestände an Handelsschiffen mit denen des Auslands[28], dann steht die Bundesrepublik allerdings weit hintenan: 1959 war der Handelsflottenbestand in 1000 BRT in den Vereinigten Staaten 25 288, in Großbritannien 20 757, in Norwegen 10 444, in Japan 6277, in Italien 5119, in den Niederlanden 4743, in Panama 4583, in Frankreich 4538, in der Bundesrepublik 4535, in Schweden 3623; bei diesen zehn Ländern steht also Deutschland erst an neunter Stelle (dabei spielt allerdings gelegentlich die Tatsache eine Rolle, daß manche Schiffe unter „fremder Flagge" fahren). Insgesamt ist der Weltbestand der Handelsflotte 124,94 Millionen BRT, wovon diese zehn Ländern allein 72,0 vH umfassen.

Untersucht man den deutschen *Güterverkehr über See* nach Gütergattungen[29], so stehen im Jahre 1958 im Vordergund im *Versand* (je 1000 t) Steinkohlenkoks 1500,6, Kalidünger 1123,0, Benzin 804,4, Stickstoffdünger 791,7, Bleche und Platten aus Eisen und Stahl 666,9, Gasöl und Dieselöl 626,6, zusammen 5513,2 = 38,5 vH von insgesamt 14 323,1, im *Empfang* Erdöl, Stein- und Braunkohlenteer 7611,3, Steinkohlen 7550,9, Eisenerze 5986,6, Weizen 1747,1, andere Mineralölderivate 1488,3, Gerste 1165,0, zusammen 25 549,2 = 62,7 vH von insgesamt 40 689,7. Dabei ist festzustellen, daß im Jahre 1958 der Empfang gut das 2,8fache des Versandes ausgemacht hat; bei diesem Empfang sind Weizen und Gerste mit 7,2 vH (des Gesamtempfangs) beteiligt.

Teilt man den Güterverkehr über See nach *Verkehrsbezirken* auf[30], so stehen 1958 im Vordergrund im *Versand* (1000 t) das Bundesgebiet (Verkehr in und zwischen den Verkehrsbezirken des Bundesgebiets) mit 2320,7, Schweden mit 2110,8, Dänemark, Grönland und Faröer mit 1902,9, die Niederlande mit 1108,3, die Vereinigten Staaten am Atlantik und am Golf von Mexiko mit 923,4, Großbritannien und Nordirland mit 840,4, Indien mit 555,3, Norwegen mit 552,8, China (Volksrepublik) mit 537,4, zusammen 10 852,0 = 65,0 von insgesamt 16 643,8[31]; im *Empfang* (1000 t) die Vereinigten Staaten (wie vorher umschrieben) mit 9460,2, Syrien und Libanon mit 4211,0, Schweden mit 2812,3, das Bundesgebiet mit 2320,7, Norwegen mit 2311,8, Venezuela mit 2098,8, Dänemark usw. mit 1480,2, Argentinien mit 1281,8, zusammen 25 976,8 = 60,3 vH von insgesamt 43 010,4.

Am Güterumschlag (des Seegüterverkehrs) sind von den Seehäfen der Bundesrepublik[32] am stärksten die Nordseehäfen beteiligt: 1959 entfielen

---

[28] a. a. O. S. 90*.

[29] a. a. O. S. 347.

[30] a. a. O. S. 348.

[31] einschließlich des Verkehrs innerhalb des Bundesgebiets, bei dem Versand gleich Empfang.

[32] a. a. O. S. 349.

im *Versand* von insgesamt 17,24 Millionen t allein 16,37 Millionen t = 94,6 vH auf die Nordseehäfen, davon nur auf Hamburg 7,69 und auf Bremen (Stadt) 5,15 Millionen t, erst mit weitem Abstand folgte Emden mit 1,32 Millionen t; der wichtigste Ostseehafen war Lübeck mit 560 400 t. Im *Empfang* entfielen von insgesamt 49,69 Millionen t allein 46,46 Millionen t = 93,4 vH auf die Nordseehäfen, darunter Hamburg mit 21,45, Bremen (Stadt) mit 7,03 und Emden mit 5,74 Millionen t.

Von gewissem Interesse ist auch der Umfang des Seeschiffsverkehrs durch den Nordostsee-Kanal[33]. Hier hat die Zahl der „abgabepflichtigen Schiffe" im Jahre 1936 46 460 betragen mit einem Raumgehalt von 19,75 Millionen NRT, 1959 dagegen 73 443 mit 36,14 Millionen NRT; in beiden Jahren handelte es sich vor allem um Handelsschiffe, von denen der größte Teil (1959 der Zahl nach 77,1, den Nettoregistertonnen nach 72,4 vH) beladen war, ferner waren die meisten Schiffe deutsche Schiffe, und zwar (1959) 48 403 mit 11,0 Millionen NRT — hier waren allerdings die fremden Schiffe mit 25,14 Millionen NRT den deutschen an Raumgehalt weit überlegen! Die wichtigsten durch den Kanal beförderten Massengüter waren 1959 in Richtung West-Ost (Brunsbüttel-Holtenau) Erdöl und -derivate mit 8,17, Kohle mit 3,06, zusammen 11,23 Millionen t = 56,8 vH des Gesamtverkehrs in dieser Richtung mit 19,78 Millionen t; in Richtung Ost-West (Holtenau-Brunsbüttel) Holz mit 6,55, Kohle mit 3,71, Erze mit 3,41, zusammen 13,77 Millionen t = 70,6 vH des Gesamtverkehrs in dieser Richtung mit 19,46 Millionen t. Von den Gütermengen überhaupt beförderten die *fremden* Schiffe (1959) in west-östlicher Richtung 70,4 vH, in ost-westlicher Richtung 58,7 vH. Aufgrund der Abgabepflicht (nach verschiedenen Tarifgruppen) und der dafür notwendigen Angaben können diese statistischen Daten verhältnismäßig leicht festgestellt werden. Im übrigen sind in den Zahlen der Schiffe überhaupt (seit 1956) die Sportfahrzeuge ohne Tonnageangabe *nicht* enthalten.

Vergleichsweise noch einige Angaben über den *Personenverkehr* über See mit dem Ausland. Dieser Verkehr hält sich in verhältnismäßig engen Grenzen. 1959 waren es Fahrgäste in *eingehender* Richtung in den Häfen Hamburg und Cuxhaven 35 222, davon nur 21 694 echte „Einreisende", hauptsächlich aus den Vereinigten Staaten, den Niederlanden, Argentinien, Kanada und Belgien, in den bremischen Häfen wesentlich mehr, nämlich 69 015, davon 54 081 „Einreisende", hauptsächlich aus den Vereinigten Staaten, Kanada und Großbritannien; Fahrgäste in *ausgehender* Richtung aus Hamburg und Cuxhaven 40 617, davon nur 20 267 echte „Ausreisende", Ziel hauptsächlich die Vereinigten Staaten und Großbritannien, und nur 7130 Auswanderer, besonders nach Australien, aus

[33] a. a. O. S. 350.

den bremischen Häfen ganz erheblich mehr, nämlich 84 614, davon 56 841 „Ausreisende" und 15 757 Auswanderer (von diesen 5263 nach Kanada und 5093 nach den Vereinigten Staaten, 5378 nach Australien). Eine nennenswerte Zahl bedeuten auch noch die „Tangentialreisenden", das sind Personen, die auf einer Seereise zwischen zwei ausländischen Häfen einen westdeutschen Hafen anlaufen, ohne das Schiff zu verlassen; es handelt sich in beiden Richtungen in Hamburg und Cuxhaven um etwa 10 400 und in den bremischen Häfen um etwa 9000.

Ergänzend noch einige Angaben über den *Luftverkehr*[34]: 1959 starteten in der Bundesrepublik im In- und Auslandsverkehr insgesamt 517 344 Flugzeuge. Die Zahl der Fluggäste (1959) betrug 2,7 Millionen „Aussteiger", 2,73 Millionen „Einsteiger", 714 300 „Durchgang" (auf der gleichen Strecke angekommen und wieder abgegangen). Neben diesen Fluggästen spielt der Luft-Güterverkehr nur eine geringe Rolle: 1959 an Fracht 31 011 t im Empfang, 34 531 t im Versand und 22 673 t im Durchgang, an Post 8723 t im Empfang, 8269 t im Versand und 3768 t im Durchgang. Am größten war die Zahl der Fluggäste in Berlin und in Frankfurt am Main.

Abschließend sei noch für den (Personen- und Güter-)Verkehr zu Lande, zu Wasser und in der Luft folgendes festgestellt: Für die ordnungsmäßige statistische Feststellung entstehen noch besondere Schwierigkeiten dadurch, daß es „Umsteigen" und „Umladen" gibt. Dieser „gebrochene Verkehr" bedeutet, daß der Weg der Güter vom Ursprungseinladeort bis zum endgültigen Ausladeort nicht klar verfolgt werden kann. Die Umladeplätze werden jeweils zu „Empfangs- und Versandorten"; ein (umgeladener) Auslandstransport zerfällt in einen Inlands- und einen Auslandstransport; eine reine Durchfuhr kann zu Auslandsempfang und -versand, unter Umständen sogar zu deutschem Inlandsverkehr werden. Diesen Schwierigkeiten kann z. T. dadurch abgeholfen werden, daß noch „Nebenstatistiken" geführt werden, die das Ineinandergreifen bzw. die Überschneidungen der Hauptverkehrsmittel beleuchten sollen[35]. So werden beim Umladen zwischen Eisenbahn und Binnenschiffahrt schon seit längerem die Güter nach Güterarten von den Güterabfertigungen der Eisenbahn angeschrieben, auch im übrigen ist eine „Umladestatistik" in Gang gekommen.

Wenn man von solchen Schwierigkeiten und Bedenken absieht, ist es immerhin recht gut gelungen, eine „innere" Handelsstatistik aufzustellen mit Unterscheidung der innerdeutschen Produktions- und Verbrauchsgebiete. Daraus lassen sich auch Schlüsse auf die Struktur des innerdeutschen Wirtschaftslebens ziehen.

[34] a. a. O. S. 361.
[35] Vgl. Die Statistik in Deutschland (O. Schlier), II. Bd., S. 1119 f.

Eine Besonderheit der Verkehrsstatistik ist schließlich noch die Statistik des *Fremdenverkehrs*. „Der Fremdenverkehr umfaßt als Teil des Personen- oder Reiseverkehrs alle Fälle eines vorübergehenden Aufenthalts nicht ortsansässiger Personen in einem Ort außerhalb ihres Wohnsitzes im Gegensatz zur Verlegung des ständigen Wohnsitzes, der nach einem wenig glücklichen Sprachgebrauch ‚Wanderung' genannt wird. Ob ein Fremder bald weiterreisen, ob er sich längere Zeit am Ort aufhalten oder hier dauernd niederlassen will, hängt von so vielen Umständen ab, daß die Praxis ein allgemein gültiges Unterscheidungsmerkmal zwischen ‚Fremdenverkehr' und ‚Wanderung' braucht[36]." Man hat sich dazu entschieden, diese Trennung nicht nach der „Absicht" des Fremden, sondern nach seiner tatsächlichen Aufenthaltsdauer vorzunehmen. Im Deutschen Reich ist seit 1938 durch die Verordnung über das Meldewesen als „vorübergehend" ein Aufenthalt von längstens zwei Monaten anerkannt worden. Die Meldeordnung schreibt (auch heute) den Inhabern von Unternehmen, die der gewerbsmäßigen (oder gemeinnützigen) Beherbergung von Reisenden und Fremden oder dem Aufenthalt von Erholungsuchenden dienen, die Führung eines Fremdenverzeichnisses vor, das die Personalien, den Wohnort, den Tag der Ankunft und der Abreise jedes Fremden enthalten muß und noch längere Zeit nach der letzten Eintragung aufzubewahren ist. Aus dem Unterschied zwischen dem Ankunfts- und dem Abreisetag ergibt sich die Aufenthaltsdauer des Fremden. Die im Fremdenverzeichnis eingetragenen Fälle werden für die vorgeschriebene Berichtszeit (Monat, Halbjahr usw.) zur Zahl der Fremdenmeldungen aufgerechnet. Hierbei können leicht Doppelzählungen (hinsichtlich der Personen) vorkommen, weil derselbe Fremde z. B. am gleichen Ort seine Beherbergungsstätte oder in der gleichen Urlaubszeit seinen Aufenthaltsort wechseln kann; die Zahl der Meldefälle ist also nicht identisch mit der Zahl der Fremden an sich. Solche Doppelzählungen werden vermieden, wenn man die Zahl der *Fremdenübernachtungen* feststellt. Zur Erleichterung der Berichterstattung von den Beherbergungsstätten an die Gemeinden und von da an die zuständigen Statistischen Ämter sind bestimmte Vordrucke eingeführt worden. In der Schweiz führt das Eidgenössische Statistische Amt seine Erhebungen unmittelbar bei den Beherbergungsstätten durch. Bei der Aufbereitung der Ergebnisse wird vor allem die „Beherbergungskapazität" — in der Bundesrepublik jährlich am 1. April — festgestellt, d.h. die Zahl der vorhandenen Fremdenbetten nach der Art der Fremdenverkehrsgemeinden (Großstädte, Bade- und Kurorte, Luftkurorte, sonstige Gemeinden usw.) und nach der Art der Betriebe (Hotels und Gasthöfe, Hospize, Fremdenheime, Kurhäuser, Heilstätten und Sanatorien, Kur- und Erholungsheime, Privat-

[36] A. Agthe, Statistik des Fremdenverkehrs, a. a. O. S. 1145.

quartiere); diese Daten stehen für das Bundesgebiet und seine Länder zur Verfügung[37]. Weiter werden die Übernachtungen der In- und Auslandsgäste nach Monatsdurchschnitten dargestellt je nach Art der Übernachtungsorte, außerdem nach der Herkunft der Fremden (Deutsche, Ausländer; bei den Deutschen noch unterschieden nach Ortsansässigen und Nicht-Ortsansässigen). Für die wichtigsten Übernachtungsorte[38] kann man auch nach Sommer- und Winterhalbjahr die Zahl der Übernachtungen überhaupt und insbesondere der Auslandsgäste nachlesen. Die Fremdenmeldungen und -übernachtungen selbst werden allmonatlich erfaßt. Diese Befragung erstreckt sich insbesondere auf die „Fremdenverkehrsgemeinden"; das sind solche Gemeinden, in denen die Zahl der Fremdenübernachtungen während eines Jahres mindestens 25% der Einwohnerzahl beträgt oder die nach Feststellung der zuständigen obersten Landesbehörden von besonderer Bedeutung für den Fremdenverkehr sind.

Anschließend hierzu einige Ergebnisse[39]: Am 1. April 1959 standen in der Bundesrepublik (ohne Berlin) für den Fremdenverkehr 655 709 Betten zur Verfügung, außerdem gab es 19 606 „zweckentfremdete Betten", z. B. von ausländischen Streitkräften in Anspruch genommene oder mit Flüchtlingen, Evakuierten usw. belegte. Von den zur Verfügung stehenden Betten befanden sich 393 598 in Hotels und Gasthöfen, 175 673 in Hospizen, Pensionen und Fremdenheimen; außerdem noch 268 345 Betten in Privatquartieren. Für das Sommerhalbjahr 1959 ergaben sich für Gäste aus Deutschland 14,98 Millionen Meldungen und 79,16 Millionen Übernachtungen, für Gäste aus dem Ausland 3,73 Millionen Meldungen und 7,49 Millionen Übernachtungen. Die meisten Fremdenmeldungen des Auslands kamen aus den Niederlanden mit rund 622 400 (= 16,7 vH), dann aus den Vereinigten Staaten mit 537 800 (= 14,4 vH), aus Großbritannien mit 396 900 (= 10,6 vH), aus Belgien/Luxemburg mit 334 000 (= 9,0 vH), aus Frankreich mit 326 600 (= 8,7 vH), aus Dänemark mit 314 600 (= 8,4 vH), zusammen aus diesen sechs Gebieten 67,8 vH aller Auslandsfremden. Rechnet man die Fremden*übernachtungen* (also die Dauer des Aufenthalts) zusammen, dann ergeben sich für die wichtigsten sechs Länder 4,86 Millionen Übernachtungen = 65,0 vH aller 7,49 Millionen Übernachtungen. Insgesamt gab es im Sommer 1959 86,66 Millionen Übernachtungen von Deutschen und Ausländern, davon 19,66 Millionen = 22,6 vH in Privatquartieren. Darüber hinaus sind noch zu nennen 5,9 Millionen in Jugendherbergen und 7,0 Millionen in Kinderheimen, jeweils einschließlich Ausländer.

---

[37] Statistisches Jahrbuch 1958, S. 324.

[38] a. a. O. S. 326.

[39] Statistisches Jahrbuch 1960, S. 366 f.

Von den Großstädten zählten die meisten Übernachtungen im Sommer 1959 München mit 1,69 und Hamburg mit 1,42 Millionen — darunter in beiden Städten mehr als je ½ Million Auslandsgäste. Bei den Luftkurorten steht ganz voran das Berchtesgadener Land mit 1,6 Millionen, bei den Seebädern Westerland mit 698 900 Fremdenübernachtungen.

10. Kapitel

Der Verbrauch

Hier soll unter Verbrauch verstanden werden der sogenannte „private" Verbrauch; er umfaßt die von den privaten Haushaltungen für Konsumzwecke gekauften Güter und Dienste, dazu den Selbstverbrauch der Landwirte an Nahrungsmitteln und neben der Miete auch den Mietwert der von den Eigentümern selbst bewohnten Wohnungen[1]. Abgesehen von den Nahrungsmitteln werden hierbei die in Frage kommenden Güter und Dienste eigentlich nicht *ver*braucht, sondern *ge*braucht, z.B. Wohnräume, Kleidungsstücke, Ausstattungsgegenstände usw. — womit nicht gesagt sein soll, daß nicht auch hier ein allmählicher Verschleiß stattfindet. *Ver*braucht wird normalerweise das für den Ankauf all dieser Gegenstände verwendete Einkommen. In diesem Sinne soll hier nur der *unmittelbare* Verbrauch behandelt werden, neben dem es bekanntlich auch noch einen „reproduktiven Verbrauch" gibt. ADOLF COHRS gibt in seinem Beitrag „Statistik des volkswirtschaftlichen Verbrauchs"[2] folgende Erläuterung hierzu: „Während der unmittelbare Verbrauch eine den Kreislauf der Volkswirtschaft beschließende endgültige Entnahme von Gütern aus dem Markt darstellt, hat der reproduktive Verbrauch nur den Sinn, die dem Markt entnommenen Güter (Rohstoffe, Produktionsmittel, Arbeitskraft der Erwerbstätigen) in umgewandelter Form (Güter für den unmittelbaren Verbrauch) wieder auf den Markt zu bringen." Auf diesen reproduktiven Verbrauch kommen wir in Kapitel 16 noch einmal zurück. Hier haben wir uns mit dem „Verbrauch der letzten Konsumenten, d.h. der Einkommenswirtschaft" zu befassen, die ja einen wichtigen Ausdruck für die Lebenshaltung der Bevölkerung darstellt.

Der an sich mögliche Gedanke, diesen privaten Verbrauch von den Haushaltungen her festzustellen, ist nicht realisierbar. COHRS sagt hierzu mit Recht[3]: „Lediglich die Einkommenswirtschaft kann als ausschließliches Forschungsgebiet der Verbrauchsstatistik angesehen werden. Gerade die Haushaltungen aber sind als Erhebungsobjekt wenig geeignet. Vor allem ist ihre Zahl für vollständige Erhebungen zu groß, zumal wenn es sich darum handelt, laufende Ermittlungen durchzuführen. Hinzu kommt,

---

[1] Vgl. Wirtschaftskunde der BRD von 1955, S. 410 u. 430 ff.

[2] Die Statistik in Deutschland, Bd. II, S. 727 ff.

[3] a. a. O. S. 729.

daß sowohl aus psychologischen als auch aus objektiven Gründen nur mangelhafte Voraussetzungen für Erhebungen bei den Haushaltungen gegeben sind. Das Fehlen laufender Aufzeichnungen über Einnahmen und Ausgaben, wie sie für große Teile der Erwerbswirtschaft in der Buchhaltung und für die gesamte öffentliche Wirtschaft in der Rechnungslegung an sich schon bestehen, hat zur Folge, daß die meisten Haushaltungen nicht imstande wären, den durch derartige Erhebungen an sie gestellten Anforderungen gerecht zu werden."

Statt vom einzelnen Verbraucher her kann man aber auch den Verbrauch *summarisch*, d.h. von der verbrauchten Ware her feststellen. Dieses Verfahren ist seit langem üblich bei den Nahrungsmitteln. Hier handelt es sich, kurz gesagt, darum, für die gesamte Bevölkerung eines Landes oder eines Teilgebietes eine „Ernährungsbilanz" aufzustellen. Hierfür stehen zur Verfügung die Ergebnisse der landwirtschaftlichen Erzeugungsstatistik, die Statistik des Außenhandels und — für Teilgebiete — die Verkehrsstatistik, soweit nicht die Binnenhandelsstatistik Aufschluß geben kann. Es ist indessen keine ganz leichte Aufgabe, eine solche Ernährungsbilanz zuverlässig herzustellen. Von der verfügbaren Nahrungsmittelmenge, die sich aus den Erntezahlen und den Zahlen des Außenhandelssaldos ergibt, müssen bei den pflanzlichen Nahrungsmitteln die für die kommende Aussaat und für die Viehfütterung notwendigen Mengen (z.B. bei Hafer, Gerste und Mais und bei Kartoffeln) abgesetzt werden. Hierbei können die Buchführungsergebnisse der landwirtschaftlichen Verbände eine wertvolle Hilfe gewähren. Daß man allerdings gerade in der Landwirtschaft bei solchen Berechnungen vorsichtig sein muß, betont u.a. G. Klauder in seinem Beitrag „Über Zuverlässigkeit von Berechnungen in der Agrarwirtschaft"[4]. Immerhin hat z.B. R. Kuczynski in seinem oben (S. 195) zitierten Werk (Vierter Teil: Ernährungs- und Fütterungsbilanz) für die Zeitabschnitte 1909/13 und 1920/24 getrennt nach menschlicher und tierischer Ernährung derartige Daten mit hinreichender Zuverlässigkeit aufgestellt. Ferner hat das Bundesministerium für Ernährung, Landwirtschaft und Forsten in seinem „Statistischen Handbuch über Landwirtschaft und Ernährung der Bundesrepublik Deutschland"[5] in dem Abschnitt „Versorgungslage" u.a. die Entwicklung des gesamten Nahrungsverbrauchs für die Zeit vor und kurz nach dem zweiten Weltkrieg und für 1954/55 dargestellt und ist dann auf die Versorgung mit Getreide, Zucker, Fleisch, Milch, Nahrungsfetten und sonstigen Nahrungsmitteln im einzelnen eingegangen. Dabei hat verständlicherweise „die Aufstellung der Vorkriegs-Versorgungsbilanzen für das Bun-

---

[4] Gegenwartsprobleme der Agrarökonomie (Festschrift für Fritz Baade zum 65. Geburtstag), Hamburg 1958, S. 167 ff.

[5] Hamburg u. Berlin 1956, S. 137 ff.

desgebiet (ohne Westberlin) z. T. besondere Schwierigkeiten bereitet. Während die Erzeugungsmengen nachträglich ermittelt werden konnten, mußte der Verbrauch zum größten Teil auf Grund des Verbrauchs im Reichsgebiet geschätzt werden. Veränderungen von Vorräten wurden nicht berücksichtigt, da die Unterlagen für eine regionale Aufgliederung der Bestandsbewegungen nicht ausreichen. Aus den Daten über Erzeugung und Verbrauch ergab sich dann als rechnerische Differenz ein Zuschußbedarf für die laufende Versorgung bzw. ein Überschuß der Erzeugung für den laufenden Verbrauch. Diese Ziffern wurden als ‚Einfuhr' bzw. ‚Ausfuhr' in die Versorgungsbilanz aufgenommen. Eine Trennung nach dem eigentlichen Außenhandel mit dem Ausland und den übergebietlichen Warenbewegungen von und nach Mittel- und Ostdeutschland war dabei nicht möglich. Die Bilanzen für die Vorkriegszeit über das Bundesgebiet stellen somit einen Versuch dar, durch theoretische Konstruktion der historischen Wirklichkeit nahezukommen." Gerade diese Bemerkungen (als Einleitung zum Abschnitt „Versorgungslage") zeigen deutlich, welche Schwierigkeiten trotz recht zuverlässigen statistischen Unterlagen bei solchen Verbrauchsberechnungen auftreten.

Außerhalb des Nahrungsverbrauchs besteht die Möglichkeit, aus der Statistik der gewerblichen Produktion, insbesondere der Industrieproduktion, im Zusammenhang mit Berechnungen des Binnen- und des Außenhandels, ähnliche Ergebnisse für bestimmte Verbrauchsgebiete zu gewinnen, wenigstens soweit es sich um Herstellung von Endprodukten handelt. Im allgemeinen aber bleibt die Verbrauchsstatistik darauf angewiesen, wie das auch Cohrs mit Recht hervorhebt, „die Arbeiten anderer Statistiken ihren Zwecken nutzbar zu machen"[6]; er fügt hinzu: „An sich gibt es wohl kaum ein Gebiet der Wirtschaftsstatistik, das nicht unmittelbar oder mittelbar irgendwelche Erkenntnisse über den Verbrauch beizusteuern vermöchte. Als allgemeine Quellen kommen jedoch nur verhältnismäßig wenige Statistiken in Betracht. Für die mengenmäßige Ermittlung des Verbrauchs einzelner Waren sind dies hauptsächlich die *Verbrauchssteuerstatistik*, die *Produktionsstatistik* und die *Außenhandelsstatistik*, aus deren Ergebnissen die für den Verbrauch bestimmten Mengen auf einer dem Verbrauch vorgelagerten Stufe des Güterkreislaufs berechnet werden können. Soweit außerdem noch *Angaben über die Vorräte* zur Verfügung stehen, läßt sich durch ihre Berücksichtigung die Verbrauchsberechnung weiter verfeinern. Da die Vorratsstatistik bisher sehr wenig entwickelt ist und auch die Produktionsstatistik hinsichtlich der Feststellungen über die erzeugten Mengen noch erhebliche Lücken aufweist, die nur durch mehr oder weniger sichere Schätzungen ausgefüllt werden können, sind solche Verbrauchsberechnungen unvermeidlicher-

[6] a. a. O. S. 729.

weise nicht immer restlos befriedigend. Jedenfalls muß bei der Beurteilung ihrer Ergebnisse berücksichtigt werden, daß sie *weniger den Verbrauch als die Versorgung* kennzeichnen. Der Unterschied zwischen Versorgung und Verbrauch ist allerdings erfahrungsgemäß im allgemeinen nicht übermäßig groß." Wenn auch die Produktionsstatistik inzwischen wesentlich besser ausgebaut worden ist, so sind dennoch die Vorbehalte von Cohrs noch immer gerechtfertigt und gelten vor allem für die Länder, die erst damit beginnen, Produktionsstatistiken aufzuziehen.

Wie schon erwähnt, ist es mit Hilfe der Verbrauchsbesteuerung möglich, statistische Ergebnisse (sekundärer Art) über den Verbrauch zu gewinnen; das gilt vor allem, wenn auch nicht nur, für bestimmte Genußmittel[7]. In den ersten Jahren nach dem zweiten Weltkrieg war der Verbrauch an Genußmitteln, die zu einem erheblichen Teile Einfuhrwaren sind, auf das äußerste eingeschränkt. Er hat sich erst nach der Geldumstellung und mit der allgemeinen Besserung der Wirtschaftslage wieder erhöht, allerdings bis Mitte der 50er Jahre den Vorkriegsumfang im allgemeinen nicht erreicht. Die Senkung der Steuersätze vom Sommer 1953 hat dem Verbrauch an Genußmitteln wieder einen kräftigen Auftrieb gegeben. Bei *Tabak und Tabakwaren* werden Zigarren, Zigaretten, Feinschnitt, Pfeifentabak, Kautabak, Schnupftabak und Zigarettenhülsen versteuert. Hier hat gegenüber der Vorkriegszeit (Reichsgebiet von 1936) der errechnete Verbrauch je Einwohner[8] bei Zigaretten von 571 Stück auf 1202 Stück im Jahre 1959 (Bundesgebiet einschl. Berlin-West) *zu*genommen, bei Zigarren von 125 auf 84 Stück *ab*genommen, ebenso bei Feinschnitt von 225 auf 165 g und bei Pfeifentabak von 246 auf 41 g. Die Verbrauchsberechnung je Einwohner kann gerade hier nur einen ungefähren Anhalt geben, da hier Änderungen in der Bevölkerungsstruktur eine erhebliche Rolle spielen. Der Anteil der Erwachsenen hat zugenommen und damit auch die potentielle Zahl der Raucher; vor allem ist aber der Zigarettenverbrauch bei dem weiblichen Teil der Bevölkerung stark gestiegen.

Beim *Bier* ist der jährliche Verbrauch je Einwohner von 1936 bis 1959 gestiegen von 58,7 l auf 91,5 l, beim Trink*branntwein* schon verhältnismäßig stärker, nämlich von 1,12 auf 1,72 l Weingeist, und beim Schaumwein gar von 0,16 auf 0,79 l. Bei geröstetem *Kaffee* hat sich in der gleichen Zeit eine Steigerung von 1,94 auf 2,71 kg vollzogen, bei *Tee* eine solche von 67 auf 118 g. Die insgesamt versteuerten Mengen können ebenfalls den statistischen Veröffentlichungen entnommen werden[9]. Für

---

[7] Vgl. Wirtschaftskunde der BRD für 1955, S. 435 ff.

[8] Statistisches Jahrbuch 1960, S. 529.

[9] a. a. O. S. 447 ff.

Zucker ergibt sich von 1936 bis 1959 eine Verbrauchszunahme je Einwohner von 24,02 auf 27,93 kg.

Eine weitere Möglichkeit, Einblick in den Verbrauch zu gewinnen, gewährt die *Umsatzsteuer*statistik. Hier kommt es allerdings darauf an, die Daten möglichst stark nach Wirtschaftsgruppen und -zweigen zu gliedern, damit der Kreis der jeweils in Frage kommenden Güter möglichst eng gefaßt werden kann. Im allgemeinen kann man aus dieser Statistik nur die Entwicklung des Verbrauchs dem *Werte* nach feststellen.

Im Rahmen der Verbrauchsstatistik ist auch die Berechnung von „Verbrauchseinheiten"[10] von Bedeutung. Diese Verbrauchseinheiten sollen es ermöglichen, Aussagen über den Verbrauch „in ihrer personellen Zusammensetzung unterschiedlicher Wirtschaftseinheiten (Haushaltungen, Städte, Länder) oder ein und derselben Wirtschaftseinheit in verschiedenen Zeitpunkten durch Ausschaltung dieser Unterschiede miteinander vergleichbar zu machen". Wegen der Verbrauchsunterschiede nach Alter und Geschlecht hat man den „Vollverbraucher" (oder die Vollperson) eingesetzt, in der Regel die erwachsene männliche Person, und die übrigen Personen in Bruchteilen dieser Einheitsperson errechnet; hier sind in verschiedenen Ländern und zu verschiedenen Zeiten vielfach auch verschiedene Skalen aufgestellt worden, z. B. von ENGEL, ATWATER, LONGWORTHY, RUBNER, ZUNTZ u. a.[11]. Am ehesten ist dieses Verfahren noch bei der Ernährung angebracht, bei den übrigen Verbrauchsgütern ergeben sich schon größere Schwierigkeiten. Der Verbrauch an Nahrungsmitteln selbst wird in Nährwerteinheiten festgestellt, wofür auch die FAO eine eigene „Nährwerttabelle" herausgegeben hat. Am häufigsten werden dabei die Kalorien benutzt; dabei hat sich z. B. für das Bundesgebiet folgendes ergeben[12]: Je Einwohner und Tag wurden im Zeitraum 1935/38 3047 Kalorien verbraucht, 1949/50 nur 2746, 1956/57 dagegen schon wieder 3006. Dabei zeigt sich ein deutlicher Rückgang des Verbrauchs an Kohlehydraten (von 1935/38 = 435,4 auf 396,2 g im Jahre 1956/57) und an Eiweiß (von 85,5 auf 79,5 g), aber auch eine deutliche Zunahme von Reinfett (von 111,0 auf 123,3 g).

Was den Gesamtverbrauch eines Menschen oder besser einer Haushaltung angeht, so hat man versucht, neben den realen Feststellungen auch ein *Existenzminimum* zu errechnen, um mit seiner Hilfe gewisse Vergleichsberechnungen vornehmen zu können. In Deutschland sind hier vor allem die Berechnungen von SILBERGLEIT und KUCZYNSKI bekannt geworden. SILBERGLEIT (der frühere Leiter des Statistischen Amtes der Stadt

---

[10] Vgl. hierzu COHRS a. a. O. S. 731.

[11] Vgl. hierzu W. WINKLER, Grundriß der Statistik, Teil II, Wien 1947, S. 249.

[12] Statistisches Jahrbuch 1958, S. 466.

Berlin) hat allerdings nur einen „physiologischen Notbedarf", d. h. den Mindestbedarf für Ernährung, festzustellen versucht, und zwar für einen Mann (3000 Kal. täglich), eine Frau (2400) und ein Kind von 7—12 Jahren (1500) jeweils für einen Tag und eine Woche jedes Monats, unter Heranziehung der billigsten Waren und Qualitäten, wobei aber immer genügend Eiweiß (Mann 100 g täglich), Fett (60 g) und Kohlehydrate (500 g) in der Nahrung enthalten sein mußten. Nicht ermittelt wurden dabei die Kosten für die küchenmäßige Zubereitung der Nahrungsmittel. Kuczynski hat ein Existenzminimum für die *gesamte* Lebenshaltung berechnet, und zwar für einen Mann, ein Ehepaar und ein Ehepaar mit zwei Kindern von 6—10 Jahren, mit ähnlichen Kaloriensätzen wie Silbergleit; als Wohnbedarf hat er die Miete für Stube und Küche angenommen, für die Bekleidung beim Manne als Wochenbedarf ein Dreißigstel des Preises eines neuen Anzugs und eines Paares neuer Stiefel, bei der Frau zwei Drittel und beim Kind ein Drittel des Betrages für den Mann, für sonstige lebensnotwendige Ausgaben einen Zuschlag von 25 vH zu den bisherigen Kosten. Meerwarth, der sich eingehender mit diesen Problemen auseinandersetzt[13], bezeichnet mit Recht auch dieses Existenzminimum als eine „Konstruktion", die nur bei ganz bestimmten Voraussetzungen möglich sei; bezüglich der Bekleidung lehnt er überhaupt die Möglichkeit der Berechnung eines „physiologischen" Existenzminimums ab, weil hier ganz entscheidend maßgebend ist, „welche Kleidungsstücke nach Art und Menge unter Berücksichtigung des derzeitigen kulturellen Standes des Volkes notwendig sind". Auch das USA-Bureau of Labor Statistics hat schon 1920 ein „Existenzminimum" für amerikanische Arbeiter errechnet, unter Berücksichtigung der „Mengen von Gütern und Leistungen, die notwendig sind, um den Lebensstandard einer fünfköpfigen Arbeiterfamilie aufrechtzuerhalten, wie es Gesundheit und Sitte erfordern"[14]. Schon hieraus ergibt sich, daß solche Berechnungen notwendigerweise von Land zu Land zu ganz verschiedenartigen Ergebnissen gelangen müssen. Solche Schwierigkeiten des interlokalen Vergleichs ergeben sich unter Umständen aber auch schon im Inland, wenn man z. B. bedenkt, daß der Norddeutsche mehr Kartoffeln verzehrt, der Schwabe aber die „Spätzle" vorzieht.

Im Gegensatz zu diesen Berechnungen eines Existenz*minimums* hat sich die Statistik schon seit längerem auch darum bemüht, den *tatsächlichen* Verbrauch in bestimmten Haushaltungen nachzuweisen. Nach dem oben Gesagten ist es selbstverständlich, daß es sich dabei immer nur um eine *Auswahl* von Haushaltungen handeln kann. Das geschah im Deutschen Reich in der Form der Erhebung von *Wirtschaftsrechnungen;* die

---

[13] a. a. O. S. 440 ff.

[14] a. a. O. S. 443 f.

erste derartige Erhebung war diejenige von 1907/08 bei 960 Arbeiter-, Beamten- und Angestelltenhaushaltungen (von denen 853 voll ausgewertet werden konnten) — „Erhebung von Wirtschaftsrechnungen minderbemittelter Familien im Deutschen Reiche", durchgeführt von der Abteilung für Arbeiterstatistik des Kaiserlichen Statistischen Amtes, veröffentlicht im 2. Sonderheft zum Reichsarbeitsblatt 1909 —. Während des ersten Weltkrieges gab es dann mehrere „Erhebungen des Kriegsausschusses für Konsumenteninteressen" vom April und Juli 1916, April 1917 und April 1918, veröffentlicht im Reichsarbeitsblatt 1917, Nr. 2 und 3 und im 17. und 21. Sonderheft[15]. Für das Jahr 1927/28 (März bis Februar) wurde dann bei 2000 Haushaltungen eine Erhebung mit Hilfe der städtestatistischen Ämter durchgeführt, bei der eine vollständige Bearbeitung des Verbrauchs aller Nahrungsmittel und der Wohnverhältnisse der Familien vorgenommen wurde. 1937/38 wurden in Zusammenarbeit mit dem Arbeitswissenschaftlichen Institut der Deutschen Arbeitsfront 2600 Familien gewerblicher Arbeiter erfaßt in Gemeinden aller Größenklassen, wobei man eine repräsentative Auswahl versuchte unter Berücksichtigung der Arbeiterzahl in den einzelnen Gauen und Berufsgruppen. Hierbei waren *täglich* die einzelnen Ausgabeposten nach Art, Menge und Betrag in „Monatsbücher" einzutragen, ferner die Einnahmen und Ausgaben aller Haushaltungsmitglieder; auch Körpergröße und Gewicht wurden erfragt, ferner die Wohnverhältnisse. Aufbereitet wurden die Ergebnisse nach 89 Gruppen für Nahrungs- und Genußmittel und nach etwa 120 Gruppen für die übrigen Ausgaben. Auf diese Weise wurde ein recht guter Einblick in die „Verbrauchsstruktur" der breiten Volksschichten gewonnen.

Nach dem zweiten Weltkrieg sind diese Erhebungen immer mehr zur Gewohnheit geworden. Hierbei handelt es sich im allgemeinen um Arbeitnehmerhaushaltungen[16]; besonders wurden noch erfaßt im Jahre 1949 743 Arbeitnehmer, 1950/51 910 Arbeitnehmer bestimmter Einkommensgruppen, 1951/52 700 Empfänger öffentlicher Unterstützungen und Renten, 1953 750 bäuerliche Haushaltungen, 250 Landarbeiter und 250 familienfremde Arbeitskräfte. Neben diesen Sondererhebungen werden seit 1949 *regelmäßig* etwa 250 Haushaltungen einer mittleren Verbrauchergruppe und seit Mitte 1951 außerdem rund 150 Haushaltungen einer unteren Verbrauchergruppe, ferner eine größere Anzahl Haushaltungen einer gehobenen Verbrauchergruppe *laufend* beobachtet. Bei der unteren Verbrauchergruppe handelt es sich vorzugsweise um Rentnerhaushaltungen, die „mittlere" hat man zunächst als die Gruppe der „Indexhaushaltungen"

---

[15] Vgl. hierzu P. QUANTE, Lohnpolitik und Lohnentwicklung im Kriege, Zeitschr. des Preuß. Statistischen Landesamts, Jg. 59, 3. u. 4. Abt., Berlin 1920.

[16] Vgl. Wirtschaftskunde der BRD von 1955, S. 438 ff.

bezeichnet, weil man — wie wir noch genauer sehen werden — aus den hier gebotenen Unterlagen zuerst das Material für die Indexberechnungen gewann. Diese „mittlere Verbrauchergruppe" (nach der damaligen Bezeichnung „der Haushaltstyp, der der Berechnung des Preisindex für die Lebenshaltung zugrunde liegt") umfaßte noch 1949 die 4-Personen-Haushaltungen mit einem Jahresaufwand von 2500 bis unter 3600 DM[17]; für 1950 war die Abgrenzung 200—350 DM monatlich, seitdem werden die Grenzen jeweils der Entwicklung des durchschnittlichen Arbeitnehmereinkommens angepaßt; die „Lebenshaltungsausgaben" der mittleren Gruppe betrugen 1950 durchschnittlich rund 300 DM, die der „gehobenen" Gruppe rund 525 DM und die der „unteren" Gruppe rund 175 DM. An den Erhebungen für die mittlere Verbrauchergruppe sind jetzt etwa 220 bis 280 Haushalte mit je vier Personen beteiligt, bei den unteren sind es rund 150. Grundlage der Erhebungen ist das „Haushaltsbuch", in das alle Einnahmen und Ausgaben eingetragen wurden. Man darf nicht ohne weiteres annehmen, daß man durch diese Befragung einen wirklichen Durchschnitt der Bevölkerung erfaßt. In der Wirtschaftskunde von 1955 heißt es hierüber[18]: „Die aus den Haushaltsbüchern dieser ausgewählten Haushaltungen gewonnenen Ergebnisse sind nicht ohne weiteres geeignet, den durchschnittlichen Verbrauch der Gesamtbevölkerung zu kennzeichnen, sie repräsentieren lediglich den Verbrauch bestimmter, aber großer und wichtiger Bevölkerungsgruppen." Noch ein anderes Moment kommt hinzu, das diesen Haushaltungen eine gewisse Sonderstellung verschafft: „Es ist zu berücksichtigen, daß die buchführenden Haushaltungen eine Auswahl besonders ordentlich geführter Haushaltungen darstellen. Sie wurden zwar keineswegs nach diesem Gesichtspunkt ausgewählt, haben sich aber wohl im Laufe der Zeit auf Grund der Erfahrungen aus der Wirtschaftsbuchführung daran gewöhnt, über ihre Ausgaben ökonomisch zu disponieren." Trotz diesen Vorbehalten darf man dem Statistischen Bundesamt Recht geben, wenn es an der gleichen Stelle zu dem Ergebnis kommt: „Trotz dieser Einschränkungen haben die Wirtschaftsrechnungen eine große Bedeutung, denn sie vermitteln Anhaltspunkte über die Zusammensetzung des Verbrauchs der untersuchten Haushaltungen nach Waren und Warengruppen, über die Aufteilung der Geldausgaben auf die einzelnen Bedarfsgruppen der Lebenshaltung, über die Verschiedenartigkeit des Verbrauchs bei verschieden hohen Einkommen und über die Verschiebung des Verbrauchs unter dem Einfluß der verschiedensten Vorgänge (Einkommensänderungen, Preisänderungen, Änderungen der Lebensgewohnheiten usw.)." Mit Hilfe dieser Unterlagen kann man auch heute noch die Gültigkeit etwa

[17] Statistisches Jahrbuch 1952, S. 446 f.
[18] S. 438.

des „ENGEL'schen Gesetzes" und des „SCHWABE'schen Gesetzes" (Rückgang des Ausgabenanteils für Ernährung und Wohnungsmiete bei steigendem Gesamteinkommen) bestätigen. CHARLOTTE LORENZ äußert sich hierzu folgendermaßen[19]: „In verallgemeinerter Form läßt sich hiernach aus der statistischen Anschauung die Erkenntnis herleiten, daß anteilsmäßig die Aufwendungen für den starren Bedarf bei steigendem Einkommen rückläufige Tendenz zeigen, während die Aufwendungen für den freien Bedarf mit steigendem Einkommen prozentual wachsen."

Die oben erwähnte „Anpassung" an die Entwicklung des durchschnittlichen Arbeitnehmereinkommens ist z. B. daraus zu ersehen, daß bei der mittleren Verbrauchergruppe (mit vier Personen) die durchschnittlichen Monatseinnahmen 1950 noch 342,82 DM betragen hatten, 1957 dagegen 638,70 DM und 1959 708,91 DM. Bei den Ausgaben für die „Gesamtlebenshaltung" rechnete man 1950 mit 285,43 DM, 1957 mit 538,28 DM und 1959 mit 583,53 DM im Monatsdurchschnitt je Haushalt[20]. Für Lebens- und Genußmittel wurden im Rahmen der Gesamtlebenshaltung 1950 52,2, 1957 45,9 vH ausgegeben, für Wohnungseinrichtung und Hausrat 4,6 bzw. 8,7 vH, für Kleidung und Wäsche 13,6 bzw. 14,6 vH, für Bildung, Unterhaltung und Erholung 5,5 bzw. 7,0 vH, für Verkehr 2,1 bzw. 3,6 vH. Auf die „Verbrauchsausgaben insgesamt" bezogen ergibt sich noch ein Anteil für Unterstützungen und Geschenke, der 1950 nur 1,2 vH, 1957 aber schon 1,9 vH, 1959 2,1 vH ausmacht. Von Interesse sind besonders die Änderungen im — mengenmäßigen — Verbrauch von *Lebensmitteln* (dieses gleichen mittleren 4-Personen-Haushalts): Bei Brot und Backwaren waren es 1950 bzw. 1957 jeweils 29,0 und 25,4 kg, bei Nährmitteln 9,4 und 6,8 kg, bei Kartoffeln 41,7 und 33,0 kg, bei Vollmilch 36,2 und 31,8 l — also in all diesen Fällen ein mehr oder minder starker *Rückgang* —, dagegen bei Fleisch und Fleischwaren jeweils 7,3 und 11,1 kg, davon bei Wurst und Wurstwaren allein 2,4 und 4,5 kg, bei Bohnenkaffee 0,09 und 0,38 kg — hier also eine erhebliche *Zunahme*. Ebenso hat der Verbrauch an Genußmitteln zugenommen, was am Geldaufwand gemessen so aussieht: Alkoholische Getränke 5,10 und 14,42 DM, Tabakwaren 7,85 und 12,04 DM. Da der „Preisindex für die Lebenshaltung" von 1950 = 100 bis 1957 auf 115 gestiegen ist, handelt es sich offenbar auch in diesen beiden Fällen um eine sehr erhebliche reale Verbrauchszunahme.

Um die „reale" Entwicklung des Verbrauchs besser zu erfassen, besteht auch hier wie in anderen Fällen die Möglichkeit einer „Preisbereinigung". In der Wirtschaftskunde von 1955 hat das Statistische Bundes-

[19] Forschungslehre der Sozialstatistik, Bd. I, Berlin 1951, S. 78.

[20] Statistisches Jahrbuch 1958, S. 467, u. 1960, S. 531.

amt[21] die erfaßten Mengen zu diesem Zweck nicht mit den jeweiligen Preisen, sondern mit den „konstanten" Preisen, und zwar denen von 1950, multipliziert und dadurch für die durchschnittlichen Ausgaben der 4-Personen-Haushaltungen der mittleren Verbrauchergruppe folgende Ergebnisse errechnet: Die Lebenshaltungsausgaben für 1949 betrugen 257,82 DM, für 1950 285,43 DM und schließlich für 1954 400,23 DM. Wenn man berücksichtigt, daß hier zu Anfang wie zu Ende der Periode die *gleichen* Preise eingesetzt sind, dann wird einem die recht erhebliche Verbesserung der Lebenshaltung — um 55,2 vH seit 1949 — ohne weiteres klar. Selbst wenn man davon ausgeht, daß 1949 noch einen sehr niedrigen Stand der Lebenshaltung und der allgemeinen Versorgung gezeigt hat, daß damals auch noch das Lebensmittelrationierungssystem zum Teil bestanden hat, ist doch nicht zu leugnen, daß sich hier eine erfreuliche Entwicklung nach oben angebahnt hat — der man vor allem auch einen meßbaren Ausdruck verleihen kann.

In den Bereich der Verbrauchsstatistik gehört letztlich auch die Versorgung der Bevölkerung mit *Wohnraum*. L. ACHNER weist in seinem Beitrag „Wohnungsstatistik"[22] darauf hin, daß die Wohnungsfrage und mit ihr die Notwendigkeit genauerer zahlenmäßiger Feststellungen bei uns im 19. Jahrhundert vor allem im Zusammenhang mit der zunehmenden Abwanderung aus der Landwirtschaft akut geworden ist. In erster Linie waren die Städte und besonders die Großstädte an solchen Feststellungen interessiert. Deshalb wurden auch die ersten deutschen Wohnungszählungen von der *Städtestatistik* durchgeführt, so z. B. von der Stadt Frankfurt am Main im Jahre 1854. Um die Jahrhundertwende wurden dann die Wohnungszählungen noch häufiger. Auch einzelne deutsche Bundesstaaten wie Baden, Württemberg und Sachsen veranstalteten schon früh Wohnungszählungen. Österreich hat schon 1910 in Verbindung mit der damaligen Volkszählung eine ausführlichere Wohnungszählung durchgeführt. Wegen des Rückgangs der Bautätigkeit infolge der Ereignisse des ersten Weltkrieges sah sich die Reichsregierung schon 1918 veranlaßt, genaueres statistisches Material zu erhalten, und so kam es im Mai 1918 erstmalig zu einer allgemeinen Reichswohnungszählung in sämtlichen Gemeinden mit 5000 und mehr Zivileinwohnern; die Landeszentralbehörden hatten sogar das Recht, die Zählung auch auf Industrie- und Vorortgemeinden mit weniger als 5000 (Zivil-)Einwohnern auszudehnen. Aus Anlaß der Volks-, Berufs- und Betriebszählung von 1925 hat dann eine Reihe von Groß- und Mittelstädten auch Feststellungen über den Wohnungsbestand getroffen. Eine zweite allgemeine Reichswohnungszählung fand allerdings erst am 16. Mai 1927 statt und er-

[21] S. 439 f.

[22] Die Statistik in Deutschland (1940), Bd. II, S. 1204 ff.

faßte sämtliche Gemeinden mit 5000 und mehr Einwohnern, den größten Teil der Gemeinden mit 2000—5000 Einwohnern und noch eine Reihe von besonders ausgewählten kleineren Gemeinden. Als Zählpapiere wurden hierbei — ähnlich wie in den Städten bei den 1925er Zählungen — eine Grundstücksliste und eine „Wohnungskarte" verwendet. Dabei wurden sämtliche Bewohner einer Wohnung innerhalb der zugehörigen Haushaltung genau erfaßt, einschließlich der Personen ohne eigene Hauswirtschaft; diese Angaben waren zur Kontrolle auf Vollständigkeit und Richtigkeit und vor allem für die Ermittlung des Wohnungsbedarfs sehr wichtig, zumal da gleichzeitig eine Erhebung über die Wohnungssuchenden in sämtlichen Gemeinden des Reiches durchgeführt wurde. Als Wohnräume wurden alle Zimmer, bewohnbaren Kammern und Küchen gezählt, also „alle zum dauernden Aufenthalt von Menschen (Wohnen, Schlafen, Kochen) bestimmten Räume, gleichgültig, ob heizbar oder nicht heizbar, ob mit oder ohne Fenster ins Freie"[23]. In Österreich wurde 1934 eine Wohnungszählung in Verbindung mit einer Volkszählung durchgeführt, in der Tschechoslowakei am 1. Dezember 1930.

Nach dem zweiten Weltkrieg fand in der Bundesrepublik die erste Wohnungszählung zugleich mit der Volkszählung usw. am 13. September 1950 statt. Als Wohnung bezeichnet wurde hierbei „die Gesamtzahl der Räume, die nach der baulichen Anlage zu einer Wohneinheit gehören und unter normalen Wohnverhältnissen zur Benutzung durch *eine* Haushaltung dienen. Die Merkmale der Wohnung sind in der Regel der besondere Wohnungseingang vom Treppenhaus oder von außen und das Vorhandensein einer bauplanmäßig vorgesehenen Küche"[24]. Außerdem wurden die „Notwohnungen" ermittelt, als solche gelten „Wohnungen in Notwohngebäuden, wie kleinen Behelfsheimen, Baracken, Wohnlauben, stark beschädigten und deshalb baufälligen Gebäuderesten, Nissenhütten, Bunkern usw.... Außerdem wurden unzureichend mit Versorgungseinrichtungen versehene Wohnungen, denen meist auch die Küche fehlte, den Notwohnungen zugeordnet. Kellerwohnungen und behelfsmäßig hergerichtete Dachgeschoßwohnungen zählten in jedem Falle zu den Notwohnungen". Auch bei dieser Wohnungszählung wurde der größte Wert auf die Erfassung der in den Wohnungen lebenden Wohnparteien und Personen gelegt; unter „Wohnpartei" wurde im wesentlichen das gleiche verstanden wie bei der Volkszählung unter „Haushaltung". Wenn zwei oder mehr Wohnparteien sich in *eine* Wohnung teilen mußten, galt eine Wohnpartei als „Mieter", die zweite oder weitere als „Untermieter". Wohnpartei konnte auch eine Einzelperson sein, meist waren die Alleinstehenden allerdings Untermieter.

---

[23] a. a. O. S. 1207.
[24] Wirtschaftskunde der BRD von 1955, S. 423 f.

Einige Ergebnisse dieser Wohnungszählungen — die nächste Zählung war diejenige vom 25. September 1956 — zeigen deutlich den seit 1950 erzielten Fortschritt im Wohnungsbau in der Bundesrepublik. 1950 waren vorhanden (rund) 9 437 600 Normalwohnungen und 540 500 Notwohnungen, 1956 wurden ermittelt 12 727 000 Normalwohnungen und 483 500 Notwohnungen. Die Gesamtzahl der „Normalwohnräume" (das sind Zimmer mit 6 und mehr qm Fläche und alle Küchen) betrug 1950 38 966 500 (darunter 9 134 000 Küchen), 1956 dagegen 48 571 900 (darunter 12 073 400 Küchen). Setzt man die Zahlen von 1950 gleich 100, so hat sich bis 1956 erhöht die Zahl der Normalwohnungen auf 135,0, die Zahl der Normalwohnräume auf 125,0, die Zahl der Küchen auf 132,0, während vergleichsweise die Wohnbevölkerung des Bundesgebietes in der gleichen Zeit nur von 47 695 672 (Zählung vom 13. September 1950) auf 50 110 700 (Fortschreibung nach dem Stande von 31. Dezember 1956), d. h. von 100 auf 105,1 angestiegen ist[25]. Die Zahl der Notwohnungen ist inzwischen von 100 auf 89,4 zurückgegangen. Bezüglich der Raumzahl ergibt sich folgende Verschiebung von 1950 bis 1956[26]:

	Anteil vH 1950	1956
Wohnungen mit 1 und 2 Räumen	14	17
3 und 4 Räumen	54	58
5 und mehr Räumen	32	25
insgesamt	100	100

Bezüglich der Größe der Wohnparteien in Normalwohnungen *und* außerhalb von Normalwohnungen[27] ergeben sich für 1956 nach den Originalangaben folgende Verhältniszahlen: Von insgesamt 16 569 000 Wohnparteien mit 49 742 600 Personen bestanden aus 1 Person 18,2 vH, aus 2 Personen 25,8, aus 3 Personen 23,1 aus 4 Personen 16,8 und aus 5 und mehr Personen 16,1 vH. Unter der Gesamtheit der Wohnparteien bzw. der Gesamtpersonenzahl befanden sich 17,5 bzw. 17,1 vH Vertriebene, 0,96 bzw. 0,7 vH Sowjetzonenflüchtlinge, 2,8 bzw. 2,5 vH Zugewanderte (ohne die vorigen), 12,9 bzw. 11,5 vH Wohnungsgeschädigte; nimmt man die Anteile dieser vier Gruppen zusammen, so entfallen davon auf die Wohnparteien 34,2 und auf die Gesamtpersonen 32,1 vH, also immerhin in beiden Beziehungen ein rundes Drittel!

Damit kann die Darstellung der Statistik des *privaten* Verbrauchs abgeschlossen werden. Die Statistik des *öffentlichen* Verbrauchs wird in einem späteren Kapitel zu behandeln sein.

---

[25] Statistisches Jahrbuch 1958, S. 38 f.

[26] Zahlenangaben a. a. O. S. 231.

[27] a. a. O. S. 232.

11. Kapitel

Die Preise und Preisindices

Eine genaue Feststellung der Preise kann den verschiedensten Zwecken dienen. So kann die Preisstatistik zunächst ein Hilfsmittel sein für die Erklärung des Markt- und Preismechanismus; dabei ist vor allem auch an die Preisspannen oder Handelsspannen zu denken. Praktisch kommt dann die Ursachenforschung und die wirtschaftliche Voraussage aufgrund der Preisentwicklung in Betracht sowie etwa die Ermittlung der Lebenshaltungskosten für bestimmte Teile der Bevölkerung. Die Preisfeststellungen dienen weiter wichtigen lohn- und sozialpolitischen Aufgaben. So läßt sich z. B. die Auswirkung einer familienpolitischen Gestaltung der Löhne und Gehälter auf die Beteiligten selbst und auf den Gesamtablauf der Wirtschaft nur dann einigermaßen beurteilen, wenn man auch die Preisentwicklung richtig beurteilen kann. Hinzu kommt weiter die theoretisch und praktisch wichtige Frage der Messung des „Geldwertes" über eine Feststellung des „Preisniveaus". Jede Lenkung oder Regelung der inneren oder der äußeren Handelsbeziehungen und der Produktion erfordert neben der Kenntnis der Umsatz*mengen* eine solche der Umsatz*werte* in allen Stadien der Wirtschaft. Diese aus der Vielheit der Zusammenhänge herausgegriffenen Beispiele mögen genügen, um darzutun, welche Aufgaben der Statistik gerade bezüglich der Preise obliegen.

Wie steht es nun mit der Möglichkeit, *die* Preise statistisch regelmäßig und in genügendem Umfang zu erfassen? Wenn W. Winkler sehr richtig sagt: „Die Preise gehören zu den hervorstechendsten wirtschaftlichen Tatsachen" —, so möchte man glauben, die Preisstatistik müsse viel leichter aufzustellen sein als etwa eine Statistik von Vorgängen, die mehr im Hintergrunde des Wirtschaftsablaufs bleiben. Obwohl die Preise in der Regel ganz offen zutage treten und scheinbar von jedermann beobachtet werden können, bereitet aber in Wirklichkeit eine ordnungsmäßige Preisstatistik ganz erhebliche Schwierigkeiten. Das liegt einmal schon an den verschiedenen Formen des Handels und dem sich daraus ergebenden Unterschied von Groß- und Kleinhandelspreisen (nebst weiteren Abstufungen), zum anderen an der Unmöglichkeit, zu einem Zeitpunkt wirklich *alle* vorkommenden Preise zu erfassen und sie etwa zu einem „Preisstand oder Preisniveau" zusammenzufügen. Es ist weiter in vielen Fällen nicht möglich, für einen Preisvergleich an einer einmal gegebenen Warenqualität über einen längeren Zeitraum oder über verschiedene Länder und Gebiete hin festzuhalten. All diese Gründe zwingen uns zu einer recht großen Bescheidenheit bei der Erfassung und Darstellung der Preise und nötigen uns ein *repräsentatives* Verfahren auf, bei dem wir dann mit um so größerer Vorsicht und Genauigkeit vorgehen müssen. A. JACOBS hat in seinem Beitrag „Statistik der Preise und der Lebenshaltungskosten"[1] in diesem Zusammenhang folgendes gesagt: „Die Kunst der Preisstatistik liegt also darin, aus der unendlichen Fülle der Preisvorgänge einer Volkswirtschaft die für bestimmte Aufgaben oder unter allgemeinen Gesichtspunkten richtige *Auswahl* vorzunehmen und für die ausgewählten Preise die Grundform richtig zu treffen. Die Preisstatistik ist damit, ebenso wie die Lohnstatistik, eines der wichtigsten Anwendungsgebiete der *Repräsentativ-Methode*. Ist die Auswahl getroffen, so muß konsequent angestrebt werden, die zeitliche Vergleichbarkeit der einmal begonnenen Preisreihen, soweit es volkswirtschaftlich sinnvoll ist, über längere Zeit hinweg zu erhalten, denn Preisstatistik und historische Erforschung der Preise gehören, wie VON INAMA-STERNEGG bereits 1886 betont hat, unlösbar zusammen."

Die *Träger* der Preisstatistik sind neben den wirtschaftlichen Verbänden usw. die Statistischen Ämter des Bundes, der Länder und der Gemeinden (früher Reich, Bundesstaaten und Gemeinden). Die Mitarbeit der Berichtsstellen war früher rein freiwillig, soweit es sich nicht auf Teilgebieten um besonders angeordnete Erhebungen handelte. Ein Zwang konnte ausgeübt werden seit der Verordnung über Auskunftspflicht vom 13. Juli 1923, die noch lange über den zweiten Weltkrieg hinaus angewandt wurde, bis eigene Bundesgesetze (vgl. oben S. 14) hier eine Neuregelung schufen. Im übrigen hat man, wie das auch JACOBS bestätigt[2], „mit der Ermittlung der Preise im Wege der freiwilligen Mitarbeit der Berichtsfirmen, die sich häufig über viele Jahre und Jahrzehnte hinweg erstreckt, ... die besten Erfahrungen gemacht. Den zur Preisstatistik berichtenden Firmen wird zugesichert, daß die Angaben der einzelnen Firma nur zu statistischen Zwecken, also nicht für Zwecke der Besteuerung oder der Preisüberwachung verwandt werden, und daß die Firma als Berichtsstelle vertraulich behandelt wird."

Bei der Statistik der Großhandels- und Erzeugerpreise stützt man sich weithin auf die Notierungen der Großmärkte (Börsen usw.) sowie auf die Angaben von Syndikaten, Kartellen und einer großen Zahl von Einzelfirmen. Vor dem zweiten Weltkrieg wurden auch die Anordnungen der mit der Preisbildung und Marktordnung betrauten Stellen, insbesondere des „Reichskommissars für die Preisbildung", herangezogen. Bei

[1] Die Statistik in Deutschland, Bd. II, S. 1157 ff.
[2] a. a. O. S. 1159.

den Einzelhandelspreisen liegt die Berichterstattung fast ganz in der Hand der Gemeinden; sie ziehen je nach Art und Bedeutung des Erhebungsgegenstandes eine mehr oder weniger große Anzahl von Einzelhandelsgeschäften zur Meldung der Preise heran und geben dann die von ihnen für die Gemeinde berechneten Durchschnittspreise (oder auch die „häufigsten" Preise) an die statistischen Dienststellen weiter. Bei Preisen, die nicht „notiert" werden, sondern besonders erhoben werden müssen, werden 4—5 Stichtagpreise im Monat ermittelt, bei Fertigwaren, die nur in größeren Abständen schwanken, 1 Stichtagspreis für die Monatsmitte, bei gebundenen Preisen das Mittel nach der Geltungsdauer der einzelnen Preise. Für Kalender- oder Wirtschaftsjahre wird in der Regel ein ungewichtetes 12-Monats-Mittel wiedergegeben.

Die *monatliche* Statistik der Großhandelspreise umfaßte vor dem zweiten Weltkrieg rund 240 Waren, für die die Preise nach mehreren Sorten, Qualitäten und Handelsbedingungen ermittelt wurden. Im Jahre 1913 waren es nur 48 Waren gewesen. Gegenwärtig werden die *Erzeuger- und Großhandelspreise* Monat für Monat erfaßt für rund 80 land- und forstwirtschaftliche Erzeugnisse sowie für rund 1100 Grundstoffe, Halb- und Fertigwaren industrieller Herkunft, von denen jedoch nur eine beschränkte Anzahl veröffentlicht wird. Besonders ausführlich — auch in regionaler Hinsicht — wurden von jeher behandelt die Erzeugerpreise für Getreide und Schlachtvieh. Beim Roggen und Weizen gelten hier die „gesetzlichen Erzeugerpreise", und zwar bis Frühjahr 1951 Festpreise, seitdem die Feststellungen im Rahmen der Mindest- und Höchstpreise; für Futtergerste und Futterhafer bis Mitte 1950 Festpreise, dann bis Frühjahr 1951 freie Preise, danach ebenfalls im Rahmen der Mindest- und Höchstpreise, aber von Mitte 1954 ab Effektivpreise ohne Einschränkung; für Braugerste gab es vor dem zweiten Weltkrieg Höchstpreise, vom Herbst 1948 ab tatsächliche Einkaufspreise der Brauereien. Im Roggen- und Weizenpreis sind auch teilweise „Frühdruschprämien" bzw. „Lieferprämien" enthalten. Beim Schlachtvieh werden noch verschiedene „Klassen" unterschieden, z. B. Ochsen, vollfleischig, ausgemästet, höchsten Schlachtwerts (Kl. A); Kühe, sonstige vollfleischige oder ausgemästete (Kl. B); Kälber, mittlere Mast- und Saugkälber (Kl. B); Schweine, 100—120 kg Lebendgewicht (Kl. C). Die veröffentlichten Preise gelten bei Getreide „ab Erzeugerstation" in DM je 1000 kg, bei Schlachtvieh „frei Marktort" in DM je 50 kg Lebendgewicht. Unter gebietlichen Gesichtspunkten werden noch die Großhandelspreise für Seefische, für Kohle und für Ferkel bearbeitet.

Unter den sonstigen Erzeugerpreisen seien noch besonders hervorgehoben diejenigen für Kohlen, die nach den verschiedenen Revieren und Qualitäten erfaßt werden, so im Revier Ruhr und Aachen Fettkohlen und

Gasflammkohlen, Eßkohlen, Magerkohlen, Anthrazitkohlen, Steinkohlenkoks und Steinkohlenbriketts, wobei z. B. der Steinkohlenkoks noch unterteilt wird in Hochofen- I, Gießerei-, Brech- II (Koks). Bis zum Januar 1953 handelt es sich um Preise der Deutschen Kohlenbergbauleitung, vom Februar 1953 ab um Höchstpreise der Europäischen Gemeinschaft für Kohle und Stahl, am 1. April 1956 wurden die Preise freigegeben. Die Ende 1951 eingeführte „Bergarbeiter-Wohnungsbau-Abgabe" wurde vom Herbst 1956 bis Mitte Mai 1957 in die Preise fest eingebaut, von da ab wird sie wieder gesondert in Rechnung gestellt. Außerdem bestand noch eine Zeitlang eine „Ausgleichsumlage der Montanunion". Und schließlich gibt es noch für einzelne Steinkohlensorten Saison-Zu- und -Abschläge, die in den Jahresdurchschnittspreisen bei der Veröffentlichung berücksichtigt werden. Auf all diese Dinge muß hingewiesen werden, damit man sich über das Zustandekommen der einzelnen Preise klar werden kann. Weitere Einzelheiten können den amtlichen Veröffentlichungen entnommen werden[3]. Ähnliches gilt für die Grundpreise bei Eisenerzen und Eisen. Die Preise für die inländischen Eisenerze gelten „frei Waggon Grubenanschluß"; für Roheisen „frei Bahnwagen Empfangsbahnhof"; bei Roheisen galten nach Aufhebung der Preisvorschriften zu Anfang August 1952 Preisabsprachen zwischen der eisenschaffenden und der eisenverarbeitenden Industrie, vom Mai 1953 ab Grundpreise nach den Preistafeln für den Gemeinsamen Markt der Montanunion; hier gab es auch noch ein „Zonenpreis"-System, das Ende 1956 entfiel (seitdem „Frachtbasis Oberhausen-West"). Bei den sehr weit gegliederten Walzwerkserzeugnissen werden noch „Werksgrundpreise für Thomasgüte" und „Werksgrundpreise für SM-Güte" genannt, vom Frühjahr 1952 ab einschließlich eines Aufschlags an die „Ausgleichskasse für revierferne Gebiete" und von Juli 1952 ab einschließlich des Zuschlags an die „Preisausgleichskasse für die eisenverbrauchende Wirtschaft in Berlin (West)".

Aus den hier im einzelnen aufgeführten Besonderheiten ergibt sich, daß eine zuverlässige Preisstatistik eine große Vertrautheit mit den üblichen Verfahren der einzelnen Wirtschaftszweige und eine gute Kenntnis der verschiedenen „Marktsysteme" zur Voraussetzung hat; bei so vielen Unterschieden ist es auch ohne weiteres verständlich, daß die Statistik eine sehr große Zahl von „Preisreihen" erfassen muß, um allen Wünschen der beteiligten Firmen, Verbände, Dienststellen usw. genügen zu können.

Aus der Fülle der weiteren Waren, für die Erzeugerpreise ermittelt werden, seien nur einige wenige herausgehoben[4]: Gelbfleischige Speisekartoffeln ab Verladestation; italienischer Rohhanf frei Fabrik, Rohwolle

[3] z. B. Statistisches Jahrbuch für die BRD 1958, S. 414 f.
[4] Vgl. Statistisches Jahrbuch 1958, S. 416 ff.

(inländische), vollschürige, A-Feinheit, Auktionspreise ab Lager Wollverwertung; Markenbenzin frei Empfangsstation, technisch reine Schwefelsäure ab Werk, Leinengarn ab Spinnereistation, Margarine („Spitzensorte") frei Empfangsstation. Dazu sind noch hervorzuheben die Baustoffpreise — z.B. für Portlandzement, Weißstückkalk, Mauerziegel —, die im allgemeinen in den Großstädten, aber gelegentlich auch in kleineren Gemeinden erhoben werden.

Diesen Inlandspreisen reihen sich die „Einfuhrpreise" an, die für eine größere Zahl landwirtschaftlicher Produkte und sonstige Grundstoffe in der Bundesstatistik wiedergegeben werden[5]. Hier erscheint z.B. Weizen nach verschiedenen Sorten „innerhalb und außerhalb des Internationalen Weizenabkommens" cif Hamburg; Baumwolle, türkisch, Akala I cif Bremen/Hamburg; Zitrone, italienisch, frei deutsche Grenze; Erdöl, roh, Kuweit, cif Hamburg; Schmalz, amerikanisches, cif Hamburg.

Besonders wichtig für die Landwirtschaft ist auch noch die Feststellung der „Einkaufspreise der Landwirtschaft". Hier werden die Preise für Handelsdünger, Futtermittel, Saatgut, Nutz- und Zuchtvieh, Pflanzenschutzmittel, Brenn- und Triebstoff sowie Maschinen und Geräte usw. auf Grund genauer Warenbeschreibungen beim Einzelhandel, bei Innungen, landwirtschaftlichen Einkaufsgenossenschaften und einschlägigen Handwerksbetrieben erhoben, und zwar monatlich in ausgewählten Landkreisen, um sich ein Bild machen zu können von der Preisentwicklung der am häufigsten für die laufende Produktion gekauften Waren.

Eine besondere Rolle in der modernen Konjunkturforschung spielen die Preise der „reagiblen Waren", also solcher, „die vermöge der besonderen Stellung der Ware in der Volkswirtschaft allgemeine Bewegungsrichtungen in der Preisbildung besonders fein und frühzeitig anzeigen"[6]. Das Institut für Wirtschaftsforschung (früher Institut für Konjunkturforschung) betrachtet als reagible Waren Wolle, Flachs, Hanf, Ochsenhäute, Kalbfelle, Blei, Metallbleche, Schrott, Maschinengußbruch, Messingblechabfälle.

Die Statistik der *Einzelhandels-* (oder *Kleinhandels-)Preise* reicht teilweise schon ziemlich weit zurück. So gab es in Preußen schon von 1816 ab eingehende fortlaufende Preiserhebungen, auch Bayern und Württemberg verfügten über weit zurückliegendes Material. Die Statistik der Einzelhandelspreise im Deutschen Reich (vor dem zweiten Weltkrieg) — einheitliche Reichsstatistik erst seit 1920 — erstreckte sich im wesentlichen auf Nahrungsmittel, Bekleidungs- und Haushaltungsgegenstände, Heiz- und Leuchtstoffe, Wohnungsmieten und Entgelte für Leistungen (z.B. Preise für Besuch von Lichtspieltheatern), und zwar in 233 Gemein-

---

[5] a. a. O. S. 420 f.

[6] W. Winkler a. a. O. Bd. II, S. 208.

den verschiedener Größe. Besonders eingehend wurden schon die Preise für Brot, Fleisch, Fische und Kohlen ermittelt; eine besondere Ermittlung der Fleischpreise bezieht sich auf die Schlachtvieh-Großmärkte und erfaßt alle wesentlichen Sorten von frischem Fleisch, Fett, Aufschnitt und Wurstwaren. In den Ländern und Gemeinden wurden schon mehr als hundert Arten von Nahrungsmitteln in den vielfältigsten Sorten erfaßt, besonders umfangreich waren die Ermittlungen von jeher in den Großstädten Berlin, Hamburg, Düsseldorf, München, Stuttgart usw.[7]. Gegenwärtig werden im Bundesgebiet die Verbraucherpreise für rund 520 Waren und Leistungen *monatlich* in Betrieben des Einzelhandels einschließlich der Warenhäuser, des produzierenden Handwerks, des Dienstleistungsgewerbes und der öffentlichen Versorgung erhoben; von den Ergebnissen werden rund 350 Preise laufend veröffentlicht. Erfaßt werden die Bruttoverkaufspreise ohne Berücksichtigung etwa gewährter Rabatte und ohne Zuschläge für etwaige Ratenkäufe. Maßgebend ist der „Ladenpreis". Die Preise werden je nach Bedeutung der Gemeinde und nach Art der Ware ein- oder zweimal im Monat erhoben; aus den erhobenen Preisen ist von den Berichtsgemeinden der Durchschnitt für die Gemeinde zu berechnen.

Gerade bei den Preisen bestehen für die Statistik größere Ermittlungsschwierigkeiten. Die Preise können im gleichen Ort je nach der örtlichen Geschäftslage und dem Kundenkreis für die gleiche Ware recht verschieden sein, das gilt auch für die einzelnen Arten der Verkaufsgeschäfte wie Markthallen, Wochenmärkte, Warenhäuser, Straßenhändler, kleine Ladengeschäfte. Gegenüber dem Großhandel gibt es beim Einzelhandel in der Regel viel mehr verschiedene Warensorten. Wie soll man bei der Preiserfassung die Waren, die man besonders erheben will, nach Art und Güte endgültig festlegen? Diese Frage ist schon wegen der zeitlichen und örtlichen Vergleichbarkeit sehr wichtig. Der Anregung, hier ganz genaue Merkmale festzustellen, hält Jacobs folgende Überlegung entgegen: „Andererseits kann eine zu straffe Festlegung auf eine bestimmte Qualität dazu führen, daß in einem bestimmten Zeitpunkt oder an einem bestimmten Ort Preisangaben für Waren verlangt werden, die in dieser Art zufällig nicht vorhanden sind. Soll die Statistik der Verbraucherpreise ein Spiegelbild der Wirklichkeit vermitteln, so empfiehlt es sich, innerhalb eines gewissen Rahmens einen Spielraum für Art und Güte der Waren zu lassen, in diesem Rahmen aber nur Preise von Waren zu ermitteln, die jeweils tatsächlich gehandelt werden." Vielfach verlangt man die Preise für die „marktgängigste Sorte" unter Ausschluß einerseits der feinsten Qualität und anderseits der schlechtesten Ware; teilweise ist

---

[7] Vgl. hierzu Jacobs a. a. O. S. 1161.

auch die Feststellung des „häufigsten Preises" üblich. Zu unterscheiden ist auch noch, ob es sich um lose oder gepackte Ware handelt. Anderseits läßt es sich z. B. beim Fleischpreis nicht vermeiden, ein bestimmtes Stück des Tierkörpers für die statistische Erhebung zu bezeichnen, z. B. beim Rindfleisch (früher) Bratfleisch von der Keule, Kochfleisch vom Vorderviertel, Kochfleisch vom Bauch, (jetzt) Kochfleisch Querrippe, Schmorfleisch Blatt, Bauch, beim Schweinefleisch Kotelett, Schweinebauch frisch; in solchen Fällen handelt es sich also nicht um die „marktgängigste Sorte". Noch einige andere Positionen aus dem (Gemeinde-)Erhebungsbogen A (Nahrungs- und Genußmittel sowie Reinigungsmittel) zur monatlichen Einzelhandelspreisstatistik: Kinderstärkemehl, Markenware; Obstkonserven in Dosen, Mirabellen; Kokosfett in Platten, Markenware (nur in größeren Gemeinden); Kakao, verpackt, stark entölt; Bohnenkaffee, geröstet, lose, mittlere Sorte; Rasierklingen, billigste Sorte; Rasieren einschl. Seife und Wäsche, im einfachen Friseurgeschäft. Im Erhebungsbogen B (Bekleidung): Herrenanzugstoff, wollhaltig, 145 cm breit, mittlere Qualität; Frauenkleid, einfach verarbeitetes Gebrauchskleid, Größe 44, aus wollhaltigem Stoff; Unterhemd für Männer, Größe 5, mittlere Qualität, wollgemischt, lange Ärmel; Pullover für Frauen, maschinengestrickt, lange Ärmel, mittlere Qualität, Größe 44, wollhaltig; Geschirrtuch, rein Leinen, 60×60 cm; Herrenstraßenschuhe, Schnürhalbschuhe, Größe 42, inländisch Rindbox, einfache Qualität, durchgenäht. Ferner gibt es Erhebungsbogen C für Möbel, Glas-, Porzellan- und Steingutwaren, Uhren, elektrotechnische Haushaltswaren, Korbwaren und Bürsten, Gummiwaren, Fahrräder und Fahrradbereifung, und Erhebungsbogen D für Papier- und Schreibwaren, Bildung und Unterhaltung (hierbei ein Monatsbezug einer Tageszeitung „örtlich bevorzugt"), Heizung und Beleuchtung, Miete (zwei Zimmer und Küche ohne Bad, in einfacher Wohngegend; auch Neubauwohnungen). Überall sind am Schluß des Erhebungsbogens die „vorstehenden Durchschnittspreise" anzuerkennen von Vertretern des Einzelhandels und von Vertretern der Verbraucher (Gewerkschaften).

Die hier geschilderten Methoden der Preiserfassung eröffnen auch die Möglichkeit, einen Preisvergleich über die verschiedenen Produktionsstufen hinweg durchzuführen, also etwa für Viehhäute — Leder — Schuhe, für Getreide — Mehl — Brot, für Vieh — Fleisch. Besonders ausgiebig hat sich mit dieser Frage R. Meerwarth beschäftigt[8] und die hierbei auftretenden Schwierigkeiten an dem Beispiel Viehpreis—Fleischpreis genauer dargelegt. Allerdings bezeichnet er solche Berechnungen noch nicht als endgültiges Ziel, sondern nur als „heuristisches Mittel", insofern als „sie die Aufmerksamkeit auf bestimmte Veränderungen (lenken), deren

[8] a. a. O. S. 404 ff.

Ursachen dann aber erst nachzugehen ist"[9]. Will man wirklich einschneidende gesetzgeberische Maßnahmen auf solche Vergleiche stützen, dann sind sicherlich, um mit MEERWARTH zu sprechen, „außer der Normalkalkulation kontradiktorische Vernehmungen und Prüfung von Produktionskostenrechnungen zahlreicher Geschäfte erforderlich".

Wie bereits angedeutet, beziehen sich die ermittelten Preise nicht nur auf Waren, sondern auch auf *Leistungen*. Spezielle Erhebungen sind in diesem Zusammenhang noch diejenigen über Preise für Gaststättenleistungen und über Verkehrspreise. Die Preise für Gaststättenleistungen werden von April 1958 ab in 11 Städten bei ausgewählten Betrieben des Hotel- und Gaststättengewerbes verschiedener Güteklassen erhoben; dabei werden allerdings Betriebe der sogenannten „Luxusklasse" nicht einbezogen. Der Leistungskatalog umfaßt folgende Positionen: Übernachtung, Frühstück, Tagessuppe, vier verschiedene Fleischspeisen, je eine Eier- und Fischspeise; außerdem Kaffee, Bier, Branntwein im Ausschank sowie Weißwein im Ausschank und in Flaschen. Die Preise für Speisen und Getränke enthalten *nicht* das Bedienungsgeld. Hier sollen auch Jahreserhebungen in größerem Umfang stattfinden. Die Verkehrspreise werden je nach Verkehrsart in unterschiedlichen Zeitabständen erfaßt. Diese Statistik erstreckt sich auf Personenfahrpreise auf in- und ausländischen Eisenbahnen, Frachtsätze im deutschen Eisenbahngüterverkehr, Luftverkehrspreise, Frachtraten der deutschen Binnenschiffahrt, Seefrachtraten der Küstenschiffahrt sowie der Trampschiffahrt und der Linienschiffahrt.

Nicht nur wegen der erwähnten Preisvergleiche über die verschiedenen Produktionsstufen hinweg, sondern überhaupt zur besseren Erkenntnis der Preisentwicklung im ganzen und in den verschiedenen Unternehmensarten und -stufen ist es von Bedeutung, sich mit dem „Betriebsergebnis als Differenz aus Gesamtproduktion und Gesamtkosten bzw. aus Rohertrag und Kosten"[10] auseinanderzusetzen. Wichtige Unterlagen dafür liefert vor allem die *„Kostenstrukturerhebung"*, die erstmals im Rahmen des Zählungswerkes von 1950 bei ausgewählten Unternehmen durchgeführt und in den folgenden Jahren in einigen Wirtschaftszweigen wiederholt worden ist. Hierbei wird erfaßt der Wert der Gesamtproduktion, der steuerbare Umsatz und der wirtschaftliche Umsatz, dieser als Gesamtbetrag der auf das Geschäftsjahr entfallenden Lieferungen und Leistungen einschließlich des Eigenverbrauchs. Als wichtige Kostenbeträge sind ein-

---

[9] a. a. O. S. 410.

[10] Vgl. hierzu Statistik der BRD, Bd. 233: „Die statistische Erfassung der Produktionsgrundlagen, -vorgänge und -ergebnisse in den Bereichen der Wirtschaft", Stuttgart u. Mainz 1959, S. 179. Auf diesen Band konnte auch sonst vielfach zurückgegriffen werden.

gehend erfaßt die Löhne und Gehälter (in Bruttobeträgen). Nach dem Wert der Gesamtproduktion bzw. des wirtschaftlichen Umsatzes (beim Handel und beim Gaststätten- und Beherbergungsgewerbe) werden die Unternehmen noch nach Größenklassen gegliedert.

Die Preisstatistik dient aber nicht nur dazu, die *absoluten* Preise in ihrer Bedeutung für die Einzelwirtschaft und für die Volkswirtschaft auszuwerten, sondern daneben und, man darf wohl sagen, darüber hinaus hat sich immer mehr das Verfahren entwickelt, aus den absoluten Zahlen *Relativ*zahlen zu errechnen, die bestimmte mehr oder minder allgemeine Preisentwicklungen widerspiegeln sollen. Üblich geworden ist hierfür die Bezeichnung *„Preisindex"*. Allgemein versteht man unter Indexziffern — um hier mit CHARLOTTE LORENZ zu sprechen[11] „Beziehungszahlen repräsentativen Charakters, welche Niveauunterschiede zwischen zwei Beobachtungsobjekten oder zeitliche Veränderungen ein und derselben Beobachtungsobjekte zum Ausdruck bringen". In unserem Falle handelt es sich um die zeitliche Veränderung des „Preisspiegels". Wie MEERWARTH mit Recht hervorhebt[12], sind Preisindexzahlen in den ersten Jahrzehnten unseres Jahrhunderts vor allem berechnet worden, „um die Veränderungen des Geldwerts messen zu können. Man versteht dabei im allgemeinen unter dem Geldwert den Tauschwert des Geldes, die Kaufkraft des Geldes gegen Waren und Dienstleistungen... (im Sinne etwa von KNUT WICKSELL). ‚Geldwert und Warenpreisniveau sind uns also synonyme oder richtiger korrelative Begriffe.' Andere definieren den Geldwert durchaus ähnlich als den reziproken Wert des allgemeinen Preisstandes. Wie WICKSELL betont, gibt es nach dieser Auffassung keinen inneren Wert des Geldes im allgemeinen Sinne, womit sich der eigene Wert der Waren vergleichen oder messen ließe. Ob man also eine Aussage über die Bewegung des Geldwerts (immer gleich dem reziproken Wert des allgemeinen Preisstandes) machen kann, hängt von der Möglichkeit ab, die Bewegung des allgemeinen Preisstandes zu messen." Als allgemeinen Preisstand könnte man dabei bezeichnen die sich für eine bestimmte Periode (Jahr, Monat usw.) ergebende Wertsumme der Umsätze, also der Produkte aus den umgesetzten Warenmengen und Dienstleistungen und den für die Einheit der Ware oder Dienstleistung gezahlten Preisen. Solche „Preisstände" lassen sich von Zeitpunkt zu Zeitpunkt vergleichen (wobei man in der Regel den ersten Zeitpunkt gleich 100 setzt). W. WINKLER, der die Kaufkraft des Geldes als „inneren Geldwert" bezeichnet und den Preisstand als „Preisspiegel", gibt hierzu noch folgende Erklärung[13]: „Im Durchschnitte aller Preise gehen die individuellen Eigentümlichkei-

[11] a. a. O. S. 263.
[12] a. a. O. S. 411.
[13] a. a. O. Bd. II, S. 212.

ten der einzelnen Preisbewegungen verloren, und es tritt uns in der Bewegung des Durchschnittes ein Ausdruck für die Bewegung des Geldwertes entgegen." Dabei kann es offen bleiben, ob die Ursachen für diese Veränderung des allgemeinen Preisstandes oder Geldwertes auf der Seite des Geldes liegen — wie es zweifellos bei der deutschen Inflation nach dem ersten Weltkrieg der Fall war — oder ob diese Veränderung von der Seite der Waren (der veränderten Güterversorgung) hervorgerufen wurde. Auf jeden Fall ergeben sich für die Berechnung der Preisindexzahl ganz ähnliche Schwierigkeiten, wie wir sie bereits bei der allgemeinen Preiserfassung (oben S. 285 f.) festgestellt haben. Da wir nicht alle Umsätze und Preise eines Zeitpunktes ermitteln können, da auch manche Waren gegen früher fortgefallen und andere hinzugekommen sind, kann also auch beim Preisindex immer nur ein *Ausschnitt* erfaßt werden. Selbstverständlich muß man versuchen, „diesen Ausschnitt so zu wählen, daß er nach Möglichkeit in seiner Bewegung die Bewegung des allgemeinen Preisstandes *repräsentiert*"[14]. Von wesentlichem Belang aber für die Gewinnung eines echten Preisvergleichs in Indexform — der nicht durch Änderungen in der Art der Zusammensetzung der Waren usw. gestört werden darf — ist es, daß zu Anfang und zu Ende der Vergleichsperiode stets gleiche und gleichartige Mengen eingesetzt werden, die mit den jeweiligen Preisen zu multiplizieren sind. Man könnte dagegen einwenden — und hat es auch getan —, daß ein solches „starres" Verfahren künstlich sei und mit der Praxis (die ja bei Preisänderungen Mengenverschiebungen nach oben und unten kennt) in Widerspruch stehe. Die *Preis*bewegung als solche kann eben nur an einem *starren* Menschenschema zuverlässig gemessen werden, was vor allem auch stets Oskar Anderson (der 1960 verstorbene frühere Inhaber des statistischen Lehrstuhls an der Universität München) mit Nachdruck vertreten hat.

Wenn es auch gelegentlich vorgekommen ist, daß man Preisindexzahlen für eine Gesamtheit von Waren und Dienstleistungen als einfaches Mittel aus den einzelnen Indices berechnet hat, so stimmt man doch grundsätzlich darin überein, daß man bei einem solchen Gruppen- oder Sammelindex die Bedeutung der einzelnen in ihm vertretenen Waren (und Dienstleistungen) berücksichtigen muß. Der zahlenmäßige Ausdruck für diese „Bedeutung" ist bei den allgemeinen Preisindexzahlen normalerweise der Umsatzanteil der einzelnen Ware (und Dienstleistung) am Gesamtumsatz. Angenommen, es handele sich um vier Waren a, b, c, d, die am Gesamtumsatz ihrer Gruppe nach einander mit 40, 30, 20 und 10 vH beteiligt sind und deren Einzelindices für einen bestimmten Zeitpunkt 120, 130, 170 und 200 seien, so würde das „rohe"

---

[14] Meerwarth a. a. O. S. 412.

Mittel einen Wert von 155 ergeben; wenn man aber, wie es notwendig ist, die Einzelindices mit den genannten Anteilen „gewichtet" — offiziell spricht man hier meist von „Wiegen" und von einem „Wägungsschema" —, so erhält man 4800 — 3900 — 3400 — 2000 = 14 100 : 100 = 141; sollte die Reihenfolge der Umsatzanteile genau umgekehrt sein, dann ergäbe sich 1200 — 2600 — 5100 — 8000 = 16 900 : 100 = 169, also recht erhebliche Abweichungen der so errechneten Indices sowohl unter einander wie von der „ungewichteten" Ziffer.

Eine recht anschauliche Schilderung der Notwendigkeit dieses Gewichtungsverfahrens gibt Al. Kaufmann in „Theorie und Methoden der Statistik"[15]: „Hier tritt aber die Frage vom ‚Gewicht' der Warenpreise in den Vordergrund. Der Preis irgendeiner Ware von nebensächlicher Bedeutung, wie etwa Indigo, Kaneel oder Pfeffer, darf bei der Berechnung des Index keine ebenso große Rolle spielen, wie die Preise der den größten Massenverbrauch aufweisenden Waren — Steinkohle, Roheisen, Baumwolle, Getreide usw. Man muß deshalb zur Ermittelung der Indexzahlen *nicht einfache*, sondern *gewogene* Mittel aus den Preisen der einzelnen Waren berechnen. Wenn z. B. das Getreide im Nationalverbrauch etwa eine zweimal so große Rolle spielt wie Steinkohle, eine zehnmal so große wie Zucker und eine hundertmal so große wie Pfeffer, so müssen diese Unterschiede bei Berechnung des Durchschnittes in Betracht gezogen werden. Die Feststellung der Gewichte, d. i. im gegebenen Falle der jährlichen Verbrauchsquanta der einzelnen Waren, ist eine äußerst schwierige Sache, und in betreff mancher Waren läßt sich diese Aufgabe, bei dem heutigen Stande der Produktions- und Verbrauchsstatistik, nicht anders als hypothetisch lösen. Zum Zwecke der Berechnung von gewogenen Mitteln darf man sich aber in derartigen Fällen auch mit angenäherten Angaben über die ‚Gewichte' der einzelnen Komponenten begnügen." Wie wir gesehen haben, ist seit 1913 (dem Erscheinungsjahr des zitierten Buches) in der neueren Zeit und in fortgeschrittenen Ländern die Produktions- und die Verbrauchsstatistik durchaus in der Lage, die hier benötigten Gewichtungsdaten zu liefern, trotzdem treffen die Bedenken von Kaufmann nicht nur allgemein für die Vergangenheit, sondern auch heute noch für eine Reihe von Ländern durchaus zu.

Hier haben wir dargestellt, wie man einen Gesamt- oder Gruppenindex aus den Einzelindices erhält, indem man diese Einzelziffern entsprechend gewichtet. Es gibt aber auch ein anderes Verfahren, das nur kurz geschildert sei: Ein Verbraucher habe für eine Ware (oder Warengruppe) a in der Menge 20 kg je 1 DM, also zusammen 20 DM gezahlt, für Ware b mit 10 kg je 3 DM = 30 DM, für Ware c mit 40 kg je 2 DM = 80 DM und für Ware d mit 50 kg je 0,50 DM = 25 DM; insgesamt

[15] S. 473.

hat er also für diese vier Waren 155 DM bezahlt. Drei Jahre später sind die Preise je Einheit gestiegen bei Ware a auf 1,50 DM, bei b auf 4 DM, bei c auf 2,50 DM, bei d auf 0,60 DM. Statt nun die *Einzel*indices für jede Ware zu berechnen und mit den „Anteilziffern" (hier bezogen auf seinen „Gesamtverbrauch") zu gewichten, wendet man zweckmäßigerweise das Verfahren an, die Gesamtausgaben für diese vier Waren am Ende des Zeitabschnitts auszurechnen und mit den Ausgaben zu Beginn des Zeitraumes zu vergleichen. Diese Gesamtausgaben am Ende sind bei a 30 DM, bei b 40 DM, bei c 100 DM und bei d 30 DM, zusammen also 200 DM, d. h. die Ausgaben sind in dem Zeitraum wie von 100 auf 129 gestiegen. Man nennt dieses Berechnungsverfahren auch die „Budgetmethode", die seinerzeit vor allem von L. v. BORTKIEWICZ (Universität Berlin) angewandt worden ist und sich als die einfachste und zugleich brauchbarste erwiesen hat[16].

Im einzelnen ist das Preisindexverfahren — im Inland sowohl wie im Ausland — schon auf die verschiedensten Gebiete ausgedehnt worden. Schon recht früh hat das amerikanische Bureau of Labor Statistics für die Vereinigten Staaten eine Preisindexzahl aus den Preisen von 404 Waren (Rohstoffen, Halbfabrikaten und Fertigwaren) mit der Basis 1913 = 100 berechnet und laufend in der Monthly Labor Review veröffentlicht, wobei die Preise selbst meist der Handelspresse, zu einem kleineren Teile den Angaben von Unternehmungen, von Kommissionären und Handelskammern entnommen sind[17]. Da die im Kleinhandel umgesetzten Waren hierin nicht enthalten sind, handelt es sich um den Index der „wholesale prices" oder den *Großhandelspreisindex*. Nach einem wesentlich anderen Verfahren hat das englische Handelsministerium bereits zu Beginn dieses Jahrhunderts den Versuch unternommen, „eine Preisindexzahl zu berechnen, aus der ein Rückschluß auf die Bewegung des allgemeinen Preisstandes gewonnen werden sollte"[18]; die erste Veröffentlichung dieser Art geschah im Jahre 1903, später laufend im Board of Trade Journal. Hier wurden nur 54 Waren einbezogen. Um ein Bild von der Bedeutung der einzelnen Waren für die englische Volkswirtschaft zu erlangen, wurden auch die Ergebnisse der Produktionserhebung des Jahres 1907 hierfür verwertet; die hierbei ermittelten „Wertsummen", die diese Bedeutung wiedergeben sollten, wurden dann in Verhältniszahlen ausgedrückt und für die Gewichtung verwertet. Das Statistische Reichsamt hat für Deutschland seit Anfang der 20er Jahre nur 38 Waren (in 7 Gruppen) herangezogen und ebenfalls 1913 als Basisjahr eingesetzt; innerhalb der sieben Gruppen wurde das arithmetische Mittel (unge-

[16] Vgl. hierzu auch JACOBS a. a. O. S. 1162.
[17] Vgl. hierzu MEERWARTH a. a. O. S. 412 ff.
[18] a. a. O. S. 416.

wichtet!) berechnet, Gewichte wurden erst für die Zusammenstellung der Gruppen zum Gesamtindex benutzt, und zwar nach dem Wert des volkswirtschaftlichen Verbrauchs 1908—1912. Später, um 1940, erfaßte das Statistische Reichsamt für den Index der Großhandelspreise rund 1000 Preisreihen für 400 verschiedene Waren: landwirtschaftliche Erzeugnisse, Kolonialwaren, industrielle Rohstoffe, Halbwaren, industrielle Fertigwaren; jetzt aber wurden alle einzelnen Waren mit besonderem Gewicht versehen, entsprechend auch die 18 Gruppen und drei Hauptgruppen gewichtet. In diesem Index der Großhandelspreise sind Waren verschiedener Fabrikations- und Handelsstufen zusammengefaßt. „Um Inkongruenzen bei der Wägung, welche durch die zum Teil zufallsbedingte Heranziehung von Waren auf einer verschiedenen Anzahl von Handelsstufen entstehen können, zu vermeiden, und um Doppelzählungen der Gewichte auszuschalten, wird jeder Produktionsstamm nur mit dem volkswirtschaftlichen Verbrauch auf der Endstufe gewogen. Um trotzdem die vorgelagerten Stufen berücksichtigen zu können, wird der Verbrauchswert der Endstufe proportional nach den Verbrauchswerten der vorgelagerten Stufen aufgeteilt. Die vorgelagerten Stufen werden also im Rahmen des jeweiligen Endwertes mit ihrem vollen Verbrauchswert und nicht etwa nur mit der Wertschöpfung der betreffenden Stufe berücksichtigt. Die Wägung beruht auf dem Verbrauch je Kopf der Bevölkerung in der letzten Vorkriegszeit und den ersten Jahren nach der Stabilisierung der Währung"[19]. Der eben beschriebene Großhandelspreisindex wurde *wöchentlich* berechnet, daneben noch *jährlich* ein Großhandelspreisindex für 40 Grundstoffe; dieser reicht in Jahresdurchschnitten sogar bis zum Jahre 1792 zurück. Diese „säkulare" Indexziffer konnte natürlich nur mit einem wechselnden Verbrauch der Bevölkerung berechnet werden, wobei die Vergleichbarkeit durch Anwendung des „Kettenverfahrens" hergestellt wurde — hierbei handelt es sich um die „Verbindung verschieden gewogener Indexziffern durch Multiplikation der letzten Indexziffer der alten Reihe mit den Indexziffern der neuen Reihe, deren zeitliche Basis dem Berichtszeitraum der letzten Indexziffer der alten Indexreihe entspricht" (so bei Jacobs).

Gegenwärtig werden Indexziffern verschiedener Art anstelle des früheren *einen* Großhandelspreisindexes berechnet. Da gibt es zunächst den „Preisindex ausgewählter Grundstoffe" — auch „Indexziffer der Grundstoffpreise" genannt[20] —. Dieser Preisindex ist nach Grundstoffen inländischer und ausländischer Herkunft unterteilt. Für die inländischen Grundstoffe steht die bereits erwähnte Statistik der Erzeuger- und Großhandelspreise des Inlands zur Verfügung, für die ausländischen Grund-

[19] Jacobs a. a. O. S. 1163.

[20] Vgl. G. Weinhold, Kleines Wörterbuch der Wirtschaftsstatistik, S. 96 ff.

stoffe die Einkaufspreise der Importeure (frei deutsche Grenze) aus der Einfuhrpreisstatistik. Grundstoffe sind unbearbeitete oder nur verhältnismäßig wenig bearbeitete Waren, die als Materialgrundlage für die Weiterbe- und verarbeitung dienen. Berechnet werden 57 Meßziffern für industrielle und 35 für land-, forst- und plantagenwirtschaftliche Erzeugnisse, außerdem Gruppenindices für Grundstoffe industrieller und für Grundstoffe land- und forstwirtschaftlicher usw. Herkunft. Dieser Grundstoffpreisindex knüpft hinsichtlich der Warenzusammensetzung an die bis 1944 vom Statistischen Reichsamt berechnete „Indexziffer der Rohstoffpreise" an. Zugrundegelegt werden grundsätzlich die Verkaufspreise der ersten Hand, also der landwirtschaftlichen Erzeuger, der Industrie und bei Einfuhrwaren der Importeure. Als Basisjahr für diesen Index gilt jetzt 1950 = 100, auch umdatiert auf 1938 = 100[21], die Gewichtung der einzelnen Waren richtet sich nach dem „volkswirtschaftlichen Verbrauch". An dem Gesamtindex sind die Grundstoffe land- und forstwirtschaftlicher usw. Herkunft mit 524,50 vT und die Grundstoffe industrieller Herkunft mit 475,50 vT beteiligt. Der Gesamtindex bezogen auf 1950 ist bis 1957 auf 132 gestiegen, umdatiert auf 1938 dagegen auf 253 (für 1957). Für landwirtschaftliche usw. Grundstoffe ist der Index von 1950 bis 1957 auf 120 gestiegen, für industrielle Grundstoffe auf 145.

Für die Landwirtschaft allein besteht der „Index der Erzeugerpreise *landwirtschaftlicher* Produkte". Hierfür werden etwa 550 Preise für 69 Waren herangezogen, die im Rahmen der Erzeugerpreisstatistik monatlich bei den landwirtschaftlichen Genossenschaften und Marktzentralen usw. erfragt werden. Das Gewichtssystem beruht auf dem Durchschnitt der Verkäufe der landwirtschaftlichen Betriebe in den drei Landwirtschaftsjahren 1949/50, 1950/51, 1951/52; es wird für alle Monate konstant gehalten, so daß die jahreszeitlichen Schwankungen der abgesetzten Mengen nicht berücksichtigt werden. Daneben gibt es einen „Index der Erzeugerpreise *forstwirtschaftlicher* Produkte", und zwar seit Oktober 1953. Er zeigt die Preisentwicklung für das inländische Rohholz als das einzige in Betracht zu ziehende Produkt. Es liegen die Preise zugrunde, die von den einzelnen Gruppen der Waldbesitzer (Staat und öffentliche Körperschaften sowie private Großforsten und Bauernwald) beim Verkauf an die verschiedenen Abnehmergruppen erzielt wurden. *Monatliche* Indexziffern können aus erhebungstechnischen Gründen lediglich für die Staatsforsten erstellt werden; für die übrigen Forsten gibt es nur eine jährliche Indexberechnung, jedoch wird aus beiden Arten ein Gesamtindex gebildet. Das Wägungsschema beruht auf den Erlösen aus den Holzverkäufen des Forstwirtschaftsjahres 1954. Die verschiedenen Verwendungs-

---

[21] Ergebnisse z. B. Statist. Jahrb. 1958, S. 406 ff., woselbst auch für jeden Grundstoff der „Wägungsanteil am Gesamtindex" zu ersehen ist.

arten des Holzes sind Stammholz, Grubenholz, Faserholz und Brennholz; Holzsorten sind Eiche, Rotbuche, Fichte bzw. Tanne sowie Kiefer; das Brennholz wird noch nach Laub- und Nadelholz unterschieden. Aus den bereits erwähnten „Einkaufspreisen der Landwirtschaft" (oben S. 289) wird noch laufend ein „Index der Einkaufspreise landwirtschaftlicher Betriebsmittel" berechnet, wobei allerdings für die Ausgabengruppe „Allgemeine Wirtschaftsausgaben, Unterhaltung der Gebäude und Neubauten" noch anderweitiges Material herangezogen werden muß. Das Wägungsschema ist hier im wesentlichen im Bundesministerium für Ernährung, Landwirtschaft und Forsten aufgrund der dort vorliegenden Statistiken über die Betriebsausgaben landwirtschaftlicher Betriebe aufgestellt worden, und zwar bezogen auf das Wirtschaftsjahr 1952/53.

Der „Index der Erzeugerpreise *industrieller* Produkte"[22] faßt etwa 4500 Preisreihen für rund 1100 Waren aus der industriellen Produktion zusammen. Zur Gewichtung wird die der Industrieberichterstattung entnommene Umsatzgliederung des Jahres 1950 benutzt in Verbindung mit der vierteljährlichen Produktionsstatistik. Bei dem Gesamtindex der Erzeugerpreise industrieller Produkte[23] (Wägungsanteil) ist der Bergbau einschließlich Erdölgewinnung nur mit 55,75, die Energieerzeugung mit 31,91 vT, die verarbeitende Industrie aber mit 912,34 vT beteiligt; unter der verarbeitenden Industrie wieder erscheinen die Grundstoff- und Produktionsgüterindustrien mit 271,55, die Investitionsgüterindustrien mit 220,11, die Verbrauchsgüterindustrien mit 241,70 und die Nahrungs- und Genußmittelindustrien mit 178,98 vT. Von den einzelnen Industrien haben besonders hohe Wägungsanteile die Textilindustrie mit 118,64 vT, die Chemie (einschl. Kohlenwertstoffe) mit 85,08, der Maschinenbau mit 65,82, die Ziehereien und Kaltwalzwerke mit 57,04, der Bergbau mit 54,00, Eisen und Stahl mit 52,46 vT. Diese sechs Gruppen allein verfügen zusammen über einen Wägungsanteil von 433,04 vT; zählt man noch die Nahrungs- und Genußmittelindustrie hinzu, so steigt der Satz für diese sieben Gruppen schon auf 612,02 vT, also rund drei Fünftel Anteil am Gesamtindex.

Zu erwähnen ist hier noch der „Preisindex für den *Wohnungsbau*", der allerdings nur als vorläufig anzusehen ist und letztmalig für November 1958 veröffentlicht wurde. Ihm lag das Mengenschema eines „Indexhauses" mit rund 60 Positionen zugrunde; dabei handelt es sich um Indexziffern für ausgewählte Baustoffe, für Löhne, Handwerkerarbeiten und Baunebenleistungen sowie für verschiedene Roh- und Ausbauarbeiten. In „Wirtschaft und Statistik"[24] hat K. Horstmann die „Neuberechnung

[22] Statistisches Jahrbuch 1958, S. 398 ff.
[23] Statistisches Jahrbuch 1958, S. 398, 400, 402.
[24] Heft 11, November 1959, S. 585 ff.

von Preismeßziffern für Bauleistungen und eines Preisindex für Wohngebäude" behandelt, und neuerdings[25] sind — zunächst einmalig — solche Preismeßziffern für 1958 und 1959 wiedergegeben worden; seitdem erscheinen sie vierteljährlich[26].

Ferner ist noch zu nennen der „Index der Einkaufspreise für *Auslandsgüter*", der auf repräsentativer Grundlage gebildet wird. Dabei geht man für die Auswahl der betreffenden Güter von der Zusammensetzung der Einfuhr in der Nachkriegszeit aus. „In die Auswahl wurden Waren einbezogen, welchen ihrem Einfuhrwert nach eine gewisse Bedeutung im Gesamtrahmen der Einfuhr zukommt und die der Warenart, der Qualität und der Herkunft nach eine gewisse Stetigkeit als Einfuhrartikel erwarten lassen. Dabei wurde darauf geachtet, daß Waren aus allen Warengruppen der Einfuhr ausgewählt wurden, daß die verschiedenen Lieferländer Berücksichtigung fanden und so eine angemessene Zusammensetzung der Preisreihen erreicht wurde"[27]. Erfaßt sind rund 160 Waren mit knapp 400 Preisreihen. Entscheidend sind die cif- bzw. frei-Grenze-Preise (wie in der deutschen Außenhandelsstatistik), so daß also die Frachtanteile bis zur Grenze in den Preisen enthalten sind, auch wenn die Einfuhrgüter auf *deutschen* Schiffen transportiert werden. Für den Fall, daß Änderungen in der Warenqualität eintreten oder Käufe vorübergehend nicht abgeschlossen werden können, so daß es an „vergleichbaren Preisen" fehlen würde, sind die Berichtsstellen gebeten, den Preis zu nennen, „zu dem sie am Erhebungsstichtag nach ihrer Marktkenntnis für die bisherige Qualität und unter den bisherigen Lieferbedingungen hätten abschließen können", oder, falls dieser Weg nicht zum Erfolg führt, „wird der fehlende Preis mit Hilfe der Preisentwicklung verwandter Waren fortgeschrieben, bis der Preis für die ursprüngliche Qualität wieder gemeldet werden kann"[28]. Die Preise werden gemeldet im Monat des Abschlusses, so daß der Index im wesentlichen die Preisentwicklung im Zeitpunkt des Kaufabschlusses darstellt. Hierdurch unterscheidet sich der Einfuhrpreisindex von dem bei der Außenhandelsstatistik berechneten Index der „Durchschnittseinfuhrwerte", bei dem nämlich die Werte im Zeitpunkt des Übertritts der Einfuhrwaren in das deutsche Zollgebiet festgestellt werden. Die für die Vergleichsberechnung erforderlichen Gewichtungsunterlagen werden der Außenhandelsstatistik (Spezialhandel) für das Jahr 1950 entnommen. Im Vergleich mit 1950 = 100 hat dieser Index bisher seinen höchsten Wert erreicht mit 112 für 1952, ist dann in den folgenden Jahren abgesunken auf 103 und liegt für

[25] Heft 2, Februar 1960, S. 114 f.
[26] Vgl. z. B. Statistisches Jahrbuch 1960, S. 482 f.
[27] G. Weinhold, Kleines Wörterbuch . . ., S. 76.
[28] a. a. O. S. 81.

1957 auf 106, für 1958 (auch Jahresdurchschnitt) auf 100, 1959 sogar auf 97! Nach dem „produktionstechnischen Zusammenhang" liegt dieser Index für 1959 für Landwirtschaft, Gartenbau, Forstwirtschaft und Fischerei bei 92, für Industriewaren bei 104 — Kohlenbergbau allein bei 160! —, nach dem „Verwendungszweck der Waren" liegt der Index 1959 für die Ernährungswirtschaft bei 96 — für Fisch allein bei 156 als Maximum, für Zucker bei 62 als Minimum —, für die gewerbliche Wirtschaft bei 98 — Maximum Kohle, Koks und Braunkohle mit 160, Minimum Textilrohstoffe mit 72 —[29].

Während die Erzeuger- und Großhandelspreise schon verhältnismäßig früh auch indexmäßig ausgewertet wurden, hat man einen *Index der Einzelhandelspreise* erst später geschaffen, und zwar vielfach, um das Berechnungsergebnis als „Teuerungsziffer" verwerten zu können, besonders in den Ländern mit starker Inflation. Dabei wurde gelegentlich auch nicht auseinandergehalten der Index der Lebenshaltungskosten und der Einzelhandelspreisindex. In Wirklichkeit besteht aber zwischen diesen beiden ein wichtiger Unterschied: Beim Einzelhandelspreisindex spielen die Preise der *verkauften* Waren eine Rolle, wobei es gleichgültig ist, *an wen* sie verkauft werden, beim Lebenshaltungskostenindex sind maßgebend die *Einkäufe* der privaten Haushaltungen, wobei es gleichgültig ist, *von* welchem Lieferanten gekauft wird; vor allem aber bilden hier noch einen wesentlichen Posten die Dienstleistungen und Nutzungen usw., die gar nicht den Einzelhandel berühren. Wir wollen hier zunächst nur den Einzelhandelspreisindex behandeln, auf die Lebenshaltungskosten kommen wir später zurück. In der Bundesrepublik wird dieser Index seit Ende 1952 neu berechnet[30]. Die mit diesem Index zusammenhängenden Feststellungen sind schon deshalb wichtig, weil vom Einzelhandel rund 2 Millionen der Bevölkerung des Bundesgebietes unterhalten werden und der Einzelhandel etwa 60 vH der Verbrauchs der privaten Haushaltungen versorgt. Vermutlich gehen rund 90 vH seiner Verkäufe an private Haushaltungen und nur 10 vH an Erwerbsbetriebe und Behörden. Der Index soll aber die Entwicklung der Verkaufspreise des Einzelhandels im volkswirtschaftlichen Durchschnitt darstellen, gleichgültig, an wen die Verkäufe erfolgen.

Was den Umfang des Einzelhandels angeht, so rechnen Bäckereien und Metzgereien und ähnliche Betriebe *nicht* zum Einzelhandel, sondern zum Handwerk, werden also beim Index nicht berücksichtigt. Ferner sind in ihm nicht enthalten „Kleinverkäufe" der Landwirtschaft (Obst, Gemüse, Kartoffeln, Milch), der Industrie („Direktverkäufe"), der Gaststätten (Ge-

---

[29] Vgl. Wirtschaft und Statistik, 12. Jg., Heft 4, April 1960, S. 229 f.

[30] Beschreibung des Verfahrens in Wirtschaft und Statistik 1952, Heft 9.

tränke, Tabakwaren), sondern nur die Verkäufe der „Wirtschaftsgruppe 64 der Arbeitsstättenzählung". Nicht berücksichtigt bei der Warenauswahl werden einige kleinere Sparten des Einzelhandels wie Handel mit Kürschnerwaren, Sportartikeln, Briefmarken, Kunstgegenständen und Antiquitäten, Musikalien, Blumen, zoologischen Artikeln, Futtermitteln, Altwaren, deren Umsätze im ganzen nur etwa 1—2 vH des gesamten Umsatzes des Einzelhandels ausmachen. Im übrigen aber sollen alle Umsätze des Einzelhandels im Jahre 1950 dem „Wägungsschema" zugrundegelegt werden; für die Großbetriebe des Einzelhandels mit Waren verschiedener Art (Warenhäuser, Konsumgenossenschaften usw.) hat man den Umsatz schätzungsweise auf die Hauptbranchen des Einzelhandels (Lebensmittel, Textilwaren und Schuhwerk usw.) und dann auch innerhalb dieser Hauptbranchen in dem gleichen Verhältnis nach Branchen aufgeteilt, in dem sich die Summe der Hauptbranchenumsätze *ohne* den Umsatz dieser Großbetriebe auf die Branchen verteilte.

Erfaßt werden die Preisreihen von rund 440 Waren in der Gliederung nach 18 Hauptbranchen und Branchen des Einzelhandels sowie nach 37 Warengruppen bzw. Waren. Die vier Hauptbranchen mit ihren 14 Branchen sind folgende: 1. Lebensmittelgeschäfte, darunter Geschäfte für Lebensmittel aller Art, Gemüsegeschäfte, Geschäfte für Milch und Milcherzeugnisse, Tabakwarengeschäfte; 2. Geschäfte für Textilwaren und Schuhwerk, davon Textilwarengeschäfte (darunter Geschäfte für Textilwaren aller Art), Schuhwarengeschäfte; 3. Geschäfte für Hausrat und Wohnbedarf, darunter Eisenwarengeschäfte, Geschäfte für Porzellan und Glaswaren, Geschäfte für Elektrogeräte (ohne Rundfunkgeräte), Möbelgeschäfte; 4. sonstige Branchen des Einzelhandels, darunter Papierwarengeschäfte, Drogerien, Spielwarengeschäfte. Einige Schwierigkeiten bereitet die Auswahl und die Gewichtung der einzelnen *Waren* innerhalb der Branchen. Hier hat man früher amtliche Untersuchungen des Reichskuratoriums für Wirtschaftlichkeit (RKW) über die Betriebsstruktur im Einzelhandel, ferner Erhebungen und Mitteilungen von Handelsverbänden und einzelnen Firmen, Ergebnisse der Produktionsstatistiken und der Verbrauchsstatistiken, auch der „Wirtschaftsrechnungen in Arbeitnehmerhaushaltungen" (die noch besonders behandelt werden) verwendet. Dabei war es von Bedeutung, nach Möglichkeit für diese Warengruppen Umsatzwerte zu ermitteln. Wenn die festgelegten rund 440 Waren der Anzahl nach auch nur einen verhältnismäßig geringen Anteil am Gesamteinzelhandel ausmachen, so stehen sie doch meist repräsentativ für eine größere Zahl anderer, hier nicht herangezogener Waren, so daß eine Übereinstimmung mit der wirklichen Bedeutung der Waren für die Gewichtung eigentlich erst bei den Waren*gruppen* erwartet werden darf. Von den genannten Waren erscheinen allein 151 in Geschäften verschiedener Branchen, z. B. Seife in Seifengeschäften, in Drogerien, in Lebensmittelgeschäften, so daß solche Waren zwei- oder mehrfach im Wägungsschema vertreten sind. Am Gesamtumsatz (= 1000) sind die oben genannten vier Hauptbranchen beteiligt 1 mit 404, 2 mit 305, 3 mit 103, 4 mit 188.

Für die Indexberechnung werden eingesetzt die Bruttoverkaufspreise des Einzelhandels an den letzten Verbraucher (ohne Berücksichtigung von Rabatten usw.), zum größten Teil in Geschäften einfacher Ausstattung (Luxusgeschäfte ausgeschlossen), auch Preise von Markenwaren, die Listen- und Tax-Preise für Apotheken und Drogerien, die Buchpreise aus der „Bibliographie der Deutschen Bibliothek"; Preise vom ambulanten Straßenhandel werden nicht erfaßt, auch nicht Ausverkaufspreise, ebenso nicht die Spitzenpreise für Erstangebote oder Schleuderpreise für vom Verderb bedrohte Waren bei Obst und Gemüse.

Kurz noch einige Ergebnisse für den Index der Einzelhandelspreise, wie sie monatlich in „Wirtschaft und Statistik" mitgeteilt werden: Setzt man 1950 gleich 100 (umbasiert auf 1938 = 100), so hat sich der Index für den Einzelhandel insgesamt bis 1959 — Jahresdurchschnitt — verändert auf 112 (von 1938 auf 193), für die Lebensmittelgeschäfte auf 115 (196) — für Gemüse allein auf 150 (240), für Tabakwaren auf 83 (aber gegen 1938 gestiegen auf 246) —, für die Geschäfte mit Textilwaren und Schuhwerk auf 98 (183) — für Schuhwaren allein auf 111 (221) —, für Geschäfte mit Hausrat und Wohnbedarf auf 122 (195) — für Eisenwaren allein auf 144 (240) —, für sonstige Branchen auf 123 (202) — für Drogerien allein auf 107 (164). Aus den Abweichungen innerhalb der vier Hauptbranchen ergibt sich, daß die Preisentwicklung gelegentlich dem Durchschnitt recht stark voraneilt, aber auch erheblich hinter ihm zurückbleiben kann.

Abschließend haben wir uns nun noch mit dem Lebenshaltungskostenindex (wie er früher genannt wurde) zu befassen, der jetzt den Namen *„Preisindex für die Lebenshaltung"* führt. Hierbei kommt es, wie schon angedeutet wurde, nicht so sehr darauf an, einen Index der *allgemeinen* Preisentwicklung herzustellen, sondern einen Index zu schaffen, der darstellt, wie sich für die Familienhauswirtschaft — die allerdings nicht in beliebiger Form, sondern in einer ganz bestimmten Zusammensetzung und Einkommensausstattung angenommen werden muß — die Veränderung der einzelnen Preise im ganzen auswirkt. Es ist ohne weiteres zu verstehen, daß man schon früher aus sozialpolitischen Gründen darauf aus sein mußte, einen derartigen Index gerade für diejenigen Bevölkerungsklassen zu entwickeln, deren Lebenshaltung an ein mehr oder minder begrenztes Einkommen aus abhängiger Tätigkeit als Arbeiter oder Angestellter (oder auch kleiner Beamter) gebunden war, die also gewissermaßen der Preisentwicklung passiv gegenüberstehen mußten im Gegensatz zu den Schichten der „Selbständigen", die ihre Einnahmen dieser Entwicklung anzupassen in der Lage waren. Aufgrund solcher Feststellungen war man dann eher imstande, in der Öffentlichkeit das Interesse für die wirtschaftliche Lage der arbeitenden Bevölkerung zu wecken und insbesondere ihre Schwierigkeiten bei einer bestimmten Preisentwicklung begreiflich zu machen, vor allem aber auch ihren politischen und wirtschaftlichen Vertretern, Gewerkschaften usw. Unterlagen an die Hand zu geben, mit denen sie bestimmte Lohn- und Gehaltsforderungen begründen konnten. Dabei hat es schon eine gewisse Zeit gedauert, bis man sich gewöhnt hat, im Hinblick auf eine verschiedene Entwicklung der Konsumpreise einerseits und der Löhne anderseits die Aufrechterhaltung des „Reallohns" zu fordern. Besonders wichtig wurde dieses Streben verständlicherweise, als — vom Ende des ersten Weltkrieges ab — eine ganz deutlich sichtbare „Teuerungswelle" einsetzte, die geradezu zu einer laufenden Feststellung einer „Teuerungsziffer" aufrief.

In Deutschland wurde schon vor der Jahrhundertwende der Versuch gemacht, eine solche Preisindexzahl zu berechnen. Bekannt geworden ist vor allem die Meßzahl von JASTROW. Er hat schon Anfang 1898 in der von ihm begründeten Zeitschrift „Der Arbeitsmarkt" eine Meßzahl der Kosten der Lebenshaltung der Arbeiterschaft berechnet. Um von festen Maßstäben ausgehen zu können, bezog er sich auf die amtlich festgesetzte wöchentliche Verpflegungsration des deutschen „Marinesoldaten"[31]. JASTROW ging davon aus, daß man wohl ohne Bedenken die Arbeitsleistung des Marinesoldaten mit der eines Arbeiters vergleichen könne, also auch für beide einen gleichen Nahrungsverbrauch annehmen dürfe; für die vierköpfige Arbeiter*familie*, bestehend aus zwei Erwachsenen und zwei Kindern, hielt er die dreifache Normalration des Marinesoldaten für erforderlich und angemessen. Wie MEERWARTH mit Recht feststellt, hat JASTROW „zur Ermittlung der Bewegung der Preise vom logischen Gesichtspunkt aus eine Hilfskonstruktion, eine Fiktion (nach VAIHINGER: eine bewußte Abweichung von der Wirklichkeit) aufgestellt: die Fiktion, daß in jeder der einbezogenen norddeutschen und süddeutschen Städte, in jeder der einbezogenen Binnen- und Seestädte eine vierköpfige Arbeiterfamilie die dreifache Ration des Marinesoldaten benötigt und einkauft. JASTROW war sich des fiktiven Charakters der Rechnung bewußt und betonte ihn immer wieder den zahlreichen Angriffen gegenüber. Er hob hervor, daß er sich keinen Augenblick darüber im Zweifel sei, daß die Normalration des Marinesoldaten sich nicht mit der Durchschnittsration des deutschen Arbeiters decke." Die Fiktion wurde aber

[31] Einzelheiten hierüber bei MEERWARTH a. a. O. S. 424 f.

mit gutem Grund eingeführt und aufrechterhalten, „um die Bewegung der Preise von Monat zu Monat verfolgen und zwischenörtliche Vergleiche vornehmen zu können". CALWER hat nach dem ersten Weltkrieg die Arbeiten JASTROWS weitergeführt; seit Mai 1921 hat er neben der Preisindexzahl, die sich noch auf die „große Ration" stützte, eine zweite Preisindexzahl berechnet, der eine „kleine Ration" zugrundeliegt; dabei sollte es sich um eine Kost handeln, mit der nach seiner Angabe vor 50 bis 70 Jahren die ärmsten Volksschichten in norddeutschen Gegenden auskommen mußten.

Nach dem ersten Weltkrieg hat das Statistische Reichsamt auf Anregung des Reichsarbeitsministeriums diese „Hilfskonstruktion" weiter ausgebaut: es wurden mehr Nahrungsmittel einbezogen, die Fleischmenge allerdings verringert, die Zahl der Verbraucher um einen erhöht (nunmehr eine fünfköpfige Familie, bestehend aus Vater, Mutter, Sohn von 12 Jahren, Tochter von 7 Jahren, Kind von 1½ Jahren); vor allem aber ging man jetzt über die reinen Ernährungskosten hinaus und bezog die Wohnungsmiete für zwei Zimmer und Küche, den Bedarf für Heizung und Beleuchtung (für vier Wochen 3 Ztr. Steinkohlen, 15 cbm Leuchtgas oder 5 kWh Elektrizität) ein, seit Frühjahr 1922 auch den Bedarf für Kleidung; dabei wurde als *Jahres*verbrauch dieser fünfköpfigen Familie angesehen: je 1 Herren- und Knabenanzug, 1 Mädchenkleid, je 2 Frauenröcke und -blusen, je 6 Männer- und Frauenhemden, 6 Paar Männersocken, 6 Paar Frauenstrümpfe, je 1 Paar Männer- und Frauenstiefel, 2 Paar Kinderstiefel, 8mal Besohlen (mit Absätzen) von Männerstiefeln. Es fehlen hierbei zwar Unterbeinkleider, Hüte, Taschentücher, Kragen usw.; das *soll* aber durch die „reichliche" Ausstattung mit den übrigen Bekleidungsgegenständen ausgeglichen gewesen sein; man sagte: „Die aus den in die Reichsstatistik einbezogenen Bekleidungsgegenstände errechnete Preisindexzahl ist ebenso brauchbar wie diejenige Preisindexzahl, die sich ergeben würde, wenn alle Bekleidungsgegenstände einbezogen wären"[32]. Das Mengenschema oder der „Warenkorb", wie man diesen Bedarf jetzt zu nennen pflegt, ist dann nach den Feststellungen aus der oben (S. 279) erwähnten Erhebung von 1927/28 noch stark erweitert worden, zunächst auf 116 verschiedene „Lebensbedürfnisse". Seit 1949 wurde der *„Preisindex für die Lebenshaltung"* auf den Verbrauchsverhältnissen des 1. Vierteljahres 1949 aufgebaut, seit Ende 1952 auf denen im Jahresdurchschnitt 1950, nach Beratungen mit den zuständigen Bundesministerien, den Spitzenverbänden der Tarifpartner und den Statistischen Landesämtern. Dabei wurden die Ausgaben jetzt auf einen 4-Personen-Haushalt abgestellt, dessen Haushaltungsvorstand als Arbeiter, Angestellter oder

[32] MEERWARTH a. a. O. S. 428.

Beamter erwerbstätig ist oder war (Rentner, Arbeitslose usw.). Gleichzeitig hat man auch, wie oben erwähnt, den Verbrauch auf drei verschiedene Verbraucherschichten oder -gruppen (mittlere, gehobene und untere Verbrauchergruppe) abgestellt. Die drei Verbrauchsschemata oder „Warenkörbe" geben die durchschnittlichen monatlichen Einkäufe der drei „Indexfamilien" im Jahre 1950 an, wobei die Jahressummen der Einkäufe nach ihrem Wert zu einem Zwölftel — für den jeweiligen Monat — eingesetzt werden.

Wenn sich die Zusammensetzung des Warenkorbes im allgemeinen auch nach den Ergebnissen der Haushaltserhebungen (oben S. 279 ff.) richten soll, so muß man aus praktischen Gründen doch aus diesen Ergebnissen für das Verbrauchsschema eine gewisse Auswahl treffen. G. Weinhold sagt hierzu folgendes[33]: „In den Verbrauchsschemata können nicht alle Waren, Leistungen und Nutzungen einzeln aufgeführt sein, welche die Haushaltungen in Wirklichkeit verbrauchen, da dies die mit den Indexberechnungen verbundene Arbeit sehr vergrößern würde. Es sind deshalb nur die *wichtigsten* Waren und Leistungen des täglichen Lebens einzeln genannt, wobei auch Rücksicht darauf genommen wurde, daß alle nach dem Verwendungs- und dem Herstellungszusammenhange zu unterscheidenden Warengruppen angemessen vertreten sind. Da die nicht einzeln aufgeführten Waren und Leistungen aber mit ihrem Ausgabenbetrag im Verbrauchsschema enthalten sein müssen, um den Gesamtaufwand der Haushaltung richtig darzustellen, wurden die Ansätze der im Verbrauchsschema einzeln angegebenen Positionen durch Zuordnung des Ausgabenbetrages für nicht einzeln aufgeführte Waren entsprechend erhöht. So erklärt sich zum Beispiel die unter der Position ‚Leberwurst' angesetzte Menge von 2,7 kg je Monat dadurch, daß hier alle Ausgaben für einfache Wurstwaren zusammengefaßt und durch die Leberwurst repräsentiert sind."

Ein weiteres Problem für die gleichmäßige Gestaltung des Warenkorbes im — kurzfristigen — Zeitablauf ergibt sich aus der Tatsache, daß mancher Verbrauch sich im Laufe des Jahres zu ändern pflegt, besonders hinsichtlich bestimmter Lebensmittel. Auch hierfür geben wir die Darstellung von Weinhold wieder: „In der Indexberechnung können die Schwankungen, welche hinsichtlich der verbrauchten Mengen jahreszeitlich in den Haushaltungen einzutreten pflegen, nicht berücksichtigt werden. Die Berechnungen gehen von der Annahme aus, daß die in der Jahressumme festgestellte Verbrauchszusammensetzung auch in jedem einzelnen Monat gilt. Um eine größere Angleichung der Grundlagen der Indexberechnung an die hauswirtschaftliche Wirklichkeit zu erreichen, sieht die neue Index-

[33] a. a. O. S. 149 f.

berechnung für Kartoffeln, Gemüse und Obst eine Neuerung vor, die der Tatsache Rechnung tragen soll, daß von den Haushaltungen regelmäßig im Herbst bestimmte Waren bevorratet und erst im Laufe der folgenden Monate verbraucht werden. Das Ausmaß dieser Bevorratung ist ungefähr aus den Wirtschaftsrechnungen bekannt. Der tatsächliche monatliche Verbrauch der Haushaltungen wird nun zu einem Teil aus diesen Vorräten, zum anderen Teil aus laufenden Zukäufen bestritten. Die Verbrauchsschemata tragen dieser Tatsache dadurch Rechnung, daß sie bei Kartoffeln und bestimmten Gemüse- und Obstsorten den konstant festgelegten monatlichen Gesamtverbrauch *aufteilen in Vorratsverbrauch und Verbrauch aus laufendem Kauf*. Für den Vorratsverbrauch wird der Einkaufspreis zur Zeit der Bevorratung, für den Verbrauch aus laufendem Kauf werden die monatlich festgestellten Preise herangezogen. Dadurch wird erreicht, daß in der Indexberechnung der Einfluß der laufenden Preisbewegung bei den in Rede stehenden Waren genauer an das Maß herangebracht wird, das er in den Haushaltungen der verschiedenen Verbrauchergruppen durchschnittlich hat. Auch wird mit dieser Regelung bereits eine erhebliche Eindämmung des Einflusses der Saisonpreise auf die Preisindexziffern bewirkt."

Es sei noch einmal betont, daß der Preisindex für die Lebenshaltung sich vom Index der Einzelhandelspreise vor allem dadurch unterscheidet, daß seine Einkäufe zu einem erheblichen Teil Güter, Leistungen und Nutzungen (einschl. Wohnungsnutzung) umfassen, die *nicht* über den Einzelhandel bezogen werden. Der gesamte Warenkorb zerfällt in neun Bedarfsgruppen: 1. Ernährung, 2. Getränke und Tabakwaren (auch Genußmittel genannt), 3. Wohnung, wobei auch die Reparaturen einbezogen sind, 4. Heizung und Beleuchtung, 5. Hausrat, auch hier einschl. Reparaturen, 6. Bekleidung, dabei jetzt auch Unterkleidung und Hüte, 7. Reinigung und Körperpflege, wobei z. B. der „gehobenen Verbrauchergruppe" bei Rasierklingen nicht nur die billigsten, wie den beiden anderen Gruppen, sondern je zur Hälfte die billigsten *und* die besten angeschrieben sind, 8. Bildung und Unterhaltung, wobei die mittlere und die gehobene Gruppe auch Illustrierte Zeitungen (die mittlere nur 2 Stück, die gehobene 5,5 Stück) lesen kann, die untere dagegen nicht, 9. Verkehr, wobei für die gehobene Gruppe auch Benzin für eigene Beförderungsmittel vorgesehen ist, für die beiden anderen Gruppen nur Fahrradbereifung. Bei WEINHOLD sind auf den Seiten 132—147 alle Einzelheiten des Warenkorbes in Aufgliederung nach den drei Verbrauchergruppen und nach Menge und Aufwandssumme aufgeführt. Außerdem ist hieraus ersichtlich, welchen Anteil am Gesamtaufwand die neun Bedarfsgruppen und die vielen einzelnen Ausgabeposten haben, und zwar auch für die Verbrauchergruppen unterschieden. Im Vordergrund stehen hierbei verständlicherweise die Ernährung, die Bekleidung und die Wohnungsausgaben, die zusammen nach den Unterlagen von 1950 allein 69,3 vH ausmachen. Der Index wird berechnet aus den Aufwandsummen („Budgetmethode"), und zwar sowohl für die gesamte Lebenshaltung wie auch für die einzelnen Bedarfsgruppen. Setzt man 1950 als Basisjahr gleich 100 (umbasiert auf 1938 = 100), so ist für den Jahresdurchschnitt 1959 der Index der Gesamtlebenshaltung für die mittlere Verbrauchergruppe gestiegen auf 121 (188), bei der Ernährung allein auf 128 (207), bei der Wohnung auf 122 (129), bei Heizung und Beleuchtung auf 144 (194), bei Hausrat auf 112 (188), bei Bekleidung auf 105 (191), bei Reinigung und Körperpflege auf 115 (184), bei Bildung und Unterhaltung auf 123 (165), bei Verkehr auf 136 (199); *gesunken* ist der Index bei Getränken und Tabakwaren, und zwar auf 85, aber gegenüber 1938 *gestiegen* auf 228, was für den Vergleich 1938/59 die größte Steigerung ausmacht. Für 1950/59 finden wir die größte Steigerung bei Heizung und Beleuchtung. Der geringste Steigerungssatz für 1938/59 findet sich bei der Wohnung, weil hier die gesetzlichen Vorschriften die Steigerung entscheidend hintangehalten haben. Interessant ist auch ein Vergleich mit der Gesamtentwicklung bei der gehobenen und der unteren Verbrauchergruppe: Während die Gesamtlebenshaltung einen Index von 121 aufweist (gegen 1938 von 188), der für die mittlere Verbrauchergruppe gilt, sind die Ziffern bei der gehobenen Gruppe 119 (187), liegen also leicht unter denen der mittleren Gruppe, bei der unteren Gruppe dagegen 125 (194), liegen also hier deutlich *über* denen der mittleren Gruppe. Das heißt mit anderen Worten, daß sich die „Teuerung" bei den unteren Einkommensschichten etwas stärker bemerkbar macht als bei den besser Verdienenden.

Es ist sehr anzuerkennen, daß man bei der Berechnung der Preisindices für die Lebenshaltung nicht den Versuch gemacht hat, etwa ein Verbrauchsschema zu entwerfen, das dem *Durchschnitt* aller Gruppen und Typen von Haushaltungen entsprochen hätte. Ganz abgesehen davon, daß man hiermit nur ein sehr irreales Ergebnis erzielt hätte, wäre man damit auch kaum zu irgendeiner praktischen Auswertung gelangt. Wie wir schon aus den wenigen hier angeführten Beispielen unterschiedlicher Lebens- und Haushaltsführung ersehen können, ist eben der private Verbrauch nach sozialen Schichten, nach Haushaltungsgröße und nach Einkommenshöhe so stark differenziert, daß hier eine Durchschnittsziffer wenig oder gar nichts besagen will. Anderseits dürfen wir feststellen, daß in unseren drei Verbrauchergruppen offenbar doch ein recht erheblicher Teil der Gesamtbevölkerung gewissermaßen repräsentativ erfaßt ist; nach der Einkommensschichtung von 1950 (berechnet nach den steuerpflichtigen Einkünften) haben im Bundesgebiet zusammen 46 vH aller Steuerpflichtigen ein Jahreseinkommen von 1800 bis 4800 DM bezogen, die wohl im wesentlichen mit den Angehörigen unserer drei Verbrauchergruppen identisch sind. Somit wären die Aussagen, die hier im Zusammenhang mit dem Preisindex für die Lebenshaltung gemacht wurden, etwa für die Hälfte der westdeutschen Bevölkerung verbindlich. Das braucht durchaus keinen Widerspruch zu bedeuten zu einer anderen ebenso klaren Feststellung: So genau und gründlich man auch den „Warenkorb" aus den statistischen Unterlagen (Haushaltsrechnungen usw.) zusammengestellt hat, so steht es dennoch fest, daß sicher keine einzige der vielen vierköpfigen Familien im Bundesgebiet genau nach diesem Verbrauchsschema lebt und wirtschaftet! Nicht nur von Ort zu Ort, sondern auch innerhalb des gleichen Ortes finden sich auch in der gleichen Einkommensgruppe immer wieder beachtliche Unterschiede, die sich ohne weiteres aus den verschiedenen individuellen Wünschen und Gepflogenheiten ergeben. Trotzdem ist nicht zu leugnen, daß bei allen individuellen Abweichungen gerade in diesen mittleren Einkommensgruppen weithin recht gleichartige Verbrauchsgewohnheiten bestehen können, besonders wenn man sich nicht auf alle *einzelnen* Verbrauchsausgaben, sondern mehr auf die „Bedarfsgruppen" bezieht.

Bei der bisherigen Betrachtung des Problems, einen zuverlässigen Preisindex für die Lebenshaltung zu gestalten, sind wir von den innerhalb eines bestimmten (hier des westdeutschen) Wirtschaftsgebietes — trotz allen Unterschieden im einzelnen — ohne allzu große Schwierigkeiten normalisierbaren und dadurch vergleichbaren Verbrauchsgewohnheiten ausgegangen. Mit Hilfe des gleichen „Warenkorbes" ist es gelungen, auch die da und dort vorhandenen landschaftlichen und örtlichen Abweichungen auszugleichen. Ganz anders aber sehen die Dinge aus, wenn man daran geht, für ganz verschieden geartete Länder, also etwa Deutschland, Großbritannien und die Vereinigten Staaten von Amerika, einen solchen im Preisindex dargestellten Kaufkraftvergleich über Zeit und Ort durchzuführen. Die OEEC hat erstmalig versucht, für fünf Länder (Vereinigte Staaten, Großbritannien, Frankreich, Bundesrepublik Deutschland, Italien) die Frage des Preisverhältnisses zu klären. Dazu sagt A. Jacobs in einer vom „Bremer Ausschuß für Wirtschaftsforschung" herausgegebenen Untersuchung „Der internationale Vergleich der Lebenshaltungskosten"[34] aus seinen Erfahrungen als Sachverständiger im Ausschuß für Reallohnvergleiche bei der Europäischen Gemeinschaft für Kohle und Stahl heraus folgendes: „Dies ist bisher der einzige Versuch, die Unterschiedlichkeit der güterwirtschaftlichen Struktur der Volkswirtschaften in die Berechnung einzubeziehen. Alle anderen bisher angestellten Preisvergleiche, die sich besonders auf eine Gegenüberstellung der Güter für den Lebens-

[34] Berlin 1957, S. 9 ff.

bedarf erstrecken, bleiben jedoch bei dem Vergleich von Preisen für gleichartige Güter stehen. Die Verbrauchsbudgets beruhen also jeweils auf einer für ein Land geltenden Wägung, die zum Zwecke des Vergleichs von einem Land auf das andere übertragen wird. Eine derartige Fiktion ist jedoch um so weniger haltbar, je mehr die Verbrauchsverhältnisse der Vergleichsländer voneinander abweichen. Zweifellos ist es wertvoll, mit dieser Methode des Preisvergleichs gleichartiger Güter eine Arbeitshypothese entwickelt zu haben, aber man wird sich nicht für die Dauer mit diesen Ergebnissen begnügen können.

Das Problem stellt sich vielmehr in folgender Frage: Wie hoch sind die relativen Preise für die Gesamtheit von Gütern des Lebensbedarfs in einer für jedes der verglichenen Länder *typischen* Zusammensetzung? Nur mit Hilfe eines derartigen Vergleichs kann eine der Wirklichkeit entsprechende Aussage über die Kaufkraft von Einkommen gemacht werden. So einleuchtend diese Forderung ist, so schwierig ist es, sie zu erfüllen. Man kann daher nur bemüht sein, einem derartigen Vergleich schrittweise näher zu kommen. ...

Die größte Schwierigkeit für eine Verbesserung der Methode liegt darin, einen gemeinsamen Nenner für vergleichbare, aber doch unterschiedlich zusammengesetzte Warenkörbe zu finden. Diese Forderung wirft die Frage auf, unter welchen Bedingungen ein Lebensstandard A und ein Lebensstandard B etwa *als gleichwertig* angesehen werden können, ohne daß die Warenkörbe genau die gleichen sind. Dieses Problem gibt es schon innerhalb einzelner Länder, z. B. zwischen den Nord- und Südregionen Westdeutschlands, Großbritanniens, Frankreichs, Italiens und der USA. Es besteht auch beim Vergleich städtischer und ländlicher Haushaltungen, beim Vergleich des Verbrauchs von Menschen mit überwiegend körperlicher und überwiegend geistiger Arbeit. Nicht nur Nahrungsmittel, sondern auch andere Güter, wie Kleidung, Verkehrsleistungen und Kulturgüter werden bei einem vergleichbaren Lebensstandard in ganz unterschiedlicher Weise benötigt und verbraucht.

Immer fließen jedoch zwei Dinge fast untrennbar ineinander: Die verschiedene Höhe des Lebensniveaus selbst und die verschiedene Zusammensetzung eines gleichwertigen Lebensniveaus für die beiden verglichenen Gruppen oder Länder. Es muß also versucht werden, die Qualitätskomponente zu eliminieren, soweit sie Ausdruck eines anderen Lebensniveaus ist (Anmerkung: Wir schließen uns hier der Terminologie der Vereinten Nationen an, die unter Lebensniveau die gegenwärtigen Lebensbedingungen verstehen, während Lebensnorm und Lebensstandard die wünschenswerten bzw. zu erwartenden Lebensbedingungen umfassen). Was jedoch innerhalb einer Volkswirtschaft oder bei einem rein naturwissenschaftlichen Vergleich als Qualitätsunterschied erscheinen mag, darf beim internationalen Vergleich dann nicht als solcher gewertet werden, wenn der Verbrauch in dieser Art und Güte den *Lebensnotwendigkeiten* entspricht. Das gleiche gilt auch für die Mengen.

Unterschiedliche Lebensnotwendigkeiten können sich für den einzelnen aus klimatischen Gründen, aus der Art der Versorgung seines Landes, aus überkommenen Lebensgewohnheiten, aus der Preisstruktur und aus sozialen Motiven ergeben. Dieses letztere Motiv berührt indes schon weitgehend den Lebensstandard als solchen. Dadurch, daß aber der Verbraucher in die Lebensformen eines ganzen Volkes eingebettet ist, gewinnt ein bestimmter Verbrauch für ihn mehr oder weniger zwingenden Charakter. Dies gilt insbesondere für die Wohnungsnutzung. Der einzelne ist gar nicht in der Lage, eine international vergleichbare Wohnung zu benutzen; er muß sich vielmehr der landesüblichen Wohnweise und dem gegebenen Wohnungsangebot anpassen.

Somit ist es unausbleiblich, daß bei einem internationalen Vergleich der Kaufkraft von Einkommen auch Mengen- und Qualitätsunterschiede berücksichtigt werden. Zum Teil werden diese sich innerhalb des Budgets wieder ausgleichen, weil ein besserer und höherer Verbrauch bestimmter Güter einen komplementär geringeren Verbrauch anderer Güter bewirkt. Wie bereits erwähnt, ist dies zum Teil auch eine notwendige Folge unterschiedlicher Preisstruktur."

Aus alledem folgt, daß man, um der Wirklichkeit einigermaßen gerecht zu werden, etwa so vorgehen muß: Dem Warenkorb des Landes mit der niedrigeren Lebenshaltung muß man einen gleichwertigen oder adäquaten Warenkorb in dem Lande mit höherer Lebenshaltung gegenüberstellen („die Qualitätskomponente eliminieren"). In einem Vergleich zwischen der deutschen und der französischen Lebenshaltung hat Jacobs beispielsweise für Nahrungsmittel einen Vergleich ungleichartiger, aber gleich*wertiger* Warenkörbe durchgeführt und so auch weiterhin versucht, „die Kosten eines gleichwertigen, aber der jeweiligen Verbrauchsstruktur entsprechenden Lebensunterhalts von Arbeitnehmerfamilien"[35] in Frankreich und in Westdeutschland zu berechnen und für den Vergleich zu verwerten. Abschließend gelangt er zu folgendem Ergebnis[36]: „Man könnte gegen den in dieser Arbeit gemachten Versuch einwenden, daß die Ergebnisse weder für eine bestimmte soziale Gruppe oder Einkommensschicht noch für die Gesamtheit der beiden Volkswirtschaften gelten, wie dies bei den Arbeiten einerseits der Montan-Union, andererseits der OEEC der Fall ist. Die Notwendigkeit, alles nur irgendwie geeignete Material heranzuziehen, führte aber dazu, daß sich die Grenzen des Objektes der Betrachtung etwas verwischen. Im ganzen gilt die Aussage jedoch für die

[35] a. a. O. S. 99.

[36] a. a. O. S. 104 f.

breite Schicht der Arbeitnehmerhaushaltungen, und die Ergebnisse können weitgehend auf den Verbrauch in den gesamten Volkswirtschaften Frankreichs und Westdeutschlands verallgemeinert werden." Mit Recht schließt er hieran die Forderung, daß solche Berechnungen auch für andere Länder wie die Niederlande, Belgien und Italien, besonders aber auch für Großbritannien und die Vereinigten Staaten durchgeführt werden sollten. Gerade für das letztgenannte Land ist ein derartiger Vergleich auch bereits geplant.

Bei diesen Ausführungen ist zwar nicht der Preisindex für die Lebenshaltungskosten als solcher in seiner Geltung für verschiedene Länder der Gegenstand der Untersuchung, sondern nur die „Lebenshaltungskosten", soweit sie Grundlage — Wägungs- oder Gewichtsmaßstab — für die Bildung eines solchen Indexes sein können, trotzdem sind aber diese Überlegungen von entscheidender Bedeutung für die Gestaltung eines solchen „internationalen Index" und müssen deshalb mit aller Sorgfalt betrieben und vor allem auf weitere Länder ausgedehnt werden.

Zum Abschluß dieses Kapitels soll noch einmal auf die Frage eingegangen werden, ob und wie man den Änderungen gerecht werden kann, die sich im Waren- (und Leistungs-)Verbrauch im Laufe eines Beobachtungszeitraumes vollziehen. Wie wir gesehen haben, *muß* der „Warenkorb" innerhalb des Vergleichszeitraumes stets derselbe bleiben, um einen gültigen Preisindex berechnen zu können, d.h. es kann eben nur mit einer starren Gewichtung gearbeitet werden. In der Regel wird dabei der Verbrauch des Ausgangs- oder *Basisjahres* zugrunde gelegt; das bedeutet, daß sowohl die Preise des Ausgangs- wie die des Berichtsjahres mit den Wertigkeiten des Basisjahres gewichtet werden, so daß das gewichtete arithmetische Mittel aus den Einzel- oder Gruppenindices die Form annimmt: $\frac{\Sigma p_1 \cdot q_0}{\Sigma p_0 \cdot q_0}$ wobei q_0 die Mengen (Quantitäten) des Basisjahres, p_0 die Preise dieses Basisjahres und p_1 die Preise des Vergleichs- oder Berichtsjahres bedeuten. Diese Formel führt ihren Ursprung auf LASPEYRES zurück und hat in der Indexliteratur der neueren Zeit Eingang gefunden. Man kann aber auch davon ausgehen, daß man die Mengen des End- oder Berichtsjahres als maßgeblich betrachtet, d.h. also bei der Indexberechnung so tut, als ob die betreffende Verbrauchergruppe sich schon früher des heutigen Warenkorbes bedient hätte; in diesem Falle tritt an die Stelle der Gewichtung q_0 (vom Ausgangsjahr her) die Gewichtung q_1 (Mengen des Berichts- oder Endjahres), die Formel lautet dann also $\frac{\Sigma p_1 \cdot q_1}{\Sigma p_0 \cdot q_1}$; diese Methode der Kostenberechnung, der die Mengenfaktoren des Berichts- oder Endjahres zugrunde liegen, ist unter dem Namen ihres Autors PAASCHE bekannt. Bei Berechnung einer fortlaufenden Reihe von

Indexziffern würde sich bei Anwendung der Formel von PAASCHE die Notwendigkeit einer jeweiligen Erneuerung der Mengenfaktoren (als Gewichtungsmaßstab) an den einzelnen Berichtsterminen ergeben, während im Falle der Laspeyresschen Formel die Mengen immer ein und demselben Jahre 0 angehören dürfen. In der Praxis hilft man sich — wie wir gesehen haben — meist damit, daß man weder den konkreten Verbrauch des Ausgangs- oder Basisjahres noch den des End- oder Berichtsjahres zugrunde legt, sondern einen etwa in der Mitte zwischen beiden Terminen liegenden Verbrauch, den man in der Formel nur mit q bezeichnet: $\frac{\Sigma p_1 \cdot q}{\Sigma p_0 \cdot q}$. Einen anderen Weg der „Versöhnung" beider Möglichkeiten hat IRVING FISHER vorgeschlagen: die Quadratwurzel aus dem Produkt beider Formeln hat er als die sogenannte „Idealindexziffer" konstruiert, in der Meinung, daß diese Formel allen Erfordernissen der Exaktheit in vollkommener Weise entspreche. Es besteht eigentlich kein Grund, sich dieser Auffassung anzuschließen. Auf weitere Möglichkeiten der Bildung von Indexziffern — außerhalb des Gebietes der Preise — kommen wir noch zurück.

Neuerdings stellt das Statistische Bundesamt laufend *Preisvergleiche für die Waren und Dienste der Lebenshaltung* in einer größeren Reihe von Ländern und Gebieten an; ein wichtiges Ergebnis dieser Untersuchungen ist niedergelegt in der Veröffentlichungsreihe „Preise, Löhne, Wirtschaftsrechnungen" — Reihe 10, Internationaler Vergleich der Preise für die Lebenshaltung (Stand Januar 1960). Hierin sind für nicht weniger als 44 Länder Vergleiche der Preise für die Lebenshaltung sowie Devisenkurse für die Zeit von 1927 bis Januar 1960 durchgeführt worden; dabei wurde, soweit es möglich war, jeweils eine Verbrauchergeldparität nach deutschem und nach ausländischem Verbrauchsschema berechnet und der Mittelwert daraus gebildet; dasselbe gilt für den Verbrauchergeldwert in vH des Devisenkurswertes. Dabei handelt es sich noch um ein „Jahresheft", von Mitte 1960 ab gibt es dann auch Monatsberichte, die jeweils die neuesten Angaben bis zum Vormonat enthalten.

12. Kapitel

Löhne und Einkommen

Wenn man zunächst von der besonderen Erfassung der Löhne und Gehälter (als den Einkommen der Unselbständigen) absieht, muß sich die Einkommensstatistik im allgemeinen mit Ergebnissen zweiter Hand („Sekundärstatistik") begnügen. Am ergiebigsten ist hier die Einkommenssteuerstatistik, die allerdings auch ihre Schwächen und Nachteile hat. Über die methodischen Bedenken gegen die Lohnsteuer- und Einkommenssteuerstatistik — die sonst für die Feststellung der „Einkommensschichtung" durchaus das verhältnismäßig beste und vollständigste Material darstellen — entnehmen wir der „Wirtschaftskunde" für 1955 folgende Ausführungen[1]: „Diese Bedenken sind in der Art und der unvermeidlichen Unvollständigkeit des statistischen Materials aus den Steuerstatistiken begründet. Da solche Statistiken von den steuerrechtlichen Begriffen ausgehen müssen und nur diese zugrunde legen können, müssen erhebliche Unterschiede zu einem ökonomisch gesehenen Einkommensbegriff auftreten. So sind in den Steuerstatistiken z. B. die Arbeitgeberbeiträge zur Sozialversicherung nicht als Einkommen gezählt. Große Teile der sogenannten freiwilligen Sozialleistungen der Unternehmer (z. B. Essensverbilligung, verbilligte Wohnung, Altersfürsorge), die in ökonomischen Sinne Einkommensbestandteile darstellen, fehlen ebenfalls in der Steuerstatistik. Aber nicht nur die Einkommen der Arbeitnehmer sind unvollständig erfaßt, sondern es fehlen auch Einkommensteile von Selbständigen (z. B. infolge der Pauschalbesteuerung in der Landwirtschaft). Es sei ferner darauf hingewiesen, daß mit der veranlagten Einkommensteuer nur Einkünfte der natürlichen Personen erfaßt werden. ... Da die Steuerstatistik teils übertragene Einkommen enthält (z. B. Sozialrenten von einer bestimmten Höhe an, Pensionen), teils jedoch nicht (z. B. niedrige Sozialrenten, Kriegsbeschädigtenrenten, Fürsorgeleistungen), entspricht das Material weder voll den Einkommen aus einer Beteiligung am Wirtschaftsprozeß (also dem Stadium der primären Einkommensverteilung) noch dem sogenannten ‚persönlichen Einkommen', d. h. der Summe aus den bei den einzelnen Einkommensempfängern zusammentreffenden Einkommen aus Beteiligung am Wirtschaftsprozeß und aus Übertragungen. Die Veranlagungsvorschriften bringen es ferner mit

[1] S. 383 f.

sich, daß Einkommen von Einzelpersonen neben Einkommen stehen, die sich auf gemeinsam veranlagte Eheleute beziehen.

Da die Steuer vom *Jahreseinkommen* ausgeht, ohne Rücksicht darauf, ob dieses Jahreseinkommen aus einer das ganze Jahr andauernden Beschäftigung erzielt worden ist oder nur das Ergebnis einer Teilbeschäftigung ist, wird besonders die unterste Einkommensgruppe stark aufgebläht. In ihr befinden sich viele Personen, die nur einen Teil des Jahres beschäftigt waren, da sie z. B. erst im Laufe des Jahres in das Erwerbsleben eingetreten sind (Schulentlassene, zurückgekehrte Kriegsgefangene, Flüchtlinge), zwischen Beschäftigung und Arbeitslosigkeit gewechselt haben oder wegen Eheschließung, Alter oder Tod im Laufe des Jahres ausgeschieden sind. Niedrige Jahreseinkommen entstehen ferner bei Personen, die nur halbtags oder stundenweise Beschäftigungen haben, ferner bei Lehrlingen und anderen in der Ausbildung befindlichen Personen." Für die praktische Auswertung dieser Angaben kommt noch der Nachteil hinzu, daß die Ergebnisse der Steuerstatistik immer erst einige Jahre später sichtbar werden; so veröffentlicht z. B. das Statistische Jahrbuch der BRD für 1958 erst das Ergebnis der Steuerstatistik für 1954, für die *Lohn*steuerstatistik allerdings schon die Zahlen für 1955[2]. Bei den veranlagten Einkommenssteuerpflichtigen wird unterschieden nach Einkunfts*arten* und Einkommens*gruppen;* zu den Einkunftsarten gehören Land- und Forstwirtschaft, Gewerbebetrieb, selbständige Arbeit, nichtselbständige Arbeit, Kapitalvermögen, Vermietung und Verpachtung, sonstige Einkünfte; für die einzelnen Gruppen gelten die Grenzen unter 1500 DM, unter 2000 DM, dann je 100 DM mehr bis 8000 DM, dann 12 000, 16 000 und 25 000 DM, dann erheblich höhere Grenzen bis zu einer Million DM und mehr; ferner werden die unbeschränkt Steuerpflichtigen noch nach „Steuerklassen" unterschieden (Ledige, Verheiratete, solche mit Kinderermäßigung nach der Zahl der Kinder). Aus den Ergebnissen von 1954 ist immerhin folgendes von Interesse: von den Steuerpflichtigen hatten 85 vH ein Einkommen unter 10 000 DM, also nur 15 vH ein solches von 10 000 und mehr DM; aber dieser zahlenmäßig so kleine Kreis erzielt 51,2 vH des (versteuerten) Gesamteinkommens und bringt sogar 82,6 vH der Gesamtsteuerschuld auf! Von den Gesamteinkünften mit 25,3 Milliarden DM werden die meisten aus Gewerbebetrieb erzielt mit 14,4 Mrd. DM = 57,0 vH, es folgen in großem Abstand die Einkünfte aus nichtselbständiger Arbeit mit 4,7 Mrd. = 18,5 vH und aus Land- und Forstwirtschaft mit 2,5 Mrd. = 10,04 vH, zusammen bringen also diese drei Einkunftsarten schon 85,5 vH der Gesamteinkünfte auf.

Wenn man bei den Lohnsteuerpflichtigen die Grenze bei 9600 DM Jahreseinkommen zieht (wobei diejenigen unter 1837 DM Bruttolohn

---

[2] S. 382 ff.

nicht einbezogen sind) — die etwa der Grenze von 10 000 DM bei den Veranlagten entsprechen dürfte —, dann ist hier der Anteil der Steuerpflichtigen mit 9600 und mehr DM zwar nur 4,5 vH, ihr Bruttolohn macht aber schon 12,9 vH des gesamten Bruttolohns aus, und ihr Lohnsteueraufkommen beträgt sogar 30,6 vH des Gesamtaufkommens!

Neben diesen Lohnsteuerstatistiken stehen für die Arbeitnehmer überhaupt noch andere Unterlagen zur Verfügung, zunächst auch solche sekundärstatistischer Art, dann zunehmend Ergebnisse von primärstatistischen Erhebungen.

Seit es im Deutschen Reich eine soziale Unfallversicherung gibt (1884), müssen jährlich innerhalb der einzelnen Berufsgenossenschaften die insgesamt gezahlten Löhne (und Gehälter) *summarisch* nachgewiesen werden, weil sich nach ihrer Höhe — unter Umständen noch in Verbindung mit der „Gefahrklasse" des betreffenden Betriebes — die von den Unternehmern jährlich aufzubringende „Umlage" zur Deckung der Versicherungsleistungen richtet. Mit Hilfe der Zahl der während des Jahres durchschnittlich beschäftigten Arbeiter — auf „Vollarbeiter" umgerechnet — kann man für jeden Gewerbezweig usw. einen „durchschnittlichen Jahresverdienst pro Kopf" berechnen, der immerhin von Jahr zu Jahr und von Gewerbezweig zu Gewerbezweig gewisse Schlüsse zuläßt. Im übrigen sind hier allerdings die Verdienste der verschiedenen Berufe, Geschlechter und Altersgruppen ununterscheidbar zusammengeworfen.

Eine wesentliche Verfeinerung dieser summarischen Lohnnachweise stellt von jeher die Statistik der (preußischen) Bergarbeiterlöhne dar, die aufgrund des Allgemeinen Berggesetzes regelmäßig seit 1872 durchgeführt wird und 1921 noch bedeutend verfeinert worden ist. In meiner bereits erwähnten Arbeit über „Lohnpolitik und Lohnentwicklung im Kriege" konnte ich hierüber folgendes ausführen[3]: „Die Vorzüge dieser Statistik liegen in ihrer sehr eingehenden Gliederung: territorial werden die Oberbergamtsbezirke (in Preußen) unterschieden, weiterhin die einzelnen Bergbauarten; hinsichtlich der Arbeiterkategorien findet eine Gliederung statt in Männer, Frauen und (männliche) Jugendliche unter 16 Jahren; die weitere Teilung der Männer schafft die Kategorien der eigentlichen Bergarbeiter, der sonstigen im Bergbau beschäftigten Arbeiter und der über Tage beschäftigten Arbeiter — zu vergleichen etwa mit gelernten, angelernten und ungelernten Arbeitern. Daneben ist der Durchschnittslohn für alle Arbeiter ungetrennt angegeben. Diese Art der Gliederung bietet eine starke Gewähr dafür, daß die einzelnen Durchschnitte nicht bloße arithmetische Mittel, sondern der wirklich typische Ausdruck für die Lohnverhältnisse der einzelnen Klassen sind. Angege-

[3] Zeitschr. des Preuß. Statistischen Landesamts 1920, S. 334.

ben sind die Schichtlöhne, und zwar die reinen Löhne unter Abzug der Versicherungsbeiträge, Geleuchtkosten usw. Da außerdem die Anzahl der Stunden für die Schicht angegeben ist, so ist eine Umrechnung auf den Stundenlohn möglich, die besonders da am Platze ist, wo die Schichten starke Unterschiede in der Dauer aufweisen (Schwankungen zwischen 6 und 12 Stunden!). Erst diese Berechnung gibt dann einen zuverlässigen Anhalt für das Verhältnis zwischen Lohn und Leistung. Ergänzende Angaben liegen dann noch vor für den Geldwert der Brotkornzulage pro Schicht und für die durchschnittliche Schichtzahl eines Vierteljahrs, so daß also auch der Verdienst eines solchen Zeitraumes mit einiger Sicherheit ermittelt werden kann. Die Bergarbeiterstatistik bietet demnach mit einer ... willkommenen Genauigkeit all die Unterlagen, die man eigentlich braucht, wenn man aus Lohnmaterial sichere und allgemeingültige Schlüsse ziehen will."

Zu erwähnen sind noch aus dieser Frühzeit gewisse Erhebungen der Arbeiterfachverbände und der industriellen Verbände, die aber vielfach nicht an die breite Öffentlichkeit gelangt sind, sowie Erhebungen über Landarbeiterlöhne aus dem Jahre 1892, die der Verein für Sozialpolitik und der Evangelisch-Soziale Kongreß veranstaltet haben. Während des ersten Weltkrieges hat dann das Kaiserliche Statistische Amt Stichprobenerhebungen aus rund 370 Betrieben jeweils in den beiden letzten Wochen der Monate März und September 1914 bis 1918 eingeholt. Ihre Art war allerdings recht dürftig, weil diesen Erhebungen, wie das Statistische Reichsamt selbst zugibt[4], wesentliche Mängel anhafteten. Diese Mängel lagen vor allem in der Natur der Erhebungen als „Kriegserhebungen", in der Freiwilligkeit der Berichterstattung, in dem viel zu geringen und nicht genügend spezialisierten Umfang der Erhebungen, die die einzelnen Kategorien der Arbeiter nicht unterschieden, auch die Entlohnung von Überstunden usw. nicht berücksichtigten; vor allem aber wurde hier nur ein Durchschnittstageslohn ermittelt, ohne die tatsächliche Arbeitszeit danebenzustellen.

Die erste wirklich systematische Lohn- und Gehaltserhebung für das ganze Deutsche Reich war dann diejenige vom Februar 1920. Sie bezog sich auf rund 11 700 Betriebe, die von den einzelnen „Reichsarbeitsgemeinschaften" (der Arbeitgeber und Arbeitnehmer) als „typische" (große, Mittel- und Kleinbetriebe) ausgewählt worden waren mit 1,56 Millionen Arbeitern und rund 227 000 Angestellten. Jeder Befragte (Arbeiter und Angestellte) innerhalb des Betriebes hatte hierbei eine besondere „Fragekarte" auszufüllen und zu unterschreiben. Anzugeben waren Alter, Geschlecht, Familienstand, Zahl der Kinder unter 16 Jahren,

[4] Im Reichsarbeitsblatt 1919, S. 618.

der *Beruf* — gesichert durch „genaue Angabe der Beschäftigung oder der ausgeführten Arbeiten" —, in Großbetrieben auch Betriebszweig oder -abteilung; ferner der Vierwochenverdienst für die Zeit vom 2. bis 29. Februar 1920, getrennt nach Zeit- und Stücklohn, die Zahl der geleisteten Arbeitsstunden (je Woche) einschließlich Überstunden; Aufschläge für Überstunden waren gesondert aufzuführen. Bei den Angestellten wurde unterschieden nach kaufmännischen Angestellten, Betriebsbeamten, technischen Angestellten und Büroangestellten, festgestellt hier das Monatsgehalt (im Februar 1920) einschließlich Gratifikationen usw.

Die Befragung und die Mitarbeit der betrieblichen Lohnbüros wurde durch eine eigene Verordnung vom 9. März 1920 (mit Strafbestimmungen!) gesichert. Das Ergebnis ist niedergelegt worden im Band 293 der Statistik des Deutschen Reichs[5]. Hierin wurden nicht Durchschnittslöhne für ganze Gewerbezweige, sondern für die *typischen* Berufe berechnet, die in Verhandlungen mit Arbeitgebern und Arbeitnehmern als solche ermittelt worden waren; auch gebietsweise wurde eine starke Aufteilung vorgenommen. Für die Angestelltengehälter wurden nicht Durchschnittsbeträge errechnet, sondern Gehalts*klassen* wiedergegeben. Es ist nur zu bedauern, daß diese ausführliche und gut fundierte Erhebung durch den bald danach einsetzenden Währungsverfall praktisch weitgehend entwertet worden ist.

Seit 1927 sind dann im Deutschen Reich, gestützt auf das Gesetz über Lohnstatistik (von 1922) regelmäßig die tatsächlichen Arbeitsverdienste amtlich ermittelt worden, wobei in einem dreijährigen Turnus die wichtigsten Industrien nach einander herangezogen wurden, und zwar wieder auf repräsentativer Grundlage. Von 1935 ab wurden solche Erhebungen vierteljährlich für *alle* Industrien gleichzeitig auf breiterer Grundlage durchgeführt; zugrundegelegt wurden die *Lohnsummen* ganzer Arbeitergruppen. Bei 26 000 Betrieben wurden rund 3 Millionen Arbeiter erfaßt, und zwar jeweils im März, Juni, September und Dezember.

Diese „Lohnsummenstatistik" ist für die Arbeiter im Bundesgebiet 1949 wieder aufgenommen worden (Gesetz über Lohnstatistik vom 22. August 1949); sie stellte in vierteljährlichen Erhebungen in den Monaten Februar, Mai, August und November die durchschnittlich bezahlten Wochenstunden und die Bruttostunden- und Bruttoverdienste der Industriearbeiter für die einzelnen Leistungsgruppen fest. Die zu befragenden Betriebe — im allgemeinen handelt es sich um „örtliche Einheiten" — wurden unter dem Gesichtspunkt einer repräsentativen Verteilung auf die einzelnen Produktionszweige, Betriebsgrößen, regionalen Bezirke und Ortsgrößenklassen ausgewählt. Die Angaben wurden nicht für die ein-

---

[5] Bearbeitet von AGTHE und QUANTE.

zelnen Arbeiter, sondern summarisch immer für ganze Arbeiter*gruppen* gewonnen; *nicht* erfaßt wurden dabei die im Laufe des Erhebungsmonats eingetretenen oder ausgeschiedenen und die länger als drei Tage wegen Krankheit fehlenden sowie die „nicht produktionseigentümlichen" Arbeitskräfte. *Bruttoverdienst* war der tarifliche oder frei vereinbarte Bruttolohn einschließlich tariflicher oder außertariflicher Leistungs-, Sozial- und sonstiger Zulagen und Zuschläge sowie einschließlich der *Arbeitnehmer*anteile zur Sozialversicherung. *Nicht* einbezogen wurden alle Beträge, die nicht der Arbeitstätigkeit im Erhebungszeitraum zuzurechnen waren, sowie Spesenersatz, Trennungsentschädigung, gesetzliches Kindergeld, Gratifikationen u. ä. sowie die „Bergmannsprämie" des Bergbaus. Diese Bergmannsprämie wird allerdings von 1956 ab gesondert ausgewiesen ebenso wie der Wert der Deputatkohle, der bis 1955 in den Durchschnittsverdiensten enthalten war. Die Angaben über Arbeitszeit beziehen sich nur auf die bezahlten Arbeitsstunden. Die Ergebnisse sind gegliedert nach Leistungsgruppen: Facharbeiter, angelernte Arbeiter und Hilfsarbeiter. Im September 1949 wurde — einmalig — eine erweiterte Lohnsummenstatistik durchgeführt, aus deren Ergebnissen die Schichtung der Verdienste der Industriearbeiter hervorgeht.

Für die Angestellten fand im Monat Mai 1949 (im damaligen „Vereinigten Wirtschaftsgebiet" — also ohne die Länder der französischen Besatzungszone) eine Statistik der Angestelltenverdienste statt; sie erfaßte rund 12 000 ausgewählte Betriebe von neun Industriegruppen, ferner des Handels (Groß- und Einzelhandels) und des Bank- und Versicherungswesens. Erfragt wurden Tarifgehalt, Zulagen und Mehrarbeitsvergütungen, gesetzliche Abzüge vom Bruttogehalt und betriebsübliche Jahreszuwendungen; einbezogen waren nur Angestellte mit höchstens 600 DM Monatsgehalt, und zwar nach vier Leistungsgruppen und nach Beschäftigungsgruppen (kaufmännische, technische Angestellte und Meister).

Die eben behandelte „Statistik der Arbeiterverdienste" wurde im Frühjahr 1957 einer Reform unterzogen[6] und läuft jetzt zu den gleichen Erhebungszeitpunkten als „Verdienststatistik in Industrie und Handel". Neu ist die Einbeziehung auch der „nicht produktionseigentümlichen Arbeitskräfte" sowie der Angestellten; im Baugewerbe wird nur Hoch-, Tief- und Ingenieurbau erfaßt; die (erweiterte) Definition des Bruttolohnes gilt nunmehr auch für die *Gehälter,* dabei wird auch der steuerliche Wert für etwa gewährte freie Kost und Unterkunft einbezogen; außer den bezahlten Wochenstunden wird auch die *geleistete* Wochenarbeitszeit je Arbeiter ausgewiesen; bei der Gliederung wird nicht mehr nach Facharbeitern usw. unterschieden, sondern für Arbeiter nach drei, für Angestellte nach vier genau definierten Leistungsgruppen; die Ange-

[6] Vgl. Wirtschaft und Statistik, 9. Jg., Heft 10, Oktober 1957.

stellten werden bezüglich der Beschäftigungsart als technische und kaufmännische aufgegliedert; für die Darstellung der Ergebnisse ist jetzt das „Systematische Verzeichnis der Arbeitsstätten" maßgebend. Die Auswahlquote beträgt im allgemeinen für alle Wirtschaftsbereiche rund 25 vH der Beschäftigten, im Baugewerbe und im Handel nur 10 vH, dagegen werden im Bergbau *alle* Beschäftigten erfaßt.

Bei diesen laufenden Verdiensterhebungen ist es die Absicht der Bundesstatistik, „die Entwicklung der Bruttoverdienste der Arbeitnehmer durch Ermittlung der Effektivbezüge für ausgewählte Arbeitnehmergruppen in regelmäßigen, verhältnismäßig kurzfristigen Abständen darzustellen". Dabei wurde die „Individualmethode" nicht als das geeignete Mittel angesehen, da diese Methode einmal die Berichtsbetriebe verhältnismäßig stark belastet, zum andern aber auch die Veröffentlichung ihrer Ergebnisse zumeist reichlich spät erfolgt. Die gruppenweise Erfassung der „Lohnsummen" bedeutet für die Erhebungen einen verhältnismäßig geringen Kostenaufwand, für die Berichtsbetriebe eine nur geringe Arbeitsbelastung und eine kurzfristige Aufbereitung der Meldungen. Ein *Nachteil* ist allerdings die Tatsache, „daß aus den vom Berichtsbetrieb gemachten Angaben sich nur Durchschnitte für ganze Arbeitnehmergruppen ergeben und somit kein Einblick in die für bestimmte Zwecke nicht zu entbehrende Streuung der Verdienste der einzelnen Arbeitnehmer um den Durchschnittswert gewonnen werden kann". Trotz dieser „Vergröberung" des Lohnbildes bleibt dennoch eine gute Beobachtung der *Entwicklung* der Verdienste möglich.

Maßgebend ist jetzt das Gesetz über die Lohnstatistik vom 18. Mai 1956, das unter anderem die Erfassung der von den Arbeitern tatsächlich geleisteten Arbeitsstunden und die Einbeziehung der Angestellten in die Verdiensterhebung anordnete. Entscheidend für die Neuregelung war z. B. auch die Einführung der Entlohnung nach Arbeitsbewertungssystemen, die Verkürzung der betriebsüblichen Arbeitszeit mit vollem Lohnausgleich usw. Es sollte also durch diese Reform nicht eigentlich die Methode der statistischen Erhebung geändert werden, sondern es handelte sich darum, „lediglich die vom Gesetzgeber geforderten Erweiterungen in die Tat umzusetzen und die auf sozial- und wirtschaftspolitischem Gebiet eingetretenen Wandlungen zu berücksichtigen, soweit sie für die Verdienstentwicklung der Arbeitnehmer bedeutungsvoll waren". Daß man endgültig die *mittleren* Monate eines Vierteljahres ausgewählt hat, soll ein Zusammenfallen mit den im Geschäftsbetrieb im allgemeinen stärker belasteten Vierteljahrs- und Jahresabschlußterminen vermeiden. Für die Arbeiter werden die Wirtschaftsabteilungen 1. Bergbau, Gewinnung und Verarbeitung von Steinen und Erden; Energiewirtschaft, 2. Eisen- und Metallerzeugung und -verarbeitung, 3.—4. Verarbeitende Gewerbe (ohne Eisen- und Metallverarbeitung) und die Wirtschaftsgruppe 51 Hoch-, Tief- und Ingenieurbau einbezogen, für die Angestellten darüber hinaus noch die Abteilung 6. Handel, Geld- und Versicherungswesen. Im Bergbau werden die Angaben über Verdienst und Arbeitszeit der Arbeiter *nicht* durch direkte Befragung der Betriebe gewonnen, sondern sie werden den Monatsberichten der Bergbaubetriebe für die „Schichten- und Lohnstatistik" entnommen, die ohnehin an die Oberbergämter bzw. an die „Statistik der Kohlenwirtschaft e.V." erstattet werden müssen. Bei den Angestellten werden die Angaben für den ganzen Erhebungsmonat gefordert, bei den Arbeitern für eine oder mehrere Lohnabrechnungsperioden, die mindestens vier Wochen umfassen und ganz oder wenigstens überwiegend in den Erhebungsmonat fallen. Diese Angaben werden bei der Aufbereitung (maschinell) auf eine „Durchschnittswoche" umgerechnet.

Die *Auswahl* der zu erfassenden Betriebe erfolgt nach dem Prinzip der „gezielten Auswahl" (also nicht der „Zufallsauswahl"), um eine richtige Zusammensetzung der Berichtsbetriebe nach Betriebsgröße und Ortsklasse und sonstigen die Verdiensthöhe hauptsächlich bestimmenden Faktoren sicherzustellen. Betriebe mit weniger als 10 Beschäftigten sowie Handwerksbetriebe werden in der Regel nicht einbezogen, außer im Hoch-, Tief- und Ingenieurbau sowie im Handel, Geld- und Versicherungswesen, wo auch Betriebe mit 5 bis 9 Beschäftigten zugelassen sind. Der ausgewählte Kreis der Berichtsbetriebe bleibt grundsätzlich für mehrere Jahre erhalten; bei Erlöschen eines Betriebes wird dieser durch einen anderen Betrieb des gleichen Wirtschaftsbereiches und der gleichen Betriebsgrößenklasse ersetzt. In größeren Zeitabständen soll allerdings die Auswahl neu überprüft werden aufgrund des Materials von Totalerhebungen wie der Arbeitsstättenzählung usw., um den Wandlungen durch Betriebsneugründungen und -löschungen Rechnung zu tragen. Arbeiter und Angestellte werden als solche nach ihrer Zugehörigkeit zu der entsprechenden Gruppe der Rentenversicherung unterschieden, dabei aber auch als Angestellte solche Personen erfaßt, die der Angestelltenversicherung unterliegen *würden*, wenn sie nicht die Pflichtgrenze überschritten hätten. *Nicht* einbezogen werden sollen außer den bereits genannten Fällen halbtags Beschäftigte, mithelfende Familienangehörige, Volontäre und Praktikanten, Lehrlinge und Anlernlinge (diese werden besonders erfaßt), Heimarbeiter und Zwischenmeister, bei den Angestellten noch besonders die Vorstandsmitglieder oder Geschäftsführer einer GmbH usw., die leitenden Angestellten mit voller Aufsichts- und Dispositionsbefugnis (Leistungsgruppe I), die Meister im Angestelltenverhältnis.

Eine wichtige Ergänzung der Statistik der tatsächlichen Löhne und Gehälter stellt die Statistik der *Tarif*löhne und -gehälter dar, die immerhin mit verhältnismäßig einfachen Mitteln eine laufende Beobachtung des für das Lohnniveau wichtigsten Lohnteiles ermöglicht. Eine solche Statistik läuft mit gewissen Änderungen schon seit 1922, 1931 traten besonders wichtige Änderungen ein; sie gab früher monatlich die Tariflohn-Durchschnitte wieder. Im Bundesgebiet beginnt diese Statistik wieder mit dem Stand vom Mai 1950. Dargestellt werden halbjährlich die tariflich festgelegten Zeitlohnsätze der Lohngruppen bzw. Tätigkeiten mit dem höchsten und dem niedrigsten Tariflohnsatz in der höchsten tarifmäßigen Altersstufe und in der jeweils höchsten tariflichen Ortsklasse, ferner noch die Lohnsätze einiger dazwischen liegender Lohngruppen oder Tätigkeiten; in den übrigen Ortsklassen beschränkt sich diese Statistik auf eine wichtige Lohngruppe (oder Tätigkeit). Sinngemäß wird bei der Darstellung der tarifmäßig festgelegten Monatsgehälter der Angestellten verfahren. Erfaßt werden darüber hinaus noch die Arbeitszeit, die Sachbezüge, Leistungs- bzw. Akkordlohn, die Urlaubsdauer, die Urlaubsbezahlung, die Familienzulagen, die Bezahlung bei Krankheit, Zuschläge für Überstunden und ähnliche Daten, immer soweit sie tariflich geregelt sind. Diese Statistik der Tariflöhne und -gehälter bezieht sich bisher nur auf die *gewerbliche* Wirtschaft. Zur Erleichterung des Vergleichs im Zeitablauf wird aus diesen Ergebnissen auch ein *Index* der tariflichen Stundenlöhne und der tariflichen Monatsgehälter in der gewerblichen Wirtschaft berechnet, der allerdings die nur unter besonderen Voraussetzungen gewährten Zulagen und Zuschläge *nicht* berücksichtigt, weil sie ja nicht allen dem Tarif unterliegenden Arbeitnehmern zugute kommen. Ebenso kann der Index nicht auf die Akkordlöhne erstreckt werden, da sie oft tarifmäßig verschiedenartig festgelegt werden.

Eine laufende Indexberechnung wird aber auch — und das ist bestimmt noch wichtiger — für die laufenden Verdienste in Industrie und Handel vorgenommen; es handelt sich hier um den *„Index der durchschnittlichen Bruttostunden- und der Bruttowochenverdienste* und der durchschnittlich bezahlten Wochenstunden". Solche Indexreihen wurden bereits von 1946 bis 1956 auf der Basis 1938 = 100 herausgebracht. Mit Wirkung vom Februar 1957 ist dieser Index ebenfalls an die Reform der Statistik der Arbeiterverdienste angepaßt worden. Der abgeänderte Index wird für 37 Wirtschaftsgruppen, 5 Wirtschaftsbereiche und für die gesamte Industrie vierteljährlich erstellt; da in diesen Index einzelne neue Wirtschaftsgruppen aufgenommen worden sind wie Energiewirtschaft, Gummi- und Asbestverarbeitung, Stahlbau, Schiffbau, Straßen- und Luftfahrzeugbau usw., liegen nicht alle Angaben für die Zeitpunkte bis 1950 zurück vor, so daß die Indexreihen der genannten Wirtschaftsgruppen teilweise erst mit Februar 1954 bzw. 1957 beginnen. Für die Industrie im ganzen werden die Indices nicht nur in der Gliederung nach dem Geschlecht, sondern auch nach Leistungsgruppen herausgegeben.

In engerem Rahmen halten sich die Verdiensterhebungen in der Land- und Forstwirtschaft und im Handwerk sowie im öffentlichen Dienst. Von November 1949 bis zum Oktober 1950 wurde eine *Statistik der Löhne in der Landwirtschaft* aller zwei Monate durchgeführt, bezog sich aber nur auf die in (ausgewählten) landwirtschaftlichen Betrieben beschäftigten *familienfremden* Lohnarbeitskräfte. Nicht eingeschlossen waren Gelegenheitsarbeiter, überwiegend mit *forst*wirtschaftlichen Arbeiten beschäftigte Arbeiter, Heuerlinge mit mehr als 1,5 ha Eigenland und Landwirtschaftslehrlinge. Als Bruttoverdienst galten die Barverdienste und die Naturalleistungen der Betriebe einschließlich der tariflichen und außertariflichen Zuschläge und Zulagen. Unter Berücksichtigung der gesetzlichen Abzüge (Lohnsteuer und Sozialversicherungs-Arbeitnehmerbeiträge) wurde auch der Nettoverdienst ermittelt; als Arbeitszeit galten nur die bezahlten Arbeitsstunden. Als Arbeitergruppen wurden unterschieden gelernte, ungelernte, jugendliche Arbeiter, Facharbeiter mit Spezialausbildung; unterschieden wird auch nach „Gesindekräften" (mit voller Beköstigung) und Lohnarbeitern (ohne oder nur mit teilweiser Beköstigung). Seit 1957 gibt es eine *Verdiensterhebung in der Landwirtschaft*, die zunächst halbjährlich für die Monate März und September, von 1959 ab nur noch einmal jährlich für den September in ausgewählten Betrieben mit 20 und mehr ha landwirtschaftlich genutzter Fläche durchgeführt wird und ebenfalls die in Monatslohn beschäftigten *familienfremden* Arbeitskräfte erfaßt, normalerweise in Hausgemeinschaft, nur bei Betrieben mit 50 und mehr ha auch die ständig in Stundenlohn beschäftigten männlichen Arbeitskräfte *außer* Hausgemeinschaft. Nach Arbeitsgruppen werden Landarbeiter und Spezialarbeiter unterschieden, die Ergebnisse dann nach Betriebsgrößenklassen — entsprechend der landwirtschaftlichen Nutzfläche — gegliedert. Auch hier *soll* ein Index berechnet werden. Sonstige Angaben über die Löhne in der Landwirtschaft (einschließlich Gartenbau und Weinbau) — unterschieden nach Barlohn, Naturallohn und Sozialversicherungsbeiträgen — sind noch enthalten in der Buchführungsstatistik der landwirtschaftlichen und gartenbaulichen Betriebe, die beim Bundesernährungsministerium ausgewertet wird. Ähnlich der Lohnstatistik für die Landwirtschaft gab es für 1949/50 eine Statistik der Löhne in der *Forstwirtschaft* (Oktober 1949 — September 1950); sie erfaßte in vierteljährlichen Abständen die Forstarbeiter ausgewählter staatlicher, kommunaler und privater Forstbetriebe in den an der Erhebung beteiligten Ländern. Die Arbeitergruppen wurden unterschieden nach Haumeistern, Waldfacharbeitern, ständigen Waldarbeitern, sonstigen Waldarbeitern sowie Waldarbeiterinnen.

Die *Verdiensterhebung im Handwerk* wird seit 1957 halbjährlich (im Mai und November) durchgeführt. Hier werden ausgewählte Betriebe der folgenden Handwerkszweige herangezogen: a) im verarbeitenden Gewerbe der Kraftfahrzeugreparaturwerkstätten, der Schlosserei, der Bau- und Möbeltischlerei, der Herrenschneiderei, der Damenschneiderei, der Bäckerei, der Fleischerei, b) im Baugewerbe der Klempnerei, Gas- und Wasserinstallation, der Elektroinstallation, der Malerei und Anstreicherei, also insgesamt zehn Handwerkszweige. Bruttolohn ist auch hier das gleiche wie bei der Verdienststatistik in Industrie und Handel (einschließlich des steuerlichen Wertes für etwa gewährte freie Kost und Unterkunft).

1950 gab es — einmalig — eine Erhebung über die *Gehälter und Löhne im öffentlichen Dienst*. Diese Erhebung wurde durchgeführt bei allen Dienststellen einschließlich Bundesbahn und Bundespost, die in die „Personalstandserhebung" des gleichen Jahres einbezogen waren. Durch die Statistik des Personalstandes werden jährlich nach dem Stande vom 2. Oktober die hauptberuflich vollbeschäftigten Dienstkräfte der Gebietskörperschaften des Bundes (bis 1955 auch der Länder, Gemeinden usw.) erfaßt sowie die Dienstkräfte der Bundesbahn und -post, der Bundesanstalt für Arbeitsvermittlung und Arbeitslosenversicherung sowie der rechtsfähigen Anstalten öffentlichen Rechts. Von den im Erhebungsbereich Beschäftigten waren für etwa 15 vH Angaben über Dienststellung, Geschlecht, Alter usw. und den Verdienst nach dem Stande vom September 1950 zu machen. Nach Leistungsgruppen wurden Facharbeiter, angelernte Arbeiter und Hilfsarbeiter unterschieden; die Besoldungsgruppen der Beamten und die Vergütungsgruppen der Angestellten wurden nach höherem, gehobenem, mittlerem und einfachem Dienst unterschieden; die Auswahl kam dadurch zustande, daß alle Beschäftigten mit den Anfangsbuchstaben D, L, R und T („repräsentativ") einbezogen wurden. Die Länder Bayern, Rheinland-Pfalz, Baden waren an dieser Erhebung *nicht* beteiligt.

In Ergänzung des oben (S. 322) erwähnten Indexes der tariflichen Stundenlöhne und der tariflichen Monatsgehälter in der gewerblichen Wirtschaft ist 1959 ein neuer *„Index der tariflichen Monatsgehälter in der gewerblichen Wirtschaft und in der öffentlichen Verwaltung"* eingerichtet worden[7]. Die Zahl der im Index der tariflichen Monatsgehälter berücksichtigten Tarifverträge beträgt bei Männern 236 und bei Frauen 216. Aus diesen Tarifverträgen wurden insgesamt 1677 bzw. 1084 Gehaltsgruppen zusammengestellt, für die Gehaltsreihen aufgestellt werden. Da die Tarifverträge z. T. in mehreren Wirtschaftsgruppen gelten, erweiterten sich diese Gehaltsreihen zu 4108 bzw. 2515 „Wägungsposi-

[7] Vgl. Wirtschaft und Statistik, 11. Jg., Heft 4, April 1959, S. 220 ff.

tionen". Bei den Tarifen der Angestellten in der Privatwirtschaft wird das Gehalt der höchsten tarifmäßigen Altersgruppen zugrundegelegt — das im allgemeinen mit dem 28. bis 30. Lebensjahr erreicht ist —, bei den Angestellten der öffentlichen Verwaltung dagegen ein Betrag, der sich aus der Anfangsgrundvergütung *und* der Hälfte der „Steigerungsbeträge" (die in Abständen von je zwei Jahren gewährt werden) zusammensetzt; diese Lösung hat den Vorteil, daß Änderungen sowohl in der Höhe als auch in der Anzahl der Steigerungsbeträge ohne weiteres Berücksichtigung finden können. Im Bankgewerbe wird das Monatsgehalt aus dem tariflichen Jahresgehalt mittels Division durch 12 abgeleitet, wodurch auch die zusätzlichen 13. (und weiteren) Monatsgehälter zu gleichen Teilen auf *alle* Monate des Jahres umgelegt werden. Nach den Ergebnissen dieser Indexberechnung sind von dem Basiszeitpunkt (November 1950) bis zum November 1958 die Tarifgehälter der männlichen Angestellten auf 163, die der weiblichen Angestellten auf 166 gestiegen. Eine noch stärkere Steigerung zugunsten der Frauengehälter zeigen im gleichen Zeitraum vor allem die Verkehrswirtschaft (ein Mehr von 11 vH), die Investitionsgüterindustrien (+ 9 vH), die Verbrauchsgüterindustrien (+ 8 vH) und die Energiewirtschaft (+ 6 vH). Nach „Wirtschaftsbereichen" war die Steigerung am höchsten in der öffentlichen Verwaltung (bei beiden Geschlechtern auf 183), ähnlich hoch bei Frauen in der Verkehrswirtschaft (182) und Energiewirtschaft (180), am niedrigsten im Bergbau (bei Männern 147, bei Frauen 145). Solche Unterschiede können auch darauf zurückzuführen sein, daß „in einer Wirtschaftsgruppe bereits *vor* November 1950 größere Gehaltsaufbesserungen vorgenommen worden" waren. Setzt man den November 1954 als Basis ein, „so zeigt die Tarifpolitik der letzten Jahre eine weitgehende Übereinstimmung in allen Wirtschaftsbereichen".

Eine wichtige Neueinrichtung sind die *Gehalts- und Lohnstrukturerhebungen* in der gewerblichen Wirtschaft, von denen die erste im Jahre 1951 als „Sondererhebung zur Lohnstatistik" durchgeführt wurde, und zwar nach dem Stande vom November 1951. Die Befragung erstreckte sich auf alle Betriebe (örtliche Einheiten) mit 10 und mehr Beschäftigten — bei 2—9 Beschäftigten nur auf jeden 7. Betrieb —. Innerhalb der Betriebe wurden durch das schon erwähnte Auswahlverfahren (Arbeitnehmer mit den Anfangsbuchstaben D, L, R und T) — in den kleineren Betrieben *alle* Arbeiter — 15 vH aller Arbeitnehmer erfaßt. Angestellte mit mehr als 2000 DM Monatsgehalt, kaufmännische und technische Lehrlinge sowie Anlernlinge wurden nur der *Zahl* nach erfragt. Einbezogen wurden auch Bergbau, Handwerk, Handel, Geld-, Bank- und Versicherungswesen und Verkehr. Neben dem Bruttoverdienst waren auch für Angestellte und für Arbeiter etwaige Sonderzuwendungen des Betriebes für das ganze Jahr

1951 nachzuweisen. Bei der Erhebung von 1957 (nach dem Stande vom Oktober 1957) erstreckte sich die Befragung auf ausgewählte Arbeitnehmer in allen Betrieben mit 100 und mehr Beschäftigten und in ausgewählten Betrieben mit weniger als 100 Beschäftigten; auch hier wurden 15 vH einbezogen. Für die nur der Zahl nach erfaßten Angestellten galt diesmal die Grenze von 2500 DM Monatsgehalt.

Anfang 1958 fand noch als zweiter Abschnitt der eben genannten Strukturerhebung von 1957 eine allgemeine *Erhebung über die Aufwendungen der Unternehmer für die Arbeitnehmer* statt, mit Beziehung auf das Jahr 1957. Erfaßt wurden alle Unternehmen mit 20 und mehr Beschäftigten, die bereits in die Strukturerhebung (ganz oder nur zu einem Unternehmensteil) einbezogen worden waren. Im übrigen hatte bereits im Jahre 1955 eine ähnliche Erhebung in den Industriegruppen Maschinenbau, Schiffbau, Elektroindustrie, Schuhindustrie und Textilindustrie stattgefunden, die im Zusammenhang stand mit einer Untersuchung für das Internationale Arbeitsamt; bei dieser Erhebung für 1955 waren alle entsprechenden Industrieunternehmen mit 20 und mehr Beschäftigten auf freiwilliger Grundlage einbezogen, tatsächlich hat sich etwa die Hälfte der Unternehmen beteiligt. Neben den eigentlichen Lohn- und Gehaltszahlungen an die Angestellten und Arbeiter wurden bei diesen Erhebungen noch erfaßt die Lohn*neben*kosten: Arbeitgeberanteile zur Sozialversicherung, sonstige gesetzliche Aufwendungen (außer Unfallversicherung), zusätzliche Aufwendungen für die wirtschaftliche Sicherung der Arbeitnehmer, Unfallversicherung und Unfallschutz, Bezahlung von Urlaub, gesetzlichen Feiertagen und sonstigen Ausfallzeiten, Gratifikationen usw. und sonstige Aufwendungen, auch für Belegschaftseinrichtungen einschließlich Wohnungshilfe.

Im Jahre 1953 wurde außerdem eine ähnliche *Gehalts- und Lohnstrukturerhebung in der Landwirtschaft* durchgeführt, die sich auf rund 22 000 Betriebe mit ständig beschäftigten familienfremden Arbeitskräften und einer landwirtschaftlich genutzten Fläche von 5 und mehr ha (außer Baumschulen, eigentlichen Gartenbaubetrieben und Betrieben der gewerblichen Tierzucht) erstreckte. In den größeren Betrieben lief die Erhebung monatlich vom Februar 1953 bis zum Januar 1954, dagegen in den kleineren Betrieben, die nur Monatslöhner bei freier Kost und Wohnung beschäftigten, in den Monaten Februar, Mai, September und November 1953; für Mai und September (Hauptarbeitsanfall) wurden außerdem die Aushilfskräfte erfaßt. Nach Arbeitergruppen wurden Dauerarbeitskräfte, Facharbeiter mit Spezialausbildung, Saisonarbeiter und Aushilfskräfte unterschieden, getrennt nach Arbeitern im Monatslohn und solchen im Stundenlohn. Einen Unterschied gab es noch beim Alter: von 14 bis unter 21 Jahren, im Alter von 21 und mehr Jahren. Bei den männlichen Facharbeitern mit Spezialausbildung handelt es sich um Aufsichtskräfte und Vorarbeiter, Schäfer und Schweinemeister, Melker und Melkermeister, Maschinen- und Schlepperführer, Gutshandwerker, sonstige Facharbeiter. Die Angestellten zerfallen in leitende Wirtschafter, Inspektoren und Verwalter, sonstige landwirtschaftliche Fachangestellte, Verwaltungsangestellte.

Wenn man von dieser Gehalts- und Lohnstrukturerhebung (von 1953) und von der seit März 1957 (halbjährlich) laufenden Verdiensterhebung in der Landwirtschaft (oben S. 323) absieht, „liegen für die Landwirtschaft nur wenig Daten über die *Effektivverdienste* der Arbeiter vor"[8]. Ein nunmehr eingerichteter „Index der Tariflöhne in der Landwirtschaft bietet ... für die Zeit von 1950 bis 1957 eine Entwicklungsreihe, die wenigstens ungefähr auch die Verdienstentwicklung andeutet. Der Index der Tariflöhne gibt allerdings nur über die Entwicklung des von den Tarifpartnern vereinbarten Grundlohnes Auskunft. Es kommen darin nicht die vom Tarif abweichende Bezahlung und die Zulagen verschiedenster Art (Überstunden-, Erschwernis-, Schmutz-, Erntezulagen, Druschprämien usw.) — die allerdings in der Landwirtschaft nur in verhältnismäßig geringem Umfang üblich sind — zum Ausdruck. Der Index der Tariflöhne in der Landwirtschaft wurde im Interesse des Vergleichs methodisch weitgehend dem für die gewerbliche Wirtschaft angepaßt. Abweichungen ergaben sich vor allem aus einigen Besonderheiten der Entlohnung in der Landwirtschaft." Regional umfaßt der Index das Bundesgebiet mit Ausnahme der (landwirtschaftlich nicht bedeutsamen) Länder Hamburg, Bremen, Saarland und Berlin (West). Maßgebend sind die elf Tarifverträge, die die Gewerkschaft Gartenbau, Land- und Forstwirtschaft mit den landwirtschaftlichen Arbeitgeberverbänden in den einzelnen Ländern abgeschlossen hat. Aus jedem Tarifvertrag wurden die wichtigsten Lohngruppen ausgewählt, die gewissermaßen den Tarifvertrag repräsentieren. Entsprechend der Anstellung und Entlohnung wird zwischen Landarbeitern im Stundenlohn und solchen in Hausgemeinschaft des Arbeitgebers (im Monatslohn) unterschieden. Da auch die sechs verschiedenen Ortsklassen berücksichtigt werden müssen, ergeben sich für 11 Tarifverträge, 5 Arbeitergruppen und bis zu 6 Ortsklassen insgesamt 153 Lohnreihen, aus denen der Index berechnet wird. Für die Gewichtung dienen als „Wägungselemente" die Zahlen der in den einzelnen Gebieten und Arbeitergruppen beschäftigten Arbeitskräfte. Das für die Gewichtung maßgebende Verhältnis der 5 Arbeitergruppen sieht im einzelnen so aus: (im Stundenlohn) Spezialarbeiter 6,3 vH, Landarbeiter für schwere Arbeiten 19,9 vH, Landarbeiter für leichte Arbeiten 5,0 vH; (im Monatslohn) Landarbeiter für schwere Arbeiten 42,1 vH, Landarbeiter für leichte Arbeiten 26,7 vH.

---

[8] Wirtschaft und Statistik, 10. Jg., Heft 11, November 1958, S. 596 ff.

Vergleicht man die Entwicklung der tariflichen Zeitlohnsätze der Landarbeiter — für Arbeiter der höchsten tarifmäßigen Altersstufe in der Landwirtschaft — mit dem Stand vom November 1950 = 100, so ergibt sich für den Jahresdurchschnitt 1957 eine Steigerung des Gesamtlohnes für alle Arbeiter auf 166, für Landarbeiter mit schweren Arbeiten auf 170, für solche mit leichten Arbeiten auf 159.

Für das Forstwirtschaftsjahr 1953 (Oktober 1952—September 1953) wurde noch eine *Lohnstrukturerhebung in der Forstwirtschaft* durchgeführt, bei der ebenfalls auf repräsentativer Grundlage rund 25 vH aller in staatlichen und kommunalen Forstbetrieben mit 100 und mehr ha Waldfläche beschäftigten Arbeiter erfaßt wurden, und zwar vierteljährlich. Die Arbeitergruppen sind die gleichen wie oben aufgezählt, allerdings wurden für die Arbeitszeit- und Verdienstangaben diese Gruppen nur für Arbeiter im Alter von 21 und mehr Jahren ausgewiesen.

Die Vielfalt der hier geschilderten Lohn- und Gehaltsstatistiken macht es deutlich, daß man im Bereich einer „sozial gelenkten Wirtschaft" offenbar ganz großen Wert darauf legt, jederzeit und ausgiebig über die Einkommensverhältnisse der überwiegenden Mehrheit der Bevölkerung — denn darum handelt es sich bei den Lohn- und Gehaltsempfängern — unterrichtet zu sein. Es darf hier betont werden, daß zu diesem Zweck nicht nur die Kenntnis der *durchschnittlichen* Lohn- und Gehaltsentwicklung genügt, sondern daß man sich auch über die *Streuung* oder Schichtung dieser Einkommen immer wieder gültige Unterlagen verschaffen muß, wie das am Beispiel der steuerstatistischen Daten gezeigt werden konnte. Anderseits aber genügt es nicht, nur die tatsächliche Entwicklung des *Nominal*lohns zu kennen, wie er bei allen derartigen Erhebungen in Erscheinung tritt. Vielmehr muß daneben ständig eine Untersuchung fortgeführt werden, die den *Real*lohn oder, anders ausgedrückt, die wechselnde *Kaufkraft* des Lohnes (und Gehalts) im Auge hat. Bezüglich der Bedeutung des Reallohns folgen wir den Ausführungen von MEERWARTH[9]: „Man muß sich zunächst darüber klar sein, welcher Sinn dem Begriff *Reallohn* beizulegen ist. Der Begriff des Reallohns wird in der Regel eingeführt, wenn es sich um zwischenzeitliche oder zwischenörtliche Lohnvergleiche handelt. Er wird insbesondere dann eingeführt, wenn starke Verschiedenheiten des Preisstandes, sei es in der Zeit, sei es von Ort zu Ort, gegeben sind. Der leitende Gesichtspunkt bei Reallohnberechnungen ist, die Entwicklung der Lohnhöhe zu verfolgen unter gleichzeitiger Berücksichtigung des Preisstandes. Unter dem Preisstand ist in diesem Zusammenhang die Summe der Preise zu verstehen, die für einen mengenmäßig genau umschriebenen, ein für allemal *gleichen* Warenkomplex anzulegen sind. Es liegt die Fiktion zugrunde, daß der Lohn des Arbeiters

[9] Nationalökonomie und Statistik, S. 462 f.

dazu dient, einen bestimmten, fest umschriebenen, immer gleich bleibenden Bedarf zu decken, wie er sich aus den konstruierten oder als Durchschnitt ermittelten Haushaltungsbudgets ergibt. Im Rahmen dieser fiktiven Auffassung kann sich nun ergeben, daß der Arbeiter zu einem bestimmten Zeitpunkt mit seinem Lohne den Bedarf glatt deckt, zu einem anderen Zeitpunkt den Bedarf ‚überdeckt'. Spricht man von einem Steigen oder Sinken des Reallohns, so will das besagen: das ‚Deckungsverhältnis' hat sich verbessert oder verschlechtert." Man kann die entsprechenden Vergleichszahlen „auch dadurch erhalten, daß man nicht erst einen ‚absoluten' Reallohn berechnet, sondern für jede Kategorie die Geldlohnsteigerung zu der Preissteigerung in Beziehung bringt. Die Berechnung der Veränderung des Reallohns einer Arbeiterkategorie für einen bestimmten Zeitpunkt (1) erfolgt derart, daß die Lohnverhältniszahl (l_1), welche die prozentuale Zu- oder Abnahme des Lohnes vom Ausgangszeitpunkt zu dem bestimmten Zeitpunkt darstellt, zu der Preisindexzahl (p_1), welche die prozentuale Zu- oder Abnahme der Kosten des ausgewählten Komplexes von Lebensnotwendigkeiten darstellt, in rechnerische Beziehung gebracht wird. Setzt man wiederum den Reallohn am Ausgangszeitpunkt gleich 100, so ist der Reallohn am zweiten Zeitpunkt $r_1 = \frac{l_1 \cdot 100}{p_1}$." Auch MEERWARTH unterstreicht in diesem Zusammenhang die Tatsache, daß die Schwierigkeiten noch viel größer werden, „wenn man *zwischenörtliche* oder gar *internationale* Vergleiche der Reallöhne vornehmen will" — wie wir das ja schon aus den Ausführungen von JACOBS (oben S. 309 ff.) entnehmen konnten.

Für die Berechnung der Entwicklung des Realeinkommens begnügt man sich in der Praxis meist damit, den mit 100 multiplizierten Lohn- oder Gehaltsindex durch den Preisindex der Lebenshaltung zu dividieren, etwa nach folgendem Beispiel[10]: Der Index der tariflichen Monatsgehälter (in der gewerblichen Wirtschaft und in der öffentlichen Verwaltung) für männliche Angestellte (November 1950 = 100) ist im Jahresdurchschnitt 1959 gleich 166 (für alle Wirtschaftsbereiche) — der Index der tariflichen Stundenlöhne wäre zur gleichen Zeit 167, also fast genau so hoch —; der Preisindex für die Lebenshaltung (1950 = 100) ist im Jahresdurchschnitt 1959 gleich 121 (mittlere Verbrauchergruppe, gesamte Lebenshaltung) und 119 (gehobene Verbrauchergruppe, ebenfalls gesamte Lebenshaltung) — auch hier besteht also kaum ein Unterschied —. Im Sinne der „mittleren Verbrauchergruppe" kämen wir also auf einen Reallohn von $\frac{166 \cdot 100}{121} = 137{,}2$. Das „Deckungsverhältnis" im Sinne MEERWARTHS hätte sich also in diesem Falle von 1950 bis 1959 erheblich verbessert. Dabei

[10] Vgl. Wirtschaft und Statistik, 12. Jg., Heft 2, Februar 1960, S. 111* u. 122* f.

muß allerdings auf eines aufmerksam gemacht werden: Diese Berechnung ist nur sinnvoll, wenn und soweit als der Kreis der hier gemeinten Lohn- oder Gehaltsempfänger wenigstens annähernd sein Leben nach der Art der mittleren oder auch der gehobenen Verbrauchergruppe (im Sinne der Bundesstatistik) führt. Ist das *nicht* der Fall, so bliebe für eine verbindliche Reallohnberechnung nichts anderes übrig, als für die Kategorien von Verbrauchern, deren Verbrauchsgewohnheiten von denen der genannten Gruppen ganz stark nach oben (oder auch nach unten) abweichen, eigene Haushaltsbudgets aufzustellen, die sozusagen für noch höhere oder höchst gehobene Verbrauchergruppen eigene Preisindices der Lebenshaltung ergeben würden. In einem Aufsatz im „Volkswirt" (Wirtschafts- und Finanzzeitung[11]) fordert C. DOEHRING unter der Überschrift „Lebenshaltungsaufwand genauer messen!" neue Berechnungen unter der Bezeichnung „Preisindices für Verbrauchergruppen", was wahrscheinlich besagen soll, daß eine weitere Indexberechnung für unterschiedliche Verbrauchergruppen (also auch für solche oberhalb der „gehobenen Gruppe") angebracht sei. Hierin wäre ihm wohl beizupflichten.

Wie schon erwähnt wurde, läßt sich für die *Selbständigen* das Einkommen im allgemeinen nur aus steuerstatistischen Angaben herleiten. In diesem Zusammenhang sind auch genauere Angaben möglich über die steuerlichen Einkünfte bestimmter *freier Berufe*[12]. Hier ist z. B. aus der Einkommenssteuerstatistik von 1954 für rund 106 000 Angehörige freier Berufe der „Gesamtbetrag ihrer Einkünfte", darunter derjenige der Einkünfte aus selbständiger Arbeit, ferner ihre (gesamte) Steuerschuld zu ersehen; auch ist eine Gliederung der Steuerpflichtigen nach der Höhe ihrer Einkünfte aus selbständiger Arbeit vorgenommen worden. Die Darstellung bezieht sich auf Rechtsanwälte und Notare, Wirtschaftsprüfer und Steuerberater, „sonstige Wirtschaftsberatung" (Buchsachverständige, Helfer in Steuersachen usw.), Ärzte, Zahnärzte und Dentisten, Tierärzte. Die Angehörigen dieser sechs freien Berufe bilden ziemlich genau die Hälfte (50,1 vH) aller mit Einkünften aus selbständiger Arbeit Veranlagten, ihr Anteil an den Einkünften aus dieser Einkunftsart betrug sogar 72,5 vH. Aus der folgenden Übersicht 13 ist zu ersehen, wie sich die Gesamtzahl dieser freien Berufe auf die einzelnen Berufssparten aufteilt, wobei noch jedesmal die Zahl der Vertriebenen und der aus der Sowjetzone Geflüchteten angegeben ist; für jede Gruppe ist weiter angegeben, wie groß die Anzahl und der Anteil der Steuerpflichtigen ist, deren Einkünfte überwiegend aus selbständiger Arbeit stammen. Und in der letzten Spalte (Sp. 5) ist der Jahres-Einkommensbetrag im Durchschnitt der eben genannten Steuerpflichtigen (mit Einkünften aus überwiegend selb-

[11] Frankfurt a. Main, 14. Jg., Heft 23 vom 4. Juni 1960, S. 1072 f.
[12] Wirtschaft und Statistik, 11. Jg., Heft 2, Februar 1959, S. 102 f.

Übersicht 13: Die Einkommen freier Berufe 1954

Berufsgruppe	insges.	Steuerpflichtige mit überwiegd. selbst. Arbeit überhpt.	vH der Sp. 2	Einkommen der Steuerpfl. von Sp. 3
1	2	3	4	5
Rechtsanwälte und Notare	12 761	10 843	85,0	16 123
davon Vertriebene	1 928	1 724	89,4	11 715
Sowjetzonenflüchtlinge	343	302	88,0	12 404
Wirtschaftsprüfer und Steuerberater	4 603	3 753	81,5	14 381
davon Vertriebene	569	473	83,1	10 543
Sowjetzonenflüchtlinge	101	86	85,1	10 663
Sonstige Wirtschaftsberatung	21 482	14 879	69,3	9 828
davon Vertriebene	2 495	1 849	74,1	8 060
Sowjetzonenflüchtlinge	484	337	69,6	9 024
Ärzte	39 967	34 013	85,1	16 059
davon Vertriebene	7 265	6 390	88,0	14 081
Sowjetzonenflüchtlinge	863	737	85,4	14 748
Zahnärzte und Dentisten	22 842	21 907	95,9	9 772
davon Vertriebene	3 646	3 539	97,1	8 655
Sowjetzonenflüchtlinge	373	362	97,1	9 169
Tierärzte	4 530	3 734	82,4	7 493
davon Vertriebene	935	798	85,3	7 061
Sowjetzonenflüchtlinge	113	102	90,3	7 059

ständiger Arbeit) aufgeführt. Dabei ergibt sich für die Rechtsanwälte und Notare die höchste Durchschnittszahl, aber die Ärzte liegen mit ihrem Einkommen nur wenig darunter. An dritter Stelle erscheinen die Wirtschaftsprüfer und Steuerberater, mit größerem Abstand erst die in der sonstigen Wirtschaftsberatung Tätigen, denen sich bald die Zahnärzte und Dentisten anschließen; ganz unten liegen die Tierärzte, deren Jahreseinkommen nicht einmal die Hälfte des Durchschnittseinkommens der Ärzte erreicht, sogar noch erheblich unter demjenigen der Zahnärzte und Dentisten liegt. Zum Vergleich mit den „einheimischen" Mitgliedern der freien Berufe sind hier auch noch die Vertriebenen und die Sowjetzonenflüchtlinge aufgeführt, die an der oben genannten Gesamtzahl von rund 106 000 Steuerpflichtigen überhaupt mit 16 838 Vertriebenen = 15,9 vH und mit 2277 Sowjetzonenflüchtlingen = 2,1 vH, zusammen also mit 18,0 vH beteiligt sind. Diese Anteile sind allerdings bei den Vertriebenen je nach der Berufssparte recht verschieden: Beschränken wir uns auch hier auf die Steuerpflichtigen mit Einkünften überwiegend aus selbständiger Arbeit, so entfallen auf je 100 Steuerpflichtige dieser Art bei den Tierärzten 21,4, bei den Ärzten 18,8, bei den Zahnärzten und Dentisten 16,2, aber bei den Wirtschaftsprüfern und Steuerberatern nur 12,6 und in der sonstigen Wirtschaftsberatung nur 12,4. Wesentlich geringer war der Anteil der Sowjetzonenflüchtlinge, der auch bei dieser ausgewählten Gruppe von Steuerpflichtigen im Höchstfall 2,8 (bei den Rechtsanwälten und Notaren) und im niedrigsten Falle 1,7 (bei den Zahnärzten und Dentisten) ausmacht. Bei den Vertriebenen und Sowjetzonenflüchtlingen liegen die Durchschnittsbeträge der Gesamteinkünfte ebenso wie die der eigentlichen Einkommen stets erheblich *unter* dem Durchschnitt der Berufsgruppe; bei den Rechtsanwälten und Notaren entsprach z. B. dem durchschnittlichen Einkommen von 16 123 DM (Einkommen überwiegend aus selbständiger Arbeit) ein solches der Vertriebenen von 11 715 DM und der Sowjetzonenflüchtlinge von 12 404 DM; bei den Ärzten ergaben sich gegenüber dem Durchschnittssatz von 16 059 DM für die Vertriebenen 14 081 DM und für die Sowjetzonenflüchtlinge 14 748 DM. Lediglich bei den Tierärzten ist die Differenz nicht so erheblich.

Die gleiche Quelle (Wirtschaft und Statistik vom Februar 1959) gewährt uns auch noch einen Einblick in die *Schichtung* der Steuerpflichtigen nach der Höhe ihrer Einkünfte aus selbständiger Arbeit. Wir verwenden dabei nur diejenigen Spalten, die die Ziffern für die Einkünfte aus selbständiger Arbeit überhaupt wiedergeben — außerdem ist in der Quelle noch gegliedert worden nach den Einkünften *überwiegend* aus selbständiger Arbeit und überwiegend aus anderen Einkunftsarten. Setzt man die Gesamtzahl der Steuerpflichtigen in den einzelnen Berufsgruppen gleich 100, so ergeben sich die in der folgenden Übersicht 14 dargestellten Anteile für die einzelnen Einkunftsgruppen, die von weniger als 3000 DM bis zu 50 000 und mehr DM ansteigen:

Übersicht 14: Die Einkommensschichtung der freien Berufe 1954

Einkunftsgruppe in DM	Rechtsanwälte Notare	Wirtsch.-prüfer Steuerb.	Sonst. Wirtsch. beratg.	Ärzte	Zahnärzte Dent.	Tierärzte
1	2	3	4	5	6	7
unter 3 000	14,2	17,1	30,6	11,7	9,6	18,0
3 000 bis u. 5 000	10,2	12,6	16,0	7,2	12,3	16,8
5 000 „ „ 8 000	14,8	15,0	18,4	10,7	19,6	25,2
8 000 „ „ 12 000	16,2	17,6	15,1	14,5	22,6	20,6
12 000 „ „ 16 000	11,0	10,4	8,0	14,1	14,5	11,2
16 000 „ „ 25 000	15,2	12,6	7,1	23,4	15,3	6,7
25 000 „ „ 50 000	14,2	11,0	3,8	16,0	5,8	1,5
50 000 und mehr	4,2	3,7	1,0	2,4	0,3	—
Insgesamt	100,0	100,0	100,0	100,0	100,0	100,0

Die Aufteilung auf die einzelnen Einkunftsgruppen ist je nach dem Beruf recht verschieden. Am geringsten ist für alle Beteiligten der Anteil an der obersten Einkunftsgruppe, an der im übrigen die Tierärzte überhaupt nicht beteiligt sind; aber auch bei den übrigen Berufen geht dieser Anteil nicht über 4,2 vH — so bei den Rechtsanwälten und Notaren — hinaus; unter 1 vH liegt er auch noch bei den Zahnärzten und Dentisten. Umgekehrt ist die unterste Einkommensgruppe recht verschieden besetzt: Fast ein Drittel nehmen hier die Angehörigen der sonstigen Wirtschaftsberatung ein, die in allen übrigen Einkunftsgruppen wesentlich niedrigere Anteile erreichen; auch bei den Tierärzten und den Wirtschaftsprüfern und Steuerberatern liegt der Anteil in der untersten Gruppe etwa bei 17 bis 18 vH, am geringsten ist er bei den Zahnärzten und Dentisten mit 9,6 vH. Recht gleichmäßig ist die Verteilung bei den Rechtsanwälten und Notaren, die in dieser Art bis in die Gruppe 25 000 bis unter 50 000 DM hineinreicht. Noch ziemlich gleichmäßig ist die Verteilung auch bei den Wirtschaftsprüfern und Steuerberatern, obwohl hier die höheren Gruppen schon fühlbar nachlassen. Noch stärker macht sich dieses Nachlassen bei der sonstigen Wirtschaftsberatung bemerkbar, in der 12 000 und *mehr* DM nur noch von 19,9 vH, also etwa einem Fünftel der Beteiligten, erzielt werden. Am meisten finden sich höhere Einkünfte bei den Ärzten, von denen 55,9 vH 12 000 und mehr DM einnehmen; bei den Zahnärzten und Dentisten liegen in diesen Einkommensgruppen nur noch 35,9 vH, bei den Tierärzten gar nur noch 19,4 vH (ähnlich wie bei der sonstigen Wirtschaftsberatung).

Diese Unterscheidung der erwerbstätigen Personen nach Einkunfts- (oder Einkommens-)Gruppen hat gerade für die „Selbständigen", zu denen ja auch die freien Berufe gehören, ihre besondere Bedeutung. Bei den Arbeitnehmern kann man sich zur näheren Kennzeichnung der wirklichen Einkommensverhältnisse im allgemeinen mit den statistisch nachgewiesenen Durchschnittslöhnen und -gehältern begnügen, selbstverständlich nur, soweit diese Angaben sich auf die einzelnen Tätigkeitsgruppen (Gelernte, Facharbeiter, Angelernte usw.) beziehen, deren Löhne und Gehälter ja auch meist durch die entsprechenden Tarifgruppen festgelegt sind; werden diese Angaben noch mit dem Alter (Dienstalter oder auch Lebensalter) kombiniert, so ist das Ergebnis eine recht zutreffende Darstellung der Schichtung der Einkommen der unselbständigen Erwerbstätigen — eine Unterscheidung nach dem Geschlecht bei *gleicher* Tätigkeit dürfte nicht mehr erforderlich sein, da das „Grundgesetz" (im Artikel 3) die Gleichberechtigung von Männern und Frauen ausspricht und diese auch bereits nach höchstrichterlichen Entscheidungen sich auf die Gleichheit des Entgelts bei gleicher Berufstätigkeit zu beziehen hat. Im internationalen Vergleich wird man hier allerdings noch sehr auf die einzelnen

Rechtsunterschiede achten müssen. Bei den selbständigen Erwerbstätigen dagegen gibt der gleiche (oder gleichartige) Beruf eine Vielfalt von Einkommensmöglichkeiten der Art und der Höhe nach, ohne daß man hier allgemein zutreffende Unterscheidungsmerkmale einfügen könnte. Es besteht zwar eine gewisse Vermutung dafür, daß auch hier die jüngeren Altersklassen — die erst die notwendigen Erfahrungen für ihren Erwerb sammeln müssen — mit einem geringeren Durchschnittseinkommen angesetzt werden können, wie auch umgekehrt gelegentlich die Älteren und vor allem die ganz Alten, die unter Umständen nicht mehr über die erforderliche „Beweglichkeit" verfügen, einkommensmäßig wieder etwas schlechter dran sein können. Auf alle Fälle ist es also zu begrüßen, daß die beispielshalber wiedergegebene Einkommensgruppierung einen durchaus realistischen Einblick in die Verschiedenheit der Einkünfte und Einkommen innerhalb der gleichen Berufssparten erlaubt. Solche Gliederungen nach der Höhe des Jahreseinkommens bedeuten eine wesentliche *Verbesserung* der oben (S. 315) erwähnten Auswertungsmöglichkeiten der Steuerstatistik.

Ein ähnliches Gruppierungsverfahren — nach der Höhe des Einkommens — kann aber in gewissen Fällen auch für die Arbeitnehmer (und Rentner) angebracht sein, wenn man bestimmte Beziehungen aufdecken will, die sich nicht einfach aus den Verdienstunterlagen der einzelnen Personen ergeben. Das ist vor allem dann der Fall, wenn es sich darum handelt, einen Einblick in die Gestaltung der sogenannten „Haushaltseinkommen" zu gewinnen. Hier hat das Statistische Bundesamt eine repräsentative „1-vH-Zusatzerhebung der Wohnungsstatistik 1956/57" durchgeführt[13], die „bei dem völligen Fehlen an Unterlagen über die *Familieneinkommen*" aus wirtschafts- und sozialpolitischen Erwägungen „äußerst wichtige und schwer entbehrliche Unterlagen" beschaffen sollte. Bei diesem „Interview", das im April 1957 durchgeführt wurde, wurden sowohl Selbständige wie Unselbständige (auch Nichterwerbstätige, also Bezieher von Renten, Pensionen usw.) befragt, und zwar hatten die befragten Arbeitnehmer usw. die Einkünfte für denjenigen Monat anzugeben, der dem Interview vorangegangen war, meist für den Februar oder März (manchmal auch den April) 1957; dabei sollten auch die etwaigen Einkünfte aus Eigenbewirtschaftung, Untervermietung, Unterhaltszahlung, eigenem Vermögen usw. erfaßt werden. Die Leistungen der Hausfrau und anderer Familienmitglieder im eigenen Haushalt sind dabei nicht in ihrem Geldwert geschätzt und somit *nicht* dem Haushaltseinkommen zugerechnet worden. Auch die mithelfenden Familienangehörigen sind nicht als Bezieher von eigenem Einkommen betrachtet worden. „Der auf sie entfallende

[13] Vgl. Wirtschaft und Statistik, 11. Jg. NF, Heft 8, August 1959, S. 405 ff.

Einkommensanteil ist jedoch (nach den Vorschriften für die Steuererklärung) von dem selbständigen Haushaltungsvorstand als ein Teil seines eigenen Einkommens mit angegeben worden"[14]. Aus der Fülle der Ergebnisse dieser Befragung sei hier nur eine Übersicht wiedergegeben, die die Haushalte der Arbeitnehmer und der Nichterwerbstätigen nach Einkommensgruppen im Bundesgebiet (ohne Saarland) einschl. Berlin (West) darstellt, und zwar hier nur in Prozentangaben. Mit Hilfe der „Hochrechnung" aus der an sich nur 1-prozentigen Befragung sind insgesamt 11,9 Millionen Haushaltungen nachgewiesen worden, für die ausreichende Angaben über das Einkommen zwecks Berechnung der Haushaltseinkommen vorhanden waren. Die Zahl der Haushalte der Angestellten und Beamten betrug 2,86, die der Arbeiter 5,07, die der Nichterwerbstätigen (Rentner usw.) 3,99 Millionen.

Übersicht 15: Die Schichtung der Haushaltseinkommen von Arbeitnehmern 1957

Monatliches Nettoeinkommen des Haushalts in DM	Angest. Beamte vH	Arbeiter vH	Arbeitnehmer zus. vH	Nichterwerbstätige vH	Arbeitn. usw. zus. Sp. 4-5 vH
1	2	3	4	5	6
unter 200	1,4	3,0	2,4	34,5	13,2
200 bis „ 300	4,2	9,3	7,5	20,1	11,7
300 „ „ 400	12,9	26,1	21,4	14,7	19,1
400 „ „ 500	17,1	22,2	20,3	10,1	16,9
500 „ „ 600	17,0	15,3	15,9	7,2	13,0
600 „ „ 700	14,2	10,0	11,5	4,7	9,2
700 „ „ 800	10,3	5,8	7,4	3,1	6,0
800 „ „ 1000	12,2	5,3	7,8	3,4	6,3
1000 „ „ 1500	9,2	2,7	5,1	1,9	4,0
1500 und mehr	1,5	0,3	0,7	0,3	0,6
zusammen	100,0	100,0	100,0	100,0	100,0

Während für die Gesamtheit der hier behandelten Arbeitnehmer und Nichterwerbstätigen (Sp. 6) der relativ höchste Anteil in der Einkommensgruppe 300 bis unter 400 DM liegt und der im Ausmaß folgende Anteil bei der nächsthöheren Gruppe (400 bis unter 500 DM) — beide Gruppen zusammen erreichen einen Anteil von 36,0 vH, also ein reichliches Drittel — und während auch die Arbeiter (Sp. 3) in diesen beiden Einkommensgruppen die höchsten Anteile aufweisen — hier sind es allerdings zu-

[14] a. a. O. S. 405.

sammen schon 48,3 vH, also fast die Hälfte aller entsprechenden Haushalte —, liegen die (relativ) höchsten Anteile bei den Angestellten und Beamten in der Einkommensgruppe 400 bis unter 500 DM und fast mit der gleichen Anteilsgröße in der Gruppe 500 bis unter 600 DM — zusammen 34,1 vH, also ebenfalls ein gutes Drittel. Ganz anders dagegen sieht es bei den Nichterwerbstätigen (Sp. 5) aus: Hier sind die beiden wichtigsten Einkommensgruppen diejenigen unter 200 und von 200 bis unter 300 DM mit zusammen 54,6 vH, also schon etwas mehr als die Hälfte dieser Personengruppe. Im übrigen gleichen sich die Arbeiter (Sp. 3) und die Gesamtheit der Arbeitnehmer und Nichterwerbstätigen (Sp. 6) darin, daß beide Personengruppen in den untersten vier Einkommensgruppen beinahe den gleichen Gesamtanteil — 60,6 bzw. 60,9 vH — aufweisen. Im Vergleich damit ist festzustellen, daß bei den Angestellten und Beamten die „untere Hälfte" (mit genau 52,6 vH) erst erreicht ist, wenn man die ersten *fünf* Einkommensgruppen (also bis unter 600 DM) zusammenfaßt; auf der anderen Seite bedarf es bei den Nichterwerbstätigen nur der *beiden* untersten Einkommensgruppen, um die untere Hälfte (genau 54,6 vH) zusammenzubringen.

Aus den geschilderten Unterlagen hat das Statistische Bundesamt noch die folgende Berechnung vorgenommen: Es hat festgestellt, wie hoch sich bei den Berufsgruppen das Haushaltseinkommen (monatlich) gestaltet, wenn im Haushalt nur 1 Einkommensbezieher vorhanden ist oder wenn 2 und mehr vorhanden sind, und zwar berechnet je Haushalt im ganzen und je Haushaltsmitglied. Das ist aus der folgenden Aufstellung zu ersehen:

	Haushaltseinkommen in DM je Haushalt	Haushaltseinkommen in DM je H.-mitglied
Angestellte und Beamte	638	213
davon mit 1 Einkommensbezieher	544	205
mit 2 und mehr E.-beziehern	799	221
Arbeiter	490	152
davon mit 1 Einkommensbezieher	372	132
mit 2 und mehr E.-beziehern	632	169
Nichterwerbstätige	342	162
davon mit 1 Einkommensbezieher	235	157
mit 2 und mehr E.-beziehern	510	166

Unsere Quelle sagt hierzu[15]: „Durch das Hinzutreten weiterer Einkommensbezieher wird das Haushaltseinkommen zum Teil erheblich aufge-

[15] a. a. O. S. 409.

bessert. Das Durchschnittseinkommen der Haushalte mit mehr als einem Einkommensbezieher war bei den Haushalten von Rentnern usw. über doppelt so hoch und bei denen von Arbeitern fast zwei Drittel höher[16] als das Durchschnittseinkommen der Haushalte mit nur einem Einkommensbezieher. Das Einkommen der Haushaltsvorstände in diesen Haushalten mit mehr als einem Einkommensbezieher liegt jedoch im Durchschnitt niedriger als das Einkommen der Haushaltsvorstände in Mehrpersonenhaushalten mit nur einem Einkommensbezieher. Das weist darauf hin, daß neben den in der Familienstruktur liegenden Gründen für das Vorhandensein von zwei Einkommensbeziehern auch dem ökonomischen Zwang ‚etwas dazu zu verdienen' eine gewisse Bedeutung zukommt." Betrachtet man nur die *Veränderung,* die das Haushaltseinkommen je Haushaltsmitglied erfährt, wenn die Zahl der im Haushalt zu versorgenden Personen ansteigt, so ergeben sich aus den Unterlagen doch recht beachtliche Zahlen: Verglichen wird der Betrag je Haushaltsmitglied für den Fall eines *zwei*köpfigen und für den Fall eines *fünf*köpfigen Haushalts (im Original handelt es sich um 1 bis 6 und mehr Personen je Haushalt); die entsprechenden Beträge sind dann bei Angestellten und Beamten mit 1 Einkommensbezieher 270 bzw. 139 DM, mit 2 und mehr Einkommensbeziehern 344 bzw. 183 DM, bei Arbeitern mit 1 Einkommensbezieher 182 bzw. 87 DM, mit 2 und mehr Einkommensbeziehern 259 bzw. 142 DM, bei Nichterwerbstätigen mit 1 Einkommensbezieher 148 bzw. 75 DM, mit 2 und mehr Einkommensbeziehern 187 bzw. 146 DM. Hier ergeben sich also auch im Falle der 2 und mehr Einkommensbezieher durchweg erhebliche Herabstufungen des Einkommens je Haushaltsmitglied. Das Durchschnittseinkommen der Haushalte steigt zwar mit zunehmender Haushaltsgröße in allen sozialen Schichten, z. B. infolge der Steuerermäßigungen, der Hausstands- und Kinderzulagen usw., „berechnet man aber das Einkommen je Haushaltsmitglied, so fällt es überall mit steigender Haushaltsgröße".

Derartige Untersuchungen sind sehr wichtig, vor allem wegen der „Familienpolitik", d. h. der Bestrebungen, dem durch die Kinderaufzucht besonders in größeren Familien entstehenden zusätzlichen Aufwand durch Gewährung gewisser finanzieller Erleichterungen (im Steuerwesen) bzw. ausgesprochener staatlicher Mehrleistungen — wie sie vor allem neuerdings in Frankreich in Erscheinung treten — zu begegnen und somit unter anderem eine aus wirtschaftlichen Überlegungen zustandekommende Einschränkung des Nachwuchses zu vermindern. In diesem Zusammenhang ist noch die folgende Feststellung unserer Quelle[17] zu beachten: „Das Haushaltseinkommen kann ... bei Haushalten von Ehepaaren durch ein

[16] In Wirklichkeit nach den Zahlen der Übersicht um 70 vH höher.
[17] a. a. O. S. 410.

Einkommen der Ehefrau (sei es aus Erwerbstätigkeit, sei es aus Rente) erhöht sein. Da sämtliche Kinder unter 18 Jahren nachgewiesen sind, können sich auch unter den Kindern Einkommensbezieher befinden, die zum Haushaltseinkommen durch ihr Arbeitseinkommen oder den Bezug von Erziehungsbeihilfen oder auch durch den Bezug einer eigenen Rente beitragen. Zu diesen Einflüssen auf die Höhe des Haushaltseinkommens bei steigender Familiengröße und denen, die oben schon im Zusammenhang mit dem höheren Einkommen bei steigender Haushaltsgröße erwähnt worden sind (wie z.B. das Anwachsen des Einkommens des Haushaltsvorstandes im Laufe des Berufslebens), sind bei der Betrachtung der Nettoeinkommen der Haushalte nach der Kinderzahl noch speziell die Kinderzuschläge und dergleichen sowie die Auswirkungen der Steuervergünstigungen zu beachten. Das Ergebnis aller dieser verschiedenen Einflüsse ist eine zwar geringe, aber deutlich sichtbare Verschiebung in höhere Einkommensgruppen bei größerer Kinderzahl." Einzelheiten hierzu werden in der genannten Quelle in hinreichendem Umfang nachgewiesen.

An den hier gegebenen Beispielen sollte vor allem aufgezeigt werden, daß heutzutage im Gegensatz zu früheren Jahrzehnten es durchaus möglich ist, die Einkommensverhältnisse der verschiedensten Bevölkerungsteile nicht nur in groben Umrissen und Durchschnitten, sondern in sehr sorgfältiger Klassifizierung nach wirtschaftlich und sozialpolitisch wichtigen Gesichtspunkten statistisch zu erfassen und darzustellen — wobei es allerdings unumgänglich zu sein scheint, daß hierbei je nach der Lage und den Schwierigkeiten des einzelnen Falles auch verschiedene Erhebungssysteme heranzuziehen sind, teils primäre, teils sekundäre, wobei offenbar auch der repräsentativen Erfassung eine immer mehr zunehmende Bedeutung zukommt.

Ergänzend sei nur noch erwähnt, daß man in England und den Vereinigten Staaten schon seit längerem ganz ähnliche Erfahrungen mit Lohnstatistiken und sonstigen Einkommenserhebungen gemacht hat wie in Deutschland; Näheres darüber ist z.B. bei MEERWARTH[18] nachzulesen. Neuerdings geben hier die „Vereinten Nationen" in ihren Internationalen Monatszahlen sowie in bestimmten Länderberichten gut fundierte Nachweise über Löhne und sonstige Einkommen.

[18] a. a. O. S. 450 ff.

13. Kapitel

Indexziffern der Produktion

Im Rahmen der Preisstatistik nehmen, wie wir gesehen haben, die Indexziffern eine sehr wichtige Stellung ein, weil erst mit ihrer Hilfe ein Überblick über die Preisentwicklung zusammengefaßter Gruppen von Waren und Leistungen und von bestimmten Gesamtausgaben (Preisindex für die Lebenshaltung als Beispiel) gewonnen werden kann. Außer diesen Indexziffern der Preise (und Werte) haben wir in einem Sonderfall auch einen Index kennengelernt, der eine *Mengen*bewegung darstellen soll; und zwar handelt es sich dabei um die Berechnung des „Außenhandelsvolumens" (oben S. 241), dessen Zweck es ist, die Entwicklung der ein- und ausgeführten Mengen von einem zum anderen Zeitpunkt in *einem* Ausdruck wiederzugeben, da hierfür weder ein reiner Mengenvergleich noch ein Wertvergleich ausreicht. Nunmehr haben wir uns einem Verfahren zuzuwenden, das ebenfalls eine Mengenentwicklung zu messen unternimmt, aber mit einem wesentlich komplizierteren System, als wir es beim Außenhandelsvolumen kennengelernt haben, wo es genügte, die verschiedenen Mengen der einzelnen Waren usw. jeweils mit dem Stückpreis des Basisjahres zu vervielfältigen.

Eine besondere Art der Mengen-Indexziffer stellt der *„Index der industriellen Produktion"* dar, dessen Berechnung — zuerst in den Vereinigten Staaten von Amerika — etwa auf die Zeit zu Beginn der 20er Jahre zurückgeht. Wie wichtig gerade dieser Index aus allgemein wirtschaftlichen Erwägungen sein kann, gibt z. B. G. WEINHOLD in seinem „Kleinen Wörterbuch"[1] an: „In der Gegenwart werden dem Produktionsindex vier Aufgaben gestellt: a) Kurzfristig die Wandlung des Produktionsvolumens, also des Umfanges der industriellen Produktion, zu bestimmen; b) den Stand der industriellen Produktion im Verhältnis zu einem Basisjahr darzustellen; c) Strukturwandlungen im Aufbau der Industrie kenntlich zu machen; d) internationale Produktionsvergleiche zu ermöglichen. Die Form des Produktionsindex wird von den Aufgaben, die als vordringlich angesehen werden, von den statistischen Grundlagen, die zur Verfügung stehen, und von den Erfahrungen bestimmt, die mit ihm gemacht worden sind."

---

[1] a. a. O. S. 87.

22*

Was zunächst die Erfahrungen mit dem Index der Industrieproduktion angeht, so hat sich darüber Fritz H. Betz in seinem Aufsatz „Zur Errechnung und Verwertung von Produktionsindices" im Weltwirtschaftlichen Archiv[2] genauer ausgelassen. Danach ist die Errechnung und Verwendung von Produktionsindices eine verhältnismäßig neue Erscheinung. Begonnen haben hiermit die Vereinigten Staaten im Anschluß an Berechnungen der Rohmaterialproduktion während des ersten Weltkrieges (im War Industries Board). 1920 erschienen kleinere Untersuchungen des Harvardinstituts, das dann seit September 1920 seinen bekannten „Produktionsindex" veröffentlicht. Dann erschien das Federal Reserve Board in seinem (monatlichen) Federal Reserve Bulletin vom März 1922 an mit eigenen Indices, die drei Formen annahmen: Index of mineral production, Index of manufacturing production, Index of agricultural movements, zusammengefaßt unter der Bezeichnung: Indexes of industrial activity[3]. Außerdem berechnet das Federal Reserve Board nach einen Index of production in basic industries („grundlegenden Industrien"), worunter folgende Produnktionszweige zu verstehen sind: Eisen und Stahl, Spinnstoffe, Nahrungsmittel, Holz, Kohle, Metalle, Leder, Zeitungspapierproduktion, Zementproduktion, Petroleum, Tabak; innerhalb der größeren Gewerbearten sind noch bestimmte Zweige ausgewählt, z. B. von Roheisen und Stahlblöcken innerhalb von Eisen und Stahl, oder Produktion von Kupfer und Zink innerhalb der Metalle, so daß sich im ganzen 22 Produktionszweige als „grundlegende Industrien" ergaben. Kurz nach dem Federal Reserve Board begann das USA-Department of Commerce (Handelsministerium) mit der Veröffentlichung seiner Produktionsindices: Index der Marktproduktion an tierischen Erzeugnissen, Index der mineralischen Produktion, Index der Marktproduktion an Bodenerzeugnissen, Index der Produktion an Forsterzeugnissen; diese vier Indices zusammen ergaben den Index der Produktion von Rohstoffen. Der Index der industriellen Produktion (Index of manufacturing production) wird vom Handelsministerium seit Januar 1923 berechnet (mit gewissen Abweichungen seit Anfang 1924). In ihm sind 11 Produktionsgruppen mit 39 Produktionszweigen enthalten, und zwar handelt es sich um Nahrungsmittel, Spinnstoffe, Eisen und Stahl, Holz, Leder, Papier, Chemikalien usw., Stein, Ton und Glas, Metalle (außer Eisen), Tabak, verschiedene Industrien (Schiffbau, Automobile usw.). Auf die Art der „Gewichtung" dieser Industriegruppen und -zweige wird noch einzugehen sein.

In Europa haben England und Frankreich 1924 mit der Berechnung von Produktionsindices begonnen, wenn auch jedes auf ganz verschiedenen Wegen. Der Vorsprung der angelsächsischen Länder in der Verwendung

[2] 31. Jg., Heft 1, Januar 1930.
[3] Vgl. Meerwarth a. a. O. S. 245 ff.

von Produktionsindices hängt zweifellos mit ihren langjährigen Erfahrungen auf dem Gebiet der großen Censuses of Production (s. oben S. 202) zusammen. Weiterhin haben nach und nach, und zwar noch vor 1930, Produktionsindices veröffentlicht Rußland, Schweden, Deutschland, Kanada, Polen, später erst Belgien, Österreich, Rumänien, Ungarn. Auch der „Völkerbund" hat sich seit der Weltwirtschaftskonferenz von 1927 (in Genf) mit Produktionsindices befaßt, sogar einen eigenen Index berechnet, der vorwiegend landwirtschaftliche und industrielle Rohstoffe erfaßt. Die internationale Konferenz für Wirtschaftsstatistik 1928 in Genf hat *Richtlinien* für die weitere Aufstellung von Produktionsindices entworfen[4]. Zu erwähnen ist noch der Versuch des Franzosen JEAN DESSIRIER (im Bulletin de la Statistique Générale de la France[5]); er untersucht mit Hilfe vorhandener Indices und eigener Berechnungen die Entwicklung der agrarischen und industriellen Produktion von sieben Ländern (USA, England, Frankreich, Rußland, Italien, Deutschland, Belgien) für den Zeitraum 1870—1928 und mit der Basis 1913 = 100.

In Deutschland wurden amtlich zwei Jahresproduktionsziffern berechnet, eine mit 1913 = 100 zurück bis in die Zeit der Reichsgründung, berechnet aus 57 Einzelreihen („gewichtet" nach Daten der Betriebszählung von 1907), die andere mit 1928 = 100 und zurück bis 1913.

Kurzfristige (monatliche) Produktionsindices wurden in Deutschland zuerst berechnet vom Institut für Konjunkturforschung 1927 mit 19 Einzelreihen zurück bis 1925 und später erweitert auf 69 Einzelreihen mit der Basis 1928 = 100. Als Gewichte dienten eine Kombination der Arbeiterzahl mit den installierten PS nach den Betriebszählungen von 1925 und 1933, aber kontrolliert durch die „Nettowertberechnungen" der angelsächsischen Länder. Man unterschied a) einen monatlichen „Index der Industrieproduktion" *ohne* Nahrungs- und Genußmittel und b) eine vierteljährliche „Indexziffer der gewerblichen Gütererzeugung" einschließlich Nahrungs- und Genußmittel. Der Vierteljahresindex gliedert sich in vier Gruppen: Investitionsgüter 27 Reihen mit dem Gewicht 40 vH, sonstige Produktionsgüter 15 Reihen mit dem Gewicht 20 vH, Verbrauchsgüter des elastischen Bedarfs 14 Reihen mit dem Gewicht 25 vH, Verbrauchsgüter des starren Bedarfs 13 Reihen mit dem Gewicht 15 vH. Später (1938) trat noch hinzu ein monatlicher Produktionsindex des „Reichsamts für wehrwirtschaftliche Planung" mit 153 Einzelreihen, beschränkt auf *Industrie*, basiert auf 1933 = 100, gegliedert in Produktionsgüter mit 103 Reihen und dem Gewicht 54 vH und in Gebrauchsgüter mit 50 Reihen und dem Gewicht 46 vH.

---

[4] Publications de la Société des Nations, Questions Économiques et Financières 1928 II, 52.

[5] Bd. XVIII, 1928/29, S. 65 ff.

Was Zweck und Bedeutung dieser Indexziffer der Industrieproduktion angeht, so dient sie nach MEERWARTH vor allem der Konjunkturbeobachtung und Konjunkturkunde und sollte deshalb möglichst kurzfristig, d. h. praktisch monatlich, ihre Ergebnisse liefern. Nach BETZ hat der Produktionsindex die Aufgabe, „die mengenmäßige Gütererzeugung eines Wirtschaftskörpers unbeeinflußt von der Preisentwicklung in möglichst kurzen Zeitabschnitten wiederzugeben (wobei der Vergleichbarkeit halber von einer gleich 100 gesetzten Basis ausgegangen wird)". Die Betonung der mengenmäßigen Entwicklung unabhängig von den Schwankungen des Geldwerts ist besonders verständlich in den Jahren nach dem ersten Weltkrieg, die — nicht nur in Deutschland — so viele Geldentwertungen und Währungskrisen gebracht haben. Dabei hebt der Engländer I. F. W. ROWE die Bedeutung der Verbrauchsgüter hervor, die am besten das (reale) Einkommen der Wirtschaftsgemeinschaft erkennen ließen: „money income tells only half the story". Die Verdunklung durch die einseitige Behandlung von Produktions*wert*zahlen betont auch der Amerikaner EDMUND E. DAY und der schon genannte Franzose DESSIRIER. In einem durch tiefgreifende und sehr rasche Schwankungen gekennzeichneten Wirtschaftsstadium ist auch die *Kurzfristigkeit* der Erhebung ein wesentliches Erfordernis.

Gewisse Schwierigkeiten sind zutagegetreten, ehe es gelang, das *Verfahren* der Indexberechnung (für die Industrieproduktion) so zu gestalten, daß es nunmehr allgemein anerkannt wird. Aus diesem Grunde ist auch dem Index der industriellen Produktion hier ein besonderes Kapitel gewidmet worden, während die Preisindices unbedenklich zugleich mit der Preisstatistik als solcher behandelt werden konnten.

Will man die Produktionsentwicklung *einzelner* Wirtschaftszweige darstellen, so steht dem nichts im Wege, die jeweiligen absoluten Produktionszahlen unmittelbar so zu verwerten, daß man ein bestimmtes Jahr (auch einen Monat oder Monatsdurchschnitt) als Basis gleich 100 setzt und die übrigen Daten darauf bezieht. Bei der verschiedenen Länge der Monate und der Einwirkung von Feiertagen auf die Zahl der Werktage im Monat ist es allerdings angebracht — was auch heute meist geschieht —, die effektiven Monatszahlen auf die „arbeitstägliche Produktion" umzurechnen. Wesentlich schwieriger ist schon die Zusammensetzung der einzelnen „Reihen" von Meßziffern (oder Teilindexziffern) zu einem echten Durchschnittsindex *der* Industrie oder *der* Konsumgüterproduktion usw. eines bestimmten Landes. Das geht schon daraus hervor, daß die Mengenzahlen der einzelnen Produktionsbereiche sich in ihrer Art durchaus von einander unterscheiden können — Kilogramm, Tonnen, Quadratmeter, Meter, Hektoliter, Stück, unter Umständen auch als „Ersatz" Preis — und deshalb „inkommensurabel" sind, sich also nicht addieren oder sonst zusammenfügen lassen. Man muß also die absoluten Produktionsdaten der einzelnen Zweige in sich in Meßziffern umrechnen und dann diese Meßziffern so mit einander verschmelzen, daß auch für jeden einzelnen Zweig das „Gewicht" zur Geltung kommt, das er in der gesamten Volkswirtschaft *hat* oder das ihm wenigstens *„beigelegt"* wird. Bei dem erwähnten Index der industriellen Produktion des amerikanischen Handelsministeriums (seit Januar 1923) hat man die oben genannten 11 Gruppen folgendermaßen „gewichtet": Nahrungsmittel mit 55, Spinnstoffe mit 68, Eisen und Stahl mit 70, Holz mit 56, Leder mit 36, Papier mit 2, Chemikalien mit 31, Steine, Erden und Glas mit 20, NE-Metalle mit 10, Tabak mit 26, verschiedene Industrien mit 111, insgesamt mit 485. Unter den Nahrungsmitteln ist Fleisch allein mit 23, Weizenmehl mit 13 vertreten, unter den Spinnstoffen Baumwolle mit 44, unter Eisen und Stahl Stahlblöcke allein mit 57, unter Holz Nutzholz mit 46, unter Leder Stiefel und Schuhe mit 22, unter Chemikalien Petroleumraffinerie allein mit 19, unter verschiedenen Industrien Schiffbau mit 41, Automobile mit 40. Was bedeuten diese Zahlen, die wir hier als „Gewichte" bezeichnet haben? Sie sollen die „relative wirtschaftliche Bedeutung der verschiedenen Industriezweige im Rahmen der Gesamtproduktion" (nach Betz) wiedergeben, ähnlich wie wir bei der Errechnung eines Weizen-Hektarertrages für das Bundesgebiet die Ländererträge mit den Flächen der einzelnen Länder gewichten müssen. Ohne diese Gewichtung würde ein relativ unbedeutender Wirtschaftszweig wie etwa die Holzdestillation (Gewicht nur 1) genau so viel im allgemeinen Durchschnitt („rohes arithmetisches Mittel") ausmachen wie etwa die Nutzholzbearbeitung (Gewicht 46)!

Die verschiedene wirtschaftliche Bedeutung wird wieder gemessen an der Größe des „value added by the process of manufacture" oder des „Nettoprodukts". Warum man gerade diesen Nettoproduktionswert — und *nicht* den Bruttoproduktionswert — als Gewichtsmaßstab verwenden soll, begründet besonders deutlich K. Werner in seiner Schrift „Die Industriestatistik der Bundesrepublik Deutschland"[6]: „Nun ist aber der Bruttoproduktionswert nicht als Indikator der volkswirtschaftlichen Leistung der Unternehmen oder Industriezweige geeignet, da er stark von den Vorleistungen anderer Unternehmen oder Wirtschaftszweige abhängt. Zwei Papierfabriken, die den gleichen Bruttoproduktionswert aufweisen, von denen die eine ihren Zellstoff selbst aus Holz herstellt, während die andere ihn einkauft, haben verschiedene Produktionsleistung: die der zweiten ist geringer als die der ersten. Daher ist der Bruttoproduktionswert zum Vergleich der eigenen Leistungen der Industriezweige ungeeignet, und es entstehen schwierige Probleme, wenn man die

[6] Berlin 1958, S. 111 ff.

Bruttoproduktionswerte von produktionsmäßig hintereinandergeschalteten Industriezweigen aufaddieren will, da sich hierbei störende Doppelzählungen ergeben.

Diese Tatsache hat dazu geführt, daß bei den Produktionszensus im Ausland, besonders in den angelsächsischen Ländern, seit langem *der Verbrauch der bezogenen Materialien* (Rohstoffe, Hilfs- und Betriebsstoffe, Energie) *von den Bruttoproduktionswerten* der einzelnen Industriezweige *abgezogen wird,* um dadurch den ‚hinzugefügten Wert' (value added by manufacture) zu erhalten. Neuerdings werden außerdem noch die ‚vergebenen Lohnarbeiten' (contract work), z. B. Färben, Bedrucken von Stoffen, Fertigung von Einbauteilen, mit abgezogen. In der deutschen Statistik hat sich für den value added der Begriff *Nettoproduktionswert* eingebürgert, der zu einem Zentralbegriff der ganzen Wirtschaftsstatistik geworden ist. ... Allerdings kann auch dieser Nettoproduktionswert, wie schon MEERWARTH[7] gezeigt hat, entgegen manchen Erwartungen weder sämtliche Doppelzählungen ausschalten noch die eigene Nettoleistung der einzelnen Industriezweige genau angeben. Aber er ist ein weit besserer Maßstab für die wirtschaftliche Bedeutung der einzelnen Industriezweige als die sonstigen statistisch feststellbaren Größen (wie Umsätze, Bruttoproduktionswerte, Beschäftigtenzahlen usw.)." Dieser Nettoproduktionswert enthält an sich noch manche Posten, wie „sonstige Vorleistungen" usw., die zwar „im Durchschnitt nicht sehr erheblich, aber keineswegs zu vernachlässigen" sind. Zieht man noch diese Vorleistungen, die sogenannten „verbrauchsbedingten Abschreibungen" und die sogenannten Kostensteuern ab, so erhält man „als Rest die Summe der aus der Produktionstätigkeit der Unternehmen entstehenden Einkommen: Arbeitnehmereinkommen, Fremdkapitalzinsen und Nettomieten und -pachten, Unternehmereinkommen (zusammengefaßt meist als *Wertschöpfung* bezeichnet)." Dieser Betrag wird auch als „Nettosozialprodukt zu Faktorkosten" bezeichnet.

Der Nettoproduktionswert[8] ist „infolge seiner zentralen Bedeutung ... seit langem ein Kernstück der Produktionsstatistik des Auslands, insbesondere der Produktionszensus der angelsächsischen Länder. In den USA wird er seit über 100 Jahren, in Kanada seit 1870, in Großbritannien seit 1907, in Holland etwa seit dem ersten Weltkrieg berechnet und veröffentlicht. In der begrifflichen Abgrenzung treten dabei einige Varianten auf. So haben die USA bis 1933 lediglich den Materialverbrauch, nicht auch die vergebenen Lohnarbeiten mit abgezogen. ... Auch bei den modernen Bestrebungen auf internationale Angleichung der statistischen Daten spielt die Erstellung von Nettoproduktionswerten eine wichtige

[7] a. a. O. S. 215 f., S. 222.

[8] Vgl. hierzu auch die obigen Ausführungen S. 222 ff.

Rolle. So wird von der Statistischen Kommission und dem Statistischen Amt der *Vereinten Nationen* in dem Heft ,International Standards in Basic Industrial Statistics' von 1953 allen Ländern die Ermittlung des value added mindestens alle 10 Jahre empfohlen . . ., wobei der value added definiert wird als ,the value of gross output less the value of materials consumed and the cost of work given out to other industrial establishments'. In ähnlicher Weise wird von der Statistischen Kommission der UN in ihrer ausführlichen methodischen Untersuchung zu den Industriezensus die Berechnung von Nettoproduktionswerten empfohlen.

In Deutschland, das über kein System von Produktionszensus verfügt, wurden Nettoproduktionswerte für Industriezweige bisher ermittelt durch die amtliche Produktionserhebung von 1936, die Kostenstrukturerhebung für 1950, die Zusatzerhebung für 1950 zum Industriebericht und die Jahreserhebung über die Nettoleistung 1954." Hierzu bemerkt WERNER noch, daß die Produktionserhebung von 1936 „heute nur noch historische Bedeutung" habe und daß die Kostenstrukturerhebung für 1950 „nur für einen Teil der Industriezweige Nettoproduktionswerte lieferte". „Die *Zusatzerhebung für 1950* zum Industriebericht, die vor allem für die Gewichtung des neuen Produktionsindex Unterlagen beschaffen sollte, hat in der Nachkriegszeit erstmalig in der Bundesrepublik Nettoproduktionswerte für sämtliche Industriezweige ermittelt." Zum Ergebnis dieser Ermittlungen vergleiche oben S. 222 ff.

In einem Abschnitt, überschrieben „Produktionsindices als Indikatoren der durchschnittlichen Veränderung von Produktionsmengen", gibt WERNER noch die folgende Erläuterung zum Begriff und zur Technik der Industrie-Produktionsindices[9]: „So populär die Produktionsindexziffern sind, so bietet doch gerade bei ihnen die Frage, was sie darstellen können, erhebliche wissenschaftliche Schwierigkeiten. In dieser Lage ist es zweckmäßig, von einer möglichst klaren, einfachen und praktisch durchführbaren Indexkonzeption auszugehen. MEERWARTH hat das Wesen der Indexzahl einmal treffend wie folgt gekennzeichnet: ,Die Indexzahl will in einem einzigen Ausdruck die durchschnittliche Veränderung einer Gruppe von Größen (Preisen, Löhnen, Produktionsmengen usw.) im Vergleich zu einer bestimmten Zeit wiedergeben'[10]. Von diesem Grundgedanken ausgehend kommen als Materialgrundlage für einen monatlichen Produktionsindex vor allem die *Monatszahlen über die Produktionsmengen* in Betracht, wie sie in dem eigens für diesen Zweck eingerichteten Produktions-Eilbericht anfallen. Nur diese sind sowohl von Preisen unbeeinflußt als auch hinreichend aktuell. Man bildet also zunächst Meßzifferreihen für eine möglichst große Zahl von Produktionsausstoßmen-

[9] a. a. O. S. 125 ff.

[10] „Leitfaden der Statistik", Leipzig 1939, S. 75.

gen, die hierfür geeignet (z. B. sich längere Zeit qualitativ wenig verändern) und möglichst gut über den betrachteten Bereich (Industriezweig oder gesamte Industrie) gestreut sind, in dem man diese auf einen Basiszeitraum bezieht. Diese Meßziffern haben die Form $\frac{q_1}{q_0} \cdot 100$, wobei q_1 die Produktionsmenge des Gutes im Berichtszeitraum, q_0 im Basiszeitraum darstellt. Sie sind dimensionslos, obwohl bei den Produktionsmengen der einzelnen Güter sehr verschiedene Maßeinheiten (Stück, t, hl usw.) vorkommen, weil die Maßeinheiten bei der Division wegfallen. Diese Meßzifferreihen werden dann durch Wägung[11] entsprechend der Bedeutung der einzelnen Produkte oder Produktgruppen zusammengefaßt. Als Gewichte verwendete man früher vielfach Arbeiterzahlen, Arbeitsstundenzahlen oder Kombinationen dieser Zahlen mit installierter Kraftmaschinenleistung. Neuerdings verwendet man als besseren Maßstab meist die *Nettoproduktionswerte* des Basiszeitraums für die betreffenden Produkte, die annäherungsweise aus den Nettoproduktionswerten der Industriezweige gewonnen werden können. Der Produktionsausstoß z. B. an Maschinen wird also nur mit den Nettoproduktionswerten des Maschinenbaus gewogen, da nur diese mit der Entwicklung des Maschinenausstoßes unmittelbar zusammenhängen, während die Produktionsentwicklung auf der vorangehenden Produktionsstufe, etwa der Walzwerke, ganz anders sein kann. Der Index wird dann als arithmetisches Mittel aus den mit diesen Gewichten multiplizierten Meßzifferreihen berechnet nach der Formel $I_1 = \frac{\frac{q_1}{q_0} \cdot N_0}{N_0} \cdot 100$, wobei N_0 den Nettoproduktionswert im Basiszeitraum bedeutet. Er ist nach Produktgruppen, nicht nach Industriezweigen gegliedert. Ein solcher nach dem Verfahren der ‚Meßzifferverschmelzung' (im Gegensatz zu dem Verfahren des Summenvergleichs) konstruierter Produktionsindex stellt *den Durchschnitt der Veränderungen des mengenmäßigen Produktionsausstoßes einer hinreichend großen und gestreuten Zahl von Erzeugnissen* dar und dürfte der Aufgabe eines kurzfristigen, aktuellen Barometers des Produktionsvolumens zu konstanten Preisen durchaus genügen."

Im Hinblick auf die „Neuberechnung des Index der industriellen Nettoproduktion auf der Basis 1950" (Aufsatz von W. Rüdiger in Wirtschaft und Statistik[12] schildert Werner dann unter der Überschrift „Die Berechnungsmethode des Produktionsindex der Bundesrepublik"[13] die diesen

[11] Statt Wägung würde ich lieber den Ausdruck „Gewichtung" verwenden (der Verf.).

[12] 8. Jg. NF, Heft 3, März 1956.

[13] a. a. O. S. 127.

betreffenden Besonderheiten: „Trotz des Bestrebens, die Entwicklung der Nettoproduktion darzustellen, weicht die Berechnungsmethode des Produktionsindex der Bundesrepublik *nur geringfügig von dem vorstehenden Verfahren ab.* Auch sie legt im wesentlichen Daten des Produktionsausstoßes von Waren zugrunde: von den 384 Reihen des Index geben 373 (einschl. preisbereinigter Produktionswert- und Umsatzreihen), also 97 %, mit einem Gewicht von 90 % den Produktionsausstoß an. Aus diesen Daten werden wie oben Meßzifferreihen mit der Basis 1950 = 100 gebildet. Diese werden dann ebenfalls mit annähernden Nettoproduktionswerten für die einzelnen Erzeugnisse, für die die Reihen gelten (gleichgültig in welcher Industriegruppe die betreffenden Erzeugnisse hergestellt werden), mittels des Verfahrens der repräsentativen Gewichtung zu Gruppenreihen für Erzeugnisgruppen zusammengefaßt. Von jetzt ab wird mit Rücksicht auf die Nettoproduktionskonzeption des Index etwas vom ersten Verfahren abgewichen: Die für Warengruppen geltenden Gruppenreihen werden ihrerseits neu mit den Nettoproduktionswerten der betreffenden *Industriegruppen* (d. h. der Gesamtheit derjenigen Betriebe, die überwiegend die betr. Waren herstellen) als Gewichte versehen und zu Hauptgruppen und zum Gesamtindex zusammengefaßt. Alle diese Nettoproduktionswerte für 1950 stammen aus der Zusatzerhebung 1951/52 zum Industriebericht. Wo das Produktionsprogramm der Industriegruppen zu stark von der Zusammensetzung der betreffenden Warengruppen abweicht (z. B. bei der Kohlenwertstoffindustrie und dem Kohlenbergbau), werden Zusammenfassungen vorgenommen. So wird erreicht, daß sich der Gesamtindex unmittelbar aus Gruppenindices für die einzelnen institutionellen Industriegruppen zusammensetzt."

Von wesentlichem Belang ist noch die Kritik, die WERNER selbst unter der Überschrift „Die Aussagekraft des Produktionsindex der Bundesrepublik"[14] an Auffassungen übt, die sich aus einer unzutreffenden Beurteilung des angewandten Verfahrens ergeben: „Die Auffassung, daß der so konstruierte Produktionsindex die Entwicklung der *Netto*produktion der Industrie darstelle, erscheint bei näherem Zusehen allerdings problematisch und kann auch praktisch ... leicht zu irrigen Vorstellungen führen. Die Variablen dieses Index, also die sich ändernden Größen sind, ähnlich wie bei dem ersten Index, fast nur (97 % der Reihen, siehe oben) Produktionsausstoßdaten. Diese sind aber *andersartige Größen* als die Nettoproduktion, die als Differenz zwischen dem Ausstoß und dem Materialverbrauch ermittelt wird, also Saldo-Charakter hat, und daher von diesen *beiden* Tatbeständen abhängt. Wer die Entwicklung der Netto-

[14] a. a. O. S. 128 f.

produktion mit den Ausstoßdaten messen will, muß unterstellen, daß die Nettoquote (Verhältnis Nettoproduktion : Ausstoß) bzw. das Verhältnis Materialverbrauch zu Ausstoß konstant ist. Eine solche Konstanz kann aber keineswegs immer vorausgesetzt werden, vielmehr können sowohl langfristig wie kurzfristig erhebliche Unterschiede zwischen der Entwicklung des Ausstoßes und der Nettoproduktion auftreten. Wenn ein Betrieb dazu übergeht, in höherem Maße als bisher fertige Teile von anderen Betrieben zu beziehen, so steigt langfristig seine Nettoproduktion geringer als sein Ausstoß. Gehört der Lieferant der Teile einem anderen Industriezweig an, so wird hiervon die Nettoproduktion des Industriezweigs des Betriebs betroffen, hat der Lieferant seinen Sitz im Ausland, so wird auch die Nettoproduktion der gesamten Industrie des Bundesgebiets betroffen. Derartige Strukturänderungen sind, ebenso wie solche in umgekehrter Richtung, keineswegs selten. Anderseits können sich bei der für diesen Index sehr wesentlichen kurzfristigen Betrachtung erhebliche Differenzen bei Erzeugnissen mit langer Produktionsdauer ergeben. In der Maschinenindustrie oder der Elektroindustrie besagt z. B. der Produktionsausstoß eines Monats bei größeren Objekten, die eine Produktionsdauer von mehreren Monaten, bisweilen von mehr als einem Jahr haben, sehr wenig über die Nettoproduktion dieses Monats. Die Variablen des Index können also die Entwicklung der Nettoproduktion nicht zuverlässig wiedergeben. Unter diesen Umständen könnte diese Indexdeutung sich vielleicht darauf stützen, daß die *Gewichtung* mit Nettoproduktionswerten erfolgt. Das Wesen eines Index wird aber allgemein nicht in erster Linie durch seine Gewichte, sondern seine Variablen charakterisiert. Ein Index, dessen Reihen aus Preisen und dessen Gewichte aus Umsätzen bestehen, ist ein Preisindex und kein Umsatzindex; ebenso ist ein Index, dessen Reihen aus Löhnen und dessen Gewichte aus Arbeiterzahlen bestehen, ein Lohnindex. Umgekehrt ist ein auf Produktionsausstoßreihen beruhender Index auch dann ein Produktionsindex, wenn seine Gewichte nicht aus Nettoproduktionswerten, sondern etwa aus Arbeiterzahlen, Arbeitsstunden oder PS-Zahlen bestehen, wie es früher oft der Fall war (s. oben). Die vom Statistischen Bundesamt seit einiger Zeit für den Produktionsindex eingeführte Bezeichnung *‚Index der Nettoproduktion'* ist denn auch von den Hauptkonsumenten des Produktionsindex, wie dem Bundeswirtschaftsministerium, der Deutschen Bundesbank, den Länderwirtschaftsministerien, den Statistischen Landesämtern und den wirtschaftswissenschaftlichen Instituten, bisher kaum aufgegriffen worden. Aus den dargelegten Gründen dürfte der heutige Produktionsindex der Bundesrepublik, insbesondere bei den einzelnen Industriezweigen, eher die durchschnittliche Änderung des Produktionsausstoßes als die Entwicklung der Nettoproduktion angeben.

Damit ist nicht gesagt, daß er bei rein makroökonomischer Betrachtung, lediglich für die Industrie als Ganzes, mangels geeigneter Unterlagen nicht auch annäherungsweise zur Fortschreibung der Nettoproduktion verwendet werden könnte."

Man wird Dr. Werner, der übrigens der Leiter der zuständigen Abteilung (Industrie- und Handwerksstatistik) im Statistischen Bundesamt ist, ohne weiteres darin beipflichten können, daß die Verwendung von Nettoproduktionswerten keinen Anlaß abzugeben braucht, den Index der Industrieproduktion als einen solchen der „Netto"-Produktion zu bezeichnen. Da von den Daten des *Produktionsausstoßes* ausgegangen wird und die Nettoproduktionswerte nur einen Gewichtungsmaßstab darstellen, handelt es sich im Grunde eben doch um einen Index der (auf dem Markte erscheinenden) Produktion, in diesem Falle der industriellen Produktion, für den eindeutig die Merkmale gelten, die Weinhold (s. oben S. 339) als wesentlich angeführt hat; es sei noch einmal hervorgehoben, daß dieser Index danach vor allem die Wandlung des Umfanges der industriellen Produktion und den Stand der industriellen Produktion im Vergleich mit einem Basisjahr darstellen soll; auch die dort erwähnte Erkenntnis der Strukturwandlungen im Aufbau der Industrie und der internationale Produktionsvergleich beruhen auf der Erfassung der industriellen Produktion als solcher, *nicht* nur der Nettoproduktion. Man kann das vielleicht auch so ausdrücken, daß man die Daten der eigentlichen Industrieproduktion als *konkret*, die Nettoproduktionsdaten aber — wohlgemerkt nur im Hinblick auf ihre Verwendung für diesen Index! — als *abstrakt* bezeichnet.

Der Index der industriellen Produktion stellt, wie schon der Name sagt, nur die Entwicklung der Industrieproduktion dar, die handwerkliche Produktion ist ausdrücklich nicht mit einbezogen. Wie schon erwähnt, handelt es sich bei diesem Index um 384 Erfassungsreihen, die sich im allgemeinen auf Industriebetriebe mit 10 und mehr Beschäftigten beziehen — die als repräsentativ anzusehen sind —, wobei für die Gewichtung der Industriegruppen allerdings auch die industriellen *Klein*betriebe zu berücksichtigen sind. Der Index gliedert sich zunächst in vier Abteilungen: Bergbau, Verarbeitende Industrie, Energiewirtschaft (Energieversorgungsbetriebe) und Bauindustrie. Der Index der Bauindustrie wird hierbei *nicht* mit veröffentlicht, da diese vielfach im Rahmen des Baugewerbes als besonderer Bereich der Industrie und dem Handwerk gegenübergestellt wird. Dieser Produktionsindex für die Bauindustrie „hat auch methodisch Besonderheiten: da hier keine Produktionsausstoßmengen gemessen werden können, werden die geleisteten Arbeitsstunden des gesamten Bauhauptgewerbes verwendet und mit einem Produktivitätsfaktor kombiniert, wodurch aber nur eine ziemlich ungenaue Meßziffer für die Bauproduktion gewonnen werden kann"[15]. Über die sonstigen Feststellungen im Rahmen der Bauindustrie ist oben S. 219 das Nötige gesagt worden. *Veröffentlicht* wird laufend der Produktionsindex für den Gesamtbereich der Industrie sowie für die übrigen drei Abteilungen. Die verarbeitende Industrie ist auch hierbei (vgl. oben S. 212) in die vier für die Konjunkturbeobachtung besonders interessanten Hauptgruppen unterteilt: Grundstoff- und Produktionsgüterindustrien, Investitionsgüterindustrien, Verbrauchsgüterindustrien, Nahrungs- und Genußmittelindustrien, die ihrerseits wieder in eine größere Anzahl von Zweigen zerfallen; einzeln veröffentlicht werden die Indices für 55 Industriegruppen bzw. -zweige. Basiert ist der Index, wie schon erwähnt, auf das Jahr 1950; die Nettoproduktionswerte, die man aus den Ergebnissen der Zusatzerhebung 1951/52 zum „Industriebericht" berechnet hat, wurden auch für 1950 der Gewichtung zugrundegelegt. 1950 wurde als Basisjahr gewählt, weil es an sich schon ein Jahr wichtiger Erhebungen (Volks- und Berufszählung, Betriebszählung usw.) war und auch sonstige Indices hierauf basiert waren. Im übrigen kann aber das Jahr 1950 nicht gerade als die ideale Basis bezeichnet werden, zumal „infolge seines ziemlich bewegten, weitgehend durch Sondereinflüsse (Koreakrise usw.) bedingten Wirtschaftsablaufs"[16]. Um Vergleiche mit der *Vorkriegszeit* zu ermöglichen, wird der Index auch auf das Jahr 1936 umbasiert. Aber auch dabei wird die gleiche Gewichtung wie für das Jahr 1950 verwandt. Gegenüber einer Indexberechnung für einen so langen Zeitraum (nunmehr schon mehr als 20 Jahre!) sind mit Recht erhebliche Bedenken geäußert worden, die vor allem darauf beruhen, daß es sich bei den Veränderungen nicht mehr nur um konjunkturelle, sondern zunehmend um strukturelle Verschiebungen handle. Vielleicht sollte man wirklich, wie das auch Werner vorschlägt, Produktionsindices nur für wenige Jahre verwenden.

Zu diesen vor allem zeitbedingten Schwierigkeiten der Indexberechnung hat schon Meerwarth[17] folgendes festgestellt: „Der Index der gewerblichen Verarbeitung kann immer nur die Bewegung der Produktion der tatsächlich einbezogenen Zweige darstellen; es ist keinerlei Gewähr gegeben, daß diese Bewegung auch die Bewegung der gesamten Verarbeitung repräsentiert. Die Indexzahl der gewerblichen Weiterverarbeitung wird also in erster Linie als eine Hilfskonstruktion angesehen werden müssen, um die Bewegung der Produktion der einzelnen Zweige besser beurteilen zu können." Meerwarths Urteil bezieht sich auch trotz anderer Bezeichnung auf das Vorhaben eines Indexes der Industriepro-

---

[15] Werner a. a. O. S. 129, Anm. 13.
[16] Werner a. a. O. S. 130
[17] a. a. O. S. 249 f.

duktion. Neben der hier genannten grundsätzlichen Schwierigkeit gibt es noch eine ganze Reihe von mehr statistisch-technischen Schwierigkeiten, auf die vor allem auch Betz näher eingegangen ist.

Bei dem statistischen Vergleich handelt es sich bekanntlich darum, die quantitative Veränderung *qualitativ gleichbleibender* Größen zu erfassen. Wir müssen also auch — wie wir das beispielsweise schon bei der Gestaltung des „Warenkorbes" für den Preisindex der Lebenshaltung gesehen haben (oben S. 312 f.) — für den Index der Industrieproduktion mit (wenigstens nahezu) *konstanten* Gegenständen rechnen dürfen. Das trifft noch am ehesten zu auf die *Grundstoffe* wie Kohle, Eisen usw. Sehr viel schwieriger liegt es dagegen bei den hochqualifizierten *Fertigwaren:* Hier wird bekanntlich immer mehr ein höherer Nutzeffekt bei geringerer Quantität angestrebt, wie vor allem in der Maschinenindustrie und der Elektrotechnischen Industrie; ähnlich ist es neuerdings auch bei Möbeln usw. Diese und ähnliche Güter können also jetzt bei erhöhtem Umsatz durch Verbesserung der Qualität *weniger* an Quantität und Gewicht beanspruchen als zu einer Zeit (umsatzmäßig) geringerer Produktion — so daß im Gesamtergebnis (Zahl mal Gewicht usw.) gar keine Veränderung der Produktion in Erscheinung zu treten brauchte. Um aber dennoch die effektive Verbesserung des Produktionsergebnisses glaubhaft werden zu lassen, ist man z.B. bei Maschinen dazu übergegangen, statt des Gewichtes oder eines ähnlichen Faktors (Rauminhalt usw.) die — erhöhte — Leistungsfähigkeit in PS zugrunde zu legen. In der Textil- und Bekleidungsindustrie ändern unter dem Einfluß der Mode viele Produkte in kürzester Zeit Qualität und Bezeichnung, so daß nur der wirklich qualitätsmäßig konstante Teil (etwa bestimmte Stoffe oder Garne) der vergleichenden statistischen Erfassung zugänglich ist. So erklärt es sich auch, daß in solchen Fällen die Produktionsstatistik regelmäßig Wollgarn, Baumwollgarn, auch Gewebe erfaßt, aber kaum Enderzeugnisse, wie Kleider usw. Bekanntlich kann sich gerade hier in einem gar nicht einmal so langen Zeitraum ein vollständiger Wandel des Verbrauchs und damit auch der Produktion vollziehen und dadurch bestimmte Waren überhaupt fortfallen, weil man „derartiges heute nicht mehr trägt" (Beispiele etwa der Zylinderhut, die „Kreissäge" des Mannes, der hohe Stiefel der Frau, der sehr rasche Wechsel in der Gestaltung des Badeanzugs und Ähnliches).

Aber selbst bei qualitativ konstant bleibender Produktion entstehen für eine wirklich verbindliche Indexberechnung weitere Schwierigkeiten aus dem Mangel an einer lückenlosen Produktionsstatistik. Wenn man nicht *alle* Produkte bestimmter Industriezweige wirklich erfassen kann, muß man sich vielfach mit einem repräsentativen Verfahren begnügen: Aus der Gesamtproduktion eines Industriezweiges werden eine oder mehrere Serien, denen man eine repräsentative Geltung für die gesamte

Produktion dieses Zweiges zusprechen darf, herausgezogen und als maßgebend mit dem „Gewicht" der Gesamterzeugung eben dieses Industriezweiges eingesetzt; so wird z. B. in der Textilindustrie davon ausgegangen, daß die Mengenentwicklung der Garne der Mengenentwicklung der Gewebe und dann der Kleider usw. entspreche. Eine weitere Möglichkeit besteht darin, daß man überhaupt „Ersatzserien" anstelle der unmittelbaren Produktionszahlen wählt. Solche Ersatzzahlen liefert sehr häufig der *Rohstoffverbrauch,* besonders dann, wenn der Rohstoffkonsum mit der (Netto-)Rohstoff*einfuhr* zusammenfällt — wie etwa bei Baumwolle, Naturgummi, bestimmten Erzen usw. — und dadurch ohne weitere Schwierigkeiten aus der Außenhandelsstatistik zu entnehmen ist. Allerdings kann auch hier das Verfahren zu Bedenken führen, wenn Änderungen in der Herstellungsmethode der Endprodukte eintreten und sich dadurch der Rohstoffverbrauch nach Menge wie nach Art wesentlich verändern sollte. Dabei ist noch ganz davon abgesehen, daß die — oft unbekannte — Lagerhaltung den erfaßbaren Rohstoffverbrauch stark beeinflussen kann.

Eine weitere „Ersatzreihe" zwecks leichterer statistischer Erfassung kann die *Ausfuhr* von Fertigerzeugnissen darstellen, wenn die betreffende Industrie fast ausschließlich oder zu einem bekannten und im allgemeinen konstanten Prozentanteil Güter im Ausland absetzt. Auch hier muß man Vorsicht walten lassen, wenn sich in einem längeren Zeitraum die „Exportrate" stark verschiebt. Hierüber hat z. B. das (Berliner) Institut für Konjunkturforschung im Jahre 1928[18] eine methodisch sehr interessante Untersuchung herausgegeben: „Der Anteil des Auslandsabsatzes an der deutschen Industrieproduktion 1925 bis 1927".

Schließlich können „Ersatzreihen" noch auf anderen Symptomen aufgebaut werden, die statistisch eher erfaßbar sind; in gewissen Fällen ist die Lagerhaltung eher bekannt als die tatsächliche Produktion, bei Kraftfahrzeugen braucht zwar nicht die Produktionszahl bekannt zu sein, aber aus den Ergebnissen der amtlichen Zulassung kann alles Erforderliche entnommen werden, für Bauten kann die Wiedergabe der baupolizeilichen Genehmigungen entscheidend sein usw.

Eine weitere technische Schwierigkeit hängt, wie wir teilweise schon gesehen haben, mit dem *Zeit*moment oder dem Zeitablauf zusammen: Selbst wenn die „Gewichtung" mit Hilfe ausreichender statistischer Unterlagen sehr genau gewesen sein sollte, entsteht doch immer wieder die Frage, welchen Zeitraum oder Zeitpunkt man für die effektive Gewichtung wählen soll. Die relative Bedeutung der verschiedenen Industriezweige kann sich — sogar unkontrollierbar — langsam oder schnell verschieben, so daß eine am Anfang eines Beobachtungszeitraumes vorge-

[18] Vierteljahrshefte III, 3.

nommene Gewichtung am Ende dieses Zeitraumes längst nicht mehr der anfänglichen entspricht. Und doch muß man, wie wir wiederholt gesehen haben, u. a. beim Preisindex der Lebenshaltung, aus grundsätzlichen statistischen Erwägungen für solche Berechnungen immer die *gleichen* Gewichte einsetzen. Bezüglich des passenden Zeitpunktes oder Zeitraumes ist auch zu fragen, welche sonstigen Gründe für einen bestimmten Zeitraum oder -punkt sprechen — bzw. gegen einen solchen sprechen. Es liegt auf der Hand, daß es kein „ausgefallener" sein darf, sondern ein wirtschaftlich usw. möglichst „normaler" Zeitraum (-punkt) sein muß. Deshalb wird ja auch oft, in Deutschland sowohl wie im Ausland, die Friedenszeit vor dem ersten und vor dem zweiten Weltkrieg zugrundegelegt oder auch eine bereits ausgeglichene Nachkriegszeit (außerhalb der ausgesprochenen Krisenjahre), also etwa 1928 oder neuerdings die Mitte der 50er Jahre.

Ein weiteres Problem entsteht noch für die Indexberechnung durch Saison- (oder ähnliche zeitliche) Schwankungen, die besonders in den von natürlichen Einflüssen bestimmten Industrien (Baugewerbe, Bekleidung usw.) eine Rolle spielen. Hier hat man sich vielfach mit dem Verfahren der „gleitenden (oder beweglichen) Durchschnitte" geholfen, also „Saisonbereinigungen" vorgenommen, bei denen die tatsächlichen Werte durch durchschnittliche oder „normale" ersetzt worden sind; derartige Bereinigungen gab es schon früh beim Harvard-Institut, beim Federal Reserve Board, auch in anderen Ländern. Das Harvard-Institut hat z. B. neben den unbereinigten Reihen auch „adjusted indices" veröffentlicht[19]. Teilweise hat man sich damit geholfen, die Indexzahlen immer nur auf der *entsprechenden* Periode des Grundjahres zu basieren.

Auch hier ist es angebracht, die Meinung von K. Werner zu diesem Fragenkreis kennenzulernen[20]: „Die *Saisonbewegung.* Obwohl der Produktionsindex schon für die gesamte Industrie (Minima im Winter und Hochsommer, Maxima im Frühjahr und November), in noch höherem Grade bei einigen Industriegruppen, ausgesprochene Saisonbewegungen zeigt . . ., sieht das Statistische Bundesamt bisher davon ab, eine rechnerische Saisonbereinigung des Index durchzuführen. Maßgebend dafür sind die Bedenken, die in letzter Zeit verschiedentlich gegen die früher geübte, weitgehend mechanische Saisonbereinigung nach der Personsmethode erhoben wurden. Trotz der grundsätzlichen Berechtigung dieser Bedenken erscheint es aber zweifelhaft, ob ein solcher völliger Verzicht nicht noch unzweckmäßiger ist als eine vorsichtig durchgeführte Berechnung und Veröffentlichung wenigstens von Saisonnormalen von amt-

[19] Vgl. hierzu auch Meerwarth a. a. O. S. 247 f.

[20] a. a. O. S. 132 f.

licher Seite; denn sonst besteht die Gefahr, daß die verschiedenen Konsumenten für ihre Zwecke Saisonbereinigungen vornehmen, die dann wahrscheinlich oft problematischer sind, als wenn eine von der amtlichen Statistik berechnete Saisonnormale verwendet würde. Mit Hilfe etwa des beweglichen Zwölfmonatsdurchschnitts oder des Saisonkorridorverfahrens wäre, nachdem nunmehr auch für die Nachkriegszeit hinreichend lange Beobachtungsreihen vorliegen, jetzt wohl die Berechnung von Saisonnormalen und auch eine vorsichtige Ausschaltung der Saisoneinflüsse an Hand des amtlichen Urmaterials durchaus zu rechtfertigen. In erster Linie kommt es allerdings auf die sinnvolle Anwendung der Saisonbereinigung im Einzelfall an, und dafür ist es wieder wichtig, daß die verwendeten mathematischen Methoden nicht zu kompliziert sind und in ihren Auswirkungen und Fehlermöglichkeiten auch von den Praktikern in Wirtschaft und Wirtschaftspolitik beurteilt werden können."

Aus den zahlreichen Ergebnissen der Statistik der Industrieproduktion seien hier noch einige Daten über die Entwicklung des Produktionsindexes wiedergegeben, wobei die in Klammern beigefügten Zahlen jeweils die auf 1936 = 100 umbasierten Werte bedeuten[21]. Für den Jahresdurchschnitt 1959 (errechnet aus den 12 Monatswerten) ist der Gesamtindex der Industrie auf 225 (249), bis Mai 1960 weiter auf 252 (279) gestiegen; die Verlegung der Basis von 1950 auf 1936 hat hier also gar nicht so sehr erhebliche Unterschiede hervorgerufen. Ähnliches gilt auch für den Bergbau, obwohl hier im ganzen die Steigerung wesentlich geringer ist: Jahr 1959 142 (148), Mai 1960 149 (154), ebenso für die Verarbeitende Industrie: Jahr 1959 233 (255), Mai 1960 263 (287), und für das Bauhauptgewerbe: Jahr 1959 213 (235), Mai 1960 256 (283); ganz anders im Vergleich zu 1936 ist dagegen die Entwicklung bei den Energieversorgungsbetrieben: Jahr 1959 221 (402), Mai 1960 231 (419), und zwar betrifft die Steigerung hier vor allem die Elektrizitätserzeugung: Jahr 1959 234 (485), Mai 1960 247 (511), während bei der Gaserzeugung die Relationen ungefähr die gleichen sind wie in den vorher genannten Fällen. Im Bergbau selbst bezieht sich die geringe Steigerung (gegen 1950 bzw. 1936) ganz besonders auf den Metallerzbergbau und den Kohlenbergbau (Höchstsatz 134!), dagegen ist die Entwicklung schon weit besser beim Eisenerzbergbau: Jahr 1959 163 (231), Mai 1960 174 (245), und noch mehr beim Kali- und Steinsalzbergbau: Jahr 1959 189 (282), Mai 1960 201 (300). Ganz besonders *hohe,* aber auch besonders *niedrige* Entwicklungsziffern finden wir in Industriezweigen, die in der folgenden Übersicht dargestellt sind:

---

[21] Wirtschaft und Statistik, 12. Jg. NF, Heft 7, Juli 1960, S. 384 f.

Übersicht 16: Der Index der Industrieproduktion in ausgewählten Industriezweigen

Industriezweig	1950 = 100 JD 1959	1950 = 100 Mai 1960	1936 = 100 JD 1959	1936 = 100 Mai 1960
1	2	3	4	5
Erdölgewinnung	468	511	1180	1288
Mineralölverarbeitung	446	512	623	716
Fahrzeugbau	441	584	633	837
Elektrotechnische Industrie	368	421	735	841
Chemiefasererzeugung	311	363	835	973
Kunststoffverarbeitende Industrie	758	970	1314	1681
Stahlbau einschl. Waggonbau	173	182	101	106
Ledererzeugende Industrie	132	117	93	82
Schuhindustrie	170	202	134	159

In dem Zeitraum 1950—1959 macht sich nach der positiven Seite vor allem die Kunststoffverarbeitende Industrie bemerkbar, nach der mehr negativen Seite die Ledererzeugende Industrie, im Vergleich mit 1936 steht ebenfalls die Kunststoffverarbeitende Industrie ganz im Vordergrund, aber auch die Erdölgewinnung zeigt eine ganz gewaltige Steigerung, hinter der diejenige der Chemiefasererzeugung nicht allzu weit zurücksteht. Auf der anderen Seite zeigt sich hier sogar ein ausgesprochener Rückgang bei der Ledererzeugenden Industrie, aber auch beim Stahlbau einschl. Waggonbau bleibt die Entwicklung weit zurück. Es mag genügen, auf diese Unterschiede hinzuweisen, ohne sie im einzelnen zu erklären.

Im Zusammenhang mit der Erstellung des Produktionsindexes der Industrie versucht man auch die „Produktivitätsentwicklung" der Industrie und der einzelnen Industriezweige zahlenmäßig genauer auszudrücken. In Wirtschaft und Statistik[22] haben G. Fürst und seine Mitarbeiter im Statistischen Bundesamt Raabe und Sperling in dem Aufsatz „Das Produktionsergebnis je Beschäftigten in den großen Bereichen der Volkswirtschaft 1950 bis 1957" die Problematik solcher Berechnungen im Hinblick auf das „Sozialprodukt" als das Produktionsergebnis einer Volkswirtschaft untersucht und insbesondere dargestellt, wie man mit Berechnungen über das „Sozialprodukt in konstanten Preisen je Erwerbstäti-

[22] 10. Jg. NF, Heft 3, März 1958, S. 147 ff.

gen" diese Produktivitätsentwicklung aufzeigen kann. Mit Recht wird hier darauf hingewiesen, daß man dieser „Produktivität" in der Regel einen einseitigen Ausdruck verleiht: „Gerade weil es sich eingebürgert hat, den Quotienten Produktionsergebnis : Faktor Arbeitskraft kurzerhand als ‚Produktivität' zu bezeichnen, muß immer wieder darauf hingewiesen werden, daß hierbei das aus dem Zusammenspiel *aller* Produktionsfaktoren (Arbeit, Kapital, unternehmerische Leistung) entstandene Produktionsergebnis nur zu *einem* Faktor in Beziehung gesetzt wird und daß es genau so interessant wäre, auch die Relation zu den anderen Produktionsfaktoren zu berechnen. Wenn das nicht geschehen kann, so liegt dies daran, daß das hierfür erforderliche statistische Material fehlt, während für den Faktor Arbeit wenigstens grobe Maßstäbe vorhanden sind."

In Ergänzung hierzu stellt K. WERNER[23] fest: „Da aber für die letzten beiden Faktoren (NB Kapital und Unternehmerleistung) fast nirgends klare statistische Größen vorhanden sind, setzt man das Produktionsergebnis im allgemeinen nur zu einem dieser Produktionsfaktoren, nämlich dem Produktionsfaktor Arbeit, zahlenmäßig in Beziehung, wobei letzterer je nach Lage des Falles mehr oder weniger fein durch die Erwerbstätigen, die Beschäftigten, die Arbeiter, die geleisteten Arbeitsstunden und die Lohnsummen dargestellt werden kann. Während die technische und betriebswirtschaftliche Produktivitätsmessung sich der verschiedensten Maßstäbe bedienen (z. B. Materialverbrauch, Energieverbrauch, Lohnsummen), hat sich für die volkswirtschaftliche Produktivitätmessung der Begriff der *‚Arbeitsproduktivität'*, der schon seit längerer Zeit in den USA sehr intensiv angewandt und auch von den Produktivitätszentralen der OEEC vertreten wird, allgemein eingebürgert. Sie wird durch den Ausdruck

$$\text{Produktivität} = \frac{\text{Beitrag zum Sozialprodukt}}{\text{Zahl der Beschäftigten}} \text{ gekennzeichnet,}$$

wobei im einzelnen verschiedene Konzepte des Sozialprodukts und andere Maßstäbe für den Produktionsfaktor Arbeit verwendet werden können. Gegen diese Beziehungsgröße ist theoretisch nichts einzuwenden, ja sie ist die einzige heute wirklich anwendbare Größe. Sie hat aber den Nachteil, daß sie leicht zu der Vorstellung verführt, daß sich eine Produktivitätssteigerung *infolge* höherer Leistung des Faktors Arbeit ergeben habe. Man muß sich stets vor Augen halten, daß es sich *nur um eine Maßgröße* der Produktivität handelt, die *nicht das geringste über die Ursache* einer Produktivitätsveränderung aussagt. In Wirklichkeit sind vielmehr, wie die unvoreingenommene Beobachtung der Wirt-

[23] a. a. O. S. 141.

schaft zeigt, stärkere Steigerungen der ‚Arbeitsproduktivität' zum großen Teil, wenn nicht überwiegend dem Einsatz leistungsfähigerer Maschinen und besserer Organisation zuzuschreiben, auch wenn sie durch die auf die Arbeitskraft bezogene Meßzahl sichtbar gemacht werden."

Die erwähnten für den „Faktor Arbeit" vorhandenen Unterlagen zur Feststellung der Arbeitsproduktivität in der Industrie sind die bekannten Daten aus dem monatlichen Industriebericht. Mit Hilfe dieser Unterlagen läßt das Statistische Bundesamt Jahr für Jahr „Indices des Produktionsergebnisses je Beschäftigten, je Arbeiter und je Arbeiterstunde" berechnen, und zwar ebenfalls auf der Basis 1950 = 100. Der Index je Beschäftigten z.B. wird berechnet durch den Ausdruck

$$\frac{\text{Produktionsindex } 1950 = 100}{\text{Meßziffer der Beschäftigtenzahl } 1950 = 100} \cdot 100;$$

bei den beiden anderen Indices treten in den Nenner die entsprechenden Meßziffern für die Arbeiterzahl bzw. für die geleisteten Arbeiterstunden[24].

Immerhin ist, wie man sich aus den bereits genannten Gründen leicht ableiten kann, bei der Benutzung dieser „Indices" vor allem für praktische Zwecke eine gewisse Vorsicht am Platze; auch hier erscheint es angebracht, die Argumente von K. Werner im Original wiederzugeben[25]:

„1. Auch diese Indices der Arbeitsproduktivität *besagen nichts darüber, wieweit* eine etwaige Zunahme *auf den Faktor ‚Arbeit' selbst* (etwa infolge kräftigerer Ernährung, besserer Ausbildung, mehr Ruhezeit, besseren Arbeitsklimas) oder auf die anderen Faktoren (leistungsfähigere Maschinen, rationellere Arbeitsorganisation usw.) zurückzuführen ist.

2. Die Indices zeigen *allenfalls bei der gesamten Industrie, nicht bei den einzelnen Zweigen* die Entwicklung der ‚Arbeitsproduktivität' annähernd an. Denn der Zähler des Bruches, der Produktionsindex, gibt bei den einzelnen Industriezweigen ... keine zuverlässigen Angaben über die Entwicklung der Nettoproduktion, sondern eher über die des Produktionsausstoßes; die Produktivitätsberechnung muß sich aber grundsätzlich auf die Nettoproduktion beziehen.

3. Ferner ist der sog. *Struktureffekt* zu beachten: Die Zunahme der Indices für die ganze Industrie in den letzten Jahren beruht zum Teil auf bloßen strukturellen Verschiebungen der Industriezweige, d.h. auf stärkerem Vordringen von Industriezweigen mit hohem Nettoproduktionswert je Beschäftigten (z.B. Mineralölindustrie) gegenüber solchen mit niedrigem Nettoproduktionswert je Beschäftigten (z.B. Schuhindustrie). Diese Verschiebungen würden auch dann eine Zunahme des Ge-

---

[24] Vgl. Werner a. a. O. S. 143.

[25] a. a. O. S. 144.

samtindex bewirken, wenn in den einzelnen Zweigen keinerlei Zunahme der Indices des Produktionsergebnisses je Beschäftigten usw. eingetreten wäre.

4. Endlich ist zu beachten, daß die mit Vorliebe verwendete Berechnung auf Grund der *geleisteten Arbeitsstunden* bei der *Lohndiskussion nur mit größtem Vorbehalt brauchbar ist*, denn es kann bei einer Verkürzung der Arbeitszeit vorkommen, daß trotz Zunahme des Produktionsergebnisses je geleistete Arbeitsstunde das Produktionsergebnis je Arbeiter oder je Beschäftigten und damit auch das Bruttosozialprodukt selbst abnimmt . . ., und auf letzteres kommt es bei einer Änderung der Einkommensverteilung vor allem an.

Aus allen diesen Gründen wählte die amtliche Statistik mit Bewußtsein die oben gegebenen umständlichen Bezeichnungen dieser Indices und veröffentlicht für die einzelnen Industriezweige nur Jahreszahlen, bei denen wenigstens das auf kurzfristigen Momenten beruhende Auseinanderklaffen von Nettoproduktion und Ausstoß nahezu behoben ist."

Zu der Berechnungsweise dieser Indices ist noch folgendes zu bemerken: Die Zahl der Beschäftigten umfaßt alle an einem bestimmten Stichtag bei den betreffenden Betrieben in einem arbeitsrechtlichen Verhältnis stehenden Personen *einschließlich* der tätigen Inhaber und der mithelfenden Familienangehörigen, aber *ohne* die Heimarbeiter. Die *Arbeiter* werden den übrigen Beschäftigten gegenüber durch die kürzeren Zahlungstermine (wöchentliche Lohnzahlungen) und andere, auch versicherungsrechtliche, Merkmale unterschieden; *nicht* mitgezählt sind die gewerblichen Lehrlinge. Bei den effektiv geleisteten Arbeitsstunden werden bezahlte Urlaubs- und bezahlte Krankheitstage und sonstige Ausfallstunden *nicht* mitgerechnet, wohl aber Überstunden, Sonntagsstunden und sonstige übertarifliche Zeiten. Bei Vergleichen von Produktionsergebnis und geleisteten Arbeiterstunden werden die jeweiligen Jahressummen verwendet. Das Bauhauptgewerbe und die Energieversorgungsbetriebe sind in den Ergebnissen nicht enthalten.

Für die Jahre 1958 und 1959 liegen bezüglich der Entwicklung von Produktion, Beschäftigung und „Produktivität" in der Industrie für das Bundesgebiet (ohne Saarland und Berlin) folgende Ergebnisse vor[26]:

(Übersicht 17 siehe Seite 359)

Unsere Quelle gibt hierzu folgende Erläuterungen: „Die Industrie befindet sich seit zwei Jahren in einer Entwicklungsphase steigender Produktion bei fast unverändertem Beschäftigungsstand. Das Produktionsvolumen — am Produktionsindex gemessen, wobei Preisveränderungen

[26] Wirtschaft und Statistik, 12. Jg. NF, Heft 4, April 1960, S. 201.

Übersicht 17: Entwicklung von Produktion, Beschäftigung und „Produktivität" in der Industrie

Produktion Beschäftigung	1958	1959	Zu- oder Abnahme gegenüber dem Vorjahr 1958	1959
	1950=100		vH	
1	2	3	4	5
Produktionsindex (arbeitstäglich)	210	225	+3,2	+7,2
Beschäftigte (Jahresdurchschnitt)	149	150	+0,7	+0,4
Produktionsergebnis je Beschäftigten	141	150	+2,7	+6,8
Arbeiter (im Jahresdurchschnitt)	146	145	—0,1	—0,5
Produktionsergebnis je Arbeiter	144	155	+3,4	+7,5
Produktionsindex (kalendermonatlich)	209	224	+3,1	+7,4
Geleistete Arbeitsstunden (Jahr)	133	131	—2,0	—1,2
Produktionsergebnis je Arbeitsstunde	158	171	+5,4	+8,4

ausgeschaltet sind — hatte 1958 um 3,2 vH zugenommen, während sich gleichzeitig die Zahl der Beschäftigten kaum noch erhöhte (+0,7 vH); diese Divergenz zwischen Erzeugung und Beschäftigten hat sich 1959 noch deutlich verschärft: die Produktion ist um 7,2 vH erhöht worden, die Zahl der Beschäftigten blieb dagegen fast unverändert (+0,4 vH), sei es, daß bei der gegenwärtigen Situation am Arbeitsmarkt tatsächlich keine geeigneten Kräfte mehr verfügbar waren, die Produktion also durch Mangel an Arbeitskräften gehemmt wurde, sei es, daß durch stärkeren Kapitaleinsatz und organisatorische Maßnahmen die erhöhte Produktion keine zusätzlichen Arbeitskräfte mehr erforderte. Mit einem annähernd unverändert gebliebenen Beschäftigtenstand ist also von der Industrie 1959 ein um 10 vH größeres Produktionsvolumen erstellt worden als vor zwei Jahren, wobei die Steigerung des Produktionsergebnisses je Beschäftigten 1959 mit annähernd 7 vH intensiver war als in allen vorhergehenden Jahren zurück bis 1952. Von 1950 bis 1959 ist das Produktionsergebnis je Beschäftigten um 50 vH erhöht worden; umgekehrt kann auch gesagt werden, daß 1959 — trotz kürzerer Arbeitszeiten — je Produktionseinheit nur zwei Beschäftigte eingesetzt werden mußten, wo 1950 noch drei erforderlich waren.

Die Ursachen, die zu dieser weiteren beachtlichen Steigerung der ‚Produktivität' geführt haben, sind sehr vielfältiger Natur und können mit den gegenwärtigen statistischen Mitteln nicht im einzelnen festgestellt werden. Immerhin lassen die vorhandenen Daten eine begrenzte Analyse zu. So erlaubt z. B. die Industriestatistik eine Untergliederung der Beschäftigten nach Angestellten und Arbeitern. Das progressive Wachstum des Aufsichts- und Verwaltungsapparates der Industrieunternehmen kommt dabei deutlich zum Ausdruck. Die Zahl der Angestellten hat 1959 um 4,5 vH zugenommen, die Arbeiterzahl hat sich dagegen etwas vermindert (—0,5 vH). Die technische und kaufmännische Vorbereitung der Produktion, die Sicherung des Absatzes werden immer komplizierter und erfordern mehr Menschen (Angestelltenanteil 1959 17,5 vH, 1955 15,4 vH), während die eigentliche Produktion durch steigenden Kapitaleinsatz unabhängiger von der menschlichen Arbeitskraft abläuft. Bezieht man das Produktionsergebnis allein auf die Zahl der eingesetzten Arbeiter, so ergibt sich infolgedessen eine Produktionssteigerung, die mit 7,5 vH (Vorjahr +3,4 vH) noch etwas kräftiger ist als beim Produktionsergebnis bezogen auf die Gesamtzahl der Beschäftigten.

Die Höhe der Produktionsleistung je Arbeitskraft wird unter anderem auch von der Länge der Arbeits*zeiten* beeinflußt. Die Zahl der geleisteten Stunden wird in der Industriestatistik nur für die Arbeiter (nicht für die Angestellten) erfaßt; sie hat sich in den letzten drei Jahren ständig leicht vermindert und lag 1959 mit insgesamt 12,2 Mrd. Stunden um 1,2 vH niedriger als 1958 und damit sogar noch etwas unter dem Stand von 1955. Im Jahre 1959 spielten Arbeitszeitverkürzungen jedoch nicht mehr die Rolle wie in den vorhergehenden Jahren: die durchschnittliche Arbeitszeit je Arbeiter und je Monat betrug 1959 171,3 Stunden gegen 172,4 Stunden 1958 und 189,2 Stunden 1955. Je geleistete Arbeiterstunde berechnet ergibt sich für 1959 ein Produktivitätszuwachs von 8,4 vH gegen 5,4 vH im Jahre 1958, ein im Verhältnis zu früheren Jahren sehr starker Produktivitätsanstieg. Verglichen mit 1950 war das Produktionsergebnis je geleistete Arbeiterstunde im Jahre 1959 um 70 vH größer."

Was die Wirkungen von „Strukturverschiebungen" — „d.h. durch Veränderungen in der relativen Bedeutung der einzelnen Industriezweige" (die sich auch rechnerisch in gewissem Umfang isolieren lassen) — angeht, so wird a. a. O. festgestellt, „daß Strukturverschiebungen nur so weit, wie sie sich zwischen den einzelnen Industriezweigen vollziehen, statistisch erfaßt werden können, nicht jedoch Änderungen der Struktur, die innerhalb der Betriebe bei Fertigung mehrerer Produkte mit unterschiedlichem Kapitaleinsatz auftreten können. Die Berechnungen zeigen zumindest, daß ein ‚Struktureffekt' tatsächlich vorhanden ist und daß deshalb die Schlußfolgerungen aus allen Produktivitätszahlen die Möglichkeit einer Strukturveränderung mitberücksichtigen müssen.

Die übrigen sehr zahlreichen Faktoren, die das Verhältnis von Produktion zum Produktionsfaktor Arbeit beeinflussen, lassen sich rechnerisch nicht isolieren. Daß gerade im vergangenen Jahr mit einer lebhaften Produktionssteigerung die bessere Ausnutzung der vorhandenen Anlagen und umfangreichen Neuinvestitionen zu den beachtlichen Produktivitätserfolgen beigetragen haben, dürfte sicher sein, kann jedoch statistisch nicht im einzelnen ermittelt werden."

Dieser Hinweis erscheint mir besonders beachtlich insofern, als hier wieder einmal bestätigt wird, daß die Auswertung statistischer Daten nur im gleichen Rahmen möglich ist, wie die (qualitativen und quantitativen) Unterlagen darauf zugeschnitten sind.

Von Interesse dürfte es in diesem Zusammenhang noch sein, aus dem amtlich dargebotenen Material[27] einige Vergleichsziffern wiederzugeben. Für 1959 war das Produktionsergebnis je Arbeiterstunde für die gesamte Industrie (bezogen auf 1950 = 100) mit 171 wiedergegeben — s. oben S. 359 —; im einzelnen treten aber recht große Unterschiede in Erscheinung: So liegt dieser „Index" am höchsten in der Erdöl- und Erdgasgewinnung mit 402, auch noch sehr hoch in der Mineralölverarbeitung mit 331, noch recht beachtlich im Fahrzeugbau mit 261, im Metallerzbergbau mit 258 und in der Kunststoffverarbeitenden Industrie mit 250; anderseits liegt er am niedrigsten mit 131 in den Sägewerken und der holzbearbeitenden Industrie, desgleichen im Stahlbau und in der Glasindustrie, kaum höher im Kohlenbergbau mit 137. Ein Vergleich mit der Übersicht 16 auf S. 355 zeigt, daß wenigstens bei den *Höchst*werten gewisse Parallelen mit dem Produktionsindex als solchem bestehen.

Wie wir hier gesehen haben, ist es in der Industrie möglich, ausgiebig Indices sowohl hinsichtlich der Produktion selbst als auch der auf die Beschäftigten usw. bezogenen „Produktivität" zu berechnen — das gilt gleichermaßen für Deutschland wie für das Ausland —. In der Landwirtschaft dagegen stehen solche Berechnungen nur in geringem Umfang zur Verfügung. Immerhin gibt hier das Bundesministerium für Ernährung, Landwirtschaft und Forsten aus seinen Unterlagen jährlich bestimmte Zahlen über Menge und Wert der Agrarproduktion heraus, die u. a. im Statistischen Jahrbuch der BRD abgedruckt werden[28], z. T. mit Umrechnung auf die Vorkriegszeit 1935/36—1938/39 (Jahresdurchschnitt) = 100. Die Produktion wird dabei, um zusammenfassende Berechnungen zu ermöglichen, auf *„Getreidewert"* umgerechnet. „Diese Verhältniszahl wird bei den meisten pflanzlichen Erzeugnissen aus dem Nährstoffgehalt

---

[27] Vgl. a. a. O. S. 203.

[28] Z. B. Jahrbuch 1960, S. 169.

errechnet. Bei einigen Erzeugnissen ist eine derartige Berechnung über den Nährstoffgehalt nicht möglich, z. B. für Wein, Hopfen, Tabak usw. Bei solchen Erzeugnissen sind die Umrechnungswerte aus Ertragsvergleichen mit anderen Früchten ähnlicher Intensitätsstufe abgeleitet worden. Bei der tierischen Produktion stellen die Wertzahlen diejenigen Nährstoffmengen (Getreidewert) dar, die zur Erzeugung des betreffenden tierischen Erzeugnisses aufgewandt werden müssen."[29] Wenn man hier die Ergebnisse des Wirtschaftsjahres 1949/50 gleich 100 setzt (in Klammern die Ergebnisse von 1935/39 = 100), so erhält man hier folgende „Indices" für das Wirtschaftsjahr 1958/59 (Bundesgebiet ohne Saarland und Berlin): Bruttobodenproduktion 133,8 (120,0), Nahrungsmittelproduktion 144,0 (138,8), Produktion pflanzlicher Erzeugnisse 140,9 (149,7), tierischer Erzeugnisse auf Inlandsbasis 145,0 (128,1), auf Auslandsbasis (mittels eingeführter Futtermittel) 212,0 (201,2). Bei diesen Indices, die nur beispielshalber gegeben sind, ist zu beachten, daß das Wirtschaftsjahr 1949/50 relativ *niedrige* Ergebnisse erbracht hat, die mit Ausnahme der pflanzlichen Erzeugnisse durchweg niedriger lagen als im Jahresdurchschnitt 1935/39; umgekehrt stellt 1958/59 ein Jahr dar, dessen Ergebnisse relativ *hoch* waren. Die wechselnde Witterung usw. bringt ja oft sehr viel größere Verschiebungen in der landwirtschaftlichen Erzeugung hervor als die sonstigen Produktionsfaktoren, die auch in der Industrie maßgebend sind. Vergleicht man aber das Jahr 1959/60 (vorläufige Ergebnisse) mit 1935/39 = 100, so ergeben sich folgende Ziffern: Bruttobodenproduktion 106,2, Nahrungsmittelproduktion 137,1, Produktion pflanzlicher Erzeugnisse 130,4; für die tierischen Erzeugnisse liegen noch keine Angaben vor. Interessant ist auch die Relation der Verkaufserlöse nach den verschiedenen Produktarten: beispielsweise für 1957/58 ergeben sich im Vergleich mit 1935/39 = 100 folgende Ziffern[30]: Verkaufserlöse insgesamt 326, nur für pflanzliche Erzeugnisse 276, nur für tierische Erzeugnisse 349; im Vergleich damit sind die Betriebsausgaben in der gleichen Zeit auf 336 gestiegen.

Was nun den Index der *industriellen* Produktion im Vergleich zwischen Deutschland und dem *Ausland* angeht, so zeigt die folgende Übersicht die Unterschiede von Land zu Land bei der gesamten Industrie und einigen ausgewählten Gruppen bzw. Zweigen; die Daten gelten für das Jahr 1959, wobei stets 1950 als Basisjahr (= 100) gilt, auch wenn die fremden Länder an sich für ihre Berechnungen andere Originalbasen eingesetzt haben.

---

[29] Thiel und Padberg, Die Entwicklung der landwirtschaftlichen Produktion, Bonn, 1950, S. 13, und G. Weinhold. „Kleines Wörterbuch", S. 69.

[30] Statistisches Jahrbuch 1958, S. 131.

Übersicht 18: Index der Industrieproduktion im In- und Ausland für 1959

Land	Indexgruppe Ges. Ind.	Berg-bau	Verarb. Ind.	Eisen-sch. I.	Chem. Ind.	Textil-ind.	Energie-wirtsch.
1	2	3	4	5	6	7	8
Bundesrepublik	225	142	233	205	269	163	221
Belgien	128	86	137	163	·	105	158
Dänemark	137[31]	·	138	·	130	107	189
Frankreich	179	156	182	178	250	106	227
Großbritannien usw.	130	97	131	119	174	91	150
Italien	202	249	202	286	317	122	176
Niederlande	156	115	158	322	156	133	187
Österreich	182	162	181	261	170	128	248
Schweden	126	138	123	193	·	92	174
Kanada	155	229	140	163	180	108	239
Vereinigte Staaten	159	119	140	95	198	114	218
Indien (1958!)	140	134	138	119	205	113	209
Japan	380	146	521	452	526	287	237

Quelle: Stat. Jahrbuch der BRD 1960, S. 52* f.

Hier treten schon in Sp. 2 beim Index der gesamten Industrie recht erhebliche Unterschiede auf; besonders hoch liegt der Index in Japan, das eigentlich erst nach dem zweiten Weltkrieg seine Industrie stark hat entwickeln können; es folgt, wenn auch mit großem Abstand, die Bundesrepublik Deutschland und bald danach Italien, Länder, die vor allem ihre Kriegseinbußen erst wieder aufholen mußten. Im Bergbau (Sp. 3) stehen Italien und Kanada im Vordergrund; auf der anderen Seite zeigen Großbritannien und Nordirland und Belgien sogar, wenn auch geringe, Rückgänge. Fast am gleichmäßigsten sind die Daten eigentlich noch bei der Verarbeitenden Industrie (Sp. 4), allerdings nur dann, wenn man von Japan absieht. Bei der Eisenschaffenden Industrie (Sp. 5) fällt der (geringe) Rückgang bei den Vereinigten Staaten auf; hier stehen Japan und die Niederlande stark voran. In der Chemischen Industrie (Sp. 6) zeigt Japan seinen überhaupt höchsten Index, hier liegt er auch bei den Vereinigten Staaten fühlbar über dem Gesamt-Industrie-Index. In der Textilindustrie (Sp. 7) stehen Japan, in schwächerem Grade auch die Bundesrepublik im Vordergrund, hier zeigen Großbritannien und Schweden

[31] Ohne Bergbau.

sogar (geringe) Rückgänge. Bei der Energiewirtschaft (Sp. 8) sind die Daten noch etwas gleichmäßiger als in Sp. 4, indem hier auch Japan sich der übrigen Streuung anschließt; für die Vereinigten Staaten ist der Index der Energiewirtschaft der höchste unter ihren Teilindices.

Mit diesem doch immerhin recht aufschlußreichen Vergleich schließen wir die Betrachtung der Produktionsindices ab.

14. Kapitel

Die Finanzstatistik

Rein begrifflich könnte man unter Finanzstatistik sowohl diejenige der öffentlich-rechtlichen Haushalte usw. als auch diejenige der Privatwirtschaften verstehen, da ja die Finanzwirtschaft „das Geldzahlungs- und Geldrechnungswesen jeder Art privater oder öffentlich-rechtlicher Produktions- und Verbrauchswirtschaften" ist, wie FRIEDRICH ZAHN in der Einleitung seines Beitrages „Finanzstatistik" im Handwörterbuch der Staatswissenschaften[1] ausführt. In der Praxis beschränkt man aber diese Bezeichnung regelmäßig auf die Finanzstatistik der *öffentlich-rechtlichen* Körperschaften, und wir schließen uns diesem Verfahren an. Es handelt sich also um die Finanzen der Staaten, der Gemeinden, der höheren Kommunalverbände und der sonstigen Körperschaften des öffentlichen Rechts.

Den wichtigsten Zweck einer solchen Finanzstatistik hat überzeugend H. HERKER (Syndikus bei der Niederrheinischen Industrie- und Handelskammer in Duisburg) in der „Statistik in Deutschland"[2] in seinem Beitrag „Die Finanz- und Steuerstatistik als wirtschaftspolitische Erkenntnisquelle" geschildert. Er kennzeichnet die Bedeutung der Staatsfinanzen für die gesamte Volkswirtschaft u. a. mit der Feststellung, daß „die Beanspruchungsquote des Volkseinkommens durch die öffentliche Hand ... nach den amtlichen Statistiken für 1938 rd. 47 v. H." betrug. Auch wenn dieser Anteil im allgemeinen niedriger liegt, ist er doch auf alle Fälle groß genug, um ein lebhaftes Interesse an den Tatbeständen der öffentlichen Finanzen zu erwecken. Es kommt hinzu, daß ADOLF WAGNER zweifellos Recht hatte, als er 1880 das „Gesetz der wachsenden Staatsausgaben" formulierte, wobei wir allerdings besser das Wort Gesetz durch „Tendenz" ersetzen. Will man also eine richtige, d. h. zweckmäßige Finanzpolitik betreiben, so muß man sich über den Zusammenhang zwischen der Wirtschaftskraft der Bevölkerung und der Finanzkraft des Staates durchaus im klaren sein; das bedeutet hier, daß gerade mit Hilfe der Finanzstatistik die Kenntnis der tatsächlichen Zusammenhänge und Ursachenverknüpfungen weiter verbreitet werden muß.

Mit an erster Stelle dürfte dabei die Einkommenssteuerstatistik stehen, die wir ja schon als eine wichtige Quelle der Einkommensschichtung und

[1] 4., gänzlich umgearbeitete Auflage, 4. Bd., Jena 1927, S. 107 ff.

[2] 1940, Bd. I, S. 634 ff.

verteilung im 12. Kapitel (besonders S. 330 ff.) behandelt haben. Hier kommt es weiter darauf an, daß uns diese Einkommenssteuerstatistik in ihrer regionalen Aufgliederung auch ein plastisches Bild der Wirtschaftsstruktur und der Einkommenskraft der einzelnen örtlichen Bezirke liefert, Daten, die insbesondere auch für marktanalytische Untersuchungen von Bedeutung sein können. Ein weiteres wichtiges Beispiel ist die Vermögenssteuerstatistik, die allgemein und nach Vermögensgruppen einen Einblick in die Vergangenheit und die weitere Entwicklung des Vermögensstandes nach den verschiedenen Arten des Vermögens (land- und forstwirtschaftliches, Grundvermögen, Betriebsvermögen usw.) sowie seiner Belastungen gewährt, weiter auch die „Einheitswert"-Statistik, die die gewerblichen Betriebe in der Hand von natürlichen und „nicht-natürlichen" Personen (Aktiengesellschaften, Erwerbs- und Wirtschaftsgenossenschaften, Kommanditgesellschaften usw.) nach Rechtsformen und Einheitswertgruppen darstellt und damit einen tieferen Einblick in die Struktur einzelner Vermögensarten gewährt. Auch die Erbschaftssteuerstatistik, gegliedert nach Wertstufen und Steuerklassen (die sich nach dem Grad der Verwandtschaft mit dem Erblasser richten), ist in gewisser Hinsicht wichtig für die Ermittlung der Vermögenskraft. Umsatz- und Verbrauchssteuern, auch Beförderungssteuern, sind weitere Möglichkeiten, die Verflechtungen im Bereich der Wirtschaft quantitativ zu kennzeichnen und Unterlagen darzubieten für besondere Formen der staatlichen Betätigung („soziale Marktwirtschaft"). Das gilt vor allem von der Umsatzsteuer, aus deren Ergebnissen wir Schlüsse ziehen können auf die Struktur der verschiedenen Wirtschaftszweige und auf die Struktur der Wirtschaft in den einzelnen Teilen des Landes.

Weitere Einblicke in die Auswertungsmöglichkeiten der Finanzstatistik gibt uns O. Barbarino in seinem Beitrag „Öffentliche Finanzen und Wirtschaftsverlauf"[3]. Er betont dabei allerdings mit Recht, daß das Aufkommen der einzelnen Steuern selten ein *reines* Spiegelbild des Wirtschaftsverlaufes darstelle. Vielmehr sind die Veränderungen dieses Bildes in der Regel das mannigfach beeinflußte Ergebnis von wirtschaftlichen Einwirkungen *und* von steuerrechtlichen Veränderungen. Wenn man also die Steuerertragsreihen konjunkturstatistisch beobachten und auswerten will, muß man erst eine möglichst gründliche Bereinigung von den Auswirkungen eben der steuerrechtlichen Veränderungen vornehmen. Diese Veränderungen können dreifacher Art sein: Veränderungen im Steuerpflichtkreise, z. B. die Ausdehnung der Körperschaftssteuerpflicht auf eine bestimmte Betriebsart (wie öffentliche Versorgungsbetriebe), können in ihren Auswirkungen nur dann ausreichend berücksichtigt werden, wenn die statistische Gliederung es erlaubt, das Körper-

[3] a. a. O. S. 610 ff.

schaftssteueraufkommen der neu eingefügten Betriebsart *gesondert* von dem übrigen Aufkommen zu erfassen. Veränderungen im Steuer*tarif* können dann recht leicht ausgeschaltet werden, wenn es sich nur um proportionale bzw. gleichmäßige Besteuerung, gewissermaßen nur um *einen* Steuersatz handelt; basiert z. B. das Körperschaftssteueraufkommen auf einem einheitlichen Steuersatz (einheitlich soundso viel vH), so kann man aus einem Steuerertrag ohne weiteres das Steuerobjekt errechnen. Hier kommt in manchen Fällen noch hinzu, daß außer dem Steuerertrag das Steuerobjekt selbst statistisch erfaßt wird. In solchen Fällen spielt auch eine Veränderung in der Zahlungsweise der Steuer, z. B. eine Verlängerung oder Verkürzung der Steuerfrist, keine Rolle; aber auch in anderen Fällen läßt sich eine solche Störung der zeitlichen Vergleichbarkeit meist durch eine einfache Rechnung wieder ausschalten. Wichtig bleibt allerdings in allen Fällen — auch nach der „Bereinigung" solcher Veränderungen — die Ausschaltung etwaiger Saisonschwankungen, um die Ergebnisse wirklich vergleichbar zu gestalten. Bei dem „Schwankungsgrad", den die einzelnen Steuerreihen im Wirtschaftsverlauf aufzeigen können, kommt es darauf an, ob der Beobachtung Mengen- oder Wertsteuern zugrundeliegen, ferner, ob es sich um proportionale oder progressive Steuern handelt. Wichtig ist auch, daß der Zeitpunkt bei den einzelnen Steuern sehr verschieden sein kann, in dem sich die Änderung einer wirtschaftlichen Bewegungsrichtung im Steuerertrag auswirkt. So läßt z. B. die veranlagte Einkommens- und Körperschaftssteuer die Veränderungen des Wirtschaftsverlaufes früher erkennen als die Lohnsteuer, umgekehrt wirken sich die Veränderungen der Wirtschaftslage im Ertrage der Verbrauchssteuern verhältnismäßig spät aus.

Diese Beispiele sollten dartun, daß man zwar einerseits aus den Ergebnissen der Finanzstatistik wesentliche Schlüsse auf den Stand und die Entwicklung der Wirtschaft ziehen kann, daß man aber anderseits gewisse innere Veränderungen kennen und entsprechend berücksichtigen muß, um nicht zu Fehlschlüssen zu gelangen.

Zweck und Ziel der Finanzstatistik schildert Fr. ZAHN[4] kurz zusammenfassend folgendermaßen:

„Die Staatsfinanzstatistik wie auch die Finanzstatistik der Kommunen kann als sachlich, zeitlich und räumlich *vergleichende* Statistik in Erscheinung treten. Die sachliche Vergleichung setzt hierbei die Zerlegung des öffentlichen Bedarfes nach den Ausgabenzwecken und der Einnahmen nach Art und Quelle sowie die Ausgliederung des Aktiv- und Passivvermögens voraus, während der zeitliche Vergleich die Änderungen und Verschiebungen, kurz die Entwicklungsverhältnisse innerhalb Bedarf und

---

[4] a. a. O. S. 107 f.

Deckung, Vermögen und Schulden während einer Reihe von Finanzjahren verfolgt. Die Gegenüberstellung der finanzstatistischen Ergebnisse mehrerer öffentlicher Finanzwirtschaften ergibt schließlich die räumliche Vergleichung. Handelt es sich hierbei um Staaten, so liegt bei Bundesstaaten eine *bundesstaatliche*, bei fremden Staaten eine *internationale Staatsfinanzstatistik* vor.

Bei der *Kommunalfinanzstatistik* ist zunächst nach den verschiedenen Arten der Kommunen eine Gemeindefinanzstatistik, eine Distrikts-, Kreis-, Provinz-, Departementsfinanzstatistik usw. zu unterscheiden. Aus dem Vergleich der Daten mehrerer Kommunen erwächst die zwischenörtliche oder *interlokale Kommunalfinanzstatistik*. Diese kann wiederum eine *horizontale* oder *vertikale* Statistik sein, je nachdem die Daten derselben Art oder verschiedener Arten von Kommunen gegenübergestellt werden. Schließlich können die Ergebnisse der gesamten Kommunalfinanzstatistik eines Staates mit denen des Staates selbst zu einer *vertikalen Staatsfinanzstatistik* zusammengeworfen werden. Diese letzte Form der Finanzstatistik ist die wichtigste, weil sie die ganze öffentliche Finanzwirtschaft eines Staates umfaßt. Sie allein liefert jene Zahlen, die für den internationalen Finanzvergleich wirklich brauchbau sind."

Trotz der hier gegebenen klaren Definition ist aber nicht zu leugnen, daß immer wieder gewisse Schwierigkeiten auftauchen, wenn es sich darum handelt, bestimmte im öffentlichen Interesse liegende Vorhaben und Institutionen der Finanzstatistik (in unserem engeren Sinne) zuzurechnen oder nicht. Ein Beispiel dafür bilden u. a. die öffentlichen Sozialleistungen. Soweit es sich um die ausgesprochene „Sozialversicherung" handelt, rechnet man die Ausgaben hierfür in der Bundesrepublik *nicht* den öffentlichen Finanzen zu, wenn sie von den Trägern dieser Versicherungszweige selbst aufgebracht werden; dagegen sind die *Zuschüsse* des Bundes zur Sozialversicherung (vor allem zur Rentenversicherung der Arbeiter und Angestellten) — die im Jahre 1958 allein 5,13 Milliarden DM ausgemacht haben — selbstverständlich Haushaltsausgaben des Bundes. Zeitlich haben sich hier teilweise Veränderungen vollzogen; so waren z. B. die Ausgaben für die „Erwerbslosenunterstützung" (neuerdings Arbeitslosengeld und Arbeitslosenhilfe) bis zum Jahre 1927 solche der öffentlichen Fürsorge, während sie danach von der Reichsanstalt für Arbeitsvermittlung und Arbeitslosenversicherung übernommen wurden und die Mittel dafür im wesentlichen (abgesehen von der Krisenzeit Ende der 20er und zu Beginn der 30er Jahre) durch Beiträge der Arbeitgeber und Arbeitnehmer aufgebracht wurden. Hier sind also die Dinge inzwischen haushaltsrechtlich klar herausgestellt worden.

Ein anderes Problem ergibt sich aus der Tatsache der Betätigung des Staates und anderer öffentlich-rechtlicher Körperschaften auf erwerbswirtschaftlichem Gebiet. Hierzu stellt JOH. MÜLLER in seinem Beitrag „Finanzstatistik" im Wörterbuch der Volkswirtschaft[5] folgendes fest:

„Reich, Länder, Gemeinden usw. betätigen sich nun nicht nur auf Sachgebieten, die der Regelung durch öffentliches Recht unterliegen, wie Rechtspflege, Polizei usw., sondern in beträchtlichem und in neuerer Zeit sogar rasch anwachsendem Maße auch auf privatwirtschaftlichem Gebiete. Auch abgesehen von Eisenbahn und Post, wo die Verhältnisse besonderer Art sind, sei daran erinnert, daß fast alle Länder ausgedehnten Forstbesitz bewirtschaften, nicht wenige von ihnen Bergwerke betreiben, sich auf elektrizitätswirtschaftlichem Gebiete betätigen u. a. m.; sehr groß ist die Zahl der kommunalen Gas- und Elektrizitätswerke, Straßenbahnen usw. Im einzelnen ist nun die rechtliche Konstruktion dieser privatwirtschaftlichen Betriebe sehr verschieden. Teils sind die Länder, Städte usw. auch die juristischen Eigentümer. Nicht selten ist aber auch die Form einer Gesellschaft des privaten Rechts (Aktiengesellschaft, GmbH.) gewählt. So sind beispielsweise die im Eigentum des Reiches befindlichen Unternehmungen zur ‚Viag' (Vereinigte Industrie-Unternehmungen AG.), die dem Lande Thüringen gehörigen Werke zur ‚Thüringenwerke AG.' zusammengefaßt worden. Die genannten Unternehmungen sind damit aus den Haushaltsplänen des Reiches bzw. Thüringens ausgeschieden und sind Aktiengesellschaften nach Handelsrecht wie jede andere private Aktiengesellschaft auch. Es erhebt sich nun die Frage, ob man auch deren Finanzen in die Finanzstatistik einbeziehen soll oder nicht. Dagegen spricht, daß sie aus der öffentlich-rechtlichen Sphäre ausgeschieden sind und daher nicht mehr ‚öffentliche' Finanzen sind; insbesondere unterliegen z. B. die Ausgaben und Einnahmen nicht mehr der Genehmigung der Volksvertretungen. Dafür spricht wieder, daß die betreffenden Unternehmungen tatsächlich und insbesondere auch wirtschaftlich wertvolle Vermögensobjekte im Eigentum öffentlich-rechtlicher Körperschaften sind und ihre Erträgnisse den öffentlichen Finanzen zugute kommen. Auch würde es für die vergleichende Finanzstatistik zu unhaltbaren Ergebnissen führen, wollte man sich lediglich nach der formalen juristischen Konstruktion richten und die genannten Vermögensobjekte das eine Mal in die Finanzstatistik einbeziehen, das andere Mal dagegen nicht. Der richtige Ausweg dürfte der sein, die privatrechtlich ausgestalteten Betriebe bei der Vermögens- (und Schulden-)Statistik mit ihrem Bilanzwert als Kapitalbesitz zu behandeln und die Überschüsse bzw. Zuschüsse als Einnahmen bzw. Ausgaben aus Kapitalbesitz einzusetzen."

Trotz all solchen grundsätzlichen Schwierigkeiten ist es dennoch notwendig, eine ausführliche und gut funktionierende Finanzstatistik auf-

[5] Jena 1931, I. Bd., S. 820 ff.

zubauen. Diese Notwendigkeit stellt ZAHN[6] besonders klar heraus: „Nur die umfassende und jeden Posten der Finanzwirtschaft aufklärende Haushaltsstatistik kommt den *Bedürfnissen* der *Praxis* und *Wissenschaft* voll entgegen. Die praktische Wirtschaft und Politik, der Staats- und Gemeindebürger sowie die öffentliche Verwaltung selbst brauchen die Finanzstatistik als Auskunftsorgan und Kontrollmittel über die Finanzgebarung, insbesondere über die Verwendung der öffentlichen Gelder und als Rechenschaftsbericht über die Verteilung der Belastung einzelner Volksschichten, -gruppen und -klassen durch den öffentlichen Finanzbedarf. Der Wissenschaft liefert die Finanzstatistik zahlreiche unentbehrliche Forschungsgrundlagen. In ausgedehntem Maße bedienen sich ihrer die Finanzwissenschaft, die Nationalökonomie, die Sozialpolitik und schließlich jeder Wissenschaftszweig, der sich mit dem Wirtschaftsleben befaßt, weil die gesamte wirtschaftliche Betätigung der Bürger eines jeden Kulturstaates wesentlich von der öffentlichen Finanzwirtschaft beeinflußt wird. Nicht zuletzt wird sie von der Verwaltungswissenschaft weitgehend ausgebeutet, da jedes wissenschaftliche Eindringen in die Verwaltungstätigkeit des Staates oder sonstiger Gemeinwesen notwendig auch zu den Finanzen, dem Rückgrat der Verwaltungstätigkeit und damit zur Finanzstatistik führt.

Zu diesen allgemeinen Gesichtspunkten der Bedeutung der Finanzstatistik kommt heute auch noch ihre große *Aktualität*." ZAHN weist in diesem Zusammenhang vor allem auf die schlimmen finanziellen Folgen des ersten Weltkrieges und der Inflation sowie auf die hohe gegenseitige Verschuldung der Staaten und die Tributpflichtigkeit Deutschlands gegenüber den ehemaligen Feinden hin (der Beitrag ist 1927 erschienen!), lauter Tatsachen, die „zur Neuordnung der Finanzen und zum Studium der wirtschaftlichen Auswirkung dieser Neuordnungen durch eine exakt arbeitende Finanzstatistik" zwingen sowie „die statistische Aufbereitung der geld- und finanzwirtschaftlichen Zustände bei den einzelnen Staaten, die als Schuldner oder Gläubiger in Frage kommen", erfordern. Wenn sich auch die aktuellen Anlässe zu diesen Forderungen in den letzten Jahrzehnten weitgehend geändert haben, so stellen die heutigen nationalen und internationalen Bedürfnisse und Planungen mindestens die gleichen Ansprüche an den Ausbau der Finanzstatistik, und zwar heute noch mehr mit dem Hinweis auf eine *internationale Vergleichbarkeit* als je, wie das auch schon bei den EWG-Planungen oder bei den Problemen der „Entwicklungsländer" deutlich sichtbar geworden ist. Im übrigen stellen die hier angeführten Argumente von FR. ZAHN noch eine

---

[6] a. a. O. S. 108.

wichtige Ergänzung zu den im Eingang dieses Kapitels (oben S. 365 ff.) von Herker und Barbarino vorgebrachten Gründen dar.

Wenn somit auch die Notwendigkeit einer ausführlichen laufenden und vor allem zu Vergleichen geeigneten Finanzstatistik keinem Zweifel unterliegt, so sind doch auf der anderen Seite die *technischen* Schwierigkeiten nicht gering, die dem Aufbau und der Durchführung einer solchen Statistik im Wege stehen. Auch hierüber hat sich Zahn maßgeblich geäußert: „Die praktische Gewinnung der einen oder anderen Art Finanzstatistik, namentlich aber einer für internationale Vergleichungen verwendbaren Staatsfinanzstatistik stößt auf die größten *technischen Schwierigkeiten.* Die Finanzverfassung und die als Quelle für eine Finanzstatistik in Betracht kommenden Budgets und Schlußrechnungen hängen mit den politischen und Verwaltungsinstitutionen der einzelnen Länder und Kommunen sehr eng zusammen. Die wirtschaftlichen, kulturellen und staatsrechtlichen Verhältnisse, die Aufgabenverteilung zwischen Staat und Kommunen und schließlich die speziell budgettechnischen Gewohnheiten sind in einem jeden Staate so verschieden, daß sich einer einheitlichen Erfassung und einem korrekten Vergleich nahezu unüberwindliche Schwierigkeiten entgegenstellen. Im letzten Jahrzehnt (NB vor 1927!) wurden diese Schwierigkeiten auch noch durch den Währungsverfall verschärft und damit selbst die Finanzvergleichungen desselben Staates gefährdet. Schließlich bildet eine der Hauptschwierigkeiten der Erfassung der Umstand, daß die Finanzstatistik kein eigentlich qualitativ einheitliches Zählelement vorfindet wie andere Statistiken. Sie ist vielmehr gezwungen, jeden einzelnen Finanzvorfall daraufhin zu untersuchen, ob begrifflich eine statistisch anzuschreibende Finanztatsache vorliegt, ob mit dem Vorfall eine effektive Vermehrung, Verminderung oder maßgebende Veränderung des Stammvermögens gegeben ist.

Die Folge dieser Schwierigkeiten ist vielfach eine Vernachlässigung der Finanzstatistik, die den gesamten Haushalt umfaßt. An ihrer Stelle werden in vielen nationalen Statistiken technisch leicht zu bearbeitende Teilgebiete, vornehmlich einzelne Steuerstatistiken, wie hauptsächlich die Einkommenssteuerstatistik gepflegt. Derartige Statistiken bilden wohl eine notwendige und äußerst wertvolle Ergänzung zur Haushaltsstatistik, können sie aber nie ersetzen, weil sie keinen vollen Einblick in die Finanzwirtschaft, vor allem aber keinen internationalen Vergleich erlauben."

Einen Teil der hier geschilderten Schwierigkeiten konnte der Verfasser selbst wahrnehmen, als er nach dem zweiten Weltkriege (in Tübingen) bei dem Versuch mitbeteiligt war, einen gemeinsamen Haushaltsplan für den damals beabsichtigten und inzwischen zustande gekommenen „Südweststaat" (Baden-Württemberg) aufzustellen aus den Haushalten der Länder Baden und Württemberg (einschl. Hohenzollern), die außerdem in sich noch nach verschiedenen Besatzungszonen (amerikanische und französische Zone) aufgeteilt waren. In diesen einzelnen Teilen hatten sich gerade in der verhältnismäßig kurzen Zeit seit 1945, teilweise unter dem Einfluß des Besatzungsrechts, die bis dahin recht gleichartigen Finanzverfassungen so stark auseinanderentwickelt, daß es durchaus nicht so einfach war, hier wieder eine gemeinsame Grundlage herauszuarbeiten. Inzwischen sind aber in der Bundesrepublik und in ihren einzelnen Ländern die Dinge immer stärker wieder angeglichen worden, so daß es jetzt ohne weiteres möglich ist, die „öffentlichen Finanzen" für Bund, Länder und Gemeinden unter einheitlichen Gesichtspunkten darzustellen, wovon man sich z. B. durch einen Blick in das Statistische Jahrbuch für die BRD überzeugen kann[7]. Nach außen sichtbar tritt diese Vereinheitlichung u. a. in Erscheinung durch den „Finanzstatistischen Kennzifferplan", über dessen Entstehung und Ausgestaltung das „Kleine Wörterbuch der Wirtschaftsstatistik"[8] folgendes berichtet: „Ihrer Aufgabenstellung entsprechend muß die Finanzstatistik die Ergebnisse aller Gebietskörperschaften vergleichbar zusammenfassen, d. h. sie muß ohne Rücksicht auf die Art der einzelnen Rechnungsabschlüsse das Zahlenmaterial so gliedern oder gruppieren, daß nur wirklich inhaltlich vergleichbare Bestandteile zusammengefaßt werden.

Bei dem Wiederaufbau der Gemeindefinanzstatistik nach 1945 hat sich als sehr störend herausgestellt, daß die formale Gestaltung der kommunalen Haushalte in den einzelnen Ländern völlig voneinander abwich. Um diesen Mißstand abzuhelfen, entschloß sich das Statistische Bundesamt, ein neues einheitliches Ordnungsschema aufzubauen und anzuregen, dieses Schema als finanzstatistische Kennziffer in alle kommunalen Haushalte zu übernehmen. Damit sollte einmal erreicht werden, daß die Umformungsarbeiten in den einzelnen Gemeinden auf ein Mindestmaß beschränkt, gleichzeitig aber, daß die gesamtstatistischen Ergebnisse verbessert und beschleunigt herausgebracht werden können.

Beratungen mit Vertretern der Innenministerien, der Gemeindeverwaltungen, der kommunalen Spitzenverbände und der amtlichen Statistik führten zu dem Ergebnis, daß eine Parallelschaltung von finanzstatistischer Kennziffer und Haushaltsstellenbezeichnung den Bedürfnissen der Praxis am ehesten gerecht wird. Die finanzstatistische Kennziffer mußte also als Kontenrahmen aufgestellt werden, der sowohl den weitesten Rahmen finanzstatistischer Fragenotwendigkeiten berücksichtigt als auch

[7] Vgl. z. B. Jahrbuch 1960, S. 415 ff.
[8] S. 56 f.

eine Mindestausgliederung der Haushaltspläne für gemeindliche Erfordernisse ermöglicht. Nach Vorliegen des Entwurfs entschlossen sich die Innenministerien der Länder, den finanzstatistischen Kennziffernplan nicht nur als statistischen Kontenrahmen festzulegen, sondern ihn als Rahmen für einen neuen Haushaltsgliederungsplan, verbindlich für alle Gemeinden und Gemeindeverbände, vom Rechnungsjahr 1951 an einzuführen."

Die hier festgestellten Prinzipien entsprechen durchaus den Bedingungen, die ZAHN an eine sachgemäße Durchführung der Finanzstatistik knüpft. In seinem Beitrag führt er zum Thema „Grundlagen und Erhebungsmethoden" folgendes aus[9]: „Die *Grundlagen der Finanzstatistik* bilden die Haushaltungsbudgets, die Haushaltsrechnungen und die Vermögensnachweise der öffentlich-rechtlichen Körperschaften. Die Budgets, Rechnungs- und Vermögensnachweise selbst sind keine Finanzstatistik. *Diese entsteht erst durch die statistisch-methodische Übertragung des Inhalts der Finanznachweise*[10]. Da der Hauptzweck der Finanzstatistik die Vergleichbarkeit und vornehmlich der interkommunale und internationale Finanzvergleich ist, setzt diese statistisch-methodische Übertragung bei der Mannigfaltigkeit der Budget- und Finanzgebarung der einzelnen Kommunen und Staaten materiell *einheitliche Grundlagen, einheitliche Behandlungsgesichtspunkte und einheitliche Gliederungsgrundsätze* voraus. Oberstes Ziel muß hierbei die Wirklichkeit und Vollständigkeit der gewonnenen Zahlen sein.

Eine vergleichende Finanzstatistik kann zunächst nur an Hand von Budgets oder nur an Hand von Rechnungen durchgeführt werden. Eine Vermengung beider Grundlagen erbringt unwirkliche Ergebnisse, da in der Regel — vornehmlich aber bei schwankenden Währungsverhältnissen — die Rechnungen, die den tatsächlichen Bedarf und seine Deckung während eines Finanzjahres ausweisen, von dem Finanzplan, dem Etat oder Budget abweichen. Die Wirklichkeit und Vollständigkeit der Resultate erfordert notwendig die Benutzung der *Rechnung,* und zwar der abgeschlossenen Ist-Rechnung. Da indessen der Rechnungsabschluß sich zumeist längere Zeit hinzieht, wird aus praktischer Rücksichtnahme auf die möglichst baldige Bedienung der Öffentlichkeit mit den neuesten Finanzdaten vielfach das *Budget* zugrunde gelegt.

Eine weitere grundsätzliche Frage bildet die Benutzung der Brutto- oder Nettozahlen des Haushalts. Auch hier zwingt die Wirklichkeit und

---

[9] a. a. O. S. 108 f.

[10] Im Original nicht kursiv.

Vollständigkeit zu den *Bruttozahlen,* die sämtliche Ausgaben und Einnahmen umfassen. Die Wirksamkeit der Bruttozahlen wird aber erst dann erschöpft, wenn neben der Brutto- auch die Nettozahl gebracht wird. Dies ist hauptsächlich bei den öffentlichen Haushalten zu fordern, deren Summen durch öffentliche erwerbswirtschaftliche Betriebe aufgebläht sind. Hier müssen, um zum *reinen Staatsbedarf,* dem sog. Zuschußbedarf, durchzudringen, von den gesamten Bruttoausgaben die Bruttoausgaben für diese Betriebe abgezogen werden und schließlich auch die Bruttosummen der sog. eigenen Einnahmen der Staatsverwaltung ausgeschieden werden. Denn der Finanzvergleich und hier wiederum zunächst der interkommunale und internationale Finanzvergleich ist erst dann wirklich exakt und vollständig, wenn die Bruttozahlen des ganzen Haushalts sowie die Zahlen des reinen Brutto- und reinen Nettostaatsbedarfes sich gegenseitig beleuchten.

Auch bei den Nachweisungen über Vermögen und Schulden ist die Bruttozahl der Nettozahl vorzuziehen. Von den begrifflichen Forderungen der Finanzstatistik abgesehen, spricht dafür auch der Umstand, daß die Gegenüberstellung von Reinvermögen und Reinschulden über das eigentliche Verhältnis zwischen Vermögen und Schulden nichts aussagen kann, da die wirtschaftliche Bedeutung des Reinaktivvermögens und der Reinschulden immer von ihrem Verhältnis zur Höhe des Bruttovermögens bzw. der Bruttoschulden abhängig ist. Da Besitz und Schulden sich gegenseitig ergänzen, ist weiter auch die gleichzeitige statistische Bearbeitung beider Kategorien der Finanzwirtschaft notwendig, und zwar im unmittelbaren Anschluß an die engere Haushaltsstatistik, denn ein entsprechender Einblick in die Finanzlage eines Gemeinwesens wird nur durch die Mitberücksichtigung der Gesamtvermögensverhältnisse gewonnen."

Bei der Wiedergabe der Ergebnisse der Finanzstatistik sind eine ganze Reihe von Begriffen auseinanderzuhalten, von denen im folgenden die wichtigsten genannt werden: als Hoheitsverwaltungen und Kämmereiverwaltungen erscheinen die staatlichen bzw. kommunalen Aufgabenbereiche, bei denen vorwiegend hoheitliche Funktionen wahrgenommen werden. Dagegen gehören zum „Erwerbsvermögen" die Aufgabenbereiche mit wirtschaftlicher Betätigung, bei denen die Ertragserzielung im Vordergrund steht und die nicht mit hoheitlichen Funktionen verbunden zu sein brauchen; dieses Erwerbsvermögen umfaßt die Wirtschaftsunternehmen, das allgemeine Kapitalvermögen, das allgemeine Grundvermögen und das Sondervermögen. Als „Erstattungen" gelten Verrechnungen zwischen Verwaltungszweigen innerhalb des Haushalts einer Gebietskörperschaft („innerer Verrechnungsverkehr"), z. B. Zahlungen des Fürsorgeamtes an ein Krankenhaus derselben Gebietskörperschaft für die Behandlung eines Fürsorgeempfängers. Für *einen* Verwaltungszweig sind die Erstattungen echte Einnahmen bzw. Ausgaben, in der Summe der Hoheitsverwaltungen und Kämmereiverwaltungen sind sie jedoch Doppelzählungen, wobei der gleiche Betrag einmal als Ausgabe, das andere Mal als Einnahme erscheint. Zuweisungen sind Zahlungen an (oder von) Gebietskörperschaften, andere Körperschaften, Verbände und Vereine (jeweils auch *von* diesen Bereichen) in Form von Lastenanteilen, Beiträgen und Zuschüssen; ein Beispiel sind die schon erwähnten Zuweisungen an die Träger der Sozialversicherungen. Die Finanzstatistik unterscheidet weiter verwaltungszweiggebundene Zuweisungen und *allgemeine* Finanzzuweisungen (zu denen auch die „Umlagen" gehören). Bei den Ausgaben und Einnahmen werden „vermögenswirksame" und „vermögensunwirksame" unterschieden. Vermögenswirksam sind die folgenden *Ausgaben:* Gewährung von Darlehen, Tilgung, Zuführungen an Rücklagen und an Kapitalvermögen, Beteiligungen, Erwerb von Grund- und beweglichem Vermögen, Neu- und Wiederaufbau, Erweiterungs- und Umbauten, große Instandsetzungen; und die folgenden *Einnahmen:* Schuldenaufnahmen, Rückflüsse von Darlehen, Entnahmen aus Rücklagen und aus Kapitalvermögen, Erlöse aus Veräußerungen von Grund- und sonstigem Sachvermögen. Diesen Einnahmen und Ausgaben stehen die vermögens*unwirksamen* gegenüber; das sind folgende Ausgaben: Personalausgaben, Unterhaltung und Instandsetzung von unbeweglichem Vermögen, Zuweisungen an Träger der Sozialversicherung, Renten und Unterstützungen, Subventionen und Preisausgleich, Leistungen für ausländische Streitkräfte, Zinsen, Zuweisungen an Zweckverbände und sonstige Körperschaften, dazu noch „Sonstige"; von den Gesamtausgaben von Bund, Ländern, Gemeinden usw., die 1958 71,41 Milliarden DM (nach Abzug der Erstattungen) ausmachten, waren 54,27 Milliarden = 76,0 vH vermögensunwirksam und nur 17,63 Milliarden DM vermögenswirksam. Bei den Einnahmen stehen die „Allgemeinen Deckungsmittel" bei weitem im Vordergrund; die vermögensunwirksamen Einnahmen zerfallen in Gebühren, Entgelte und Strafen, Zuweisungen von Zweckverbänden und sonstigen Körperschaften, „Sonstige". Von den Gesamteinnahmen des Rechnungsjahres 1958 mit 69,81 Milliarden DM waren 7,14 Milliarden = 10,2 vH vermögenswirksam und 7,79 Milliarden = 11,2 vH vermögensunwirksam; die allgemeinen Deckungsmittel erreichten 55,36 Milliarden DM[11]. Die Gesamtheit der Ausgaben und Einnahmen von 1958 (nach Abzug der Erstattungen) verteilt sich folgendermaßen auf die einzelnen „Ebenen" (Spalten 2 und 3):

---

[11] Die Angaben sind entnommen aus dem Statist. Jahrb. für 1960, S. 418 f.

Übersicht 19: Ausgaben und Einnahmen nach „Ebenen" 1958

	Ausg.	Einn.	Ausg.	Einn.
		in Millionen DM		
1	2	3	4	5
Bund (einschl. Berlin/West)	34 003	31 448	27 487	31 090
Lastenausgleichsfonds	4 373	4 520	4 127	3 293
Länder	21 416	21 485	17 079	16 977
Stadtstaaten	5 791	6 117	5 600	4 187
Gemeinden u. Gemeindeverbde	17 864	18 342	17 117	14 259
Insgesamt	83 447	81 912	71 410	69 806

In den Beträgen der Spalten 2 und 3 sind jeweils die „Zuweisungen und Darlehen *an* bzw. *von* Gebietskörperschaften" enthalten, die noch aufgeteilt werden in allgemeine Finanzzuweisungen, verwaltungszweiggebundene Zuweisungen sowie Darlehen. Setzt man diese Zuweisungen und Darlehen bei den einzelnen Ebenen ab, so erhält man in den Spalten 4 und 5 die „bereinigten" Ausgaben und Einahmen für das Rechnungsjahr 1958[12]. Die Unterschiede zwischen Spalte 2 und 4 = 12,04 Milliarden und zwischen Spalte 3 und 5 = 12,1 Milliarden DM, die sich verständlicherweise fast auf den gleichen Betrag belaufen, sind das aufgerechnete Gesamtergebnis der erwähnten Zuweisungen und Darlehen an (und von) Gebietskörperschaften *verschiedener* Ebenen und der *gleichen* Ebene. Infolge dieser Zuweisungen unterscheiden sich die Ausgaben der Spalten 2 und 4 ganz beträchtlich beim Bund und bei den Ländern, und zwar zusammen um 10,85 Milliarden DM, weil diese beiden „Ebenen" ja die hauptsächlich gewährenden Stellen sind; bei den Einnahmen dagegen zeigen sich die Hauptunterschiede bei den Ländern, auch den „Stadtstaaten", und den Gemeinden und Gemeindeverbänden, relativ erheblich auch beim Lastenausgleichsfonds — für die genannten Ebenen macht der Unterschiedsbetrag zusammen 11,75 Milliarden DM aus —. Für den Bund dagegen ist kaum eine Differenz festzustellen, da er ja nur zuweist, aber nicht empfängt, während die Länder sowohl leisten (an ihre Gemeinden und Gemeindeverbände) als auch empfangen. Aus den Finanzbeziehungen zwischen den verschiedenen Ebenen ergibt sich weiterhin die Not-

[12] Angaben für Spalte 4 im Stat. Jahrb. 1960, S. 422.

wendigkeit, zu unterscheiden zwischen „unmittelbaren Ausgaben" und „Eigenausgaben"[13]; für Bund, Länder usw. zusammengenommen stimmen die Beträge auch in den einzelnen Verwaltungszweigen genau überein, aber bei der Verteilung auf die einzelnen Ebenen ergeben sich teilweise recht große Unterschiede: So hat der Bund 1958 für die Förderung des Wohnbaus unter „unmittelbaren Ausgaben" 332 Millionen DM aufgebracht, unter „Eigenausgaben" dagegen 1884 Millionen DM (alle Ebenen zusammen 4525 Millionen), bei der Wiedergutmachung entfielen auf den Bund als „unmittelbare Ausgaben" 377 Millionen, als „Eigenausgaben" 1186 Millionen DM (auf allen Ebenen zusammen 1971 Millionen). Recht erheblich ist der Unterschied auch noch bei Ernährung, Landwirtschaft und Forsten: als „unmittelbare Ausgaben" hat der Bund hier 1126 Millionen, als „Eigenausgaben" 2273 Millionen DM aufgebracht (auf allen Ebenen zusammen 3541 Millionen). Die Unterscheidung zwischen den unmittelbaren Ausgaben und den Eigenausgaben ergibt sich aus der folgenden Definition (die auch im Statistischen Jahrbuch wiedergegeben ist): Die „unmittelbaren Ausgaben" stellen die Summe der Ausgaben ohne verwaltungszweiggebundene Zuweisungen, Darlehen und Tilgungen an Gebietskörperschaften dar; da die Ausgaben in dieser Darstellungsform der unmittelbaren Ausgaben von der Ausgabenseite her bereinigt sind („Erfüllungsprinzip"), zeigen sie für den Bereich der Hoheitsverwaltungen und Kämmereiverwaltungen, welche Gebietskörperschaft die Aufgaben durchführt — darum spricht man hier auch von „Aufgabenerfüllung" —, außer in den Fällen, in denen eine Gebietskörperschaft unmittelbar für Rechnung einer anderen Gebietskörperschaft tätig wird, z. B. in der Kriegsopferversorgung. Die „Eigenausgaben" stellen die Bruttoausgaben abzüglich verwaltungszweiggebundener Zuweisungen, Schuldenaufnahmen und Darlehensrückflüssen von Gebietskörperschaften dar; da die Ausgaben in dieser Darstellungsform der Eigenausgaben von der Einnahmeseite her bereinigt sind („Belastungsprinzip"), zeigen sie die „Lastenverteilung" zwischen den Gebietskörperschaften für die verschiedenen Aufgabengebiete innerhalb der Hoheitsverwaltungen und Kämmereiverwaltungen auf.

Im Sinne der „Aufgabenerfüllung" sind in der folgenden Übersicht 20 die unmittelbaren Ausgaben für die verschiedenen „Ebenen" auf die „Hauptverwaltungszweige" der Hoheits- bzw. Kämmereiverwaltungen aufgeteilt worden[14]:

---

[13] a. a. O. S. 420 f.

[14] Vgl. Statistisches Jahrbuch 1960, S. 422.

Übersicht 20: Ausgaben 1958 in Millionen DM nach Hauptverwaltungszweigen

Hauptverwaltungszweig	Bund	Lasten-ausgl. fonds	Länder	Stadt-staaten	Gemein-den usw.	Inges.
1	2	3	4	5	6	7
Politische Führung u. zentrale Verwaltung	1 116	44	1 415	339	1 532	4 446
Verteidigung	8 842	—	38	5	29	8 914
Öffentl. Sicherheit u. Ordnung	202	—	1 095	347	441	2 084
Rechtspflege	23	—	1 079	173	—	1 269
Schulen, Wissensch., Kunst, Volksbild., Kirche	363	—	4 569	941	2 822	8 695
Sozial- u. Gesundheitsw.	10 697	3 134	1 187	1 234	4 482	20 733
Wohnungsbau usw., Wirtschaft u. Verkehr	3 870	782	5 574	1 482	6 538	18 246
Ausgaben für das Erwerbsvermögen	831	—	197	253	1 578	2 860
Bes. Kriegsfolgelasten	446	—	1 038	717	38	2 239
Schuldendienst	1 145	167	894	199	10	2 414
zusammen	27 487	4 127	17 079	5 600	17 117	71 410
Anteil der Ebenen	38,5	5,8	23,9	7,8	24,0	100,0

Aus der letzten Zeile der Übersicht (Anteil der Ebenen) ergibt sich die verschiedene Größe des Anteils der einzelnen „Ebenen" an den Gesamtausgaben; den größten Anteil mit fast zwei Fünfteln bringt der Bund auf, es folgen mit Abstand die Gemeinden (und Gemeindeverbände) sowie die Länder, wobei beide Gruppen ziemlich gleich hoch liegen und je fast ein Viertel aufbringen; zusammen tragen die genannten Ebenen 86,4 vH der Gesamtausgaben, in den Rest teilen sich die Stadtstaaten und der Lastenausgleichsfonds. Von besonderem Interesse ist der Anteil der *einzelnen* Hauptverwaltungzweige, d. h. praktisch der Aufgabengebiete, an den Gesamtausgaben: an erster Stelle steht hier das Sozial- und Gesundheitswesen mit 28,7 vH und gleich dahinter Wohnungsbau, Bauverwaltung usw., Wirtschaft und Verkehr mit 25,4 vH — beide zusammen nehmen mit 54,1 vH schon mehr als die Hälfte ein —; dabei wird das

Sozial- und Gesundheitswesen vor allem vom Bunde und von den Gemeinden usw. getragen (zu 73,2 vH, also zu fast drei Vierteln), Wohnungswesen, Wirtschaft und Verkehr dagegen vor allem von den Ländern und Gemeinden usw. (zu 66,4 vH, also zu fast zwei Dritteln). Rechnet man in beiden Fällen die Stadtstaaten hinzu, die ja sowohl als Länder wie als Gemeinden angesehen werden können, so ergibt sich für das Sozial- und Gesundheitswesen ein Satz von 79,2 vH, für Wohnwesen, Wirtschaft und Verkehr ein Satz von 74,5 vH. Erst mit weitem Abstand folgt die Verteidigung mit 12,4 vH — fast ausschließlich dem Bund überlassen —, und Schulen, Wissenschaft, Kunst, Volksbildung, Kirche mit 12,1 vH, woran fast ausschließlich die Länder, Stadtstaaten und Gemeinden usw. beteiligt sind. Von den übrigen Zweigen erfordert die politische Führung den höchsten Satz mit allerdings nur 6,2 vH; sie erstreckt sich praktisch recht gleichmäßig auf alle Ebenen. Die übrigen Aufgabengebiete (Hauptverwaltungszweige) erfordern zusammen nur noch 15,2 vH der Ausgaben; dabei ist an der Öffentlichen Sicherheit und Ordnung ausgabenmäßig der Bund verhältnismäßig am wenigsten beteiligt (nur zu 9,7 vH), an der Rechtspflege die Gemeinden überhaupt nicht, der Bund nur zu einem verschwindenden Teil (1,8 vH), an den Ausgaben für das Erwerbsvermögen wieder vor allem Gemeinden und Bund (ohne die Stadtstaaten zu 84,2 vH), an den besonderen Kriegsfolgelasten (ohne die sozialen, die im Sozial- und Gesundheitswesen enthalten sind) fast ausschließlich Bund, Länder und Stadtstaaten, das gleiche gilt auch für den Schuldendienst, bei dem noch der Lastenausgleichsfonds mit einem recht kleinen Satz beteiligt ist. Dieser Lastenausgleichsfonds ist ja überhaupt nur in vier von allen genannten zehn Hauptverwaltungszweigen in Erscheinung getreten.

Innerhalb der Gesamtausgaben der Verwaltung spielen von jeher die *Personalausgaben* eine wichtige Rolle, wobei allerdings ihr Anteil an diesen Gesamtausgaben meist stark überschätzt wird. Legt man wie in der letzten Übersicht die Ausgaben für 1958 zugrunde, so macht der Anteil der Personalausgaben (insgesamt) mit 16 842,7 Millionen DM 23,6 vH der Gesamtausgaben in Höhe von 71 410 Millionen DM aus, also nicht ganz ein Viertel. Die Beamtenbezüge, Angestelltenvergütungen und Arbeiterlöhne zusammen erfordern 13 767,3 Millionen DM = 81,6 vH der Personalausgaben überhaupt; der Rest verteilt sich auf die sonstigen Personalausgaben wie Beihilfen, Unterstützungen usw. mit 580,3 Millionen und auf die Versorgungsausgaben mit 2 495,1 Millionen DM, die demnach 14,8 vH aller Personalausgaben umfassen. Der Anteil der Beamtenbezüge an den Ausgaben für die Gehälter und Löhne der Beamten, Angestellten und Arbeiter ist in den Ebenen recht verschieden: Insgesamt beträgt er 56,9 vH, für die Bundesbeamten 68,6, für die Länderbeamten

72,8, in den Stadtstaaten aber nur 49,3 und in den Gemeinden und Gemeindeverbänden sogar nur 31,4 vH, weil auf dieser Ebene die Angestelltenbezüge im Vordergrund stehen. Wesentliche Unterschiede finden sich auch bezüglich des Anteils der Versorgungsbezüge (Pensionen usw.) an den Gesamtpersonalausgaben: Während dieser Anteil insgesamt (im Durchschnitt aller Ebenen) 14,8 vH ausmacht, beträgt er beim Bund nur 6,0 vH — weil hier ja auch erst ein verhältnismäßig kleiner Teil der Beamten (seit 1949!) das Pensionsalter erreicht haben kann —, bei den Ländern dagegen 19,0 vH, bei den Stadtstaaten 17,8 vH — hier handelt es sich in beiden Fällen weithin um Beamtenstellen aus der Vorkriegszeit, wenn auch in den neugeschaffenen Ländern noch ein gewisser Mehrbedarf aufgetreten ist —, bei den Gemeinden und Gemeindeverbänden 11,3 vH — der Grund für diesen geringeren Anteil gegenüber den Ländern und Stadtstaaten wurde ja schon genannt —.

Eine besondere Aufgabe erwächst der Finanzstatistik aus den Problemen des *Finanzausgleichs.* Man versteht darunter die Gesamtheit der Maßnahmen, die die finanziellen Wechselbeziehungen der Gebietskörperschaften untereinander regeln. Joh. Popitz, der sich ganz besonders mit den Problemen des Finanzausgleichs befaßt hat[15], bezeichnet allerdings die Begriffsbestimmung „Finanzausgleich als Gesamtheit der finanziellen Beziehungen zwischen dem Staat und den ihm eingegliederten Gebietskörperschaften" insofern als „noch zu eng, als sich nicht nur Beziehungen zwischen dem Staat auf der einen Seite und den Kommunalverbänden auf der andern Seite, also zwischen Staat und Gemeinde, Staat und Kreis, Staat und Provinz usw. ergeben, sondern auch zwischen den Kommunalverbänden untereinander". Diese Beziehungen gelten aber nicht nur im „Einheitsstaat". „Eine ganz gewaltige Steigerung erhält die Bedeutung des Finanzausgleichs in einem Staatsgebilde, in dem mehrere Staaten zusammengeschlossen sind, insbesondere im *Bundesstaat.* Materiell sind die Fragen, um die es sich handelt, ganz die gleichen, wie im Verhältnis von Staat und Gemeinde im Einheitsstaat. Auch im Bundesstaat handelt es sich darum, daß zwischen dem Oberstaat (dem Reich, dem Bundesstaat) und den ihm eingegliederten Gliedstaaten die Einnahmen zu verteilen, die Besteuerungsrechte abzugrenzen sind und daß auch hier die Aufgabenverteilung von ausschlaggebender Bedeutung für diese Regelung ist." Popitz gelangt somit zu folgender Definition[16]: „Finanzausgleich ist die Gesamtheit der Tatbestände und Regelungen, die die finanziellen Beziehungen unter den in einem Einheitsstaat oder in einer

[15] Vgl. Handbuch der Finanzwissenschaft, hrsg. von W. Gerloff u. Fr. Meisel, Tübingen 1927, II. Bd., S. 338 ff. (VIII. Abt., Finanzwirtschaft der öffentlichen Körperschaften, I. Der Finanzausgleich) —.

[16] a. a. O. S. 343.

Staatenverbindung vorhandenen Gebietskörperschaften zum Inhalt haben." Als Beispiele für die „Staatenverbindung" erwähnt er die „Ausgleichsverhandlungen zwischen den beiden an sich souveränen Staaten Österreich und Ungarn", wo der Finanzausgleich „die Gesamtpolitik der Donaumonarchie fest beherrscht" hat, und die sich damals anbahnenden finanziellen Beziehungen zwischen Großbritannien und seinen Dominien, insbesondere auch zwischen Großbritannien und Südirland. In der deutschen Finanzgeschichte besonders bekannt sind die „Matrikularbeiträge", die schon früh im Deutschen Reich von den Gliedstaaten erhoben wurden und noch bis ins 20. Jahrhundert hinein dazu dienen sollten, die Finanzmittel des Reiches, dem ja die Einnahmen aus *direkten* Steuern fehlten, aus dem Aufbringen der Ländersteuern ausreichend zu gestalten. Während hierbei gewissermaßen von unten nach oben ausgeglichen wird, geht das System der „Überweisungen" umgekehrt vor: es „besteht darin, daß die übergeordnete Gebietskörperschaft die gemeinsame Steuer allein erhebt, von ihr aber einen Teil auf die eingegliederten Gebietskörperschaften überweist, und zwar nach einem Schlüssel, der der Steuer selbst (ganz oder teilweise) entnommen ist"[17]. Es handelt sich aber nicht mehr um Überweisungen, sondern um „Dotationen", wenn die von der übergeordneten Gebietskörperschaft erhobene Steuer nach anderen Maßstäben (die mit der Steuer selbst nichts mehr zu tun haben) an die untergeordneten Gebietskörperschaften weitergegeben wird. Solche Verfahren sind im Deutschen Reich schon seit 1906 bekannt (Überweisung der Erbschaftssteuer, später auch der Wertzuwachssteuer), wurden dann nach dem ersten Weltkrieg durch die ERZBERGERsche Finanzreform weiter ausgedehnt: Landessteuergesetz von 1923, in der Neufassung von 1927 als „Finanzausgleichsgesetz". In all diesen Fällen handelt es sich um einen „vertikalen" Finanzausgleich — zwischen über- und untergeordneten Gebietskörperschaften —; dagegen handelt es sich zwischen gleichgeordneten, aber in verschiedenem Grade finanzstarken Gebietskörperschaften um einen „horizontalen" Finanzausgleich (früher auch als „Lastenausgleich" bezeichnet).

Die besonderen Schwierigkeiten dieses Verfahrens schildert POPITZ folgendermaßen[18]: „*Die Problematik des Finanzausgleichs* liegt in der ungeheuren Schwierigkeit, die finanziellen Bedürfnisse mehrerer Gebietskörperschaften, von denen eine die Gesamtheit einer nationalen Wirtschaft, die anderen Teile davon umfassen, so mit finanzwirtschaftlichen Mitteln zu befriedigen, daß einerseits die Gebietskörperschaften sämtlich ohne Verlust an Leistungsfähigkeit und Einfluß auf ihre Kosten kommen

---

[17] a. a. O. S. 358.

[18] a. a. O. S. 345.

und daß anderseits die Einzelwirtschaften dabei nicht Schaden leiden, sei es, daß sie unter der Vielheit der Zuständigkeiten oder gar durch negative Kompetenzkonflikte nicht die Leistungen der öffentlichen Wirtschaft erhalten, auf die sie Anspruch erheben können, sei es, daß sie als Steuerpflichtige durch den Gesamtzugriff von mehreren Steuergläubigern überlastet werden. ... Die Probleme treten in den Hintergrund oder sind doch verhältnismäßig einfach zu lösen in einer reichen Volkswirtschaft mit guten Finanzen der öffentlichen Hand. Auch hier mag dem Steuerpflichtigen manches Nebeneinander und Durcheinander rein privatwirtschaftlich überflüssig erscheinen, aber er erträgt es willig. Die Vereinigten Staaten von Amerika z. B. können sich den Luxus gestatten, daß Union und Gliedstaaten je für sich ausgebildete Finanzverwaltungen besitzen, je für sich voneinander unabhängige Einkommensteuern haben, wenn es auch da gerade in letzterer Beziehung nicht an Streitigkeiten und Widerständen fehlt. Wachsen die finanziellen Lasten an, werden die Steuern in allen beteiligten Gliedkörperschaften, vor allem aber im Oberstaat hoch, so treten die politischen und staatsrechtlichen Fragen hinter die immer stärker werdende Forderung der Wirtschaft nach Vereinfachung, Vereinheitlichung zurück, der Kampf der beteiligten Gliedskörperschaften um die Deckungsmittel wird lebhafter, die Decke wird hin- und hergezerrt. Es ist klar, daß dieser Zustand besonders stark dann hervortritt, wenn nach einem Kriege, vor allem einem verlorenen, ungeheure Lasten auf der öffentlichen Wirtschaft liegen und die Privatwirtschaften des Landes schon an sich schwer um ihr Fortkommen ringen." Von besonderem Interesse ist dabei, daß Popitz hier die Gemeinden für besonders gefährdet hält: „Die Rolle der Gemeinden ist nicht einheitlich. Sie werden in gewissem Sinne bei der Verstärkung des Finanzausgleichsproblems als die staatsrechtlich schwächsten stets die schwächsten sein." Diese Auffassung begründet er aus der Sicht der damaligen Erfahrungen im In- und Ausland. Die neuere Entwicklung hat dagegen auch die Lage der Gemeinden im Finanzausgleich wesentlich günstiger gestaltet. Mit dieser Frage hat sich besonders ausführlich K. Herrmann in seinem Beitrag „Der Finanzausgleich zwischen Ländern und Gemeinden in den Rechnungsjahren 1951 bis 1955"[19] befaßt und dabei eine erhebliche Steigerung der „bei der Berechnung des Ergebnisses des Finanzausgleichs zu berücksichtigenden absoluten Beträge" festgestellt. In diesem Zusammenhang weist Herrmann auch noch auf folgendes hin[20]: „Dem Ziele, die Ausgleichsmasse möglichst gerecht zu verteilen und damit die innerhalb der gemeindlichen Ebene bestehenden Unterschiede der Finanzkraft möglichst gerecht auszugleichen, dient die sehr große Sorgfalt, die seit Jahren

[19] Wirtschaft und Statistik, 9. Jg. NF, Heft 8, August 1957, S. 413 ff.
[20] a. a. O. S. 414.

auf die Konstruktion der ‚Schlüssel' für die Verteilung der allgemeinen Finanzzuweisungen verwendet wird."

Bei der Konstruktion dieser „Schlüssel" kommt der Statistik eine besondere Aufgabe zu. Dabei handelt es sich u. a. besonders um die Auswertung der *Einwohnerzahlen* der Gemeinden, die ursprünglich in ihrer tatsächlichen Höhe, später aber nach den inzwischen gemachten Erfahrungen nur noch mit einer gewissen Modifizierung als Berechnungsgröße verwendet werden, wobei man diese Modifizierung als „Veredelung der Einwohnerzahl" bezeichnet; in Fachkreisen hat man auch von dem „kanalisierten Einwohner" gesprochen, um damit anzudeuten, daß gerade die Schaffung solcher Anlagen in den Gemeinden eine besondere Berücksichtigung für die Berechnung erfordere. Was die Einwohnerzahl als solche angeht, so hat man in den einzelnen Bundesländern (in der Nachkriegszeit) für die sogenannten „Hauptansätze" im allgemeinen die Regelung getroffen, daß sie in den Stadtgemeinden mit steigender Einwohnerzahl höher werden, in den Landgemeinden dagegen mit steigender Einwohnerzahl niedriger werden; als Beispiel seien die Bestimmungen des Schleswig-Holsteinischen Gesetzes vom 25. Mai 1955 (GVBl. Nr. 12, S. 113) genannt, wonach für Gemeinden mit nicht mehr als 3000 Einwohnern der Hauptansatz bei 95 vH liegt und bis zu den Gemeinden mit 500 000 und mehr Einwohnern auf 155 vH (jeweils der tatsächlichen Einwohnerzahl) ansteigt, während er in den Landkreisen für Gemeinden mit höchstens 1000 Einwohnern bei 110 vH liegt und bis zu den Gemeinden mit mehr als 10 000 Einwohnern auf 90 vH (der tatsächlichen Einwohnerzahl) absinkt, stets mit den entsprechenden Zwischenstufen. Dieser unterschiedlichen Behandlung liegt offenbar die Überlegung zugrunde, daß in Stadtgemeinden der Verwaltungsaufwand und dadurch auch der Zuschußbedarf mit zunehmender Einwohnerzahl *über*proportional zunehme, in Landkreisen dagegen mit zunehmender Einwohnerzahl der Gemeinden — proportional — *ab*nehme, aber mit sinkender Einwohnerzahl *zu*nehme. Sonstige Gesichtspunkte für die „Veredelung" wie die Zusammensetzung der Bevölkerung, besonders ihre soziale Schichtung, ihr Jugendlichenanteil usw., werden in den „Ergänzungsansätzen" berücksichtigt.

Ob wirklich „mit steigender Einwohnerzahl auch der Bedarf der Gemeinden progressiv steigt", wie u. a. Amtsrat Harder in der Schriftenreihe der Gemeindekasse, Heft 52/53[21] feststellt, ist nicht einmal ohne weiteres sicher, obwohl das auch Popitz in einem Gutachten gegenüber der Studiengesellschaft für den Finanzausgleich[22] mit den Worten bestätigt: „Es kann die These aufgestellt werden, daß durchschnittlich,

[21] Stuttgart und Hannover 1954, S. 5.

[22] Berlin 1932, S. 287.

je höher die Einwohnerzahl einer Gemeinde ist, desto höher der Bedarf ansteigt." Immerhin hat sogar POPITZ selbst diesen Satz (auf S. 282 seines Gutachtens) folgendermaßen eingeschränkt: „Die Gliederung nach Einwohnerzahlen stellt also einen zutreffenden Ausdruck für die Zuschußbedürftigkeit der Gemeinden noch nicht dar. Statistik und praktische Kenntnisse zeigen, daß auch innerhalb der gleichen Größengruppe, ja selbst bei fast gleicher Einwohnerzahl die Gemeinden durchaus nicht das gleiche Bild zeigen und daß die Verschiedenheiten im Zuschußbedarf recht hoch sind." Was die Größenklasse der Gemeinde und ihren Einfluß auf das Steigen oder Sinken der Verwaltungskosten angeht, so könnte man eigentlich von vornherein einwenden, daß diese Kosten im allgemeinen mit der Zunahme der Einwohnerzahl — natürlich je Kopf des Einwohners — *abnehmen* müßten, weil ja die Verwaltung eines gewissen Stabes von Fachkräften bedarf ohne Rücksicht darauf, ob die Einwohnerzahl des Landes oder der Gemeinde größer oder kleiner ist. Unter sonst gleichen Umständen brauchten also die Verwaltungsausgaben je Einwohner durch das Steigen oder Sinken der Einwohnerzahl nicht beeinflußt zu werden, es sei denn, daß bei der Zunahme der Einwohnerzahl allmählich ein Punkt erreicht wird, wo die Verwaltung infolge der zunehmenden Größe des Verwaltungsumfangs so gut wie „unübersehbar" wird und deshalb einer Vermehrung des Verwaltungspersonals und auch des sonstigen Aufwandes bedarf. Aus vergleichenden Untersuchungen über die Personalausgaben von Bund, Ländern und Gemeinden hat in diesem Sinne auch das Statistische Bundesamt[23] folgenden Schluß gezogen: „Untersuchungen über das Anwachsen der Personalausgaben der kommunalen Verwaltung bei zunehmender Einwohnerzahl haben gezeigt, daß die Kurve der Personalkosten, umgerechnet je Einwohner, degressiv verläuft. Ähnliches gilt für die Länder unter Einschluß ihrer Gemeinden. Auch kleine Länder bedürfen in einem gewissen Mindestumfang einer staatlichen Verwaltungsapparatur; bei zunehmender Einwohnerzahl ist der Zuwachs an ‚Verwaltungsbedarf', hier ausgedrückt im Personalaufwand, umgerechnet je Einwohner, ebenfalls degressiv."

In einer späteren Veröffentlichung in Wirtschaft und Statistik[24] wird mit Recht darauf hingewiesen, daß es bei verschiedenen Aufgabengebieten ganz besonders auf die *strukturellen* Unterschiede, sowohl von Land zu Land wie auch innerhalb des gleichen Landes ankomme, daß deshalb bei jeder Art von Finanzvergleich diese strukturellen Unterschiede immer wieder berücksichtigt werden müßten. Jedenfalls dürfte aus den bisherigen Ausführungen eines mit aller Deutlichkeit hervorgehen: Ein zwingender Beweis dafür, daß mit steigender Einwohnerzahl

---

[23] In Wirtschaft und Statistik, 4. Jg. NF, Heft 12, Dezember 1951, S. 512.
[24] 7. Jg., Heft 5, Mai 1955, S. 268.

eines Landes oder einer Gemeinde der Finanzbedarf je Einwohner steigen müsse, ist bisher nicht geführt worden und kann wohl auch nicht geführt werden. Selbst eine gelegentlich bei Untersuchungen festgestellte „positive Korrelation" zwischen steigender Einwohnerzahl und progressivem Finanzbedarf gibt noch keinen endgültigen Beweis dafür ab, daß ein solcher Zusammenhang wirklich bestehe. Ein derartiger Beweis könnte nur nach der „Isolierungsmethode" geführt werden, d. h. es müßten aus dem vorhandenen Vergleichsmaterial für Länder und Gemeinden solche Fälle herausgesucht werden, wo sich die Verwaltungsgebiete (der gleichen Ebene) offenbar nur durch die Größe der Einwohnerzahl, aber *nicht* durch die sachliche Verschiedenheit der Aufgaben unterscheiden; ob sich allerdings derartige Vergleichsgrößen überhaupt und dann in ausreichender Anzahl auffinden lassen, ist zum mindesten zweifelhaft. Fast alle in der Literatur — jedenfalls in den hier genannten Quellen — aufgeführten vergleichenden Darstellungen müssen bekennen, daß außer der verschiedenen Einwohnerzahl die Strukturunterschiede der betrachteten Gebiete (Gemeinden und Länder) für die Erklärung herangezogen werden müssen, ohne daß sich feststellen ließe, in welchem Umfang das eine oder das andere Merkmal nun tatsächlich für diese oder jene Entwicklung rein verantwortlich zu machen sei. Hier müssen wir eben, wie das der Frankfurter Statistiker Professor FLASKÄMPER immer hervorgehoben hat, der *sach*logischen Betrachtungsweise den Vorzug geben vor der *zahlen*logischen, d. h. wir müssen *von innen her* prüfen, wo und wieweit ein bestimmtes Merkmal überhaupt ausgabenerhöhend — oder auch ausgabenmindernd — wirken kann, und können noch unter Umständen prüfen, in welchem zahlenmäßigen Umfang gerade dieses Merkmal allein oder neben anderen den Finanzbedarf je Einwohner beeinflußt.

Es handelt sich also für unsere Betrachtung im Sinne eines vernünftigen Finanzausgleichs darum, die bisher nur allgemein erwähnten strukturellen Unterschiede — oder wenigstens die wichtigsten unter ihnen — kurz darzustellen und daran zu prüfen, wieweit sie einer genauen statistischen Analyse zugänglich sind; nur so kann erreicht werden, daß exakte statistische Feststellungen der Finanzstatistik im engeren Sinne zu Hilfe kommen können, um eine vernünftige Finanzgebarung zu ermöglichen.

Von der Bevölkerung her gesehen spielt hier bestimmt eine wichtige Rolle die mehr oder minder große Kinderzahl je Familie und durchschnittlich je Gemeinde. Es leuchtet ohne weiteres ein, daß die verschiedene Kinderzahl schon ganz allgemein eine Verschiedenheit in der finanziellen Belastung der betreffenden Gebiete bedeutet, wenn man z. B. daran denkt, denjenigen Ländern und Gemeinden, wo sich der Kinderanteil günstiger entwickeln will, auch die Mittel an die Hand zu geben, die durchaus erforderlich sind, um die nicht unbeträchtlichen Mehrkosten der „aufbauwilligen" Familien weitgehend zu ersetzen oder wenigstens mitzutragen. POPITZ hat in diesem Zusammenhang[25] noch auf folgendes hingewiesen: „In Gebieten, in denen die Familien durchschnittlich kinderreicher sind, werden die Ehefrauen im ganzen und in der Abstellung auf die Zahl der Arbeitstage nicht in dem Grade erwerbstätig sein, als in solchen Gebieten, in denen die Geburten eingeschränkt sind. Man würde also mit einer Berechnung, die lediglich auf der Zahl der Erwerbstätigen aufbaut, kinderreiche Gemeinden schlechter stellen, als Gemeinden mit durchschnittlich geringer Kinderzahl." Eine überdurchschnittliche Kinderzahl hat aber nicht nur Bedeutung für den privaten, sondern auch für den *öffentlichen* Aufwand; man braucht hier nur an die Kosten für spezielle Aufgaben wie Schulwesen, Fürsorgewesen, Anlage von Spiel- und Sportplätzen usw. zu denken, die als solche ohnehin noch besonders zu berücksichtigen sind. Praktisch gelangt man zu einer Berücksichtigung der Kinderzahl beim Finanzausgleich etwa auf die Weise, daß man — wie das z. B. Baden-Württemberg tut — die (fortgeschriebene) Einwohnerzahl um 100 vH der in ihr enthaltenen Zahl von Jugendlichen unter 15 Jahren erhöht, soweit diese Zahl den Durchschnitt der Größenklasse übersteigt, zu der die Gemeinde gehört; dieser Fall ist hier nur als *Beispiel* aufgeführt, um darzutun, daß hier von der Bevölkerungsstatistik her durchaus die Möglichkeiten gegeben sind, zur „Bereinigung" des Finanzausgleichs beizutragen. Auf der anderen Seite ist nicht weniger daran zu denken, daß auch der mehr oder weniger große Anteil der *alten* Leute (über 65 Jahre) eine erhebliche Rolle spielen kann und in Zukunft bestimmt noch mehr spielen wird. Dieser Altenanteil kann sich unter Umständen vor allem in der Fürsorge (in Zukunft „Sozialhilfe") bemerkbar machen; die allgemeinen statistischen Feststellungen bezüglich dieses Bevölkerungsteiles müßten dann von Fall zu Fall durch die Ermittlungen der Wohlfahrtsämter usw. ergänzt werden. Jedenfalls geben sowohl die Anteile der Jugendlichen wie die der alten Leute genügend Anlaß zu einer „Veredelung" der tatsächlichen Einwohnerzahl.

Eine ähnliche Wirkung kann die *„Bevölkerungsdichte"* haben, also das Verhältnis der Bevölkerung zum bewohnten oder besiedelten Raum. Diese Dichte kann allerdings, worauf ausdrücklich hinzuweisen ist, hinsichtlich der „Veredelung" eine zwiespältige Rolle spielen: Einmal können dicht besiedelte Gebiete und Gemeinden aus den verschiedensten Gründen *höhere* Ausgaben verursachen, weil das enge Beieinanderwohnen der Menschen wesentlich mehr Verwaltungsmaßnahmen erfordern

---

[25] S. 297 seines Gutachtens.

kann als eine weiträumige Wohnweise, anderseits aber kann auch die Verwaltung in dicht besiedelten Gebieten wirtschaftlich leichter gehandhabt werden als in dünn besiedelten. Bei den Großstädten und den Industrieorten als solchen ist allerdings zu berücksichtigen, daß hier ein sehr starker „kollektiver" Bedarf entsteht, der sich u. a. in der Notwendigkeit von schnellen und billigen Beförderungsmitteln zeigt, in der Notwendigkeit gesundheitlicher Anlagen wie Kanalisation, Wasserleitung, Freiflächen usw., in der Notwendigkeit räumlich großzügig ausgestatteter Schulräume usw. Gerade *dieser* kollektive Bedarf kann durchaus die These rechtfertigen, daß — immer unter den genannten Voraussetzungen — eine wachsende Bevölkerungszahl eine *progressive* Bedarfssteigerung hervorrufen kann. Beachtlich in diesem Zusammenhang sind Beiträge von L. Fischer „Über das Wachstum großer Städte" und von H. Fehre über „Zeitliches und räumliches Wachstum der Großstädte in Zyklen"[26]; hier seien nur einige Stichworte aus diesem Zusammenhang genannt: Citybildung, Einverleibungspolitik, Großstadtgemeinden und Großstadt*räume*, „Satellitenstädte".

In mancher Beziehung noch wichtiger als die rein zahlenmäßige Gliederung nach Stadt und Land oder nach Stadt- und Landkreisen oder nach Gemeindegrößenklassen ist m. E. die *Berufsgliederung* der Bevölkerung und die mit ihr verbundene *soziale* Schichtung in ihrer Bedeutung für den Finanzaufwand und seine Verteilung auf die einzelnen Gruppen der Bevölkerung. In diesem Sinne müssen auch die „sachlich-qualitativen Merkmale" der Bevölkerung zu ihrem Rechte kommen. Es kann keinem Zweifel unterliegen, daß die Erhöhungen des öffentlichen Aufwandes, wie wir sie seit geraumer Zeit kennen, ganz wesentlich zusammenhängen mit den inzwischen eingetretenen Veränderungen in der wirtschaftlichen und sozialen Schichtung der Bevölkerung, die in gewissem Sinne sogar den Staat dazu zwingen, sich zum sozialen Staat (in bestimmten Gebieten auch zum „Wohlfahrtsstaat") hin zu entwickeln. Es darf hier an die Ausführungen im 3. Kapitel (oben S. 77 ff.) erinnert werden. Wichtig ist dabei außer der zunehmenden Abkehr von der Landwirtschaft die Steigerung des Anteils der „Unselbständigen" — auch „Abhängigen" genannt — unter den Erwerbspersonen, der sich nach den neuesten Berechnungen für 1958 im Bundesgebiet auf 75,5 vH der Erwerbspersonen aller Wirtschaftsbereiche beläuft[27]. Diese große Schicht der Unselbständigen bedarf von jeher und auch heute noch, obwohl ihre Lebensverhältnisse gegen früher sich wesentlich verbessert haben, einer viel gründlicheren Be-

[26] In: „Städtestatistik in Verwaltung und Wissenschaft", hrsg. im Auftrage des Verbandes Deutscher Städtestatistiker von B. Mewes, Berlin 1950, S. 121 ff. u. 159 ff.

[27] Vgl. Statistisches Jahrbuch für die BRD 1960, S. 142.

treuung seitens der öffentlichen Hand, als das bei einer im allgemeinen aus Selbständigen bestehenden Bevölkerung der Fall zu sein brauchte. Besonders muß, wie auch POPITZ hervorhebt, der „Kollektivbedarf" in einer Gemeinde mit relativ großer Arbeiterbevölkerung in besonderem Maße gepflegt und berücksichtigt werden; gerade unter diesem Gesichtspunkt fordert er einen verstärkten „Lastenausgleich" zwischen den Gemeinden mit mehr Selbständigen und denen mit vorwiegend unselbständig Erwerbstätigen. Allerdings will er die „Angestellten" in der Frage des gemeindlichen Lastenausgleichs nicht zu den eigentlichen Unselbständigen rechnen, was aber sicherlich nicht angebracht ist; ich darf hierbei auf eigene Untersuchungen über „Das Erwerbsleben in den preußischen Großstädten nach den Ergebnissen der Berufszählung vom Juni 1925"[28] verweisen.

Einen weiteren Faktor für den Finanzausgleich bedeutet das Vertriebenenproblem, obwohl hier die Situation für die ursprünglichen Hauptaufnahmeländer, besonders Schleswig-Holstein, längst nicht mehr so schwierig ist wie *vor* dem Beginn der staatlichen Umsiedlungsmaßnahmen im Jahre 1949 — immerhin hatte Schleswig-Holstein auch Mitte 1956 mit 27,2 vH noch immer den höchsten Vertriebenenanteil von allen Bundesländern —. Eine zwar ganz andersartige, aber auch deutliche, Belastung bestimmter Gemeinden und Gemeindegruppen hängt zusammen mit dem Vorhandensein von Großbetrieben vor allem aus der Industrie; hier sind vielfach ganz besondere Leistungen nötig, um die Probleme richtig anzupacken, die mit den Wohn- und Arbeitsmöglichkeiten, dem Verkehr, mit dem sonstigen „Kollektivbedarf" zusammenhängen, wenn auch die Finanzierung des Betriebes selbst Sache des Unternehmers bleibt; die hier auftretende Häufung von Arbeitern und Angestellten, selbst wenn sie nicht alle zur Wohnbevölkerung des Betriebsortes gehören, macht eine „Veredelung" nach der Zahl der Beschäftigten erforderlich. Die statistischen Unterlagen für diese Verhältnisse werden meist aus den Volks-, Berufs- und Betriebszählungen gewonnen, können aber auch aus den Angaben der Sozialversicherungsträger (Krankenkassen, insbesondere Betriebskrankenkassen) „fortgeschrieben" werden. Was speziell die Verkehrsbelastung angeht, so könnte man etwa daran denken, auch eine Beziehungszahl zu berechnen zwischen der Zahl der Einwohner und der Zahl der insgesamt für den Verkehr (Nah- und Fernverkehr auf Schiene und Straße) benötigten Arbeitskräfte, wobei vor allem auch an den täglichen, wöchentlichen usw. „Pendelverkehr" (zwischen Wohn- und Arbeitsort) zu denken ist. Zu erwähnen sind noch die Probleme, die sich aus gewissen Eigenarten der Grenzlandgebiete ergeben, sowie aus den Be-

[28] Zeitschrift des Preußischen Statistischen Landesamts, 70. Jg., 1. Abt., S. 1 ff.

sonderheiten von Wasserstraßen- und Hafenverwaltungen, die sich vor allem in den beiden Hansestädten Hamburg und Bremen zeigen.

Ein weiteres Argument für die „Veredelung" der Einwohnerzahl kann sich noch daraus ergeben, daß Menschenmassen auf engem Raume viel mehr noch als jede sonstige Menschenansammlung einer besonderen Förderung ihrer *kulturellen* Daseinsformen bedürfen, wobei nicht in letzter Linie auch an die kirchliche und geistliche Betreuung zu denken ist.

Diese Ausführungen über den Finanzausgleich sollen vor allem dartun, daß jede Prüfung der finanziellen Belastung der Staaten, der Länder und der Gemeinden nicht lediglich von rein „finanzstatistischen Daten" ausgehen darf, sondern daß sie mit Sachverständnis nur dann durchgeführt werden kann, wenn auch die wirtschaftlichen, sozialen und kulturellen Ansprüche außerhalb des engeren „Haushalts" gebührend berücksichtigt werden, die hier wenigstens andeutungsweise behandelt worden sind. Wenn so oft behauptet wird, die Zunahme der Staatsbeamten und -angestellten entspringe im wesentlichen einer unnötigen „Bürokratisierung" des öffentlichen Lebens, dann ist demgegenüber immer wieder darauf hinzuweisen, wie stark in Wirklichkeit der „öffentliche Bedarf" im Sinne einer ganz anderen Gestaltung des Gemeinschaftslebens gegen früher zugenommen hat, wobei man nur an die Gestaltung der „sozial gelenkten Wirtschaft" oder die Vervollkommnung der „sozialen Sicherung" aller Art zu denken braucht, Entwicklungen, die sich durchaus mit der Aufrechterhaltung der persönlichen Verantwortung vertragen!

Ergänzend soll hier noch kurz auf die Finanzstatistik im *Ausland* eingegangen werden. Hier ist besonders hervorzuheben, daß auch da die wichtigsten Länder in der Regel schon seit langem eine gut ausgebaute Finanzstatistik aufweisen können, wie u. a. bei FR. ZAHN[29] nachzulesen ist: „Das Ausland verfügt wie das Deutsche Reich und seine Länder über zahlreiche mehr oder minder methodisch ausgebaute finanzstatistische Erhebungen auf dem Gebiete der Staats- wie der Kommunalfinanzstatistik." Besonders *Frankreich* kann „weitzurückreichendes finanzstatistisches Material für den Staat und die Kommunen zur Verfügung stellen", und zwar besonders im „Bulletin de Statistique et de Législation comparée"; die Gemeindefinanzstatistik kennt hier einmalige Erhebungen schon in den 60er und 70er Jahren des vorigen Jahrhunderts und laufende Erhebungen seit 1878. Ähnliches gilt für *Großbritannien und Irland,* wo auch die Gemeindefinanzstatistik wegen der ausgedehnten Selbstverwaltung der Gemeinden und der Finanzkontrolle durch den Staat sehr im Vordergrund steht (Quelle vor allem die Finance-Accounts of the United Kingdom). In *Italien* sind auch noch Berechnungen über das Staatsvermögen vor-

---

[29] a. a. O. S. 128 ff.

handen, hier gibt es seit den 70er Jahren eine laufende Provinzial- und gemeindliche Finanzstatistik. In den *Vereinigten Staaten* ist die Finanzstatistik der Union und diejenige der Einzelstaaten auseinanderzuhalten; eingehende finanzstatistische Nachweisungen liegen nur für die Union vor, weil bei den Einzelstaaten „die Finanzstatistik sehr wesentlich durch die hier übliche Fondswirtschaft erschwert ist"; die Kommunalfinanzstatistik ist hier erst später in Gang gekommen, jedenfalls seit 1903 für alle Städte mit mehr als 30 000 Einwohnern. Auch *Japan* veröffentlicht Ergebnisse seiner Staats- und Kommunalfinanzstatistik im „Finanziellen und Wirtschaftlichen Jahrbuch für Japan", ohne allerdings sehr auf Einzelheiten einzugehen.

Außer den hier besonders genannten Veröffentlichungen kommen als Quellen für die Finanzstatistik überall noch die Allgemeinen Statistischen Jahrbücher in Betracht; auch die nicht besonders genannten europäischen Länder pflegen schon seit längerem finanzstatistische Daten in ihren Jahrbüchern zu veröffentlichen. Schwieriger war das schon bei den sonstigen — außereuropäischen — Staaten. Immerhin sind für die *neuere* Zeit auch hier laufende Unterlagen vorhanden, die z. B. im Statistical Yearbook der UN veröffentlicht werden und Ausgaben und Einnahmen (in bestimmter Aufteilung) sowie Schuldenstand enthalten[30]. Selbstverständlich sind die Haushaltspläne und die Rechnungslegungsmethoden von Land zu Land verschieden; fast nirgends sind alle Haushaltsausgaben und -einnahmen in einer einzigen Haushaltsrechnung zusammengefaßt.

Hingewiesen sei noch auf eine grundsätzliche Untersuchung von G. Colm über „Die methodischen Grundlagen der international-vergleichenden Finanzstatistik"[31].

---

[30] Vgl. Statistisches Jahrbuch für die BRD 1960, S. 103* ff.
[31] Weltwirtschaftliches Archiv 1925, S. 222.

15. Kapitel

Kulturstatistik und politische Statistik

In dem einleitenden Kapitel (oben S. 10) ist bereits darauf hingewiesen worden, daß in allen Ländern neben den Fragen der Bevölkerung und der Wirtschaft auch die kulturell wichtigen Tatbestände der statistischen Erfassung bedürfen, weil und in dem Maße wie diese Staaten „es als ihre Aufgabe betrachten, das kulturelle und wirtschaftliche Wohlergehen der Staatsbürger zu fördern". Diesen Zusammenhang dürfen wir zum Anlaß nehmen, in diesem Kapitel noch etwas näher auf diejenigen Gebiete des menschlichen Zusammenlebens einzugehen, die man unter dem Oberbegriff der „Kultur" zu behandeln pflegt, die aber auch weithin schon ein Ausdruck der innenpolitischen Bestrebungen der Staaten sind, und daran anschließend uns mit den im engeren Sinne „politischen" Vorgängen zu befassen, die als das Verfahren des staatlichen Handelns in Erscheinung treten.

Die Kulturstatistik läßt sich weiter untergliedern in die Bildungs- und in die Moralstatistik. Zur Statistik des *Bildungswesens* gehört zunächst diejenige der Schulen und sonstigen Bildungsanstalten einschließlich des übrigen Unterrichtswesens[1]. Das Volksschulwesen, das in den einzelnen Bundesstaaten des Deutschen Reiches im Zusammenhang mit der Schulpflicht bereits seit langem gesetzlich geregelt war, reichseinheitlich allerdings erst durch das Grundschulgesetz von 1920 und das Schulpflichtgesetz vom 6. Juli 1938, kennt bereits seit 1901 Erhebungen über die Volksschulen nach einem einheitlichen Erhebungsplan für das ganze Reich, wenn es sich dabei auch um eine „föderative" Reichsstatistik handelt. Von 1936 an wurde die Reichsvolksschulstatistik sogar jährlich durchgeführt und umfaßte die öffentlichen Volksschulen, Privatschulen und Sonderschulen (mit dem Lehrziel der Volksschule). Auch in der Bundesrepublik werden die Volksschulen und die Sonderschulen unterschieden, ebenso die öffentlichen und die privaten Volksschulen. Festgestellt wird der „Aufbau der Schulen" — dabei auch die sogenannten Aufbauzüge, d.h. Klassen mit dem Lehrziel der Mittelschule erfaßt —, und zwar in Gliederung nach der Klassenzahl, ferner die Schülerklassen und die benutzten Schulräume nach bestimmten Merkmalen, die Schüler nach dem

---

[1] Vgl. die Beiträge in: „Die Statistik in Deutschland", Bd. I, S. 399 ff.

Geschlecht und nach Schuljahrgängen, die Schülerbewegung (Schulanfänger, Schulentlassungen) und die Zahl der hauptamtlichen und hauptberuflichen sowie der nebenamtlichen und nebenberuflichen Lehrkräfte, ebenfalls nach dem Geschlecht; 1958 wurden die Lehrkräfte auch nach Altersklassen (von 5 zu 5 Jahren sowie unter 30 Jahren) nachgewiesen und überhaupt eine eingehendere Befragung durchgeführt[2]. Die 1-klassige Schule, die noch meist auf dem Lande vorkommt, nimmt 1958 noch 28,6 vH aller Volksschulen im Bundesgebiet ein, die 8- (und 9-)klassige dagegen nur 14,4 vH; besonders hoch ist der Anteil der 1-klassigen Schulen in Rheinland-Pfalz mit 42,2 und in Schleswig-Holstein mit 36,3 vH, aber besonders niedrig in Nordrhein-Westfalen mit 14,9 vH. Dieser Unterschied dürfte vor allem damit zusammenhängen, daß Nordrhein-Westfalen im Verhältnis zu den beiden anderen Ländern weit mehr städtische als ländliche Bevölkerung besitzt. Die Zahl der Schüler in den (öffentlichen und privaten) Volksschulen betrug im Mai 1958 im Bundesgebiet (ohne Berlin) im ganzen 4,67 Millionen, in den „allgemeinbildenden Schulen" überhaupt 6,16 Millionen, so daß der Anteil der Volksschüler 75,7 vH betrug. Die Zahl der Lehrkräfte (haupt- und nebenamtliche zusammen) betrug rund 160 000, so daß auf 1 Lehrkraft in den Volksschulen rd. 29 Schüler entfielen. Nach der Religionszugehörigkeit hielt sich 1958 die Zahl der evangelischen Schüler mit rd. 2,29 Millionen und die der römisch-katholischen Schüler mit 2,31 Millionen ungefähr die Waage, außerdem werden noch 892 jüdische Schüler genannt. Dem Geschlecht nach überwiegen die Jungen ganz leicht mit 2,73 Millionen = 50,8 vH aller Volksschüler.

(Öffentliche und private) „Sonderschulen" gab es 1958 im Bundesgebiet (ohne Berlin) 1072 mit rd. 111 500 Schülern, von denen aber nur 44 300 Mädchen waren; diese Schulen umfassen vor allem die sogenannten „Hilfsschulen" (für schwerbildbare Kinder), ferner Krankenschulen, Fürsorgeschulen, Blindenschulen (auch für Sehschwache), Taubstummenschulen (auch für Schwerhörige), Sprachheilschulen, Körperbehindertenschulen usw.; rd. 86 000 Schüler entfielen auf die Hilfsschulen.

Für die „Mittelschulen" (auch gehobene Volksschulen genannt) fand 1911 die erste das ganze Deutsche Reich umfassende Statistik statt, es folgte eine Reichserhebung von 1921/22 (vor allem mit Erfassung der Lehrkräfte) sowie weitere Erhebungen in den Jahren 1926/27 und 1931/32, die in Preußen dann jährlich fortgesetzt wurden. Im Mai 1958 besuchten im Bundesgebiet (ohne Westberlin) rd. 314 400 Schüler öffentliche und private Mittelschulen, wobei die Mädchen mit einem Anteil von 53,2 vH leicht überwogen. Die Zahl der Lehrkräfte betrug hier (haupt- und neben-

[2] Vgl. hierzu Statistisches Jahrbuch 1960, S. 96 ff.

amtliche zusammen) rd. 15400, so daß auf 1 Lehrkraft rd. 24 Schüler entfielen.

Auch die höheren Schulen wurden 1911 durch eine Reichserhebung statistisch erfaßt, desgleichen bei der Wiederholung der Erhebung von 1921/22 und zu den anderen für die Mittelschulen genannten Terminen. Hierbei wurden unterschieden „Vollanstalten" (Gymnasien, Realgymnasien, Oberrealschulen) und „Nichtvollanstalten" (Progymnasien, Prorealgymnasien, Realschulen) und „Vorschulen", bei den Mädchenschulen Gymnasien und „höhere Mädchenschulen". Für die Schüler wurde u. a. die Zahl der Reifeprüfungen ermittelt, ferner wurden 1911 die Aufwendungen aus Staatsmitteln, Gemeindemitteln, Schulgeld und sonstigen Mitteln festgestellt. Die Anzahl dieser höheren Schulen war 1958 im Bundesgebiet 1637 mit insgesamt 779910 Schülern — also erheblich mehr als in den Mittelschulen —, davon 38,8 vH Mädchen. Die Zahl der (haupt- und nebenamtlichen) Lehrkräfte betrug rd. 46600, so daß hier auf 1 Lehrkraft rd. 17 Schüler entfielen.

Für die „berufsbildenden Schulen" (darunter die sogenannten Fortbildungsschulen, die jetzt Berufsschulen heißen) wurde 1921/22 vom Statistischen Reichsamt gemeinsam mit den Statistischen Landesämtern die erste umfassende Erhebung durchgeführt; sie wurde 1932/33 wiederholt und bezog sich dabei auf die für die Finanzierung des Schulwesens wichtigen Punkte. Bei den Berufsschulen hat im Bundesgebiet (ohne Saarland und Berlin) von 1950 bis 1958 die Zahl der Schulen von 6730 auf 2847 *ab*genommen — diese Verminderung ist „auf schulorganisatorische Maßnahmen, insbesondere auf Errichtung von Zentralschulen zurückzuführen"[3] —, aber die Zahl der Schüler von 1,65 auf 1,91 Millionen *zu*genommen, auch die Zahl der Lehrkräfte von rd. 14700 auf 22900 zugenommen. Bei den Berufsfachschulen haben in der gleichen Zeit die Schulen von 845 auf 1463, die Schüler von rd. 81900 auf 152200 und die Lehrkräfte von 3700 auf 5700 *zu*genommen, ebenso bei den Fachschulen einschließlich Ingenieurschulen die Schulen selbst von 1377 auf 1887, die Schüler von rd. 104500 auf 153700 und die Lehrkräfte von 6450 auf 8300 zugenommen.

Die Fachschulen (hier ohne die Ingenieurschulen) gliedern sich in die Fachrichtungen Berufe des Pflanzenbaus und der Tierwirtschaft, industrielle und handwerkliche Berufe, technische Berufe, Handels- und Verkehrsberufe (einschl. Verwaltungs- und Rechtswesen), Berufe der Haushalts-, Gesundheits- und Volkspflege, Berufe des Geistes- und Kunstlebens; die relativ größte Schülerzahl mit mehr als 44000 entfällt hierbei 1958 auf Pflanzenbau und Tierwirtschaft. In den Ingenieurschulen usw. gab es 1958 im Bundesgebiet (ohne Berlin) 35700 Studierende des In-

[3] Statistisches Jahrbuch für 1960, S. 103.

genieurfaches und 16 000 Studierende an Technikerschulen bzw. -lehrgängen.

Eine Besonderheit stellen noch die Landwirtschaftsschulen dar, die meist mit „Wirtschaftsberatungsstellen" verbunden sind und als solche von den Landwirtschaftskammern betreut werden; in Rheinland-Pfalz sind diese Schulen allerdings staatlich[4]. Diese Landwirtschaftsschulen — Mitte 1959 waren es im Bundesgebiet insgesamt 264, von denen 232 auch über Mädchenklassen verfügen — wurden im Winter 1958/59 von rd. 18 300 Schülern besucht, von denen 29,2 vH weiblich waren, und verfügen über 1290 Lehrkräfte, darunter 498 weibliche.

Ein besonderes Interesse sowohl in Kreisen der Verwaltung wie der Wirtschaft findet schon seit längerem die *Hochschulstatistik*[5]. Bereits vor dem ersten Weltkrieg erschien aller drei Jahre eine „Preußische Universitätsstatistik", die auch im Statistischen Jahrbuch für das Deutsche Reich ausgewertet wurde. 1925 wurde die Reichshochschulstatistik neu aufgebaut. Die Studenten der deutschen wissenschaftlichen Hochschulen wurden nach Hochschulgattungen erfaßt und nach Altersjahren, Vorbildung, Semesterzahl, dem beabsichtigten Studienabschluß, nach Gruppen des väterlichen Berufs, der Staatsangehörigkeit und der Beschäftigung gegen Entgelt gegliedert in Verbindung mit (damals) 34 Studienfächern. Im Sommer 1928 wurde durch Beschluß der Hochschulverwaltungen unter dem Titel „Deutsche Hochschulstatistik" eine neue Schriftenreihe ins Leben gerufen, die vor allem den Ausbau der Statistik nach Ländern anstrebte; Herausgeber war das Preußische Ministerium für Wissenschaft, Kunst und Volksbildung. 1930 wurde von Preußen in Anlehnung an das Institut für Weltwirtschaft (Kiel) eine „Volkswirtschaftliche Zentralstelle für Hochschulstudium und akademisches Berufswesen" geschaffen, die neun Hefte mit Untersuchungen über Nachwuchs und Bedarf an Ärzten, Zahnärzten, Tierärzten, Apothekern, Chemikern, Physikern, evangelischen und katholischen Geistlichen, Diplomlandwirten, Architekten und Bauingenieuren herausgab; Ende 1933 wurde diese Stelle aufgelöst. Das Statistische Reichsamt führte aber (nach Übernahme auch der Aufgaben des Preußischen Statistischen Landesamts) von 1934 an die Bearbeitung der „Deutschen Hochschulstatistik" fort; dabei wurden u. a. Untersuchungen über die Zusammensetzung der Studentenschaft nach Landsmannschaften, nach sozialen Schichten, nach der Kinderzahl der Familien, aus denen die Studenten hervorgingen, über die Belastung der Dozenten, das Ausländerstudium usw. durchgeführt. 1935 wurde sogar eine „Reichs-

---

[4] Vgl. Statistisches Jahrbuch 1960, S. 156.

[5] Vgl. K. Keller, Statistik des Unterrichtswesens mit Ausnahme der Volksschulen, Abschn. V, „Die Hochschulen" (Die Statistik in Deutschland, Bd. I, S. 413 f.).

studentenkartei" zur Erleichterung der Statistik eingerichtet und eine Schriftenreihe begründet „Die deutschen Hochschulen, eine Übersicht über ihren Besuch".

Für die Zeit nach dem zweiten Weltkrieg sind folgende Daten von Interesse[6]: Im Sommersemester 1950 waren an allen Hochschulen des Bundesgebiets (ohne Saarland und Berlin) 109 695 Studierende immatrikuliert, darunter 19 532 = 17,8 vH weibliche, im Sommersemester 1959 im Bundesgebiet (ohne Berlin) 184 605 Studierende, darunter 40 212 = 21,8 vH weibliche; der Anteil der weiblichen Studierenden hat also fühlbar zugenommen wie überhaupt die Anzahl der Studierenden. Am größten ist (1959) der Anteil der weiblichen Studierenden mit 41,4 vH an den Hochschulen für Musik, bildende Künste, Sport, am geringsten mit 4,7 vH an den Technischen Hochschulen. Im Sommersemester 1959 war die Gesamtzahl der immatrikulierten Studenten an deutschen *Universitäten* 134 477, darunter 10 116 Ausländer, an *Technischen* Hochschulen 36 106, darunter 5371 Ausländer; der Ausländeranteil ist also bei den Technischen Hochschulen mit 14,9 vH wesentlich höher als bei den Universitäten mit nur 7,5 vH. In diesen Zahlen ist die Freie Universität und die Technische Universität in Berlin nicht enthalten; hier studierten 1959 insgesamt 11 574 Studenten an der F.U. und 7715 an der Technischen Universität. Rechnet man zu den schon genannten Wissenschaftlichen Hochschulen noch „Sonstige" hinzu wie die Bergakademie Clausthal oder die Hochschule für Sozialwissenschaften in Wilhelmshaven sowie die Philosophisch-Theologischen und Kirchlichen Hochschulen, so ergeben sich für das Sommersemester 1959 (ohne Berlin) insgesamt 177 779 Studierende, darunter 15 976 Ausländer. Zählt man aber *sämtliche* Hochschulen (aller Art) zusammen, so erhalten wir für 1959 im Bundesgebiet einschließlich Berlin 205 346 Studierende, darunter 17 872 Ausländer.

Was die hauptsächlichen *Studienfächer* an den Wissenschaftlichen Hochschulen betrifft, so befaßten sich von 143 708 deutschen Studierenden im Wintersemester 1958/59[7] 18 729 = 13,0 vH mit Rechtswissenschaft, 13 913 = 9,7 vH mit allgemeiner Medizin, 10 027 = 7,0 vH mit Betriebswirtschaft, 9185 = 6,4 vH mit Germanistik (Deutsch), 8892 = 6,2 vH mit Maschinenbau und Schiffsmaschinenbau, 7510 = 5,2 vH mit Neuen Sprachen, 6996 = 4,9 vH mit Chemie; in diesen sieben Studienfächern sind also mit zusammen 52,4 vH bereits etwas mehr als die Hälfte aller deutschen Studierenden (an Wissenschaftlichen Hochschulen) enthalten. Die nach dem Maß der Besetzung nächsten Studienfächer sind die Volkswirtschaft mit 5568, die Physik (und technische Physik) mit 5418 und die Elektrotechnik mit 5349, zusammen mit 16 335 = 11,4 vH aller Studierenden. Merkwürdig

---

[6] Statistisches Jahrbuch 1960, S. 108.

[7] a. a. O. S. 111.

niedrig liegen die Zahlen der Studierenden z.B. bei der Vergleichenden Sprachwissenschaft (Indogermanistik) mit 30 oder gar der Astronomie mit 7; aber auch die Meteorologie mit 63 oder die Metallurgie mit 54 sowie das Bergvermessungswesen und die Markscheidekunde mit 60 Studenten bleiben weit im Hintergrund. Nach der Zahl der Fachsemester (je Student) war das 2. Semester mit 20837 Studierenden relativ am meisten besetzt, ihm folgte das 10. oder höhere Semester mit 18779 und dann das 4. Semester mit 16811. Auf diese drei Semester entfielen allein 56427 oder 39,2 vH aller genannten deutschen Studierenden. Von den deutschen Studenten haben im Sommersemester 1958 im Bundesgebiet (ohne Saarland und Berlin) zusammen 7292 eine Staats- oder Diplomprüfung mit Erfolg abgelegt, davon 1599 in technischen Wissenschaften, vor allem Maschinenbau, Schiffbau, Flugzeugbau, 1268 in Medizin, 1129 in Wirtschaftswissenschaften, vor allem in Betriebswirtschaft, und 1002 in Rechtswissenschaften (wobei hier in Nordrhein-Westfalen auch das Wintersemester 1957/58 eingeschlossen ist). Ebenfalls im Sommersemester 1958 bestanden 2644 deutsche Studenten ihr Doktorexamen, davon allein 1027 in Medizin, danach erst 323 in Chemie; in allen übrigen Fächern waren es noch wesentlich weniger.

Die Zahl der *Hochschullehrer* an den Wissenschaftlichen Hochschulen belief sich 1959 insgesamt auf 9362 (Bundesgebiet ohne Berlin), von denen nur 2195 Ordentliche Professoren waren; nicht viel niedriger war die Zahl der Lehrbeauftragten und Lektoren mit 1945 und der (Privat-)Dozenten mit 1811. Von den Professoren waren aber bereits 883 Emeriti. An den Universitäten allein befanden sich 7097 Hochschullehrer, darunter 1595 Ordentliche Professoren.

Neben den Hochschulen sind noch zu nennen die *Lehrerbildenden* Anstalten und Einrichtungen, von denen es im Bundesgebiet einschließlich Berlin insgesamt 73 gibt, darunter 5 private Anstalten (Stand vom Winterhalbjahr 1958/59). Am größten ist die Anzahl der Pädagogischen Akademien und Institute mit 30, es folgen die „Pädagogischen Hochschulen" einschließlich der Hamburger Universität mit ihrem Pädagogischen Institut für die pädagogisch-praktische Ausbildung der Studenten mit 25; außerdem gibt es noch einige Berufspädagogische Akademien und Institute, 1 Staatsinstitut für den landwirtschaftlichen Unterricht (in Bayern) und „sonstige" Anstalten und Einrichtungen. Die Zahl der Studierenden beträgt hier 20541, davon sind weiblich 12953 = 63,0 vH. Neben 1049 meist männlichen Lehrkräften gibt es hier noch 1191 nebenamtliche und nebenberufliche Lehrkräfte. Die Studierenden wollen im allgemeinen Volksschullehrer, in geringerem Maße Lehrer an berufsbildenden Schulen und in ganz geringem Umfang Hilfs- und Sonderschullehrer werden; 1185, darunter allein 1155 weibliche Studierende, wollen als Lehrer für Hauswirtschaft, Sport, Handarbeit usw. ausgebildet werden[8]. Was den Lehrernachwuchs für das Lehramt an *höheren* Schulen angeht, so standen im Januar 1959 im Bundesgebiet ohne Berlin 3840 Studienreferendare zur Verfügung, davon 1277 weibliche, in Berlin 395 (davon 166 weibliche).

Der Gesamt*aufwand* von Bund, Ländern, Stadtstaaten und Gemeinden für die Hochschulen und sonstigen wissenschaftlichen Zwecke (im engeren Sinne) betrug im Rechnungsjahr 1957 im Bundesgebiet ohne Saarland, aber einschließlich Berlin[9] 1,41 Milliarden DM, wovon der gemeindliche Aufwand (ohne die Stadtstaaten) nur 63,36 Millionen DM oder 4,5 vH ausmachte. Von den Gesamtausgaben entfielen rd. 411 Millionen DM auf die Universitäten, 188 Millionen auf die Technischen Hochschulen, 103 Millionen auf die sonstigen Hochschulen, aber allein 314 Millionen auf die Hochschulkliniken, der Rest auf die „sonstigen wissenschaftlichen Zwecke", darunter rd. 51 Millionen DM auf Atomforschung.

Für einen *zeitlichen* Vergleich im Schul- und sonstigen Ausbildungswesen, der die Zeit nach dem zweiten Weltkrieg umfassen sollte, ergeben sich gewisse Schwierigkeiten u. a. daraus, daß erst geraume Zeit nach 1945 viele junge Leute, die in Kriegsgefangenschaft oder verschleppt gewesen waren, in ihre deutsche Heimat zurückkehren konnten, eine größere Anzahl auch sich aus der Sowjetzone nach Westdeutschland begeben hat; dadurch wird vor allem die Möglichkeit erschwert, die Entwicklung des Hochschulstudiums (in der Bundesrepublik) mit der allgemeinen Bevölkerungsentwicklung zu vergleichen. Beim Bereich der höheren Schulen dürfte das Problem nicht ganz so schwierig liegen, obwohl auch hier einige Vergleichsschwierigkeiten vorhanden sind; so sind z. B. die Angaben der Statistischen Jahrbücher der BRD für 1952 und 1960 (hier für die Vergleichstermine Mai 1950 und Mai 1958) nur nach gewissen Umrechnungen vergleichbar[10]. Dabei ergibt sich dann für 1950 eine Anzahl der höheren Schüler von rd. 604 000 und für 1958 eine solche von rd. 766 000 (nach Ausschaltung der nicht vergleichbaren Gebiete), weiter für das Jahr 1950 eine Anzahl von 10,8 Millionen Jugendlicher im Alter von 6 bis unter 20 Jahren und für das Jahr 1958 eine solche von 10,5 Millionen. Das bedeutet dann, daß im Jahr 1950 nur 5,6 vH dieser Jugendlichen die höhere Schule besucht haben, 1958 dagegen immerhin schon 7,3 vH.

Etwas anders ist das Bild noch bei den (öffentlichen und privaten) Fachschulen, Ingenieurschulen und Technikerschulen. Hier muß man für Vergleichszwecke die Ingenieur- und Technikerschulen den Fachschulen hinzurechnen, da 1950 zu den „Technischen Berufen" auch die Schüler der

---

[8] Statistisches Jahrbuch 1960, S. 113.

[9] a. a. O. S. 114.

[10] Vgl. in den Statistischen Jahrbüchern für 1952 S. 64 f. und für 1960 S. 102.

Bergschulen und Bergvorschulen, der Bau- und Ingenieurschulen für verschiedene Fachrichtungen, der Chemieschulen und der Technika gerechnet wurden[11]. Vergleicht man dann die Jahre 1950 und 1958 mit einander, so ergibt sich die folgende Entwicklung: Bei den Berufen des Pflanzenbaus und der Tierwirtschaft eine Zunahme von 39 076 auf 44 156, bei den industriellen und handwerklichen Berufen von 9697 auf 22 345, bei den technischen Berufen von 30 406 auf 56 241, bei den Handels- und Verkehrsberufen usw. von 2194 auf 7615, bei den Berufen der Haushalts-, Gesundheits- und Volkspflege von 8017 auf 14 320 Schüler. Zu beachten ist dabei noch, daß für 1953 bei Pflanzenbau und Tierwirtschaft bereits (als Höchstzahl) 46 617 Schüler nachgewiesen waren, so daß sich hier für die Gegenwart schon ein deutlicher Rückgang zeigt, während bei allen anderen Fachrichtungen — abgesehen von einem *kleinen* Rückgang in den Handels- und Verkehrsberufen zwischen 1954 und 1955 — ein ununterbrochener Aufstieg stattfindet. Faßt man die industriellen und handwerklichen mit den technischen Berufen (einschließlich des Ingenieurwesens usw.) zusammen, so ergibt sich hier eine Steigerung in dem genannten Zeitraum von 40 103 auf 78 586 Schüler, also fast eine Verdoppelung (genau eine Zunahme um 96,0 vH), wieder ein Zeichen dafür, daß bei uns gerade auf eine erhöhte technische Ausbildung immer mehr Wert gelegt wird.

In Ergänzung zur Schul- und Hochschulstatistik sind noch kurz die „Volkshochschulen" zu behandeln, für die seit einigen Jahren der Deutsche Volkshochschulverband e. V. in Bonn (bzw. seine „Pädagogische Arbeitsstelle" in Frankfurt a. M.) statistische Unterlagen liefert[12]. Hierbei wird festgestellt, wer für die einzelnen Volkshochschulen der Träger ist: 1959 in etwa gleicher Zahl Gemeinden und eingetragene Vereine, in weniger Fällen sonstige Träger —, ob sie einen hauptamtlichen oder nebenamtlichen Leiter haben: meist trifft der zweite Fall zu; 1957 waren von den Leitern etwas mehr als die Hälfte Hochschullehrer, Lehrer oder sonstige Pädagogen. Arbeitsgemeinschaften, Kurse und Lehrgänge fanden 1959 insgesamt rd. 56 500 statt mit 1,5 Millionen „Belegungen", während deren Zahl 1956 nur 1,1 Millionen betragen hatte. Einzelveranstaltungen gab es 1959 rd. 51 900 mit 4,3 Millionen (1956: 4,8 Mill.). Sieht man von Hamburg und Bremen ab, wo es nur die Gemeinde als Schulträger gibt, so ist Nordrhein-Westfalen das Land, in dem am häufigsten die Gemeinde als Schulträger in Erscheinung tritt (167 Fälle von insgesamt 198), während es in Niedersachsen und Bayern vorwiegend eingetragene Vereine, in Rheinland-Pfalz vorwiegend sonstige Träger sind. Die kommunalen und staatlichen Volkshochschulen sind in den Haushaltsplänen berücksichtigt. Das mehr oder minder große Interesse der

---

[11] Statistisches Jahrbuch für 1952, S. 68 f., Anm. 3.
[12] Statist. Jb. für 1960, S. 114, für 1958, S. 96.

Einwohner der einzelnen Bundesländer kann man an folgendem feststellen: Berechnet man für jedes Land den Bevölkerungsanteil an der Bundesbevölkerung und gleichzeitig seinen Anteil an den „Belegungen" für die Arbeitsgemeinschaften usw., so liegen diese Anteile nur bei drei Ländern nennenswert *über* den Bevölkerungsanteilen, und zwar bei Schleswig-Holstein (9,95 gegenüber 4,3 vH), Rheinland-Pfalz (11,1 gegenüber 6,4 vH) und Hessen (13,6 gegenüber 8,8 vH), sonst liegen sie mehr oder weniger darunter; so hat z. B. Nordrhein-Westfalen einen Bevölkerungsanteil von 29,4 vH, aber bei den „Belegungen" nur einen Anteil von 23,5 vH, Bayern einen Bevölkerungsanteil von 17,7 vH, aber nur einen Belegungsanteil von 15,6 vH. Um diese verschiedene Einstellung der Bevölkerung zum Volkshochschulwesen zu erklären — soweit nicht etwa das mehr oder minder große Organisationsgeschick der Gebietsbeauftragten hierbei eine wesentliche Rolle spielt —, müßte man wohl noch stärker auf die Einzelheiten eingehen, insbesondere die Beteiligung der Hörer nach Alter und Geschlecht, nach Beruf und Berufsstelllung näher beleuchten können.

Ein sehr wesentlicher Faktor in der Kulturstatistik ist das Verhältnis der Bevölkerung zu jeder Art von literarischen Erzeugnissen. Eine Statistik der *Buchproduktion* kann man in Deutschland in gewissem Sinne von 1931 an datieren[13]; jedenfalls lehnt sich seit diesem Jahre die Produktionsstatistik des deutschen Buchhandels eng an die „Deutsche Nationalbibliographie" an, die von der „Deutschen Bücherei" laufend bearbeitet und vom „Börsenverein der Deutschen Buchhändler" in Leipzig herausgegeben und verlegt wurde; berücksichtigt wurden hierbei allerdings nur die literarischen Veröffentlichungen, die zu buchhändlerischen Bedingungen abgegeben werden (Reihe A). Bis zum Jahre 1930 waren die statistischen Auszählungen nach dem „Wöchentlichen Verzeichnis der erschienenen und der vorbereiteten Neuigkeiten des Deutschen Buchhandels" vorgenommen worden. Die Deutsche Nationalbibliographie gruppierte das gesamte deutsche Schrifttum in 24 Fachgebiete ein, die etwa in der gleichen Gliederung auch heute noch gelten. Damals wurde noch die reichsdeutsche und die auslandsdeutsche Büchererzeugung nach einheitlichen Gesichtspunkten gemeinsam ausgewertet. Die Ergebnisse dieser Statistik wurden in Monatsübersichten regelmäßig im „Börsenblatt für den deutschen Buchhandel" veröffentlicht. Für die Bundesrepublik ist jetzt der „Börsenverein des Deutschen Buchhandels e. V." (noch vor einigen Jahren als Börsenverein deutscher Verleger- und Buchhändler-Verbände bezeichnet) in Frankfurt a. M. zuständig. Die statistischen Veröffentlichungen werden (auch in Leipzig) fortgesetzt. Vergleicht

[13] Vgl. den Beitrag von L. Schönrock, Die buchhändlerische Produktionsstatistik (Die Statistik in Deutschland, Bd. I, S. 415 ff.).

man etwa die Buchproduktion der Jahre 1954 und 1958 in der Bundesrepublik einschließlich Berlin[14] mit einander, so ergibt sich folgendes: Die Zahl der Verlagsveröffentlichungen ist in diesem Zeitraum von 16 240 auf 20 476 gestiegen; dabei stand sie 1957 (allerdings ohne Saarland) erst auf 16 690. Von diesen gesamten Buchveröffentlichungen waren Neuauflagen anfangs 3976 = 24,5 vH, am Ende 4377 = 21,4 vH. Den höchsten Anteil unter den Veröffentlichungen hatte (1958) die Schöne Literatur mit 18,4 vH, erst in weitem Abstand folgten die Schulbücher mit 8,2, Recht und Verwaltung mit 7,5, Religion und Theologie mit 7,1, Jugendschriften mit 6,6 und Naturwissenschaften mit 5,7 vH. Diese sechs Sachgebiete umfassen zusammen 53,5 vH, also etwas mehr als die Hälfte aller Verlagsveröffentlichungen. Besonders niedrig sind die Anteile bei Politik und Wehrwesen (1,0 vH), Mathematik (0,9 vH) und bei Turnen, Sport und Spielen (0,6 vH). Besonders hoch ist das Verhältnis der *Neu*auflagen verständlicherweise bei den Schulbüchern mit 62,7 vH der Veröffentlichungen dieses Sachgebietes.

In Ergänzung dieser Angaben aus dem Bundesgebiet gewährt die „Deutsche Bibliothek" in Frankfurt a. M. (Stiftung des öffentlichen Rechts zur vollständigen Erfassung der deutschen und fremdsprachlichen Literatur des Inlands und der deutschsprachigen Literatur des Auslands) einen Einblick in Zugang und Bestand von Büchern und Zeitschriften sowie über die Zahl der Benutzer und der von ihnen verlangten Bände im Lesesaal[15]; hier wird für 1958 ein Zugang von 23 801 „Titeln" und 35 252 „Bänden" festgestellt, mit der Wirkung, daß sich der *Bestand* auf insgesamt 206 815 Titel (1949 nur 42 333) und auf 261 859 Bände (1949 nur 50 370) erhöht hat. Bei Zeitschriften war der Bestand 1949 nur 4206, er ist 1958 auf 15 559 gestiegen.

In diesem Zusammenhang von Bedeutung ist auch das *Bibliothekswesen;* hier gibt es, nachdem Göttingen schon gegen Ende des vorigen Jahrhunderts den Anfang gemacht hatte, methodische statistische Erhebungen, die seit 1901 im Jahrbuch des Vereins Deutscher Bibliothekare veröffentlicht werden; neuere Daten über die Benutzung öffentlicher Büchereien bringt vor allem das „Statistische Jahrbuch Deutscher Gemeinden"[16]. Für das Rechnungsjahr 1957/58 liegen folgende Zahlen vor: Im Bundesgebiet (mit Berlin) gibt es in 227 Gemeinden öffentliche Büchereien mit insgesamt 909 Ausleihestellen, von denen 200 „Jugendbüchereien" darstellen. Der Bücherbestand Ende März 1958 belief sich auf insgesamt 7,66 Millionen, darunter an Schöner Literatur 2,39 Millionen, an „Sachbüchern" usw. 3,21 und an Jugendschriften 1,67 Millionen. Als

[14] Vgl. Statistisches Jahrbuch der BRD für 1956, S. 95, und für 1960, S. 119.
[15] Statistisches Jahrbuch 1960, S. 118.
[16] Vgl. a. a. O. S. 119.

„aktive Leser" werden zur gleichen Zeit 1,34 Millionen genannt. Die Zahl der Entleihungen beläuft sich auf 26,51 Millionen, wobei die Schöne Literatur mit 10,35 und die Jugendschriften mit 10,74 Millionen den größten Teil einnehmen. Im Durchschnitt entfallen auf einen Leser 22,5 Entleihungen.

Auch für die Bibliotheken der Universitäten und Technischen Hochschulen liegen im „Jahrbuch Deutscher Bibliotheken" genaue Unterlagen über den Bücherbestand, die Benutzung im Lesesaal und die Entleihung vor[17], zuletzt für 1958/59 (Sommer- und Wintersemester). Der *größte* Bücherbestand erscheint hier bei der Universität Göttingen mit rd. 1,2 Millionen, nicht viel niedriger ist er bei der Universität Köln mit rd. 940 000, am niedrigsten bei der Technischen Hochschule Stuttgart mit 135 000. Die Benutzung im Lesesaal ist am größten in Göttingen mit rd. 171 000, dann in Berlin (FU) mit 155 000 Benutzern; aber nach der Zahl der benutzten Druckschriften steht die Universität Frankfurt a. M. mit rd. 144 500 im Vordergrund. Die Zahl der Entleiher ist am größten in Hamburg mit 15 700, die der verliehenen Bände am größten in Köln mit 138 100.

Auch im Ausland werden Statistiken des Bibliothekswesens geführt, vor allem in den Vereinigten Staaten, in England, Frankreich, Italien, Schweden, Norwegen und Dänemark[18].

Die Statistik des *Pressewesens,* die sich mit Zeitungen und Zeitschriften zu befassen hat, ist verhältnismäßig jungen Datums[19]. Im Deutschen Reich machte das Kriegspresseamt im Jahre 1917 den ersten Versuch einer amtlichen Reichs-Zeitungsstatistik. Wesentlich früher gab es eine entsprechende Betätigung schon in einigen Statistischen Landesämtern; so hat Württemberg schon 1869 eine Zeitungsstatistik bearbeitet, aber auch Baden, Thüringen, Hessen, Bayern und Sachsen sind hier zu nennen, vor allem hat sich hier auch die Österreichische Statistische Zentralkommission eingeschaltet, deren Arbeiten auch international (vom Internationalen Statistischen Institut) behandelt und anerkannt wurden. Unter den Kommunalstatistischen Ämtern trat eigentlich nur das Statistische Amt der Stadt Nürnberg schon 1914 mit einer Zeitungsstatistik und 1927 mit einer Statistik des Anzeigenwesens hervor. Darüber hinaus haben sich aber zwei wissenschaftliche Institute näher mit der Pressestatistik befaßt, und zwar das Institut für Zeitungswissenschaft an der Universität Leipzig und das Institut für Zeitungswissenschaft an der Universität Berlin. Von Leipzig aus hat sich besonders Professor Bücher der Zeitungsstatistik

[17] a. a. O. S. 118.

[18] Vgl. hierzu G. Leyh, Statistik des Bibliothekswesens (Die Statistik in Deutschland, Bd. I, S. 418 ff.).

[19] Vgl. H. L. Zankl, Pressestatistik, a. a. O. S. 420 ff.

gewidmet und u. a. auf dem Internationalen Statistischen Kongreß in Kopenhagen 1907 den Plan einer systematischen Pressestatistik vorgetragen. Das Berliner Institut hat das Handbuch der deutschen Tagespresse bearbeitet. Eine zusammenfassende statistische Übersicht über die Entwicklung des Zeitschriftenwesens erschien erstmals 1936 aus der Feder von E. LORENZ: Die Entwicklung des deutschen Zeitschriftenwesens — Eine statistische Untersuchung[20]. Auf dem Gebiet der betriebswirtschaftlichen Zeitungsstatistik hat sich der Reichsverband der Deutschen Zeitungsverleger wiederholt betätigt (ihm entspricht jetzt der Bundesverband Deutscher Zeitungsverleger e. V., Bad Godesberg). Über die systematische Eingliederung der Pressestatistik bestehen verschiedene Auffassungen; Fr. ZAHN hat sie zur „Kulturstatistik" gerechnet, Fr. ŽIŽEK zur „Bildungsstatistik"; aber auch die Wirtschafts- und Sozialstatistik sowie vor allem die politische Statistik kommen hierfür noch in Betracht. In diesem Sinne unterscheidet ZANKL eine betriebswirtschaftliche, eine volkswirtschaftliche und eine politische Pressestatistik. Aus neueren Ergebnissen für die Bundesrepublik seien die folgenden hervorgehoben[21]: Im Bundesgebiet einschließlich West-Berlin gab es nach den Angaben des Bundesverbandes Deutscher Zeitungsverleger im 1. Halbjahr 1955 623 „Hauptausgaben" und 725 „Nebenausgaben" mit einer Druckauflage von 15,85 Millionen und einer Verkaufsauflage von 14,4 Millionen Stück. Rd. 800 000 Stück (Verkaufsauflage) erschienen weniger als dreimal wöchentlich. Die Zahl der Stücknummern auf 1000 Einwohner („Leserdichte") betrug 276; am größten war die Leserdichte in Westberlin mit 462, am geringsten in Niedersachsen und Bremen mit 193. Im 2. Vierteljahr 1959 ist die Zahl der Haupt- und Nebenausgaben um ein Geringes niedriger als 1955 (609 bzw. 690), die Druck- und die Verkaufsauflage dagegen etwas höher: 16,87 bzw. 15,32 Millionen, auch die Leserdichte etwas gestiegen, und zwar auf 295 im Bundesdurchschnitt (jetzt in Berlin 428 und in Niedersachsen und Bremen 187, also jeweils etwas niedriger).

Für die Zeitschriften liegen einige Angaben aus dem Handbuch „Die deutsche Presse 1954" (hrsg. vom Institut für Publizistik an der FU Berlin) vor[22]: Im Jahre 1953 sind im Bundesgebiet und Westberlin insgesamt 4884 Zeitschriften herausgekommen, wovon 18,6 vH in die Gruppe Wirtschaft und Soziales Leben, 14,7 vH in Industrie, Technik und Verkehr, 10,7 vH in Religion und Kirche einzureihen waren, während 12,4 vH Firmenzeitschriften waren. Fast 3000 Zeitschriften haben Angaben über Druckauflage gemacht; für diese Zeitschriften ergab sich eine Gesamtdruckauflage von 73,01 Millionen, dabei standen dann im Vordergrund

---

[20] Berlin 1936.
[21] Statistisches Jahrbuch 1956, S. 96, 1960, S. 119.
[22] Statistisches Jahrbuch 1956, S. 96.

die Unterhaltungs- und Frauenzeitschriften mit 17,97, die Gruppe Wirtschaft und Soziales Leben mit 16,0 und Religion und Kirche mit 12,83 Millionen, so daß diese drei Gruppen mit zusammen 46,8 Millionen allein schon 64,0 vH der bekanntgegebenen Druckauflage überhaupt umfassen. Für die Rechts- und Staatswissenschaften beträgt die Druckauflage nur 1,79, für die Medizin 1,37 und für die Wissenschaft allgemein 1,42 Millionen.

Einen weiteren beachtenswerten Teil der Kulturstatistik stellt die Statistik der *Kunstpflege* dar, die ja wohl auch mit gutem Recht zur Statistik des Bildungswesens gerechnet wird. Mit der Statistik der Kunstpflege haben sich ganz besonders befaßt die Statistiker B. Mewes (in seinem Beitrag „Gemeindliche Kunstpflege 1936" im Statistischen Jahrbuch Deutscher Gemeinden[23]) und R. Lawin (in seinem Beitrag „Statistik der Kunstpflege und Museen"[24]), der im übrigen auch allgemein das Gebiet der Kulturstatistik im Rahmen der deutschen Gemeinden behandelt hat. Es erscheint angebracht, seine allgemeinen Ausführungen zur Statistik der Kunstpflege hier im Wortlaut wiederzugeben, da sie gerade auch die Kunst als soziale Erscheinung kennzeichnen: „Naturgemäß zeigt sich bei der Statistik der Kunstpflege dieselbe Problematik wie bei jeder kulturstatistischen Arbeit, da die Anwendung statistischer Methoden, die bei ihrer quantitativen Betrachtungsweise das Vorhandensein von Massenerscheinungen voraussetzen, auf den kulturellen Bereich nur begrenzt möglich ist. Daher kann die Statistik der Kunstpflege ihre Aufgabe nur dann erfüllen, wenn sie unabhängig vom persönlichen Kunsterlebnis die Kunst und ihre Pflege als soziale Erscheinung betrachtet und die Ergebnisse des Erfaßbaren völlig vorurteilsfrei und objektiv zusammenstellt, so daß ein Erkennen ihres Standes und ihrer Entwicklung ermöglicht und damit ein bedeutsames Instrument für die Kulturpolitik geschaffen wird. Dabei wird sich für die statistische Betrachtung der Kunstpflege eine unterschiedliche Behandlung der einzelnen Kunstgattungen und der ihnen geltenden kunstpflegerischen Arbeit ergeben; denn während z. B. die Werke der bildenden Kunst, einmal erzeugt, einen festen, jederzeit wirksamen sozialen Besitz bilden, erfordert die Arbeit der nachschaffenden Kunst einen besonderen Einsatz sozialer Einrichtungen und Mittel, durch die der nachschaffende Künstler es überhaupt erst vermag, das Werk des schaffenden Künstlers der Volksgemeinschaft lebendig zu machen.

Bei einer Betrachtung des gegenwärtigen Standes der Statistik der Kunstpflege in Deutschland können die Theaterstatistik, die Statistik der Lichtspieltheater und die Musik- und Rundfunkstatistik in den *Einzel-*

---

[23] XXXIII. Jg., S. 185, Jena 1938.

[24] Die Statistik in Deutschland Bd. I, S. 428 ff.

heiten keine Berücksichtigung finden und müssen, da sie in unserem kulturellen Bereiche eine so wichtige Stellung einnehmen, auch ihrem Umfange nach zwangsläufig eine gesonderte Bearbeitung erfahren. Liegt hier eine Beschränkung in der Stoffgliederung als solcher, so steht außerhalb des Möglichen die Erfassung der Baukunst, da es hier außerordentlich schwierig ist, zwischen der Förderung des Kunstschaffens und dem wirtschaftlichen oder sonstigen Bauzweck eine Grenze zu ziehen."

Im Sinne des letzten zitierten Absatzes von LAWIN wollen wir noch kurz auf die übrigen Kunstgebiete eingehen. Die *Theaterstatistik* behandelt J. BUCK in der „Statistik in Deutschland"[25] und begründet ihre Bedeutung im Rahmen der Kulturstatistik folgendermaßen: „Sie muß sich zwar ... hauptsächlich mit den äußeren Vorgängen begnügen, zieht aber von der quantitativen Masse der Ergebnisse, die bedarfsgemäß nach verschiedenen Gesichtspunkten aufgeteilt oder mit anderen statistischen Daten in Beziehung gesetzt werden, logische Rückschlüsse in qualitativer Hinsicht, d. h. auf den kulturellen Stand, auf die geistigen Verhältnisse der Bevölkerung. So kennzeichnen beispielsweise die Zahl und Art der Ur- und Erstaufführungen, die Zahl der Wiederholungen bestimmter Stücke, die Gegenüberstellung der Besucherziffern in verschiedenen Stückekategorien sowie die Kombinierung der verschiedenartigen Zahlenergebnisse und die Errechnung von Durchschnittsziffern den Wert und die Lebensdauer der einzelnen Werke, die Leistungen der Verfasser, den Stand und — bei Betrachtung verschiedener Zeiträume — die Entwicklung der Geisteskultur des Volkes, im weiteren die Ergebnisse und Erfolge der vom Staat betriebenen Theaterpolitik u. a. m. Bei all diesen Erhebungen und Untersuchungen muß jedoch, um Fehlschlüsse zu vermeiden, sehr vorsichtig und unter Berücksichtigung aller mitspielenden Faktoren (z. B. Art und Leistungsfähigkeit der einzelnen Theater) vorgegangen werden." BUCK unterscheidet noch eine Theaterbetriebsstatistik, eine Theaterspielplanstatistik und eine Theaterbesucherstatistik; hierbei spielt u. a. die Größe der Theater nach der Zahl der Sitze und Stehplätze eine wichtige Rolle. „Sehr interessant, aber praktisch in größerem Ausmaße wohl undurchführbar, wäre eine berufliche und soziale Gliederung der Besucher sowie ihre Trennung nach Geschlecht und Altersgruppen[26]. Die zahlenmäßigen Unterlagen waren früher dem jährlich erscheinenden „Deutschen Bühnenjahrbuch" zu entnehmen, im übrigen befassen sich — teilweise schon seit längerem — die Statistischen Landesämter und vor allem die Kommunalstatistischen Ämter mit dem Theaterwesen; hier hat sich besonders das Bayerische Statistische Landesamt mit den Hof- bzw. Staatstheatern befaßt (schon für die Zeit seit 1871), ferner

[25] Bd. I, S. 431 ff.

[26] a. a. O. S. 433.

S. Schott (Statistisches Amt der Stadt Mannheim) mit den dortigen Aufführungen seit 1901, sowie Kneuer (im Allgemeinen Statistischen Archiv, 23. Bd.) mit dem Opernspielplan der bayerischen Staatstheater seit 1871. Diese Daten sollen nur als einige Beispiele aus der Darstellung von Buck angeführt werden. Für die neuere Zeit bringen die Statistischen Jahrbücher der BRD[27] laufend Angaben, die aus dem Statistischen Jahrbuch Deutscher Gemeinden entnommen sind, für 1958/59 einer „Sonderveröffentlichung" zu diesem Jahrbuch. Danach gab es in der Bundesrepublik einschließlich Berlin in der Saison 1953/54 69 Gemeinden mit 113 Theatern (darunter 62 gemeindlichen), in der Saison 1958/59 70 Gemeinden mit 129 Theatern (ohne private) — darunter 73 gemeindlichen —. Die Zahl der Plätze in diesen Theatern betrug Ende 1954 83 258 (5,2 auf 1000 Einwohner), Ende 1959 87 538 (5,1 auf 1000 Einw.). Die Zahl der Besucher ist im Vergleichszeitraum von 16,8 auf 19,7 Millionen gestiegen; am größten war die Zahl der Besucher 1958/59 bei den Schauspielen mit 9,46, etwas geringer bei den Opern mit 6,49 Millionen, aber wesentlich niedriger bei den Operetten mit 2,8 Millionen; bei den Operetten ist übrigens gegenüber 1953/54 ein Rückgang festzustellen, denn damals war die Besucherzahl hier 3,2 Millionen.

Einen interessanten Vergleich mit dem Theaterbesuch stellt der Besuch der *Museen* dar; nach dem Statistischen Jahrbuch für 1960[28] betrug die Zahl der Besucher im Jahre 1958 insgesamt 7,9 Millionen, darunter gegen Entgelt zugelassen 4,1 Millionen. Allerdings haben nur 170 Gemeinden mit 320 Museen die Besucherzahlen festgestellt, während insgesamt 185 Gemeinden über 346 Museen verfügen, darunter Westberlin allein über 20. Auch diese Daten entstammen dem Statistischen Jahrbuch Deutscher Gemeinden. Die Zahl der Besucher liegt immerhin größenordnungsmäßig gar nicht so weit entfernt von denen der Theaterbesucher (zwischen denen der Schauspiel- und der Opernbesucher von 1958/59), und gut die Hälfte der Museumsbesucher hat auch ein Entgelt entrichtet.

Einen der jüngsten Zweige der Kulturstatistik stellt die Statistik des *Filmwesens* dar, das ja auch erst einige Zeit nach dem Beginn des 20. Jahrhunderts zur Entwicklung gekommen ist. Über „Filmstatistik und Statistik der Lichtspieltheater" hat E. Lange in der „Statistik in Deutschland"[29] einen historischen Überblick gegeben, dem auch die folgenden Ausführungen entnommen sind. Im allgemeinen beginnt in Deutschland die statistische Erfassung erst in den 20er Jahren. Nur Bayern hat in seinem Statistischen Jahrbuch für 1913 bereits Angaben über die Zahl der (Film-)Theater, der Sitzplätze, der abgegebenen Eintrittskarten, der

---

[27] 1956, S. 97, 1960, S. 115.
[28] S. 115.
[29] Bd. I, S. 436 ff.

Preise usw. für die Theater in den zehn größten bayerischen Städten gemacht, diese Angaben auch in den folgenden Jahren fortgeführt und 1929 erstmalig *alle* Lichtspieltheater erfaßt. Ähnlich haben Württemberg, Baden und Hessen sowie Thüringen in den 20er Jahren wiederholt wichtige Angaben über die Lichtspieltheater gebracht, auch die Hansestadt Hamburg regelmäßig seit 1925. Für die deutschen Städte hat Nürnberg 1921 zum ersten Mal eine Erhebung durchgeführt, wobei allen Orten mit mehr als 5000 Einwohnern Fragebogen zugestellt wurden, die von den größeren Städten fast vollständig beantwortet wurden, während die Ergebnisse in den mittleren und besonders in den kleineren Städten weniger günstig waren. Im Jahre 1925 sind im Zusammenhang mit den Verhandlungen über die Kinosteuer die finanziellen Verhältnisse von 42 Lichtspieltheatern in Berlin eingehend untersucht worden. Die erste einheitliche Erfassung der Lichtspieltheater im Deutschen Reich fand im Jahre 1935 statt, wobei das Statistische Reichsamt einen Fragebogen versandte, den sämtliche damals bestehenden Lichtspieltheater auszufüllen hatten; die Ergebnisse sind dann im Band 505 der Statistik des Deutschen Reiches veröffentlicht worden. Für die Zeit nach dem zweiten Weltkrieg wurden zunächst statistische Ergebnisse von einzelnen Staaten und Ländern zusammengestellt, dann aber regelmäßig, jedenfalls von 1952 ab, von der „Spitzenorganisation der Filmwirtschaft e.V.", Wiesbaden-Biebrich, mitgeteilt. Das Statistische Jahrbuch der BRD 1952 bringt schon eingehendere Ergebnisse für 1949 und 1950, das Jahrbuch 1960 solche von 1952 bis 1958 bzw. 1959[30].

Ende 1958 gab es in 3021 Gemeinden mit „ortsfesten Filmtheatern" (Bundesrepublik und Westberlin) insgesamt 6956 Filmtheater — unter Filmtheater ist zu verstehen „jedes ortsfeste, gewerbsmäßig betriebene Theater mit fest eingebauter Vorführungsapparatur, für das selbständige Verleihverträge abgeschlossen werden" — mit 2,88 Millionen Sitzplätzen (je Filmtheater durchschnittlich 415 Plätze, in Hamburg und Bremen sogar 528 bzw. 547, in Berlin 491, in Rheinland-Pfalz aber nur 354), das bedeutet auf 1000 Einwohner 52,2 Sitzplätze (im Saarland sogar 67,6 Plätze). Ende März 1950 waren nur 3639 (ortsfeste) Filmtheater ermittelt worden, allerdings insgesamt 8506 „Filmspielstellen" (Bundesgebiet ohne Saarland und Berlin), und Ende März 1949 3204. Die Zahl der Film*besuche* ist im Bundesgebiet (ohne Saarland und Berlin) von 1952 bis 1958 gestiegen von 565,7 auf 694,0 Millionen (die Höchstzahl war 1956 mit 755,0 Millionen), das bedeutet je Einwohner am Anfang 11,8 und am Ende der Periode 13,5; in Westberlin war die Zahl der Besuche je Einwohner am Anfang 22,3, am Ende 25,0 (1956: 28,1). Die *Einnahmen* der Filmtheater

---

[30] Jahrbuch 1952, S. 72 f., Jahrbuch 1960, S. 116.

stiegen im Bundesgebiet ohne Saarland, aber einschließlich Berlin von 602,2 auf 1013,2 Millionen, zur gleichen Zeit die „Vergnügungssteuerabgabe" von 118,6 auf 142,5 Millionen DM. Die Zahl der „neu zum Einsatz gelangten Spielfilme" stieg von 1952 bis 1959 von 450 (im Jahr) auf 516, davon waren in der Bundesrepublik hergestellt nur 75 bzw. 107; die größte Zahl stammte aus den Vereinigten Staaten mit 247 bzw. 202, beachtlich sind noch die Zahlen aus Frankreich und Großbritannien, liegen allerdings erheblich unter den deutschen. Für das Jahr 1958 belief sich die gesamte Film*produktion* auf 115 Spielfilme, 36 „abendfüllende" Kultur- und Dokumentarfilme und 424 kurze Kultur- und Dokumentarfilme, von denen allein 220 das Prädikat wertvoll und 19 das Prädikat besonders wertvoll erhielten; bei den Spielfilmen usw. sind diese Prädikate wesentlich seltener. Für die SBZ ist den „Bonner Fachberichten aus der Sowjetzone" (hrsg. vom Bundesministerium für gesamtdeutsche Fragen) folgendes zu entnehmen: Die DEFA (Deutsche Film-AG) hat seit ihrer Gründung 1946 bis zum Jahre 1959 insgesamt 166 Spielfilme herausgebracht, von denen 26 als „unpolitische", 46 als politische, historisch oder sozialkritisch belehrende, 72 als solche mit kommunistischer Tendenz und Propaganda für das „neue Leben" und 22 als „reine Agitation" bezeichnet werden. Von den 72 kommunistischen usw. Filmen entfallen allein 42 auf die Jahre 1956—1959, in denen insgesamt 85 Filme herausgekommen sind.

Wenig zu sagen ist über die *Musik*statistik. Hier hat W. Dittmar in der „Statistik in Deutschland"[31] einen Beitrag geliefert, der allerdings stark unter dem Eindruck der „Planung des Dritten Reichs" steht. Als Grund für die häufige Vernachlässigung speziell der Musikstatistik führt er an „die geradezu verwirrende Vielfalt und Buntheit unseres Musiklebens, das stark pulsierend in unendlich vielverzweigten Strömen dahinfließt, getrieben von den mannigfaltigsten Kräften." Immerhin hat die Musikstatistik in den Statistischen Jahrbüchern der meisten deutschen Städte immer eine gewisse Beachtung gefunden bezüglich der Orchester- und Konzertsäle, der Musikaufführungen nach Art und Zahl, der Besucher, der Organisationen, der finanziellen Zuschüsse und Ergebnisse. In den Jahrbüchern der Bundesstatistik erscheint die Musikstatistik im allgemeinen nicht, nur die selbständigen Orchester werden wiederholt unter Theaterwesen behandelt und dargestellt.

Wesentlich anders steht es dagegen mit der *Rundfunkstatistik,* über die u. a. H. Wipplinger in der „Statistik in Deutschland"[32] eine historische Darstellung gibt. Der deutsche Rundfunk beginnt praktisch im Jahre 1923, statistische Unterlagen waren vorhanden bei der Deutschen Reichspost

[31] Bd. I, S. 441 ff.
[32] a. a. O. S. 449 ff.

entsprechend ihren vielfältigen Beziehungen zum Sendedienst und bei der „Reichsrundfunk-GmbH" als Veranstalterin der Darbietungen; jetzt sind neben der Bundespost maßgebend die „Öffentlich-rechtlichen Rundfunkanstalten der Bundesrepublik Deutschland" (ARD). Die bei den Postämtern liegenden Stammkarten bilden die Grundlage für die monatliche Zählung der Rundfunkteilnehmer, d. h. aller Personen, denen die Post eine Rundfunkgenehmigung erteilt hat; genau genommen erstreckt sich die Zählung nicht auf die Personen, sondern auf die Empfangsanlagen; zum Unterschied davon ist eigentlich „Rundfunkhörer", wer — gleichgültig, ob Teilnehmer oder nicht — regelmäßig Gelegenheit hat, Rundfunkdarbietungen zu hören, besonders die mehr oder minder große Zahl der Familienangehörigen. Von den „Schwarzhörern" werden die entdeckten und ermittelten Straffälligen laufend bei der Bundespost registriert. Im Februar 1927 wurde erstmalig eine Teilnehmer-Berufsstatistik erstellt und später wiederholt. Am 1. April 1951 betrug die Zahl der Rundfunkteilnehmer im Bundesgebiet (ohne Saarland und Berlin) 9,49 Millionen, die „Rundfunkdichte" auf 1000 Einwohner betrug damals 200 — in Württemberg-Hohenzollern sogar 365, aber in (Süd-)Baden nur 165 —, auf 1000 Haushaltungen im ganzen 625 — in Württemberg-Hohenzollern sogar 1150, in Rheinland-Pfalz nur 493 —; nach der Rundfunkdichte (auf 1000 Einwohner) waren am stärksten beteiligt die Großstädte mit mehr als 1 Million (Dichte 281), am wenigsten die Gemeinden mit 2000 und weniger Einwohnern (Dichte 143). Inzwischen ist die Zahl der Rundfunkgenehmigungen („Teilnehmer") bis 1959 (1. April) im Bundesgebiet ohne Berlin (aber einschließlich Saarland) gestiegen auf 14,66, *mit* Berlin auf 15,51 Millionen. Diese Zahlen beziehen sich nur auf den „Tonrundfunk"; daneben existieren im gleichen Jahr 1959 2,4 Millionen „Fernseh-Rundfunkgenehmigungen" (Bundesgebiet ohne Berlin), einschließlich Berlin 2,53 Millionen. Die Zahl dieser Fernseh-Genehmigungen lag 1956 (ohne Saarland, aber einschließlich Berlin) noch bei 393 000! Diese Daten sind sämtlich den Statistischen Jahrbüchern der BRD entnommen[33]. Neuerdings werden hier auch noch die *Arten* des Rundfunkprogramms wiedergegeben, sowohl für Ton- wie für Fernseh-Rundfunk[34]; für jede „Rundfunkanstalt" (z. B. Norddeutscher Rundfunk, Sender Freies Berlin usw.) wird für „I., II. und III. Programm", für deutsche Langwelle und für deutsche Kurzwelle die Dauer der Sendungen in Minuten, getrennt nach Musiksendungen und nach Wortsendungen wiedergegeben, außerdem noch für den „Werbefunk". Das gleiche gilt für das Fernsehprogramm, wobei noch das Gemeinschaftsprogramm Deutsches Fernsehen, das Regionalprogramm und das Werbefernsehen unterschieden wird. Die ge-

[33] Vgl. 1952, S. 310, 1960, S. 366.
[34] Jahrbuch 1960, S. 117.

nannten Sendegattungen werden noch in Sachgebiete unterteilt, z. B. bei den Wortsendungen Politik und Wirtschaft; Kultur, Literatur und Erziehung; Sport usw. Kennzeichnend für die Zunahme des Fernsehens ist auch die Tatsache, daß im Jahre 1956 im Bundesgebiet (ohne Saarland und Berlin) nur 527 000 Fernsehempfänger (einschließlich Fernsehkombinationen), 1958 aber schon 1,49 und 1959 1,8 Millionen Apparate hergestellt wurden, deren Wert — nach einander — sich auf 287,0 Millionen, auf 881,3 und weiter auf 1007,2 Millionen DM belaufen hat.

Die Zahl der Ton- und Fernseh-Rundfunkgenehmigungen läßt sich auch mit den Zahlen des Auslands vergleichen[35]: Für den *Ton*-Rundfunk gab es zum Jahresende 1958 in der Bundesrepublik einschließlich Berlin 15,03 Millionen Genehmigungen, in Frankreich 10,65, in Großbritannien und Nordirland 5,58 (hier Rückgang gegen früher!), in den Vereinigten Staaten (geschätzte Zahl) 161,0 und in Japan 14,61 Millionen, für den *Fernseh*-Rundfunk in der Bundesrepublik 2,13 Millionen, in Frankreich 989 000, in Großbritannien und Nordirland 8,9 Millionen (Zunahme gegen früher, die infolge „Kombination" den Rückgang beim reinen Tonfunk wieder ausgleicht), in den Vereinigten Staaten 50,25 und in Japan 1,6 Millionen.

Mit diesen Ausführungen dürfen wir hier das Gebiet der Bildungsstatistik abschließen und das noch in den Rahmen der Kulturstatistik fallende Thema *Moralstatistik* aufgreifen. Die „Moralstatistik" als solche ist allerdings ein recht umstrittenes Gebiet, besonders wenn man daran denkt, wie verschieden schon der Begriff der Moral selber ausgelegt wird. Darüber hat sich auch R. Korherr in seinem Beitrag „Moralstatistik"[36] genauer ausgelassen, wobei er auch auf die historischen Hintergründe eingegangen ist. Hier sei deshalb nur erwähnt, daß schon vor recht langer Zeit einige Bücher über dieses Thema von namhaften Forschern erschienen sind: A. von Oettingen, Die Moralstatistik (Erlangen 1868), G. von Mayr, Moralstatistik mit Einschluß der Kriminalstatistik, als 3. Band seiner „Statistik und Gesellschaftslehre" (Tübingen 1917); auch Fr. Zahn hat sich kritisch mit ihr befaßt und in seiner „Internationalen Kulturstatistik"[37] von der Moral gesagt, sie lasse sich „nicht in Zahl und Maß erfassen"; es ließen sich nur Vorgänge statistisch erfassen, die wieder richtige Schlüsse auf die Moral gestatten. Man muß wohl Korherr Recht geben, wenn er sagt: „Das Forschungsziel, die Moral, läßt sich aber nicht als solche erfassen. Auch fehlt uns meist die Kenntnis der Motive der Handlungen. Weswegen es unter diesen Beschränkungen *das Ziel der moralstatistischen Forschung* ist, diejenigen Zustände, Ereignisse und Handlungen, die Rückschlüsse auf die Gestaltung des Sittenlebens ge-

---

[35] Jahrbuch 1960, S. 96*.

[36] „Die Statistik in Deutschland", Bd. I, S. 465 ff.

[37] Allg. Statistisches Archiv, Bd. 15, S. 265.

währen, nach Möglichkeit statistisch zu erfassen, kritisch zu werten und auf ihre Entwicklungsrichtung zu prüfen. Ähnlich bezeichnete bereits MAYR die Moralstatistik als ‚die Statistik der Zustände und Erscheinungen des Sittenlebens' und umschrieb sie näher als ‚die Statistik der Handlungen, der Ereignisse und der Folgewirkungen von Handlungen und Ereignissen, welche Rückschlüsse auf die Gestaltung des Sittenlebens der Menschen gestatten und der Massenbeobachtung in Zahl und Maß zugänglich sind'." Ein vorzügliches Mittel der Moralstatistik kann der *Vergleich* sein, doch müssen hier unter Umständen sehr viel verschiedene Gesichtspunkte berücksichtigt werden.

Als Aufgabengebiete der moralstatistischen Forschung bezeichnet ŽIŽEK in seinem „Grundriß der Statistik"[38] die Kriminalstatistik, die Selbstmordstatistik, die Statistik der Ehescheidungen (auch Teile der weiteren Familienstatistik), der unehelichen Geburten, der Prostitution, des Alkoholismus, nach der positiven Seite hin auch die Statistik der Wohltätigkeit und die kirchliche Statistik. Dabei betont er, daß die Moralstatistik „in der Regel keine Grundlage für allgemeine ethische Bewertungen" abgebe. Immerhin glaubt er feststellen zu müssen, daß Veränderungen im Laufe der Zeit, z. B. eine Zunahme der Kriminalität, oder Verschiedenheiten im Sinne etwa einer größeren Kriminalität der Männer als der Frauen, doch darauf schließen lassen, daß eben doch die sittlichen Zustände hierbei eine große Rolle spielen. Auf der anderen Seite könne eine statistische Zunahme der Verbrechen teilweise von einer verbesserten Polizei- und Gerichtsverwaltung herrühren, die verschiedene Häufigkeit der Ehescheidungen in verschiedenen Ländern könne die Verschiedenheiten der rechtlichen Scheidungsmöglichkeiten widerspiegeln. Auch G. VON MAYR bezeichnet als Hauptteil die Statistik der Kriminalität, geht weiter ein auf die Statistik der Selbstmorde, der Ehescheidungen und Sondergebiete aus der Statistik der Bevölkerungsbewegung (vor allem der unehelichen Geburten) und des Bevölkerungsstandes. KORHERR erwähnt weiter als „Äußerungen des Sittenlebens, die in der Moralstatistik einen Platz beanspruchen können", die Konkurs-, die Arbeits-, die Konsumstatistik.

Man kann wohl diese Äußerungen auch dahin zusammenfassen, daß die Moralstatistik anzeigt, wieweit Gesetz und Recht, Anstand und gute Sitte verletzt werden, auch wieweit man sich über die für das menschliche Zusammenleben unenbehrlichen Bindungen hinwegsetzt — insofern wäre die Moralstatistik eigentlich eine Statistik des Unrechts, der Unsitte, der Unachtsamkeit, schärfer gesagt, der *Un*moral. Was die erwähnten *positiven* Gegenstände der Moralstatistik angeht, die Wohltätigkeit und das

[38] München und Leipzig 1921, S. 262 ff.

kirchlich-religiöse Verhalten, so schiene es mir erforderlich, die *verwaltungsmäßigen* Zusammenhänge hier auszuscheiden und nur die einzelmenschlichen Handlungen dem Gebiet der Moralstatistik zuzuweisen. Für die übrigen Fragen wäre dann die politische bzw. die Verwaltungsstatistik zuständig. Das würde z. B. auch die Gebiete der *öffentlichen* Wohlfahrtspflege, der Bevölkerungs- und der Sozialpolitik einschließlich der Sozialversicherung betreffen, die KORHERR offenbar auch der Moralstatistik zuweisen möchte; jedenfalls führt er diese Gebiete in seinem Katalog auf.

Aus dem Gesamtgebiet der Moral- (oder Unmoral-)Statistik seien einige der wichtigsten Einzelheiten im folgenden herausgehoben. Bezüglich der *Ehe* kann für die Moralstatistik auch die Ehelosigkeit bei den heiratsfähigen Altersgruppen eine Rolle spielen, am wichtigsten aber sind die Ehescheidungen, deren Zahl durch Sekundärstatistik aufgrund der Gerichtsurteile festgestellt wird; bei internationalen Vergleichen ist hierbei auf die sehr verschiedenen Rechtsgrundlagen einer Scheidung Rücksicht zu nehmen. Berechnet man die Zahl der Ehescheidungen auf 10 000 Einwohner, so ergeben sich folgende Ziffern[39]: In der Bundesrepublik hat sich der Satz von 1950 bis 1957 von 15,9 auf 8,2 gesenkt, in Westberlin von 44,3 auf 22,0, im Sowjetsektor von Berlin von 62,7 auf 24,9, in der SBZ von 24,7 auf 12,5. Hier haben offenbar die teilweise noch recht unruhigen Verhältnisse und Einwirkungen der Nachkriegszeit eine erhebliche Rolle gespielt, besonders aber auch die politischen Einflüsse in Berlin-Ost usw. Für Österreich sind die entsprechenden Daten 15,2 und 11,7, für Schweden 11,4 und 12,3, für die Vereinigten Staaten 25,5 und 22,2, für Israel (nur jüdische Bevölkerung) 21,3 und 12,1, für Japan 10,1 und 7,8. Am höchsten im internationalen Vergleich sind die Ziffern von Sansibar und Pemba (Afrika) mit 67,2 und 45,4, am niedrigsten die von ausgesprochen katholischen Ländern wie Portugal mit 1,1 und 0,9, Guatemala mit 0,9 und 1,4. Die Zahl der *unehelichen* Kinder auf 1000 Lebendgeborene betrug im Bundesgebiet (ohne Saarland und Berlin) 1938 64,5, stieg 1946 auf 164,1 an, nahm dann aber rasch wieder ab und erreichte 1959 mit 65,3 ungefähr wieder die Ziffer der Vorkriegszeit. 1959 war sie besonders hoch in Westberlin mit 163,5, besonders niedrig im Saarland mit 41,1 und in Nordrhein-Westfalen mit 48,4, aber recht hoch noch in Bayern mit 95,3 und in Hamburg mit 84,5.

Der *Selbstmord* (einschließlich der „Selbstbeschädigung") wird unter den Todesursachen aufgeführt[40]; im Jahre 1958 gab es hier in der Bundesrepublik ohne Berlin 9878 Fälle unter insgesamt 563 910 Gestorbenen oder rd. 1,8 vH; auf 100 000 Einwohner gerechnet waren es insgesamt

---

[39] Statistisches Jahrbuch der BRD 1960, S. 29*.

[40] Statistisches Jahrbuch 1960, S. 86 und 34* f.

18,9, bei den Männern allein 26,3 und bei den Frauen 12,4; in Berlin (West) lag der (Gesamt-)Satz dagegen bei 35,6! Ganz erheblich niedriger war er in Griechenland mit 3,2, auch noch in Italien mit 6,8 (1956) und in den Niederlanden mit ebenfalls 6,8 (1958) oder in Kanada mit 7,5 (1957). In Japan belief er sich 1957 auf 24,0, in Österreich 1958 auf 23,3, in der Tschechoslowakei sogar 1957 auf 57,8 (der höchste international ermittelte Satz!), in den Vereinigten Staaten nur auf 10,0 (1956). R. von Ungern-Sternberg versucht in einer Abhandlung „Über die Selbstmordhäufigkeit in den wichtigsten Ländern Westeuropas"[41] die sehr bedeutende Diskrepanz innerhalb von Westeuropa zu erklären: „Unverkennbar ist in den südlichen Ländern die Selbstmordhäufigkeit viel niedriger als in den nordischen und in den mitteleuropäischen Staaten. Dieser Unterschied mag im ersteren Fall vor allem klimatisch bedingt sein: in Spanien, Italien und Portugal ist die Zahl der warmen, sonnigen Tage im Jahr sehr viel größer als in den skandinavischen Gebieten, wo der lange Winter die Lebensverhältnisse viel schwieriger gestaltet als im Süden. In der Tat begegnen dem Beobachter im Norden zahlreiche in sich gekehrte, innerlich vereinsamte Menschen, die nicht fähig sind, ihre Sorgen und Leiden mit anderen zu teilen und sich dadurch menschliches Mitgefühl und Teilnahme zu sichern, eine Möglichkeit, die die Selbstmordgefährdeten häufig von dem letzten verhängnisvollen Schritt abhält. Im Süden dagegen sind die Menschen viel mitteilsamer und wechselseitig aufgeschlossener." Von den vielen Selbstmorden in Österreich hat sich fast ein Drittel in Wien ereignet, wie ja überhaupt „die Selbstmordfrequenz in den Städten allenthalben höher (ist) als in ländlichen Gemeinden". Aber die Verstädterung an sich kann nicht der maßgebende Grund sein, denn auch sonstige Länder mit starker Verstädterung zeigen nur geringe Selbstmordfrequenzen. Dagegen stehen die katholischen Länder im großen und ganzen besser da als die protestantischen; trotzdem ist Österreich nach dem ersten Weltkrieg an die erste Stelle in der Selbstmordfrequenz gerückt, wofür auch „gewisse Imponderabilien des Volkscharakters" maßgeben sein dürften.

Von demselben Verfasser stammt noch eine Untersuchung über „Die Selbstmordhäufigkeit in Vergangenheit und Gegenwart"[42]. Am weitesten zurück reicht hier die Statistik in Schweden (zurück bis 1776/80), und man hat für dieses erste Jahrfünft auf je 100 000 Einwohner eine Selbstmordhäufigkeit von 1,85 errechnet, für 1953 dagegen eine solche von 18,6, wobei die Ziffern — mit einer kleinen Unterbrechung im Jahre 1950 — eine konstante Steigerung aufweisen; 1953 war bei Männern allein die Häufig-

[41] Jahrbücher für Nationalökonomie u. Statistik (Stuttgart), Bd. 172, Heft 4, Juli 1960, S. 315 ff.

[42] a. a. O. Bd. 171, 1959, S. 187 ff.

keit 28,2, bei Frauen allein 9,0, auf dem Lande 16,8, in der Stadt 20,5 — 1841/50 war der Unterschied zwischen Land und Stadt wesentlich größer gewesen mit 5,81 bzw. 14,56, hat sich aber allmählich stärker ausgeglichen. Dem Alter nach erklärt v. UNGERN-STERNBERG die Selbstmordhäufigkeit als zwischen 50 und 60 Jahren am höchsten. Für die Schweiz stellt er im Jahre 1956 auf 10 000 Lebende 3,19 Männer und 1,19 Frauen als infolge Selbstmords Gestorbene fest; hier besteht nach Stadt und Land nur eine sehr geringe Differenz. Anders ist es hinsichtlich der Konfession: im Jahresmittel 1948/53 entfallen von den an Selbstmord Gestorbenen auf 10 000 Lebende 4,09 männliche Protestanten (1,40 weibliche), 2,49 (0,83) Katholiken, 4,58 (2,78) Israeliten, 2,70 (1,12) Angehörige anderer oder keiner Konfession. Und in Holland wurden 1953/55 auf 100 000 Einwohner (10 Jahre alt und älter) 10,2 protestantische, 5,2 römisch-katholische, 24,1 israelitische und 9,1 sonstige Selbstmörder gezählt. Bezüglich des Familienstandes stellt er fest, daß wieder nach den Schweizer Ergebnissen „der Ehestand eine gewisse hemmende Wirkung auf die Neigung zur Selbstentleibung ausübt. Das Verantwortungsgefühl gegenüber der Familie und dem Ehegatten macht sich zweifellos geltend; wogegen der Zustand des Geschiedenseins bei beiden Geschlechtern die höchste Selbstmordhäufigkeit zeigt." Abschließend sagt er über die Ursachen der hohen Selbstmordhäufigkeit in der Gegenwart folgendes: „Diese Steigerung ist in Westeuropa darauf zurückzuführen, daß innerhalb unseres Kulturkreises die religiösen und traditionellen Bindungen unter dem Einfluß der Aufklärungsphilosophie eine starke und anhaltende Lockerung erfahren haben und zugleich die nunmehr ‚ungeborgenen' Menschen vom Streben nach sozialem Aufstieg und materieller Bereicherung in einem Grade erfaßt worden sind, wie nie zuvor"[43].

Die *Kriminalstatistik* hat G. VON MAYR als das Hauptgebiet der Moralstatistik bezeichnet. Bezüglich ihrer Verwertung für die allgemeine Moral gibt KORHERR wohl mit Recht folgendes zu bedenken: „Doch dürfen ihre Zahlen nicht einfach als Ausdruck der Moralität gewertet werden. So werden von der Kriminalstatistik alle jene Gesetzesverletzungen nicht erfaßt, die ungesühnt oder gar unbekannt bleiben. Es dürften gerade die gewiegtesten Verbrecher sein, die dem Auge des Gesetzes — und der Statistik — entgehen. Die Kriminalstatistik ist in weitem Maße nur eine Erfolgsstatistik der Kriminalpolizei. Sie weiß auch über die wahren Beweggründe der Handlungen nichts zu sagen. Auch kann die Veränderung in den Zahlen der Kriminalstatistik ihre Ursachen in außermoralischen Gründen der verschiedensten Art haben." Besonders eingehend behandelt hat die Kriminalstatistik E. ROESNER, ebenfalls in der „Statistik in

[43] a. a. O. S. 207 (im Original gesperrt).

Deutschland"[44]. Soweit es sich um die Strafrechtsorganisation und deren Geschäftstätigkeit handelt, rechnet ROESNER die Kriminalstatistik zur Verwaltungsstatistik, im übrigen zur Moralstatistik. Er gliedert diese Statistik in folgende Gruppen: 1. Polizeistatistik, 2. Statistik der Gerichtsorganisation, 3. Geschäftsstatistik in Strafsachen, a) Statistik der Staatsanwaltschaft, b) Statistik der Gerichtsbehörden, 4. Auslieferungsstatistik, 5. Kriminalstatistik in engerem Sinne, 6. Strafvollzugsstatistik, 7. Strafregisterstatistik, 8. Begnadigungsstatistik[45]. Schon hieraus ergibt sich der erhebliche Umfang der Kriminalstatistik, die als solche stets eine Sekundärstatistik ist. Unter der Polizeistatistik ist beachtlich die „Statistik der polizeilichen Vorbeugungen gegenüber kriminellen und anderen asozialen Bevölkerungsklassen". FR. VON LISZT hat (Juristentag 1902) an die Kriminalstatistik die Forderung gestellt, „die Kriminalität nicht nur zu beschreiben, sondern sie auch zu erklären. Als beschreibende Wissenschaft hat sie die Kriminalität zahlenmäßig darzustellen, und als erklärende Wissenschaft ‚soll sie das Problem der Kriminalität kausal stellen und lösen, und die Ätiologie des Verbrechens liefern'. Ein ebenso unentbehrliches Handwerkszeug wie für die kriminalätiologische Forschung ist die Kriminalstatistik aber auch für die *Kriminalsoziologie*.... Die Kriminalstatistik bietet ferner wichtige Grundlagen für die Aufgaben der *Kriminalpsychologie*, wie sie endlich einen nicht minderen Wert für die Schlüsse auf dem Gebiet der *Sozialethik*, der *Moralphilosophie*, der *Kulturgeschichte* und der *Sozialpolitik* darstellt."

Eine Reichskriminalstatistik besteht seit 1882 aufgrund der vom Bundesrat erlassenen „Bestimmungen, betreffend die Herstellung einer Statistik der rechtskräftig erledigten Strafsachen wegen Verbrechen und Vergehen gegen Reichsgesetze"; das Urmaterial der Kriminalstatistik wird durch Zählkarten gewonnen, die von der Strafvollstreckungsbehörde für jede einzelne rechtskräftig abgeurteilte Person ausgestellt werden; praktisch stellt diese Statistik eine „Statistik der Abgeurteilten" dar. Bei der Auszählung nach Personen wird jede Person, bezüglich derer eine rechtskräftige Entscheidung ergangen ist, nur einmal ausgezählt, auch wenn die Aburteilung wegen mehrerer strafbarer Handlungen erfolgt ist. Veröffentlicht wurden die Daten in den Bänden der „Statistik des Deutschen Reichs", jetzt in den Bänden der Bundesstatistik, z. B. Bd. 110 und 129, auszugsweise auch in „Wirtschaft und Statistik" und in den Statistischen Jahrbüchern. Dabei wird eine „Straftatenziffer" auf 100 000 Einwohner berechnet, dagegen die „Täter- bzw. Verurteiltenziffer" auf 100 000 strafmündige (14 und mehr Jahre alte) Einwohner bezogen. „Die Zahlen für die Straftaten, Täter und Verurteilte verhalten sich etwa wie

[44] Bd. I, S. 454 ff.
[45] a. a. O. S. 454.

3 : 2 : 1", stellt das Statistische Jahrbuch der BRD 1960[46] fest. In den letzten Jahren sind im Bundesgebiet folgende Verhältniszahlen ermittelt worden[47]: Auf 100 000 Einwohner entfielen 1954 2923, 1958 dagegen 3194 bekanntgewordene Straftaten, auf 100 000 strafmündige Einwohner (der jeweiligen Gruppe) am Anfang des genannten Zeitraums 2613, am Ende 2523 ermittelte Täter insgesamt, bei den männlichen Personen 4848 bzw. 4772, bei weiblichen nur 732 bzw. 629, bei Erwachsenen (21 Jahre alt und älter) 2584 bzw. 2335 — hier zeigt sich überall ein leichter Rückgang der Ziffern; anders sieht es dagegen bei den Jugendlichen (14 bis unter 18 Jahre) und den „Heranwachsenden" (18 bis unter 21 Jahre) aus: bei den Jugendlichen 2118 bzw. 2882, also eine *Zunahme* um 36,2 vH in vier Jahren, bei den Heranwachsenden 3821 bzw. 4520, also eine Zunahme um 18,1 vH in dieser Zeit und hier vor allem der *höchste* Anteilsatz nach Altersgruppen! Die Verurteiltenziffer liegt wesentlich niedriger, zeigt aber in diesen Jahren mit Ausnahme der Weiblichen-Ziffer eine mehr oder minder große Steigerung, die bei den Erwachsenen (1954: 1219, 1957: 1298, 1958: 1224) bis 1957 noch recht fühlbar ist, am stärksten aber bei den Jugendlichen: 861 bzw. 1324, also eine Zunahme um 58,7 vH. Ein Vergleich, der bis 1885 zurückreicht, zeigt folgende Ziffern der wegen Verbrechen und Vergehen (*nicht* Übertretungen) Verurteilten: im Reichsgebiet 1885 insgesamt 1006 (davon weiblich 364), 1932 insgesamt 1125 (weiblich 243); der Höchstsatz in dieser Zeit hat für die Gesamtziffer mit 1205 im Jahre 1905 gelegen, für die weiblichen Personen mit 406 im Jahre 1895; im Bundesgebiet 1954 insgesamt 1281 (weiblich 301), 1958 insgesamt 1347 (weiblich 278). Bei den Jugendlichen allein war im Reichsgebiet die Entwicklung von 1885 bis 1932: 559 (weiblich 221) zu 623 (weiblich 144), dabei Höchstsätze 1900 mit 745 für alle Jugendlichen und 1895 mit 244 für die Weiblichen.

Gliedert man nach Straftatengruppen, so ergeben sich für 1958 im Bundesgebiet (ohne Saarland und Berlin) die meisten Aburteilungen wegen Körperverletzung sowie Diebstahls und Unterschlagung mit zusammen rd. 244 300 = 52,8 vH aller 463 100 Verbrechen und Vergehen nach dem Strafgesetzbuch; erst in größerem Abstand folgt Betrug und Untreue mit 59 400 Fällen. Weibliche Personen wurden (nach dem Strafgesetzbuch) insgesamt rd. 58 600 abgeurteilt, davon allein 38 200 = 65,1 vH wegen Diebstahls und Unterschlagung, Betrugs und Untreue sowie Körperverletzung. Die Zahl der abgeurteilten Jugendlichen betrug rd. 39 600, davon wegen Diebstahls und Unterschlagung allein 22 900 = 57,8 vH; auch unter den weiblichen Jugendlichen hatte Diebstahl und Unterschlagung den

---

[46] S. 124.

[47] Statistisches Jahrbuch 1960, S. 128.

höchsten Anteil mit 67,8 vH (2500 von 3700). Die Zahl der Verurteilten liegt niedriger als die der *Ab*urteilungen, und zwar macht der Anteil insgesamt 84,5, bei den Jugendlichen allein 89,1 vH aus. Rechnet man zu den Verbrechen und Vergehen gegen das Strafgesetzbuch mit rd. 463 100 Aburteilungen noch diejenigen nach dem Wehrstrafgesetz (nur 750), nach anderen Bundesgesetzen (163 100) und nach Landesgesetzen (2900) hinzu, so erhält man für 1958 insgesamt 629 800 Aburteilungen, davon 549 200 = 87,2 vH *Ver*urteilungen.

Recht große Unterschiede finden sich in den einzelnen Bundes*ländern;* legt man auch hier die Zahl der Verurteilten auf 100 000 strafmündige Einwohner zugrunde, so erhält man für das Bundesgebiet ohne Berlin im Jahre 1958 eine „Verurteiltenziffer" von 1340, die niedrigsten Ziffern in Hamburg und Schleswig-Holstein mit 874 bzw. 961, die höchsten in Baden-Württemberg und Bayern mit 1655 und 1586; in Westberlin liegt sie mit 1299 dem Bundesdurchschnitt sehr nahe. Bei den Jugendlichen (Bundesdurchschnitt 1272) findet sich die niedrigste Ziffer mit 600 im Saarland, recht niedrige noch in Hamburg und Schleswig-Holstein mit 715 bzw. 890, die höchsten wieder in Baden-Württemberg und Bayern mit 1548 und 1420 — ähnlich hoch auch in Bremen mit 1412 —. Bei den Heranwachsenden (Bundesdurchschnitt 2927) zeigt die niedrigste Ziffer Hamburg mit 1327, die höchsten wieder Bayern und Baden-Württemberg (diesmal in dieser Reihenfolge) mit 3639 und 3583; abweichend von den bisher genannten Ziffern, wo der Höchstsatz etwa das Doppelte des niedrigsten Satzes ausgemacht hat, liegt diesmal der Höchstsatz etwa dreimal (genau 2,74-mal) so hoch wie der niedrigste Satz! Auch bei den Erwachsenen (Bundesdurchschnitt 1223) liegen Hamburg und Schleswig-Holstein mit 856 bzw. 867 am niedrigsten, Baden-Württemberg und Bayern mit 1507 bzw. 1444 am höchsten; auch hier liegt das Saarland mit 935 nahe an der Untergrenze[48].

Von besonderer Bedeutung ist auch der Anteil der Verurteilten nach *Altersgruppen.* Hier ist für 1958 (Bundesgebiet ohne Saarland und Berlin) eine Verurteiltenziffer von 1347 insgesamt festgestellt worden; am höchsten war diese Ziffer in der Altersgruppe 21 bis unter 25 Jahren mit 3164, nur wenig geringer in der Gruppe 18 bis unter 21 Jahren mit 2939, noch recht erheblich in der Gruppe 25 bis unter 30 Jahren mit 2371 — so daß also die Altersgruppen von 18 bis unter 30 Jahren die relativ „straffälligsten" sind —. Immerhin liegt die Verurteiltenziffer auch noch *über* dem Durchschnitt in der Gruppe 16 bis unter 18 Jahren mit 1590 und in der Gruppe 30 bis unter 40 Jahren mit 1517. *Unter* dem Durchschnitt befinden sich nur die 14- bis unter 16jährigen und die 40- und mehrjährigen; da-

---

[48] Statistisches Jahrbuch 1960, S. 133 (ebenso für die folgenden Daten).

bei sind die Ziffern am niedrigsten für die Gruppe 60 und mehr Jahre mit 221 und für die Gruppe von 50 bis unter 60 Jahren mit immerhin schon 746; bei der Gruppe von 14 bis unter 16 Jahren beträgt sie schon 896. Im allgemeinen stimmt die Einreihung bei den weiblichen Verurteilten mit diesen Daten, die für beide Geschlechter zusammen gelten, überein; nur ist hier die Ziffer für die Gruppe 30 bis unter 40 Jahren mit 379 erheblich höher als für die Gruppe 16 bis unter 18 Jahren mit nur 286, ferner liegt bei den Weiblichen die Ziffer für die Gruppe 40 bis unter 50 Jahren mit 283 noch leicht *über* dem Durchschnitt, der bei ihnen 278 beträgt.

Für die *nach Jugendstrafrecht Verurteilten*[49] kommen neben den Jugendstrafen noch Zuchtmittel und Erziehungsmaßregeln in Frage; Zuchtmittel sind Jugendarrest, Auferlegung besonderer Pflichten, Verwarnung nach § 14 Jugendgerichtsgesetz, Erziehungsmaßregeln sind Fürsorgeerziehung, Schutzaufsicht, Erteilung von Weisungen. Von den ausgesprochen Jugendlichen erhielten 1958 insgesamt 4468 Jugendstrafen (meist 6 Monate bis 1 Jahr), 48 063 Zuchtmittel (alle drei Arten ziemlich gleichmäßig), 6864 Erziehungsmaßregeln auferlegt (meist Erteilung von Weisungen); bei den Heranwachsenden handelte es sich um 5473 Jugendstrafen (auch meist 6 Monate bis 1 Jahr), um 25 808 Zuchtmittel (auch hier ziemlich gleichmäßig verteilt) und 2270 Erziehungsmaßregeln (fast nur Erteilung von Weisungen).

Unter den Maßregeln der *Sicherung und Besserung* ist die wichtigste die Entziehung der Fahrerlaubnis; vergleicht man wieder die Jahre 1954 bis 1958 mit einander, so ist sie bei den Jugendlichen von 217 auf 185 Fälle gesunken (am niedrigsten war die Zahl 1957 mit 147), bei den Heranwachsenden dagegen von 1471 auf 2943 (fast genau auf das Doppelte) gestiegen und bei den Erwachsenen sogar von 13 508 auf 29 163 (auf mehr als das Doppelte) gestiegen. Erwähnenswert ist noch die Unterbringung in einem Arbeitshaus, deren Ausmaß bei den Heranwachsenden in dem genannten Zeitraum von 137 auf 65, bei den Erwachsenen von 771 auf 589 zurückgegangen ist. Die Unterbringung in einer Trinkerheilanstalt oder Entziehungsanstalt ist bei den Erwachsenen von 132 auf 223 gestiegen, die Untersagung der Berufsausübung von 286 auf 336 Fälle, die Sicherungsverwahrung von 127 auf 208 Fälle gestiegen, dagegen die Unterbringung in einer Heil- oder Pflegeanstalt von 465 Fällen (Höchstzahl 1955: 508) auf 429 gesunken; bei den Heranwachsenden ist hierbei die Zahl mit etwa 50 ziemlich gleichmäßig geblieben.

Mit den zuletzt behandelten Gegenständen haben wir uns eigentlich schon in das Gebiet der *Verwaltungsstatistik* begeben, die wir nur noch

[49] a. a. O. S. 132.

kurz behandeln wollen. Wenn wir Žižek folgen, so dürfen wir unter Verwaltungsstatistik verstehen „alle statistischen Aufschlüsse über die Organisation und Tätigkeit der Behörden (von Staat und Gemeinde); hierher gehört namentlich die Statistik des Personals der Behörden (Beamtenstatistik) und die ‚Geschäftsstatistik' der Behörden"[50]. Ihren Zweck hat J. Wünsche in seinem Beitrag „Verwaltungsstatistik"[51] folgendermaßen definiert: „Die Verwaltungsstatistik muß Aufschluß darüber geben können, welche Stellung die Verwaltungsorganisationen im Rahmen der arbeitenden Volksgemeinschaft haben. Sie muß dabei nachweisen können, in welchem Ausmaß die Verwaltung der unmittelbaren Produktionssteigerung dient, und in welchem Verhältnis die reine Ordnungstätigkeit zur Gesamtarbeit der Nation steht. Die Frage etwa, ob und in welchem Umfang es möglich ist, durch eine straffere und rationellere Gestaltung der Behörden Arbeitskräfte für die Wirtschaft freizustellen, kann nur mit Hilfe der Verwaltungsstatistik beantwortet werden. Diese Frage drängt sich auch vor allem dort auf, wo es sich um die öffentlich-rechtlichen Organisationen der Wirtschaft selbst handelt"[52]. Als Teilgebiete der Verwaltungsstatistik werden genannt die Personal-, die Finanz- und die Verwaltungsgeschäftsstatistik. Schon daraus ergibt sich die enge Beziehung der Verwaltungsstatistik zur „Finanzstatistik", so daß beide vielfach gar nicht von einander zu trennen sind. Ich brauche hier nur an die Ausführungen im 14. Kapitel, besonders über den „Finanzausgleich" (oben S. 380 ff.) zu erinnern. Als Gegenstände, die einer besonderen Verwaltungsstatistik unterliegen sollten, kann man hier nennen das Gesundheitswesen, das Ausbildungswesen (soweit es nicht schon von der „Bildungsstatistik" erfaßt wird), die Rechtspflege und ihre Organisation, die allgemeine Gestaltung des Verkehrswesens, die Ziele und Methoden der Arbeitsverwaltung, die einzelnen Zweige der Sozialpolitik einschließlich der Gestaltung der Sozialversicherung, die Wohlfahrtspflege bzw. „Sozialhilfe". Die statistischen Unterlagen können in allen Fällen immer nur von den Verwaltungsdienststellen selbst geliefert werden, wobei es Aufgabe der übergeordneten Dienststellen sein muß, die einzelnen Gesichtspunkte für die Erfassung und Aufbereitung dieser Unterlagen zu bestimmen. In diesem Gesamtzusammenhang ist immer wieder daran zu erinnern, daß auch die Verwaltungsstatistik nicht nur Ergebnisse für den ganzen Staat, für das ganze Land usw. darbieten darf, sondern so weit in die Einzelheiten hineingehen muß, daß man auch den verschiedenen Bedürfnissen der Teilgebiete mit entsprechenden „quantitativen" Unterlagen nachgehen kann. Mit Recht fordert G. Isenberg in seinem Beitrag

[50] a. a. O. S. 267.
[51] Die Statistik in Deutschland, Bd. I, S. 482 ff.
[52] a. a. O. S. 485.

„Die Regionalstatistik im Dienste der Raumordnung, Verwaltung und Wirtschaft"[53] eine solche Regionalstatistik „für die Durchführung der einzelnen Aufgaben durch die Fachbehörden und Organisationen", für die ja bereits 1935 durch die Schaffung der „Reichsstelle für Raumordnung" gewisse Grundlagen gelegt wurden. Man vergleiche hierzu auch den Aufsatz von Fr. Zahn „Wirtschaftliche Neuordnung der Regionalstatistik" in der Zeitschrift Raumforschung und Raumordnung[54], ebenso den von J. Griesmeier „Die praktische Statistik im Dienste der Raumordnung[55]. Seit 1950 unterhält der Bund das „Institut für Raumforschung" in Bad Godesberg, dessen Aufgabe die Förderung der wissenschaftlichen Raumforschung und ihre Nutzbarmachung für Raumordnung und -planung ist; es befaßt sich außerdem mit Gutachten über Notstandsgebiete, mit Verteilung der Bundesinvestitionen, Industrieortplanung, Landschaftspflege und Ödlandkultivierung sowie Flüchtlingsverteilung. Außerdem besteht in Hannover eine „Akademie für Raumforschung und Landesplanung", die laufend Forschungs- und Sitzungsberichte — z.B. Bd. 9 über „Raum und Landwirtschaft" (erschienen 1958) — herausgibt.

Der Verwaltungsstatistik steht die *politische Statistik* nahe. Sie soll an sich das politische Leben statistisch erfassen, also z.B. auch ausreichend Daten über politische Vereine, Gruppen und Parteien beibringen sowie die Auswirkungen bestimmter politischer Maßnahmen darstellen, soweit das in Zahlen und Größenordnungen möglich ist; insofern kann man z.B. auch die Statistik der Sozialversicherung hierher rechnen, besonders wenn es sich darum handelt, die Veränderungen — zahlenmäßig — zu kennzeichnen, die sich beispielsweise aus der „Rentenreform" von Anfang 1957 ergeben. In Wirklichkeit ist das Hauptgebiet der politischen Statistik diejenige der *Wahlen* (oder auch der Volksabstimmungen, soweit solche vorgesehen sind). Der Zusammenhang zwischen den Wahlen und der amtlichen Statistik ist schon deshalb recht eng, weil — in Deutschland wenigstens — die Aufsicht über die Wahlen den Leitern der zuständigen Statistischen Ämter übertragen wird, je nachdem als Reichswahlleiter, Bundeswahlleiter, Landeswahlleiter, Gemeindewahlleiter (in den Städten mit Statistischen Ämtern); man hat offenbar die Erfahrung gemacht, daß diese Dienststellen am ehesten in der Lage sind, die objektiven Grundlagen für die Stimmabgabe bei der Wahl zu schaffen und das Ergebnis dieser Stimmabgabe so schnell wie möglich festzustellen. Die gleichen Dienststellen haben auch von jeher Wahlergebnisse für ihren Bereich veröffentlicht, so z.B. das Statistische Reichsamt im Band 250 des Statistik des Deutschen Reichs die Wahlen des Jahres 1912 oder

[53] Die Statistik in Deutschland, Bd. I, S. 517 ff.
[54] 1. Jg., 1936, Heft 3, S. 104 ff.
[55] Allg. Statist. Archiv, Bd. 27, S. 134 ff.

im I. Ergänzungsheft zu den Vierteljahrsheften 1919 die Wahlen zur verfassunggebenden Nationalversammlung oder neuerdings das Statistische Bundesamt die Ergebnisse der Bundestagswahl vom 15. September 1957 im Band 200 der Statistik der BRD. Da hier immer die „einschlägigen administrativen Aufzeichnungen verwertet werden", wie Žižek feststellt, handelt es sich auch bei den Wahlen um eine ausgesprochene Sekundärstatistik.

Im einzelnen werden bei der Wahlstatistik die Wahlberechtigten erfaßt (meist die im Wählerverzeichnis eingetragenen Personen), ferner die Zahl der abgegebenen Stimmen — wobei unter Umständen „Erst- und Zweitstimmen" zu unterscheiden sind —, hierbei müssen noch gültige und ungültige Stimmen unterschieden werden. Bei den Bundestagswahlen 1957 war die Wahlbeteiligung 87,8 vH, 1949 waren es nur 78,5 vH gewesen; die Zahl der ungültigen Stimmen betrug 3,9 vH aller abgegebenen. Die gültigen Stimmen werden weiter nach den einzelnen Parteien (und Wählergruppen) ausgezählt; 1957 entfielen auf die CDU/CSU 50,2 vH (1949 nur 31,0), auf die SPD 31,8 vH (1949 29,2), auf alle anderen Parteien jeweils weniger als 10 vH; die FDP bekam noch 7,7 vH (1949 waren es noch 11,9 gewesen). Diese Ergebnisse lassen sich auch nach der Verteilung auf die einzelnen Länder ablesen[56]. Das gleiche gilt für die Verteilung der Sitze im Bundestag. Mit Hilfe einer „Repräsentativstatistik" ist auch die Stimmabgabe nach Männern und Frauen als Wählern zu unterscheiden: 1957 waren 16,06 Millionen Männer, aber 19,34 Millionen Frauen wahlberechtigt; von den Männern haben 89,5 vH, von den Frauen 86,4 vH gewählt; in beiden Fällen war die Wahlbeteiligung am größten bei den Wählern zwischen 30 und 60 Jahren. Dabei haben die Frauen relativ mehr Stimmen für die CDU (53,5 vH gegenüber 44,6 vH der Männer), die Männer relativ mehr Stimmen für die SPD (35,3 vH gegenüber 28,9 vH der Frauen) abgegeben. Ähnliche Angaben liegen auch für die Landtagswahlen der letzten Jahre vor[57], schließlich sind auch noch die Mitglieder der Bundesregierung und der Länderregierungen nach ihrer Parteizugehörigkeit aufgeführt, auch ist die Stimmenzahl der einzelnen Länder im Bundesrat angegeben[58]. An der gleichen Stelle kann man nachlesen, welche personellen Veränderungen sich im Bundestag während der Wahlperioden vollzogen haben und womit sich der Bundestag in dieser Zeit befaßt hat: Gesetzentwürfe der Regierung, des Bundestages, des Bundesrats, Anträge von Abgeordneten, große und kleine Anfragen, sonstige Vorlagen, Petitionen, Plenarsitzungen, Fraktionssitzungen usw.

[56] Statistisches Jahrbuch 1960, S. 137.
[57] a. a. O. S. 138.
[58] a. a. O. S. 139.

Weiter ist noch der Umfang der Gesetzentwürfe nach „Ressorts" und die Art ihrer Behandlung (verabschiedet, anderweitig erledigt, nicht mehr erledigt) in den Bundestags-Wahlperioden 1949/53 und 1953/57 dargestellt[59], in ähnlicher Art der Erlaß von Rechtsverordnungen (nach Ressorts) und ihre Veröffentlichung im Bundesgesetzblatt und im Bundesanzeiger.

Im Zeichen der politischen Statistik erscheint es mir noch angebracht, darauf hinzuweisen, daß die Bundesstatistik auch ausgewählte Ergebnisse aus amtlichen statistischen Veröffentlichungen der Sowjetischen Besatzungszone und für den Sowjetsektor von Berlin bringt, und zwar im Jahrbuch 1960 auf den Seiten 561 ff., ferner auch statistische Nachweisungen über die Ostgebiete des Deutschen Reiches, die zur Zeit unter fremder Verwaltung stehen; für diese Ostgebiete ist die Beschaffung der Unterlagen z.T. recht schwierig, so liegt z.B. über den sowjetisch verwalteten Teil Ostpreußens überhaupt kein statistisches Zahlenmaterial vor. Soweit in der polnischen Statistik Zahlen veröffentlicht werden, „beruhen (sie) zum großen Teil auf Schätzungen und sind daher mit einem erheblichen Unsicherheitsfaktor behaftet. Eine sachliche Prüfung der Zahlen konnte im Statistischen Bundesamt nicht vorgenommen werden"[60].

Damit dürfen wir dieses Kapitel abschließen.

59 a. a. O. S. 140.
60 a. a. O. S. 601, hier auch weitere Quellenangaben.

16. Kapitel

Volkswirtschaftliche Gesamtrechnungen

In den bisherigen Ausführungen kam es darauf an, die Art der statistischen Erfassung, Aufbereitung und Darstellung zu schildern, soweit sich die Statistik auf die *Einzelheiten* der Volkswirtschaft bezieht, die in der Wirtschaft tätigen Menschen, die Wirtschaftsgruppen, die Produktionsergebnisse nach Sachgebieten, die Preise und die Einkommen, den öffentlichen Aufwand usw. Nunmehr soll abschließend noch kurz auf die Rolle der Statistik im Hinblick auf die *Volkswirtschaftlichen Gesamtrechnungen* eingegangen werden. Diesen Begriff erläutern wir am besten mit der Definition von H. Bartels in ihrem Beitrag „Volkswirtschaftliche Gesamtrechnungen und Sozialproduktsberechnung in der Bundesrepublik" im Allgemeinen Statistischen Archiv[1]: „Unter den Begriff Volkswirtschaftliche Gesamtrechnungen (National Accounts) fallen alle diejenigen Aufstellungen, die einen zusammenfassenden zahlenmäßigen Überblick über die Umsätze von Gütern und Diensten, über die sich aus dem Wirtschaftsablauf ergebenden Einkommen (Entstehung des Sozialprodukts) und ihre Verteilung sowie über die Verwendung des Sozialprodukts geben. Je nach dem Grad ihrer Aufgliederung liefern die Volkswirtschaftlichen Gesamtrechnungen, die im allgemeinen in Kontenform dargestellt werden, ein mehr oder weniger detailliertes Bild des volkswirtschaftlichen Kreislaufs. Dieses Bild müßte durch eine Volksvermögensrechnung (Kapitalrechnung) ergänzt werden. Hierzu fehlen jedoch vorläufig in den meisten Ländern die notwendigen Unterlagen."

Eine wie wichtige Aufgabe hierbei der Statistik zukommt, betont u. a. P. Jostock in seinem Beitrag „Volkseinkommen und Volksvermögen"[2]: „Mit der Feststellung des Volkseinkommens will man einen kurzen zahlenmäßigen Ausdruck für den Wirtschaftserfolg wie auch den Versorgungsstand eines Staatsvolkes gewinnen und zugleich die mannigfache Gliederung seines Gesamteinkommens — nach den Einkommensquellen, nach der Einkommenshöhe (Einkommenspyramide), nach der regionalen Zusammensetzung usw. — erkennen. Ähnlichen Zielen dient die

---

[1] 36. Bd., 2. Heft, S. 142—146 (auch zitiert in G. Weinhold, Kleines Wörterbuch der Wirtschaftsstatistik, S. 192 ff.).

[2] Die Statistik in Deutschland, Bd. II, S. 766 ff. (im Original nicht kursiv).

Erfassung des Volksvermögens, die den Gesamtbesitz an Gütern, soweit sie in Geld bewertbar sind, zum Gegenstand hat.

Volkseinkommen und Volksvermögen werden *nicht als solche statistisch erhoben,* sondern durch die Zusammenfügung zahlreicher, aus verschiedenen statistischen Quellen stammender Angaben errechnet. Wo diese Unterlagen nicht ausreichen, treten Schätzungen ergänzend hinzu. Kommt somit der Erfassung des Volkseinkommens und Volksvermögens auch *nicht der Charakter einer ursprünglichen Statistik* im Sinne des Erhebungsverfahrens zu, so bildet sie gleichwohl eine *ausgesprochen statistische Aufgabe* und zudem eine Krone wirtschaftsstatistischer Einzelforschung. Sie ist auch nicht nur einseitiger Nutznießer der Einzelstatistiken, auf denen sie sich aufbaut, sondern bietet diesen wiederum Kontrollmöglichkeiten für sich selbst sowie mancherlei Vergleichs- und Beziehungsgrößen, die sie sonst entbehren müßten." Bezüglich der Berechnungsmethode stellt Jostock anschließend fest: „Das Volkseinkommen kann entweder als Summe der erzeugten Güter und geleisteten Dienste — *reale* Methode — oder als Summe der an natürliche und nichtnatürliche Personen fließenden Einkommen — *personale* Methode — oder auch als Summe von Verbrauch und Kapitalbildung erfaßt werden."

Das Statistische Bundesamt hat vor allem in den letzten Jahren diesen Tatbeständen ganz besondere Aufmerksamkeit gewidmet. So sind in Wirtschaft und Statistik[3] Aufsätze von H. Bartels und ihren Mitarbeitern erschienen über „Die Neuberechnung des Sozialprodukts für die Bundesrepublik Deutschland" und ein Jahr später über „Die Verteilung des Volkseinkommens in der Bundesrepublik Deutschland 1950 bis 1956", in der Art, daß in beiden Aufsätzen zusammen die *Entstehung,* die *Verwendung* und die *Verteilung* des Volkseinkommens (nach der neuen Berechnungsmethode) klar zu erkennen sind. Außerdem gibt das Statistische Jahrbuch für die BRD noch Erläuterungen zu den einzelnen Begriffen[4].

Am Anfang der Berechnungen steht das *Bruttosozialprodukt;* dabei pflegt man vom *Inlands*produkt auszugehen, d.h. man zieht von dem zunächst ermittelten Produkt das Einkommen ab, das „Ausländern" aus Erwerbstätigkeit und Vermögensbesitz im Inland zufließt, und fügt das Einkommen der „Inländer" aus Erwerbstätigkeit und Vermögensbesitz im Ausland hinzu; unter „Inländern" sind hierbei sowohl Personen wie Institutionen zu verstehen, auch handelt es sich hierbei nicht um die Staatsangehörigkeit als solche, sondern um den „ständigen Wohnsitz" (Entsprechendes gilt für den „Ausländer"). Das „Inlandsprodukt" hat

[3] 9. Jg. NF, Heft 3, März 1957, S. 123 ff., und 10. Jg., Heft 3, März 1958, S. 135 ff.
[4] z.B. für 1960, S. 539 ff.

nicht nur eine statistisch-technische Bedeutung für die Berechnung des Sozialprodukts, sondern besitzt auch noch einen eigenen Aussagewert als Ausdruck für die wirtschaftliche Leistungskraft eines *Gebietes.* Zu der Entstehung dieses Inlandsproduktes tragen außer den Unternehmern auch der Staat (Gebietskörperschaften und Sozialversicherung), ferner die Organisationen ohne Erwerbscharakter und die privaten Haushalte bei. Was nun die einzelnen Unternehmen zum Brutto-Inlandsprodukt beitragen, ergibt sich aus dem Wert der von ihnen für den Markt produzierten Waren und Dienstleistungen (einschließlich der umgesetzten Handelsware) — Bruttoproduktionswert dieser Unternehmen — *abzüglich* der für Produktionszwecke verbrauchten, von anderen Unternehmen bezogenen Waren und Dienstleistungen — „Vorleistungen" —. Nicht zu den Vorleistungen gehören die Leistungen der im Unternehmen tätigen Produktionsfaktoren. Bei den Beiträgen des Staates und der Organisationen ohne Erwerbscharakter zum Bruttoinlandsprodukt handelt es sich im allgemeinen nicht um Leistungen für den „Markt", sondern um Leistungen, die der Allgemeinheit oder den Mitgliedern der Institutionen unentgeltlich zur Verfügung gestellt werden. Auch die privaten Haushalte tragen zum Bruttoinlandsprodukt bei, soweit Leistungen der im Haushalt beschäftigten fremden Arbeitskräfte zu berücksichtigen sind. Zu den für den Markt produzierten Waren und Dienstleistungen muß noch der „Eigenverbrauch" des Unternehmers (in seinem privaten Haushalt verbrauchte, aber im Unternehmen produzierte Erzeugnisse) hinzugerechnet werden; auch die Wohnungsvermietung (einschließlich der Nutzung der Eigentümerwohnungen) rechnet nach internationalem Übereinkommen als unternehmerische Tätigkeit.

Zieht man dann vom Bruttosozialprodukt die (verbrauchsbedingten, zu Wiederbeschaffungspreisen bewerteten) „Abschreibungen" (einschließlich der in den Sachversicherungsprämien enthaltenen Risikoanteile) ab, so erhält man das Nettosozialprodukt zu Marktpreisen. Wenn man dieses (Netto-)Sozialprodukt zu Marktpreisen um die indirekten Steuern (einschließlich der Einnahmen des Staates aus dem Preisausgleich und der Beiträge zur gesetzlichen Unfallversicherung) vermindert, aber um die für die laufende Produktion gezahlten Subventionen (einschließlich der Ausgaben des Staates für den Preisausgleich) erhöht, so erhält man das „Nettosozialprodukt zu Faktorkosten", auch kurz als *Volkseinkommen* bezeichnet. Dabei betont Wirtschaft und Statistik[5] ausdrücklich, daß keine Antwort auf die Frage gegeben werden kann, „welche Beiträge die einzelnen Produktionsfaktoren zur Entstehung des Sozialprodukts leisteten, oder — anders ausgedrückt — wie das entstandene Einkommen den Pro-

[5] a. a. O. März 1957, S. 137.

duktionsfaktoren Arbeit, Kapital und Unternehmerleistung zuzurechnen ist. Das liegt vor allem daran, daß die Bestandteile des Einkommens aus Unternehmertätigkeit — Unternehmerlohn, Verzinsung des Eigenkapitals und Gewinne im engeren Sinne — weder theoretisch noch statistisch einwandfrei getrennt werden können." Hierzu habe ich mich seinerzeit geäußert in dem Aufsatz „Unternehmergewinn und Kapitalprofit als einheitliches Einkommen" in den Jahrbüchern für Nationalökonomie und Statistik[6]. Berücksichtigt man wieder den schon erwähnten Saldo der Erwerbs- und Vermögenseinkommen zwischen In- und Ausland, so erhält man als Ergebnis das Netto*inlands*produkt zu Faktorkosten.

In der Bundesrepublik hat sich von 1950 bis 1959 folgende Entwicklung vollzogen[7]: Das Bruttosozialprodukt ist in diesem Zeitraum, zu *jeweiligen* Preisen gerechnet, von 97,2 auf 244,4 Milliarden DM angestiegen, in Preisen von 1954 gerechnet, von 113,1 auf 213,6 Milliarden DM; das bedeutet also eine reale Zunahme um 88,3 vH. Das Nettoinlandsprodukt zu Faktorkosten ist in der gleichen Zeit zu jeweiligen Preisen von 74,48 auf 189,1 Milliarden DM angestiegen, in Preisen von 1954 dagegen von 100,9 auf 195,8 DM, d. h. um 94,0 vH, was fast einer Verdopplung gleichkommt. Was die einzelnen Wirtschaftsbereiche (als Zusammenfassungen der Unternehmen und Institutionen) zu diesem Nettoinlandsprodukt zu Faktorkosten beitragen, wird als „Wertschöpfung" bezeichnet; diese Wertschöpfung ist identisch mit der Summe der in dem Bereich entstandenen Erwerbs- und Vermögenseinkommen (Einkommen aus unselbständiger Arbeit, Fremdkapitalzinsen, Nettomieten und -pachten, Betriebsgewinne[8]). Vergleicht man die einzelnen Beiträge dieser Wirtschaftsbereiche und ihren Anteil am Nettoinlandsprodukt (zu Faktorkosten), so ergibt sich folgendes: Am größten ist der Anteil des verarbeitenden Gewerbes, er ist im Zeitraum 1950/58 (in jeweiligen Preisen) von 26,24 auf 67,84 Milliarden DM gestiegen und stellt in diesem Zeitraum einen Anteil von 35,2—38,5 vH (mit kleinen Schwankungen in der Zwischenzeit) dar; an zweiter Stelle hinsichtlich des Anteils steht der Handel, sein Beitrag ist von 10,08 auf 23,12 Milliarden DM gestiegen, sein Anteil bewegt sich zwischen 13,5 und 13,1 vH (ebenfalls mit Schwankungen in der Zwischenzeit); an der dritten Stelle stand ursprünglich die Landwirtschaft (mit Forstwirtschaft und Fischerei), deren Beitrag zwar noch von 9,01 auf 15,18 Milliarden DM gestiegen, deren *Anteil* aber von 12,1 auf 8,6 vH *gesunken* ist. Sehr stabil ist aber im Vergleich damit der Anteil des Staates (einschließlich Gemeinden und Sozialversicherung), sein Beitrag ist von 7,17

---

[6] Bd. 141, Heft 2, 1935.
[7] Vgl. Statistisches Jahrbuch 1960, S. 542.
[8] a. a. O. S. 540 und 543 f.

auf 16,49 Milliarden DM gestiegen, sein Anteil ist mit 9,6 bzw. 9,3, von ganz kleinen Schwankungen abgesehen, fast der gleiche geblieben.

Die drei erstgenannten Wirtschaftsbereiche umfassen 1958 einen Anteil von 60,2 vH — hier am *Brutto*inlandsprodukt[9]; fügt man den Staat usw. hinzu, so ergibt sich ein Anteil von insgesamt 69,5 vH, also von reichlich zwei Dritteln. Am niedrigsten ist im gleichen Jahr 1958 der Anteil der Wohnungsvermietung mit 1,5 vH, etwas größer der der Banken und des Versicherungsgewerbes mit 3,5 vH. Innerhalb des verarbeitenden Gewerbes sind die bedeutsamsten „Beiträge" diejenigen von Stahl-, Maschinen-, Schiff- und Fahrzeugbau, von Elektrotechnik, Feinmechanik und Optik usw., von Nahrungs- und Genußmittelherstellung und von Chemischer Industrie usw., die zusammen 57,35 Milliarden DM = 66,1 vH des gesamten verarbeitenden Gewerbes beitrugen. Man vergleiche hierzu die Ausführungen oben auf S. 206 und S. 222 ff., die auch auf Brutto- und Nettoproduktionswert eingingen. Recht interessant ist noch die Feststellung, daß die Beiträge der Landwirtschaft (einschließlich Gartenbau und Viehzucht) — zum Bruttoinlandsprodukt von 1958 — mit 14,75 und der Nahrungs- und Genußmittelherstellung mit 14,68 Milliarden DM ungefähr gleich hoch sind! Ferner ist der Beitrag des gesamten Handwerks mit 22,85 Milliarden DM festgestellt worden.

Für die einzelnen Länder des Bundesgebiets ist der Anteil der Wirtschaftsbereiche am Nettoinlandsprodukt zu Faktorkosten ebenfalls festgestellt worden[10]; wir entnehmen daraus einige Ziffern für 1957: Setzt man in jedem Lande das gesamte Nettoinlandsprodukt (zu Faktorkosten) gleich 100, so ist am höchsten in Baden-Württemberg der Anteil des verarbeitenden Gewerbes mit 44,9 vH (am niedrigsten in Schleswig-Holstein mit 25,5) gegenüber einem Bundesdurchschnitt (ohne Saarland und Berlin) von 37,3 vH. Am höchsten ist in Bremen der Anteil von Verkehr und Nachrichtenübermittlung mit 22,4 vH (am niedrigsten in Baden-Württemberg mit 5,6) gegenüber einem Bundesdurchschnitt von 7,5 vH. Am höchsten ist in Hamburg der Anteil des Handels mit 22,2 vH (am niedrigsten in Rheinland-Pfalz mit 11,1) gegenüber einem Bundesdurchschnitt von 13,1 vH. Und am höchsten ist in Schleswig-Holstein der Anteil des „Staates" mit 13,7 vH (am niedrigsten in Nordrhein-Westfalen mit 7,6) gegenüber einem Bundesdurchschnitt von 9,3 vH. Der Anteil von Bergbau und Energiewirtschaft (Bundesanteil 5,8 vH) spielt eine größere Rolle nur in Nordrhein-Westfalen mit 11,9 und in Niedersachsen mit 6,1 vH, sonst bleibt er durchweg unter 3 vH. Keine wesentlichen Schwankungen zeigt das Baugewerbe (zwischen 8,0 in Schleswig-Holstein und 4,9 vH in Hamburg) mit einem Bundesdurchschnitt von 6,4 vH; ähnlich liegt es bei

[9] a. a. O. S. 545.

[10] Statistisches Jahrbuch 1960, S. 548.

Banken und Versicherungsgewerbe oder Wohnungsvermietung sowie den Sonstigen Dienstleistungen.

Um die Beiträge der einzelnen Wirtschaftsbereiche zum Sozialprodukt zu berechnen und damit die hier behandelte *Entstehung* dieses Sozialprodukts zu klären, steht leider kein einheitliches, gleichartiges statistisches Grundmaterial für sämtliche Bereiche zur Verfügung[11], vielmehr müssen hier verschiedene Verfahren angewandt werden, die im folgenden nur kurz genannt sein sollen; ausführliche Daten hierzu enthält die genannte Quelle. Für die Landwirtschaft liegen Angaben über den Produktionswert der Nahrungsmittel und die Verkaufserlöse vor und ebenfalls Werte über die Höhe der Betriebsausgaben. Bei der gewerblichen Wirtschaft, wo normalerweise der Jahresabschluß mit Hilfe der doppelten Buchführung vorliegt, stehen noch die vierteljährliche Umsatzsteuerstatistik, die Umsatzentwicklung nach der Industrieberichterstattung und die repräsentative Umsatzstatistik des Einzelhandels zur Verfügung, ferner die Kostenstrukturerhebung; mit diesen Unterlagen können Umsatz, Bestandsveränderung an Halb- und Fertigwaren und Wert der selbsterstellten Anlagen und damit der Bruttoproduktionswert festgestellt werden. Dem Produktionswert entspricht in den Bereichen, die Dienstleistungen erbringen, der wirtschaftliche Umsatz. Für die sonstigen Dienstleistungen, soweit es sich um Institutionen mit Unternehmenscharakter handelt (darunter auch die Freien Berufe), liegen ebenfalls Umsatzangaben sowie teilweise Unterlagen aus der Kostenstrukturerhebung und Einkommensdaten vor. Beim Staat und bei den Organisationen ohne Erwerbscharakter muß die Wertschöpfung aus den gezahlten Löhnen und Gehältern einschließlich Sozialleistungen und der Nettomiete für die benutzten Gebäude errechnet werden (vgl. hierzu oben S. 424). Bei Banken und Privatversicherungen ist die Frage nicht so leicht zu beantworten, was als Entgelt für ihre „Dienstleistungen" anzusehen ist; dabei wird „nach einem internationalen Übereinkommen ... die Differenz zwischen Ertrags- und Aufwandszinsen als Teil des Entgelts für die Dienstleistungen der Banken angesehen"[12]. Mit diesen Problemen setzt sich neuerdings H. Reinhardt in seinem Aufsatz „Der Beitrag der Versicherungsunternehmen zum Sozialprodukt" in der „Deutschen Versicherungszeitschrift"[13] auseinander und gelangt dabei zu dem Ergebnis, „daß die wirtschaftlichen Leistungen der Versicherungsunternehmen ungleich größer sind, als es in der volkswirtschaftlichen Gesamtrechnung oder einer isolierten Statistik an Hand realer Größen ausgewiesen werden kann!"

---

[11] Vgl. Wirtschaft u. Statistik, 9. Jg., Heft 3, S. 126 ff.

[12] a. a. O. S. 129.

[13] DVZ, Verlag E. Schmidt, Berlin, Bielefeld, München, XIV. Jg., Heft 8/9, Aug./Sept. 1960, S. 181 ff.

Nachdem auf diese Weise die Entstehung des Sozialprodukts geklärt ist, haben wir uns jetzt mit seiner *Verteilung* zu beschäftigen[14]. Sobald zwischen den Unternehmen usw. eine gewisse „Umverteilung" stattgefunden hat, fließt das Volkseinkommen (= Nettosozialprodukt zu Faktorkosten) schließlich den Personen und Institutionen zu, die Arbeit, Kapital und Unternehmerleistung bereitgestellt haben; das sind die privaten Haushalte (von In- und Ausländern) einschließlich der privaten Organisationen ohne Erwerbscharakter und der Staat. Man spricht hier auch von zwei „Phasen": in der ersten Phase, auch als „primäre" Einkommensverteilung bezeichnet, fließen die im Wirtschaftsprozeß entstehenden Einkommen denjenigen zu, die die Produktionsfaktoren zur Verfügung gestellt haben; in der zweiten Phase, der sogenannten „sekundären" Einkommensverteilung, werden Teile dieser Einkommen von ihren Empfängern wieder abgegeben (z. B. als Steuern, Versicherungsbeiträge usw.), um bestimmten Personenkreisen Einkommen übertragen zu können, ohne daß diese Personen dafür eine wirtschaftliche Gegenleistung erbracht haben (z. B. Pensionen, Renten, Versicherungsleistungen). Bei der Verteilung der Einkommen bleibt ein nicht verteilbarer Rest, der keiner der genannten Empfängergruppen zufließt, nämlich die unverteilten Gewinne der Unternehmen mit eigener Rechtspersönlichkeit (Aktiengesellschaften usw.), die wegen ihres besonderen Charakters in der Verteilungsrechnung gesondert dargestellt werden[15].

Als *Einkommensquellen* treten also in Erscheinung das Einkommen aus unselbständiger Arbeit einerseits und das Einkommen aus Unternehmertätigkeit und Vermögen, das sämtliche Erwerbs- und Vermögenseinkommen enthält, andererseits. Als *Empfängergruppen* unterscheidet man die privaten Haushalte (einschließlich der privaten Organisationen ohne Erwerbscharakter), die Unternehmen mit eigener Rechtspersönlichkeit und den Staat, das sind also drei große Empfängergruppen.

Von dem gesamten Volkseinkommen, das von 1950 bis 1959 von 74,51 auf 188,6 Milliarden DM angestiegen ist[16], macht das Einkommen aus unselbständiger Arbeit zu Beginn des Zeitraums 59,1 und an seinem Ende 61,8 vH aus, so daß sich der Anteil kaum wesentlich verändert hat; der Anteil des Einkommens aus Unternehmertätigkeit und Vermögen ist dagegen von 35,5 auf 29,5 vH fühlbar gesunken; faßt man diese beiden Anteile zusammen, so ergeben sich zu Beginn 94,7, am Ende des Zeitraums 91,3 vH, also immer noch ein gewisser Rückgang. Für die „unverteilten Einkommen der Unternehmen mit eigener Rechtspersönlichkeit" ergeben sich im Zeitablauf recht gleichartige Anteile: *vor* der Besteue-

---

[14] Vgl. Wirtsch. u. Stat. a. a. O. S. 136 und Statist. Jahrb. 1960, S. 540.

[15] Wirtschaftskunde der BRD 1955, S. 381 f.

[16] Statistisches Jahrbuch 1960, S. 549.

rung 6,5—6,7 vH, davon an direkten Steuern 3,8—4,0 vH. Für die Einkommen des Staates aus Unternehmertätigkeit und Vermögen sind die Anteilziffern 1,8—2,8 vH, hiervon müssen allerdings noch die Zinsen auf öffentliche Schulden abgezogen werden mit 0,6—0,8 vH Anteil, so daß 1,2—2,0 vH verbleiben. Bei diesem Berechnungsverfahren ergeben sich am Schluß gewisse kleine Differenzen gegenüber dem Volkseinkommen, die in der Übersicht als „Scheingewinne bzw. Scheinverluste" bezeichnet werden.

Für den gleichen Zeitraum 1950/59 ist auch das Einkommen aus unselbständiger Arbeit noch weiter in seine einzelnen Bestandteile zerlegt worden. Dieses Bruttoeinkommen aus unselbständiger Arbeit enthält[17] „meßbares Einkommen einschließlich der Werbungskosten, jedoch ohne diejenigen Lohnnebenkosten, die als Einkommen der Arbeitnehmer anzusehen und nicht in der Bruttolohn- und -gehaltssumme und in den Arbeitgeberbeiträgen zu öffentlichen Einrichtungen der sozialen Sicherung enthalten sind, wie Aufwendungen der Arbeitgeber zur Verbilligung der Lebenshaltung und für zusätzliche Krankheits- und Altersvorsorge bei privaten Einrichtungen, Beihilfen und Unterstützungen". Dieses Bruttoeinkommen beträgt für 1959 (vorläufiges Ergebnis) 116,55 Milliarden DM, davon gehen ab die *Arbeitgeber*beiträge zu öffentlichen Einrichtungen der sozialen Sicherung (einschließlich Arbeitgeberbeiträge zu öffentlichen Zusatzversorgungsanstalten, unterstellter Einzahlungen in — fiktive — Beamtenpensionsfonds und Aufwendungen der Arbeitgeber aufgrund des Kindergeldgesetzes zugunsten von Arbeitnehmern) mit 13,12 Milliarden, so daß verbleiben als Bruttolohn- und -gehaltssumme 103,43 Milliarden DM, was monatlich je durchschnittlich beschäftigten Arbeitnehmer 463 DM ausmacht (1950 waren es 243 DM gewesen). Davon wieder gehen ab die Steuerabzüge und die *Arbeitnehmer*beiträge zu öffentlichen Einrichtungen der sozialen Sicherung (einschließlich der Beiträge zu öffentlichen Zusatzversorgungsanstalten) mit 15,41 Milliarden, so daß sich ein *Nettoeinkommen* aus unselbständiger Arbeit ergibt in Höhe von 88,02 Milliarden DM (für 1959 gegen 34,78 im Jahre 1950), was monatlich je durchschnittlich beschäftigten Arbeitnehmer 394 DM ausmacht (1950 waren es 212 DM gewesen). Der Anteil dieses *Netto*einkommens aus unselbständiger Arbeit an der Bruttolohn- und -gehaltssumme (von 103,43 Milliarden) beträgt für 1959 85,1 vH. 1950 hatte dieser Anteil noch 87,4 vH betragen.

Nachdem wir so die Entstehung und die Verteilung des Sozialprodukts behandelt haben, ist als letztes seine *Verwendung* darzustellen[18], und

---

[17] Vgl. a. a. O. S. 542, Anm. 1 zu Tab. 1.

[18] Vgl. hierzu Wirtschaft und Statistik, 9. Jg., Heft 3, März 1957, S. 139 ff., und Statistisches Jahrbuch 1960, S. 541 und 550 f.

zwar handelt es sich hierbei um die Verwendung des Bruttosozialprodukts (zu Marktpreisen). Hierbei gilt es, das Bruttosozialprodukt zu zerlegen in den privaten Verbrauch, den Staatsverbrauch, die Investitionen und den Außenbeitrag. Zum *privaten Verbrauch* gehören die Güter- und Dienstleistungskäufe der privaten Haushalte der „Inländer" — einschließlich der inländischen privaten Organisationen ohne Erwerbscharakter — (Mitglieder ausländischer Missionen und in der BRD stationierte ausländische Streitkräfte sind keine „Inländer") für *Konsumzwecke;* dazu gehören auch die Leistungen der im Haushalt beschäftigten bezahlten Arbeitskräfte, die Käufe von dauerhaften Konsumgütern (ohne Wohnhäuser bzw. Wohnungen) und die an den Staat gezahlten Gebühren. Einbezogen sind hier auch der Eigenverbrauch der Unternehmer und der Mietwert der Eigentümerwohnungen (auch der Mietwert der von privaten Organisationen ohne Erwerbscharakter benutzten eigenen Gebäude), unterstellte (fingierte) Bankgebühren, in den Bruttoprämien enthaltene Entgelte für die Dienstleistungen der Versicherungen usw. Der Verbrauch „auf Geschäftskosten oder Spesen" wird dagegen nicht zum privaten Verbrauch gerechnet. Im Prinzip werden eben nur die Käufe der privaten Haushalte usw. für den privaten Endverbrauch im Rahmen der Sozialproduktsberechnung dargestellt.

Zur Erfassung des privaten Verbrauchs bieten sich drei Wege dar, nämlich die unmittelbare Befragung des Haushalts, die Erfassung des Absatzes der unmittelbaren Lieferanten der privaten Haushalte, die Verwendung von Versorgungsbilanzen; bei der jetzt geltenden Neuberechnung des privaten Verbrauchs wird im großen und ganzen der zweite Weg eingeschlagen, also die Erfassung des Absatzes der Lieferanten, weil hierfür jetzt in der Bundesrepublik die relativ besten und umfassendsten Statistiken zur Verfügung stehen und diese „Erfassung schon sehr nahe am privaten Haushalt erfolgt". Als Berechnungsgrundlage stehen vor allem zur Verfügung die Umsatzsteuerstatistiken (1950 und 1954 und spätere Jahre), die Arbeitsstättenzählungen und die Kostenstrukturerhebungen. Je nach den Unterlagen kann der Verbrauch für bestimmte Jahre unmittelbar berechnet, sonst muß er „fortgeschrieben" werden. Aus der Umsatzsteuerstatistik werden die Umsätze der für die Haushalte in Frage kommenden Lieferanten aus Industrie, Großhandel, Einzelhandel, Handwerk, Gaststätten und Dienstleistungsgewerbe zugrunde gelegt. Auf diese Weise konnten etwa 70 vH der Ausgaben der privaten Haushalte berechnet werden. Bei diesem Verfahren muß aus den „steuerlichen Umsätzen" der „wirtschaftliche Umsatz" ermittelt werden; Anhaltspunkte für das Verhältnis von steuerlichem und wirtschaftlichem Umsatz in den einzelnen Bereichen gewinnt man aus den Kostenstrukturerhebungen. Der Schwierigkeit, daß die „Kleinbetragsfälle" der Umsatzsteuer entgehen, ist man z.B. bei der Arbeitsstättenzählung von 1950 dadurch begegnet, daß man damals (für 1949) auch den Umsatz dieser Kleinbetragsfälle ermittelt hat (vgl. oben S. 151), wobei vor allem kleine und kleinste Betriebe vorwiegend im Bekleidungshandwerk (Flickschneider und -schuster) in Frage kommen. Durch die Gruppierung der Umsätze nach Steuersätzen und nach Befreiungsvorschriften kann man aus den Umsätzen (auch des Großhandels und des Handwerks) die voll versteuerten Lieferungen an die privaten Haushalte aussondern; allerdings bestehen hier unter Umständen gewisse Schwierigkeiten[19]. Für die Höhe der Mieten bieten die Wohnungszählungen (zuletzt 1956), ferner die Ergebnisse der Bautätigkeitsstatistiken genügend Unterlagen zur Fortschreibung.

Die oben genannte dritte Methode mußte bei der Landwirtschaft, dem Bergbau und der Energieversorgung angewandt werden, d.h. also von der Produktion her. Bei der Landwirtschaft handelt es sich um die Berechnung des Selbstverbrauches und des unmittelbaren Absatzes an Haushalte, der an Hand der Erntemengen zum Teil geschätzt werden muß. Einige Statistiken, wie die Statistik der Milcherzeugung und -verwendung, enthalten auch Angaben über den Absatz an die verschiedenen Verbraucher; der Fleischverbrauch kann mit Hilfe der Statistik des Fleischanfalls aus gewerblichen Schlachtungen fortgeschrieben werden. Bei Kohle, Gas und elektrischem Strom enthält die Produktionsstatistik Angaben über den Absatz an private Haushalte, allerdings macht hier die „Bewertung" (Preisangabe) besondere Schwierigkeiten. Ausgaben privater Haushalte für neue Kraftfahrzeuge können nach der Zulassungsstatistik des Kraftfahrtbundesamts berechnet werden, der Zugang an gebrauchten Wagen schätzungsweise berücksichtigt werden. Bei den Ausgaben für fremde Verkehrsleistungen (einschließlich Post) können die statistischen Unterlagen der Bundesbahn, Bundespost usw. und der sonstigen Verkehrsträger herangezogen werden, die besonders bei der Bundesbahn so weit aufgeteilt sind, daß die Ausgaben der Haushalte verhältnismäßig zuverlässig ermittelt werden können. Die Gebühren für die Inanspruchnahme der staatlichen Dienste werden nach der Finanzstatistik (des Statistischen Bundesamts) berechnet. Ausgaben für Nahrungs- und Genußmittel in Kantinen (in Regie der Unternehmen) wurden nach einer Erhebung über die „Lohnnebenkosten" an Hand der Beschäftigungsentwicklung grob geschätzt.

Für den Verbrauch der privaten Organisationen ohne Erwerbscharakter (Kirchen, charitative Organisationen und deren Einrichtungen, Gewerkschaften, Vereine usw.) sind nur ganz vereinzelt statistische Unterlagen

---

[19] Vgl. hierzu Wirtschaft und Statistik a. a. O. S. 140.

über Ausgaben und Einnahmen vorhanden, mit Ausnahme etwa bei den Gewerkschaften. Die Ausgaben können deshalb nur grob geschätzt werden. Dabei hat man für die „persönlichen" Ausgaben nach der Arbeitsstättenzählung die bei diesen Organisationen Beschäftigten ermittelt und für sie ein Durchschnittsentgelt nach den Lohn- und Gehaltsstatistiken angesetzt. Bei der Schätzung der „sächlichen" Ausgaben, zu denen auch die Bruttomiete für die benutzten Gebäude und die Anschaffung langlebiger Güter (wie bei den privaten Haushalten) gehört, konnte man sich folgendermaßen helfen: Bestimmte Gruppen oder Einrichtungen der Organisationen, z. B. Krankenhäuser oder Schulen, gibt es auch als staatliche Einrichtungen; für diese liegen selbstverständlich Rechnungsunterlagen vor, und man hat dann aus dem Verhältnis zwischen persönlichen und sächlichen Ausgaben bei den *staatlichen* Einrichtungen Schlüsse auf die sächlichen Ausgaben bei den entsprechenden Organisationen ohne Erwerbscharakter gezogen, wobei nicht zu leugnen ist, daß die so angesetzten Werte trotzdem problematisch bleiben.

Da der Verbrauch auf Geschäftskosten oder Spesen nicht als privater Endverbrauch gilt, sondern nur „intermediär" ist, mußte der Versuch gemacht werden, diesen sogenannten „Kostenverbrauch" zu schätzen, um ihn von den Ausgaben der privaten Haushalte nachträglich absetzen zu können. Dabei hat man nach der Berufszählung diejenigen Berufsgruppen ausgewählt, in denen bei den Erwerbstätigen in selbständiger Stellung die Möglichkeit eines „Kostenverbrauchs" zu vermuten ist, und hat diesen Kostenverbrauch geschätzt; für Handelsvertreter und Reisende wurden die Reisetage und ihre Tagessätze ebenfalls geschätzt; schließlich wurden noch die dienstlichen Reisekosten unter den Ausgaben des Bundes, der Länder und der Gemeinden ermittelt. Eine weitere Schätzung geht aus von dem aus der Verbrauchsstatistik bekannten Verbrauch von Genußmitteln, und man nahm an, daß bei den steuerpflichtigen Genußmitteln (Tabakwaren, Bier, Kaffee, Branntwein und Schaumwein) ein bei den einzelnen Waren- und Preisklassen verschieden hoher Anteil „auf Geschäftskosten" verbraucht wird. Für einen Teil dieser Genußmittel wurde also ein „Gaststättenzuschlag" geschätzt, ebenso vom Nahrungsmittelverbrauch in Gaststätten ein Teil als Kostenverbrauch angesehen und schließlich noch der größte Teil der in Großstädten gemeldeten Fremdenübernachtungen zum „Kostenverbrauch" gerechnet.

An zweiter Stelle in der Verwendung des Sozialprodukts wird der *Staatsverbrauch* aufgeführt; zum „Staat" rechnen hierbei Bund, Lastenausgleichsfonds, Länder, Gemeinden, Gemeindeverbände, Zweckverbände (soweit sie Aufgaben erfüllen, die denen der Gebietskörperschaften entsprechen), Sozialversicherung, Arbeitslosenversicherung, öffentliche Zusatzversorgungsanstalten und ERP-Sondervermögen. Die öffentlichen Unternehmen dagegen werden nicht zum Staat gerechnet, sondern zu den Unternehmen. Im Staatsverbrauch sind enthalten die Löhne und Gehälter (einschließlich Sozialleistungen) aller beim Staat beschäftigten Arbeitskräfte, die laufenden Käufe des Staates von Waren und Dienstleistungen, die Bruttomiete für die vom Staat benutzten Gebäude und die Abschreibungen auf das bewegliche Sachvermögen, soweit es für zivile Zwecke benutzt wird. Man unterscheidet hier genau zwischen Aufwendungen für zivile und für Verteidigungszwecke; im Aufwand für Verteidigungszwecke sind auch langlebige Güter und Bauten enthalten, während bei den Ausgaben für *zivile* Zwecke die Bauten und die Anschaffung von beweglichem Sachvermögen als *Investitionen* betrachtet werden. In den ersten Jahren der Bundesrepublik traten die Besatzungs- bzw. Stationierungskosten an die Stelle des Verteidigungsaufwands. Der Staatsverbrauch umfaßt die Aufwendungen für diejenigen Staatsleistungen, die der Allgemeinheit oder dem einzelnen Staatsbürger *unentgeltlich* zur Verfügung gestellt werden, deshalb müssen auch von den gesamten laufenden Käufen des Staates der Wert der Verkäufe und die gebührenpflichtigen Leistungen abgesetzt werden.

Bei den „persönlichen Ausgaben" müssen verschiedene Umrechnungen vorgenommen werden, um zu den in den Volkswirtschaftlichen Gesamtrechnungen gültigen Begriffen und Abgrenzungen zu kommen. Beispielsweise sind in den persönlichen Ausgaben Zahlungen enthalten, die kein Einkommen im Sinne der Volkswirtschaftlichen Gesamtrechnungen darstellen, sondern nur Ersatz von dienstlich bedingten Aufwendungen, z. B. die „Trennungsentschädigungen". Auch die persönlichen Ausgaben der Kämmereiverwaltungen mußten zum Teil um Zahlungen an Bedienstete von öffentlichen Unternehmen (ein Teil der Sparkassen!) vermindert werden. Anderseits mußten die auf *Sach*ausgaben verbuchten Löhne und Gehälter berücksichtigt werden, soweit sie an regelmäßig Beschäftigte gezahlt werden. Hierbei sind nun wieder ausgenommen die Löhne und Gehälter derjenigen Arbeitskräfte, die für Neu- und Erweiterungsbauten sowie für Unterhaltungs- und Instandsetzungsarbeiten an öffentlichen Gebäuden in eigener Regie eingesetzt sind. Da sich Zahl und Zusammensetzung der Beamten in der Bundesrepublik wesentlich geändert haben (und weiter ändern werden), erfaßt man nicht mehr die Pensionsaufwendungen als Teil des Bruttoeinkommens der Beamten, sondern verbucht die (nach dem Versicherungsprinzip geschätzten) bereits erwähnten „fiktiven Beiträge zu einer Pensionskasse" als „unterstellte Einkommen" beim Staatsverbrauch. Die tatsächlich gezahlten Pensionen erscheinen dann im laufenden Konto des Staates als „Einkommensübertragung", was schon immer für die Pensionen an verdrängte Beamte nach Artikel

131 GG gegolten hat. Bei den Waren und Dienstleistungen, die der Staat für laufende zivile Zwecke von Unternehmen (auch vom Ausland her) kauft und die recht vielfältiger Art sind, entstehen deshalb Berechnungsschwierigkeiten, weil die in Frage kommenden Ausgaben in der Finanzstatistik meist in „Sammelposten" mit andersartigen Ausgaben, die teilweise gar nicht zum Staatsverbrauch gehören, zusammengefaßt sind; trotzdem hat man mit Hilfe von umfangreichen Berechnungen diese Sammelposten aufgeteilt. Weitere Schwierigkeiten ergeben sich aus dem Unterschied zwischen Kalenderjahr und Haushaltsjahr, besonders wegen der sogenannten „Auslaufperiode", das ist die Zeit nach dem Ende des Rechnungsjahres, in der noch Ausgaben für das abgelaufene Rechnungsjahr getätigt werden dürfen; allerdings kennen der Bund und einige Länder seit 1954 keine Auslaufperiode mehr. Die Bruttomiete der vom Staat benutzten Gebäude wird nach internationaler Übung zum Staatsverbrauch gerechnet; es muß deshalb bei den staatseigenen Gebäuden nach Größe und Art der Gebäude ein durchschnittlicher Mietpreis pro Quadratmeter (der auch nach dem Alter der Gebäude und nach der Gemeindegrößenklasse abgestuft ist) berechnet und eingesetzt werden.

Ein weiterer Teil des Sozialprodukts sind die *Investitionen*[20], bei denen man noch die Anlagen und die Vorratsveränderung unterscheidet. Zu den Brutto-Anlageinvestitionen gehören die Käufe der Unternehmen und des Staates von *dauerhaften* Produktionsmitteln (Bauten und Ausrüstungen) sowie die selbsterstellten Anlagen. Dauerhaft sind Produktionsmittel, wenn ihre Lebensdauer *mehr als ein Jahr* beträgt und sie normalerweise aktiviert und abgeschrieben werden; das gilt nicht für *geringfügige* Güter, besonders solche, die periodisch wiederbeschafft werden — auch wenn sie eine längere Lebensdauer als ein Jahr besitzen. Größere Reparaturen dagegen, besonders solche, die zu einer wesentlichen Steigerung des Anlagewertes führen, sind Bestandteil dieser Anlageinvestitionen. Dienstleistungen von Architekten, Rechtsanwaltskosten, öffentliche Gebühren usw., die mit Herstellung und Kauf von Investitionsgütern verbunden sind, werden ebenfalls zu den Investitionen gerechnet. Auch *angefangene* Bauten rechnen nach internationaler Übung zu den Anlageinvestitionen, dagegen sind Anlagen für militärische Zwecke Teile des Staatsverbrauchs. Auch hier haben inzwischen bessere statistische Unterlagen eine genauere Erfassung der Teilpositionen ermöglicht.

Die *Anlageinvestitionen* werden noch unterschieden nach Ausrüstungs- und nach Bauinvestitionen. Die Berechnung der Ausrüstungsinvestitionen beruht auf einer Gliederung der gesamten industriellen Produktion nach dem Verwendungszweck der Waren. Dabei gibt es auf der einen Seite

---

[20] Vgl. Wirtschaft und Statistik a. a. O. S. 143 ff.

„eindeutige Investitionsgüter“ (z. B. Werkzeugmaschinen, Schiffe usw.), auf der andern Seite Güter mit einem mehrfachen Verwendungszweck: So können Nähmaschinen oder Automobile von Gewerbetreibenden als Investitionsgut für den Betrieb oder als Gebrauchsgut für den Haushalt gekauft werden. Zur Erleichterung der Eingliederung hat man die gesamte industrielle Produktion nach dem Schema gegliedert: Grundstoffe und Halbwaren, Betriebs- und Hilfsstoffe, Gebrauchs- und Verbrauchsgüter der privaten Haushalte, Investitionsgüter; bei den letztgenannten handelt es sich um Waren, die die laufende Produktion *endgültig* verlassen und mit oder ohne Zwischenschaltung des Handels ihrer letzten Verwendung bei den Investoren zugeführt werden; auch die öffentliche Verwaltung kann Investorin sein. In vielen Fällen ist es schwierig, die zur Anlageinvestition bestimmten Güter gegenüber den langlebigen Gebrauchsgütern der privaten Haushalte (die ja auch die laufende Produktion endgültig verlassen) richtig abzugrenzen; Beispiele: Möbel und Teppiche oder Fernsehgeräte einerseits in Gaststätten, anderseits in privaten Haushalten. Bei der Gliederung nach dem Verwendungszweck der in der Produktionsstatistik erfaßten Gegenstände muß deshalb vielfach auf Schätzungen zurückgegriffen werden.

Von den durch die Produktionsstatistik ermittelten Investitionsgütern muß noch die *Ausfuhr* von solchen Gütern abgesetzt werden, und zwar nach der Warensystematik der Außenhandelsstatistik. Gewisse Schwierigkeiten ergeben sich dabei noch für die Berechnung des *Wertes* einerseits der ausgeführten, anderseits der eingeführten Investitionsgüter, wobei die Grenzwerte, die Handelsspannen und die Transportkosten zu berücksichtigen sind. Ebenso müssen die Wertsteigerungen zwischen der Produktionsstätte und dem Ort der letzten Verwendung, die durch Handels- und Verkehrskosten hervorgerufen sind, ermittelt werden, wozu das Ifo-Institut in München in seinen Untersuchungen über die Absatzwege der industriellen Produktion wertvolle Beiträge geliefert hat. Bei eingeführten Investitionsgütern beträgt die Werterhöhung durch Leistungen des Handels- und Verkehrssektors durchschnittlich 12—14 vH.

Die *Bauinvestitionen* umfassen den Wert der Roh- und Ausbauleistung des Baugewerbes, erweitert um den Wert industriellen Stahl- und Holzkonstruktionsbaus, weiter der Leistungen der Architekturbüros und der von den Investoren selbst erstellten Anlagen, aber vermindert um die Leistungen, die auf die laufende Instandsetzung entfallen, und um die Bauten für militärische bzw. Besatzungszwecke. Bei den Berechnungen des Rohbauvolumens wird das Ergebnis der Bauberichterstattung zugrundegelegt mit Angleichung an das (höhere) Niveau des Umsatzes nach den Umsatzsteuerveranlagungsstatistiken. Ähnliche Unterlagen stehen auch zur Verfügung für die Berechnung des vom Baunebengewerbe erstellten Produktionswertes („Ausbauvolumen"); für den Produktionswert des Stahl- und Holzkonstruktionsbaus und der Architektenbüros gibt es Unterlagen aus der industriellen Produktionsstatistik und aus der Umsatzsteuerveranlagungsstatistik. Der Aufwand für normale Reparaturen und Instandsetzungen konnte grob nach der Handwerkserhebung von 1949 geschätzt werden.

Der andere Teil der Investitionen, die *Veränderung der Vorräte*, fällt zwar, wie wir noch sehen werden, zahlenmäßig längst nicht so stark ins Gewicht wie die bisher genannten Gruppen, darf aber auch nicht vernachlässigt werden. Es handelt sich dabei um die Veränderung der Vorräte der Unternehmen am Ende der Berichtsperiode gegenüber dem Bestand am Anfang dieser Periode. Die Vorräte umfassen alle Vorprodukte, die halbfertigen und fertigen Erzeugnisse der eigenen Produktion und die Handelsware, die zu den angegebenen Zeitpunkten vorhanden sind und im Produktionsprozeß verbraucht oder verkauft werden sollen. *Nicht* hierher gehört die Zunahme der *natürlichen* Quellen, z. B. bei Bodenschätzen, Wäldern usw., bei kurzfristiger Berechnung auch bei Getreide auf dem Halm; auch angefangene Bauten sind nicht Teil der Vorräte, sondern der Anlageinvestitionen. Die Wertänderungen der Vorräte können an sich auf Preis- oder auf Mengenänderungen beruhen. Da aber bei der Bestimmung des Volkseinkommens der reale Vermögensbestand zugrundegelegt werden soll, werden *Schein*gewinne und -verluste, die durch *Preis*änderungen der Vorräte entstehen, ausgeschaltet. Maßgebend bleibt also nur die *reale* Änderung der Vorräte, wobei die Menge zu Durchschnittspreisen bzw. -herstellungskosten des Jahres bewertet wird.

Die wichtigste Unterlage für die Neuberechnung der Vorratsveränderung bilden die Umsatzsteuerstatistik, die Kostenstrukturerhebungen und die Zusatzerhebung zum Industriebericht des Jahres 1950, als Ergänzung auch die Bilanzstatistik der Aktiengesellschaften. Sehr wichtig war die Erfassung der Lagerbestände (im Rahmen der Umsatzsteuerveranlagungsstatistik) zu Anfang und zu Ende des Jahres 1950, wobei in Industrie, Handwerk, Groß- und Einzelhandel zwischen 84 und 90 vH der Lagerbestände festgestellt wurden, so daß es nicht schwierig war, mit Hilfe der Umsatzzahlen den Gesamtbestand zu schätzen. Die Vorräte in der Industrie wurden dann anhand der Vorratsveränderung in den Bilanzen der Aktiengesellschaften (im Rahmen der Bilanzstatistik) fortgeschrieben, in Anlehnung daran auch die Vorratsveränderung im Handwerk geschätzt, für das sonst keine Angaben vorhanden sind. Für die Lagervorräte im Großhandel stehen Repräsentativerhebungen des Statistischen Bundesamts zur Verfügung, für die Einzelhandelslager kann man sich an Unterlagen und Berechnungen des Ifo-Instituts und des Instituts für Handelsforschung an der Universität Köln halten. Auch für Bundesbahn und Bundespost liegen Unterlagen in den Geschäftsberichten vor. Bekannt sind außerdem die Veränderungen in den Viehbeständen der Landwirtschaft, der Vorräte in Freihäfen und Zollagern und bei Vorratsstellen, die ebenfalls in der Sozialproduktsberechnung eingesetzt werden. Auch hier ergeben sich überall Schwierigkeiten bezüglich der „Bereinigung" der Veränderungen von „Scheingewinnen und -verlusten". Hier hat man sich damit geholfen, daß man die Buchwerte der einzelnen Vorratsarten am Ende jedes Jahres in Preise von 1950 umrechnete und die sich dann ergebende Vorratsveränderung (in festen Preisen) mit Durchschnittspreisen des Berichtsjahres bewertete, wobei die Differenz zwischen den Zahlen die Scheingewinne bzw. -verluste ergab. Die Hauptschwierigkeit bleibt aber immer, daß die warenmäßige Zusammensetzung, die Umschlagshäufigkeit und die Art der Bewertung der Vorräte *im einzelnen* nicht bekannt sind und von Unternehmen zu Unternehmen verschieden sein können. Für die Aktiengesellschaften ist ja im Aktiengesetz die Bewertung der Vorräte nach dem „Niederstwertprinzip" vorgeschrieben, und man kann annehmen, daß dieses Prinzip auch in der übrigen Wirtschaft gilt. Daraus zog man den Schluß, daß in Zeiten steigender Preise die Vorratsbestände nicht „aufgewertet", bei sinkenden Preisen aber „abgewertet", d. h. zum niedrigeren Tageswert angesetzt werden. Jedenfalls hat man diese Vermutung bei der Berechnung der Vorratsveränderung zugrundegelegt. Im ganzen kann auch nach der Auffassung des Statistischen Bundesamts das Ergebnis dieser Berechnung nur als Annäherungswert betrachtet werden.

Der vierte und letzte Punkt bei der Verwendung des Sozialprodukts betrifft den *Außenbeitrag*; hierbei handelt es sich um die Differenz zwischen der Aus- und Einfuhr von Waren und Dienstleistungen. Als Aus- und Einfuhr gelten in diesem Zusammenhang die Waren- und Dienstleistungsumsätze mit Wirtschaftseinheiten, die ihren ständigen Wohnsitz außerhalb des Bundesgebietes (ohne Saarland und Berlin) haben, also im Ausland (und den Gebieten des Deutschen Reiches unter fremder Verwaltung), im Saarland, in Berlin (West), in der Sowjetischen Besatzungszone und im Ostsektor von Berlin. Neben den entgeltlichen Umsätzen werden auch unentgeltliche Lieferungen zwischen Regierungen (außer militärischen Gütern) in die Rechnung einbezogen. Da der Außenbeitrag nicht regional, sondern personell abgegrenzt ist, sind in der Ausfuhr auch die Konsumausgaben von „Ausländern" im Inland (darunter die Käufe — gegen Devisen — der ausländischen Streitkräfte in der Bundesrepublik) und die von „Inländern" im Ausland bezogenen Erwerbs- und Vermögenseinkommen enthalten; entsprechend gehören zur Einfuhr die Konsumausgaben von „Inländern" im Ausland und die von

„Ausländern" im Inland bezogenen Erwerbs- und Vermögenseinkommen[21].

Auch hier können wir der Bundesstatistik die wichtigsten Ergebnisse entnehmen[22]: Das für 1959 mit 244,4 Milliarden DM festgestellte Bruttosozialprodukt (vgl. oben S. 425) umfaßt einen privaten Verbrauch von 142,9 Milliarden = 58,5 vH, einen Staatsverbrauch von 37,7 Milliarden = 13,8 vH (davon 8,4 Milliarden für Verteidigungsaufwand), Investitionen in Höhe von 58,7 Milliarden = 24,0 vH und einen Außenbeitrag von + 9,1 Milliarden DM = 3,7 vH. Die Investitionen wieder gliedern sich in Anlagen mit 56,2 Milliarden (fast zu gleichen Teilen Ausrüstungen und Bauten) und eine Vorratsveränderung von + 2,5 Milliarden DM. Setzt man zu Vergleichszwecken die Preise von 1954 ein, so ist von 1950 bis 1959 angestiegen der private Verbrauch von 69,18 auf 128,6 Milliarden (anteilsmäßige Veränderung 61,2—60,2 vH), der Staatsverbrauch von 17,46 auf 28,5 Milliarden (15,4—13,3 vH), die Investitionen von 25,45 auf 51,4 Milliarden (22,5—24,1 vH) und der Außenbeitrag von + 1,01 auf + 5,1 Milliarden DM (0,9—2,4 vH). Abgesehen vom Außenbeitrag ist die Zunahme relativ am größten bei den Investitionen, und zwar haben wir bei den Ausrüstungen im Zeitraum 1950/59 eine Zunahme um 126,1, bei den Bauten eine Zunahme um 128,5 vH, während hier die Vorratsveränderung einen Rückgang aufweist von + 3,9 auf + 2,4 Milliarden DM. Je Einwohner ist im gleichen Zeitraum der private Verbrauch gestiegen von 1475 auf 2485 DM (in Preisen von 1954!), also real um 68,5 vH.

Teilt man den Außenbeitrag für 1959 (in gleichzeitigen Preisen) nach Waren- und Dienstleistungsumsätzen auf, so ergibt sich bei den Waren ein Saldo von + 7,72 Milliarden DM im Verkehr mit dem Ausland und dem Saarland, von + 1,38 Milliarden im Verkehr mit Berlin (West) und von nur + 218 Millionen DM mit der SBZ und Ostberlin, bei den Dienstleistungen ein Saldo von —320 Millionen im Verkehr mit dem Ausland und dem Saarland, von + 71 Millionen im Verkehr mit Berlin (West) und von + 29 Millionen DM mit der SBZ und Ostberlin; und als Gesamtsaldo ergeben sich + 9,1 Milliarden DM, eben der schon genannte „Außenbeitrag". Dieser Außenbeitrag war in Preisen von 1954 am höchsten im Jahre 1957 mit + 7,98 Milliarden, betrug dagegen 1959 nur + 5,05 Milliarden DM.

Abschließend sei noch darauf hingewiesen, daß das Statistische Bundesamt für die Volkswirtschaftlichen Gesamtrechnungen ein neues „Kon-

---

[21] Vgl. Statistisches Jahrbuch 1960, S. 541 und Wirtschaft und Statistik, März 1957, a. a. O. S. 145 ff.

[22] Statist. Jahrb. 1960, S. 550 f.

tensystem" vorbereitet. Dr. HILDEGARD BARTELS gibt in ihrem Aufsatz „Das Kontensystem für die Volkswirtschaftlichen Gesamtrechnungen der Bundesrepublik Deutschland" dafür eine ausführliche Begründung[23], die sie folgendermaßen einleitet: „Die Volkswirtschaftlichen Gesamtrechnungen sollen ein quantitatives Gesamtbild des wirtschaftlichen Geschehens in einem abgelaufenen Zeitraum geben. Um das Bild übersichtlich zu gestalten, ist es notwendig, die Vielzahl der wirtschaftlichen Institutionen und Tätigkeiten und der damit verbundenen Vorgänge zu größeren Gruppen zusammenzufassen, und zwar zu Gruppen, die für die Analyse des Wirtschaftsablaufs wesentlich sind. Diese Gruppen von Tätigkeiten, Vorgängen und Institutionen sollen in möglichst übersichtlicher Form dargestellt werden." Und zum Kontensystem selbst: „Als Darstellungs*form* für die Volkswirtschaftlichen Gesamtrechnungen empfiehlt sich ein *Kontensystem* mit doppelter Verbuchung aller aufgezeigten Vorgänge. In diesem System werden die Institutionen zu *Sektoren* zusammengefaßt. Neben den inländischen Sektoren wird auch das *Ausland* berücksichtigt. Die *Konten* werden auf Grund der verschiedenen wirtschaftlichen Tätigkeiten gebildet. Da fast alle Tätigkeiten in sämtlichen Institutionen vorkommen, wenn auch in ganz verschiedenem Ausmaße, ist es zweckmäßig, für alle Sektoren die gleichen Konten vorzusehen." Gedacht ist dabei an *acht* Konten für die Darstellung der Güter- und Einkommensströme und der Kreditverflechtungen im Rahmen der Volkswirtschaftlichen Gesamtrechnungen: Die Produktion und ihre Verwendung, die Entstehung von Erwerbs- und Vermögenseinkommen, die Verteilung von Erwerbs- und Vermögenseinkommen, die Umverteilung der Einkommen, der letzte Verbrauch und die Ersparnis, die Veränderungen des Reinvermögens, die Veränderungen der Forderungen und Verbindlichkeiten, die wirtschaftlichen Beziehungen mit der übrigen Welt; dieses letzte Konto ist nicht funktional — wie die übrigen Konten — abgegrenzt, sondern institutionell. Ein ausgiebiges „detailliertes Schema" am Ende des Aufsatzes gibt einen guten Einblick in das angestrebte Kontensystem.

Ergänzend sei noch für das Ausland festgestellt: Auch hier kennen die meisten Länder — teilweise schon recht lange — die Volkswirtschaftlichen Gesamtrechnungen, die auch meist nach dem „OEEC-Standard-System" aufgebaut sind wie im Prinzip in der Bundesrepublik. Aus Veröffentlichungen der betreffenden Länder und des Europäischen Wirtschaftsrates (OEEC) gibt das Statistische Jahrbuch der BRD für 1960 die wichtigsten neueren Ergebnisse wieder[24].

---

[23] Wirtschaft und Statistik. 12. Jg. NF, Heft 6, Juni 1960, S. 317 ff.

[24] a. a. O. S. 132*.

Namenregister

Sachregister

VOLKSWIRTSCHAFT UND STATISTIK

in der Sammlung Göschen

Jeder Band DM 3,60 · Doppelband DM 5,80

KONRAD MELLEROWICZ

Allgemeine Betriebswirtschaft

4 Bände. 10., erweiterte und veränderte Auflage.

I: 224 Seiten. 1958. (Band 1008/1008a)

II: 188 Seiten. 1959. (Band 1153/1153a)

III: 260 Seiten. 1959. (Band 1154/1154a)

IV: 209 Seiten. 1959. (Band 1186/1186a)

Diese 4 Bände sind auch in Ganzleinen gebunden zum Preise von je DM 6,30 lieferbar.

ANDREAS PAULSEN

Allgemeine Volkswirtschaftslehre

4 Bände.

I: Grundlegung, Wirtschaftskreislauf. 3., durchgesehene und ergänzte Auflage. 148 Seiten. 1959 (Band 1169)

II: Haushalte, Unternehmungen, Marktformen. 3., neubearbeitete Auflage. 166 Seiten, 32 Abbildungen. 1960. (Band 1170)

III: Produktionsfaktoren. 190 Seiten. 1959. (Band 1171)

IV: Gesamtbeschäftigung, Konjunkturen, Wachstum. 172 Seiten. 1960. (Band 1172)

HEINZ KOLMS

Finanzwissenschaft

4 Bände.

I: Grundlegung, Öffentliche Ausgaben. 160 Seiten. 1959. (Band 148)

II: Erwerbseinkünfte, Gebühren und Beiträge; Allgemeine Steuerlehre. 148 Seiten. 1960. (Band 391)

III: Besondere Steuerlehre. In Vorbereitung. (Band 776)

IV: Öffentlicher Kredit. Haushaltswesen. Finanzausgleich. In Vorbereitung. (Band 782)

MARCEL NICOLAS

Finanzmathematik

192 Seiten, 11 Tafeln, 8 Tabellen und 72 Beispiele. 1959. (Band 1183/1183a)

RALF DAHRENDORF

Industrie- und Betriebssoziologie

120 Seiten. 1956. (Band 103)

FRIEDRICH FÜRSTENBERG

Wirtschaftssoziologie

122 Seiten. 1961. (Band 1193)

WALTHER MOEDE

Psychologie des Berufs- und Wirtschaftslebens

190 Seiten, 48 Abbildungen. 1958. (Band 851/851a)

JOHANN PFANZAGL

Allgemeine Methodenlehre der Statistik

2 Bände.

I: Elementare Methoden unter besonderer Berücksichtigung der Anwendungen in den Wirtschafts- und Sozialwissenschaften. 205 Seiten, 35 Abbildungen. 1960. (Band 746/746a)

FRIEDRICH BÖHM

Versicherungsmathematik

2 Bände.

I: Elemente der Versicherungsrechnung. 3., vermehrte und verbesserte Auflage. Durchgesehener Neudruck. 151 Seiten. 1953. (Band 180)

II: Lebensversicherungsmathematik. Einführung in die technischen Grundlagen der Sozialversicherung. 2., verbesserte und vermehrte Auflage. 205 Seiten. 1953. (Band 917/917a)

WALTER DE GRUYTER & CO. · BERLIN W 30

vormals G. J. Göschen'sche Verlagshandlung — J. Guttentag, Verlagsbuchhandlung — Georg Reimer — Karl J. Trübner — Veit & Comp.

FSC
www.fsc.org
MIX
Papier | Fördert
gute Waldnutzung
FSC® C083411

Kolibri 360 GmbH
Ferdinand-Jühlke-Straße 7
99095 Erfurt, Deutschland
produktsicherheit@kolibri360.de